현대조직의 리더십 로드맵

현대조직의 리더십 로드맵

2013년 2월 5일 초판1쇄 발행
2014년 2월 27일 초판2쇄 발행
2019년 9월 5일 초판3쇄 발행

지은이 | 양봉희
펴낸이 | 이찬규
펴낸곳 | 북코리아
등록번호 | 제03-01240호
주소 | 462-807 경기도 성남시 중원구 상대원동 146-8
       우림2차 A동 1007호
전화 | 02) 704-7840
팩스 | 02) 704-7848
이메일 | sunhaksa@korea.com
홈페이지 | www.북코리아.co.kr
ISBN | 978-89-6324-246-0 (93320)

값 25,000원

현대조직의
리더십 로드맵

양봉희 지음

북코리아

머리말

우리의 삶은 리더십과 불가분의 관계에 놓여 있다. 조직의 성공과 실패에는 지도자의 리더십 문제가 함께 거론되는 경우가 일반적이다. 따라서 리더로서 성공하기를 원한다면 스스로 지향해야 할 리더십을 구축하고 재검토하는 과정이 필수적이다.

경영학 중에서도 리더십은 사람이 중심이 되고 사람을 대상으로 하는 학문이기 때문에 이론적인 내용도 중요하지만 실천적인 측면이 특히 강조되는 분야라고 할 수 있다. 이 책은 리더십을 체계적으로 학습하고자 하는 학부생과 대학원생 및 리더십에 관심을 가진 일반 독자들을 염두에 두고 집필되었다.

먼저 본서의 주요 특징을 제시한다면 다음과 같다.

첫째, 본서를 집필하면서 필자의 초점은 이론적인 부분과 실천적인 부분이 균형적으로 접목된 리더십 책을 만드는 것이었다. 이러한 문제의식에 따라 본서에서는 리더십의 실천과 연계된 로드맵 부분의 비중을 늘리고 구체적인 서술도 대폭 보완하고자 하였다.

먼저 로드맵의 단계를 거시적 수준과 미시적 수준으로 나누어 순차적으로 서술하였다. 또한 본서의 주요 독자층인 대학생들의 연령대와 눈높이에 맞는 방법론과 사례도 함께 소개하였다. 예를 들어 필자의 강단 경험을 바탕으로 리더로서 성장하고 학습하는 데 가장 기본적인 지침이 될 수 있는 '라이프 로드맵'(Life-Road-Map) 설계에 대하여 ① 자기 분석(Self Analysis), ② 나의 비전(My Vision), ③ 나의 목표(My Object), ④ 나의 과업(My Task), ⑤ 나의 이정표(Plan & Time Table)의 5단계 방법론을 제시하였다. 이러한 방법론을 스승과 학생 혹은 멘토와 리더가 되고자 하는 자와의 활발한 피드백을 통하여 효과적으로 활용한다면 리더가 되고자 하는 이들이 자신의 비전과 목표 및 과제를 구체화하고 실행하는 데 있어서 매우 유익한 도구가 될 것이라고 생각한다.

둘째, 주요 리더십 이론들을 논의하는 장·절에서는 독자들의 이해의 편의를 도모하기 위해서 관련성이 높은 이론들을 통합적으로 다루었다. 리더십 분야에서 발전되어온 개념과 이론은 실로 많고도 다양하다. 본서에서는 현재까지 제시된 다양한 이론들을 논의대상과 접근방법에 따라 같은 범주에서 논의가 가능한 경우에는 이를 관련된 장·절에서 함께 서술하였다. 또한 기존 이론과 학설을 소개 및 정리한 부분은 원저자의 관점을 중시하여 피인용문헌의 내용을 자의적인 왜곡 없이 최대한 충실하게 전달하고자 하였다.

자료의 부족으로 참조할 내용을 2차 인용할 경우에도 각주를 통하여 피인용문헌의 출처를 모두 명시하였다. 이 책에 많은 시사점을 제시해준 선행 연구자분들의 노고가 없었다면 본서의 출간은 불가능했을 것이다. 이 자리를 빌려 심심한 감사의 마음을 전한다.

셋째, 이 책에서는 리더십의 효과성에 관한 보편적 관점과 상황적 관점 사이에서 상호보완적인 관점을 지향하였다. 개인이나 조직, 국가가 처한 상황은 다양하고도 복잡하다. 이러한 상황조건들을 무시한 채 특정한 리더십 이론이나 리더십 성공사례를 무조건적으로 추종한다는 것은 바람직하지 않다. 따라서 본서에서는 리더십에 보편타당한 정답이 있다고 주장하지는 않는다. 우리가 속한 국가, 조직의 현실과 개인의 특성을 고려해야 한다는 것이다. 이러한 맥락 하에 기존 학자들의 연구결과와 저자들의 관점을 바탕으로 한국적 리더십의 특징과 향후의 과제에 대하여서도 논의하였다.

다음으로 본서의 주요 구성을 소개한다면 다음과 같다. 먼저 리더십과의 만남을 논의할 제1부는 두 개의 장으로 구성된다. 제1장에서는 리더십의 기본 개념과 리더십의 중요성을 이해하면서 리더십을 체계적으로 학습하기 위한 기초적 사항들을 다룬다. 제2장에서는 리더십과 인간, 리더십과 조직의 관계에 대한 이론들을 탐색하여 현대적 관점에서 재정립함으로써, 기존의 리더십 이론들을 바라보는 시각과 관점을 정리하고 리더십 로드맵에 대한 지침을 제공한다.

제2부는 여섯 개의 장으로 구성하였으며, 다양하게 전개되고 있는 리더십의 이론적 측면을 검토함으로써 리더십에 대한 패러다임의 변천과정을 이해하고, 리더십의 과거와 현재, 그리고 미래를 조망해볼 수 있도록 하였다. 제3장은 '리더는 타고나는가? 육성되는가?'라는 질문과 관련된 리더십의 특성이론과 행동이론을 논의한다. 제4장에서는 리더십 상황이론과 리더십 수행과정에서 성립되는 리더와 조직구성원의 교환관계이론을 제시하였다. 제5장은 현대 리더십 이론의 핵심에 해당되는 혁신지향적 리더십 이론들과 사례들을 소개하였다. 제6장에서는 현대 리더십 이론이 중요한 흐름의 하나인 인본주의 개념의 이론들로서 윤리적 리더십, 서번트 리더십, 희생적 리더십 등을 다루었다. 제7장과 제8장은 미래지향적인 관점에서 국내외 리더십 석학들이 제시한 신조류 리더십 이론들과 한국의 리더십 이론들을 중심으로 구성하였다.

본서의 제1부와 제2부에서 현재까지 학계와 실무에서 제시되어 온 리더십 개념과 이론들을 소개했다면, 제3부는 리더십의 실천적인 측면에 초점을 두었으며, 본서의 집필과정에서 가장 역점을 둔 부분이다. 제3부는 다섯 개의 장으로 편집하였으며, 학생들을 미래의 리더로 양성한다는 전제하에 리더의 양성과 리더십의 개발을 병행하여 정리하였다. 또한 양성된 리더가 리더십을 발휘하는 과정과 그 과정에서 발생하는 실패의 경우를 학습하게 함으로써 미래의 리더십 현장에서의 시행착오를 최소화한다는 의도를 반영하였다. 제9장에서는 '리더는 육성 가능하다', '평범한 사람도 리더 양성과정의 학습을 통하여 잠재적인 리더도 거듭날 수 있다'는 전제하에 미시적 리더 양성과 거시적 리더 양성으로 구분하여 구성하였다. 제10장은 미시적 리더 개발의 핵심으로써 리더 자신이 셀프 리더로 성장하는 데 가장 기본이 되는 프로그램(나의 라이프 로드맵 설계)을 실습으로 진행할 수 있도록 제시하였다. 제11장은 리더의 기본적 역할인 비전을 개발하고 조직구성원들과 공유하는 기법과 과정으로 구성하였다. 제12장은 리더십을 발휘하는 과정에서 발생하는 갈등, 위기, 스트레스 등에 대하여 그 발생원인과 해소대책을 중심으로 논의하였다. 마지막 장인 제13장에서는 리더십 발휘의 실패에 대한 간접체험이 가능하도록 사례 위주로 서술하였으며, 미래의 리더십에 대한 과제들도 제시하였다.

앞으로 필자는 본서에 소개된 내용에 만족하지 않고 새로운 지식과 정보를 반영하여 본서를 보완하고 개선하는 과정을 지속할 것을 다짐한다. 끝으로 이 책의 출판을 위하여 도움을 주신 북코리아 출판사 이찬규 사장님과 교정 작업에 도움을 준 이수희 선생, 황승배 박사, 심자긍 박사과정, 민향옥 석사과정에게 감사의 마음을 전한다.

2013년 2월
양봉희

차 례

제1부

리더십과의 만남

리더십은 우리의 삶과 밀접한 관계를 맺고 있으며, 우리 주변의 대부분의 집단이나 조직에서 존재하는 보편적인 현상이다. 사람은 스스로의 욕구를 충족하고 삶의 가치를 구현하며 보다 만족스러운 삶을 영위하기 위하여 집단과 조직을 형성한다. 이러한 집단은 목적을 능률적으로 성취하기 위하여 전문화와 조직화를 추구하게 된다. 따라서 리더십은 인간에 의해 형성되는 집단과 조직에서 자연스럽게 발생하게 되는 사회적 현상이다.

리더십은 석기시대 → 농경시대 → 산업화 시대 → 지식정보화 시대로 발전하는 과정에서 계속 발전해왔다. 최근의 무한경쟁에 가까운 글로벌 환경 속에서는 경쟁력을 갖추지 못하고 가시적인 성과를 창출하지 못하는 조직은 존립 자체가 힘들기 때문에 경쟁력과 고성과를 이끌어낼 수 있는 리더와 리더십이 요구될 수밖에 없다. 이러한 리더십은 현대를 살아가는 우리 모두가 운명적으로 마주쳐야만 하는 현실적인 문제이며 과제이다.

리더십과의 만남을 논의할 제1부는 두 개의 장으로 구성된다.

제1장은 리더십의 기본개념과 리더십의 중요성을 이해하면서 리더십에 대한 개념적인 기초들을 살펴본다.

제2장은 리더십과 인간, 리더십과 조직, 리더십과 권력의 관계에 대한 이론들을 탐색하여 현대적 관점에서 재정립함으로써, 기존의 리더십 이론들을 바라보는 시각과 관점들을 정리해 본다.

제1장 리더십의 개념과 중요성

리더십은 두 명 이상이 집단을 형성하는 모든 조직에서 발생하는 이슈라고 할 수 있다. 리더십에 대한 학계와 실무에서의 개념설정은 다양하지만, 리더십에 의해 이루어진 결과물은 개인과 조직에는 성공과 실패의 결과로 나타난다.

리더십의 영역은 개인·가정·사회의 각종 집단 및 조직·국가에 이르고 있으며, 개인은 집단과 조직의 일원으로서 리더십을 개발하고 실천하는 로드맵 과정을 반복하면서 살아가고 있다. 따라서 리더십의 중요성은 현대인들의 현실적인 화두로서, 리더십 로드맵의 결과는 성과라는 지표로 개인과 조직을 평가하고 있다.

본장에서는 리더십의 기본개념들을 학술적 의미와 연계해서 정의하고, 리더십의 중요성을 탐색해본다.

학습주제

1. 리더란 어떤 사람이며 조직 내에서 주된 역할은 무엇인가?
2. 리더십에 대한 정의를 소개하고 최근 들어 리더십 개념이 확장되고 있는 배경을 찾아보시오.
3. 경영자의 역할과 관련하여 리더십과 관리의 개념을 비교하시오.
4. 리더십은 예술에 가까운 개념인가, 아니면 과학에 가까운 개념인가? 자신의 의견을 구체적인 근거를 제시하여 설명하시오.
5. 훌륭한 리더에게서 기대할 수 있는 리더십 효과성으로는 어떤 것들이 있는가?
6. 리더십에 대한 사회적 관심은 증대하고 있는가? 만일 그렇다면 그 주된 요인들은 무엇 때문인지 제시하시오.
7. 당신은 다른 사람을 이끄는 리더이기 이전에 당신 자신의 인생을 이끌어야 한다. 당신의 셀프 리더십에 대해 100점 만점에 몇 점을 주겠는가? 이유는?
8. 리더십에 관한 당신의 주된 관심사는 무엇인가?
9. 리더십의 구성요소와 주요변수에 대하여 설명하시오.
10. 당신은 리더십과 관리 중에서 어떤 성향이 더 강하다고 생각하는가?

제1절 리더십의 기본개념

1.1 리더와 리더십의 정의

리더(leader) 또는 리더십(leadership)이라는 단어가 국내외에서 언제부터 쓰이기 시작했는지는 불확실하다. 그러나 리더십의 개념은 동서양을 불문하고 사람이 사는 어느 곳에서나 다양한 형태로 존재해왔다. 예를 들면 우리나라에서도 조선시대 이전부터 '통솔'(統率)이라는 말이 널리 사용된 것으로 알려져 있다. 또한 우리 주변에서 '그 사람은 리더로서의 자질이 충분해.', '그는 강력한 리더십을 겸비하고 있어서 조직의 리더로서 적임자야.'라는 표현을 종종 사용한다. 그렇다면 리더는 어떤 사람이고 리더십이란 과연 무엇인가?

1.1.1 리더

리더는 우리말로 지도자로 표현할 수 있으며 사람들을 이끌어가는 사람을 뜻한다. 조직과 관련하여 리더는 공식 리더와 비공식 리더로 나누어볼 수 있다. 공식 리더란 조직의 라인상 책임자를 말한다. 예를 들어 회사의 사장과 팀장, 정부기관의 장, 군조직의 지휘관과 부서의 장, 학교의 교장과 학급 담임교사, 사회단체의 장, 가정의 가장, 동창회나 친목단체의 장 등이다. 이들은 조직이나 부서의 목표달성을 위해 조직구성원들을 이끌어야하며 책임수행을 위해 공식권한을 가진다. 이들은 본인의 의지와 관계없이 리더십을 발휘해야만 하는데, 자신들의 능력에 따라 리더십을 훌륭하게 발휘하기도 하고 제대로 발휘하지 못하기도 한다.

비공식 리더는 공식적인 라인 지위에 있지 않지만 조직구성원들에게 실질적인 영향력을 행사하여 집단을 이끌 수 있는 사람이다. 가령, 회사에서 팀장보다 부팀장이 조직구성원들에 대해 더 큰 영향력을 행사하고 일을 주도한다면 부팀장은 비공식 리더인 것이다. 이러한 경우 팀장을 형식적 리더, 부팀장을 실질적 리더라고 부르기도 한다. 비공식 리더들은 공식권한은 작지만 이를 보완할 수 있는 다른 영향력으로 조직구성원들의 추종과 지지를 받고 문제해결능력이 공식 리더보다 뛰어난 경우가 많다.

조직에서는 공식적인 권한지위와 실질적인 권력지위가 일치하지 않는 경우가 흔히 발생한다. 즉 계급과 직책이 높지만 하급자보다 영향력이 작은 경우도 있고, 그 반대의 경우도 있는 것이다. 영향력이 약한 공식 리더는 형식적 리더가 되고 영향력이 더 강한 비공식 리더가 실질적 리더가 될 수 있는 것이다. 조직은 합법적인 권한체계인 동시에 정치적인 권력체계이기 때문이다.

리더란 공식 리더와 비공식 리더를 모두 포괄하는 개념이다. 하지만 모든 조직에서는 공식 라인상 리더들의 리더십이 중요하다. 가장 바람직한 상태는 공식적인 상위지위의 리더가 실질적인 영향력을 가지고 리더십을 발휘하며 조직구성원들을 이끌어가는 것이다. 본서에서의 리더는 원칙적으로 공식적 리더를 의미한다.

1.1.2 리더십의 정의

리더십 문헌을 광범위하게 조사한 스토그딜(Stogdill)이 "리더십의 정의는 리더십을 연구하는 사람의 수만큼 있다."라고 한 것처럼 리더십에 대한 수많은 서로 다른 정의가 있다.[1] 리더십에 대한 정의가 많은 이유는 리더십 상황이 워낙 다양하고 학자들과 경영자들이 각각의 입장에서 이해하기 때문이다. 그러므로 모든 견해를 포괄한 정의는 불가능하다. 따라서 리더십의 정의는 시대적 상황과 연구의 목적 및 대상에 따라 리더십의 포괄적인 의미를 바탕으로 변용하여 구체적으로 정의하는 것이 실용적이라고 하겠다. 〈표 1-1〉은 현재적 리더십 연구를 시작한 20세기 초부터 오늘날까지의 리더십 정의의 변화를 대략적으로 정리한 것이다.

〈표 1-1〉에 제시된 바와 같이 20세기 초에는 연구자들이 오늘날과는 완전히 다른 리더십 개념을 갖고 있었음을 알 수 있다. 마치 군에서의 지휘와 통제, 그리고 상명하복을 연상케 한다. 물론 오늘날의 관점에서 보면 1900~1929년 시기의 정의는 리더십의 정의라고 볼 수 없는 내용이다. 하지만 당시 리더십 연구를 군이 주도했기 때문에 군이라는 특수한 상황에서는 그러한 개념이 도출되었을 것으로 본다. 전쟁터에서 명령에 대한 복종과 일사불란한 지휘체계를 확립하기 위해서 통제도 필요한 것이 사실이다. 하지만 그러한 행위들을 리더십의 개념과 동일시하는 것은 무리라고 생각된다.

그 후, 리더십의 개념은 개인의 특성으로 초점이 바뀌었다가, 리더의 행동, 목표, 참여, 변화, 자아, 시스템 등으로 변화해나갔다. 이러한 개념의 변화는 곧 리더십에 대한 관점의 변화와 일치한다. 1930년 이후에 리더십의 정의에 대하여 묵시적으로 합의된 사항이 있다면 그것은 리더십이란 강제나 압력의 수단이 아니라 조직구성원들의 자발성에 입각해서 영향을 주고받는 개념이라는 점이다.

---

1   B. M. Bass(1990), *Bass & Stogdill's Handbook of Leadership*, p. 11.

〈표 1-1〉 시대적으로 변천한 리더십 정의

연대(학자)	강조점	대표적 정의
1900~1929년 (Moore, 1927)	통제, 권력행사, 복종, 충성	리더십이란 리더의 의지를 조직구성원들에게 각인시켜 복종, 존경, 충성, 협력 등을 이끌어내는 능력
1930년대 (Bogardus, 1934)	성격, 개인특성, 전인 (Great Man)	한 사람의 특성과 다른 사람들의 특성이 상호작용한 결과로 다른 사람들의 행동양식이 바뀌게 되는 것
1940년대 (Copeland, 1942)	집단, 설득, 자발성	설득과 모범을 통해서 일단의 사람들이 일정한 행동을 따르도록 영향력을 행사하는 기술
1950년대 (Hemphill & Coon, 1957)	관계, 행동, 효과성	집단의 활동을 공유된 목표를 향하여 이끌어가는 개인의 행동
1960년대 (Gibb, 1969)	공동목표, 행동패턴, 구조화	공동의 목표를 달성하기 위해서 다른 사람들의 행동에 영향을 미치는 것
1970년대 (Hollander, 1978)	의사결정 스타일, 상호영향(교환, 거래), 귀인(인상형성, attribution)	리더와 조직구성원 사이의 지속적인 거래를 포함하는 영향력 행사의 과정
1980년대 (Heifetz & Sinder, 1988)	카리스마(강한 의지, 비전), 변화주도, 조직목표(전략) 성취	자기 자신의 비전이나 이슈 실현을 목적으로, 메시지를 분명히 하고, 거래적 수단을 통해서 다른 사람들의 지원을 확보하여, 결과를 산출하는 것
1990년대 (Manz & Sims, Jr., 1990)	혁신, 자아, 추종자	다른 사람(조직구성원)들이 스스로를 효과적으로 이끌도록 영향을 미치는 과정
2000년대 (Marion & Uhl-Bien, 2001)	신뢰, 가치, 시스템, 네트워크	조직의 인적 자본과 사회적 자본의 증진을 통해서 집단지능을 향상시켜 조직의 적응력을 극대화하는 행위

자료: 백기복 외(2010), 『리더십의 이해』, 창민사, 44쪽을 참고하여 재구성.

리더십의 정의가 다양하고 복잡한 이유는 리더십의 필요성이 궁극적으로 인간이 직면하고 있는 불확실성과 위험에서 비롯되었기 때문이다. 개인생활이나 조직생활 과정에서 판단을 해야 할 경우가 많이 있는데 상황이 명확한 경우에는 혼자서도 의사결정을 하기가 쉽지만 불확실하고 위험한 상황에서는 인간은 다른 사람의 도움을 필요로 한다. 바로 그러한 상황에서 리더십이 중요한 역할을 하게 되는 것이다. 리더는 우리가 공포를 덜 느끼고, 자신감을 더 갖도록 도와준다. 리더는 우리가 무엇을 생각하고, 느끼고, 해야 하는가에 대해 그럴듯한 판단을 내리도록 도와준다. 리더는 조직구성원들이 가능성을 발견하고, 필요한 자원을 찾을 수 있도록 도와준다. 그런데 각자가 직면하는 상황의 불확실성과 위험성이 서로 다르기 때문에 시대 상황에 따라 연구자마다 리더십에 대한 인식도 다를 수밖에 없는 것이다.

또한 리더십이 손으로 만져 보거나, 눈으로 보거나, 직접 측정할 수 없는 사회적 구성 개념이기 때문에 이러한 혼란은 어느 정도 불가피하다고 할 수 있다. 따라서 대부분의 리더십 학자들은 리더십에 대한 개념적 혼란을 방지하기 위해 '리더가 조직목표를 달성하기 위하여 조직구성원들에게 영향력을 행사하는 과정(process)', 또는 '조직 내에서 발생하는 리더와 조직구성원들 간의 영향력 관계'로 간결하게 리더십을 정의하고 있다. 그런데 이러한 리더십 정의에 포함되어 있는 '목표, 조직구성원, 영향력 행사과정' 이라는 용어에는 다음과 같은 의미가 담겨 있다.[2]

첫째, 리더십은 목표(objective)를 달성하는 것이다. 비전과 목표를 제시하고, 전략과 추진계획을 수립하는 것도 중요하지만, 그것만으로 리더십을 제대로 발휘한다고 할 수가 없다. 진정한 리더십은 비전과 목표를 결과로 전환시키는 능력이 요구된다. 수익률 증가, 일자리 창출, 삶의 질 향상, 시장 확대, 전투력 강화, 강한 군대 건설 등의 구호만을 외치는 것이 아니라 실제로 그렇게 만들어야 하는 것이다. 즉 성과를 창출해내는 것이 리더십이라는 것이다.

둘째, 리더십은 조직구성원(follower), 즉 사람을 대상으로 하는 것이다. 가정이든, 기업이든, 군 조직이든, 정부기관이든, 국가든 간에 모든 조직은 사람으로 구성된 집합체이다. 물론 조직을 구성하고 있는 것은 사람만이 아니다. 조직은 과업, 물자, 정보, 문화 등의 많은 구성요소가 유기적으로 결합되어 운영되지만 이러한 조직 구성요소들이 그 기능을 잘 발휘하도록 하는 것은 결국 사람이다. 리더는 사람을 움직여서 조직목표를 달성하기 때문에 사람이 조직의 성패를 결정하는 핵심요소라고 할 수 있다. 리더십은 바로 그러한 사람을 대상으로 하는 것이다.

셋째, 리더십은 리더와 조직구성원들 간의 영향력 행사 과정(process) 또는 영향력 관계이다. 여기서 '과정'이라 하는 것은 리더십이 리더가 다른 사람에게 영향을 미치기도 하고, 그들에 의해서 영향을 받기도 한다는 것을 의미한다. 리더십은 리더가 갖고 있는 성격이나 특성이 아니라 일대일, 일대 다수 또는 그 숫자가 얼마이든지 간에 리더와 그를 따를 것인지, 따르지 말 것인지를 선택하는 조직구성원 사이의 거래적 과정이라는 것이다. 다시 말해서 리더십은 직위(position)가 아니라는 것이다.

---

2 최병순(2010), 『군 리더십』, 북코리아, 26-27쪽.

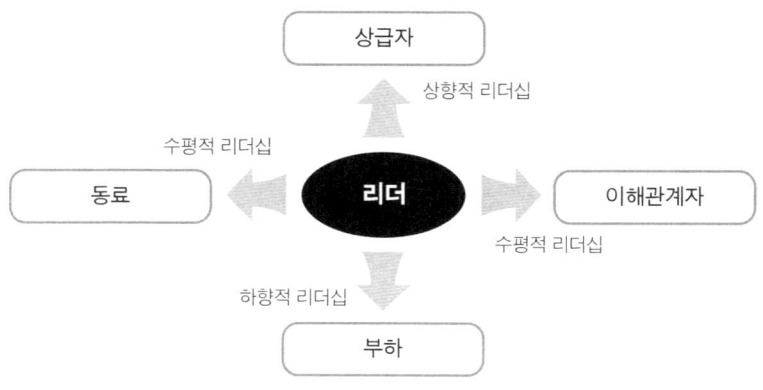

〈그림 1-1〉 리더십과 영향력

자료: 최병순(2010), 『군 리더십』, 북코리아, 28쪽.

아랫사람이 있다고 해서 모두가 리더는 아니다. 진정으로 따르는 팔로어가 없다면 단지 그 집단의 보스일 따름이다. 직위나 계급이 높다는 이유만으로 팔로어가 따르는 경우에는 그 영향력은 리더의 직위권력이나 계급 이상을 뛰어넘지 못한다. 마지못해 따르기 때문에 조직구성원들은 자신에게 불이익이 돌아오지 않는 최저 수준에서 명령이나 지시에 순응하는 행동을 하게 되기 때문이다. 반면에 리더십을 잘 발휘하면 영향력이 커져 조직구성원들이 충성하고 마음속으로부터 조직에 헌신하게 되므로 집단 또는 조직의 성과가 더욱 더 높아지게 된다.

리더십을 이와 같이 영향력 행사 과정으로 본다면 어떤 조직 또는 사회에 속한 사람이라도 리더십을 발휘할 수 있다. 관계를 맺는 방식에 따라 〈그림 1-1〉과 같이 다양한 형태의 리더십이 발휘될 수 있다는 것이다.

윗사람이 아랫사람에게 영향력을 행사한다면 하향적 리더십, 아랫사람이 윗사람에게 영향력을 행사한다면 상향적 리더십, 그리고 수평적 관계에 있는 동료나 이해관계자들에게 영향력을 행사한다면 수평적 리더십이라고 할 수 있다. 이와 같이 리더십은 하향적 · 일방적으로만 발휘되는 것이 아니라 전방위적으로 발휘되는 것이라고 할 수 있다.[3] 그리고 이러한 리더십을 '전방위적 리더십', '다방향 리더십', 또는 '360도 리더십'이라고 한다.

이와 같이 지식정보화 사회의 도래와 함께 조직의 핵심자원은 사람이라는 인식이 확대되면서 리더십은 조직의 최고위층에서만 요구되는 것이 아니라 조직의 모든 계층에서 필

---

3   맥스웰(Maxwell, 2005)은 리더는 영향력을 행사하는 사람이며, 리더십은 곧 영향력이라고 전제하고 있다. 그리고 어느 위치에 있는 사람들에게도 영향력을 발휘할 능력이 있는 사람을 '360도 리더'라고 지칭하고 있다.

요한 역량이고, 상하 간의 수직적 관계에서만 발휘되는 것이 아니라 리더와 조직구성원들이 조직의 공동목표 달성을 위해 함께 노력하는 파트너십으로서 새롭게 인식되고 있는 것이다.

1.2 리더십의 구성요소

리더십은 리더, 조직구성원, 상황의 세 가지 요소로 구성된다. 리더십을 발휘하는 주체는 리더이고 대상은 조직구성원이다. 그리고 양자 간의 관계는 상황이라는 조건하에서 형성된다. 이를 그림으로 표시하면 〈그림 1-2〉와 같다. 리더십은 조직의 비전과 목표를 향하여 세 요소가 잘 어우러지는 접점을 찾는 활동이다.

리더십의 구성요소에서 상황은 두 가지 의미를 담고 있다. 하나는 리더와 조직구성원을 연결하는 직무 또는 과업의 상황이다. 군 조직의 지휘관과 부하 간에는 승리와 생존, 기업체의 사장과 사원 간에는 생산성의 향상, 교수와 학생 간에는 수강과목이라는 상황조건이 주어져야 영향력이 작용하고 리더십 현상이 발생하는 것이다. 이러한 과업상황을 벗어나면 과업과 관련한 영향력이 작용하지 않으므로 직접적인 리더십 현상은 발생하지 않는 것이다. 그러나 집단주의적이고 권위적인 문화에서는 과업과 관련되지 않은 상황에서도 공식적인 조직의 상급자와 조직구성원 간의 간접적인 리더십 현상이 발생할 수 있

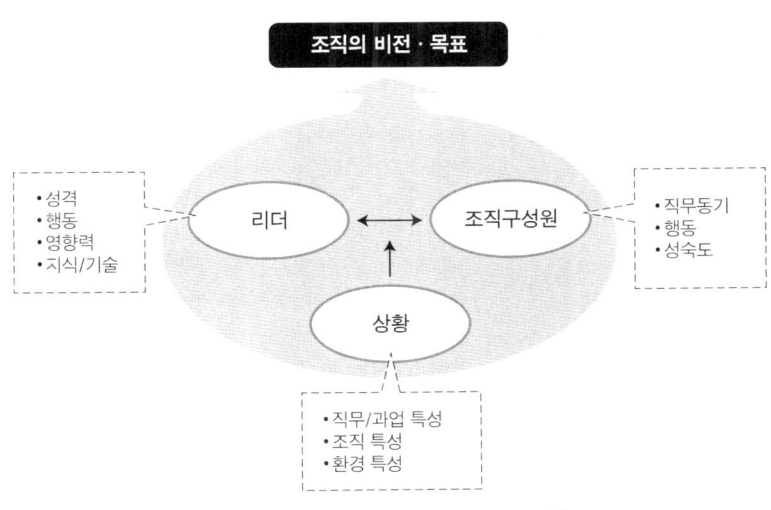

〈그림 1-2〉 리더십의 구성과 주요변수

자료: 박유진(2009), 『현대사회의 조직과 리더십』, 양서각, 21쪽.

다. 그러나 이러한 상황까지를 대상으로 리더십 효과성을 규명하려 하면 직무성과와의 상관성은 물론 연구결과의 타당성을 확보하기 어려울 가능성이 높다.

다른 하나는 리더십 효과성에 영향을 미치는 변수로서의 상황이다. 어떠한 상황에서 어떠한 리더십 유형이 적절한가, 즉 리더십 유형과 상황과의 적합성을 탐색하는 이론을 리더십 상황이론이라고 한다. 가령 민주적 리더십은 조직구성원의 자율능력이 우수할 때 효과적이고, 조직구성원들의 자율능력이 낮으면 비효과적이라고 할 때 '조직구성원들의 자율능력'은 리더십 효과성을 가늠하는 상황변수인 것이다.

리더십을 구성하는 요소로서의 상황은 위 두 가지 경우를 모두 포함하는 것이지만, 첫 번째의 경우와 더욱 관련성이 많다. 리더십은 본질적으로 영향력이 작용하는 관계이기 때문이다.

1.3 리더십과 관리의 관계

일반적으로 리더십(leadership)은 모험적, 동태적, 창조적, 변화, 비전 등과 같은 단어를 연상하게 하지만, 관리(management)는 효율성, 계획, 서류작업, 절차, 규정, 통제, 일관성 등과 같은 단어를 연상하게 한다. 이와 같이 서로 다른 개념으로 인식되고 있지만 다른 한 편으로 리더십과 관리는 둘 다 영향력을 행사한다는 점, 사람을 통해 일을 한다는 점, 그리고 효과적으로 목표를 달성하려 한다는 점 등에서 유사성이 있다.[4] 이러한 특성을 갖고 있는 리더십과 관리의 관계에 대해서는 〈그림 1-3〉에서 보는 바와 같이 다양한 관점이 있다.[5]

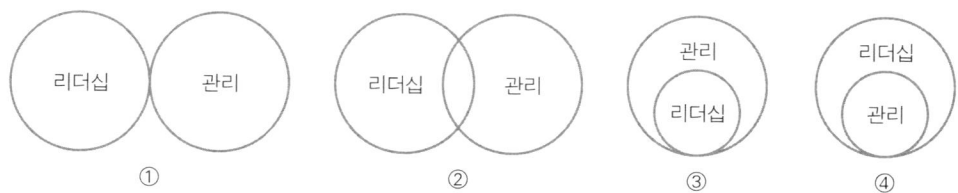

〈그림 1-3〉 리더십과 관리의 관계
자료: 최병순(2010), 『군 리더십』, 북코리아, 81쪽을 참고하여 재구성.

---

4   Northhouse, P. G.(2001), *Leadership: Theory and Practice*, Sage Pub, pp. 13-14.
5   최병순(2010), 『군 리더십』, 북코리아, 81-83쪽.

첫 번째 관점은 리더십과 관리가 질적으로 다르다는 것이다. 대표적인 학자들인 베니스(Bennis, 1989)와 잘레즈닉(Zaleznik, 1983)은 리더와 관리자는 서로 양립할 수 없는 가치관과 성격을 갖고 있는 근본적으로 다른 종류의 사람이기 때문에 리더십과 관리가 동시에 발휘될 수 없다고 주장하고 있다. 즉 관리자는 안정, 질서, 효율성을 중시하고 일을 수행하는 방식과 일을 올바르게 하는 데 관심을 갖는다. 반면에 리더는 유연성, 혁신과 변화, 적응을 중시하고 일의 목적과 이유, 그리고 옳은 일을 하는 데 관심을 갖는다.

버크(Burke, 1986)와 유클(Yukl, 2002)은 관리와 리더십을 구분하기는 하지만 관리자와 리더를 별개의 사람으로 보지는 않는다. 목표와 방향을 명확히 하고, 목표달성을 위해 사람들에게 영향을 미치는 활동을 할 때 관리자는 리더십을 발휘하고 있는 것이고, 목표달성을 위해 계획, 조직화, 충원 및 통제 활동을 할 때 리더는 관리를 하고 있다는 것이다.

코터(Kotter, 1990)는 관리는 복잡성에 어떻게 대처하는가, 그리고 리더십은 변화에 어떻게 대처하는가에 초점을 맞추어 기술하고 있다.

〈표 1-2〉에서 보듯이 관리는 계획, 조직화, 예산편성, 인원배치, 통제 그리고 문제해결 등을 통해 현재 시스템을 유지하는 것이고, 리더십은 비전과 전략을 개발하고, 전략을 뒷받침하는 인력을 배분하며, 장애가 있을지라도 조직구성원들이 비전을 갖도록 임파워먼트하는 것이라는 것이다. 또한 관리는 위계와 시스템을 통해 일하고, 경직적이고 냉정

〈표 1-2〉 관리와 리더십의 비교

구 분	관 리	리더십
방향성	• 기획과 예산편성 • 이윤창출 중시	• 비전과 전략 수립 • 장기전망 중시
조직배열	• 조직화 및 직무배치 • 지시 및 통제 • 부서 간 경계 구분	• 문화 및 가치의 공유 • 조직구성원의 성장과 지원 • 부서 간 경계 감소
관 계	• 재화와 서비스의 생산과 판매 중시 • 지위권력(position power)에 기초 • 보스로 행동	• 동기유발 및 격려 중시 • 개인권력(personal power)에 기초 • 코치, 촉진자, 섬기는 리더로 행동
개인자질	• 정서적 거리 유지 • 지시와 명령 • 전문가의 폐쇄적 마인드 • 규정준수 요구 • 조직 내부의 치밀한 관리	• 정서적 긴밀성 유지 • 경청 • 개방적 마인드 • 쇄신적 아이디어 장려 • 자아에 대한 통찰(성실성)
결 과	• 안정 유지	• 변화 창출

자료: 안성호 · 김일석(2010), 『현대 리더십의 이해』, 신광문화사, 23쪽.

한 반면에, 리더십은 사람과 문화를 통해 일하고, 부드럽고 유연하며 따뜻하다고 구분하고 있다. 즉 관리는 일이 효율적으로 이루어지게 하는 반면에 리더십은 유용한 변화가 일어나게 하기 때문에 리더십과 관리 중 어느 것이 더 좋고 나쁜 것이 아니라 성공적으로 조직을 이끌어가려면 둘 다 필요하다고 한다.

코비(Covey, 1992)는 두뇌지배이론의 관점에서 관리자의 역할은 주로 단어, 구체적인 요소, 논리, 분석, 연속적 사고와 시간을 더 많이 다루는 좌뇌의 지배를 받는 반면에, 리더의 역할은 감정, 그림, 요소들 사이의 관계, 통합, 직관, 전체적 사고를 더 많이 다루고 시간 제약을 받지 않는 우뇌를 기반으로 한다고 한다. 따라서 '좌뇌로 관리하고, 우뇌로 리드해야 한다.'라고 주장한다.

두 번째 관점은 리더십과 관리의 두 기능 사이에 중첩 부분이 있다는 것이다. 어데어와 리드(Adair & Reed, 2003)는 관리는 모든 자원에 대한 책임, 리더십은 인적자원에 대한 책임이므로, 리더십과 관리는 서로 다른 개념이지만 중첩 부분이 점점 커지고 있다고 한다. 즉 리더십은 변화를 주도하는 경향이 있다는 점에서 관리와 차이가 있지만 관리와 리더십, 둘 다 다른 사람을 통해서 목표를 달성하고, 결과를 추구한다는 점에서 공통점이 있다는 것이다. 마찬가지로 휴스 등(Hughes et al., 1999)도 리더십과 관리는 서로 중첩되는 기능이기 때문에 어떤 기능들은 리더와 관리자가 서로 다르게 수행하지만 둘 다 공통적으로 수행하는 기능도 있다고 주장한다.

세 번째 관점은 대부분의 경영학자들의 견해로 리더십은 관리 기능의 하나라는 것이다. 즉 관리는 모든 자원에 대한 책임을 지는 것이고, 리더십은 인적자원에 대한 책임을 지는 것이므로 관리의 일부 기능으로 리더십을 보아야 한다는 것이다.[6] 이러한 입장을 취하는 대표적인 학자인 민츠버그(Minzberg, 1973)는 경영자들을 대상으로 한 연구결과를 토대로 관리자의 역할을 열 가지로 분류[7]하면서 리더로서의 역할을 관리자 역할의 하나로 보고 있다.

이와 같이 리더십과 관리에 대한 여러 가지 견해가 있지만 모든 관리자 또는 리더는 리더십 기능과 관리 기능을 상황에 따라 둘 다 수행해야 하기 때문에 리더십과 관리는 상호 보완적인 기능이고, 둘 다 관리자나 리더에게 필수적이다. 관리가 없는 강한 리더십은 혼란을 야기하고, 리더십이 없는 강력한 관리는 조직을 몰락의 길로 몰아넣는다.

---

6 관리기능은 학자에 따라 다섯 가지로 구분하고 있다. 그러나 일반적으로 계획(planning), 조직화(organizing), 리더십(leadership), 통제(controlling)의 4대 기능으로 구분하고 있다.

7 민츠버그가 분류한 관리자의 열 가지 역할은 '대표자 역할, 리더 역할, 연락자 역할, 정보 분배자 역할, 모니터 역할, 대변자 역할, 창업가 역할, 위기관리자 역할, 자원 할당자 역할, 협상자 역할'로 구분된다.

따라서 리더십과 관리가 비록 개념적으로 구분될 수 있다고 하더라도 현실적으로 공식 조직에서 크건 작건 간에 직책을 맡고 있는 사람은 관리자이면서 동시에 리더의 역할을 수행하고 있기 때문에 리더와 관리자의 역할을 구분하기가 어렵거나 구분 자체가 무의미 하다고 할 수 있다. 리더십과 관리가 서로 다른 것은 분명하지만 오른손과 왼손, 코와 입 의 차이에 불과하고, 모두 한 몸 속에 있는 것이라고 하겠다.

끝으로 네 번째 관점으로서 관리자는 모두 리더라고 할 수 있지만, 모든 리더가 공식적 인 권한을 갖고 조직구성원을 거느리는 관리자는 아니기 때문에 관리자를 리더의 하위 범 주로 볼 수 있다는 것이다. 따라서 관리자가 수행하는 관리 기능이 리더가 발휘하는 리더 십에 포함되는 것으로 볼 수 있다. 리더십을 행사하는 것(leading)과 관리를 행하는 것 (managing)은 서로 별개라고도 할 수 있지만, 리더에게 둘 다 중요한 역량이기 때문에 리더 가 효과적으로 리더십을 발휘하기 위해서는 관리 역량도 함께 구비해야 한다는 것이다. 관리만 잘하고 리더십이 부족한 리더는 나아갈 방향과 목표를 잃게 된다. 반면에 리더십 은 있지만 관리능력이 부족한 리더는 단기적으로 성공할 수는 있지만 곧 무너질 수 있다.

1.4 리더십의 분류

리더십은 즈직에서뿐만 아니라 인간이 존재하는 모든 영역에서 다양한 형태로 발휘된 다. 발휘되는 영역 또는 발휘 대상이 되는 조직을 기준으로 리더십을 분류하면 가정 리더 십, 기업 리더십, 군 리더십, 공공조직 리더십, NGO 리더십 등으로 분류할 수 있고, 발휘 자가 누구인가를 기준으로 분류하면 대통령 리더십, 최고경영자 리더십, 교육자 리더십, 공직자 리더십, 성직자 리더십 등 직종과 직위에 따라 다양한 유형으로 분류할 수 있다. 그리고 리더십 발휘방법에 따라 인간 중심 리더십, 과업 중심 리더십, 서번트 리더십, 슈 퍼 리더십, 변혁적 리더십, 진성 리더십[8] 등 다양한 유형으로 리더십을 분류할 수가 있다.

1.4.1 발휘영역에 따른 리더십 분류

리더십은 〈그림 1-4〉에서 보는 바와 같이 자신, 가정, 조직, 사회, 국가, 그리고 세계 등 우리 삶의 전 영역에서 발휘되고 있는 자연스런 현상의 일부이다. 이러한 관점에서 리 더십에 밀착하여 분류해보면 자기 자신의 삶의 영역에서 자신을 조정·통제하는 '셀프 리

---

8   진성 리더십은 'authentic leadership'을 번역한 것으로써 본서의 7장에서 세부적으로 제시하고 있다.

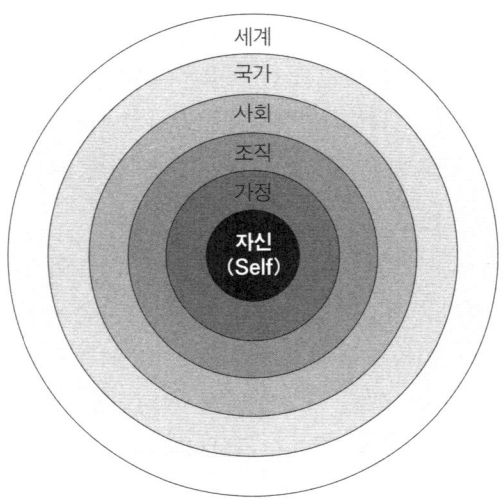

〈그림 1-4〉 발휘영역에 의한 리더십 분류

자료: 최병순(2010), 『군 리더십』, 북코리아, 58쪽.

더십', 가정에서 가장이 발휘하는 '가정 리더십', 학교생활과 같은 공동생활에서 발휘하는 '수평적 및 수직적 리더십', 조직에서 리더들이 발휘하는 '조직 리더십', 그리고 각종 사회 활동 과정에서 발휘하는 '사회적 리더십', 국가적 차원에서 발휘하는 '국가적 리더십' 그리 고 국가적 경계를 넘어 세계 또는 인류를 대상으로 발휘하는 '글로벌 리더십' 등으로 다양 하게 분류할 수 있다.

앞에 제시한 리더십들은 리더십 발휘의 영역 또는 대상과 이를 실천하는 방법과 성과 에는 차이가 있을 수 있지만, 리더십의 정의에서 정리한 바와 같이 '개인과 조직의 목표를 달성하기 위해 개인 또는 조직구성원들에게 영향력을 행사하는 과정'이라는 점에서 그 본 질은 동일한 것이다. 그리고 유능한 리더는 어느 한 영역에서만이 아니라 자신, 가정, 조 직, 사회, 국가, 세계 등 삶의 전 영역에서 리더십을 발휘하는 리더를 의미한다. 조직을 위 한다고 가정에 충실하지 않는 리더, 소속 조직의 이익만을 위해 사회나 국가에 손해를 초 래하는 리더, 자기 나라의 이익을 위해 다른 나라나 인류에게 피해를 입히는 리더 등은 진 정한 리더라고 할 수 없는 것이기 때문이다.

1.4.2 발휘역량에 의한 리더십 분류

콜린스(Collins, 2001)는 '좋은 기업을 넘어 위대한 기업으로(Good to Great)' 변화시키는 요 인은 무엇인가에 대한 해답을 구하기 위해 5년에 걸쳐 연구 프로젝트를 진행했다. 그는

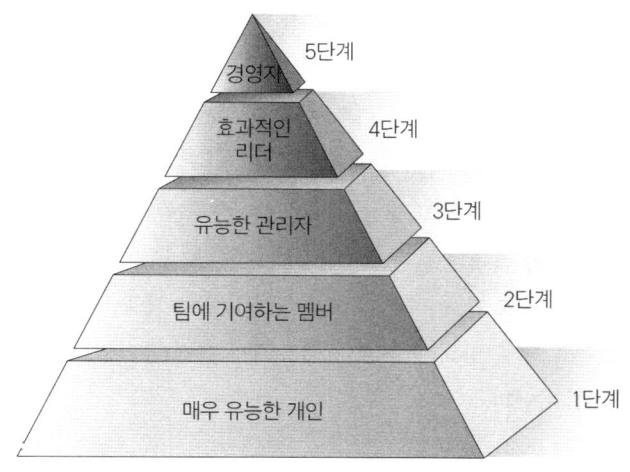

〈그림 1-5〉 리더십의 5단계 계층 구조

자료: Collins, J. (2001), *Good To Great*, NY: Harpercollins Publishers, p. 40.

연구팀을 구성하고 그들과 함께 어떤 전환점을 기준으로 15년간의 누적 주식 수익률이 전체 주식시장과 같거나 그보다 못한 실적을 보이다가, 이후 15년간 시장의 최소 3배에 달하는 누적 수익률을 보인 회사들을 찾아내었다. 그리고 연구팀은 '도약에 성공한 회사들의 공통점이 무엇인가?'가 아니라, 이렇게 선정된 '좋은 회사에서 위대한 회사로 도약한 기업군'과 비슷한 형편의 다른 기업군을 비교한 결과, 좋은 회사에서 위대한 회사로 도약한 기업들의 조직구성원들은 중대한 전환기에 〈그림 1-5〉와 같은 5단계의 리더십을 발휘하고 있다는 것을 발견하였다.

〈그림 1-5〉에서 1단계는 개인적 능력의 탁월성 수준, 2단계는 집단목표를 달성하기 위해서 자신의 능력을 발휘하고, 팀 동료들과 합심하는 팀원 수준, 3단계는 이미 결정된 목표를 효율적으로 달성할 수 있도록 사람과 자원을 조직화하는 유능한 관리자 수준, 그리고 4단계는 조직구성원들에게 비전을 제시하고 이를 달성하도록 촉구하며, 보다 높은 성과를 달성하도록 자극을 주는 전통적인 의미에서의 효과적인 리더십 수준을 가리킨다.

연구 결과를 보면 세상에 이름을 널리 알리고 있는 CEO도 '3단계' 또는 '4단계'에 미치지 못하는 경우가 많았다. 그에 비하면 '위대한 회사'로 도약시킨 '5단계' 리더들은 앞에 나서지 않고 조용하며, 신중한 리더들이었다. 그리고 인간적 겸손과 직업적 의지가 역설적으로 융합된 리더였다. 겸손하면서도 의지가 굳고, 두려움이 없는 이중성을 갖고 있었다. 이들은 지시하고 명령하는 리더가 아니라 겸손함과 강한 의지를 동시에 구비한 리더였다.

일반적으로 대부분의 CEO들은 기업이 승승장구할 때는 거울 속에 비친 자신의 모습에 도취되었고, 문제가 발생하면 창문 너머의 환경을 탓했다. 반면 '5단계'의 리더들은 모두 공을 철저하게 조직구성원들에게 돌렸고, 자신은 단지 '운이 좋았을 뿐'이라고 표현했다. 말수가 적고 신중했지만, 미국 역사상 가장 위대한 나라를 만들겠다는 야망을 구현하기 위해 노력한 링컨 대통령이 대표적인 '5단계 리더십'을 발휘한 리더였다. 한편 5단계의 리더들은 차세대의 후계자들이 훨씬 더 큰 성공을 거둘 수 있는 기틀을 마련해주는 데 반해서, 자기중심적인 4단계의 리더들은 후계자들을 실패의 늪에 빠뜨리는 경우가 많았다. 5단계 리더들은 매우 겸손하고 앞에 나서기를 싫어하며 말수가 적었다. 반면에 5단계에 미치지 못하는 리더들은 기업을 망하게 하거나 계속해서 평범한 기업으로 남게 하는 개인적인 자아가 강한 리더들이었다.

1.4.3 리더십의 차원별 분류

벨(Bell, 2006)은 리더십을 조직적 리더십, 운영적 리더십, 인적자원 리더십의 세 가지 차원으로 구분하고, 각 차원별로 요구되는 구체적인 스킬과 행동, 그리고 리더의 수준에 따른 효과적인 리더십을 〈그림 1-6〉에 제시하였다.

조직적 리더십의 핵심은 조직의 효과성 및 장기적인 적합성이다. 따라서 리더십의 초점이 외부로 지향한다. 그리고 조직의 일상적인 운영상황보다는 조직이 올바른 방향으로 나아가는지에 관심을 집중함으로써 조직의 구성요소와 자원들이 목표를 향해 한 방향으로 나아가도록 유도한다. 또한 조직의 가치를 수용하도록 조직이 나아갈 방향에 담긴 메시지를 적극적으로 이해시키고 홍보한다.

운영적 리더십은 조직 운영의 효율성 및 반응성과 관계가 있다. 리더십의 초점은 기본적으로 조직 내부를 지향한다. 예를 들어 함정이 효율적으로 운영되도록 돕는 역할을 맡

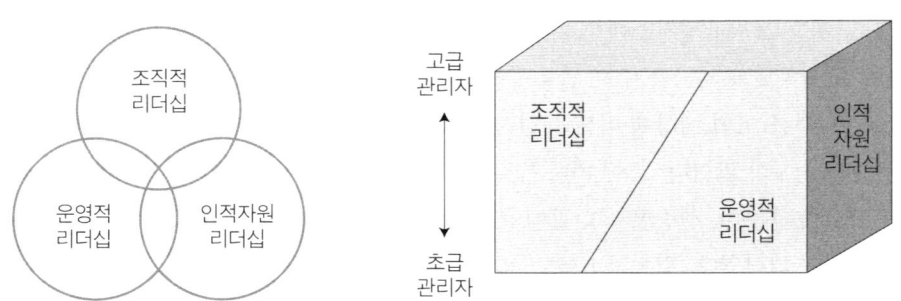

〈그림 1-6〉 세 가지 차원의 리더십과 수준별 요구되는 리더십

자료: Bell, A.(2006), *Great Leadership: What It Is and What It Takes in A Complex World*, CA: Davies-Black Pub.

은 기관장이나 갑판장처럼 계획의 수립, 조직화 및 통제, 평가 및 문제해결 등과 같은 기능을 한다.

그런데 인적자원 리더십은 모든 조직구성원들의 생산성과 관계가 있다. 초급관리자이든 고급관리자이든 간에 적합한 사람을 선발하여 적재적소에 배치하고, 교육훈련을 통해 역량을 개발하고 동기부여를 시켜서 모든 조직구성원들의 능력을 최대로 발휘할 수 있는 방법을 찾는다. 결국 효과적인 리더가 되려면 세 가지 차원의 리더십을 균형 있게 발휘해야만 한다.

〈그림 1-6〉 우측의 정면은 조직적 리더십과 운영적 리더십 간의 관계를 나타내고 있는데, 고위직으로 올라갈수록 조직적 리더십에 투자하는 시간과 노력의 비중이 더 커져야 함을 보여주고 있다. 그리고 육면체의 나머지 부분은 인적자원 리더십이 조직적 리더십 및 운영적 리더십과 맺고 있는 관계를 보여주고 있다. 이러한 리더십 육면체는 유능한 리더가 되기 위해서 필요한 다음과 같은 중요한 원칙을 내포하고 있다.[9]

첫째, 인적자원 리더십이 부족하면 조직적 리더십과 운영적 리더십의 효과가 줄어든다. 즉 강력한 인적자원 리더십을 발휘할수록 조직적 리더십과 운영적 리더십을 효과적으로 발휘할 수 있고, 조직도 강해진다는 것이다.

둘째, 인적자원 리더십을 의도적으로 모든 계층의 리더들에게 적용하지 않으면 효과가 떨어진다. 즉 모든 계층의 리더들이 각 수준에 맞는 인적자원 리더십을 발휘하도록 환경을 조성하고 능력을 개발해야 한다는 것이다.

셋째, 인적자원 리더십은 모든 계층의 리더들이 조직적 리더십과 운영적 리더십을 적절히 균형 있게 발휘할 때 가장 효과적이다. 조직적 리더십과 운영적 리더십에는 그 효과를 높일 수 있는 인적자원 리더십이 필요하다. 그리고 인적자원 리더십을 발휘할 수 있는 여건을 제공하는 조직적 리더십과 운영적 리더십이 필요하다. 만일 지나치게 운영적 리더십의 비중이 높다면 인적자원 리더십이 조직 전체의 이익과 직결되지 않는 방향으로 발휘될 수도 있다.

---

9 클로슨(Clawson, 2002)은 『3단계 리더십』이라는 책자에서 1단계 행동(Body), 2단계 의식적인 생각(Head), 3단계 기본적인 가치관과 가정(Heart)의 세 가지 유형으로 구분하고, 이러한 인간 활동에 영향을 미치는 것이 리더십이라고 보았다. 일반적으로 리더들은 관찰이 가능한 1단계 행동 수준에서 리더십을 발휘하려고 한다. 그러나 클로슨은 1단계에 초점을 맞추는 전통적인 리더십보다 비가시적인 2단계와 3단계의 활동에 초점을 맞추는 리더십이 더욱 효과적이라고 주장하였다.

1.4.4 리더의 행동체계에 따른 리더십(3차원) 분류

리더십 행동이론은 전통적인 이론연구에서 과업지향(task-oriented)과 관계지향(relations-oriented) 행동으로 크게 양분되어 왔으나, 두 가지 행동범주는 직접적으로 조직의 변화를 장려하고 촉진하는 행동을 포함하고 있지는 않다. 1980년대에 카리스마 및 변혁적 리더십 이론이 등장하면서 변화지향(change-oriented) 행동이 거론되기 시작하였으며 이후 유클(Yukl, 1990, 1997), 에크볼과 아르보넨(Ekvall & Arvonen, 1991) 등에 의해서 변화지향 행동이 리더의 행동체계로 분류되었다.[10]

변화지향 행동이 리더의 행동체계로 분류됨으로써 이전의 연구를 확장하는 것 외에도 효과적 리더십에 대한 중요한 통찰력을 제공하였다. 즉 각각의 세 가지 범주는 효과적 리더십과 연관되어 있다. 과업지향 행동은 능률적이고 확실한 방법으로 과업을 달성하는 것을 최우선으로 한다. 관계지향 행동은 상호신뢰의 증가, 협력, 직무만족 및 조직의 일체감을 최우선으로 한다. 변화지향 행동은 환경을 이해하고, 이에 순응하는 혁신적인 방법을 찾아내며, 전략, 제품 혹은 프로세스에서의 주요 변화를 추진할 수 있게 해주는 것을 최우선으로 한다. 이러한 세 가지 범주의 특징을 정리해보면 다음과 같다.

첫째, 과업지향 행동은 효율적이고 신뢰할 만한 방법으로 과업을 달성하는 것과 관련된 행동으로서 구체적으로는 과업활동 계획 행위, 지침 및 절차 제시 행위, 목표 제시 행위, 역할을 명확히 하는 행위, 감독 및 피드백 행위 등을 포함한다.

둘째, 관계지향 행동은 상호신뢰, 협조, 직무만족 및 조직 동일시의 고양에 관심을 둔 행위로서 조직구성원들의 복지에 대한 관심, 격려 및 지원, 의견 존중, 업적 인정 등의 행위를 뜻한다.

셋째, 변화지향 행동은 환경에 대한 이해, 혁신적인 방법 강구, 전략 및 절차에서의 변화 추진에 관심을 둔 행위를 의미한다. 변화지향 행동의 구체적인 행위는 비전 제시, 미래에 대한 확신, 위험 감수와 창의적인 아이디어를 강조하는 행위 등이 있다.

스코트와 브루스(Scott & Bruce, 1994)는 변화지향 리더의 실제 행동을 창의성(creativity)과 혁신행동(innovative behavior)으로 구분하였다. 창의성은 유용한 새로운 아이디어를 창안하는 것을 의미하지만 혁신행동은 유용한 아이디어를 새로 만들어내거나 기존 아이디어를 적용 및 발전시키는 것을 포괄하는 의미이다. 또한 혁신행동은 문제인식에서부터 아이디어 및 해결책의 제안, 아이디어의 적용, 새로운 혁신의 완성 및 확산 등의 단계별 프로세

---

10 Yukl, G. (2009), 강정애 외 역, 『현대조직의 리더십 이론』, 시그마프레스, 93쪽.

스를 포함하는 개념이다. 따라서 혁신행동은 창의성의 개념을 포함하고 있고, 변화관리가 일회성이 아닌 장시간의 단계별 과정을 거치게 된다.

박오수와 고동운(2009)은 변화지향 리더의 특징을 다음과 같이 제시하였다.[11]

첫째, 리더의 외부환경에 대한 감시활동은 환경의 위협요인이 무엇인지에 대한 정보 획득을 가능케 하고, 이러한 정보는 조직구성원들에게 전달되어 문제인식능력을 확대할 것이다. 문제 인식의 확대는 적절한 해결방안에 대한 탐색행위를 촉진할 것이다.

둘째, 리더는 조직구성원들에게 구체화된 비전과 목표를 부여함으로써 목표를 달성하기 위한 적절한 대안들을 모색하게 하고 불필요한 대안 탐색에서 초래되는 노력과 자원의 낭비를 방지할 것이다.

셋째, 리더 스스로의 혁신행동은 조직구성원들에게는 새로운 아이디어에 대한 암시 효과를 가져와 조직구성원들의 혁신을 촉진한다.

넷째, 혁신에 대한 지원활동은 아이디어의 적용, 혁신의 완성 및 확산을 촉진할 것이다. 만약, 리더가 이러한 여건을 조성하고 촉진하는 활동을 하지 않는다면 조직구성원들 자신만의 능력으로 혁신을 추구하기에는 제약이 있을 수밖에 없다. 그러므로 변화지향 리더십이 높을 경우, 조직구성원들의 혁신행동은 증가할 것이다. 과업지향, 관계지향 및 변화지향 행동의 예는 〈표 1-3〉과 같다.

---

11 박오수 · 고동운(2009), "변화지향 리더십과 부하 혁신행동의 관계", 『인사 · 조직연구』 17(3), 41-79쪽.

〈표 1-3〉 과업 · 관계 · 변화지향 행동의 예

구 분	행 동
과업 지향	• 효율성을 높이기 위해 업무활동을 체계화한다. • 단기 운영에 대한 계획을 세운다. • 업무를 집단이나 개인에게 할당한다. • 역할 기대와 과제목표를 명료화한다. • 규칙, 방침, 표준 운영절차를 설명해준다. • 집단의 활동을 지휘하고 조정한다. • 운영과 수행을 점검한다. • 업무를 방해하는 당면문제를 해결한다. • 효율성, 생산성, 품질의 중요성을 강조한다. • 집단의 수행에 대해 높은 기준을 설정한다.
관계 지향	• 지원과 격려를 해준다. • 사람들에게 도전적인 목표를 달성할 수 있다는 자신감을 표현한다. • 관계를 구축하기 위해 사람들과 친목을 도모한다. • 공헌과 성취를 인정해준다. • 코치와 후견인 역할을 한다. • 사람들에게 영향을 미칠 결정에 관해서는 그들과 협의한다. • 사람들에게 영향을 미칠 행동조치에 대해 계속 정보를 제공한다. • 갈등을 해결하도록 도움을 준다. • 팀의 상징, 의식, 행사, 일화를 사용하여 팀의 정체성을 구축한다. • 실례를 들어 지도하며 모범적인 행동의 모델이 된다.
변화 지향	• 변화의 절박한 필요성을 설명하기 위해 사건을 해석한다. • 개선을 위한 아이디어를 얻기 위해 경쟁자와 외부인들을 연구한다. • 조직의 흥미진진한 새로운 가능성을 그려본다. • 문제나 기회를 다른 방식으로 보도록 사람들을 격려한다. • 핵심역량에 연계된 혁신적인 새 전략을 수립한다. • 혁신과 창업가 정신을 격려하고 장려한다. • 개인과 팀에 의한 학습을 격려하고 장려한다. • 새로운 접근방식으로 실험해본다. • 변화에 대해 승인을 이끌어내기 위해 핵심인물들과 협조관계를 구축한다. • 변화의 실행을 지도할 임시 과업 팀을 구성한다. • 새로운 비전이나 전략과 일치하는 상징적 변화를 추진한다. • 새로운 전략을 실행하도록 조직구성원에게 활력을 부여한다. • 변화를 실행하는 과정의 진전사항을 알리고 축하해준다.

자료: Yukl, G. (2009), 강정애 외 역, 『현대조직의 리더십 이론』, 시그마프레스, 95쪽.

제2절 리더십의 중요성

2.1 리더십의 학문적 접근

'리더십이 과학(Science)인가, 예술(Art)인가'라는 논쟁은 계속적으로 제기되어 왔다. 여기서 과학은 '과학적 방법에 의해 획득된 일반적이고 종합적인 지식'을 의미하는 반면에 예술은 '경험, 학습, 관찰을 통해 얻어진 기술 또는 분석적이지 않은 창조적 활동'을 의미한다. 만일 리더십을 과학적으로 접근하면 모든 상황에 적용할 수 있는 다음과 같은 몇 가지 리더십의 원칙을 제시할 수 있다.[12]

첫째, 인간은 다양성과 독특성을 갖고 있기 때문에 획일적으로 대해서는 안 되고, 개개인의 특성을 고려하여 차별화된 방법으로 대해야 한다.

둘째, 인간이 다양성과 독특성을 갖고 있기는 하지만 사랑, 미움, 두려움, 분노, 즐거움, 기쁨과 같은 감정과 느낌을 갖고 있다는 공통성과 일관성이 있다. 물론 이러한 감정들이 문화에 따라 달리 표현될 수 있지만 세계의 어느 곳에 있는 사람이든 간에 그러한 감정들을 갖고 있다는 사실이다. 따라서 리더는 항상 조직구성원들의 감정적 반응을 고려해야 한다.

셋째, 대부분의 사람들이 존경, 신뢰, 그리고 인정받기를 원한다. '내가 대접받고 싶은 대로 남을 대접하라'는 것은 보편적 원칙이다.

넷째, 사람들은 의사소통에 대한 강한 욕구를 갖고 있다. 따라서 리더가 자신에게 영향을 미치는 것들에 대한 적시 적절한 정보를 제공해주기를 원한다. 또한 리더들이 자신의 아이디어를 경청하고 존중해주기를 원한다.

다섯째, 인격도 중요하다는 것이다. 사람들은 리더가 진실을 말하고 언행이 일치되기를 원한다.

리더십에는 이와 같은 보편적이고, 일관성 있는 원칙이 있기 때문에 과학의 영역에 속한다고 할 수 있다. 즉 리더십은 정치학이나 경영학과 같은 하나의 학문 영역이라고 할 수 있다는 것이다. 그러나 리더십은 리더십 분야의 교수나 학자와 같이 리더십 전문가가 된다는 것이 훌륭한 리더가 되는 조건은 아니다. 어떤 사람은 리더십 교육을 받지 않아도 리더십을 잘 발휘하지만, 어떤 사람은 리더십 전문가이지만 리더십을 잘 발휘하지 못하는 경우가 있다. 그렇다고 해서 리더십에 관한 지식이 리더십 효과성과 무관하다는 것은 아

---

12 Klann, G. (2004), Building Your Team's Morale, Pride, and Spirit, *Center for Creative Leadership*.

〈표 1-4〉 리더십의 과학성과 예술성

과학적 접근	예술적 접근
• 객관적 법칙의 제공 • 현상의 설명과 예측 • 반복성, 항시성 • 합리적 입증 필요 • 조직적 접근 가능	• 직관적 미(美)의 제공 • 개인적 감동과 교훈 • 독창성, 일시성 • 확신과 몰입 • 개별적 접근에 초점

자료: 백기복 외(2010), 『리더십의 이해』, 창민사, 59쪽.

니다. 리더십에 대한 학문적 지식이 필수요건은 아니지만, 리더십에 관련된 지식을 많이 알고 있다면 다양한 관점을 이용하여 상황을 더 잘 분석하는 데 도움이 된다. 리더십에 관한 지식을 많이 갖고 있다면 리더십을 더 효과적으로 발휘할 수 있는 통찰력을 가질 수 있다는 것이다. 예술가들이 똑같은 상황을 서로 다르게 인식하여 서로 다른 예술작품을 창조하는 것처럼 리더에 따라 상황을 분석하고 이에 대응하는 방법이 다를 수 있다. 리더십의 과학성과 예술성을 〈표 1-4〉와 같이 정리해볼 수 있다.

이와 같이 리더는 자신이 알고 있는 리더십에 관한 이론과 원칙, 그리고 기법들을 예술가처럼 상황에 따라 창조적으로 적용해야 하기 때문에 리더십은 과학과 예술의 결합이라고 할 수 있다. 리더십을 발휘하는 데 과학과 예술은 상호배타적인 성격을 갖고 있지만, 상호보완적인 기능도 한다. 만일 리더십에 대한 이론 및 기법 등에 대해서 체계적인 지식이 없다면 운이나 직관 또는 과거의 경험에만 의존해야 하지만 리더십에 대한 체계적인 지식을 갖고 있다면 리더로서 어떤 문제의 해결책을 좀 더 잘 마련할 수 있을 것이다.

따라서 〈그림 1-7〉과 같이 앞으로 리더십에 대한 더 많은 과학적 연구를 통해 현재보다 리더십에서 차지하는 과학의 영역이 점점 더 넓어질 것이지만, 예술의 영역은 여전히 남게 될 것이기 때문에 리더들은 리더십에 관한 과학적 지식뿐만이 아니라 예술성(artistry)

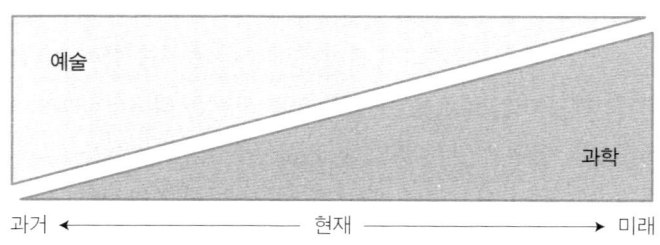

〈그림 1-7〉 리더십의 변화방향

자료: 최병순(2010), 『군 리더십』, 북코리아, 77쪽.

도 함께 구비해야만 한다.

이상과 같은 리더십이 '과학인가, 예술인가'라는 논쟁의 연장선상에서 리더십이 과연 하나의 학문 영역이 될 수 있을지에 대한 의문이 제기되기도 한다. 이러한 의문은 리더십과 유사한 성격을 갖고 있는 경영학이 하나의 독자적인 학문 영역으로 발전하면서 초기에 학문적 적합성에 의문이 제기되었던 바와 그 맥락을 같이 한다.

일반적으로 특정한 연구 분야가 학계에서 하나의 독자적인 학문으로서 인정을 받기 위해서는 다음과 같은 조건을 구비해야 한다.[13]

첫째, 독자적인 연구영역과 대상이 있어야 한다. 옛날에는 철학이나 신학 등 소수의 학문만이 학문의 영역으로 인식되었지만 근세 이후 자연과학, 사회과학, 인문과학의 여러 분야에서 새로운 학문의 연구영역이 개척되었다. 둘째, 관련 지식체계를 구축하기 위한 연구의 방법론이 있어야 한다. 즉 연구영역의 독자성과 더불어 연구방법론의 독자성을 인정받게 될 대 학문이라고 할 수 있다. 셋째, 그 학문을 연구하는 연구자들의 집단이 형성되어야 한다.

이러한 기준에 따른다면 리더십은 〈표 1-5〉와 같이 독자적인 연구대상과 영역, 연구방법이 있고, 그리고 리더십을 전문적으로 연구하는 학문공동체가 형성되어 있기 때문에 독자적인 학문 분야로 인정받을 수 있게 된다.

〈표 1-5〉 리더십의 학문적 특성

구 분	내 용
연구대상	리더의 특성과 행동, 리더십에 영향을 미치는 상황변수, 그리고 이러한 리더십 영향변수 간의 상호작용 ※ Leadership Effectiveness = $\int$(Leader, Follower, Situation)
연구방법	다중학문적 접근(Interdisciplinary Approach) ※ 심리학, 사회심리학, 사회학, 문화인류학, 정치학 등
연구공동체	• 외국에서는 리더십 전공 학사 및 석·박사 과정 운영 중 　※ 국내는 국방대학교에서 리더십 석사과정 운영 중 • 리더십 저널 『Leadership』, 『Leadership Quarterly』, 『Journal of Leadership Studies』 등 • 국내외에서 리더십 학회 활동(국내 2개 학회 활동)
학문적 특성	실천 및 응용 학문

자료: 최병순(2010), 『군 리더십』, 북코리아, 78쪽.

---

13 최병순(2010), 『군 리더십』, 북코리아, 77-80쪽.

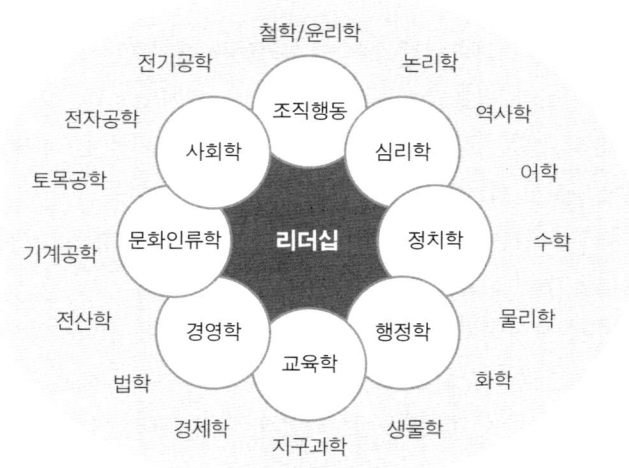

〈그림 1-8〉 광의의 리더십 영역

자료: 최병순(2010), 『군 리더십』, 북코리아, 80쪽.

〈표 1-5〉는 다음과 같이 설명할 수 있다.

첫째, 리더십의 연구 대상 및 영역은 리더십 효과성에 영향을 미치는 리더의 특성과 행동, 리더십에 영향을 미치는 상황변수(집단, 조직구조, 조직문화, 조직환경 등), 그리고 이러한 리더십 효과성에 영향을 미치는 변수들 간의 상호작용 또는 상호 간의 관계이다. 따라서 대부분의 리더십 교과서들은 효과적인 리더의 특성과 행동, 리더와 팔로어의 관계, 리더십 효과성과 상황변수와의 관계 등을 설명하는 이론들을 주 내용으로 하고 있다.

그리고 리더십 연구의 내용은 개인 수준, 집단 수준, 조직 수준으로 구분할 수가 있고, 〈그림 1-8〉에서 보듯이 연구 수준에 따라 다양한 인접 학문의 지식을 활용하고 있다. 이것은 리더십을 효과적으로 발휘하기 위해서는 거의 모든 학문적 지식이 직간접적으로 활용되어야 한다는 것을 의미한다. 예컨대, 심리학이나 사회학의 지식은 리더십을 이해하는데 직접적인 도움을 주는 학문 분야이지만, 논리학이나 수학은 논리적 사고를 형성하는데 도움을 주는 학문으로서 리더십과 간접적으로 연관성이 있다. 즉 리더가 리더십을 효과적으로 발휘하기 위해서는 이와 같은 다양한 학문적 지식을 구비해야 한다는 것이다.

둘째, 리더십은 종합 학문적 성격을 갖고 있기 때문에 연구방법으로 다중학문적 접근방법(Interdisciplinary Approach)을 사용한다. 따라서 〈표 1-6〉에서 보는 바와 같이 다양한 학문적 지식을 활용하고 있지만, 그러한 지식들을 그대로 활용하는 것이 아니라 리더십을 설명하는 데 관련된 지식들을 응용하는 것이다.

연구 범위	연구 내용	관련 과목	관련 학문
개인 수준	가치관, 태도, 성격, 지각, 학습, 동기부여, 셀프 리더십 등	조직행동, 학습심리, 성격심리 등	심리학
집단 수준	집단역학, 규범, 역할, 신분, 의사소통, 의사결정, 권력, 조직정치, 갈등, 협상, 팀 리더십 등	집단역학, 의사결정론, 리더십 이론 등	사회심리학, 정치학
조직 수준	조직구조, 조직환경, 조직문화, 조직개발, 전략적 리더십 등	조직론, 조직개발론, 조직환경론 등	사회학, 문화인류학

자료: 최병순(2010), 『군 리더십』, 북코리아, 80쪽.

셋째, 리더십을 전문적으로 연구하는 연구 집단, 즉 리더십 학회 또는 연구회가 결성되어 활발하게 활동하고 있고, 국내외에 수많은 리더십 연구기관이 군, 기업, 대학 등에 설치되어 있다. 또한 리더십 연구논문을 게재하는 『Leadership Quarterly』, 『Journal of Leadership Studies』 등의 리더십 전문학술지가 발간되고 있다.

따라서 리더십은 철학이나 심리학과는 달리 순수 학문 분야는 아니지만 경영학이나 조직행동처럼 실천 및 응용학문(Art & Science)으로서 독자적인 학문영역을 구축하고 있다고 할 수 있다.

2.2 리더십에 대한 과학적 접근

과학적 접근이란 합리적인 사고방식을 의미한다. 리더십을 합리적인 방법으로 하나하나 파악하고 분석하면서 진리를 밝혀가는 과정이다. 과학적 방식이 딱딱하고 어려우며 현실성이 없다는 생각은 잘못이다. 학문적 관점에서 접근하여 노력하면 논리적 과정을 이해할 수 있으며, 사고방식 측면에서 과학적 합리성을 터득할 수 있으므로 자신감을 가지고 접근하는 자세가 중요하다.

근래에 정부기관이나 대기업에서는 리더십 교육이나 훈련을 과학적이고 체계적으로 실시하고 있다. 이 과정에서 어떤 리더십을 교육 및 훈련하고, 왜 해야 하며, 그에 대해서 예상되는 효과는 어떤 것인지를 과학적 기법으로 규명하고 있다. 리더십에 대한 과학적 접근의 기초적인 방법은 다음과 같다.[14]

---

14   백기복 · 신재구 · 김정훈(2010), 『리더십의 이해』, 창민사, 60-63쪽.

첫째, 우리가 옳다고 믿는 생각에 대하여 달리 설명할 수 있는 가능성이 있는지를 모두 찾아 하나씩 지워나가는 방법을 쓴다. 다른 가능성이 모두 옳지 않다는 것을 입증하면 내가 옳다고 믿는 생각만 가능한 대안으로 남는다. 이러한 방법으로 결론에 이르게 된다.

둘째, 어떤 변수가 다른 어떤 변수들과 어떤 형태의 관계를 갖는지를 항상 염두에 두고 변수들 간의 관계를 중시해야 한다. 그러기 위해서는 현장에서 일어나고 있는 여러 가지 일들의 이면을 면밀히 조사·분석·유추하여 변수들 간의 진정한 관계를 찾는 과정을 거쳐야 한다. 사회의 현상은 한 가지 원인 때문에 발생하는 경우는 드물다. 변수와 변수들 간의 관계의 구조를 꼼꼼하게 따져보는 노력으로 과학적 결과를 얻을 수 있다.

'무엇이 무엇의 원인인가'를 밝히기 위한 연구결과가 학술논문의 주류를 이룬다. 물론 원인과 결과변수가 1:1인 경우는 많지 않다. 여러 변수들이 서로 영향을 주고받는 복잡한 관계를 보이는 것이 현장의 모습이다. 학자들은 변수와 변수의 관계를 기초적인 형태부터 하나하나 정리를 해냈다. 아래에 몇 가지 관계형태를 제시하였다. 무엇보다도 그림에서 화살표의 모습은 학자들 간에 모델을 그리는 공유된 원칙이다.

〈그림 1-9〉의 〈A〉와 같이 리더십 변수와 성과변수가 선으로 연결되어 있으면 '리더십과 성과는 관계가 있다'라고 표현한다. 단, 리더십이 성과를 높여주는지 아니면 성과가 높기 때문에 리더십이 있다는 평가를 받게 되는 것인지에 대한 인과관계는 말할 수 없다는 뜻이다. 이 경우 말로 표현할 때는 '관계가 있다'라고 표현한다.

〈B〉의 경우는 화살표를 사용하고 있는데 이것은 인과관계를 뜻한다. 즉 리더십은 성과의 원인이다. 또는 리더십은 성과에 영향을 미친다는 식으로 원인과 결과를 명확히 하

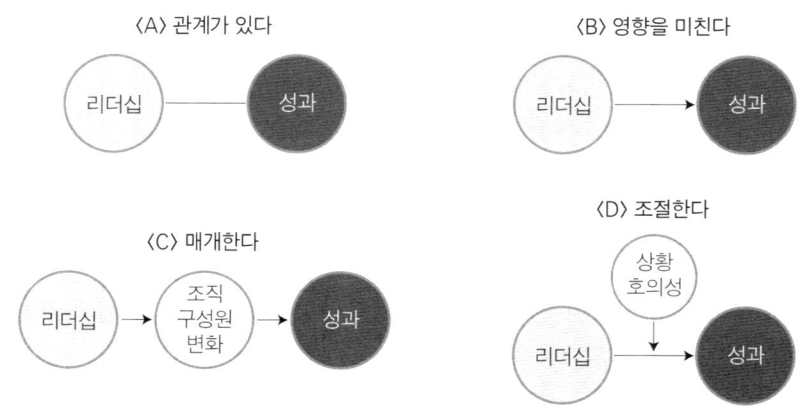

〈그림 1-9〉 변수와 변수의 관계 유형

자료: 백기복 외(2010), 『리더십의 이해』, 창민사, 61-62쪽을 참고하여 재구성.

여 표현할 수 있게 된다.

〈C〉의 그림은 '리더십과 성과의 관계를 조직구성원의 변화가 매개한다.'라고 표현한다. 이것을 조직구성원 변화의 매개효과(mediating effect)라고 부를 수 있다. 즉 리더십이 성과에 영향을 미치는 것은 조직구성원들의 변화를 통해서라는 것이다. 물론 실제로는 리더십이 조직구성원들의 변화를 매개로 하지 않고 성과에 직접효과를 미칠 수도 있을 것이다. 만약 그러한 효과도 표현하고 싶으면 리더십 동그라미에서 성과 동그라미로 직접 가는 화살표를 더하면 된다.

〈D〉의 조절효과(moderating effect)란 리더십이 성과에 미치는 영향은 상황의 호의성에 따라 달라진다는 것을 의미한다. 조금 어렵게 표현하면 '리더십과 성과의 관계는 상황 호의성에 따라 조절된다.'라고 하면 된다. 즉 리더십을 발휘할 때 상황이 리더에게 호의적인 경우가 그렇지 않은 경우보다 성과에 더 큰 영향을 미친다는 것을 의미한다. 이러한 조절변수들을 찾아내는 것은 리더십 연구에 있어 매우 많이 쓰이는 연구주제이다. 어떤 리더십도 모든 경우에, 모든 사람들에게 똑같은 결과를 가져오지 않는다. 그러므로 어떤 상황에서 리더십과 성과의 관계가 더 많게 또는 더 적게 작용하는가, 그리고 어떤 사람들에게 더 많게 또는 더 적게 작용하는가를 밝히는 것은 매우 중요한 의미를 갖는다.

셋째, 진리를 향한 열정이다. 유행하는 것, 남들이 말하는 것, 상식으로 당연히 받아들여지는 것 등에 대해서도 의문을 가질 줄 알아야 한다. 무조건적으로 남의 말을 받아들여 옮기는 것은 바람직한 과학적 자세가 아니다. 사건을 파헤쳐 진실을 찾아내려는 날카로운 수사관의 눈으로, 희미한 단서라도 놓치지 않고 분석하여 근본 원인을 규명하려는 명의(名醫)의 지혜로 진리를 보려고 노력해야 한다. 특히 리더십의 효과는 단기적인 측면만 가지고 이야기하기 힘들다. 또한 상황이 달라지면 효과적이라고 믿었던 리더십이 오히려 문제가 되는 경우도 있다. 이런저런 요인들을 종합적으로 고려하여 진리를 파악하려는 열정이 과학적 자세의 핵심이다.

특히, 다른 사람들과 토론하고 의견을 자유롭게 주고받는 과정에서 진리를 파헤치려는 열린 자서가 필요하다. 선입견을 가지고 도출한 주관적 결론을 다른 사람들에게 강권하는 자세는 과학적 자세가 아니다. 결론은 토론의 결과로 자연스럽게 도출되는 것이다. 과학적 토론이 진리에의 접근에 큰 도움이 된다.

이상에서 설명한 바와 같이 리더십 현상의 진실을 확인해가는 과정에서 목표로 해야 하는 것은 '과학적 엄격성'(scientific rigor)을 확보하는 것이다. 그렇다고 학자들이 하는 것처럼 복잡하고 심오한 기법을 써서 연구할 줄 알아야 리더십에 대해서 이야기할 수 있는 것은 아니다. 현실 속에서 접하는 당연한 이야기에 대해서도 의문을 갖고 제 나름대로 무엇이 원인이고 무엇이 결과인지, 또 다른 이유 때문은 아닌지 등의 논리적 분석을 해보려고 노력하면 된다.

개인적으로는 '시도와 관찰'(try and see)의 실험을 통해서 진실을 확인해볼 수 있다.[15] 가령 인간중심 리더십이 효과적인지를 알아보기 위해서 스스로 자신의 스타일을 인간중심적으로 바꿔보는 것이다. 이후에 그 효과를 면밀히 관찰하면서 진실을 찾아가면 된다. 물론 자신의 실험결과를 맹신해서는 안 된다. 다른 상황에서 다른 사람에게는 적용되지 않을 수도 있다. 하지만 중요한 것은, 너무 쉽게, 상식적 수준에서, 단순한 답으로, 남에게 지지 않기 위해서 자신의 생각을 마치 진리인 것처럼 고집스럽게 주장하는 태도를 버려야 한다는 것이다. 과학적 방법은 항상 다른 설명의 가능성을 인정하고 그것을 부정할 수 있는 근거를 찾아가는 과정이기 때문이다.

2.3 리더십의 효과성

조직에서 리더가 가지는 책임은 조직의 목표를 달성하는 것이다. 조직을 일과 사람들의 구성체로 보면 조직의 목표는 일차적으로 일과 관련된 부분과 사람과 관련된 부분으로 나누어볼 수 있다. 효과적인 조직이란 높은 수준의 과업성과뿐 아니라 조직구성원들의 만족을 달성하는 것이다. 이는 전통적으로 조직의 핵심기능인 과업기능과 유지기능의 분류와 일맥상통한다. 즉 조직은 과업과 관련하여 성과를 내야 하는 기능을 가지고 있을 뿐 아니라 조직구성원들이 지속적으로 유지되고 발전되도록 해야 하는 기능도 가지고 있다. 이러한 과업기능과 유지기능은 상호 관련되어 있다. 즉 조직의 높은 과업성과가 달성되면 조직구성원들을 유지하는 것이 보다 용이해지며, 또한 조직이 지속적으로 유지되면 과업성과를 달성하는 것이 보다 용이해질 것이다.

따라서 조직을 이끌어가는 리더는 기본적으로 이 두 가지 핵심기능을 수행해야 한다. 리더는 과업이 완수되고 성과를 산출하는 데 관심을 가져야 할 뿐 아니라 조직구성원들의 욕구를 만족시키고 이들이 긍정적인 태도를 가지도록 하는 데에도 관심을 가져야 한다. 우수한 리더는 이 두 가지 기능에 초점을 맞추고 균형을 유지해야 하는데, 그렇다면 리더십 효과성은 과업성과와 조직구성원들의 태도라는 두 가지 측면에서 접근할 수 있을 것이다.

---

15 Rosenzweig, P.(2007), *The Halo Effect and the Eight Other Business Delusions that Deceive Managers*, The Free Press.

2.3.1 과업성과

과업성과는 리더가 조직구성원들로 하여금 조직의 과업을 성공적으로 수행하고 그 목표를 달성한 정도를 의미한다. 과업성과는 순이익, 매출증가, 시장점유율, 생산성 등의 객관적 지표로 측정될 수도 있으며 리더의 상사나 동료 또는 조직구성원들의 주관적 지표로 측정될 수도 있다.

2.3.2 조직구성원 태도

조직구성원들의 태도는 크게 직무에 대한 태도, 조직에 대한 태도, 그리고 리더에 대한 태도로 나누어볼 수 있다. 일반적으로 직무에 대한 태도는 직무만족으로 측정되며, 조직에 대한 태도는 조직몰입 및 조직시민행동으로 측정되고, 리더에 대한 태도는 리더에 대한 만족도로 측정된다. 본질적으로 태도란 사람, 사물, 사건 등 어떤 대상에 대한 좋다 또는 나쁘다는 긍정적이거나 부정적인 반응을 의미한다.

1) 직무만족

먼저 직무에 대한 태도인 직무만족은 직무나 직무경험에 의한 평가결과에 대한 긍정적 감정 및 정서 상태이다. 직무만족을 측정하는 방법은 크게 두 가지가 있는데, 하나는 개별적 직무의 다양한 측면을 포함하는 전반적인 측정항목을 사용하는 방법이고, 다른 하나는 직무의 여러 측면에 대한 만족의 집합이 직무만족이라는 관점으로 보고, 다양한 측면 각각을 측정하여 그에 대한 긍정적 또는 부정적 평가의 총합을 조직구성원 개인의 직무만족으로 측정하는 것이다.

2) 조직몰입

다음으로 조직에 대한 태도인 조직몰입은 일반적으로 다음의 두 가지 접근법에 의해 정의된다. 먼저 교환관계적 접근법이 있는데, 이는 조직몰입을 조직과 조직구성원 간의 유인과 공헌의 상호작용 결과로서 파악하는 것이다. 이는 조직 내에서의 공헌이 증가함으로써 조직구성원들에게 다양한 특권이 주어지고 이것이 긍정적 유인으로 인식하게 되어 조직에 남아 있으려고 하고 결국 조직에 몰입하게 된다는 논리로 접근한다. 두 번째로는 심리적 접근법을 들 수 있다. 이는 조직몰입을 조직구성원의 태도와 연관시켜 조직구성원의 조직에 대한 정서적 일체감으로 정의한다. 최근에는 이를 절충한 방법을 주장하는 학자들이 등장하였는데, 마이어(Meyer)와 앨런(Allen)이 대표적이다.[16] 이들은 조직몰입을 정서적 몰입, 규범적 몰입, 그리고 지속적 몰입의 세 가지 유형으로 구분하였다. 정서적 몰입은 조직구성원들이 조직에 대해 느끼는 심리적 일체감의 정도이며, 규범적 몰입은 조직구성원으로서 가져야 할 도덕적 의무감으로 회사에 충성하고 의무를 이행해야 한다는 가치관을 의미한다. 지속적 몰입은 조직구성원들이 조직에 투자한 가치가 증가하여 조직에 남아 있음으로써 얻는 이익이 다른 조직으로 옮기면서 얻을 수 있는 이익보다 더 많기 때문에 현재의 조직에 남아 있으려고 하는 심리적 필요성을 뜻한다.

3) 조직시민행동

직무만족이나 조직몰입과 같은 지표들은 직무를 수행하면서 나타나는 리더십의 결과와 관련된 지표이지만, 조직시민행동은 주어진 직무관련 행동 외의 추가적인 행동 및 효과를 설명하기 위해 사용되는 지표이다. 베이트먼(Bateman)과 오르간(Organ)은 조직시민행동을 '조직의 공식적 보상시스템에 의해 직접적 혹은 구체적으로 인정되지 않는 자발적 행동으로서, 조직의 효과적 운영에 공헌하는 개인의 행동'으로 정의하였다.[17] 또한 스미스(Smith) 등은 조직시민행동을 '자기 자신의 성과보다 다른 사람들의 성과에 긍정적인 영향을 미치고, 결국 조직 내에서 자기 자신을 희생하는 행위까지도 포함한다.'라고 주장하였다.[18] 또한 그들은 조직시민행동은 사회전반에 자발적이고 공정한 행위의 형태로 축적되어 장기적으로 볼 때 사회적 기능을 원활하게 하는 데 기여한다고 하였다.

4) 리더에 대한 만족도

조직구성원들의 리더에 대한 만족도 또한 리더십의 효과성을 측정하는 중요한 방법 중 하나이다. 이는 '조직구성원들이 자신들의 리더에 대해 만족하고 있는 정도'로 정의할 수 있으며, 리더의 행동은 조직구성원들의 반응에 의해 그 효과가 발휘된다고 할 수 있기 때문에 리더에 대한 만족도가 효과성의 지표로서의 의미를 지닌다고 할 수 있다. 배스(Bass)와 야마리노(Yammarino) 등 많은 학자들이 효과적인 리더십을 연구하는 데 있어서 리더에 대한 만족도를 결과변수로 설정하여 정(+)의 영향이 있음을 규명하였다.[19]

---

16 Meyer, J. P. & Allen, N. J.(1990), "The measurement and antecedents of Affective, Continuance and normative commitment to the organization", *Journal of Occupational Psychology*, 62, pp. 1-8.

17 Bateman, T. S. & Organ, D. W.(1983), "Job satisfaction and good soldier: The relationship between affect and employee citizenship", *Academy of Management Journal*, 26, pp. 587-595.

18 Smith, C. A., Organ, D. W. & Near, J. P.(1983), "Organizational citizenship behavior: Its nature and antecedent", *Journal of Applied Psychology*, 68(4), pp. 653-666.

2.2.3 기타의 리더십 효과성

과업 및 유지기능 이외에도 또 하나의 중요한 리더십 기능으로 '환경에 대한 적응'을 들수 있다. 조직은 목표를 달성하기 위해 반드시 환경에 적응해야만 하고, 이를 위해 적응능력 및 혁신능력을 바탕으로 하는 유연성을 향상시킬 필요가 있다. 리더십은 이러한 조직의 적응능력과 혁신능력을 향상시키는 데 중요한 역할을 하며, 따라서 유연성은 리더십효과성의 지표로 강조된다.

유연성을 측정하기 위한 지표는 조직적 차원과 조직구성원 개인적 차원으로 구분할 수 있다. 조직적 차원으로는 '조직혁신'이라는 개념을 사용하며, 개인적 차원으로는 조직구성원의 '혁신행동'이라는 개념으로 측정할 수 있다. 또한 리더십의 효과는 시간의 길이에 따라 단기효과와 장기효과로 나누어 분석할 수 있다. 그리고 효과의 대상에 따라 개인이나 집단 효과와 조직 또는 사회와 인류에 대한 효과로 나눌 수도 있을 것이다.

〈그림 1-10〉에서는 효과발생 시간과 효과발생 대상 차원에서 리더십 효과를 도식화하였다. 물론 리더십이 항상 좋은 결과만을 가져오는 것은 아니다. 리더가 한 가지 행동만을 잘한다고 전체적으로 효과적인 성과를 거둘 수는 없기 때문이다. 필요한 상황에서 필요한 리더십을 발휘하지 못하면 정반대의 결과를 가져올 수도 있다. 특히 단기적으로는

리더십 효과 발생 시간		
	단기적	장기적
조직·집단차원	•목표의 달성 •문제의 해결 •합리적 의사결정 •필요한 변화의 추구 •비전 제시	•적절한 환경 대응 •바람직한 조직·집단 문화의 구축 •조직·집단 생존력 강화 •비전의 공유와 달성
개인차원	•조직구성원들의 만족 •리더의 성취감 •열정적 태도와 팀워크의 향상 •자신감과 몰입 향상	•리더에 대한 인정과 몰입 •조직구성원 리더십 개발 •바람직한 가치관의 정립 및 공유

(리더십 효과 발생 대상)

〈그림 1-10〉 리더십 효과의 도식화
자료: 백기복 외(2010), 『리더십의 이해』, 창민사, 13쪽.

---

19 Bass, B. M. & Yammarino, F. J. (1990), "Transformational leader and multiple-levels of analysis", *Human Relation*. 43(10), pp. 975-996.

효과가 있지만 장기적으로는 오히려 집단과 조직에 해를 끼치는 경우도 있을 수 있다. 그러므로 리더십을 발휘해야 하는 사람들은 상황에 따른 다양한 리더십 효과를 고려하여 리드해나가야 할 것이다.

2.4 리더십의 사회적 관심

리더십은 1970년대를 기점으로 전통이론과 현대이론의 경계를 구분하여 활발하게 논의되고 있는 동서고금의 사회적 이슈가 되었으며, 지식정보사회로 진입하면서 더욱 주목받게 되었다. 대기업들은 직원연수를 인재개발의 개념으로 전환하여 계층별 리더십 개발 과정을 체계적으로 운영하고 있다. 아울러 '00리더십 개발원' 등의 전문적인 사설기관들이 개설되어 중소기업이나 사회단체의 리더십 훈련을 위탁받아 운영되고 있다. 어린이와 청소년 및 여성을 위한 리더십 프로그램들이 학교와 기관들에서 시행되고 있으며, 정부의 공무원 연수기관들도 리더십 과정을 다양하게 운영하고 있다.

2000년 이후 최근까지 40여 개의 대학들이 리더십센터를 개설하였다.[20] 전통적으로 대학에서의 리더십은 경영학, 행정학, 정치학 등에서 전공과목의 일부로 개설되어 왔으나 최근에는 전공영역을 넘어 모든 학생에 대한 프로그램으로 확산되고 있는 것이다. 그렇다면 왜 최근에 리더십에 대한 관심이 현저하게 증가한 것일까? 몇 가지 이유들을 살펴본다.

첫째, 리더십이 사회생활과 인생의 성공에 중요한 요소가 되었기 때문이다. 과거에 사관학교 등 일부 조직의 선발기준에 적용됐던 리더십이 오늘날 대학입시는 물론 일반직장 등의 선발기준에 포함되었고 또한 실제로 사회생활에서 리더십이 중요하다는 인식이 확산되었다. 학교생활에서 반장 등의 리더 경험, 토론주도력, 커뮤니케이션 능력, 용기와 자신감 등 리더의 자질요소는 각종 선발의 주요기준이 되었다.

둘째, 산업사회에서 지식정보사회로 변화함에 따라 리더십의 중요성이 더욱 커졌다. 산업사회의 조직은 주로 위계적 계층구조에 의해 운영되었고 상급자가 하급자에 비해 업무능력과 정보기술력 등에서 우월하였다. 이러한 조직 상황에서는 리더십보다도 관리기능이 중요하게 작용했다. 그러나 지식정보사회에서는 정보와 지식의 원천이 다양해지고 정보능력이 직책이나 계급에 비례하는 것이 아니다. 조직구조에 의한 관리의 힘이 약해지고 사람을 움직이는 리더십 기능이 더욱 중요해진 것이다.

---

20 연세대(2001, 리더십 센터), 숙명여대(2002, 리더십 개발원), 이화여대(2003, 리더십 개발원) 등이 대표적임.

셋째, 민주화에 따라 개인의 권리와 존엄성에 대한 배려가 증가하고 정치적 영역이 넓어졌기 때문이다. 조직가치와 개인가치를 비교해보면, 민주화 이전의 권위적 사회는 조직중심의 가치를 더욱 중요시했다. 그러나 민주사회에서는 두 가치의 균형이나 개인가치의 존중을 지향한다. 그러므로 조직구성원들의 개인 입장을 고려하여 리더십을 발휘해야 할 필요성이 더욱 커진 것이다. 또한 지방자치제가 정착되면서 정치가 일상생활의 영역까지 들어와서 직접 경험하며 느끼게 되고, 선출직 출마자들이 유권자들에게 어필하는 정치·사회적 리더십에 관심이 높아진 것도 한 이유이다.

넷째, 학문과 실무의 경계가 느슨해지고 연구능력이 있는 전문가가 많아졌기 때문이다. 불과 10여 년 전만 하더라도 리더십에 대한 연구와 저술은 대부분 대학교수의 전유물이었다. 근래에는 리더십에 대한 학문적 전공 여부에 관계없이 다양한 조직현장에서 활동하면서 실용서를 저술하는 경우도 많다. 지식의 경계가 풀리고 공유하는 오늘날의 리더십은 학자는 물론 현장의 실무가들과 일반인들의 공통의 관심사가 된 것이다.

사례: 3차 세계대전을 예방한 리더십

케네디 대통령 대국민 연설

1962년 9월 쿠바는 소련과 무기원조협정을 체결하여 소련의 미사일을 도입하였다. 미국은 그해 10월 14일 중거리탄도미사일의 발사대가 쿠바에 건설 중임을 공중촬영으로 확인하였다. 케네디 대통령은 즉각 국가안보비상대책회의를 소집하였다. 회의는 미 본토를 위협하는 쿠바의 소련 핵미사일 기지를 미사일로 공격하여 파괴해야 한다는 매파와 외교적 수단으로 해결책을 강구하자는 비둘기파로 나뉘어 팽팽하게 대립하게 되었다. 그러나 케네디 대통령은 소련과의 전쟁은 곧 3차 세계대전으로 확전될 수 있다고 판단하였다. 그래서 케네디 대통령은 중국 손자병법까지 인용하여 "전쟁은 도덕의 실험장이다. 우리는 싸우지 않고 이겨야 한다"라고 강조하면서, 최후수단인 무력을 사용하기 전에 모든 수단을 이용하여 소련에게 미국의 대응방향을 명확하게 알려주고, 소련의 자존심을 살려주면서 평화적으로 위기를 해결하는 것이 최선이라고 판단하였다.

10월 22일 케네디 대통령은 텔레비전 전국방영을 통하여 처음으로 '소련은 서반구에 대하여 핵공격을 가할 수 있는 기지를 쿠바에 건설 중'이라고 공표하고, 쿠바에 대하여 해상봉쇄 조치를 취하였다. 케네디 대통령은 소련의 후루시초프 서기장에게 국제연합의 감시 하에 공격용 무기를 철거할 것을 강력하게 요구하였다.

전 세계의 긴박감 속에서 소련은 10월 26일 미국이 쿠바를 침공하지 않는다는 것을 약속한다면 미사일을 철거하겠다는 뜻을 미국에 전달하고, 27일 쿠바의 미사일 기지와 터키의 미국 미사일 기지의 상호철수를 제안하였다. 이에 대하여 미국은 27일의 제안을 무시하고, 26일의 제안만을 수락할 것을 결정하였다. 28일 후루시초프 서기장은 미사일의 철거를 명령하고 쿠바로 향하던 16척의 소련 선단의 방향을 소련으로 돌림으로써 11월 2일 위기는 사라졌다. 후속조치로 1963년 미 · 소 간에 핫라인(hotline)이 개설되었고, 핵전쟁 회피라는 공통의 과제 하에서 '부분적 핵실험금지조약'이 체결되었다. 이 사태로 인하여 미 · 소 양국 지도자 간의 대화의 길이 열렸으며, 미 · 소 대립을 완화시키는 계기가 되었다. 이러한 과정 속에서 소련은 중국 등 주변국으로부터 소련의 항복 노선이라는 비난을 감수해야 했다. 케네디 대통령의 리더십은 국가위기 상황 하에서 핵전쟁과 3차 세계대전으로 확전될 수 있는 위기를 평화적으로 해결하였다. 이는 국가지도자의 총체적 리더십의 중요성을 상징하는 대표적인 사례라고 하겠다.

본 장의 요약

본 장에서는 리더십의 기본 개념을 현재까지의 학술적 성과에 기초하여 정의한 후에 리더십의 중요성을 개인적 · 사회적 차원에서 학습하였다. 먼저 1절의 리더십의 기본개념에서는 리더와 리더십에 대한 학문적 · 실무적인 정의를 소개하고 리더십의 구성요소와 리더십과 관리의 관계를 학습하였다. 리더십에 대한 정의가 다양한 이유는 리더십을 발휘하는 상황이 워낙 다양하고 학자들과 경영자들이 각각의 관점을 중심으로 리더십을 이해하기 때문이다. 따라서 리더십에 대한 구체적인 개념은 리더십의 포괄적인 의미를 바탕으로 시대적 상황과 연구의 목적 및 대상에 따라 구체적으로 정의하는 것이 일반적이다. 본 절에서는 리더십에 대한 개념 정의가 시대적 특징과 연관되어 어떻게 변화해왔는가를 살펴보았다. 최근에는 지식정보화 사회의 도래와 함께 조직의 핵심자원은 사람이라는 인식이 확대되면서 리더십은 조직의 최고위층에서만 요구되는 것이 아니라 조직의 모든 계층에서 필요한 역량이 되어가고 있다. 또한 리더십은 상하 간의 수직적 관계에서만 발휘되는 것이 아니라 리더와 조직구성원들이 조직의 공동목표 달성을 위해 함께 노력하는 파트너십(partnership)으로서 리더십도 중요하다는 점이 더욱 부각되고 있다.

　2절의 리더십의 중요성에서는 리더십의 학문적 접근과 관련하여 리더십이 '과학(Science)인가, 예술(Art)인가'라는 논쟁을 학습하였다. 리더는 자신이 알고 있는 리더십에 관한 이론과 원칙, 그리고 기법들을 예술가처럼 상황에 따라 창조적으로 적용해야 하기 때문에 결국 리더십은 과학과 예술의 결합이라고 할 수 있다. 리더십을 발휘하는 데 있어서 과학과 예술은 상호보완적인 기능을 한다. 만일 리더가 리더십에 대한 체계적인 지식(이론 및 기법)이 없다면 운이나 직관 또는 과거의 경험에만 의존해야 하지만, 리더십에 대한 체계적인 지식을 갖고 있다면 특정한 문제의 해결책을 좀 더 종합적이고 효율적으로 마련할 수 있을 것이다.

제2장 리더십과 인간 · 조직 · 권력의 관계

그리스의 철학자 아리스토텔레스는 '인간은 사회적 동물이다.'라는 유명한 말을 남겼다. 이 말을 음미해보면 인간은 조직 속에서 태어나서 조직 속에서 일하고 조직 속에서 살다가 조직 속에서 죽을 때까지 사회의 일원으로서 그 역할을 수행한다는 것이다. 모든 인간은 다양한 형태를 가진 조직체의 구성원이다.

본능적으로 조직을 중심으로 하여 협동하려는 본성을 지니고 있는 인간은 태어나면서부터 조직과 인연을 맺고 조직과 더불어 살아가며 조직을 통해서 개인의 목적과 조직의 목적을 위해 일한다. 따라서 인간은 사회적 동물로서 조직을 떠나 혼자서 살 수 없고, 다른 사람과 더불어 조직을 이루고 공동체 생활을 한다. 또한 조직은 인간의 행동을 구속하고 제약하는 측면도 있지만, 인간의 활동무대이며 생활공간이요, 창조의 일터이다. 즉 조직은 인간이 살아가는 기반이며 일과 보람의 터전이다. 그러므로 인간과 조직은 불가분의 관계에 있는 것이다.

권력(power)과 영향력(influence)은 리더십 연구에서 매우 중요한 개념이다. 권력은 조직에서 무형적인 힘이다. 권력은 보이지 않지만 그 효과를 감지할 수 있다. 또한 권력은 그 소지자가 원하는 결과를 달성하려는 목적을 가지고 조직구성원들에게 영향력을 행사하는 잠재력이다. 권력과 영향력의 개념은 종종 같은 의미로 사용되기도 하지만, 두 개념은 차이가 있다.

본 장에서는 인간의 본성과 행동, 조직에 대해서 리더십의 관점에서 살펴보기로 한다. 그리고 리더십 발휘 과정에서 리더의 도구로 활용되고 있는 권력과 영향력의 관계에 대해서도 학습하기로 한다.

1. 인간본성에 대한 대표적인 견해들을 몇 가지 소개하고 자신의 의견을 제시하시오.
2. 행동주의적 관점과 주관주의적 관점에서의 인간행동에 대한 이해는 인간행동에 대한 해석에 있어서 어떤 차이점이 있는지를 구체적인 예를 소개하여 설명하시오.
3. 인지주의적 관점에서 인간행동을 이해한다면 인간행동에 대한 해석에 있어서 어떤 장단점이 있는가?
4. 기계적 조직관과 유기체적 조직관을 비교하여 그 차이점을 제시하시오.
5. 조직을 움직이는 힘은 공식적인 권한체계와 정치적인 권력체계 중에서 어느 것이 더욱 강하다고 보는가? 두 체계의 비중은 어느 정도로 보는가?
6. 리더가 갖고 있는 인간관과 조직관은 리더의 행동과 통솔방식에 구체적으로 어떤 영향들을 미칠 수 있는가?
7. 당신이 인간의 본성을 보는 시각은 어느 인간관에 가까운가? 그리고 당신 상급자의 인간관은?
8. 리더십과 권력은 밀접한 관계에 있다. 리더십에 필요한 요소로 권력은 어떤 역할을 하는가?
9. 프렌치와 라벤이 분류한 권력의 유형에 대하여 설명하시오.
10. 권력행사시 조직구성원들의 반응에 대하여 켈먼과 유클의 견해와 연계하여 설명하시오.

제1절 리더십과 인간

히딩크 감독은 한국축구를 월드컵 4강에 올려놓는 탁월한 성과를 거두면서 우리를 열광시켰다. 그는 명문대학을 나오지도 않았고 선수로서 펠레나 마라도나처럼 화려한 명성을 누린 것도 아니었다. 그러나 그에게는 선수들이 팀의 승리를 위해 사력을 다해 뛰도록 동기를 부여할 줄 아는 남다른 리더십이 있었다. 똑같은 선수들을 데리고 경기를 하더라도 선수들을 활용하고 작전을 펴는 방법에 따라 승패가 크게 갈린다. 선수 각자가 모래알처럼 흩어져 힘없는 팀에 머무르게 하는 감독이 있는가 하면 어떤 상황에서도 각자의 장점들을 잘 엮어 한마음으로 기대 이상의 성과를 내도록 하는 강한 팀을 만들어내는 감독도 있다.

인간은 단순한 존재가 아니다. 일을 덜하고 보상을 많이 받고 싶어 하는 것이 인간이고, 배고픈 것은 참아도 남이 잘 돼서 배 아픈 것은 못 참는 것이 또한 인간이라는 존재이다. 자신에 대한 평가에는 관대하면서도 남에 대한 평가에는 인색하고, 일이 잘될 것 같으면 편승하고 싶어 하지만 잘 안 될 듯하면 멀리하려는 존재가 인간이다. 권한은 누리고 책임은 피하려 하며 지배받기보다는 지배하고 싶어 한다. 혼자서는 일을 잘하지만 다른 사람들과 함께 일해야 하는 상황에서는 항상 갈등과 문제를 야기하는 사람들도 있다.

그런가 하면, 큰 보상이 없는데도 무엇엔가 몰두하여 평생을 보내는 사람들도 있고, 보상과 상관없이 목숨 걸고 지하철 철로에 떨어진 사람을 구하기 위해서 뛰어드는 사람도 있다. 개인의 이익보다는 공익을 앞세워 헌신적으로 희생하는 것도 인간이고 죽어가는 사람을 위해서 선뜻 자신의 장기를 떼어줄 수 있는 것도 인간이라는 존재다. 인간은 이처럼 양극단의 존재이다. 따라서 리더는 이러한 인간본성의 다양성에 대한 심도 있는 이해가 필요하다.

1.1 인간본성의 다양성에 대한 견해

리더십 발휘의 주체이자 대상인 인간은 매우 복잡한 존재로서 완전하게 정의하기가 쉽지 않다. 따라서 철학, 심리학, 사회학 등 다양한 학문적 접근을 통해 인간의 본성에 대한 연구가 이루어져 왔다. 인간의 본성(human nature)에 대해서는 여러 견해들이 고대로부터 논의되어 왔다. 성선설, 성악설, 백지설, 성숙·미성숙설을 소개한다.[1]

1.1.1 성선설(性善說: Goodness Theory)

1) 기본개념

동양의 맹자(B.C. 6C경)와 프랑스의 루소(Rousseau, 1712~1778) 등에 의해 주창되었으며, 인간은 태어날 때부터 본질적으로 선하고 윤리적인 존재라는 것이다. 그러므로 악(惡) 또는 불선(不善)의 행위는 본성이 아니고 성장과정에서의 환경의 영향에 오염되어 나타나는 것으로 해석한다.

맹자는 인간이 죄를 지으면 양심의 가책을 받고 후회하며, 다른 사람의 고통이나 불행에 대해 연민을 가지고 돕는 것은 인간의 본성이 선하기 때문이라고 한다. 루소는 그의 사랑의 교육관을 담은 『에밀』(Emile)에서 인간은 순진하고 티 없이 착한 성품을 지니고 태어나지만 사회적 학습과정에서 오염된 학습을 함으로써 악한 성향을 가지게 된다고 하였다.

---

1   박유진(2009), 『현대사회의 조직과 리더십』, 양서각, 41-47쪽.

2) 본성의 발전

교육은 신으로부터 받은 선한 인간본성을 유지하기 위해 타락을 예방하는 것이라고 보고 있다. 가정과 학교에서 아이를 키울 때는 엄하고 혹독한 훈육은 지양하고 사랑으로 키워야 한다고 주장한다. 인간의 착한 본성은 사랑에 의해 키워지므로 인간의 존엄성을 존중하면서 통제보다는 자유로운 성장을 돕고 창의성을 통한 자기발전을 추구하도록 환경을 조성해주어야 한다. 선행을 장려하고 잘못에 대해서는 관용과 사랑으로 자기성찰에 도움을 줌으로써, 자신을 사랑하고 신뢰할 수 있는 심리적 환경이 조성될 수 있다고 본다.

3) 리더십과의 연계

인간의 존엄성을 중시하는 사람들의 지지를 받는다. 인본주의 심리학의 인간관에 대한 기초를 제공하며, 자율성과 능동성의 측면에서 아지리스(Agyris)의 Y인간관과 맥을 같이한다. 또한 오하이오 주립대학교의 리더행동이론의 배려형 및 구조주도형 중에서 배려형의 바탕을 이루는 관점이다.

1.1.2 성악설(性惡說: Badness Theory)

1) 기본개념

동양의 순자(B.C. 3C경)와 그리스의 플라톤(Platon, B.C. 5C경) 등에 의해 주창되었으며 인간은 태어날 때부터 악한 충동, 욕망, 공격성 등을 지니고 있어서 본질적으로 악한 존재라고 보는 관점이다. 인간이란 남을 돕고 나를 희생하는 이타적 존재라기보다는 남을 희생시켜서라도 나의 욕심을 채우는 존재이고, 인간이 만드는 문젯거리들은 악한 본성 때문에 발생하는 것이다.

플라톤은 인간이란 육신과 영혼으로 구성되었는데, 영혼은 순결하고 선한 데 반해 육신은 악하며 충동적 욕망에 가득 차 있다고 보았다. 플라톤은 착한 영혼이 육신을 지배하면 선하게 될 수 있으나 현실적으로는 육신이 인간을 지배하게 되므로 인간은 악행을 하게 된다고 생각하였다.

2) 본성의 발전

성악설의 인간관은 교육에 매우 큰 영향을 끼쳤다. 악한 행동을 하게 되어 있는 인간을 선한 행동을 하도록 변화시켜야 한다는 것이다. 교육이란 인간의 악한 본성을 억제할 강한 의지력을 가지도록 하는 것이므로 성장과정부터 가정과 학교에서의 엄한 양육과 훈육이 장려된다. 교육방법은 지식습득이나 능력개발을 통한 긍정적인 면의 장려보다도 강제, 체벌, 과제부여 등을 통해 악한 본성을 다스리기 위한 방법을 주로 사용하게 되는 것이다.

3) 리더십과의 연계

성악설은 유럽의 중세교회처럼 인간교화를 주창하는 사람들이나 권위적인 지위를 유지하려는 사람들과 계층으로부터 지지를 받아 왔다. 가령 권위적인 부모와 교사, 사법기관, 군대, 서양의 중세교회 등은 체벌과 강제를 통해 질서를 유지하였다. 권위적 질서와 규범을 위반하고 저항하는 청소년이나 조직구성원들은 '나쁜 놈'으로 낙인을 찍고, 기존의 권위와 규범에 순종하는 행위를 장려한다. 피동적인 인간관과 통제적 질서의 측면에서 아지리스의 X인간관이나, 아이오와 대학교의 리더 유형 중 권위형의 인간관과 연결된다고 볼 수 있다.

1.1.3 본능설(本能說: Instinct Theory)

1) 기본개념

인간은 이성보다 본능에 의해 영향을 받고 행동한다는 견해이다. 진화론을 창시한 다윈(Darwin, 1809~1882)은 인간이란 동물과 뚜렷한 구별이 없는 생물학적 존재라고 밝힘으로써 인간행동을 본능의 입장에서 인식하였다. 윌리엄 제임스(William James, 1842~1910)는 『심리학의 원리』에서 모방, 경쟁, 싸움, 동정, 공포, 욕심, 호기심 등 32개의 인간본능을 열거하고 있으며, 맥두걸(McDougall, 1871~1938)은 증오, 호기심, 경쟁, 싸움, 성적 질투, 자기주장, 건설, 모(부)성애, 군집, 욕심, 배고픔, 생식 등 12개의 본능을 제시했다.

정신분석학의 창시자인 프로이트(Freud, 1856~1939)는 심리적 에너지를 본능, 자아, 초자아의 세 체계로 설명한다. 본능적인 에너지로서의 원초적인 욕망인 본능은 쾌락원칙(pleasure principle)을 추구하도록 부추김으로써, 현실원칙(reality principle)을 추구하는 자아나 도덕원칙(ethic principle)을 추구하는 초자아와 갈등을 겪기도 한다. 따라서 인간은 내면의 세 심리의 에너지의 분포에 따라 행동유형이 결정된다고 본다.

2) 본성의 발전

인간의 행동에 영향을 미치는 지배적인 본능은 사람마다 다를 수 있지만, 어른으로 성장하면서 감소하거나 소멸되는 것은 아니다. 그러므로 사람에 따라 발현조건이 형성되면 본능의 표출 가능성이 높은데, 도덕적 억압이나 자각 또는 사회적 제약 등에 의해 본능표출이 억제되는 것이다.

3) 리더십과의 연계

리더특성 연구들에서 규범적으로 제시되는 덕목들은 리더에게 본능의 억제를 요구하는 경향이 강하다. 솔선, 희생, 동고동락, 모범, 청렴 등의 덕목은 리더에게 인간적 본능을 자제하도록 요구하는 것들이다. 본능을 억제하는 것은 인간적 입장에서 쉬운 일이 아니다. 인간의 본능과 리더십의 문제는 리더십 연구에서 보다 적극적이고 개방적으로 논의해야 할 과제의 하나이다.

1.1.4 백지설(白紙說: Tabula rasa Theory)

1) 기본개념

동양의 고자(B.C. 6C경)와 영국의 존 로크(John Locke, 1632~1704) 등에 의해 주창된 관점으로, 인간이란 태어날 때 특정한 본성을 가지고 있지 않으며 환경의 자극을 수동적으로 받아들이는 수용적인 존재라는 것이다. 고자는 인간본성이란 물과 같아서 동쪽으로 물길을 트면 동쪽으로, 서쪽으로 물길을 트면 서쪽으로 흐르듯이 선과 악도 그러한 것이라고 하였다. 존 로크는 인간은 태어날 때 환경의 자극을 받아들일 수용자로서의 준비만 갖추고 있을 뿐이라고 하였다. 그러므로 인간이 갖는 인상이나 이미지는 처음에는 백지와 같았으나 성장하면서 외부의 자극이 기록되어 형상화된 것이라고 본다.

2) 본성의 발전

인간은 환경에 대해 능동적으로 작용하는 존재가 아니라 수동적으로 반응하는 존재이므로 후천적인 감각적 경험이 중요하다. 교육방법은 유전적 특성이나 본능적인 성향에 대한 선입관을 배제하고 양육과 교육과정에서 긍정적 자아의식과 시각을 갖도록 환경을 조성하는 것이 중요하다.

3) 리더십과의 연계

인간행동을 자극-반응(S→R)의 과정으로 설명하는 심리학의 행동주의 인간관과 연계되어 있다. 사람에 대한 평가에서도 선입견이나 편견 등의 오류를 배제하고, 초기 조직사회화 과정에서의 이미지 형성을 중시한다. 우리 속담에 콩 심은 데 콩 나고 팥 심은 데 팥

난다고 하였듯이 처음에 인간의 마음속에 무엇을 심느냐가 중요한 것이다.

1.1.5 성숙 · 미성숙설(成熟 · 未成熟說: Maturity · Immaturity Theory)

1) 기본개념

존 듀이(John Dewey)의 교육관, 에릭슨(Erikson)의 자아정체성 형성론, 아지리스의 성숙 · 미성숙 이론 등에서 주창하는 관점으로, 인간이란 선 · 악이나 지 · 무지로 구별할 수 있는 존재가 아니라 성숙과 미성숙의 기준에서 보아야 한다는 것이다. 인간의 악한 언행들은 미성숙하기 때문에 발생하는 것으로 해석한다. 인간이란 태어나서 미성숙으로부터 자아정체성의 형성과 성숙을 통해 자아실현으로 발전해가는 존재라고 본다.

2) 본성의 발전

인간의 잘못된 마음과 행동은 미성숙이 원인이므로 사회와 조직은 개인들의 인간적 성숙을 도와주어야 한다. 따라서 '나쁜 사람'은 '미성숙한 사람'이라는 인식으로 바꾸어야 한다. 선악에 대한 상벌보다 자기존재의 인식을 통한 성장을 장려하는 것이 바람직하다. 자아의식의 결여로 인한 수동적이고 의존적인 상태는 능동적이고 독립적인 자아통제가 가능한 상태로 변화시켜야 한다. 교육방법으로는 지식의 주입보다는 인격적 성숙을 위한 프로그램, 타율적 제재보다는 자율적 판단에 의한 깨달음, 단편적인 기능교육보다는 전인교육이 바람직하다.

3) 리더십과의 연계

미성숙한 상태인 수동성, 의존성, 제한된 행동방식, 변덕스럽고 피상적인 관심, 단기적 안목, 자아의식의 결여 등의 상태로부터 성숙한 상태인 능동성, 독립성, 다양한 행동방식, 깊고 일관된 관심, 장기적 안목, 자아인식과 통제의 상태로 발전시켜나가도록 조직구성원을 개발하는 것이 필요하다.

선 · 악적 인간관에서 주로 사용되는 설교, 훈계, 처벌, 통제, 보상, 규율 등의 방식이나 강의, 시험 등의 방식보다 자아인식, 인성지도, 인격의 성숙, 정서적 안정 등의 인성 중심의 전인교육이 중요하다. 기업이나 군에서 시행하고 있는 비전캠프 등의 인성교육프로그램, 조직구성원의 자율역량을 개발하여 셀프 리더로 육성하는 임파워먼트와 슈퍼 리더십이 이러한 인간관을 반영하는 것으로 볼 수 있다.

수천 년의 토론에도 인간본성에 관해 합의나 정설이 이루어진 것은 없다. 인간본성을 결정론적 입장과 자의론적 입장으로 보면, 본성의 고정화에 중점을 둔 성선설과 성악설 및 본능설은 결정론적 관점으로 볼 수 있고 변화의 과정에 중점을 둔 백지설과 성숙·미성숙설은 자의론으로 볼 수 있다.

인간의 본성이란 고정된 부분도 있고 성장과정 속에서 형성되는 부분도 있을 것이다. 다만 리더십의 입장에서 보면 두 가지의 포인트를 알 필요가 있다. 첫째, 리더 자신이 어떤 인간관을 가지고 있는지를 인식하는 것이다. 둘째는 자신의 인간관을 인식한 리더는 인간관계와 조직성과를 위해 어떤 언행이 바람직한가를 알아야 한다는 것이다. 많은 리더들이 자신의 본래 인간관을 바탕으로 언행을 할 가능성이 높지만, 교육을 통해 상황에 적합한 언행의 필요성도 인식하고 있다. 가령 성악설의 인간관을 가진 리더는 조직구성원들을 잘 신뢰하지 못하고 통제하려 한다는 것을 스스로 알기 때문에 과업 추진과정에서 조직구성원에게 신뢰를 표명할 필요가 있다고 판단하면 권한위임 등의 행동도 보여줄 수 있다는 것이다.

1.2 인간행동에 대한 심리학적 견해

심리학이란 마음의 과학, 행동의 과학이라고도 정의되는 연구 분야이다. 즉 인간의 행동과 관련하여 생리적·심리적·사회적 과정을 연구하는 학문이다. 여기서는 인간의 행동을 심리학적 관점에서 접근하여 생물학적 관점, 정신분석적 관점, 행동주의적 관점, 주관주의적 관점, 그리고 인지주의적 관점에서 살펴본다.[2]

1.2.1 생물학적 관점(biological perspective)

인간의 사고 및 정신과정은 두뇌를 중심으로 한 신경계에 의해서 이루어지는데 뇌세포의 활동과 정신과정의 연결을 찾고자 하는 관점이다. 생물학적 요인들(유전, 두뇌의 전기적·화학적 활동, 호르몬 활동 등)이 정신과정과 행동에 연관되어 있다고 보고 그 요인들을 탐색한다. 가령 사춘기의 정서 및 행동의 변화나 갱년기의 우울증과 같은 증상들은 호르몬의 영향이 큰 것으로 알려져 있다. 흡연습관의 형성과 금연시의 금단현상도 생물학적 요인으로 해석할 수 있다.

---

2   김현택 외(2003), 『현대 심리학의 이해』, 학지사, 31-36쪽.

예 • 줄담배를 피우는 행동을 이해하고자 그가 어떻게 니코틴에 중독되었는가를 연구하게 되면 여러 가지 의학적 요인(예: 유전, 두뇌에서의 전기적·화학적 활동, 호르몬의 활동 등)이 그의 정신과정 및 담배피우는 행동에 어떻게 연관되는지를 조사하게 된다.
   • 뇌 손상 환자의 얼굴 인식에 관한 연구는 뇌의 특정 부위가 얼굴 인식에 전문화되어 있음을 알 수 있다. 즉 인간의 뇌는 좌반구와 우반구로 나뉘는데 얼굴 인식에 할당된 부위는 대개 우반구에 위치하고 있으며, 우반구는 공간 관계의 해석을, 좌반구는 언어 이해를 전문으로 한다.

1.2.2 정신분석적 관점(psychoanalytic perspective)

프로이트 등이 제시한 접근으로서 인간의 행동은 마음 깊숙이 잠재되어 있는 무의식적인 동기나 충동의 산물이라고 본다. 그러므로 행동의 결정에는 의식적 사고보다 무의식속에 잠재되어 있던 본능과 욕구들이 더 많이 작용한다는 것이다. 이러한 무의식은 어린시절 아버지와의 관계 등에서 억압된 욕구가 의식의 내면에 숨어있는 것이며, 꿈의 형태로 나타나기도 하고 어떤 상황이 조건이 되면 행동으로 발현된다. 가령 어린 시절 밀폐된공간에 갇히는 벌을 받아 공포를 느꼈는데, 어른이 되어서도 좁은 공간에서 몸부림치는꿈을 꾼다든지 작은 방을 두려워하는 행동을 하게 되는 경우이다. 이상행동의 원인분석과 심리치료에 많이 활용되는 이론이다.

예 • 흡연은 응석부리는 어린이로 있고 싶은 바람과 독립적인 성인이 되고 싶은 바람 사이의 갈등일 수도 있다. 따라서 담배 연기를 쭉 빨아들이는 것은 어린이가 젖병을 빠는 것을 상징할 수도 있다.
   • 치료 방법은 담배 피우는 사람의 내적 갈등을 해소하여 영원히 담배를 끊을 수 있는 자신의 능력을 강화시켜 주는 것이 된다.

1.2.3 행동주의적 관점(behavioral perspective)

인간의 행동을 이해하려면 그 사람의 과거의 학습과 상황적 영향 및 보상을 보아야 한다는 것이다. 즉 어떤 외적인 절차가 그 사람의 행동을 조건화시켰는지 알고자 하는 접근이다. 행동의 원인에는 그 행동을 유발한 조건으로서의 외적 자극이 있다는 것이다. 대표이론인 행동주의는 행동을 '자극받는 즉시 반응'의 인과관계로 설명한다. 인간행동은 그 행동을 유발하도록 작용한 동기와 보상을 통해 조건화된 반응의 결과라는 것이다.

• 흡연가는 다른 사람이 맛있게 담배를 피우는 것을 관찰하고서 따라 피우는 것을 배웠을 것이며 애연가는 담배를 즐거운 사교의 기회, 스트레스의 해소, 또는 기타의 보상과 연결 지음으로써 담배 피우는 것이 습관화 되었다고 볼 수 있다. 따라서 담배를 끊으려면 담배 피우기와 관련된 상황에서 자신이 담배를 피우지 않고 다른 반응을 하는 것에 보상을 주도록 해야 한다.
• 비만인 사람 중에서 특정한 자극(예를 들어 TV시청)이 있을 때에만 과식(특정한 반응)을 하는 사람들이 있는데 이들 자극의 회피를 학습하는 것이 체중조절 프로그램의 한 부분을 구성하게 된다.

1.2.4 주관주의적 관점(subjective perspective)

인간의 의식작용의 중요성을 강조하며 현상학적 관점이라고도 한다. 개인의 경험 속에서 자기인식과 자기내부에 있는 주관적 자유의지가 행동을 결정하는 요인이라고 본다. 외부의 세상을 어떻게 지각하고 어떻게 행동할 것인가는 의식의 선택에 달려있는 것이다. 대표적인 이론인 인본주의 심리학은 인간의 존엄성과 자유의지를 중시하여, 자유의지가 환경에 영향을 줄 수도 있다고 보아 인간행동을 '의식 → 반응'의 관계로 설명한다.

담배를 피느냐, 끊느냐 하는 것은 담배가 우리에게 주는 이익이나 위험에 대한 지각에 달려 있어 애연가가 끊으려고 결심하지 않는 한 끊을 수 없다.

1.2.5 인지주의적 관점(cognitive perspective)

사람들은 동일한 사건이라 하더라도 다르게 인지하고 해석한다. 가령 우울증이 생물학적으로 발생할 수도 있지만, '나는 우울하다.'라고 인지함으로써 우울증을 느낄 수도 있는 것이다. 흡연도 사람에 따라 금단증상이라는 생물학적 이유 때문에 계속 피는 사람도 있지만, 흡연이 스트레스 해소에 도움이 된다고 스스로 인식하여 피우는 사람도 있다. 이처럼 인지적 관점은 인간이 정보를 받아들이고 처리하며 산출하는 과정에 관심을 기울인다. 대표적인 이론인 인지심리학은 환경의 자극이 행동으로 표출되는 과정에 의식의 개입이 중요하다고 인식하여 인간행동을 '자극 → 인간의식 → 반응'의 관계로 설명한다.

아동기의 기억상실증 현상
• 우리가 생애의 첫 몇 년간을 자세히 기억하지 못하는 것은 우리의 경험을 기억 속에 정리하는 방식이 성장하면서 크게 달라졌기 때문일 수도 있다.
• 그러한 변화는 언어 능력이 급성장하는 세 살쯤에 특히 두드러지는데 언어는 우리의 기억을 정리하는 새로운 방법을 제공한다.

〈표 1-6〉 인간행동에 관한 심리학 관점의 견해 비교

구 분	행동주의 심리학	주관주의 심리학	인지주의 심리학
대표학자	Skinner, Watson	Rogers, Maslow	Festinger, Bandura
기본 형식	자극 → 반응	의식 → 반응	자극 → 의식 → 반응
중요 요소	외적 조건, 행동	의식, 감정	조건, 의식, 행동
행동의 원인 (인간관)	환경적 자극 (타율적 존재)	자유의지와 의식 (자율적 존재)	환경자극을 의식을 통해 선택(자율적 존재)
행동의 변화	긍정적 강화(상)와 부정적 강화(벌)	인간의 존엄성과 자율성의 자각	자극과 의식을 상황과 연계·판단
행동 예측성	자극조건을 알면 예측 가능	예측 어려움	상황조건에 따라 부분적 가능
인간과 정보	인간은 정보 전달자	정보 창출자	정보 해석·창출자
사물의 인식	객관적 세계	주관적 세계	주·객관적 세계
연계되는 리더십 이론	과학적 관리론, 거래적 리더십, 과업지향 리더십	참여·민주적 리더십, 셀프 리더십	리더십 상황이론

자료: 박유진(2009), 『현대사회의 조직과 리더십』, 양서각, 50쪽.

이들 중에서 리더십 이론들과 관련성이 많은 관점은 행동주의적 관점과 주관주의적 관점, 그리고 인지주의적 관점이다. 인간행동의 원인을 외부의 환경적 관점으로 보는 행동주의와 인간내부의 자유의지로 보는 주관주의는 대립적 관계이며, 인지주의 심리학은 두 대립적 관점의 조화를 모색한다고 할 수 있다. 이들을 비교하면 〈표 1-6〉과 같다.

〈표 1-6〉에 제시된 행동주의적 관점과 주관주의적 관점은 서로 대조적인 관계로서 다음과 같은 차이가 있다.[3]

첫째, 행동주의적 관점은 겉으로 드러난 행동을 중시하는 반면, 주관주의적 관점은 인간내면의 의식과정을 중요시한다.

둘째, 행동주의적 관점은 과학적 연구를 통해 인간 행동의 보편적 법칙을 발견함으로써 인간의 행동을 예측할 수 있다고 믿지만, 주관주의적 관점은 인간은 자신의 의도를 가지고 목적지향적으로 행동하기 때문에 예측 가능하지 않다고 한다.

셋째, 행동주의적 관점은 정보를 단순히 여과시켜 전달하는 체계로 보지만, 주관주의적 관점은 인간을 단순히 정보를 여과시켜 전달하는 것이 아니라 정보를 만들어내는 적극적인 체계로 본다.

---

3   오세철(1982), 『조직행동: 인간·조직의 이론과 문제』, 박영사, 57-58쪽.

넷째, 행동주의적 관점은 인간을 현실 그 자체로 보지만, 주관주의적 관점은 인간을 가능성과 잠재성을 갖고 있는 미래지향적인 존재로 본다.

다섯째, 행동주의적 관점은 인간을 합리적인 존재로 보지만, 주관주의적 관점은 인간을 '합리—비합리' 차원을 뛰어넘는 존재로 본다.

여섯째, 행동주의적 관점은 인간을 절대적인 가치기준으로 평가하려는 반면에, 주관주의적 관점은 상대적인 가치기준으로 판단한다.

일곱째, 행동주의적 관점은 인간을 부분으로 나누어 연구가 가능하다고 보는 반면에, 주관주의적 관점은 그러한 해부학적 관점을 배격하고, 인간을 전체로서 연구해야 한다고 주장한다.

여덟째, 행동주의적 관점은 인간을 과학적으로 연구할 수 있다고 보는 반면에, 주관주의적 관점은 인간은 우리가 이제까지 알고 있는 것 이상의 존재이기 때문에 과학적 차원의 연구만으로는 한계가 있다고 주장한다.

이와 같이 상기 비교 관점은 인간의 서로 다른 한쪽만을 보고 있기 때문에 이를 수평적으로 조정·통합하는 것은 거의 불가능하다고 할 수 있다. 따라서 리더는 심리학적 견해들에 관한 학습을 통해 자신의 관점을 살펴보고, 다른 사람의 행동을 이해하기 위하여 인간행동을 보는 시각을 넓혀나가야 할 것이다.

제2절 리더십과 조직

조직은 복잡한 인간들의 집합체이다. 조직은 사람들을 다양한 방법을 통하여 필요한 행동을 촉발함으로써 소기의 목적을 달성해나간다. 그 과정에서 조직구성원들의 불필요한 행동은 억제하고 필요한 행동은 극대화시키기 위한 노력을 기울이게 된다. 그렇다면 조직은 어떤 수단을 동원하여 조직구성원들을 조직이 원하는 방향으로 행동하게 하는가? 또한 인간의 행동에 영향을 미치는 요인들은 무엇인가? 우리는 이러한 과정에서의 총체적인 행동을 리더십으로 표현할 수 있다. 따라서 인간과 조직은 불가분의 관계이며, 리더십은 인간과 조직관계를 효율적으로 연계시켜 성과를 극대화시키는 기술이라 하겠다. 본 절에서는 조직의 개념을 정립하고, 인간과 조직의 관계, 그리고 리더십과의 관계에 대하여 살펴볼 것이다.

2.1 조직의 개념

현대사회를 조직사회라고 한다. 수많은 형태의 조직들이 사회를 움직이고 사람들은 조직을 통해 삶을 실현해가고 있다. 기업, 군대, 학교, 정당, 사회단체, 종교단체, 친목단체 등도 모두 조직의 형태이다. 어떠한 형태이든 조직은 몇 가지의 공통적인 특성을 가지고 있다. 그렇다면, 어떤 조건이 갖추어져야 조직이라고 할 수 있는가?

첫째, 조직은 두 명 이상의 사람들의 집합체이다. 혼자서는 조직을 이룰 수 없다.

둘째, 조직은 목표를 가지고 있으며 목표지향적인 활동을 한다. 조직목표는 일회성으로 끝나는 것이 아니라 반복적으로 재설정되면서 조직이 존속하는 한 유지된다. 그러나 조직구성원들의 개인적인 목표가 반드시 조직목표와 일치하는 것은 아니다. 조직구성원들은 인생경로에서 제 나름대로의 목표를 가진다. 다만 조직목표의 달성을 통한 성공이 개인목표를 실현해가는 방법이 될 수 있다.

셋째, 조직은 최고경영층부터 하위 실무자까지 직위체계로 구성되며 모든 직위마다 역할과 책임이 부여된 직무구조를 가지고 있다. 직무구조는 조직을 움직이는 공식적인 뼈대이며 그 내용은 대개 조직규정(내규 또는 사규 등)에 명시하고 있다.

넷째, 조직은 직위체계에 상응하는 공식적인 권한체계를 가지고 있다. 권한은 직무를 수행하는 데 필요한 공식적인 힘이며, 그 크기는 대체로 직위 수준 및 직무의 중요성에 비례한다. 권한의 내용은 조직규정 등에 명시된다.

다섯째, 조직은 고객 및 거래처와 같은 이해관계자 집단 등의 조직환경과 경계를 가지면서 상호작용한다. 조직환경의 영향을 받으면서 동시에 영향을 주기도 하는 것이다. 조직특성에 따라 대학이나 기업처럼 환경과의 경계가 개방적이며 원활한 상호작용을 하는 조직도 있지만, 군대나 수도원처럼 비교적 폐쇄적인 경계를 가지면서 상호작용이 적은 조직도 있다.

이러한 특성들, 특히 직무구조와 권한체계는 어떤 사람들의 집합체가 조직인가 아니면 군중인가를 가늠하는 기준이다. 그러므로 조직이란 '조직목표의 달성을 위해 외부환경과 상호작용하면서 직무구조와 권한체계를 주된 틀로 활동하는 사람들의 구성체'라고 정의할 수 있다.

2.2 기계적 조직관과 유기체적 조직관

조직을 기계(machine)와 같이 움직이는 것으로 보아야 할 것인가 아니면 유기적인 생물체(organism)로 보아야 할 것인가에 관한 논의는 조직관의 핵심적인 이슈이다. 조직을 기계처럼 보는 관점을 기계적 조직관, 유기체처럼 보는 관점을 유기체적 조직관이라고 한다. 먼저 기계와 유기체의 특성을 비교해보자. 기계란 자동차나 시계처럼 다수의 부품들이 연결되어 인위적인 힘에 의해 기능을 하는 물체이다. 그리고 유기체란 인위적인 작동에 의해 움직이는 기계와는 달리 자연생태계의 일부로서 자기 생명력으로 생태적 환경에 적응하면서 살아가는 생명체를 말한다.[4]

기계는 독립적인 부품들의 연결과 연쇄적인 힘의 전달로 움직이며 입력한 프로그램에 의해 기능이 작동한다. 기계를 움직이는 힘은 전기력이나 연료처럼 외부에서 주어져야 하고 계속적으로 작동하더라도 성장하지는 않는다. 고장이 나면 스스로 치유기능이 없으며 고장이 난 부분을 고치거나 대체해야 한다.

반면에 유기체는 자율적이고 전체적인 상호작용적 교감으로 움직인다. 전체는 부분들의 단순한 합 이상의 전일적(全一的) 성격을 갖는다. 유기체는 먹이나 공기 등 외부 에너지 요소를 받아들여 내부 동력으로 변환시키면서 성장할 수 있다. 전체적인 교감체계는 자율적으로 환경변화에 대응한다. 날씨가 더우면 땀을 흘려 체온을 조절하고 추워지면 몸을 움츠려 자신을 보호하는 것도 유기체의 특성이다. 고장이 나는 것은 부분만의 문제가 아니라 전체적 기능부조화의 문제로 인식한다. 그러므로 고장의 치유 또한 부품교체와 같은 부분접근보다는 전체적인 맥락에서 접근한다. 로봇과 같은 기계와 사람의 몸과 같은 유기체의 차이를 비교해보면 〈표 1-7〉과 같다.

2.2.1 고전물리학의 관점

기계적 관점은 18세기 전후 서양의 과학혁명을 이끌었던 뉴턴(Newton) 등의 고전물리학의 패러다임에 뿌리를 두고 있다. 신학과 철학에서 독립한 근대 자연과학은 자연의 질서에 관한 보편적 법칙을 수학적 형태로 그리려고 하였다. 가령 사물의 관계를 $y = ax$와

---

4 생물학자로서 일반 시스템이론(General System Theory)의 개념을 창출한 베르탈란피(Bertanlanffy)는 기계적 관점으로는 유기체의 전체와 부분간의 역동적 관계를 설명할 수 없다고 전제하고, 생물과 사회현상의 관계를 연구하는 분야를 유기체적 생물학(Organismic Biology)이라고 하였다. Bertanlanffy, L. V.(1972), "The status and history of General System Theory", G. K. Klir (ed), *Trends in General System Theory*, pp. 21-38.

〈표 1-7〉 기계와 유기체의 비교

구 분	기 계	유기체
에너지와 동력	외부제공, 기계적 동력 전환	외부유입, 내부동력 생성
작동과 유지	입력한 프로그램으로 작동	상황적응적 자율신경계 작동
생명력과 성장	생명이 없으며 성장하지 않음	생명력으로 성장함
전체의 인식	부분들의 인과적 · 연쇄적 연결체	부분들의 상호작용적 · 동시적 결합체
문제점의 치료	고장부분의 정비/교체로 정상화	전체적 상호작용으로 치유가능

자료: 박유진(2011), 『리더십 마인드 & 액션』, 양서각, 41쪽.

같은 인과관계로 설명하는 것이다. 독립변수(원인)인 x가 변화하면 종속변수(결과)인 y도 따라서 변화하는 관계이다. 자연현상을 설명하는 고전물리학의 인과관계의 논리는 경제학이나 심리학과 같은 인문사회과학 분야의 연구방법론에도 중대한 영향을 주었다.

기계적 관점에서는 인간사회를 기계처럼 여러 부분들로 잘 짜여서 인과관계로 움직이는 구성체로 이해한다. 그러므로 원인조건(x)을 통제하면 기대하는 결과(y)를 얻을 수 있다고 생각한다. 이는 심리학의 행동주의나 경영학의 과학적 관리 등의 사상적 바탕이 되었다. 20세기 초반에 형성된 조직이론들인 관료제, 관리과정론, 과학적 관리론 등은 대체로 기계적 조직관에 기초하고 있다. 이러한 관점에서는 조직이란 고장이 없는 기계처럼 업무연결이 잘 이루어지는 무결점 상태의 시스템이기를 기대한다.

그러나 결점이나 갈등은 예외적 문제가 아닌 조직본질의 속성이므로 계속 발생한다. 무결점주의와 표준에 집착하여 통제를 엄격히 할 경우, 순간적으로는 질서가 정립되는 것으로 보이지만 질서유지를 위한 업무소요를 증가시키고 조직 내부의 경직성이 증가하여 상황변화에 대한 적응력은 오히려 저하될 가능성이 높다. 통제에서 벗어나는 일탈을 다시 통제로 묶으려 할 때 중첩되는 통제는 조직의 유연성을 더욱 떨어뜨린다.[5] 기계적 조직관은 다음 항에서 논의할 합리적 권한체계로서의 조직관과 맥락을 같이한다. 다양한 변수들로 복잡하게 얽힌 묵직한 인간사회의 현실은 단순한 인과관계로 충분히 설명하기에는 버거운 것이다.[6]

---

[5] 자본주의와 사회주의의 접근방식을 비교해보자. 자본주의는 사유본능의 시장기능에 의해 움직이며, 정부는 공정성과 격차의 조절에 관해 최소의 통제기능을 수행하려는 방식이다. 사회는 수요와 공급과 같은 복잡한 다중적 체인(chain) 속에서 질서를 재조직화해나간다. 상대적으로 사회주의는 국가공권력으로 경제자원의 생산과 배분을 계획적으로 통제하여 움직이려는 방식이다. 두 접근방식의 결과는 우리가 역사에서 보는 바와 같다.

2.2.2 현대물리학의 관점

20세기 아인슈타인(Einstein)의 상대성 이론이나 하이젠베르크(Heisenberg)의 양자역학과 같은 현대물리학의 이론은 새로운 세계상을 제시한다. 이들이 관찰한 자연의 세계는 전체를 구성하는 부분들이 독립적으로 존재하면서도 전체의 기능에 통합된 전일적(全一的)인 모습이었다. 이러한 모습은 뉴턴이 물질의 최소입자라고 하였던 원자(原子)를 더 세분하여 관찰한 예에서 볼 수 있다.

원자는 양전하(+)의 핵(核)과 음전하(−)의 전자(電子)로 이루어지는데, 전자가 핵 주위의 궤도를 돌면서 둘은 하나의 세트를 이룬다. 핵은 전자에 대해 당기는 힘인 인력(引力)을 가지고 있어서 전자를 끌어당겨 하나로 뭉치려고 한다. 그러나 전자는 핵에 이끌려 하나로 통합되려는 속성과 더불어 핵의 속박에 반발하여 스스로를 유지하려는 성질을 동시에 가지고 있다. 이러한 두 가지의 성질로 인해 전자는 핵에 붙지도 않고 궤도에서 이탈하지도 않으면서 핵 주위를 계속 돌게 된다. 전자가 도는 궤도는 고정된 궤도가 아니라 돌 때마다 다른 역동적 궤도이다. 즉 핵과 전자는 자기 개체의 속성을 보존하면서도 하나의 세트가 되어 생명력을 유지한다. 이러한 통합과 분화의 상호작용은 생명을 지닌 모든 유기체들의 생화학적 작용의 근본을 이룬다.[7]

개체가 독립하고자 하는 힘이 너무 강하면 전체 시스템에서 이탈하여 단절되고, 자기정체성의 유지력이 약하면 전체에 끌려가서 개체의 의미는 소멸된다. 그러므로 유기체로서의 조직이 건강하게 생존하려면 개인은 자기정체성을 유지하면서 조직 전체와 조화할 수 있어야 한다. 이것이 역동적인 균형을 이루는 관계이고 화이부동(和而不同)의 논리이며 융합효과(synergy effect)의 창출조건이다.

유기체적 관점은 포스트모더니즘의 복잡성이론으로 발전한다. 인과론적인 사고로 사물을 인식하는 모더니즘과 달리, 포스트모더니즘은 '불확실성 속에서 변화하는 상황에 반응하며 내부질서가 해체되면서 새로운 질서가 생성되어가는 재조직화의 과정'으로 인식한다. 복잡성과학(Science of Complexity)과 혼돈이론(Chaos Theory)[8] 등의 관점이 대표적이다.[9]

6 　직무성과에 영향을 주는 요인들은 매우 다양하고 많은데, 임금이나 상사의 리더십 및 복지여건 등의 일부 변수로만으로 정확하게 설명하기는 어렵다는 의미이다.

7 　Capra(1985), *The Turning Point*, 이성범 외 역, 『새로운 과학과 문명의 전환』, 78-91쪽.

8 　'Chaos Theory'를 흔히 원어에 충실하게 '혼돈이론'으로 번역하고 있으나, 내용적으로 본다면 그 실제 의미는 '혼돈 속의 질서이론'이다.

9 　현대과학·포스트모더니즘의 복잡성 이론의 관점에서 리더십을 설명한 참고자료는 다음과 같다. 김익택·백기복(2010), "복잡계 과학을 통한 이슈 리더십 이론의 해석", 대한리더십학회, 『리더십 연구』 제2권, 79-107쪽; Wheatley, M. F.(1999), *Leadership and New Science*, 한국리더십학회 역, 『리더십』, 2001.

혼돈(chaos)은 잡음(noise)에 의한 무질서와는 전혀 다른 것이며 안정된 질서도 광범위한 혼돈 속의 순간적인 현상이다. 사물의 관계란 선형적(線形的)인 원인과 결과의 단순한 관계가 아니라 비선형적인 순환고리의 상호인과성(non-linear feedback loops reciprocal causality)의 관계이다. 사물들의 관계는 혼돈으로부터의 질서(order out of chaos)와 불규칙성으로부터의 규칙성(regularity out of irregularity)을 가지고 있다. 사물의 체계는 순간적으로 안정된 균형을 이루고 질서를 형성하는 것으로 보이지만, 사실상 끊임없는 복합적인 상호원인에 의한 변화 속에서 새로운 질서를 찾아가는 자기조직화의 연속이다. 모든 생명체는 환경 변화에 대한 적응력을 본능적으로 개발하여 스스로 진화해나가는 자생적 자기조직화의 과정을 진행한다.

조직에서의 우리 일상을 보자. 기계적 조직관을 가진 사람은 하루일과가 계획한 시간표대로 진행될 것을 기대하고 계획에 맞추어 조직을 움직이려고 노력한다. 그러나 갑작스런 손님의 방문, 갈등문제의 논쟁, 회의시간의 지연, 뜻밖의 사고, 예상하지 않은 가정 문제 등으로 일정은 수시로 재조직화된다. 경영환경도 정부담당자의 교체, 법규의 변경, 거래회사의 부도, 유가 상승, 거래국가의 정치적 변동 등 예측할 수 없었던 사건들로 수시로 변화하므로 경영전략을 계속 재편해야만 한다.

리더십과 관련하여 보면, 조직을 기계처럼 인식하는 리더는 법규 등에 의한 시스템의 강조, 계획의 준수, 권한의 상위 집중, 융통성보다는 기본방침의 중시, 의사결정의 절차 강조, 무결점의 완벽주의 성향, 파격의 리더십보다 직책 위계적 행위 등을 보일 가능성이 크다. 반면에 조직을 유기체처럼 인식하는 리더는 계획과 방침보다 현장상황의 중시, 임무에 상응한 권한 배분, 의사결정의 적시성, 법규 및 절차보다 문제해결 강조, 위계적 행위보다 인간적 소통 등을 중시할 가능성이 크다. 〈표 1-8〉은 두 개의 조직관을 비교하여 정리하였으며, 두 관점에서 조직구조의 특성들을 잘 보여주고 있다.

조직이 기계인가 아니면 유기체인가 하는 것은 사실 정답이 없다. 그러나 조직을 경영하는 데에는 경영자가 두 관점을 모두 이해하는 것이 훨씬 도움이 된다. 조직의 직무체계와 권한체계 등 조직구조를 형성하는 데에는 기계적 관점이 필요하고, 유연성과 적시성을 통해 조직환경에 대한 대응력을 증진시키는 데에는 유기체적 관점이 더욱 적절하기 때문이다.

〈표 1-8〉 정태적 · 기계적 조직구조와 적응적 · 유기체적 조직구조의 특성

조직특성	정태적 · 기계적 구조	적응적 · 유기적 구조
조직환경 개방성	상대적으로 폐쇄적 인식, 환경영향의 불확실성 최소화 노력	상대적으로 개방적 인식, 환경의 불확실성에 적응 및 대처
활동의 분화	세분화된 독립적 부서들의 연결	통합적이고 때로는 활동의 중첩
조정수단	위계질서와 규정화된 절차	다양한 수단, 사람들의 상호작용
권한구조	상위 집권적, 위계적 구조	분권적, 다양한 구조
권한의 원천	직책과 계급	문제해결의 지식과 전문성
책임	직위와 역할에 구체적 부과	다수의 참여자가 공유
과업, 역할, 기능	조직도와 직무기술서에 명시	상황과 상호기대 등에 의해 결정되고 느슨하게 정의
상호작용-영향 패턴	상급자 → 하급자의 위계적	상급자 ⇄ 하급자 등의 다방향
절차와 규정	구체적, 문서화 및 공식화	전반적, 비문서화 및 비공식화
계층화	직위간 더욱 세분화	직위간 덜 세분화
의사결정	상위계층으로 중앙집권화	조직전반에 분권화
구조의 지속성	고정화 경향	새로운 상황에 적응적 변화

자료: Kast, F. E. & Rosenzweig, J. E.(1985), *Organization & Management*, McGraw-Hill, p. 265.

2.3 조직의 합리적 권한체계와 정치적 권력체계

조직을 움직이는 힘은 어디에서 나올까? 어떤 회사가 사장–이사–부장–과장–사원의 직위구조로 되어 있다고 하자. 회사의 내규대로라면 권한은 지위에 비례하므로 상급자는 하급자들을 권한으로 지시하고 통제할 수 있을 것이다. 즉 합리적인 직무와 권한체계에 의해서 움직인다고 볼 수 있다.

그러나 조직은 항상 권한체계대로 움직일까? 직위가 높다고 하여 영향력이 하급자보다 크다고 볼 수 있을까? 부장보다 사장에게 더 신임 받는 과장의 영향력은? 평사원이지만 회장이나 권력자의 아들이라면? 부서의 비밀스러운 정보를 사원이 직속 팀장에게만 보고할까 아니면 친밀한 고향선배 팀장에게도 보고할까? 조직구성원들은 순수하게 조직의 목표를 위해서만 노력할까 아니면 자신의 이익을 챙기고 있지는 않을까? 회사의 승진인사에는 업적과 능력을 공정하게 평가한 결과만 반영한 것인가 아니면 권력자의 동원과 막후 공작의 영향은 없는 것인가? 이러한 질문들은 조직이란 직위와 직무에 권한이 합리

적으로 부여된 시스템인가 아니면 이익과 권력경쟁으로 얽힌 정치적 권력체계인가에 관한 문제의 제기이다.

2.3.1 권한체계로서의 조직

20세기 초기 조직이론들은 합법적 권한이 질서 있게 행사되는 합리적 체계로서의 조직상을 그렸다. 테일러(Taylor)는 인간의 경제적 동기를 차별적 성과급으로 통제하는 조직을 실천하였고, 페욜(Fayol)은 조직관리의 과정을 연쇄적인 연결과정으로 구성하였으며, 베버(Weber)는 합법적이고 위계적인 권한체계를 이상적인 조직모형으로 제시하였다. 베버는 권력을 정당화해줄 수 있는 지배형태를 전통적 지배, 카리스마적 지배, 그리고 합법적 지배로 구분하였는데 합법적 지배를 현대사회에 가장 적합한 지배형태로 강조하였다. 베버는 조직의 권한체계를 규정화함으로써 개인들의 자의적인 조직지배를 배격하고 공식적인 지위체계에 의한 통제를 관료제의 바탕으로 삼았다.

조직을 합리적 권한체계로 인식하는 리더의 시각에서는, 조직은 공식적인 권한에 의해 움직여야 하고 각 부서들의 활동은 조직목표를 향해 기능하며 조직구성원들은 규정에 의해 직무를 수행하면서 질서는 정연하게 유지되어야 한다. 조직구성원은 지위와 권한체계에 의해 부여된 직무를 수행하는 조직순응적 행위자이다. 이러한 조직관에서는 인간의 비합리적 측면인 권력이나 정치적 속성을 배제하고 있다.

2.3.2 권력체계로서의 조직

조직이란 권한체계(authority system)가 아니라 오히려 권력체계(power system)라는 주장도 제기되어 왔다. 홀리(Hawley)의 지적처럼 모든 사회적 행위는 권력을 행사하는 것이고 모든 사회적 관계는 권력의 방정식이며, 또한 모든 사회집단이나 체계는 권력의 조직화 현상이다.[10] 권력적 조직관에 의하면, 인간이란 권한체계의 틀 속에서 움직이는 합리적 행위자라기보다는 자신의 이익과 영향력을 확장하려는 정치적 행위자이다. 권한체계가 조직의 형식적 틀이라면 권력체계는 역동적인 실질적 틀이다. 사실상 공식지위가 높으면서도 권력기반이 약하여 지위만큼의 영향력을 갖지 못하는 경우나, 공식지위가 낮으면서도 실질적 영향력이 강력한 경우는 흔히 볼 수 있는 현상이다. 따라서 권력을 배제하고 조직현상을 설명한다면 권한구조와 권력구조의 차이만큼 오차가 있다고 보아야 할 것이다.[11]

---

10 Hawley, A. H.(1963), "Community Power and Urban Renewal Success", *AJS*, 68, p. 422.

조직은 사회가 그랬듯이 권력자원들을 완전히 통제한 적도, 각각의 지위에 알맞게 배분한 적도 없었는데, 권력의 완전한 통제와 분배가 불가능한 두 가지 이유가 있다. 하나는 지위란 사람이 점유하는데 사람이란 개인차와 이기적인 면이 있으므로 권력행사는 본질적으로 합리적일 수 없다. 다른 하나는 권력자원들은 질과 양이 워낙 다양해서 조직설계자의 의도대로 적정한 분배가 불가능하다는 점이다.[12]

조직구조 결정에 관한 연구에 의하면, 규모나 전략 등의 변수들은 조직구조를 50∼60%밖에 설명하지 못하고 나머지 부분은 합리적 사고의 빛이 닿지 않는 조직의 정치 등의 변수에 의해 설명되어야 한다고 본다. 정치적 관점에서 조직구조는 '자신들의 이익증진을 위해 투쟁하는 조직 내부의 집단들에 의한 권력투쟁의 결과'이다.[13] 그러므로 조직은 최고의 효과성을 낼 수 있는 구조를 갖는 것이 아니라 최소한의 효과성 요구를 충족시키면서 의사결정 참여자들의 이해관계를 반영하는 구조를 갖게 되는 것이다. 권한구조는 심층적으로 작용하는 권력구조의 표면이며, 조직 내의 영향력은 이해관계자 집단들의 자원동원과 활용능력에 관계된 권력의 크기를 의미하는 것이다. 〈표 1-9〉는 합리적 권한체계와 정치적 조직체계로서의 조직관점을 비교하여 보여주고 있다.

〈표 1-9〉 합리적 권한체계와 정치적 권력체계의 조직관 비교

구 분	합리적 권한체계	정치적 권력체계
조직구조	직무체계와 맞도록 합리적으로 짜인 권한구조	개인과 집단의 이해관계가 반영된 권력구조
조직의 속성	안정, 균형, 통합, 질서	변동, 불균형, 갈등, 경쟁
조직과정	계획-조직화-지시-통제	연합, 계략, 설득, 제압 등
조직의 힘	공식적인 권한	권한을 포함한 다양한 권력
직위와 권력	대체로 균형되고 일치함	흔히 불균형 및 불일치
의사결정자	공식적인 결정권자	실질적 권력자 (공식적 결정권자일 수 있음)
인간관	조직구조의 질서에 적응하는 합리적 행위자	이익을 위해 조직구조에 영향을 주는 정치적 행위자

자료: 박유진(2011), 『리더십 마인드 & 액션』, 양서각, 50쪽.

---

11 최종태(1935), "경영조직과 권력작용변수", 황병준 외, 『조직권력론』, 362-363쪽.

12 Scott, W. R.(1987), *Organizations: Rational, Natural, and Open Systems*, Prentice Hall, pp. 284-285.

13 Robbins, S. P.(1983), *Organization Theory*(김남현 역, 『經營組織論』), 254-283쪽.

조직생활에는 두 가지의 모습이 내재되어 있다. 하나는 계획, 조직화, 지시, 통제를 포함하는 합리적 행위들의 모습이고, 다른 하나는 권력투쟁, 연합형성, 전략적 계략, 모함, 상대의 제압 등 권력행위들로 구성된 정치적 모습이다.[14] 현실적으로 합리적 행위들로만 이루어지거나 정치적으로만 움직이는 조직은 없으며 두 성향이 다른 비율로 혼재되어 있는 것이다.

리더가 이러한 조직의 양면적 모습을 이해해야 하는 이유는 첫째, 조직의 실체를 넓게 파악하는 데 도움을 주고 영향력 발휘의 맥점을 짚을 수 있기 때문이다. 둘째, 조직의 외형적 권한구조와 내면적 권력구조의 차이를 줄이는 데 도움이 되는 안목을 준다. 셋째, 조직구성원들의 조직행동에서 실질적 동기를 이해하는 데 도움이 된다. 넷째, 리더 스스로 권력의 희생양이 되지 않고 권력의 주도자가 되어 힘이 실린 리더십의 발휘에 도움이 되기 때문이다.

2.4 조직행동의 이해

조직행동은 조직에서 사람 간에 발생하는 현상이다. 사람 자체에 대한 이해뿐만 아니라 사람과 사람 간의 관계나 사람과 직무 간의 상호작용에 초점을 둔다. 조직에 속한 사람들의 행동과 내면적 세계, 그리고 상호 간의 교류현상 등이 망라된다.

조직행동은 조직 중심의 관점과 조직구성원 중심의 관점에서 접근할 수 있다. 조직 중심의 관점은 조직을 경영하는 자의 입장에서 조직구성원들을 어떻게 활용하고 관리할 것인가 하는 데에 초점을 맞춘다. 반면에, 조직구성원 중심의 관점은 조직구성원 개개인의 조직생활을 풍요롭고 유익하게 하는 데에 근본적인 목적을 둔다.

우리의 조직생활을 관찰해보면 〈그림 1-11〉과 같은 모형으로 이루어져 있음을 알 수 있다. 즉 조직구성원의 대부분은 상급자, 하급자, 동료, 직무, 그리고 내외부의 네트워크에 의해서 구속된다. 물론, 소유경영자나 작업자들의 경우에는 그림의 위 또는 아래 반쪽이 생략될 것이다. 조직구성원들은 이러한 '조직생활의 쳇바퀴' 속에서 살아가고 있다.[15]

쳇바퀴 속에서 '나'는 ① 상급자, ② 하급자, ③ 일, ④ 동료, ⑤ 내부 네트워크, ⑥ 외부 네트워크 등과 다양한 관계를 발전시킨다. 조직에서 우리는 상급자의 권위와 변덕에 눌

---

14 Schein, V. E. (1977), "Individual Power and Political Behavior in Organization", *AMR*, 2, pp. 64-72.

15 백기복(2010), 『조직행동연구』 제4판, 창민사, 10쪽.

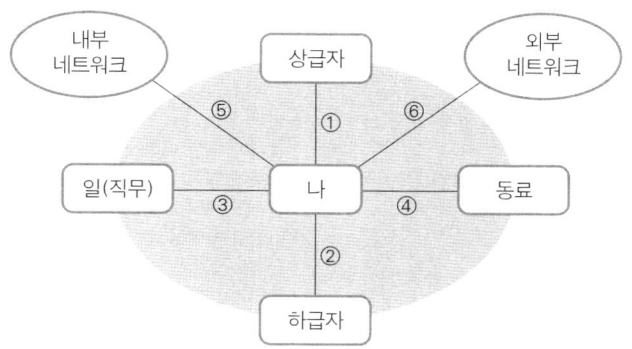

〈그림 1-11〉 조직생활의 쳇바퀴 모형

자료: 백기복(2010), 『조직행동연구』 제4판, 창민사, 10쪽.

려 자유의지가 말살되어가는 '나'를 발견할 수 있는가 하면 오히려 상급자를 설득하고 그 (녀)의 생각을 바꿀 수 있는 힘을 갖고 있는 '나'를 만나게 되는 경우도 있다. 하급자와의 관계에 있어서는, 독단과 아집에 사로잡혀 위임할 줄 모르는 '나', 위임의 논리에 구속되어 결단할 줄 모르는 '나', 직위향유에 빠져 있는 '나' 등 실로 다양한 모습의 '나'를 찾아볼 수 있다.

직무에 대한 사람들의 자세에도 여러 가지 유형이 존재한다. 직무를 통한 성취를 중시하는 '나'가 있는가 하면 직무를 단순히 돈벌이의 수단으로 생각하는 '나'도 있다. 뿐만 아니라 동료들과의 경쟁 또는 협동의 단계에 따라서도 '나'를 구분할 수 있다. 우리는 이러한 쳇바퀴 속에서 조직생활을 영위해가고 있다. 때로는 좌절과 실패를 경험하고 때로는 성공과 희열을 맛보게 되기도 한다. 그 안에서 조직과 개인의 목표가 만나게 된다. 서로가 서로에 대한 평가와 자리매김이 이루어진다. 본 항에서는 이러한 다양한 조직행동을 리더십과 연계시켜 살펴보고자 한다.

조직행동의 쳇바퀴 속에 존재하는 복잡한 현상들을 분류해보면 개인 차원의 문제, 집단 차원의 문제, 그리고 조직 차원의 문제들로 구분된다. 개인 차원의 문제란 위의 쳇바퀴 모형에서 봤을 때, 나, 상급자, 하급자, 동료 각각의 속성과 행동에 관련된 문제들을 뜻한다. 집단 차원에서는 나, 상급자, 하급자, 동료들 간의 관계의 형성과 유지, 발전에 관련된 문제들이다. 또한 조직 차원은 쳇바퀴의 집합으로 이루어지는 조직 전체 문제들을 연구의 대상으로 한다.[16] 먼저 개인 차원의 주제들을 살펴보면 〈표 1-10〉과 같다.

---

16 백기복(2010), 『조직행동연구』 제4판, 창민사, 11-12쪽.

<표 1-10> 개인 차원의 주제들과 결과변수들

개인 차원의 주제들	추구하는 결과들
• 성격, 행동, 태도, 가치관, 지각, 인지, 판단, 능력 등의 개인속성 • 스트레스, 학습과정, 동기 유발의 방법, 직무와 개인의 교류 등	• 성과 향상 • 조직에 대한 애착 • 직무에 대한 몰입 • 만족도 제고 • 바람직한 행동 • 전략추진에 필요한 능력 확보 • 개인의 성취감 제고 • 개인적 복리의 증진 • 보람 있는 조직생활 구현 등

자료: 백기복(2010), 『조직행동연구』 제4판, 창민사, 12쪽.

〈표 1-10〉에서 보듯이, 조직구성원들 개인에 대한 속성과 행동성향을 이해함으로써 조직구성원들의 양적·질적 직무성과는 물론 조직시민행동, 조직애착, 직무몰입, 그리고 만족도 등을 높이는 데 기여할 수 있게 된다. 즉 조직행동 연구를 통하여 생산성 향상이나 품질 중심의 경영에 도움을 줄 수 있으며, 조직과 직무에 대한 심리적 유대를 강화시킬 수 있다. 또한 조직, 직무, 상급자, 급여, 제도 등에 대한 조직구성원들의 만족도를 제고함으로써 능력 있는 사람들의 이직이나 결근을 줄일 수 있고, 재해율을 낮출 수도 있으며 개인으로서도 보람 있는 조직생활의 구현이 가능해진다. 뿐만 아니라 조직이 위기에 처하거나 새로운 전략을 추진하려 할 때 조직에 대하여 긍정적 태도를 가진 조직구성원들이 많을수록 위기극복이나 성공적 전략실행의 가능성은 더욱 커질 것이다. 물론 개인의 성과, 조직애착, 직무몰입, 만족도, 그리고 조직시민행동 등의 결과변수들은 집단 차원, 조직 차원의 주제들에 의해서도 영향을 받는다.

집단(또는 팀) 차원의 주제들과 결과변수들을 〈표 1-11〉에 요약하였다. 집단과 팀에 관

<표 1-11> 집단 차원의 주제들과 결과변수들

집단 차원의 주제들	추구하는 결과들
• 집단의 형성 이유와 과정 • 집단과 팀의 차이 • 팀의 유형과 조직구성원의 역할 • 팀의 조건 • 커뮤니케이션, 의사결정, 리더십 등	• 집단 및 팀의 성과 증진 • 팀의 개인에 대한 영향(성과, 태도, 가치관, 동기, 학습 등) • 집단 및 팀 조직구성원들에게 비전 제시 • 팀의 시너지 효과 실현 • 기타 집단 및 팀 관련 문제의 해결

자료: 백기복(2010), 『조직행동연구』 제4판, 창민사, 13쪽.

〈표 1-12〉 조직 차원의 주제들과 결과변수들

조직 차원의 주제들	추구하는 결과들
• 조직변화 및 개발 • 조직문화	• 개인 및 집단(팀) 차원의 결과들(팀 및 조직구성원 개개인의 행동, 태도, 가치관의 규제 및 변화 등) • 조직성과 증진 • 조직과 조직구성원의 적합화 • 기타 조직관련 문제의 해결

자료: 백기복(2010), 『조직행동연구』 제4판, 창민사, 13쪽.

런된 문제들을 이해하고 연구함으로써 〈표 1-11〉에 나타난 것과 같은 다양한 결과들을 기대할 수 있다.

집단이나 팀 활동을 통하여 개인의 성과를 합친 것보다 큰 집단 차원의 성과 즉 시너지 효과를 기대할 수 있으며, 집단과 팀 활동의 과정을 통하여 개인의 태도나 가치관, 학습과 동기의 수준 등을 변화시킬 수도 있다. 집단과 팀 차원의 주요 이슈들을 충실히 이해함으로써 조직구성원들에게 희망과 비전을 제시하고 그들을 바람직한 방향으로 이끄는 기술을 습득할 수도 있다. 집단의사결정을 연구함으로써 효율성을 증진시키고 바람직한 선택과 합의 및 토론을 추구할 수 있게 된다. 뿐만 아니라 집단과정의 손실을 극복하든가 집단·팀 내 또는 집단(팀) 간의 갈등, 정치행위, 커뮤니케이션 등의 주제에 대한 이해 증진을 통하여 각 주제와 관련된 문제들을 해결하고 집단·팀 성과를 높이는 데 기여할 수 있게 된다. 〈표 1-12〉에서는 조직 차원의 주제들을 정리하였다.

조직 차원의 주제들을 이해하고 연구함으로써 많은 결과들을 기대할 수 있다. 구체적으로 조직의 문화, 변화·개발 등은 조직구성원들의 행동을 규제하며 통일된 방향성을 갖도록 요구한다. 그러한 방향성은 옳을 수도 있고 틀릴 수도 있다. 따라서 올바른 방향성을 확보하기 위한 문화, 변화·개발의 특성이 무엇인지를 먼저 이해해야 한다.

2.5 조직변화의 이해

변화란 기존의 모습과 다른 형태를 갖추는 과정이나 형태를 말하며, 개혁이나 발전된 상태로 바꾸는 것을 의미하는 함축적 개념이다. 조직은 적절한 위기감과 자극이 없으면 현실에 안주하려는 타성에 젖어 성공적 변화를 이루지 못한다. 뜨거운 물속에 개구리를 넣으면 개구리는 깜짝 놀라 튀어나와 살 수도 있겠지만, 찬물 속에 개구리를 넣고 천천히

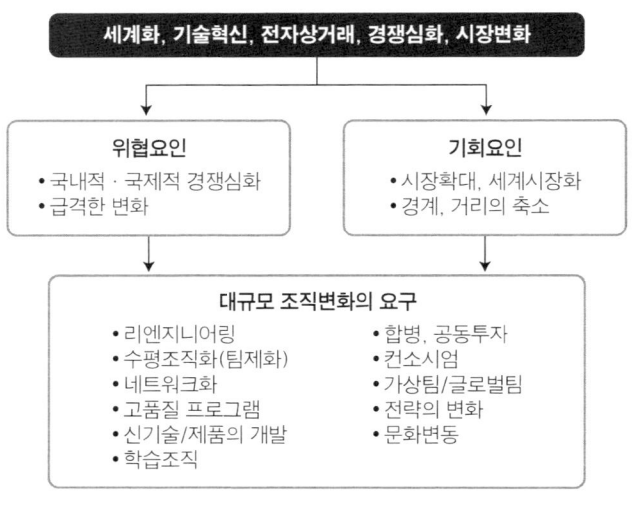

〈그림 1-12〉 조직변화를 초래하는 요인

자료: 안성호 · 김일석(2010), 『현대 리더십의 이해』, 신광문화사, 432쪽.

물을 끓이면 개구리는 점점 올라가는 온도를 느끼지 못하고 기진맥진하다가 그대로 죽어버린다. 그러나 개구리처럼 변화의 느낌을 알아채는 것도 쉽지 않지만 변화를 이끄는 것은 더욱 어렵다.

조직의 변화는 계획적 변화와 우발적 변화로 구분될 수 있다.[17] 계획적 변화는 변화의 필요성이 인지되어 의도적으로 추진되는 변화이고, 우발적 변화는 조직의 통제를 벗어난 상황에서 우연히 또는 불가피하게 일어나는 변화이다. 리더십 이론가들이 관심을 두어온 것은 주로 계획적 변화이다. 그러나 우발적 변화의 중요성도 간과해서는 안 된다. 우발적 변화는 정치적 환경에 놓여 있는 공공조직에서는 더욱 중시된다. 정부조직의 변화는 경제적 추세, 사회적 추세, 정치적 추세, 기술발전과 같이 조직이 직접 통제하기 어려운 환경적 요소들에 의해서 불가피하게 일어나는 경우가 많기 때문이다. 이러한 조직의 변화가 오늘날 더욱 필요한 것은 세계가 급변하고, 이에 따라 조직의 번영과 생존을 위해서는 변화가 꼭 필요하기 때문이다. 변화의 요구는 〈그림 1-12〉에서와 같이 급격한 기술변화, 경제적 세계화, 경쟁심화, 시장변동 등으로 인해 갈수록 심화되고 있다.

조직이 이런 외적 변화에 대응하는 방법은 자율경쟁팀으로 전환하거나 아웃소싱과 같은 구조적 혁신기법을 채택하는 것이다. 합작투자와 컨소시엄 및 실제적으로 효과를 발

---

17 안성호 · 김일석(2010), 『현대 리더십의 이해』, 신광문화사, 432쪽.

〈그림 1-13〉 무엇을 변화시킬 것인가?

자료: 임창희(2008), 『조직행동』 제4판, 비엔엠북스, 556쪽을 참조하여 재구성.

휘하는 조직구조를 통해 업무범위와 시장을 국제적으로 확장시키는 것도 하나의 방법이다. 그리고 제품혁신의 가속화 요구에 부응해 조직을 지속적으로 학습시켜 혼돈의 환경에 잘 적응하도록 만드는 것도 가능할 것이다. 그러나 이러한 모든 형태의 변화는 곧바로 실패와 연결될 수도 있다. 이는 조직변화 과정이 복잡하고 혼란스러우며, 지도층 대다수가 미지의 세계에 대한 두려움으로 기존의 익숙한 것을 고수하려 하기 때문이다.

그렇다면 조직은 과연 무엇을 변화시키는가? 조직변화라고 할 때 변화의 대상은 무엇인가? 예를 들어 서울 강남의 한 대형빌딩 관리를 책임지고 있는 회사의 사장이 최근 몇 년간 빌딩의 난방사용량이 계속 상승하고 있다는 사실을 발견했다고 하자. 이로 인해서 난방비를 절약해야 한다는 변화의 필요성이 인지되었다. 어떻게 해야 하는가? 다음의 세 가지 가능성이 있을 것이다.[18] 이것이 조직변화 대상들이다. 이를 〈그림 1-13〉과 같이 제시하였다.

1) 조직구조의 변화(조직개편)

그동안에는 온도조절 책임을 개개 사무실의 팀장에게 자율적으로 맡겼는데 이제부터는 중앙의 총무팀장이 관할하게 한다든지 난방사용 감독 부서를 새로 설치하여 매일 일정 온도가 넘지 않도록 감시하고 통제한다.

---

18 임창희(2008), 『조직행동』 제4판, 비엔엠북스, 556쪽.

2) 기술의 변화(기술도입, 시설개편)

각 사무실에 온도 자동감지기 시설을 설치하여 일정한 온도가 넘지 않도록 장치를 해 놓든지, 사무실 창문을 난방이 새지 않도록 새로운 창호 시스템으로 바꾼다.

3) 조직구성원의 변화(인간개발)

조직구성원들을 집결시켜서 경제난 속에서 난방비를 절약하자고 강조하고 공감대를 형성한다든지, 사무실마다 난방절약의 현수막을 걸어 놓아 조직구성원들의 마인드가 변하도록 만든다.

이와 같이 조직변화란 조직의 구조와 설계를 바꾸는 것만 의미하는 것은 아니다. 새로운 기계를 도입하든지 직무수행의 방법을 바꾸는 것도 조직변화이며, 조직구성원의 직무태도나 가치관을 바꾸고 교육과 훈련으로 창의력을 개발하는 것, 즉 사람을 바꾸는 것도 조직변화에 포함된다. 따라서 현대조직에서의 조직의 변화는 지속적으로 추진되어야 할 과업이며, 리더는 조직의 변화에 대한 이해와 변화 및 혁신의 필요성을 동시에 고려하는 혁신적인 사고를 견지해야 한다.

사례: 히딩크의 리더십과 조직

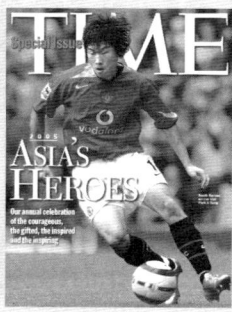

한국축구 대표팀의 월드컵 4강 진출은 세계를 놀라게 한 일대의 사건이었다. 월드컵 역사에서 단 1승도 올리지 못했던 한국축구가 4강이라는 믿기 어려운 결과를 이루어냈기 때문이다. 이러한 한국축구의 월드컵 4강 신화는 우연히 찾아온 일이 아니라 거스 히딩크 라는 명장이 있었기에 가능한 것이었다. 즉, 국가대표팀 감독으로 선임된 히딩크는 한국축구의 조직문화를 변화시켜 월드컵 4강 신화를 성취하게 된다. 히딩크가 남긴 리더십과 조직에 대한 화두는 다음과 같다.

첫째, 실력위주의 선수선발이다. 히딩크는 시합과 연습성적을 통해 선수들을 기용하고 자신의 기준에 맞는 선수들을 선발하였다. 따라서 선수들에게 오로지 실력이 평가의 전부라는 생각을 갖게 만들었다. 즉 팀(조직)에 필요한 선수만을 선발했다. 그 결과 오늘의 박지성을 탄생시켰다고 할 수 있다.

둘째로 지식 축구를 한다는 점이다. 그동안 한국의 축구선수들은 열심히 뛰고 감독이나 코치가 지시하는 몇 가지 전술에 따라 움직이면 그만이었다. 그러나 히딩크는 그라운드에서 선수들이 하나의 작은 패스를 할 때도 '왜'라는 의문을 갖도록 요구했다. 과거에는 자기 포지션만 잘 소화하면 만족스런 평가를 받았지만 히딩크는 팀 전체(조직)의 전술을 강조하기 때문에 다른 선수가 어떻게 움직일 것인지 까지도 모두 머릿속에 넣도록 하였다. 즉 한 명의 스타보다는 팀(조직)에 기여하는 11명의 선수를 만들어냈다.

셋째는 패러다임의 변화이다. 히딩크는 취임 즉시 한국형 축구라고 할 '3-5-2' 시스템을 '4-4-2' 시스템으로 바꿔버렸다. 3-5-2 시스템은 나름대로 수비를 강조하는 한국축구의 강점으로 인정받아왔다. 그러나 히딩크는 이를 버리고 '토털 사커'라는 세계적인 흐름을 채택했다.

넷째는 강팀에게도 이길 수 있다는 '자신감을 회복'시켰다. 히딩크는 실수를 해도 나무라지 않고 "누구나 실수할 수 있다."라며 격려하면서 선수들이 실패에 대한 두려움을 덜고 위협적인 패스와 돌파를 시도하게 하여 선수들의 기(氣)를 살려주었다. 그래서 친선 및 연습경기 파트너로 강한 국가들을 선택하여 실패를 바탕으로 적응력을 키웠다.

다섯째는 엄격한 규율과 자율의 조화이다. 히딩크는 전지훈련 때 복장통일, 시간엄수, 휴대전화 통제 등 규율을 어기는 선수는 가차 없이 내보내겠다는 뜻을 밝혔다. 그리고 개인체력은 목표만 제시하고 선수들이 각자 알아서 해결하도록 하였다. 감독은 강팀과 싸워서 승리할 수 있는 팀 전술개발과 훈련에만 집중하였다.

마지막으로 축구는 승패도 중요하지만 관중에게 재미를 주어야 한다는 축구에 대한 철학과 목표를 가지고 준비하였다.

'피터 드러커'는 리더십은 리더의 카리스마보다 과업(work)에서 나온다고 했다. 즉 과업을 달성하기 위한 분명한 목표, 책임, 신뢰(언행일치)의 세 가지가 리더십의 요체라는 것이다. 그런 측면에서 보면 히딩크의 리더십은 오히려 평범한 것이었다. 다만 우리가 그중 일부를 놓치고 있거나 실행하지 못했을 뿐이었음을 알 수 있다.

조직을 편성하고 운영하는 경영자, 관료, 정치인들도 히딩크에게서 찾아야 할 리더십 교훈이 무엇인지를 생각해야 한다. 문제를 문제로 인식하지 못하는 건 아닌지, 문제를 알고도 그대로 두는 것은 아닌지, 문제해결능력이 없는 사람이 중책을 맡고 있는 것은 아닌지 자문해볼 일이다. 즉 리더십은 개인보다는 집단과 조직을 대상으로 발휘할 때 그 결과가 엄청난 시너지 효과로 나타난다는 것이다.

제3절 리더십과 권력

권력(power)과 영향력(influence)은 리더십 연구에서 매우 중요한 개념이다. 권력은 조직에서 무형의 힘이며, 개인이나 조직(부서)에게 명령을 이행하도록 영향력을 행사하는 개인 또는 부서의 잠재적 능력이다. 또한 권력은 그 소유자가 원하는 결과를 달성하려는 목적을 가지고 조직 내에서 다른 사람에게 영향력을 행사하는 잠재력이다.

영향력은 리더십의 핵심요소이며, 그 영향력은 권력을 통하여 전달되고 효과로 나타난다. 따라서 권력은 리더십을 발휘하는 데 없어서는 안 되는 수단이다. 그러므로 리더십과 권력의 관계는 서로 떨어질 수 없는 밀접한 관계를 가지고 있다. 본 항에서는 권력과 영향력, 권한의 관계를 정립하고, 권력의 기반과 리더의 영향력 발휘를 중심으로 살펴본다.

3.1 조직의 권력적 속성

권력(power)의 원천 개념인 '힘'은 학문의 중요한 대상이며, 자연과학은 물론 사회과학에서도 적용될 수 있는 보편적인 개념이다. 힘은 자연과학의 물리학에서는 에너지의 개념으로 나타나고, 사회과학에서는 권력의 개념으로 나타나는 것이다. 에너지가 자연세계의 원동력이듯이 권력은 인간사회를 생동적으로 움직이게 하는 중요한 원천이다.[19]

인간세계에서 힘의 관계를 쉽게 관찰할 수 있는 곳이 조직이다. 원래 권력은 정치학의 주된 연구대상이지만 조직영역에서도 활발하게 다루어지고 있다. 서구에서 1950년대부터 조직행위를 포함하여 조직이론이 독립적인 학문분야로 정립되기 시작하면서 조직권력의 문제가 활발하게 조명되기 시작하였다.[20]

그러나 초기의 권력연구들은 권력을 조직의 본질적인 문제로 인식하기보다는 갈등현상처럼 조직기능의 비정상적 일탈현상으로 취급하였는데, 권력과 공식적 권한을 유사하게 생각했던 당시의 관점으로는 복잡하고 역동적인 권력관계를 설명하기 어려웠기 때문이다.[21]

조직현상을 권력론적 입장에서 보면, 조직은 상호합의와 조화를 바탕으로 구성된 것

---

19 Russell, B.(1938), *Power: A New Social Analysis*, Allen Unwin, p. 12.

20 1950년대에 조직 분야의 전문학술지(*ASQ, AMJ*)가 간행되었고, March & Simon(Organization, 1958) 등의 전문적인 조직이론서 등이 출간되었다.

21 Walsh, K. et al.(1981), "Power and Advantages in Organizations", *OS*, 2(2), pp. 132-134.

이 아니라 이해관계가 대립하고 상충하는 집단들로 구성된 것이며, 조직목표는 합리적인 판단을 거쳐 설정되는 것이 아니라 이해관계자 집단 간의 협상의 산물이므로 이해관계의 변화에 따라 달라지는 것이다. 사실상 조직을 실질적으로 움직이는 것은 외면적인 권한 구조라기보다는 내면적인 권력구조이며, 힘의 역동성은 업무의 합리적인 협조관계가 아니라 집단들의 자원동원 및 활용능력에 관계된 권력의 함수인 것이다. 아울러 조직 내의 모든 인간관계에는 권력관계에 기초한 상호 영향 및 협상관계가 내포되어 있음을 알아야 조직행위를 올바로 이해할 수 있다. 조직문제에 대한 분석에서는 집단행동, 불확실성, 권력, 게임과 전략 등에서 나타나는 조직구성원들 간의 불평등한 권력관계를 중시해야 한다. 조직의 실질적 권력관계가 실제조직(real organization)의 모습이기 때문이다.[22]

권력은 직무수행능력과 직접적으로 관련된다. 효과적인 경영자는 권력을 유지하면서 조직 내의 권력구조를 식별하고 권력기반을 확장하려고 노력한다. 그러나 지위와 권한에만 의존하는 경영자는 권력지향적인 하급자들의 자비에 의해서만 지위를 유지할 수 있을 뿐이다. 경영에서 권력을 거의 가지지 못했거나, 적게 가진 경영자의 자리는 위험하고도 모험적인 자리이다. 일이 잘 풀리면 그의 자리는 보장받지만 일이 잘못되면 그는 희생양이 되기 십상이다. 성과에 영향을 미치는 많은 요인들이 그의 통제에서 벗어나 있으면 그는 항상 실패의 공포에 종속되고 마는 것이다.

성공적인 경영자들은 전통적인 교과서들이 제시하는 원칙과는 다르게 행동하는 경우가 많다. 경영자가 계획, 조직, 예산편성, 배치, 통제 등을 실시할 수 있으려면, 해당 직무와 관계있는 사람들을 어느 정도 통제할 수 있어야 한다. 왜냐하면, 경영자의 직무와 권한 자체가 그러한 통제력을 자동적으로 보장해주는 것은 아니기 때문이다. 따라서 공식적인 권한 외에 관련자들에게 영향력을 행사할 수 있는 추가적인 권력능력이 필요한 것이다.[23]

우리나라의 문화에는 권력지향적 성향이 강하게 배어있다. 해결해야 할 문제가 생기면 합법적인 공식창구를 통하는 것이 아니라 힘 있는 사람을 찾아 비공식적인 경로를 통해 문제해결을 시도하는 경우가 많다.[24] 공식적인 창구에 의존할 수밖에 없는 사람들은 사회적 영향력이 없는 사람들이라고 여기는 경향이 있다. 조직 차원에서도 사회문화적 성격은 그대로 나타나며, 조직의 본질적인 속성으로서의 권력현상은 일상 속에서 배제할 수 없는 것이다.

---

22 박기찬(1991), 『새로운 조직연구방법론에 대한 고찰』, 한국인사조직학회, 20-24쪽.

23 Mintzverg, H.(1979), "The Manager's Job: Folkore and Fact", *HBR*, July-Aug, p. 49.

24 흔히 혈연, 지연, 학연 등에 의한 비공식적 영향력을 여전히 사회생활의 자산으로 여긴다.

3.2 권력과 영향력의 개념과 속성

사람들은 왜 누군가에게 복종하고 따르는 것일까? 권력의 실체를 규명하기 위해 다양한 개념적 접근들이 이루어져 왔다. 대표적인 접근방법들을 본다면 다음과 같다.

첫째, 권력은 사회적 행위의 잠재적 가능성으로 취급되기도 하고, 실제적 행위로 간주되기도 한다. 둘째, 권력은 힘, 강제, 설득, 권한, 영향력 등과 구별되어 사용되기도 하고, 때로는 이들을 모두 포괄하는 개념으로 사용되기도 한다. 셋째, 권력은 일방적인 영향력 과정으로 정의되기도 하고, 상호영향력 과정으로 설명되기도 한다. 넷째, 권력은 합법적 사용에만 연관시키기도 하고, 비합법적 사용에 국한시키기도 한다. 다섯째, 권력은 사람들 간에 공유가 가능한 것으로 인식되기도 하고, 배타적인 독점적 소유로 인식되기도 한다. 여섯째, 권력은 소유되는 것으로 다루어지기도 하고, 사회적 과정의 자원으로 다루어지기도 한다. 일곱째, 권력은 일반적인 능력으로 취급되기도 하고, 특수한 상황에서 사용할 수 있는 특별한 능력으로 취급되기도 한다.[25]

권력에 대한 정의도 다양하다. 베버(Weber, 1947)는 '권력이란 특정한 사회적 관계에서 한 행위자가 다른 행위자의 저항에도 불구하고 자신의 의지를 관철하는 위치에 있을 수 있는 가능성'으로 정의한다. 프렌치와 라벤(French & Raven, 1959)은 '권력이란 주어진 체계 내에서 어떤 개인이나 집단이 다른 사람이나 집단에 영향력을 행사할 수 있는 잠재적 능력'[26]으로, 블라우(Blau, 1974)는 '권력이란 정규적으로 제공되고 있는 보상의 철회, 또는 처벌이란 형태의 억제수단을 통하여 개인이나 집단의 저항에도 불구하고 의지를 다른 개인이나 집단에게 관철할 수 있는 능력'[27]으로 정의한다. 한편, 달(Dahl, 1957)은 '권력이란 다른 사람으로 하여금 만일 권력이 없었으면 행하지 않을 어떤 일을 행하도록 만들 수 있는 능력'이다. 가령 'A가 B로 하여금 권력의 작용이 없었다면 하지 않았을 행동을 하도록 만들 때 A는 B에게 권력을 가지고 있다'라고 정의한다.[28]

그런데 권력과 유사한 개념으로 쓰이는 권한(authority)과 영향력(influence)은 권력과는 다른 의미이다. 권한이란 조직의 공식적인 지위에 부여된 합법적인 권력(legitimate power)으로서 권력을 정당화시켜주는 권리(right)이다. 그러나 권력은 반드시 정당화를 필요로

---

25 Duke, J. T.(1976), *Conflict and Power in Social Life*(서울대 사회과학연구실 역, 『갈등과 권력』, 1979), pp. 57-58.

26 French & Ravin(1959), "The Bass of Social Power", pp. 150-152.

27 Blau, P. M.(1974), *Exchange and Power in Social Life*, John Wiley & Sons.

28 Dahl, R. A.(1957), "The Concept of power", *BS*, 2, pp. 201-215.

하는 것은 아니다. 권한은 공식관계에서 조직이나 집단의 목표성취를 지향하지만, 권력은 개인이나 특정집단의 이익과 영향력의 추구를 지향하는 개념이다.[29] 흔히 권력이 조직목표와 합치되는 방향에서 행사되기를 바라지만 그것은 이상적인 기대이며 실제는 그렇지 않은 경우가 많다.

권력과 영향력과의 관계는 보다 복잡하며 이에 대한 견해는 크게 세 가지로 나누어볼 수 있다.

첫째, 권력을 보다 넓은 개념으로 보고 영향력을 권력사용의 수단으로 보는 견해인데 일반적인 지지를 받지 못하고 있다. 둘째, 권력과 영향력을 대등한 관계로 보는 견해이다. 두 개념 모두 리더십 과정에 관여하며 밀착되어 있으므로 상호교환적으로 사용될 수 있다. 흔히 '권력이 강하다'와 '영향력이 강하다'라는 말은 같은 의미로 사용된다. 셋째, 영향력을 보다 넓은 의미로 보며 영향력을 인간관계에 영향을 미치는 모든 힘들의 총화(總和)로 규정한다. 권력은 행사자(A)의 요구를 수용하지 않았을 때 상대자(B)가 불이익을 당할 수 있는 A의 영향력 행사 가능성 및 잠재력으로 정의된다.[30] 권력을 영향력을 발휘할 수 있는 잠재력으로서 영향력의 부분적 개념으로 보는 것이다. 영향력은 심리적 효과와 행위적 효과를 갖는 모든 형태의 대인관계에 미치는 힘이며, 통제한다는 것은 영향력이 성공적으로 적용되었음을 의미하는 것이다.[31]

한편 유클(Yukl, 1989)은 두 용어의 관계를 명백히 규정하는 것이 어렵다는 것을 전제하고, 권력을 타인의 태도와 행위를 통제하는 잠재적 영향력으로 보고 있다.[32]

이상의 논의를 기초로 권력과 영향력의 관계를 다음과 같이 정리할 수 있다.

① 영향력을 권력보다 넓은 포괄적인 의미로 보되, 권력이 영향력의 부분집합인 것처럼 명확하게 구분되는 것은 아니며 상황에 따라 상호교환적으로 사용될 수 있는 것으로 이해한다.
② 권력을 개인(또는 집단)들의 사회적 상호관계에서 권력행사자가 자신의 의지를 상대자(또는 집단)에게 관철시켜 태도 및 행위적 복종을 유발할 수 있는 잠재적 능력으로 이해한다.
③ 영향력은 흔히 행사자의 권력이 상대방에게 작용하여 나타난 결과를 의미한다. 즉

---

29 Grimes, A. J.(1978), "Authority, Power, Influence and Social control: A Theoretical Synthesis", *AMR*, Oct., pp. 725-726.

30 Kast & Rosenzweig(1985), *Organization and Management*, pp. 359-360.

31 Katz, D. & Kahn, R. L.(1978), *The Social Organization and Management* (2nd ed.), pp. 324-325.

32 Yukl, G.(1989), *Leadership in Organization*, pp. 12-14.

권력을 가지고 있지만 실제로 행사하지 않거나 상대방이 수용하지 않으면 영향력이 작용하지 않은 것이다.

그런데 권력의 개념 속에는 여러 가지 중요한 속성들이 내재되어 있다.

첫째, 권력은 개인에 의해 소유되는 것이 아니라 사회적 관계에서 존재하는 상호관계의 개념이다. 즉 권력은 구조적으로 특정인에게 고착된 것이 아니라 상호관계의 변화에 따라서 발생하는 과정적인 것이다. 권력을 개인적 소유물처럼 오해해서는 안 된다. 자원, 전문성, 정보, 지위 등의 권력기반을 소유할 수는 있어도 그것이 곧 권력의 행사를 의미하는 것이라기보다는 권력행사의 잠재력을 의미하는 것이다. 또한 권력은 공식적으로 분배되는 것이 아니라 다양한 이해를 가진 개인이나 집단들의 역학관계 속에서 생성되는 것이다. 그러므로 높은 지위가 곧 강한 권력을 갖는 것은 아니다.[33]

둘째, 권력은 상대방의 저항을 극복하고 의지를 관철하려는 속성을 가지고 있다. 가령 A의 요구를 B가 수용했을 때 A의 권력이 B에게 작용했다고 단정적으로 볼 수는 없다. B의 생각이 A의 요구와 같은 것이었다면 A의 권력작용이 없었다 하더라도 수용할 수 있기 때문이다. 거지에게 돈을 주려고 생각하던 차에 거지가 구걸하여 돈을 주었다면 권력이 작용하지 않았지만, 강도의 위협에 돈을 주었다면 강도의 강제적 권력이 작용한 것이다. 그러나 조직구성원 간에 일어나는 복종의 동기는 정확히 알기 어려우므로 복종행위의 결과로써 권력작용 여부를 판단하기도 한다. 왜냐하면 상대방의 자발적인 동의나 복종으로 얻어내는 것도 어떤 권력기반이 작용했다고 볼 수 있기 때문이다.

셋째, 권력은 특정상황에서만 작용하는 상황제한적인 속성을 지니고 있다. 가령 프로젝트 팀장이 팀원에 대해 가지는 권력은 프로젝트 수행과정에 한정되는 것처럼 권력이 미치는 범위는 특정한 상황에 국한된다.

넷째, 권력의 효용은 절대성의 문제가 아니라 가능성의 문제라는 것이다. A가 B에게 권력을 행사할 때, 그 효과는 B가 A의 권력의도를 받아들이는 정도에 달려 있다. 종교를 탄압하는 폭군의 강제력도 순교자에게는 무력한 것이며, 인간적인 면에 염증을 느껴 회사를 떠나려는 사람에게 보다 높은 수준의 경제적 보수는 권력수단이 되지 못한다.

다섯째, 권력은 아이러니컬하게도 다분히 의존적이다. 권력은 누군가를 통해서 행사된다. 상급자의 권력은 하급자들을 통해 행사되므로 그들에게 의존해야 한다. 상급자에게 하급자란 권력행사의 대상인 동시에 의존기반인 것이다.

---

33   Walsh, K. et al. (1981), "Power and Advantages in Organization", *OS*, 2(2), pp. 133-134.

여섯째, 권력은 합법성, 보상능력, 전문성 등의 여러 가지 기반으로 구성되어 있다. 리더가 어떠한 종류의 권력기반을 어떻게 사용하느냐에 따라 조직구성원의 반응 등 리더십의 효과성은 달라진다.

일곱째, 권력은 언제든지 변할 수 있는 동태적인 것이다. 권력의 기반, 크기와 강도, 권력관계의 입장 등 시간과 환경에 따라 변화할 수 있다.

여덟째, 권력은 상대방의 행동변화를 지향한다. 권력의 행사자는 상대방의 행동이 행사자의 의도에 맞도록 변화되는 것을 추구한다. 상대방의 심리적인 변화보다 행동의 변화가 더욱 중요하다.

3.3 권력의 기반

권력의 기반(bases), 또는 권력의 원천(sources)은 권력연구의 중요한 출발점이다. 본 항에서는 권력기반 연구의 효시로 평가되는 프렌치와 라벤(1959)의 분류와, 이를 확장한 허시와 블랜차드(1982), 모건(1986), 유클(1989) 등의 분류를 살펴보고자 한다.

프렌치와 라벤(French & Raven, 1959)은 114명의 미시간 대학교 학생들을 대상으로 한 연구에서 복종을 얻어내는 데 효과적인 권력의 기반들을 다섯 가지로 구분하였다. 이는 가장 고전적이고 많이 쓰이는 분류방법으로서 〈그림 1-14〉에 제시하였다.

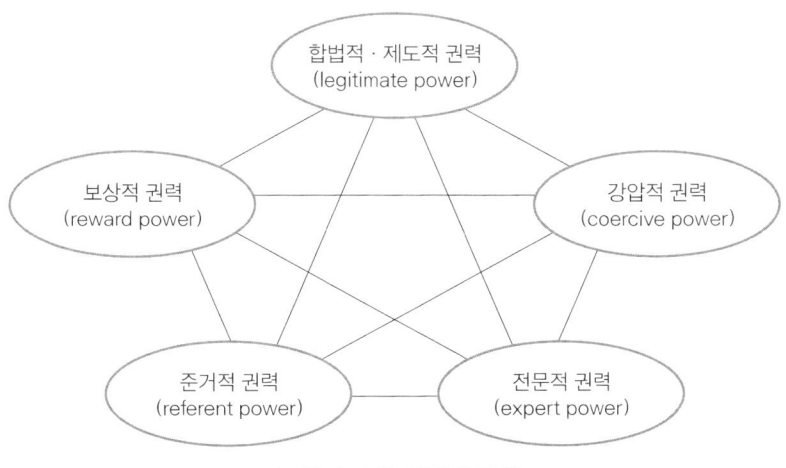

〈그림 1-14〉 권력의 유형

자료: French, J. & Raven, B.(1959), "The Bases of Social Power", in *Studies in Social Power*, ed. D. Cartwright, Ann, Arbor: University of Michigan Press, pp. 150-167.

3.3.1 권력의 분류(프렌치와 라벤)

(1) 합법적 · 제도적 권력(legitimate power)

지위에 부여된 권리, 즉 권한을 의미한다. 권한의 내용은 일반적으로 규정이나 직무기술서 등에 규정되며 공식적인 보상적 권력과 강압적 권력이 수반된다.

(2) 보상적 권력(reward power)

권력행사자의 요구에 따랐을 때 주어지는 대가이며, 대상자의 보상을 얻기 위한 욕구를 기초로 성립된다. 이 권력의 크기는 권력행사자의 보상능력과 실행가능성이 보상기대자에게 크게 인지될수록 커진다. 공식적인 보상과 비공식적인 보상을 모두 포괄하는 이 권력의 사용은 대체로 권력행사자에 대한 호감을 증대시키나 지속적이지는 못하다.

(3) 강압적 권력(coercive power)

권력행사자의 요구에 따르지 않았을 때 주어지는 대가이며, 행사자가 보유하고 통제할 수 있는 처벌능력을 근거로 성립한다. 공식 및 비공식적 강제력을 모두 포괄하는 이 권력은 권력행사자에 대한 호감을 감소시키면서 비교적 오랜 감정으로 남는 지속성을 가지며, 조직생활의 다른 면에까지 영향이 파급될 가능성이 있다.

(4) 전문적 권력(expert power)

권력행사자의 전문적 능력이나 지식에 대한 신뢰로부터 발생한다. 이 권력의 강도는 권력수용자가 권력행사자의 전문적 지식이나 능력을 인정하는 정도에 달려있다. 이 권력이 작용하는 영역은 다른 권력기반에 비해 제한적인데, 전문성은 비교적 특정분야에 한정되어 있기 때문이다.

(5) 준거적 권력(referent power)

권력행사자의 특출한 인간적 매력에 의해서 발생하는 권력기반이다. 이 권력의 강도는 권력행사자에 대해 권력수용자가 몰입하는 매력의 정도에 달려있으며, 흔히 동일시의 욕구로 나타난다.

한편 허시와 블랜차드(Hersey & Blanchard, 1982)는 프렌치와 라벤(1959)의 분류에 두 가지의 권력기반을 추가하고 있다. 하나는 정보권력으로서, 리더가 추종자들이 필요로 하고 가치가 있다고 생각하며 그들에게 영향을 줄 수 있는 정보를 소유하고 접근을 통제할 수 있을 때 권력기반이 된다. 다른 하나는 연결적 권력인데, 이는 리더가 조직 내·외의 영향력이 있는 중요한 사람들과 연계를 맺고 그들의 후원을 받을 수 있다고 조직구성원들이 믿을 때, 리더에 대한 조직구성원들의 의존성을 증대시킴으로써 발생하는 권력기반이다.

3.3.2 권력의 원천

모건(Morgar, 1986)은 권력의 원천을 보다 포괄적으로 확장하여 14가지로 제시하였다.[34]

(1) 공식적 권한(formal authority)

공식적 권한은 조직에서 가장 분명하고 합법적인 권력의 원천이다. 합법성은 권력관계를 안정화시켜주며 복종할 의무를 규정하고 사회적으로 인정되는 정당성을 가진다.

(2) 희소자원 통제력(control of scarce resources)

조직은 생존을 위해 자금, 원료, 기술, 인력, 고객, 공급자, 사회적 후원과 같은 자원의 흐름을 필요로 한다. 특히 희소한 자원의 공급과 사용을 통제할 수 있는 능력을 보유한 사람에게 조직적 권력이 주어지게 된다.

(3) 조직의 구조와 규정 및 규제의 활용(use of organizational structure, rules, and regulation)

합리주의적 관점에서는 조직구조와 규정 등은 과업성취를 위한 합리적인 수단으로 인식된다. 그러나 정치적 관점에서는 조직구조나 규정 등은 권력경쟁의 영향이 반영된 산물이라고 인식한다. 그러므로 조직구조와 규정의 제정과 운용에 대한 영향력은 조직권력의 원천이 되는 것이다.

(4) 의사결정과정에 대한 통제력(control of decision processes)

조직은 의사결정 체계이기 때문에 의사결정과정에 영향을 미칠 수 있는 능력은 권력의 원천이 되므로, 사람들은 회의와 같은 의사결정과정에 관심을 갖는다. 이해관계에 따라 유리한 의제는 적극적으로 반영하고 불리한 의제는 회피하려 한다. 또한 회의참가자, 시간, 장소, 안건의 순서, 자료의 선택 등 다양한 회의 관련내용을 사전에 조정하여 자신의 이익에 합치되는 결정이 내려지도록 노력한다.

(5) 지식과 정보의 통제력(control of knowledge and information)

조직운영과 관련하여 의사결정에 필요한 지식과 정보를 확보하게 되면 조직 상황에 체

---

[34] Morgan, G. (1986), *Images of Organization*, pp. 158-185.

계적으로 영향을 미칠 수 있고 다른 사람들로 하여금 자신에게 의존하게 만들 수 있다.

(6) 경계 부분에 대한 통제력(control of boundaries)

조직의 경계란 상이한 부문들이 서로 접촉하는 부분을 말하는데, 이 부분에 대한 통제력이 권력의 원천이 된다. 조직의 각 부문들은 상호의존적인 동시에 경쟁적인 관계를 가진다. 상위 부문과 하위 부문 사이에도 경계는 존재한다. 흔히 최고경영층의 보좌진이나 기획조정자들은 다른 사람들이 최고경영층에게 접근할 수 있는 기회를 통제하거나, 하위 부문 간의 경쟁상황을 이용하여 자신들의 권력지위를 강화할 수 있다.

(7) 불확실한 상황에 대한 대처능력(ability to cope with uncertainty)

조직이 당면한 불확실한 상황 속에서는 이를 극복할 능력을 가진 사람의 권력기반이 강화된다. 불확실성은 시장, 희소한 원재료, 자금상황 등의 외적 환경의 불확실성과 핵심적 기계의 고장 등 조직 내적인 불확실성이 있다. 불확실성 처리능력 소유자에게 돌아갈 권력의 크기는 대체용이성과 불확실성 대처기술이 조직에서 가지는 중심성에 따라 결정된다. 대체가 어렵고 중심성이 클수록 권력기반은 강해진다.

(8) 기술 통제력(control of technology)

기술은 조직의 권력수단으로 활용된다. 조직의 기술보유자는 조직환경에 대한 대응력과 높은 생산성 창출력을 가짐으로써 조직에서의 영향력을 확보하게 된다.

(9) 인간관계에 의한 연합형성과 비공식 조직에 대한 통제력(interpersonal alliances, networks and control informal organization)

중요한 직책에 있는 후원자나 존경받는 사람들과의 연합이나 네트워크는 조직 내의 중요한 의사결정 등에 영향력을 발휘할 수 있으므로 권력원천이 된다. 네트워크 활동은 조직 내·외적으로 이루어지며, 겉으로 드러나지 않을 수도 있다. 조직 내의 비공식집단들에 대한 통제력은 권력기반을 강화하는 중요한 요소가 된다.

(10) 반대집단에 대한 통제(control of counter-organizations)

반대집단에 대한 통제력은 강력한 권력기반의 원천이 된다. 노동조합이나 소비자단체, 사회운동협회, 언론매체 등에 대한 영향력의 행사를 통하여 권력기반을 강화하게 된다.

(11) 상징주의와 의미의 관리(symbolism and management of meaning)

다른 사람들에게 상징적인 방법으로 자신의 이미지를 관리함으로써 영향을 미치는 능력도 권력의 원천이 된다. 카리스마적 리더들이 효과적으로 이용하는 방법이다. 이는 심상(心像, imagery), 연기, 게임스맨 정신을 이용해서 상징적 효과를 얻을 수 있다. 온갖 서류로 덮인 책상으로 정열적인 직무활동을 상징화시킬 수도 있고, 한 장의 서류도 없는 책상으로 명석한 두뇌와 완벽한 직무능력을 과시할 수도 있다. 회의 시 서류를 보지 않고도 복잡한 통계적 내용을 보고함으로써 경탄을 자아내게 할 수도 있으며, 확실하게 자신 있는 문제에서 경쟁자를 패배시킴으로써 주위사람들로부터 건드리기 곤란한 실력자의 면모를 형성할 수도 있는 것이다.

(12) 성과 성 관계의 관리(gender and management of gender relations)

남성과 여성의 특성을 이해하고 조직 내에서 성별 특성에 따라 적절한 상호관계를 유지하는 능력은 권력을 유지하고 증진시키는 한 요인이 된다.

(13) 활동하는 무대의 구조적 요인들(structural factors that define the stage of action)

많은 사람들은 실질적인 권력을 가지기 어렵다고 생각하는 경향이 있다. 그것은 권력에 대한 접근경로가 다양한데도 자신에게는 많은 제약이 있다고 생각하기 때문이다. 경영자와 노동자 등 모든 조직구성원들이 권력을 행사할 수 있는 기반은 자원과 기술의 사용 등 과업현장의 상황을 통제할 수 있는 제 나름대로의 능력에 근거하는 것이다. 그러므로 조직구성원들이 관여하는 모든 현장은 권력행위의 무대가 되며, 그 무대의 관련요인에 대한 접근능력은 권력의 원천이 된다.

(14) 기존에 가지고 있던 권력(the power one already has)

권력은 또 다른 권력으로 이어지는 통로로 작용하므로 사람들은 더 많은 권력을 획득하기 위하여 기존의 권력을 사용하게 된다. 권력은 달콤하여 권력을 통한 성공을 경험할 때 권력동기는 강화된다. 또한 권력은 권력지향적인 사람을 끌어들이게 되고 이를 통해 권력소유자는 권력을 증대시키며, 타인에게 권력적 은혜를 베풀어 권력부채를 지움으로써 권력영향권을 확대시킬 수 있는 것이다.

유클(Yuk., 1989)은 권력기반들을 간명화하여 공식권한, 자원 및 보상통제, 처벌통제, 정보통제 등의 지위권력(position power), 전문성, 친화력, 충성심, 카리스마 등의 개인적 권력(personal power), 의사결정과정의 통제, 연합, 협력, 제도화 능력 등의 정치적 권력(political power)의 세 범주로 나누고 있다.

리더의 권력기반에 대한 연구들은 대체로 프렌치와 라벤(1959)의 연구를 기본으로 하여 다른 연구들의 권력기반을 부분적으로 추가하여 사용하고 있다.

3.4 영향력의 발휘전략

3.4.1 권력기반의 활용과 효과

리더십은 리더가 권력기반을 가지고 조직구성원들에게 영향력을 행사하는 과정이므로 권력은 리더십의 수단이 된다. 그러므로 리더에게는 권력기반을 가지고 적절한 영향력을 행사할 수 있는 기술이 필요하다.

그런데 권력적 관점에서 유념해야 할 문제 중 하나는, 권력은 리더만이 하향적으로 행사하는 것이 아니라 조직구성원들도 제 나름대로의 권력기반을 가지고 상향적으로 영향력을 행사할 수 있다는 것이다. 왜냐하면 조직구성원들도 개인적으로나 집단적으로 자신들의 권익을 보호하려 하고, 또한 리더의 직무란 본질적으로 조직구성원들에 의존하여 수행되는 것이기 때문이다.

이에 관해 유클(1999)은 프렌치와 라벤(1959)의 다섯 가지 권력기반에 근거하여 권력을 유지하고 사용하는 방안을 〈표 1-13〉과 같이 제시하고 있다.

권력기반들을 이용하여 리더가 조직구성원들에게 영향력을 행사한 결과에 대한 켈먼(Kelman, 1958)과 유클(2002)의 설명은 리더들에게 유용한 참고가 된다. 켈먼은 리더의 영향력에 대한 조직구성원들의 태도를 복종과 동일시 및 내면화의 단계로 보았다.[35]

첫 번째 단계인 복종(compliance)은 적어도 보상을 받거나 처벌을 피하기 위해서 비자발적이라 하더라도 행동으로 따르는 경우이다. 리더십을 발휘했을 때 기대하는 가장 기본적인 상태이다. 두 번째는 동일시(identification)로서 리더를 좋아하므로 리더를 닮고 싶어하여 모방하고 따르는 경우이다. 세 번째는 내면화(internalization)인데 리더가 제시하는 비전이나 가치관에 공감하여 따르는 경우이며, 조직구성원은 행동뿐만 아니라 심리적 태도와 가치관까지 변화하여 리더에게 몰입한다.

한편 유클(2002)은 영향력의 결과를 조직구성원의 몰입과 복종 및 저항으로 구분한다. 몰입(commitment)은 가장 바람직한 결과로서 리더가 제시하는 가치에 동의하고 적극적으로 수행하는 유형으로서 켈먼(1958)의 동일시 또는 내면화를 결합한 의미와 유사하다. 리더를 심리적으로도 수용하고 리더에게 행동으로도 복종한다. 복종(compliance)은 조직구성원이 심리적으로는 수용하지 않더라도, 행동으로는 리더의 요구에 따르는 것이다. 켈먼(1958)의 복종과 같은 의미이다. 저항(resistance)은 심리적으로나 행위적으로 리더가 제시

---

35 Kelman(1958) "Compliance, identification, and internalization: Three processes of attitude change", *JCR*, pp. 51-56.

〈표 1-13〉 권력의 유지와 효과적인 사용방법

구분	향상 및 유지방법	효과적 사용방법
합법적 권력	• 더 갚은 공식적 권한 확보 • 사람들이 리더의 권한을 인식하도록 행동 • 정기적으로 권한 사용 • 명령하달식의 적절한 조직계통 준수 • 보상과 강압으로 권한 보완	• 정중하고 명확한 요구 • 요구에 대한 이유 설명 • 권력남용 금지 • 필요시 권력을 재확인 • 관심대상자에 민감할 것 • 복종 확인을 위한 추적 • 필요한 경우 정당한 복종을 요구
보상적 권력	• 사람들의 욕구와 요구를 발견 • 더욱 많은 보상능력 확보 • 리더가 보상을 통제하고 있음을 타인이 의식하도록 함 • 감당할 수 있는 이상의 약속 금지 • 보상을 통제방식으로 사용 금지 • 보상을 개인이익 차원에서 사용 금지	• 바람직한 보상 제공 • 공정하고 윤리적인 보상 제공 • 보상수여 기준을 설명 • 약속한 보상을 제공 • 바람직한 행동의 유도를 위한 보상
강압적 권력	• 수용할 수 없는 행동 지지를 위해 징계이행의 신뢰성 인식 • 징계를 사용하기 위한 권력 확보 • 경솔한 협박 금지 • 통제적 방법으로 강압 사용 금지 • 합법적인 징계만 사용 • 우반 사항에 적합한 징계 사용 • 가인적 이익을 위해 강압 사용 금지	• 규정과 벌칙 대상을 알림 • 경고 전에 충분한 검토 • 징계 전에 상황 이해 • 적대적이지 않으며 침착성과 도움 유지 • 징계요구를 피하기 위해 개선을 권장 • 대상자에게 개선 방법을 요청 • 개인적으로 훈계
전문적 권력	• 관련된 주변 지식 습득 제고 • 기술적 사항에 대한 정보 유지 • 외부적인 정보 출처 개발 • 전문성을 보여주는 기회 활용 • 어려운 문제 해결을 통해 역량 과시 • 거칠고 부주의한 언급 금지 • 사실의 왜곡이나 오도 금지	• 요구에 대한 이유를 전문적으로 설명 • 과업성공을 보장하는 근거 제시 • 관심대상자에 대해 신중한 경청 • 위기 시 전문성과 결단성으로 행동
준거적 권력	• 수용과 긍정적인 고려 해명 • 지원적이고 도움이 되는 행동 • 개인적 이익을 위해 타인 이용 금지 • 타당할 경우 타인의 이익 지원 • 약속을 지킬 것 • 관심을 보여주기 위해 자기희생 감수 • 진지한 감사 표시	• 필요시 개인적 호소 실시 • 요구가 리더에게 중요함을 표현 • 주어진 관계 이상의 지나친 개인적 요청 금지 • 적절한 행동 예를 제공(모범적 역할)

자료: Yukl, G.(1999), Leadership of Organization.

하는 가치와 요구를 거부하는 것으로 리더의 영향력 발휘에 있어서 가장 나쁜 결과이다. 불가피한 상황 여건 때문에 리더의 요구를 행동으로 따르는 경우에도 저항감을 가지면서

<표 1-14> 리더의 영향력 행사에 대한 조직구성원의 반응

영향력의 결과		조직구성원의 반응	조직구성원의 행동 특징
몰입	내면화	행동적 추종 심리적 수용 가치관의 변화	• 효과가 장기적임(가치관이 유지될 때까지) • 리더의 영향력을 내면적 · 전체적으로 받아들임 • 리더가 제시하는 가치를 위해 희생을 감수함
	동일시	행동적 추종 심리적 수용	• 효과가 중기적임(리더를 좋아하는 한 유지) • 리더의 매력이 싫어지거나 동일시 대상이 바뀌면 추종의지가 약화됨
복종		행동적 복종	• 심리적으로 몰입하지 않음(저항감은 가지지 않음) • 리더의 영향력에 대해 행동으로 복종함 • 보상이 충족되거나 리더의 강제수단이 약화되면 복종행위가 약화됨
저항		심리적 · 행동적 불복종	• 심리적으로 리더의 영향력을 수용하지 않음 • 리더의 요구를 행동으로 따르지 않음(복종행위를 하더라도 저항감을 가지고 최소한 수행)

자료: Kelman(1958)과 Yukl(2002)의 내용을 통합하여 재구성.

최소한의 수준에서 과업을 수행한다.

켈먼(1958)과 유클(2002)의 견해는 서로 유사한 공통성을 가지고 있다. 영향력 행사결과에 대한 두 견해를 통합하여 정리하면 〈표 1-14〉와 같이 구성할 수 있다.

맥클레랜드(McClelland, 1975, 1976) 등의 연구에서 밝힌 성공적인 리더의 지배적인 동기는 권력욕구였는데, 권력욕구 정도와 함께 권력의 방향도 중요하였다. 높은 권력욕구의 리더들은 '개인적 권력관심'과 '사회적 권력관심' 중의 하나를 갖는 경향이 있었다. 전자는 자기통제력이 부족하고 권력을 충동적으로 사용하며, 조직구성원의 충성심이 조직보다는 자신에게 향하도록 요구하는 경향이 있다. 반면에 후자의 리더는 정서적으로 성숙된 사람인데, 타인에게 많은 이익을 주려 하며 사람을 조종하는 방식의 권력사용을 삼가고 비교적 덜 이기적이다. 조직성과를 높이기 위해 권력을 사용하고 어느 정도 자기이익을 희생할 줄도 알며 조직구성원이 강한 책임감을 갖도록 만들려고 한다.

한편 권력의 획득만으로 좋은 성과가 보장되는 것은 아니다. 권력이 잘못 사용되는 이유 중에서 특히 리더의 이기적인 이익추구성향이 문제가 된다. 리더의 이기적 권력의도는 권력을 자신의 입지 강화를 위해 인위적으로 활용한다. 이러한 권력행위는 조직의 이익보다 비용을 더 많이 발생시키고 조직구성원의 불만족을 증대시키며, 특히 자신의 왕국(little kingdom)을 구축하려 할 경우 조직 전체의 이익을 감소시키고 장기적으로는 조직의 활력을 감퇴시키게 된다.[36]

〈표 1-15〉 권력의 기반과 가능한 결과의 유형

권력 기반	권력기반 사용결과의 유형		
	몰 입	복 종	저 항
합법적 권력	• 가능성이 있음 • 리더의 요구가 정중하고 적절할 때	★ 가능성이 큼 • 리더의 요구와 명령이 합법적으로 보일 때	• 가능성이 있음 • 리더의 요구가 거만하거나 적절하지 않을 때
보상적 권력	• 가능성이 있음 • 정교하고 사적인 관계로 사용될 때	★ 가능성이 큼 • 기계적이고 조작적인 방법으로 사용될 때	• 가능성이 있음 • 조작적이고 거만한 방법으로 사용될 때
강압적 권력	• 거의 가능성 없음	• 가능성이 있음 • 도움이 되고 비처벌적으로 사용될 때	★ 가능성이 큼 • 적대적이고 조작적인 방법으로 사용될 때
전문적 권력	★ 가능성이 큼 • 리더의 요구가 설득적이고 목표를 공유할 때	• 가능성이 있음 • 요구가 설득적이나 조직구성원들의 관심이 저조할 때	• 가능성이 있음 • 리더가 무례하고 조직구성원들이 과업목표에 반대할 때
준거적 권력	★ 가능성이 큼 • 리더의 요구가 리더에게 중요한 것이라고 여길 때	• 가능성이 있음 • 요구가 리더에게 중요한 것이 아니라고 여길 때	• 가능성이 있음 • 요구가 리더에게 해를 끼치는 것이라고 여길 때

자료: Yukl, G(1999)의 연구를 참조하여 재구성함, ★는 가장 가능성이 높은 결과를 나타냄.

유클(1989)은 프렌치와 라벤(1959)이 제시한 다섯 가지 권력기반 사용의 가능한 결과들을 〈표 1-15〉와 같이 정리하고 있다. 〈표 1-15〉에서와 같이 특정한 권력기반이 특정한 결과를 직접 낳는 것은 아니고 가능성을 가지는 것이다. 권력기반 자체도 중요하지만 사용하는 상황과 방법이 중요함을 유념해야 한다. 동일한 권력기반으로도 사용방법에 따라 몰입을 낳을 수도 있고 저항을 가져올 수도 있기 때문이다.

3.4.2 효과적인 영향력의 행사

영향력의 발휘는 기본적으로는 권력기반을 활용하는 것이며, 그 효과성은 상황과 리더 및 조직구성원들의 특성에 따라 달라진다. 상황에 따라 합법적인 지시가 효과적일 수도 있고 보상제시가 더 효과적일 수도 있는 것이다.

〈표 1-16〉에서 보는 바와 같이 영향력은 리더의 조건과 조직구성원들의 조건을 고려하여 적합한 수단을 활용할 때 효과성이 높아진다. 또한 효과성은 리더가 행사한 영향력

---

36 Kotter(1979), *Power in Management*, pp. 67-69.

〈표 1-16〉 영향력을 행사하는 방법

영향력 행사방법	주요 권력기반	리더의 조건	조직구성원의 특성	몰입 가능성
합법적 지시	권한	합법적 지위와 엄정성	합법성의 수용태도	보통
보상의 제시	권한, 보상권력	보상능력, 신뢰성	보상욕구	보통
처벌 압력	권한, 강제압력	처벌수단, 신뢰성	처벌회피 심리	낮음
합리적 설득	전문적 권력	논리성, 설득력	이성적 태도	높음
교환적 협상	보상 및 전문적 권력	협상력, 판단력	양보심	보통
감화적 호소	준거 권력	호소력, 존경	감성적 민감성	높음
동일시 촉진	전문적 및 준거권력	매력, 모범	리더 수용태도	높음
연합 압력	권한, 준거, 배경권력	연합관련자 협조	압력자 수용태도	낮음
정보 통제	권한, 정보권력	정보력, 신뢰성	정보의존 상황	보통
상담	준거권력, 정보권력	상담기술, 정직성	문제해결 및 관계욕구	높음

자료: 박유진(2009), 『현대사회의 조직과 리더십』, 양서각, 323쪽.

에 따라 결정되기보다는 조직구성원이 어떻게 받아들였는가가 더 중요한 것이다.

조직은 정치의 장이다. 조직에서는 개인과 집단별로 자신들의 이익과 영향력을 확대하고 상대방을 제압하려는 비합법적이고 의도적이며 때로는 비도덕적인 전술들이 사용된다. 가령, 경쟁자를 깎아내리는 언행, 경쟁자의 업적의 폄하, 호의적인 이미지의 조작적 창출, 책임의 전가, 데이터의 조작, 정보의 차단과 왜곡, 다른 사람의 칭찬, 권력적 연합의 형성, 중요한 자원의 확보, 의사결정자에 대한 영향력 확보, 경쟁자의 약점 포착과 활용, 힘 있는 사람의 환심 사기 등이다. 그러므로 리더는 조직의 권력적 속성을 이해하여 권력관계에 이끌리지 말고 이끌어갈 수 있도록 역량을 키워야 한다.

사례: 사조직을 척결한 리더십 권력

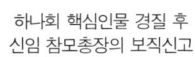
하나회 핵심인물 경질 후
신임 참모총장의 보직신고

　　김영삼이 대통령이 되자 처음으로 권력의 칼을 빼어든 것은 군부 내의 강력한 사조직 '하나회'를 제거하는 일이었다. 제3공화국 때부터 존속해온 이 모임의 수장은 군의 표면적 위계질서에도 불구하고 언제든 군을 장악할 수 있다는 것을 역사적으로 입증해 보였다. 게다가 하나회 회원끼리 돌아가며 그 장을 맡아온 기무사령부는 어떤 민간기구와도 비교할 수 없는 정보와 힘을 지닌 막강한 권력기구로 자기들끼리 돌아가며 맡아온 육군 참모총장직과 더불어 군의 승진과 인사에 결정적 영향력을 행사해오고 있었다. 따라서 그 내막을 아는 외국 기자들의 단골 질문은 "대통령에 당선되면 군을 어떻게 다룰 것인가?"였다. 그때 김영삼은 두고 보자는 짤막한 대답만 했을 뿐이다. 그들은 김영삼이 대통령에 당선되면 군부세력과 적정선에서 타협할 것으로 생각하고 있었다. 〈뉴욕타임스〉나 〈워싱턴포스트〉, 〈르몽드〉를 비롯하여 전 세계 대부분의 외신이나 외국 정부는 '김영삼 씨가 문민 대통령으로 당선됐지만 앞으로 군과 동거할 수밖에 없을 것'이라는 내용의 분석을 내놓았다.

　　3당 합당의 호랑이굴에 들어가서 호랑이를 잡은 그였지만, 당시 정부까지를 군사정권이라고 간주하던 그는 '쿵 소리만 나도 누가 쿠데타를 주도했구나.' 하고 생각하면서 '쿠데타가 최고의 죄악인데, 나는 대통령이 되면 바로 하겠다.'라고 생각했다는 것이다. 그는 취임과 동시에 사조직 회원이던 육군참모총장과 기무사령관, 그리고 군의 수뇌부를 한꺼번에 보직 해임하고 후임자를 동시에 임명해서 그날로 취임시켰다. 이때 중요한 것은 스피드였다. 군은 특수조직인 데다 하나회 같은 사조직은 오랜 세월 자기들끼리 똘똘 뭉친 집단이라 언제든 세력을 재규합해 저항해올 가능성이 높았던 것이다. 그래서 세력 규합의 시간적 여유를 주지 않는 것이 중요했다.

　　이렇게 해서 "수십 년간 내 조국의 민주주의에 드리워져 있던 암울한 쿠데타의 망령이 사라지게 되었다."라면서 김영삼은 "당시 내가 압도적 지지를 받았기 때문에 힘이 있었고 뭐든지 할 수 있었다."라고 훗날 회고하기도 했다(SBS 특별기획, 2009. 4. 20).

　　본 사례는 리더십 권력을 활용한 사례로서, 합법적·강압적 권력이 잠재적 권력을 해소시킨 경우라고 할 수 있다.

본 장에서는 리더십과 인간 · 조직 · 권력의 관계를 살펴보았다. 인간의 본성에 대해서는 고대로부터 여러 견해들이 논의되어 왔다. 1절에서는 그중에서 성선설, 성악설, 본능설, 백지설, 성숙 · 미성숙설에 대해서 살펴본 후에 리더십과 연계하여 논의하였다. 미성숙한 상태인 수동성, 의존성, 제한된 행동방식, 변덕스럽고 피상적인 관심, 단기적 안목, 자아의식의 결여 등의 상태로부터 성숙한 상태인 능동성, 독립성, 다양한 행동방식, 깊고 일관된 관심, 장기적 안목, 자아인식과 통제의 상태로 발전시켜나가도록 조직구성원을 개발하는 것이 필요하다. 성악설적 인간관에서 주로 사용되는 설교, 훈계, 처벌, 통제, 보상, 규율 등의 방식보다 자아인식, 인성지도, 인격의 성숙, 정서적 안정 등의 인성 중심의 전인교육이 중요하다. 기업이나 군에서 시행하고 있는 비전캠프 등의 인성교육프로그램, 조직구성원의 자율역량을 개발하여 셀프 리더로 육성하는 임파워먼트와 슈퍼 리더십이 이러한 인간관을 반영하는 것으로 볼 수 있다. 다음으로 인간의 행동을 바라보는 생물학적 관점, 정신분석적 관점, 행동주의적 관점, 주관주의적 관점, 인지주의적 관점을 소개 및 비교하여 인간행동을 보는 시각을 학습하였다.

2절에서는 리더십과 조직과의 관계를 살펴보았다. 조직은 '조직목표의 달성을 위해 직무구조를 가지고 권한구조를 공식기반으로 하는 영향력으로 움직이며 조직환경과 상호작용하면서 활동하는 사람들의 구성체'라고 정의할 수 있다. 이러한 조직을 바라보는 관점을 기계적 조직관과 유기체적 조직관, 합리적 권한체계와 정치적 권력체계로 나누어 학습하였다. 조직행동은 조직에서 사람 간에 발생하는 현상이다. 사람 자체에 대한 이해뿐만 아니라 사람과 사람 간의 관계나 사람과 직무 간의 상호작용에 초점을 둔다. 조직에 속한 사람들의 행동과 내면적 세계, 그리고 상호 간의 교류현상 등이 망라된다. 조직행동은 조직 중심의 관점과 조직구성원 중심의 관점에서 접근할 수 있다. 조직 중심의 관점은 조직을 경영하는 자의 입장에서 조직구성원들을 어떻게 활용하고 관리할 것인가 하는 데에 초점을 맞춘다. 반면에, 조직구성원 중심의 관점은 조직구성원 개개인의 조직생활을 풍요롭고 유익하게 하는 데에 근본적인 목적을 둔다. 다음으로 조직의 변화를 계획적 변화와 우발적 변화로 구분하여 살펴보았다. 이러한 조직의 변화가 오늘날 더욱 필요한 것은 세계가 급변하고, 이에 따라 조직의 번영과 생존을 위해서는 변화가 꼭 필요하기 때문이다. 조직이 다양한 외적 변화에 대응하는 방법 및 변화의 구체적인 대상에 관하여 논의하였다.

3절에서는 리더십과 권력과의 관계를 살펴보았다. 리더십의 핵심요소는 영향력이며,

그 영향력은 권력을 통하여 전달되고 효과로 나타난다. 따라서 리더십과 권력의 관계는 서로 떨어질 수 없는 밀접한 관계를 가지고 있다. 먼저 조직의 권력적 속성에 대하여 논의한 후에 권력의 실체를 규명하기 위해 권력과 영향력의 개념과 속성을 비교하였고, 효과적인 권력의 기반과 원천에 대하여 학습하였다. 또한 권력은 리더십의 수단이 되므로 리더에게 필요한 영향력을 발휘하기 위한 전략에 대하여서도 학습하였다.

제2부

리더십 이론의 조망

리더십은 인류역사와 함께 진행되어온 동서고금의 인간과 조직의 관계에서 나타난 현상이다. 리더십에 관한 연구는 오랜 기간에 걸쳐 이루어져 왔으나, 아직 통합적인 이론체계는 정립되지 못하고 있다. 각 나라마다 제각각의 리더십에 대한 탐구가 있었지만, 산업사회 이후에 과학적으로 연구하여 이론적 체계를 구축한 나라는 미국이다. 본서에서는 1940년대부터 1970년대까지의 연구를 전통적 이론의 범주에, 그리고 현대적인 의미의 리더십 이론은 1970년대 후반 이후의 연구부터로 한계를 설정하였다. 리더십 이론에 대한 계보를 정리하면 〈그림 2-1〉과 같다.

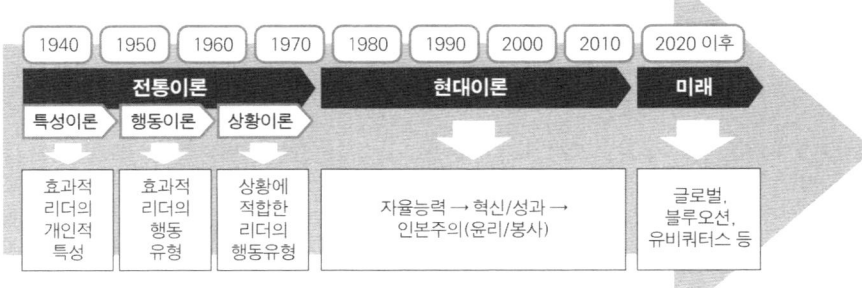

〈그림 2-1〉 리더십 이론의 계보

제2부는 여섯 개의 장으로 구성하였으며, 독자들이 다양하게 전개되고 있는 리더십의 이론적 측면을 검토함으로써 리더십에 대한 패러다임의 변천과정을 이해하고, 리더십의 과거와 현재, 그리고 미래를 조망해볼 수 있도록 하였다.

제3장에서는 '리더는 타고나는가? 육성되는가?'의 질문과 관련된 리더십의 특성이론과 행동이론을 소개한다. 제4장에서는 상황이론 및 리더십 수행과정에서 반드시 성립되는 리더와 조직구성원의 교환관계이론을 제시하였다. 제5장은 현대리더십 이론의 본질에 해당되는 혁신과 성과에 초점을 맞춘 다양한 이론과 사례들을 제시하였다. 제6장에서는 현대이론이 적용되는 과정에서 간과해서는 안 될 인본주의 개념의 이론들로서 윤리 · 서번트 · 희생적 리더십 등을 수록하였다. 제7장과 8장은 미래지향적인 관점에서 신조류 리더십과 한국의 리더십을 중심으로 구성하였다.

제3장 리더십의 특성 및 행동이론

'리더는 타고나는가? 육성되는가? 라는 질문에 대한 답은 역사적으로 달라져 왔다. 리더십 이론이 대두한 초기에는 리더는 타고난다는 주장이 지배적이었으나, 이후 리더는 만들어진다는 육성론이 대두되었고 최근에는 둘 다 부분적으로 긍정하는 방향으로 변하고 있다. 리더십 초기의 이론에서는 리더에 초점을 맞추었다. 그중에서도 리더가 갖추어야 할 기본적인 특성과 리더에게 요구되는 바람직한 형태가 주요한 연구대상이었다. 그러나 과거에는 선천적으로 타고난다고 믿었던 리더의 특성들도 오늘날에는 상당부분을 육성해낼 수 있게 되었다. 육성론의 장점과 매력은 누구나 스스로의 훈련을 통해서 리더가 될 수 있다는 데 있다. 하지만 어떤 특성을 어느 정도까지 육성 가능한가의 질문에 대한 구체적이고 실증적인 증거를 찾기란 매우 어렵다고 할 수 있다.

이에 대해 안병용(2008) 등[1]은 리더십 탄생론과 육성론이 모두 일리가 없는 것은 아니나 상황선택론이 보다 적절하다고 제시하고 있다. 이는 리더십 연구의 관심이 리더십 효과에 영향을 미치는 상황적 요인으로 확대되는 것이어서 상황론적 접근으로 볼 수 있다. 본 장에서는 리더가 갖추어야 할 기본적인 특성과 행동에 초점을 맞추고 있는 특성이론과 행동이론을 중심으로 살펴보도록 한다.

---

1   안병용 · 한수범 · 장인봉(2008), 『블루오션 리더십』, 보명, 31-33쪽.

1. 리더십의 특성이론의 연구배경은 무엇이며 리더에게 중요한 특성들로는 어떤 것들이 있는가? 조직의 규모, 업종, 직무특성, 상황조건 등을 고려하여 구체적으로 논의하시오.
2. 초기의 특성 연구에서 스토그딜이 수행한 비교 연구(1948, 1974)의 시사점을 제시하시오.
3. Big 5 모델에서 제시하는 다섯 가지 성격요인과 리더십의 관계를 예를 들어 설명하시오.
4. 미국 오하이오 주립대학교의 연구에서 제시한 리더십 행동유형 측정척도(LBDQ)를 통하여 자신의 리더십을 진단하고 개선점을 찾아보시오.
5. 미국 미시간 대학교의 연구에서 나타난 효과적인 리더 행동의 범주들로는 어떤 것들이 있는가? 자신에게 해당되는 행동들을 찾아보고 자신의 리더십을 평가하시오.
6. 블레이크와 모튼의 관리격자 모형에서 자신의 리더십의 위치를 찾아보고 그 개선방안을 찾아보시오.

제1절 리더십 특성이론

역사 속으로 들어가 보면 참으로 위대하고 유능한 리더들이 많이 있다. 세종대왕, 이순신, 정주영, 이병철, 칭기즈칸, 시저, 나폴레옹, 맥아더, 잭 웰치와 같은 역사적인 인물들뿐만 아니라 일상의 주변에서도 멋지고 유능한 사람들을 많이 만난다. 어려운 경영환경 속에서 우량 회사를 일구어 낸 경영자, 팀원들을 잘 이끌면서 높은 성과를 내는 팀장, 인품과 실력으로 학생들이 잘 따르는 선생님, 군대에서 동료병사들을 잘 통솔하는 모범 분대장 등… 그들의 공통점은 과연 무엇일까?

리더의 특성이론이란 유능하고 훌륭한 리더에게서 공통적으로 나타나고 있는 특성들을 찾아내는 연구이다. 특성이란 한 개인이 가지고 있는 성격, 욕구, 동기, 가치관, 능력, 기술 등과 같은 내재적인 속성을 포함하여 다른 사람과 차별되는 속성들의 집합을 말한다. 리더십 특성이론 분야의 연구자들이 밝히려고 했던 주제는 크게 세 가지로 요약된다. 첫째, 우수한 리더들이 지닌 공통적 특성. 둘째, 리더와 일반 사람의 구별되는 특성. 셋째, 효과적인 리더와 비효과적인 리더의 특성 차이가 그것이다.

리더의 특성에 대한 견해는 동서양에 걸쳐 고대로부터 있어 왔으나 연구방법의 과학성과 조직특성 등의 문제로 인하여 산업사회가 도래한 이후부터의 연구를 진정한 의미의 리더십 이론으로 보고 있다. 산업사회의 초기 연구자들은 역사적인 위인들과 같은 우수한 리더들의 공통적 특성만 집약하면 리더십의 비밀을 알 수 있을 것으로 기대했다. 이러한 연구들은 1900년대의 초반과 중반에 집중적으로 이루어졌다. 그러나 리더의 특성에 관한 연구들은 우수한 리더들의 일반적인 공통점을 폭넓게 제시하였지만, 모든 상황에서 성공적으로 발휘되는 공통점들을 집약적으로 규명하지는 못하였다.

리더의 특성을 탐색하는 연구는 지금도 진행되고 있고 앞으로도 계속될 것이다. 왜냐하면 시대상황이 변화하면 새로운 자질과 능력이 요구되기 때문이며 조직에서는 리더십 개발을 위해 구체적인 '리더상'을 정립해야 하는데, 이를 위해서는 필연적으로 리더의 자질과 능력요소가 제시되어야 하기 때문이다.

1.1 고대 및 근대의 이론식별

동서고금을 통하여 수많은 영웅들의 활동을 분석해보면 우수한 리더의 특성에 관한 기록들과 견해를 식별할 수 있다. 그 가운데 장수 및 지도자들의 전쟁수행을 위한 병법 속에서 자질론을 중심으로 손자의 장수 5덕목, 플라톤의 지도자 6덕목 등이 대표적인 특성들이며, 식별된 견해들을 정리하면 〈표 2-1〉과 같다.

〈표 2-1〉에서 알 수 있듯이 장수의 자질에 대해서는 지략, 신의, 용기, 그리고 어진 마음을 중요하게 평가했다. 아울러 장수가 경계해야 할 유의점도 제시하고 있다. 『육도삼략』에 제시된 장수의 열 가지 과오는 〈그림 2-2〉와 같다.

〈표 2-1〉 장수 및 지도자에게 요구되는 덕목

구 분	자질 및 능력	국 가
사대부의 자질	신(身), 언(言), 서(書), 판(判)	한국
손자(孫子)	지(智), 신(信), 인(仁), 용(勇), 엄(嚴)	중국
육도삼략(六韜三略)	용(勇), 지(智), 인(仁), 신(信), 충(忠)	중국
사마법(司馬法)	예(禮), 인(仁), 신(信), 의(義), 용(勇), 지(智)	중국
오기병법(吳起兵法)	이(理), 비(備), 과(果), 계(戒), 약(約)	중국
통수강령(統帥綱領)	품성, 자질, 포용력, 의지, 식견, 통찰력	일본
클라우제비츠	용기, 기민성, 열정, 정확성, 침착성, 대담성, 지식, 통찰력	독일
플라톤	지적 열망, 기억력, 성실성, 용맹, 의지, 추진력	그리스

자료: 박유진(2009), 『현대사회의 조직과 리더십』, 양서각, 69쪽.

장수의 열 가지 과오

① 용맹이 지나쳐 죽음을 가벼이 보는 것
② 성미가 급해서 성급히 결판을 내리는 것
③ 탐욕스러워 이익과 공명심에 집착하는 것
④ 어진 마음으로 연약하여 적을 죽이지 못하는 것
⑤ 지모는 있으나 겁이 많아 실행을 못하는 것
⑥ 신의가 있으되 아무나 쉽게 믿는 것
⑦ 청렴하되 도량이 너무 좁아 남을 포용하지 못하는 것
⑧ 방책은 있으나 게을러서 때를 놓치는 것
⑨ 강직하나 고집이 세서 자기 능력만을 믿는 것
⑩ 난국에 처하면 당황하여 운명이나 해결책을 남에게 의존하는 것

〈그림 2-2〉 장수의 열 가지 과오

고대 및 근대의 자료들에 명시된 장수와 지도자에게 요구되는 덕목들은 오늘날에도 교훈이 될 수 있는 내용으로서, 시대와 상황이 변화하여도 변함없이 지속되는 리더의 본질적 특성들을 포함하고 있다.

1.2 초기의 특성이론 연구

스토그딜(Stogdill)[2]은 20세기의 리더십 특성이론 연구들을 종합적으로 정리하는 데 큰 공헌을 하였다. 첫 번째 연구에서는 1904년에서 1947년에 걸쳐서 이루어진 124편의 특성연구를 종합적으로 검토하였다. 그리고 두 번째 연구에서는 1948년에서 1970년까지 수행된 163편의 특성연구를 대상으로 검토하였으며, 두 번째 연구결과를 첫 번째 연구결과와 비교하였다.

---

2   Stogdill, R. M. (1948), "Personal factors associated with leadership: A survey of the literature", *Journal of Psychology*, 25, pp. 35-71; Stogdill, R. M. (1948), *Handbook of leadership*, NY: A survey of the theory and research, NY: Free Press.

1.2.1 스토그딜의 비교연구(1948, 1974)

1948년 이전 연구의 검토에서는 긍정적인 결과를 나타낸 연구 및 부정적 또는 관련 없는 결과를 나타낸 연구를 모두 포함하고 있다. 그러나 1948년 이후 연구의 검토에서는 긍정적인 결과를 나타낸 연구만을 포함하고 있다.[3] 스토그딜은 공통적으로 자주 언급되는 특성들이 리더십의 다양한 기술과 관련 있을 것이라고 생각하고 1~2명의 학자가 언급한 특성들은 제외하고 세 명 이상의 학자들이 발견한 특성들을 중심으로 정리하였다. 그 결과로 도출된 리더십의 특성은 '신체적 특성, 사회적 배경, 지능과 능력, 성격, 과업관련 특성, 사회적 특성'이며, 이를 도식화하면 〈그림 2-3〉과 같다.

〈그림 2-3〉 리더십 특성의 유형

스토그딜이 제시한 리더십 특성의 세부적인 연구결과와 시사점은 다음과 같다.[4]

---

3   Bass, B. M.(1981), *Stogdill's Handbook of leadership*, NY: The Free Press.

4   이상호(2010), 『조직과 리더십』, 북넷, 71-76쪽.

1) 신체적 특성

신체적 특성으로는 활동성, 에너지, 연령, 외모, 신장, 체중 등이 주로 연구되었다. 활동성 또는 에너지를 제외하면, 연구결과는 전반적으로 일관되게 나타나지 않았다. 특히, 신장과 체중에 대해서는 1948년 이후 연구가 거의 이루어지지 않았다. 따라서 연령, 외모, 신장 그리고 체중을 포함한 신체적 특성이 리더십 기능에 미치는 영향은 리더가 처한 상황이나 환경에 따라 그 양상이 다르기 때문에 일률적으로 결론을 내릴 수는 없다. 이에 관한 연구결과는 〈표 2-2〉와 같다.

〈표 2-2〉 신체적 특성 관련 연구결과

연구결과	1948년		1970년
	긍정적	부정적 혹은 관련 없음	긍정적
활동성, 에너지	5		24
연 령	10	8	6
외 모	13	3	4
신 장	9	4	
체 중	7	4	

2) 사회적 배경

리더의 사회적 배경과 관련된 특성으로는 교육 수준, 이동성, 그리고 사회적 지위가 주로 연구되었다. 〈표 2-3〉의 연구결과를 보면, 리더의 교육 수준과 사회적 지위는 리더가 아닌 사람과 비교하여 일관된 차이가 나타나지는 않았다. 이동성과 관련해서는 리더가 비리더에 비해 사회활동에 더 많이 참여하고 사회적 이동을 더 많이 한다는 긍정적 결과를 보여 주고 있지만, 이에 대해 확실한 결론을 내릴 만큼 충분히 많은 연구가 이루어지지는 않았다.

〈표 2-3〉 사회적 배경 관련 연구결과

연구결과	1948년		1970년
	긍정적	부정적 혹은 관련 없음	긍정적
교육 수준	22	5	14
사회적 지위	15	2	19
이동성	5		6

3) 지능과 능력

지능과 능력에 관련된 특성으로는 지능, 판단력 또는 결단력, 지식, 그리고 언변이 주로 연구되었다. 지능에 대한 연구가 가장 많이 이루어졌으나 일관된 결과를 보여 주지는 못하고 있다. 반면에 상대적으로 많은 연구가 이루어지지는 않았으나, 판단력이나 결단력, 지식, 그리고 언변은 중요한 리더의 특성으로 나타났다. 이와 관련된 연구결과는 〈표 2-4〉와 같다.

〈표 2-4〉 지능과 능력 관련 연구결과

연구결과	1948년		1970년
	긍정적	부정적 혹은 관련 없음	긍정적
지 능	23	10	25
판단력, 결단력	9		6
지 식	11		12
언 변	13		15

4) 성격

리더의 성격적 특성으로는 수용성(adaptability), 적응성(adjustment), 공격성 또는 독단성, 기민성, 우월감 또는 지배성 등 16개의 요인에 대한 연구가 이루어졌다. 1948년과 1974년의 종합검토에서 모두 리더의 특성으로 긍정적 결과를 보이고 있는 특성으로는 기민성, 독창성 또는 창의성, 성실성 또는 윤리성, 그리고 자신감의 네 개 요인이다. 융통성과 신념의 강도는 1948년 이후에 연구가 이루어지지 않아 단정적으로 결론을 내릴 수는 없다. 또한 우월감 또는 지배력, 정서적 균형 또는 통제력, 외향성은 1948년 이전과 이후에 모두 연구가 되었으나 일관된 결과를 보여 주지는 못하고 있다. 적응성, 독단성, 열의, 독립성, 객관성 또는 현실성, 수완성, 그리고 스트레스 내구성의 일곱 개 요인은 1948년 이후에만 연구된 것으로 긍정적인 결과만을 보고하고 있기 때문에 단정적으로 결론을 내리기 어렵다.

〈표 2-5〉 성격 관련 연구결과

연구결과	1948년		1970년
	긍정적	부정적 혹은 관련 없음	긍정적
수용성	10		
적응성			11
공격성, 독단성			12
기민성	6		4
우월감, 지배력	11	6	31
정서적 균형, 통제력	11	8	14
열 의			3
외향성	5	6	1
독립성			13
객관성, 현실성			7
독창성, 창의성	7		13
성실성, 윤리성	6		9
수완성			7
자신감	17		28
신념의 강도	7		
스트레스 내구성			9

5) 과업 관련 특성

과업 관련 특성으로는 성취욕구, 책임욕구, 진취성 또는 주도성, 끈기 또는 지속성, 목표에 대한 책임감, 그리고 과업지향성이 연구되었다. 끈기 또는 지속성은 1948년 이후에는 연구되지 않았고, 진취성 또는 주도성은 1948년 이후에만 연구된 것으로 긍정적인 결과만을 보고하고 있기 때문에 단정적으로 결론을 내리기 어렵다. 이 두 가지 특성요인을 제외한 다른 모든 과업 관련 특성은 리더의 중요한 특성으로 나타나고 있다.

<표 2-6> 과업특성 관련 연구결과

연구결과	1948년		1970년
	긍정적	부정적 혹은 관련 없음	긍정적
성취욕구	7		21
책임욕구	12		17
진취성, 주도성			10
끈기, 지속성	12		
목표에 대한 책임감	17		6
과업지향성	6		13

6) 사회적 특성

사회적 특성으로는 협력을 구하는 능력, 관리능력, 매력, 협력성, 돌봄, 인기 또는 명성, 사교성 또는 대인관계 능력, 사회적 참여, 그리고 재치 또는 외교술이 연구되었다. 검토 결과에 따르면, 모든 사회적 특성은 리더가 가져야 할 중요한 특성으로 나타났다. 다만 관리능력, 매력, 돌봄의 세 가지 특성요인은 1948년 이후에만 연구된 것으로 긍정적인 결과만을 보고하고 있기 때문에 단정적으로 결론을 내릴 수는 없다.

7) 스토그딜 연구의 시사점

스토그딜의 첫 번째 종합검토에 따르면, 리더십의 특성에 관한 연구들은 성공적인 리더가 되기 위해서는 특정한 특성을 가지고 있어야 한다는 특성이론의 기본 전제를 지지하지는 못했다. 즉 모든 상황에서 성공적인 리더십을 발휘하기 위해 필수적인 특성을 밝혀내지 못했다. 그러나 개별적인 특성의 중요성은 상황에 따라 좌우되고 있음이 나타났다. 따라서 스토그딜은 한 개인이 어떤 특성을 가지고 있다고 해서 그 사람이 리더가 되는 것은 아니라고 결론을 내렸다. 즉 리더가 가지고 있는 개인적 특성들의 패턴이 조직구성원들의 특성과 활동, 그리고 목표와 적절하게 연계되어야 한다는 것이다.

두 번째 종합검토의 대상인 1948년 이후의 연구들은 그 이전의 연구들보다 공식적으로 임명된 리더 또는 관리자에게 적절하다고 생각되는 특성들을 더 많이 다루었다.

스토그딜은 이러한 추가적인 특성들이 리더십 효과성에 관련되어 있다는 것을 발견하였다. 그리고 첫 번째의 종합검토 결과가 상황요인의 중요성을 강조하였다면, 두 번째의 종합검토 결과에서는 리더의 특성은 리더십 효과성을 증진시킬 가능성이 있으며 리더의 특성과 상황요인 모두가 리더십의 결정요인임을 주장하였다. 또한 스토그딜은 어떤 상황에서도 보편적으로 중요시되는 리더십 특성에 대한 증거는 여전히 부족하다는 점을 분명히 하였다. 어떤 특성과 기술을 가지고 있으면 리더가 효과적일 가능성은 높아지지만, 그러한 특성과 기술이 효과성을 보장해주지는 않는다는 것이다. 즉 어떤 특성을 가진 리더가 어느 한 상황에서는 효과적이지만 다른 상황에서는 비효과적일 수 있다. 또한 서로 다른 특성을 가진 두 리더가 동일한 상황에서 모두 성공적일 수 있다는 것이다.

1.2.2 기타 초기 연구들

스토그딜 외에 다수 학자들의 연구결과를 〈표 2-7〉에 제시하였다.

〈표 2-7〉 학자들의 초기 연구결과

구 분	리더에게 필요한 특성, 유형	연구과정
Barnard(1946)	체력, 기억력, 기술, 상상력, 지각, 지식, 결단력, 책임감, 용기, 지구력, 인내력, 설득력	
Mann(1959)	적응성, 외향성, 지배성향, 남성적 기질, 보수적 기질, 감수성	1,400여 편의 연구서 검토
Katz(1955), Mann(1965)	전문적 기술, 대인관계 기술, 개념적 기술	기술적 특성연구로 널리 알려짐
Bray, Campbell, Grant(1974)	• 성격특성: 승진욕구, 스트레스 견딤, 불확실성에 대한 인내성, 활동력, 흥미의 다양성, 내적인 업무기준, 의사결정의 신속성 • 관리기술: 의사소통기술, 인간관계 기술, 계획 및 조직능력, 창조성	미국AT&T사 관리자 대상: 입사 시 특성과 입사 후 성공과의 관계 연구

자료: 박유진(2009), 『현대사회의 조직과 리더십』, 양서각, 71-72쪽을 참고하여 재구성.

1.3 최근의 특성이론 연구

리더십의 특성이론에 대한 연구는 이미 지나가 버린 트렌드가 아니며 아직도 많은 학자들이 지속적으로 연구하고 있다. 특성연구는 처음에 위인들의 자질을 확인하는 것에 초점을 맞추는 것으로 시작되었으나, 차츰 리더의 행동스타일의 연구로 전환되었다. 이후 상황변수의 영향에 관한 연구를 거쳐, 최근에는 효과적인 리더십에 영향을 미치는 특성의 역할을 다시 강조하는 방향으로 되돌아오고 있다. 리더에게 요구되는 특성은 상황에 따라 다르겠지만 어떤 특성은 분명히 주어진 상황에서 리더십의 효과성 발휘에 도움이 될 것이며, 또한 어떤 특성은 다양한 상황에 걸쳐 리더가 효과적으로 행동하는 데에 도움이 될 수 있다는 것이다.

과거에 연구된 리더십 특성을 현대적 기법으로 분석한 결과를 보면, 리더십 특성과 리더십 효과성 간에는 높은 상관관계가 나타나고 있다.[5] 또한 최근의 특성연구는 초기의 인물연구에서 벗어나 심리적 측정도구를 사용하여 리더, 특히 효과적인 리더의 특성을 성격, 인지능력, 또는 가치관 등을 포함하는 다양한 측면으로 확대하고 있다. 커크패트릭과 로크(Kirkpatrick & Locke, 1991)는 리더십 특성에 대한 선행연구 결과를 개념적으로 분석하고, 리더와 리더가 아닌 사람들은 분명히 다른 특성을 가지고 있다고 주장하였다. 〈표 2-8〉에서 보는 바와 같이 리더와 리더가 아닌 사람들을 구별하는 특성으로는 추진력, 리더십 동기, 정직과 성실성, 자신감, 인지능력, 사업지식, 그리고 기타의 특성 등 다양한 측면이 포함된다. 이러한 특성은 타고나는 것일 수도 있고 학습될 수도 있으며 두 가지에 모두 해당될 수도 있다고 하였다.

〈표 2-8〉 리더와 비리더의 특성 차이

- 추진력: 성취, 야망, 에너지, 끈기, 주도성
- 리더십 동기(개인화 대 사회화된 동기)
- 정직과 성실성
- 높은 자신감(정서적 안정성 포함)
- 인지능력
- 사업지식
- 기타 특성(약하게 지지됨): 카리스마, 창의성, 독창성, 유연성

자료: 이상호(2010), 『조직과 리더십』, 북넷, 77쪽.

특성연구에 대한 새로운 관심의 결과로 나타난 추가적인 리더의 특성들은 비전적 리더십과 카리스마적 리더십의 연구에서도 찾아 볼 수 있다.[6] 그중에는 리더십이 인간의 신체적 특성과 관련이 있다는 주장도 있다.[7] 예를 들어 훌륭한 리더는 반드시 잘생기거나 강

---

5   Zaccaro, S. J., Gilbert, J., Thor, K. K. & Mumford, M. D.(1991), "Leadership and social intelligence: linking social perceptiveness and behavioral flexibility to leader effectiveness" *Leadership Quarterly*, 2, pp. 317-331.

6   Bennis, W. & Nanus, B.(1985), *Leaders: The Strategies for talking changes*. NY: Harper & Row; Nadler, D. A. & Tushman, M. L.(1980), "A model for diagnosing organizational behavior", *Organizational Dynamics* (Autumn), pp. 35-51; Zeleznik, A.(1997), "Managers and leaders: Are the difference?", *Harvard Business Review*, 55(5), pp. 67-68.

7   Chase, M.(1995), "More are Listening to Prozac to Keep Their Business Edge", *The Wall Street Journal*, March 27, B1; Langreth, R.(1996), "High Anxiety: Rival Threaten Prozac? Reign", *The Wall Street Journal*,

한 육체를 가졌거나 공격적일 필요는 없으며 오히려 부드럽고 사교적이어야 한다고 한다. 이러한 유능한 리더는 공격성이나 적대적 욕구를 자제하면서 여러 사람과 잘 어울리면서도 경쟁(성취) 욕구도 높기 때문에 사람들로부터 부러움과 칭찬을 받으려는 행동을 하면서 좋은 리더로 부상하기를 원한다는 것이다.

리더십 특성연구의 효용성은 폭넓은 리더십 특성목록을 제공해주는 것에서 찾을 수 있다. 비록 특성연구가 일련의 결정적인 리더십 특성을 제공해주지는 못하지만, 리더 후보자들이 다른 사람에 의해 리더로 지각되기를 원할 경우에 소유하거나 개발하고 싶은 리더십 특성이 어떤 것인지에 대한 정보를 제공해준다. 또한 리더십특성에 대한 연구는 비록 모든 상황에 적용될 수 있는 보편적 특성을 제시하지는 못하지만, 리더로서 갖추어야 할 중요한 특성에 대한 정보를 제공해준다. 이러한 관점에서 환경의 변화에 따라 요구되는 새로운 리더십 특성에 대한 관심이 여전히 계속되고 있다.

1.3.1 Big 5 성격특성 요인

지난 한 세기에 걸쳐서 수많은 성격특성이 확인됨에 따라 폭넓게 정의된 소수의 범주를 발견하여 특성이론을 단순화시키려는 노력이 이루어졌다. 이러한 노력이 결실을 보인 것이 Big 5 성격모형이라고 할 수 있다. 광범위하게 정의된 다섯 개의 성격특성 분류는 연구자에 따라 명칭이 달리 표현되기도 한다.

〈표 2-9〉에 제시된 연구결과에는 리더의 성격특성을 다섯 개 영역 및 14개의 세부요인으로 제시하고 있다.

〈표 2-9〉 Big 5 성격특성과 세부적인 특성

Big 5 성격특성	세부적인 특성들
외향성(surgency)	지배성(dominance), 사회성(sociability)
신뢰성(dependability)	성취지향성(achievement-oriented), 동조성(conformity), 조직성(organization), 진실성(credibility)
호의성(agreeableness)	친밀감(friendliness), 감정이입(empathy), 대중성(popularity)
조정성(adjustment)	정서적 안정성(emotional stability), 자기수용성(self-acceptance)
지성(intellectance)	호기심(curiosity), 개방된 마음(open mentality), 학습지향성(learning-oriented)

자료: Hughes, Ginnett & Curphy(1996), Leadership: Enhancing the lesson of experience, p. 176.

May 9, p. 81; Allman, W. F.(1996), "The Serotonin Candidate", *Forbes ASAP*, September 23, pp. 133-140.

1.3.2 콜린스의 연구

콜린스(Collirs)는 1965년 이후 『포춘』(Fortune)지에 우수기업으로 소개된 1,435개 기업 중에서 위대한 기업으로 발전한 기업들을 엄선하여 탐색하였다. 그는 우수기업의 리더를 5단계(1~2단계: 개인 및 팀원급, 3~4단계: 팀 리더 및 관리자, 5단계: 경영자)로 구분하였으며, 위대한 기업으로 성장시킨 경영자들은 3~4단계 리더와는 차별되는 리더십을 발휘했다는 것을 발견하였다.

〈표 2-10〉 5단계 리더십의 양 측면

직업적 의지	개인적 겸양
위대한 기업으로의 뚜렷한 전환점인 초일류의 성과 창출.	비길 데 없는 겸손함. 대중 앞에서 떠벌리지 않음. 자기 자랑을 안 함.
장기간 최고의 성과에 필요한 일에는 아무리 어려워도 불굴의 의지를 보임.	조용하고 차분하게 결정하며 행동함. 카리스마보다 격상된 기준에 입각하여 동기부여.
영속하는 큰 회사를 세우는 기준을 설정하고 미달에 만족하지 않음.	자신이 아닌 회사의 야망에 집중. 후계자의 성공을 위한 기틀 마련.
결과가 나쁘면 외부 요인을 원망하지 않고 자신에게 책임을 돌림.	성공에 대해 자신이 아닌 외부 요인에 공을 돌리고 행운에 찬사를 보냄.

자료: Collins, J.(2001). *Good To Great*. NY: Harpercollins Publishers, p. 60.

〈표 2-10〉에 제시된 바와 같이 콜린스는 조직에는 다섯 단계의 사람들이 모두 필요하지만 최고경영자는 5단계의 리더십을 발휘할 수 있는 자질을 갖춘 사람이어야 한다고 강조한다. 전문지식보다 중요한 것은 성품이다. 기술은 연마하고 지식은 습득할 수 있지만 품성은 배울 수 있는 것이 아니기 때문이다. 따라서 조직 내에서 인재를 발굴하고 양성할 경우에 단계별 리더가 갖추어야 할 특성을 설정하고 그에 맞추어 조직에 기여할 수 있는 인재를 선발해야 한다는 것이다.

1.3.3 기타 특성 연구들

국내외 다수의 학자들의 연구결과를 〈표 2-11〉에 요약하여 제시하였다.

〈표 2-11〉 학자들의 최근 연구결과

구 분	리더에게 필요한 특성, 유형	연구과정
McCall & Lombard(1983), Lombard & McCauley(1988)	• 성공: 야심, 능력 겸비 • 실패: 정서적 안정성과 침착성 결여, 실패에 대한 방어적 태도, 진실성과 신뢰성의 부족, 대인관계 기술 부족	고위 관리직 수행자 대상: 성공 · 실패자의 특성과 행동을 조사
Rotter(1966), Anderson & Schneider(1978)	• 내재론자: 집단의 성과 양호, 집단적인 상황에서 리더로 성장 가능성 높음 • 외재론자: 상대적 가능성 저조	통제위치 리더의 성격을 조사
Smith & Rhodewalt (1986)	• 시간강박: A형 서두르고, 지연에 걱정 • 경쟁성: A형 승리하는 것을 중요시 • 다면적 행동: A형 동시 다발적 행동 가능 • 적대성: 실수 미수용, 공격적 행동성향	A형과 B형 성격을 경영성과와 연계한 연구 ※ B형: A형과 반대
Kirkpatrick & Locke(1991)	추진력, 지도욕구, 정직성과 성실성, 자신감, 인지적 능력, 업무지식	리더와 비리더 간의 차이점을 연구
Bass (1990)	전문기술, 사회적 친근성, 과업 동기부여, 집단과업의 지원성, 대인관계 기술, 정서적 균형과 통제, 관리적 기술, 인상, 지적 능력, 지배성과 결단력, 책임 감당 의지, 윤리적 행위 등	52개의 실증연구 분석
Yukl (2002)	• 자질: 상황적응력, 사회적 환경, 민감성, 성취지향형, 확고한 믿음, 협조성, 단호함, 지배성, 열정, 끈기, 자신감, 스트레스 견딤, 책임감 등 • 기술: 총명함, 개념능력, 창조성, 사교성, 언변력, 집단과업 지식, 조직력, 설득력, 사회성 등	성공적인 리더들의 특성을 자질적 특성과 기술적 특성으로 구분
신유근(1996)	정직성, 비전, 선도성, 능력, 공정성, 지원력, 관대함, 지성, 솔직성, 대담성, 신뢰감, 협조성, 창의력, 배려, 성숙도, 결단력, 야망, 충성심, 자제력, 독립성 등	한국의 성공한 경영자들의 자질을 조사
홍사중(1997)	성격, 지성, 판단력, 용기, 경륜, 언행일치, 인격, 너그러움, 겸손, 정직	
김준봉(1997)	• 상당한 교육의 수준 • 부하보다 높은 수준의 지능 • 건강과 체력 • 적극적이고 낙관적인 사고 • 침착하고 독립적인 성격 • 인간이해 • 문제해결 우월성 • 비정과 온정 • 인격 • 의연한 사생관	동서고금의 리더들을 탐색하여 공통적인 특성을 10가지로 정리
양병무(2000)	• 술은 적당히, 금연(Never) • 형식과 고정관념의 탈피 • 공적 업무에는 냉정유지, 사적 업무에는 유연함을 추구 • 생각은 깊게 추진은 과감하게 • 권한은 아래로 손은 가볍게 • 책상 대신 중요한 현장 속으로 • 인생에는 애정, 일에는 열정 • 사람에 대한 충실한 투자 • 과거에 얽매이지 않고 미래를 향해 • 용기와 결단력과 개척정신	한국을 움직이는 경영자들의 공통점을 탐색하여 10가지로 정리

자료: 박유진(2009), 『현대사회의 조직과 리더십』, 양서각, 72-78쪽을 참고하여 재구성.

1.4 특성이론에 대한 평가

리더특성에 관한 연구들은 우수한 리더의 특성에 관해 일관성 있는 집약적 결론을 도출하지는 못하였지만 리더십 연구와 실무의 발전에 크게 기여하였다.

1.4.1 긍정적 평가

첫째, '리더들은 뭔가 다를 것이다.'라는 이미지 때문에 리더의 특성은 동서고금의 관심주제이며 직관적으로 흥미를 끈다. 이러한 관심 속에서 특성연구들은 매우 다양한 특성들을 도출하였다.

둘째, 리더들의 일반적인 우수자질들의 윤곽을 그려내었다. 연구결과들은 리더의 선발 및 평가기준과 리더 개발의 방향과 소요 등을 설정하는데 기준역할을 해준다.

셋째, 리더에게 초점을 맞추어 리더의 역할과 자질에 대한 중요성을 일깨움으로써 많은 리더들에게 리더십 개발의 동기를 부여하였다.

넷째, 리더의 성격 등 인간특성의 다양한 면들을 리더십의 관점에서 조명하였다.

다섯째, 시대적 변화 속에서 요구되는 리더상을 추적하고 정립하는데 방향을 제시하고 있다.

1.4.2 한계점

첫째, 가장 결정적인 한계는 우수한 리더들의 공통특성을 명료하게 집약하지 못한다는 점이다. 우수리더의 공통점이 다섯 개나 열 개 정도로 집약이 되었다면 더욱 좋았을 수도 있다. 하지만 리더십의 대상과 상황이 워낙 다양하고 연구자의 관점도 각각 다르기 때문에 오히려 당연한 결과로 보인다.

둘째, 특성연구들은 리더의 특성과 성과 간의 상관관계만을 제시하고 있을 뿐 그 과정을 밝히지 못하고 있다. 또한 동일한 리더의 특성을 갖추었는데도 성과가 다른 경우도 흔히 있다. 이는 한 개인이 어떤 특성들을 소유하였기 때문에 리더가 되는 것이 아니라 그 특성들이 발휘상황에 적합하여야 한다는 것을 의미한다.

셋째, 성격이나 가치관과 같은 요소들은 내면적인 것이어서 외적인 언행을 통해 추정하지만 내면의 실체를 정확하게 진단하기가 어렵다.

넷째, 리더의 특성들은 선천적 영향도 있고 후천적으로 개발되기도 하는 것이어서 계속 변화하는 것인데, 대부분의 연구들은 리더특성을 고정적인 것으로 가정하고 연구하기 때문에 실제현상과 다를 수 있다.

1.4.3 실천적 시사점

우리가 리더의 특성에 관한 연구에서 얻을 수 있는 교훈과 시사점은 무엇일까?

첫째, 조직이나 부서마다 직무요구에 적합한 리더의 조건을 명확하게 정립해야 한다. 이를 일반적으로 핵심역량이라고 하는데 리더의 선발과 교육, 그리고 평가의 기준이 된다.

둘째, 우수한 리더란 확정적인 표준요소가 있는 것이 아니라 개인 나름대로의 강렬한 개성이 중요하다. 결국 리더는 자신의 강점이 승화된 개성적이고 특유한 자질과 역량을 길러야 함을 시사한다.

사례: 이순신 장군의 리더십 특성

러·일 전쟁에서 러시아 발틱 함대를 전멸시킨 일본의 군신 '도고 헤이하치로'는 자기를 이순신 장군에 비할 수 없다면서 "이순신 장군에 비하면 나는 일개 하사관에 불과하다. 만일 이순신 장군이 나의 함대를 가졌다면 세계의 바다를 제패했을 것이다." 라고 했다. 역사는 과거를 통해 현재를 조명하고 미래를 투시하는 거울이라고 할 수 있다. 우리는 이순신을 통해 장수와 전략가가 이룩한 탁월한 전공만을 볼 수 있는 것이 아니다. 전쟁을 미리 예측하고 이를 대비하는 유비무환의 정신과 관습을 과감히 돌파하는 개혁의 의지, 휘하 장수들과 함께 합의와 토론을 통해 의견을 창출하는 과정 등에서 리더로서의 특성을 확인할 수 있다.

첫째, 이순신은 전략의 원칙을 중시했다. 군사전략과 경영전략의 원리는 같다. 현대의 경영인 혹은 지휘관들이 춘추전국시대에 쓰인 '손자병법'을 리더십의 지침으로 삼았던 것도 그러한 이유에서이다.

이순신은 바다에서 왜군과 대적함에 있어 철저한 분석과 정보를 근거로 승리를 확신한 상황에서만 전투를 벌였다. 그는 남해안의 복잡한 지형과 조류(潮流)를 완전히 파악했다. 전라좌수영의 관할해역과 더불어 대부분의 해전이 벌어진 경상도 해안까지 현장답사를 게을리 하지 않았다. 피난민과 포로들로부터 정보를 수집하고 정보원과 정탐선을 투입해 적진의 형세와 이동경로 등을 면밀히 관찰했다. 이를 반영하여 이순신은 해전에서 기습과 같은 공격으로 적에게 큰 피해를 주었지만, 아군이 기습에 노출되는 상황은 일어나지 않았다. 경영에서도 경쟁에서 살아남기 위해서는 주어진 환경을 최대한 활용하고, 피아의 장단점을 정확히 분석하여 상대의 약점을 공략해야 한다.

둘째, 이순신은 정확한 현상 진단으로 전쟁을 준비하면서 국민들과 신뢰를 구축하였다. 원균이 칠천량 해전에서 패하여 삼도수군의 기반이 완전히 무너진 후 조정은 백의종군하고 있던 이순신을 다시 삼도수군통제사에 명했다. 그러나 이미 통제사 이순신에게 남아있는 전투력은 보잘 것 없었다. 칠천해전 당시 도주한 경상우수사 배설의 전선 12척을 제외하고는 거의 모든 군비가 전무한 상황이었다.

모든 기반이 무너진 상태에서 이순신은 빈손으로 짧은 기간 안에 군사와 물자를 확보했다. 이를 근간으로 군선 13척과 왜적선 133척의 대결이라는 미증유의 위기였던 명량해전을 대승으로 이끌어낸 것이다. 이러한 리더십을 발휘할 수 있었던 가장 큰 이유는 이순신이 부하 장수들과 더불어 백성들에게 보여준 신뢰에 있었다. 하급관리 시절부터 실천했던 청렴성과 공사(公私)의 엄격한 구분이 일부 상관들에게는 미움을 사는 요인이 되기도 했으나 부하들에게는 신뢰를 주었던 것이다. 이러한 도덕성의 영향을 받아 부하들도 역시 높은 도덕성을 견지할 수 있었다. 그리고 어떠한 상황에서도 좌절하거나 두려워하지 않는 모습은 백성들과 부하들로 하여금 깊은 신뢰감과 충성심을 불러일으켰다.

셋째, 이순신은 전장에서 살신성인의 솔선수범으로 전투를 승리로 이끌었다. 국가존망의 위기 속에 사기가 크게 떨어진 패잔병들을 수습해 기적과 같은 명량대첩을 성취했다. 이순신은 죽음을 각오하고 솔선수범의 모습을 보여줌으로써 전투에 대한 부담감과 두려움에 빠진 장병들의 분투를 이끌어냈다. 실제로 명량해전에서 이순신의 지휘선이 단독으로 고군분투하는 모습을 보여줌으로써 부하들의 사기를 올리고 전투에 적극적인 동참을 유도했다.

기업이 위기를 돌파하기 위해서는 누구보다도 먼저 기업의 리더인 경영자가 희생정신을 발휘해 솔선수범하는 것이 최선의 방법이다. 부도가 난 기업이라 해도 경영자가 모든 것을 걸고 분전하는 모습 앞에서 조직구성원들이 기업회생에 적극 나서는 경우가 많다. 이러한 위기극복의 리더십은 어려움에 처해 있는 기업의 경영자들에게 좋은 귀감이 된다.

넷째, 이순신은 지속적으로 무기체계를 개발하였다. 그는 전라좌수사로 부임하던 때, 해전에서 왜선을 격파하는 데 탁월한 성능을 발휘한 거북선을 개발했다. 그는 일본 수군의 강점을 무력화하고 조선 수군의 강점을 최대한 활용할 수 있는 전함 개발의 필요성을 절감했다. 이에 따라 나대용과 같은 기술자들과 함께 개발에 주력한 결과 거북선이라는 세계 최초의 철갑선이 탄생할 수 있었다. 왜 수군의 전선은 기동성이 우수한 반면 상대적으로 내구력이 약했으므로 거북선과 충돌할 경우 적선은 쉽게 부서져나갔다. 거북선은 등판 위에 쇠못을 꽂아 백병전에 능한 외병이 전선 위로 올라서는 것을 차단했다. 배 안에서는 밖을 볼 수 있었지만 밖에서는 안을 들여다 볼 수 없었으며 전후좌우의 사방에서 화포를 쏠 수 있었다. 이러한 기능으로 거북선은 해전에서 적진을 교란하는 돌격선의 역할을 수행했다. 이 외에도 이순신은 왜군의 조총보다 성능과 화력을 능가하는 정철조총이란 새로운 개인화기를 개발하였다.

영국의 밸러드(Ballard)는 "이순신 제독이 넬슨보다 나은 점을 가졌으니, 그것은 기계발명에 대한 비상한 재능을 갖고 있었다는 점이다."라고 평가했는데, 이 기계발명은 곧 거북선과 총통을 일컫는 것이다. 이처럼 이순신은 전쟁전과 전쟁이 진행되는 중에도 지속적인 전비태세를 유지하고 '무에서 유를 창조'해나가는 혁신적인 면모를 보였다.

다섯째, 이순신은 '난중일기'를 남겼다. 이순신은 임진왜란이 발발한 임진년부터 노량해전에서 전사하기까지 7년간의 진중에서의 일을 기록하여 난중일기를 남겼다. 난중일기에는 전쟁에 관련된 많은 기록뿐만이 아니라 전란 전반에 걸친 사회 · 경제 · 정치 · 군사에 이르기까지 다양한 기사가 남겨져 있다. 때문에 이순신 개인사의 연구와 더불어 조선사 연구에 따른 사료로서도 귀중한 가치를 지닌다.

지금까지 살펴본 바와 같이 이순신의 많은 전략과 전술의 업적은 현대의 경영원리와도 일치하고 있다. 또한 이러한 과정들은 성공한 기업가나 기업 등에서 공통적으로 찾아볼 수 있는 특징이기도 하다. 기존의 관습과 타성에 젖지 않고 항상 초유(初有)의 위기를 개척해나간 지도자 이순신, 무한경쟁의 시대에 있어 수많은 역경을 극복하고 23전 23승의 신화를 이룩한 이순신 장군의 리더로서의 특성과 전략은 경영인과 리더로서 배워야 할 리더의 전범(典範)이며, 오늘날의 모든 이들에게 귀감이 되고 있다.

제2절 리더십 행동이론

리더십의 행동유형이론은 20세기 리더십 연구에서 과학적인 방법을 통해 형성된 두 번째 이론이다. 이는 리더의 특성이론에 대한 여러 가지 한계점으로 인하여 1940년대 이후의 리더십 연구는 자연스럽게 리더의 행동방향으로 영역을 확장하였는데, 그 주요 배경은 다음과 같다.

첫째, 우수한 리더들의 특성을 집약하는 것이 곤란하였다.

둘째, 성격이나 가치관 등 내면적 특성들의 관찰이 어렵다는 점이다.[8] 내면적 특성은 대체로 외면적 언행을 통해 추정하는데 내면의 태도와 외적인 행동이 일치하지 않은 경우가 흔하다. 외면적인 행동은 관찰과 측정이 비교적 쉬우므로 이를 토대로 리더의 유형을 구분하는 것이 가능하다는 것이다.

셋째, 조직구성원들이 영향을 받는 것은 리더의 내면의 실체가 아니라, 외면으로 보여주는 행동이므로 리더십 효과성의 탐구에는 리더의 행동이 더욱 적절하다는 것이다. 즉

---

8 '열 길 물속은 알아도 한 길 사람 속은 알기 어렵다'라는 우리나라의 속담이 이를 대변하고 있다.

리더의 외적 행동이 조직구성원들의 행동이나 성과에 어떤 영향을 미치는가를 규명하는 것이 더욱 간명하다는 것이다.

넷째, 사람의 내면적 특성인 성격이나 가치관 등은 한 번 형성되면 수정하기가 매우 어렵다. 리더십 연구의 목적의 하나가 리더의 개발인데 사람의 행동은 상대적으로 수정하기가 쉽다는 것이다.

다섯째, 심리학에서 행동주의가 유행하면서 환경조건에 대한 반응요인인 행동을 변화시킬 수 있다는 이론적 기초가 제공되었고 연구방법론도 발달하였기 때문이다.

이러한 배경으로 등장한 리더십 행동이론의 주요 연구목적은 다음과 같다.

첫째, 리더들의 다양한 행동들을 관찰하고 이를 측정하는 척도를 기술하고 만드는 것이었다. 둘째, 리더의 행동을 유형으로 분류하여 어떤 유형이 조직성과에 효과적인 유형인가를 밝히는 것이다. 셋째, 효과적인 리더 행동유형에 맞추어 교육훈련 등을 통해 효과적인 리더십을 개발하는 것이다.

그러므로 리더십 행동이론은 '리더는 선천적으로 타고 난다.'라는 가정에 무게를 두었던 특성이론에 비해 '리더는 교육훈련 등을 통해 육성할 수 있다.'라는 전제에 더 많은 무게를 두고 있다. 그리고 상황적 요소를 고려하지 않고 어느 상황에나 효과적인 보편적 리더십 유형을 발견하고자 하였다. 대표적인 연구는 미국의 아이오와 주립대학교와 오하이오 주립대학교의 연구이다. 리더의 행동유형에 대한 연구는 대중적으로 매우 괄목할 만한 주목을 받았다. 그러나 모든 상황에서 효과적인 리더의 행동유형을 발견하는 것이 어렵다는 한계점을 깨닫게 되면서 후에 상황이론으로 발전하게 된다.

2.1 미국 아이오와 대학교의 연구

미국 아이오와(Iowa) 대학교의 레빈(Lewin) 교수팀(1938, 1939)은 지능과 사회배경이 비슷한 초등학생들을 대상으로 선생님의 지도스타일에 따라 어떠한 행동과 학습성과를 보이는가를 실험적으로 연구하였다.[9] 이 실험에서는 세 명의 대학생을 훈련시켜 각각 권위형(authoritarian style)과 민주형(democratic style) 및 방임형(laissez faire style)의 리더로 행동하도록 하였다.

---

9   Lewin, K. & Lippitt, R.(1938), "An experimental approach to the study of autocracy and democracy", *Sociometry*, pp. 292-300; Lewin, K., Lippitt, R. & White, R. K.(1939), "Patterns of aggressive behavior in experimentally created social climates", *Journal of Psychology*, pp. 271-301.

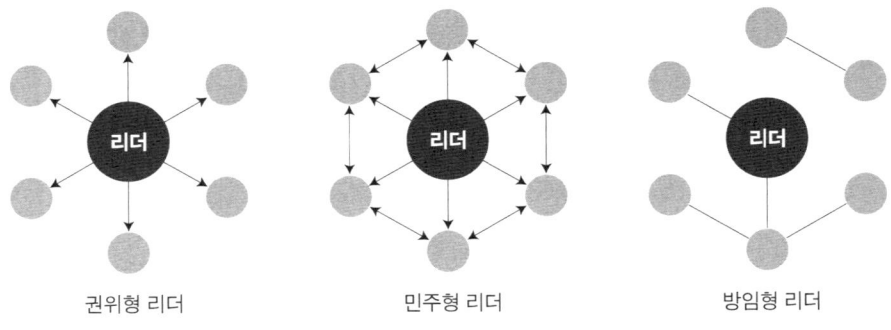

권위형 리더   민주형 리더   방임형 리더

〈그림 2-4〉 리더십의 세 가지 유형

자료: Sappington & Browns(1962), "The Skill of Leadership", in Lazer & Kelly, eds, Managerial Marking: Perspectives and Viewpoints, rev. ed., *Richard, Irwin*, 1962, p. 350.

〈그림 2-4〉에서 보듯이 권위형 리더십은 명령적이고 의사결정에 조직구성원들의 참여를 허용하지 않는 독단적 스타일로서, 과업 수행방식은 리더의 지시에 대한 조직구성원들의 복종으로 이루어진다. 반면에 민주형 리더십은 의사결정과정에서 조직구성원들의 참여나 집단토의 및 합리적 절차를 권장하고 조직구성원들에게 강제보다는 자발적 참여를 유도하는 유형이다. 한편, 방임형 리더십은 과업수행에서 조직구성원들에게 거의 완전한 자유를 주고 리더의 개입을 최소화하는 유형이다.

초등학교 학생들을 세 집단으로 나누어 리더십 효과성의 실험을 하였는데, 학생들이 6주마다 세 유형의 리더를 경험하면서 주어진 과제를 얼마나 열심히 수행하고 리더에 대한 만족도가 어떠한가를 측정하였다. 실험에서 학생들이 수행할 과제는 물건(가면, 모형비행기, 장식, 비누조각품 등)을 만드는 것이었다. 독립변수는 리더십 스타일이고 종속변수는 학생들의 과업수행의 열성과 성과 및 리더만족도 등이었다.

세 가지 유형의 리더십에 대해서 학생들의 반응은 각각 다르게 나타났다.

권위형 리더에 대한 반응은 ① 리더에 대한 반감의 표명, ② 작업량은 많으나 질은 다소 저하, ③ 조직구성원 간 의견의 상호작용 제한과 공동체의식의 결여, ④ 조직구성원 간 적대감과 공격성 증가, ⑤ 의존적이며 복종적 행동으로 자발성 저하, ⑥ 자기 개성 발휘의 저조 등이었다.

민주형 리더에 대한 반응은 ① 리더에 대한 호감, ② 작업량과 질의 우수, ③ 조직구성원 간 상호작용과 공동체의식의 증가, ④ 자발성의 증가, ⑤ 통찰력의 발휘 등이었다.

방임형 리더에 대한 반응은 ① 리더를 타인처럼 여김, ② 낭비와 파손품의 증가 및 낮은 작업성과, ③ 조직구성원 간 상호작용 미약 및 독자적 행동 증가, ④ 도구 등의 정돈상태 불량, ⑤ 조직구성원들의 개성 표현 및 조직질서 미정립 등이었다.

연구결과, 학생들은 민주형 리더를 가장 선호하였다. 학생들은 "권위형 리더는 학생들이 원하는 일을 못하게 했고, 자신들은 그저 일만 빨리 해내야 했다."라고 불평하였다. 반면 "민주형 리더는 윗사람 행세를 하지 않았지만 항상 할 일이 많았다."라고 말했다.

아이오와 대학교의 연구는 리더십이 작업생산성에 미치는 과정을 상세히 밝히지는 못하였지만, 민주적 리더십과 조직구성원들의 만족 간의 긍정적 상관관계를 밝혀내었다.

이 외에도 탄넨바움과 슈미트(Tannenbaum & Schmidt, 1958)는 권위형 리더와 민주형 리더의 속성을 적절하게 혼합한 형태로 세분화할 수 있다고 생각했다. 이들은 '보스 중심 리더십' 또는 '조직구성원 중심 리더십'이 요구되는 수준은 조직 상황에 따라 달라지며, 리더는 상황을 고려해 행동유형을 적절히 선택할 수 있다고 보았다. 이를테면, 리더가 시간압력을 받거나 조직구성원이 의사결정 방법을 배우는 데 너무 많은 시간이 소요되는 경우, 리더는 보스중심의 리더십을 활용하는 경향을 보일 것이다. 반면에 조직구성원들이 의사결정 기량을 쉽게 학습할 수 있을 경우에는 조직구성원의 참여를 확대하는 리더십 행동이 선택될 수 있다. 또 리더와 조직구성원들의 기량 격차가 클수록 권위형 리더십 행동이 선호되지만, 조직구성원들의 기량이 향상될수록 민주형 리더십 행동이 선호될 것이다. 〈그림 2-5〉는 리더가 조직 상황을 고려해 선택할 수 있는 다양한 리더십 행동유형을 조직구성원들의 참여 수준에 따라 일곱 가지로 구분한 것이다.

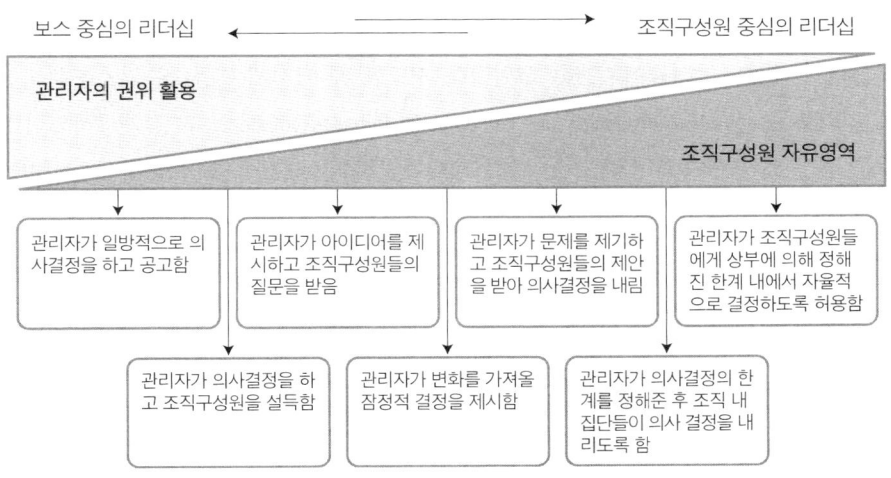

〈그림 2-5〉 보스-조직구성원 중심의 리더십 연속체

자료: Tannenbaum & Schmidt(1973), "How to Choose a Leadership Pattern", *Harvard Business Review*, 36, pp. 95-101.

아이오와 대학교 연구를 시점으로 탄넨바움과 슈미트의 연구를 포함하여 여러 후속연구들이 있었는데, 대체로 다음과 같은 결과를 보였다.

첫째, 민주형 리더십은 일관되게 조직구성원들의 만족에 긍정적인 영향을 미치는 것으로 나타났다.

둘째, 집단행위 특성과 관련해 민주형 리더십에서 조직구성원들은 집단응집력이 강한 반면에 권위형 리더십하의 조직구성원들은 냉담하고 공격적인 특성을 보였다.

셋째, 리더 부재 시에 민주형 리더십의 조직구성원들은 지속적으로 작업을 하는 반면에 권위형 리더십에서는 좌절감을 느끼는 경향이 있었다.

넷째, 생산성과의 관계에서 민주형 리더십이 우수한 성과를 보이는 경향이 많았다. 그러나 상황에 따라 권위형과 민주형 리더십 간의 우열을 명확히 가리지 못하는 경우도 많은 것으로 나타났다.

아이오와 대학교의 연구는 리더십 연구사에서 첫 과학적 실험연구로 평가받으며, 민주형 리더십의 효과를 입증함으로써 민주적 리더십을 전파하는 하나의 계기가 되었다.

2.2 미국 오하이오 주립대학교의 연구

오하이오 주립대학교(OSU: Ohio State Univ.) 경영연구소의 리더 행동유형연구는 리더십 연구의 역사에서 가장 주목을 받은 연구의 하나이다. OSU의 경영연구소는 1945년부터 리더십 행동을 측정하는 설문지 개발연구를 하였는데, 나중에 리더의 행동유형연구로 발전하였다. 그들은 '리더들이 조직구성원들을 지도할 때 어떻게 행동하는가?'를 분석하기 위해 리더행동 기술설문지(LBDQ: Leader Behavior Description Questionnaire)를 개발하였다.

최초의 설문지는 리더 행동을 종합적으로 관찰하여 기술한 1,800개의 문항이었는데 나중에 150문항으로 축소하였다. 추가적으로 요인분석을 한 결과 두 척도가 강하고 일관성 있게 나타났다. 최종적으로 집약된 두 유형은 구조주도(initiating structure)와 배려(consideration)라는 포괄적인 범주로 유형화되었다.[10]

구조주도란 조직의 공식적인 목표를 달성하기 위해 조직구성원들의 역할을 규정하고 구조화하는 행동을 말한다. 리더가 표준과 규정을 설정하여 준수할 것을 강조하며, 과업을 할당하고 감독과 통제하는 등 조직구성원들의 업무수행을 주도하는 행동이다. 배려란

---

10 Fleishman(1953), "The description of supervisory behavior", *Journal of Applied Psychology*, 37, pp. 1-6.

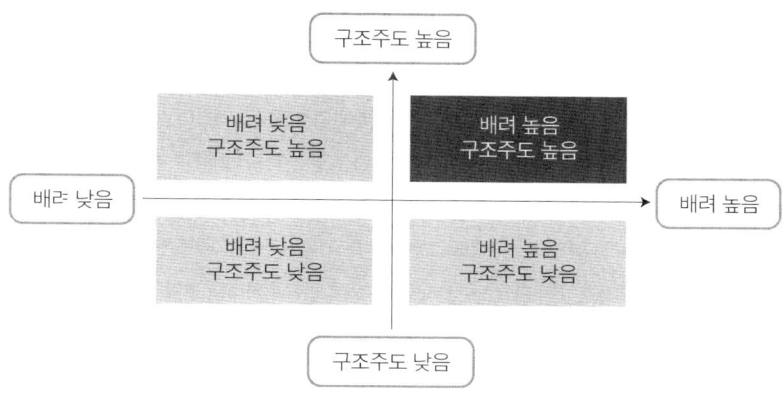

- 구조주도: 작업을 조직화하고 작업관계를 설정, 목표를 설정하는 행동
- 배려: 상호신뢰, 조직구성원 의견 존중, 감정배려

〈그림 2-6〉 구조주도와 배려의 행동 유형

리더와 조직구성원 간의 관계에 있어서 조직구성원에서 우호적인 태도로 신뢰하고 지원하며, 복지나 개인문제에 관심을 가지고 원만한 인간관계를 유지하면서 과업을 수행하도록 하는 행동을 말한다.

오하이오 주립대학교의 리더십 연구는 이 두 가지의 리더십 행동을 단일 차원으로 보지 않고, 두 개의 독립된 별개의 차원으로 보고 있다. 따라서 리더는 두 가지의 리더십 행동을 동시에 보여줄 수 있으며, 이를 도식화하면 〈그림 2-6〉과 같다.

두 범주의 구체적 행동들은 〈표 2-12〉의 LBDQ 측정설문을 보면 쉽게 파악할 수 있다. 두 행동범주는 서로 독립적이어서 구조주도적인 행동과 배려적 행동을 동시에 할 수도 있는 것으로 설정되었다. 리더행동 측정설문은 여러 가지가 개발되었지만 가장 보편적인 설문 LBDQ로서, 많은 연구들은 구조주도와 배려의 두 척도만 발췌하여 연구목적에 맞도록 수정하여 사용하고 있다. 〈표 2-12〉의 30문항을 이용하여 자신과 주변인들의 행동상황은 어떠한지? 그리고 부서의 분위기와 성과에 대해서도 분석해보자.

〈표 2-12〉 리더십 행동유형 측정 척도(LBDQ)

번호	설문내용
1	그(녀)는 조직구성원들에 대해 그의 업무방침이나 요구사항을 분명하게 강조한다.
2	그(녀)는 조직구성원들에 대하여 개인적인 호감을 나타낸다.
3	그(녀)는 조직구성원들로 하여금 성과를 높이는 업무구상을 끌어내도록 노력한다.
4	그(녀)는 조직구성원들과 기쁨을 나눌 수 있는 일에 관심을 잘 쓰는 편이다.

(계속)

번호	설문내용
5	그(녀)는 조직구성원들을 규정과 지시 및 감독에 의해 엄격하게 통제한다.
6	그(녀)는 조직구성원들의 문제를 조직구성원들의 입장에서 잘 이해해준다.
7	그(녀)는 말을 할 때 조직구성원들이 자유롭게 질문하는 것을 허용하지 않는다.
8	그(녀)는 조직구성원들과의 관계를 위해 그들에게 귀 기울일 시간을 할애한다.
9	그(녀)는 조직구성원들이 잘못한 일에 대해서는 지적하고 교정하려고 한다.
10	그(녀)는 혼자 있기보다는 가능한 한 조직구성원들과 함께 어울리려고 노력한다.
11	그(녀)는 조직구성원들이 과업을 선택하게 하기보다는 그(녀)가 할당한다.
12	그(녀)는 조직구성원들의 개인적 입장과 복지에 관심을 가지고 돌본다.
13	그(녀)는 업무를 치밀하게 계획하며 이를 기준으로 통제하며 추진한다.
14	그(녀)는 조직구성원들에게 그(녀)의 결정과 행동의 이유를 설명해준다.
15	그(녀)는 조직구성원의 성과를 측정하는 분명한 직무평가기준을 가지고 있다.
16	그(녀)는 어떤 문제를 결정하거나 행동하기 전에 조직구성원들과 상의한다.
17	그(녀)는 업무가 추진되고 완료되어야 할 일정의 준수를 강조한다.
18	그(녀)는 조직구성원들이 자신의 업무를 잘 수행하도록 후원하고 격려해준다.
19	그(녀)는 개인보다 조직을 중시하며 표준절차에 따른 업무추진을 강조한다.
20	그(녀)는 조직구성원들을 차별하지 않고 동등하게 대우한다.
21	그(녀)는 조직에서의 관리역할의 중요성을 확실히 알고 준수한다.
22	그(녀)는 조직구성원들의 업무과정이 상황에 따라 변화할 수 있음을 인정한다.
23	그(녀)는 조직구성원들에게 조직의 요구와 규정을 먼저 지킬 것을 강조한다.
24	그(녀)는 조직구성원들이나 업무관련자들에 대해 우호적이고 친근하게 대한다.
25	그(녀)는 조직구성원들에게 기대하고 있는 것이 무엇인지 명확히 알려준다.
26	그(녀)는 조직구성원들과 대화를 할 때 그들이 편한 마음을 갖도록 배려한다.
27	그(녀)는 조직구성원들이 조직의 목표달성을 위해 최선의 노력을 하도록 기대한다.
28	그(녀)는 조직구성원들의 제안을 장려하고 그들의 제안을 성의 있게 다룬다.
29	그(녀)는 조직구성원들의 업무가 목표달성을 지향하여 조정되기를 강조한다.
30	그(녀)는 조직구성원들에게 영향을 미칠 문제에 대해 조직구성원들의 입장을 듣는다.

주: 홀수문항은 구조주도 행동을, 짝수문항은 배려행동을 기술한 것임.
자료: Hemphill, J. K & Coons, A. E.(1957), Development of the Leader Behavior Description Questionnaire. In
　　　Stogdill, R. M. & Coons, A. E. eds., 김성국(1999), 「조직과 인간행동」을 참조하여 재구성.

OSU 연구팀의 최초의 목적은 리더행동을 기술하는 척도를 만드는 것이었지만,[11] 이후의 연구를 통해 구조주도와 배려의 두 유형의 효과성에 대한 후속 연구들의 견해를 정리하면 다음과 같다.

① 연구의 초점은 주로 두 행동범주와 성과변수들(리더에 대한 조직구성원들의 만족, 이직 및 고충호소, 과업성과 등) 간의 상관관계를 탐색하는 것이었다.
② 리더의 배려와 구조주도 행동이 모두 높을 경우 다른 경우에 비해 성과와 조직구성원들의 만족이 가장 높았고, 두 행동이 모두 낮았을 경우는 성과와 조직구성원들의 만족이 가장 낮았다.
③ 배려형의 상급자 밑에 있는 조직구성원들은 상급자에 대한 만족도가 상대적으로 높은 경향을 보였다. 대체로 리더가 중간 정도의 배려적인 사람이면 만족하는 경향을 보였다.
④ 구조주도형 상급자 밑에 있는 조직구성원들의 이직과 고충호소가 상대적으로 높았지만 상급자가 동시에 배려적인 경우에는 문제가 되지 않았다.
⑤ 배려형 상급자 밑에 있는 조직구성원들의 이직이나 고충호소가 구조주도형 상급자 밑의 조직구성원들보다 상대적으로 낮았다.
⑥ 전체적으로는 배려적인 리더가 조직구성원들의 만족도에서 효과적인 경향을 보이지만, 과업성과에서 일관된 경향이 발견되지는 않았다. 즉 어떤 유형이 과업성과에 유익한지는 단정하기 어렵다는 것이다.

OSU는 매우 의미 있는 연구결과를 내었지만 문제점도 지적되었다. 대표적으로 리더의 행동유형과 효과성 간의 상관관계는 알 수 있어도 인과관계를 알기 어렵다는 점이다. 가령 '배려형과 과업성과 간에 긍정적인 상관이 있다'라는 통계적 결론에 대해서는 다음과 같은 다양한 해석이 가능하다.

첫째, 리더의 배려적 행동이 긍정적 영향을 미쳐 조직구성원들의 과업성과를 향상시켰다고 볼 수 있다.

둘째, 위 견해와 상반되는 것으로서 리더는 성과가 좋은 조직구성원들에게 더욱 배려적 행동을 하기 때문에 좋은 과업성과의 원인은 배려적 리더십이 아니고 오히려 조직구성

---

11 초기에는 150문항으로 축소된 LBDQ와 측정내용이 다소 상이한 감독자 행동기술설문지(SBDQ: Supervisory Behavior Description Questionnaire)가 구성되었으며, 아울러 자신의 행동에 대한 지각을 응답하는 리더의견 설문지(LOQ: Leader Opinion Questionnaire) 등이 있다. LBDQ는 스토그딜(1963)에 의해 구조주도와 배려 외에 열 개 요인을 포함한 100문항의 LBDQ로 수정되었다. LBDQ에 포함된 열두 가지 요인은 배려, 구조주도, 대표행동, 상충욕구의 조정, 불확실성에 대한 인내, 설득력, 자유의 허용, 역할의 인식, 예견의 정확성, 생산성의 강조, 통합, 하위자들에 대한 영향력 등이다.

원들의 유능함일 수 있다는 것이다.

셋째, 배려와 성과 간에는 직접적인 상관이 없고 다른 요인의 영향을 받아서 어떤 결과가 나올 수 있다는 것이다. 예를 들어 '리더에 대한 호감'을 보면, 조직구성원들이 리더에 대해 호감을 가지면 리더의 배려적인 행동 여부에 관계없이 리더가 배려적이라고 생각하고 높은 성과를 내려고 노력한다. 반면에 리더에게 부정적 감정을 가진 경우에는 리더가 배려적 행동을 하더라도 그렇게 인식하지 않는다는 것이다. 그러므로 연구결과를 단순하게 받아들일 것이 아니라 다른 요인들을 고려해야 리더행동과 성과의 관계를 올바로 이해할 수 있다는 것이다.

OSU의 연구는 과학적인 조사설계, 광범위한 자료수집, 리더행동 기술설문 구성, 그리고 간명한 범주화 등에서 리더십 연구사에 기준점이 되는 좌표를 설정한 것으로 평가받고 있다.

2.3 미국 미시간 대학교의 연구

미시간(Michigan) 대학교의 사회연구소에서는 1947년부터 리더 행동에 대한 연구를 시작하였는데, 연구의 초점은 집단의 성과를 높이는 데 가장 효과적인 리더행동을 밝히는 것이었다.

리커트(Likert)를 중심으로 한 연구팀은 성과가 높은 집단의 리더들의 행동스타일을 규명하기 위해 다양한 직종과 조직구성원들로부터 수집한 자료의 분석을 통해 리더의 행동유형을 과업지향적 행동과 조직구성원 지향적 행동의 두 범주로 유형화하였다.[12]

과업지향적 행동은 OSU의 구조주도적 행동과 유사한 개념으로, 직무의 기술적 측면과 생산적 측면을 강조하면서 리더가 공식권한을 많이 활용하고 치밀하게 감독하는 행동을 말하며, 주요 요인은 목표의 강조와 과업촉진 행동이었다. 한편, 조직구성원 지향적 행동은 OSU의 배려행동과 유사한 개념으로서 조직구성원 개개인의 욕구에 관심을 가지면서 권한을 위임하고 지원적 업무환경을 조성하는 행동을 의미하는데, 리더의 지원과 상호작용의 촉진이 중요한 요인이었다. 두 가지 행동범주의 관계를 〈표 2-13〉에 제시하였다.

---

12 미시간 대학교의 연구를 주도한 리커트가 연구결과를 정리한 *New Patterns of Management*(1961)는 리더십 행동이론의 중요한 연구업적으로 평가받고 있다.

〈표 2-13〉 미시간 대학교의 효과적인 리더 행동의 범주

범 주	리더행동	내 용
과업지향 행동	목표의 강조 (goal emphasis)	조직구성원들이 과업목표를 달성하도록 동기를 부여하는 행동
	과업수행 촉진 (work facilitation)	역할 명확화, 자원획득과 분배, 조직갈등을 완화하는 행동
조직구성원 지향 행동	지원적 태도 (leader support)	조직구성원들을 돕고 관심을 보여주는 언행
	상호작용 촉진 (interaction facilitation)	리더와 조직구성원, 조직구성원 간 인간관계의 원활화

자료: 박유진(2009), 『현대사회의 조직과 리더십』, 양서각, 105쪽.

미시간 대학교의 연구에 대한 후속 연구들의 검증결과들은 대체로 다음과 같았다. ① 조직구성원의 만족과 관련해서는 조직구성원 지향적 리더십이 우세한 경향을 보였다. 그러나 조직구성원 지향적 리더십이 과업지향적 리더십에 비해 일관되게 성과가 높게 나타나지는 않았다. ② 과업지향적 리더십은 단기적인 성과창출과 관련성이 많고, 조직구성원 지향적 리더십은 장기성과와 관련성이 많은 경향을 나타내었다. ③ 과업지향적 리더십은 직무구조화가 미비하거나 불명확한 과업상황에서 높은 성과를 내었다. 또한 과업지향적 리더십 행동 속에도 인간적인 배려적 행동을 병행하는 것이 바람직하였다. 전체적으로는 OSU의 연구결과와 유사하였다.

OSU와 미시간 대학교의 연구는 매우 유사하지만 약간의 차이가 있다. OSU 연구는 구조주도와 배려적 행동이 각각 독립적인 것이어서 리더가 두 유형의 행동을 함께 할 수 있다고 보았지만, 미시간 대학교의 연구는 과업지향 행동과 조직구성원 지향 행동을 연속선상으로 설정하여 리더가 두 행동을 동시에 할 수는 없다고 본 점이다.

이러한 생각은 리커트가 제시한 네 가지 유형의 조직관리 시스템으로 연결된다. 리커트(1961)는 네 개의 연속선상의 조직관리 유형(management style)을 제시하였다. 〈표 2-14〉에서 보듯이 연속선상의 왼쪽 끝인 시스템 1에 근접할수록 독재적이며 착취적 스타일이고 오른쪽의 시스템 4에 근접할수록 민주적 스타일이다. 네 개의 시스템은 공존하는 것이 아니라 연속선상의 놓여 있으므로 어떤 조직이든 네 가지 중에서 한 가지 유형에 속하게 된다고 본다. 즉 어떤 관리유형이든 네 개 유형 중의 하나에 가깝다는 것이다.

리커트는 조직관리 유형을 측정하기 위하여 리더십 유형, 동기유발, 의사소통, 의사결정, 목표설정, 그리고 통제과정 등의 하위요인들로 구성된 도구를 개발하여 사용하였다.

〈표 2-14〉 리커트의 네 가지 조직관리 시스템

구 분	X적 인간관, 독재적 체제 ⇔ 연속선상의 시스템 ⇒ Y적 인간관, 민주적 체제			
관리시스템	시스템 1	시스템 2	시스템 3	시스템 4
리더십 유형	착취적, 독재적	온정적, 독재적	참여적	민주적
특 성	• 권한은 상위관리층에 집중 • 강압적 권력에 의한 통제 • 매우 낮은 상호신뢰 • 부당한 보상과 대우	• 권한은 상위관리층에 집중 • 상급자는 은혜를 베풀 듯 보상 • 하급자들은 공포와 경계심으로 복종	• 어느 정도의 참여허용과 상호신뢰 • 덜 중요한 의사결정과 통제는 하부에 위임 • 보상과 처벌 및 참여의 동기부여	• 전반적인 조직구성원 신뢰와 높은 수준의 참여 • 원활한 상하 및 수평적 의사소통과 상호작용 • 의사결정과 통제권의 상당한 하부위임

자료: 박유진(2009), 『현대사회의 조직과 리더십』, 양서각, 107쪽.

연구결과에 의하면 시스템 4에 가까울수록 생산성이 높고 시스템 1에 가까울수록 생산성이 낮다는 것이었다. 따라서 조직의 개발과 변화는 시스템 4의 방향으로 이루어져야 한다고 제안하였다.

2.4 블레이크와 모튼의 관리격자 모형

블레이크와 모튼(Blake & Mouton, 1964)은 OSU의 연구모델을 기초로 하여 리더의 행동유형을 더욱 구체화하고 효과적인 리더십 행동을 배양하기 위해 관리격자(管理格子: management grid) 모형을 제안하였다.[13] 관리격자모형은 〈그림 2-7〉과 같이 수평축에 '생산에 대한 관심'(concern for production) 수직축에 '인간에 대한 관심'(concern for people)의 두 차원으로 나누어 설정하고 리더의 행동유형을 다섯 가지로 분류하고 있다.

'생산에 대한 관심'은 구조주도 및 과업지향적 리더행동과 유사한 개념으로서 리더가 조직의 과업목표달성을 위해 어떻게 노력하는가를 가리키며, 이러한 행동에는 정책결정, 신제품개발, 생산과정상의 문제해결, 작업분담, 판매량 통제와 관련된 행동을 포함한다.

'인간에 대한 관심'은 배려 및 조직구성원 지향적 리더행동과 유사한 개념으로서, 리더가 목표달성을 위해 노력하고 있는 조직구성원을 위해 얼마나 마음을 쓰고 배려하는가를 가리킨다. 이러한 행동에는 헌신과 신뢰의 구축, 조직구성원의 개인적 가치의 실현, 좋은 작업환경의 제공, 공정한 임금구조의 유지, 좋은 사회적 관계의 촉진 등과 같은 행동을 포

---

13 Blake, R. R. & Mouton, J. S.(1964), *The Managerial Grid,* Houston, TX: Gulf Publishing.

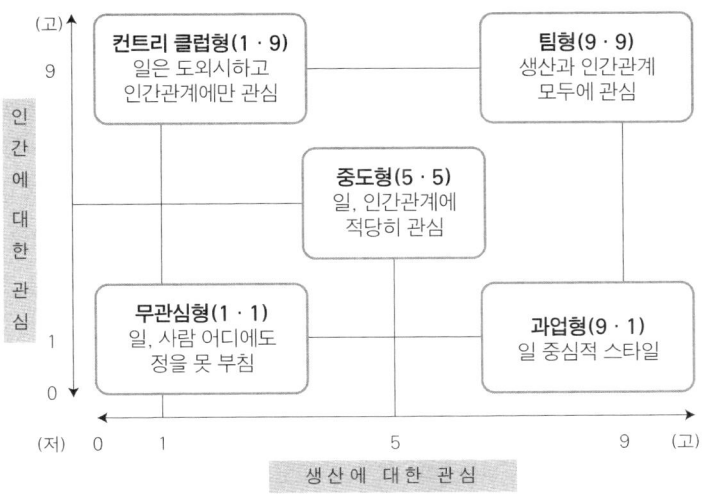

〈그림 2-7〉관리격자와 리더 행동유형

자료: Blake, R. R. & Mouton, J. S.(1968), *Corporate Excellence Through Gird Organizational Development*, Houston: Gulf Publish.

함한다. 〈그림 2-7〉에 있는 각 유형들의 특징은 다음과 같다.

(1) 무관심형(1·1)

과업과 인간의 양면에 관심을 거의 표현하지 않으며, 조직구성원들의 업무과정에 개입을 최소화하며 위임하고 맡기는 방임적 리더십 형태이다. 어려운 문제가 발생하더라도 해결을 위한 개입을 가능한 한 최소화한다.

(2) 컨트리 클럽형(1·9)

배려 및 조직구성원 지향적 리더십 행동과 같은 의미이다. 과업보다 조직구성원과의 인간적 측면에 관심을 많이 표현한다. 조직구성원들의 사회심리적 욕구를 충족시키면서 인화중심의 조직분위기를 통해 과업목표를 달성하려는 행동을 보인다.

(3) 과업형(9·1)

컨트리 클럽형과 반대의 유형으로 과업에 대한 관심을 집중적으로 보이면서 인간적 관심은 잘 표현하지 않는다. 구조주도 및 과업지향적 리더십 유형과 유사하다.

(4) 중도형(5·5)

과업과 인간적 측면에 대해 중간 정도의 수준에서 균형적으로 관심을 나타내는 유형이다. 이 유형은 극단적인 행동을 지양하고 적정한 수준에서의 리더행동을 보인다.

(5) 팀형(9 · 9)

과업과 인간의 양면에 모두 적극적인 관심을 나타내는 유형이다. 조직의 과업목표 달성에 대한 강조 및 달성과정에 대해 주도적이면서도 조직구성원들과의 인간적 상호작용을 강화하고 신뢰와 지원을 통하여 그들의 자아실현 욕구의 중요성에도 적극적으로 관심을 보인다.

관리격자 모형의 활용에 있어서는 다음과 같은 몇 가지 참고사항을 이해하는 것이 필요하다.

첫째, 관리격자 모형은 리더 유형의 구분을 기초로 하여 리더십 개발을 위한 목적으로 개발된 것이다. 그러므로 조직구성원들의 지각에 의해 리더의 행동을 측정하여 과업과 인간에 대한 관심표현이 어느 정도인지를 진단함으로써 리더가 어떤 행동을 보완해야 하는지를 알게 하고 개발하고자 하는 것이다.

둘째, 관리격자 모형에 의하여 팀형(9 · 9)은 과업과 인간 모두에 대한 관심을 적극적으로 행동으로 표현하며 효과성이 가장 높은 유형이다.[14]

셋째, 무관심형(1 · 1)은 리더가 과업과 인간적 측면에 대해 관심을 가지지 않는 방임형과 유사하여 효과성이 가장 낮으며, 리더행동의 개발이 가장 많이 요구되는 유형이다.[15]

블레이크와 모튼은 리더들이 관리격자 훈련을 거친 조직에서 조직구성원의 행위가 더욱 협동적인 관계로 변화하고 생산성도 증가한다고 밝힘으로써 리더십 개발훈련의 중요성을 강조하였다.

2.5 리더십 행동유형이론에 대한 평가

리더십 행동유형이론은 전통적 리더십 이론의 두 번째 흐름으로서, 리더십 연구의 중요한 좌표를 만들었다. 긍정적인 평가와 한계점 및 시사점을 살펴본다.

---

14 후속적인 연구에서는 팀형이 항상 가장 효과적이라는 것은 아니며, 리더행동개발의 목표로서 가장 이상적인 유형으로 가정한다는 점을 밝혔다.

15 그 후에 제시되는 리더십 상황이론 연구에 의하면 마음속으로는 관심을 가지면서도 행동으로 표명하지 않는 위임형은 외형적으로는 무관심형과 유사하지만, 반드시 비효과적인 유형으로 보지는 않는다고 보고되었다.

1.4.1 긍정적 평가

첫째, 리더의 행동을 간명하게 유형화하여 쉽게 이해할 수 있도록 했다는 점이다. 리더 행동유형에 관한 연구들을 보면, 리더행동의 두 범주의 속성은 거의 유사하나 명칭은 다르게 쓰고 있다. 가령 배려, 인간에 대한 관심, 조직구성원 중심, 조직구성원 지향, 인간관계 지향 등이 같은 의미이고 구조주도, 생산에 대한 관심, 과업지향, 생산중심 등이 같은 의미이다. 이들을 정리해보면 〈표 2-15〉와 같다.

둘째, 가장 직접적인 공헌은 추상적 의미가 많은 리더의 특성에서 관찰 가능한 행동으로 연구의 범위를 넓힘으로써 리더십 연구의 영역을 확대하였다는 점이다.

셋째, 리더의 유형은 간명하여 이해하기 쉽기 때문에 실용성이 높다는 점이다. 리더십 행동유형의 두 가지 핵심적 차원인 과업과 인간지향 범주는 일상적으로 쉽게 이해되며 대부분의 리더들에게 효과적인 리더십 행동의 방향을 설정하는 데 도움을 줄 수 있다.

〈표 2-15〉 리더십 행동유형이론의 핵심

이론/저자	리더십 스타일	정 의	특 징
OSU 연구 (Hemphill & Coons, 1957)	구조주도	임무할당, 과업수행, 방법지시, 과정통제	구조주도와 배려는 독립적, 리더는 두 행동을 동시에 보여줄 수 있음
	배려	하급자의 처지를 이해, 따뜻한 감정, 어려울 때 도움을 줌	
미시간 대학교 연구 (Likert, 1961)	조직구성원 중심	인간적 관심, 개성존중, 개인적 욕구 수렴	조직구성원 중심행위와 생산중심 행위가 양극단에 위치, 한 시점에서 리더는 한 가지 행위만 보여줄 수 있음
	생산 중심	과업의 기술적·생산적 측면 강조, 조직구성원은 과업수행의 수단	
Blake & Mouton (1964)	팀 중심 (이상형, 9·9형)	조직목표를 공유하며 신뢰와 존중 속에서 상호의존적으로 과업을 성취토록 함	Y축을 '인간에 대한 관심', X축을 '결과에 대한 관심'이라 설정하고 각 축을 9단계로 나누어 중앙과 네 귀의 좌표를 중심으로 5가지 스타일을 도출함
	권위 순응형 (9·1형)	작업과정에 인적 요소가 최소한으로 개입토록 함으로써 운영의 효율을 이룸	
	컨트리클럽 스타일 (1·9형)	만족스런 관계유지를 목표로 하급자들의 욕구를 수용하여 친화적이고 편안한 조직 분위기를 창출	
	중간적 스타일 (5·5형)	하급자 사기와 직무 수행 간의 균형을 유지함	
	결핍형 (1·1형)	조직구성원의 자격을 유지할 수 있는 최소한의 노력만 기울임	

자료: 박유진(2009), 『현대사회의 조직과 리더십』, 양서각, 115-116쪽을 참조하여 재구성.

넷째, 리더십 훈련을 통한 리더 개발의 실용적 지침을 제공해주고 있다. 또한 리더행동을 측정할 수 있는 개념적 모형과 도구를 개발하였다. 아울러 리더십 행동의 구성요소에 대한 진단을 통해 효과적인 리더십 개발의 방향을 설정하는 유용한 접근방법으로 평가받고 있다.

1.4.2 한계점

첫째, 모든 상황에서 효과적인 리더행동을 찾고자 했으나 어떤 상황에서나 효과적인 유형을 찾아낼 수는 없었다. 이는 1960년대 후반 리더십 상황이론이 대두하게 되는 계기가 되었다.

둘째, 리더십 과정에는 리더의 행동 외에도 많은 변수들이 작용하고 있음에도 이들의 영향을 제대로 고려하지 못하고 있다. 리더행동이 조직성과에 미치는 과정과 결론을 단정하기 어렵다는 것이다.

셋째, 리더십은 리더와 조직구성원 간의 상호작용 현상임에도 리더행동유형이론은 리더의 행동만을 다루고 있어서 연구결과의 설명력이 약하다는 점이다.

넷째, 대부분의 유형분류가 미국에서 이루어졌기 때문에 다른 문화권에 적용하는 데 타당성의 문제가 있을 수 있다.

다섯째, 리더 유형의 간명화는 이해가 용이한 장점이 있지만, 인간의 행동을 충분히 반영하지 못한다. 극단적으로는 유형화 자체가 무의미하다는 비판에 직면하기도 한다.

1.4.3 실천적 시사점

우리가 현실에서 리더십 행동유형이론을 활용하는 데 있어서 시사점은 무엇일까?

첫째, 모든 현상에는 원인이 있다. 리더의 입장에서 나는 왜 조직구성원들에게 그렇게 행동하는가? 우리 부서장은 왜 저렇게 행동할까? 겉으로 보이는 행동만을 볼 것이 아니라 그 내면의 동인을 볼 수 있어야 한다.

둘째, 단편적인 유형으로 사람을 단정 짓는 것은 지혜로운 일은 아니다. "김 부장은 민주적이고 최 부장은 권위적이야." 그런 시각은 편견과 고정관념을 낳아 스스로의 울타리를 좁게 만들게 된다.

셋째, 리더로서 할 수만 있다면 양 날개를 모두 갖추는 것이 좋겠다. 과업생산성과 조직구성원의 추종은 어느 것도 포기할 수 없는 두 마리의 토끼가 아닌가?

넷째, 나는 어떻게 비추어지고 있는지 피드백을 받아보자. 일반적으로 상급자들은 조직구성원들로부터 인간적이며 배려하는 사람으로 평가받고 있을 것으로 기대한다. 그러나 조직구성원들의 설문결과를 보면 기대와 다른 경우가 많다. 남에게 비친 자신의 모습을 볼 수 있었으면 한다.

사례: 정주영 회장의 맨주먹 마케팅

　사진 한 장을 보여주고 돈을 빌릴 수 있을까? "설마?" 하고 웃겠지만 우리가 잘 아는 현대 그룹의 정주영 회장이 바로 그런 사람이다.

　1972년 정주영 회장은 조선소 건설을 위한 차관을 빌리기 위해 소나무와 초가가 보이는 울산조선소 부지 사진 한 장을 들고 영국 버클레이 은행을 방문했다. "돈을 빌려주면 여기다 조선소를 지어서 배를 팔아서 갚을 테니 돈을 빌려 주시오." 그러자 은행장이 미심쩍은 듯 "도대체 배를 만들어본 경험이 있습니까?" 하고 물어보았다. 그러자 정주영 회장은 거북선 그림이 그려있는 우리나라 지폐를 한 장 꺼내 보였다. 그리곤 당당하게 말했다. "우리나라는 1500년대에 이미 거북선을 만든 나라입니다."

　기가 질린 은행장은 까다로운 조건을 하나 걸었다. "앞으로 당신이 만든 선박을 사겠다는 사람이 나타난다면 차관을 주겠습니다." 아직 조선소도 없는 정주영 회장으로서는 '엄동설한에 딸기를 따오라는 말'과 같은 이야기였지만 그의 맨주먹 마케팅은 여기서 위력을 발휘했다. 정 회장은 스코트 리스고 조선소에서 26만 톤짜리 선박 설계도면을 한 장 빌려서 마침 파리에서 휴가 중인 세계적인 선박 왕 리바노스를 찾아갔다. "당신이 배를 사겠다고 계약을 해주면 이 계약서를 담보로 은행에서 돈을 빌려 조선소를 지어서 배를 만들겠습니다."라고 맨주먹 마케팅을 전개했다. '현대가 만드는 첫 배를 당신한테 바치는 영광을 달라'라는 정 회장의 맨주먹 마케팅에 감탄한 그리스 3대 선주의 한 사람인 리바노스는 선박건조 경험은 고사하고 변변한 조선소조차 없는 현대에 26만 톤급 유조선 두 척을 주문했다. 이 계약 덕분에 정주영 회장은 영국에서 돈을 빌려 울산의 한쪽에는 조선소를 짓고 다른 한쪽에서는 유조선을 건조해 2년 3개월 만에 완공했다. 무엇이 정주영 회장을 기업가로서 성공의 길로 이끌었는가? 그 것은 열정과 끈기를 바탕으로 한 행동위주 마케팅이었다. 글로벌 경쟁이 갈수록 치열해지는 시대에 기업경영은 점점 더 어려워지고 있다. 이런 시기에 정주영 회장의 행동위주 마케팅을 머리에 떠올리면서 용기를 가지고 다시 한 번 도전해야 하겠다.

여기에서 정주영 회장의 경영철학의 내면으로 들어가 본다.

첫째, 사람들은 곤경에 처하면 헤쳐 나갈 길이 없다고 체념한다. 그러나 찾지 않으니까 길 이 없지, 필사적인 노력으로 찾아 나서면 다 해결방법이 나오게 되어 있다. 즉 정주영식 손자 병법에 의하면, 병사들은 극한 상황에 빠지면 오히려 두려워하지 않고, 갈 곳이 없으면 단결 력이 굳어지며, 깊이 들어가면 투지가 생겨나고, 부득이하면 싸움에 임하게 된다는 것이다.

둘째, 방법을 찾았으면 불도저 정신으로 추진해야 한다는 것이다. 1970년, 울산 모래벌판 에 세워진 조선소는 모두가 불가능하다고 말하는 사업이었다. 자본도 기술도 없던 시절, 그 곳에 조선소가 세워지리라고 믿었던 사람은 오직 정주영뿐이었다. 울산 모래벌판의 사진 한 장을 들고 당시 우리나라 1년 예산의 반에 해당하던 4,500만 불의 차관을 얻어, 세계 최대 규 모의 도크를 만들었던 정주영. 그는 조선소 도크 건설과 동시에 26만 톤 두 척의 배를 만드는 세기적 실험을 하게 된다. 그리고 30개월 후, 대한민국 최초로 만든 거대한 유조선은 한국을 세계 제1위의 조선국으로 도약시키는 계기가 되었다.

이와 같은 정주영식 성공전략의 포인트를 요약하면 다음과 같다.

① 이루고자 하는 목표가 확실하면 집념은 저절로 생긴다.
② 매일 아침마다 소리 내어 목표는 반드시 이루어진다고 다짐하라.
③ 말보다 행동으로 자신의 마음을 전달해 다른 사람을 감동시키라.

정주영 회장이 보여준 행동위주 리더십은 비록 아날로그 시대의 유산이기는 하지만 디지 털 시대를 살아가는 세대들에게도 자신감을 가지고 도전하라는 교훈을 주고 있다. 정주영 회 장이 이처럼 큰 성과를 거둘 수 있었던 행동들을 리더십의 특성과 연계시켜 재음미해볼 필요 가 있다.

본 장의 요약

현대적인 의미의 리더십 이론은 19세기 후반 이후부터 비롯되었다고 할 수 있으며 산 업사회의 조직을 대상으로 주로 연구되었다. 서구에서의 리더십 이론은 20세기 후반까지 리더특성이론 → 행동유형이론 → 상황이론으로 점차적으로 변화해왔다. 본 장에서는 대 표적인 전통적 리더십 이론인 특성이론, 행동이론을 학습하였다.

먼저 리더의 특성이론이란 유능하고 훌륭한 리더들의 특성을 찾아내는 연구이다. 특 성(trait)이란 한 개인이 가지고 있는 성격, 욕구, 동기, 가치관, 능력, 기술 등과 같은 내재적인 속성을 포함하여 다른 사람과 차별되는 속성들의 집합을 말한다. 리더의 특성에 관한 연구들에서 밝히려고 했던 사실은 크게 세 가지로 요약된다. 첫째로는 우수한 리더들이 지닌 공통적 특성, 둘째로는 리더와 일반 사람의 구별되는 특성, 셋째로는 리더의 지위에서 효과적인 리더와 비효과적인 리더의 특성 차이 등이다. 특성연구들은 1900년대의 초반과 중반에 집중적으로 이루어졌다. 그러나 리더의 특성을 규명하려는 일련의 연구들은 우수한 리더들의 일반적인 공통점을 넓게 제시하였지만 모든 상황에서 성공적으로 발휘되는 공통점들을 집약적으로 규명하지는 못하였다. 리더의 특성을 탐색하는 연구는 지금도 진행되고 있고 앞으로도 계속될 것이다. 왜냐하면 시대상황이 변화하게 되면 새로운 자질과 능력이 요구되기 때문이며, 조직에서는 리더십 개발을 위해 바람직한 '리더상'을 정립해야 하는데 여기에는 필연적으로 리더의 자질과 능력요소도 아울러 제시되어야 하기 때문이다.

그러나 리더의 특성연구의 여러 가지 한계와 문제점 때문에 1940년대 이후 리더십 연구는 리더의 행동에 대한 관심으로 영역을 확장하였다. 리더십 행동이론은 '리더는 선천성을 타고 난다.'라는 가정에 무게를 두었던 특성이론에 비해 '리더는 교육훈련 등을 통해 만들어질 수 있다.'라는 전제에 더 많은 무게를 두고 있다. 그리고 상황적 요소를 고려하지 않고 어느 상황에나 효과적인 보편적 리더십 유형을 발견하고자 하였다. 대표적인 연구는 미국의 아이오와 대학교와 오하이오 주립대학교의 연구이다. 리더의 행동유형 연구는 인간관과 연계되어 괄목할 만한 주목을 받았으며 대중적으로 공감대를 형성하였다. 그러나 모든 상황에서 효과적인 리더의 행동유형을 발견하는 것이 어렵다는 사실이 밝혀지면서 이후에 상황이론이 대두하게 된다.

제4장 리더십 상황이론과 리더-구성원 관계 이론

　배려형 리더십이 바람직하다고 해서 모든 상황에 적합할까? 방임형 리더십이 효과적인 상황도 있지 않을까? 이런 질문에 답하고자 하는 연구가 리더십 상황이론이다. 리더의 특성과 행동유형에 관한 연구는 모든 상황에서 조직성과를 높여주는 리더특성과 유형을 찾으려고 했지만, 상황에 따라 효과성이 높은 리더요인이 달라질 수 있다는 점을 인식하게 되었다.

　즉 리더십 행동 연구자들은 마침내 여러 상이한 리더십 행동들이 각각 효과적일 수 있음을 발견했다. 그리고 리더십 행동의 성공을 결정하는 요인으로서 상황을 주목하게 되었다. 이들은 리더십 행동이 주어진 상황에 적합할 경우에 효과적일 것이라는 가정에 입각하여 다양한 이론적 모형을 검증하기 위해 수많은 경험적 연구들을 수행해왔다.

　본장에서는 먼저 리더십 효과성과 리더십이 발휘되는 상황 간의 관계를 탐색한다. 그 과정에서 리더 · 조직구성원 · 상황의 세 요인들의 상호 관련성을 논의한다.

　다음으로 리더의 행위나 특성에 초점을 두는 것이 아니라 리더와 조직구성원 간의 교환관계에 초점을 두고 있는 이론인 LMX(Leader-Member Exchange) 이론에 대하여 논의한다.

1. 상황이론이 행동이론의 한계를 극복하기 위해 연구하게 된 내용에 대해서 논의하시오.
2. 피들러의 상황적합성 이론이 제시하는 각 상황별 효과적인 리더의 특징은 무엇인가?
3. 하우스의 경로–목표 이론에 의하면 리더가 조직구성원들의 기대를 끌어올릴 수 있는 방안으로 어떤 것들이 있는가?
4. 하우스의 경로–목표 이론에서 상황변수와 매개변수의 역할을 이해하고, 리더십 행동과 상황변수들 간의 관계에 대하여 논의하시오.
5. 자신과 관계했던 사람(상급자, 선생님 등)들을 지정해 놓고, 지시적·지원적·참여적·성취지향적 스타일과 연계시켜서 경로–목표이론에 부합되게 설명하라. 그리고 어떤 스타일이 가장 효과적이라고 생각하는가?
6. 허시와 블랜차드의 상황적 리더십 이론에서 과업 및 관계행동을 기준으로 리더 및 조직구성원의 네 가지 유형을 제시하고 현실 조직 속에서 구체적인 사례를 찾아보시오.
7. 리더십 대체이론에서의 리더십 대체 및 중화요인들로는 어떤 것들이 있는지 논의하시오.
8. LMX 이론에서 내집단과 외집단의 개념을 논의하고, 각 집단에 대한 리더십 발휘방향을 제시하시오.
9. 당신의 조직에서 당신의 LMX 관계는 어떤 수준인가?
10. LMX 이론을 일상에서의 인간관계(network) 유지와 연계시켜 논의하시오.

제1절 리더십 상황이론

리더의 특성과 행동에 관한 연구는 모든 상황에서 조직성과를 높여주는 리더의 특성과 행동유형을 찾으려고 했지만, 상황에 따라 효과적인 리더특성과 행동이 달라질 수 있다는 점을 인식하게 되었다. 따라서 리더십을 발휘하는 과정에서 리더십 효과성에 영향을 주는 상황변수에 대한 관심을 갖게 되었다. 이처럼 리더십 연구자들은 언제 어디서나 효과적인 리더십 발휘를 보장하는 보편적 리더의 특성과 행동을 찾는 데 실패하면서 리더십이 발휘되는 상황요인에 주목하기 시작했다. 그렇다고 리더십 행동에 대한 연구가 사라진 것은 아니다. 이른바 상황적 접근(contingency approach)은 특성이론과 행동이론의 보편주의적 접근(universalistic approach)과는 다르게 특정 상황에서 효과적인 행동이 다른 상황에서는 비효과적일 수 있다는 것이다. 즉 리더십 행동의 효과성은 상황에 따라 달라진다는 것이다.

〈그림 2-8〉은 리더십 현상에 대한 보편주의적 접근과 상황적 접근을 비교한 것이다.

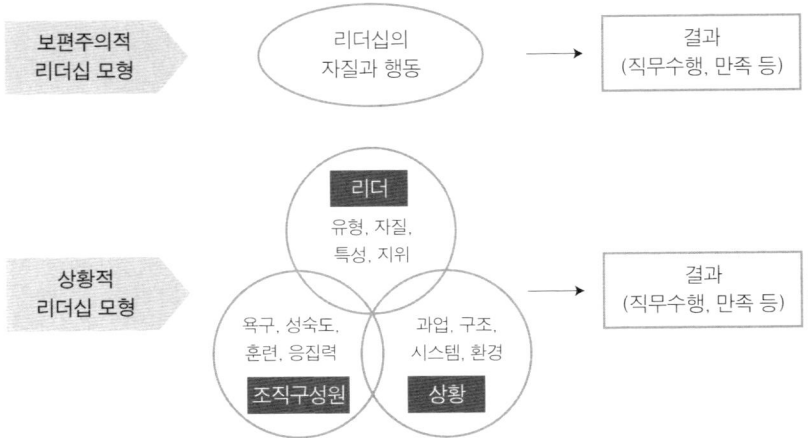

〈그림 2-8〉 보편주의적 리더십 모형과 상황적 리더십 모형

자료: Daft, R. L. & Lim, G. S.(2004), *The Leadership Experience in Asia*, Singapore: Thompson.

〈그림 2-8〉에서 보는 바와 같이 리더십에서 간과할 수없는 중요한 요소는 리더의 특성과 행동 외에도 상황변수인 '조직구성원'과 직무수행 환경을 나타내는 '상황'이다. 상황변수란 리더의 특성이나 행동에 영향력을 증가시키거나 감소시키는 변수를 말한다. 예를 들어 조직구성원들의 업무경험이 리더십에 영향을 미친다면 조직구성원들의 업무경험은 상황변수가 되는 것이다. 상황이론에서 고려되는 일반적인 상황변수는 조직구성원의 특성(조직구성원의 태도, 숙련도, 심리적 성숙도 등)과 과업의 특성(구조화 정도, 난이도, 명확성 등), 그리고 조직의 특성(공식성, 의사결정 구조, 보상체계, 응집력 등) 등이다.

리더십 상황이론의 기반은 리더의 행동유형이론이다. 대부분의 상황이론은 리더의 어떤 행동유형이 어떤 상황에서 더욱 효과적인지를 규명하고자 하는 것이다. 그러므로 상황이론의 형식은 대체로 리더의 행동유형과 상황변수를 구분하여 제시한 다음에 각 상황에 더욱 적합한 리더 유형을 파악하는 논리로 구성된다. 상황이론은 현실을 설명하는 변수가 증가하였으므로 특성이론이나 행동이론보다 리더십 효과성에 대한 설명력이 우수한 것으로 평가된다. 대표적인 상황이론인 피들러(Fiedler)와 그의 동료들에 의해 개발된 상황적합성 이론, 하우스(House)의 경로-목표 이론, 허시와 블랜차드의 상황적 리더십 이론과 리더십 대체이론 등을 살펴보도록 하자.

1.1 피들러의 상황적합성 이론

피들러(Fiedler)는 리더십 유형과 상황 간의 적합성을 연구하여 상황적합성 이론(Leadership Contingency Theory)을 제시하였다.[1] 그는 LPC(Least Preferred Coworker)라는 독특한 개념 척도를 개발하여 리더의 유형을 분류하였다. LPC 척도는 과거 또는 현재의 '가장 함께 일하기 싫은 동료'를 생각하면서 그 동료의 여러 특성들에 대해 부여한 합산점수를 기준으로 측정자를 과업지향 리더 또는 관계지향 리더로 분류한다. 이렇게 분류한 두 가지 유형의 리더십이 어떤 상황에서 조직성과에 더욱 효과적인가를 알고자 하는 것이 그의 연구목적이었다.

1.1.1 리더십 유형의 구분

피들러는 리더의 행동 특성을 측정하는 척도로 LPC를 사용하였다. LPC 척도를 이용하여 리더의 유형을 분류하는 방법은 〈표 2-16〉의 진단표에 응답하여 자신의 리더십 유형을 파악하는 것이다. LPC 측정에서 상대적으로 높은 점수(64점 이상)는 관계지향적 리더로, 낮은 점수(57점 이하)는 과업지향적 리더로 분류된다. 높은 LPC 점수는 평가받는 동료를 긍정적이고 호의적으로 이해한다는 의미이고 낮은 점수는 부정적이고 비호의적으로 생각한다는 의미이다.

따라서 높은 LPC의 리더를 관계지향적 리더로 분류하는 것은 동료가 함께 일하기 싫은 사람임에도 불구하고 그를 호의적으로 생각해준다는 것은 직무현장에서도 조직구성원들의 과업성과가 만족하지 않았을 때에 그에게 인간적이고 배려적인 행동을 할 가능성이 높다는 추정에 근거한 것이다. 낮은 LPC의 리더는 동료가 함께 일하기에 싫은 사람일 때 그에게 인간적인 배려적 행동을 보여 줄 가능성보다 과업중심의 행동을 할 가능성이 크다고 보기 때문이다.

---

1   Fiedler, F. E.(1967), *A Theory of Leadership Effectiveness*, NY: McGraw-Hall; Fiedler, F. E. & Garcia, J. E.(1987). *New Approaches to Effective Leadership: Cognitive Resources and Organizational Performance*, NY: John Wiley.

〈표 2-16〉 LPC 척도에 의한 리더유형 진단표

지시문: 여러분은 다양한 집단에서 사람들과 함께 일을 한 경험이 있을 것입니다. 어떤 동료는 함께 일하기가 즐거웠지만 어떤 동료는 싫었던 경험이 있을 것입니다. 그중에서 함께 일하기가 가장 싫었던 사람을 생각해보십시오. 지금 함께 일하는 사람도 좋고 과거에 함께 일했던 사람도 좋습니다. 감정적으로 가장 싫어한 사람일 필요는 없지만, 다만 함께 일을 하기에 가장 어려웠던 사람이어야 합니다.

아래에 그 사람을 평가하는 설문이 있습니다. 각 문항의 양쪽에 있는 말을 먼저 읽고 그 사람에게 적합한 점수에 x표를 합니다. 18개 문항을 모두 체크하되, 너무 깊이 생각하지 말고 가능한 한 빠른 속도로 처음 생각한 느낌대로 답하면 됩니다.

LPC 척도 (LEAST PREFERRED CO-WORKER SCALE)

1. 쾌활한 사람	8 7 6 5 4 3 2 1	쾌활하지 못한 사람
2. 친절하고 다정한 사람	8 7 6 5 4 3 2 1	불친절하고 다정하지 못한 사람
3. 거부적인 사람	1 2 3 4 5 6 7 8	수용적인 사람
4. 긴장하고 있는 사람	1 2 3 4 5 6 7 8	긴장을 풀고 여유 있는 사람
5. 거리를 두는 사람	1 2 3 4 5 6 7 8	친근한 사람
6. 냉담한 사람	1 2 3 4 5 6 7 8	다정한 사람
7. 지원적인 사람	8 7 6 5 4 3 2 1	적대적인 사람
8. 따분해 하는 사람	1 2 3 4 5 6 7 8	흥미가 있어 하는 사람
9. 싸우기 좋아하는 사람	1 2 3 4 5 6 7 8	화목하고 잘 조화하는 사람
10. 우울한 사람	1 2 3 4 5 6 7 8	늘 즐거워하는 사람
11. 서슴지 않고 개방적인 사람	8 7 6 5 4 3 2 1	주저하고 폐쇄적인 사람
12. 험담을 잘하는 사람	1 2 3 4 5 6 7 8	너그럽고 관대한 사람
13. 신뢰할 수 없는 사람	1 2 3 4 5 6 7 8	신뢰할 만한 사람
14. 사려 깊은 사람	8 7 6 5 4 3 2 1	사려 깊지 못한 사람
15. 심술궂고 비열한 사람	1 2 3 4 5 6 7 8	점잖고 신사적인 사람
16. 마음에 맞는 사람	8 7 6 5 4 3 2 1	마음에 맞지 않는 사람
17. 성실하지 않은 사람	1 2 3 4 5 6 7 8	성실한 사람
18. 친절한 사람	8 7 6 5 4 3 2 1	불친절한 사람

주: 57점 이하이면 과업지향적 리더, 64점 이상이면 관계지향적 리더
자료: Fiedler, F. E. & Chemers, M. M.(1982), *Improving Leadership Effectiveness*, The Leader Match Concept(2nd ed.), NY: John Wiley.

1.1.2 상황변수

피들러는 리더유형과 집단의 성과 간에는 리더의 통제력에 영향을 미치는 세 가지 상황변수가 있다고 보았는데, 그것들은 〈그림 2-9〉에서 보듯이 '리더와 조직구성원'의 관계, '과업의 구조화' 정도, 그리고 '리더의 직위권력'이다.

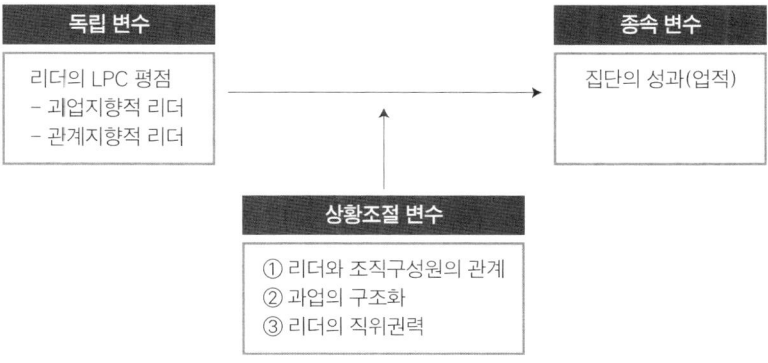

〈그림 2-9〉 LPC 상황 모형에서 인과관계

자료: Yukl, G. A.(1981), *Leadership of organization*, Prentice-Hall, p. 137.

(1) 리더와 조직구성원의 관계(leader-member relations)

리더와 조직구성원 간의 신뢰와 헌신의 집단분위기를 의미한다. 관계가 좋으면 리더에게 유리하고 상황통제력도 높아지지만, 반대로 관계가 나쁘면 리더에게 불리한 것으로 평가한다.

(2) 과업의 구조화(task structre)

과업의 구조화란 과업의 목표, 달성방법, 성과기준, 평가방법 등의 명확성 정도를 의미한다. 과업의 구조화가 높을수록 리더에게 유리하고 낮을수록 불리한 것으로 평가한다.

(3) 리더의 직위권력(position power)

리더가 조직구성원들을 평가하고 상벌 등으로 통제할 수 있는 직책에 부여된 권한의 정도를 의미한다. 리더의 직위권력이 클수록 리더에게 유리하고 작을수록 불리한 것으로 평가한다.

1.1.3 리더 유형과 상황 간의 적합성 판별

피들러는 상황변수의 중요성에 따라 가중치를 부여하고 있는데 리더와 조직구성원의 관계, 과업구조화, 직위권력 순으로 4 : 2 : 1로 부여하였다. 그러므로 종합적으로 리더십 상황은 이 세 가지 상황변수가 결합되어 〈그림 2-10〉과 같이 여덟 가지 상황으로 나뉜다. 피들러와 가르시아(Fiedler & Garcia, 1987)에 의하면 가중치의 합인 7에 10점을 곱하면 70점 만점이 되는데, 51점 이상이면 상황유리성이 높은 것으로, 31~50점이면 중간 수준이고

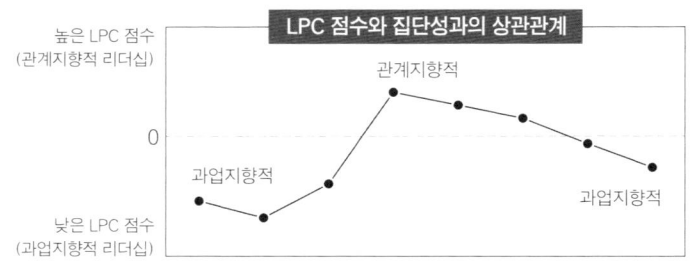

상 황	I	II	III	IV	V	VI	VII	VIII
리더-조직구성원 관계	좋음				나쁨			
과업구조화 정도	구조적		비구조적		구조적		비구조적	
리더의 직위권력	강	약	강	약	강	약	강	약
리더의 입장	유리함			중간			불리함	

〈그림 2-10〉 상황별 효과적인 리더

자료: Fiedler, F. E. & Chemers, M. M.(1982), *Improving Leadership Effectiveness:* The leader match concept (2nd ed.), NY: John Wiley.

30점 이하면 낮은 수준으로 보고 있다.[2]

피들러의 연구결과는 〈그림 2-10〉과 같다. 즉 LPC 점수가 낮은 과업지향적 리더십은 상황이 유리하거나(I, II, III), 불리한 경우(VIII)에 효과적이며, LPC 점수가 높은 관계적 리더십은 상황유리성이 중간 수준(IV, V, VI)인 경우에 효과적이라는 것이 피들러의 견해이다.

1.1.4 피들러의 상황이론에 대한 평가

피들러가 1953년에 첫 연구를 발표하고 1967년에 상황적합성 이론모형을 제시한 후 다수의 후속연구가 있었다.[3] 그 결과, 피들러의 모형과 연구결과의 타당성에는 많은 논란이 있으며 긍정적 평가와 문제점에 대한 지적이 공존한다.

먼저 문제점에 대해서는 어떤 논란이 있을까?

① LPC 점수에 의한 리더 분류의 방법이 주관적이어서 객관성이 결여된다.

---

2 자세한 내용은 피들러의 이론을 상세하게 소개한 이순창(2002), 『디지털 시대의 리더십 모델과 자기훈련』을 참고하기 바란다.

3 라이스(Rice, 1978)는 LPC 점수를 이용한 100여 편의 연구들을 검토한 결과, LPC 점수가 높은 리더들은 인간관계의 성공에 더 높은 가치를 부여하고 있고, LPC 점수가 낮은 리더들은 과업의 성공에 더 높은 가치를 부여하고 있는 것으로 나타났다.

② 세 개의 상황변수 설정과 가중치에 대한 객관적 논리가 약하고 문화적 차이에 따라 가중치가 달라질 수 있다.[4]

③ 학자 등 전문연구자가 아닌 조직현장 리더의 입장에서 상황이 얼마나 유리한지를 판단하기가 어려워서 실용적으로 적용하기가 곤란하다.

④ 상황변수인 리더와 조직구성원 관계와 과업의 구조화를 주어진 것으로 설정하고 있는데, 이는 리더가 유리하게 변화시켜야 할 문제들이다.

⑤ 상황에 따라 리더십 행동이 변화해야 하는데, 세 개의 상황변수는 늘 변화하는 것이어서 이에 따라 리더가 행동을 변화시키는 것 은 매우 어렵다.

이론적인 문제점에도 불구하고 긍정적으로 평가받는 점들은 무엇일까?

① 리더십 이론에 상황변수를 도입한 최초의 연구로서 리더 유형과 상황과의 적합성이 중요하다는 관점을 새로이 열었다.

② LPC의 객관성 논쟁이 있음에도 불구하고 독창적인 리더 유형 분류방법으로 평가될 수 있다.

③ 세 가지의 상황변수와 측정방법을 제시하여 리더십의 연구방법론을 발전시켰다.

1.2 하우스의 경로-목표 이론

경로-목표 이론(Path-Goal Theory)은 1950년대에 미시간 대학교의 조르조풀로스 등(Georgo- poulcs et al., 1957)이 처음 사용한 개념이다.[5] 이후 에번스(Evans, 1970)를 거쳐 하우스(House, 1971)가 상황변수를 추가하여 보다 정교하게 모형화하면서 계속 발전되어 왔다.[6] 이 이론은 동기부여이론의 하나인 기대이론(Expectancy Theory)에 기반을 두고 있다. 기대이론에 따르면 조직구성원들은 다음의 세 가지 경우에 동기유발이 된다.

---

4   오세철(1986)은 한국인의 의식에는 정(情)과 힘(力)이 중요하게 작용하므로 직책권력의 가중치가 리더-부하의 관계과 동일한 수준으로 설정되어야 한다고 주장하였다. 또한 조임현·장명순(1998)의 우리나라에 대한 적용연구에서는 상황변수의 가중치가 3 : 1 : 5로 나타났다.

5   Georgopoulos, B. S., et al.(1957), "A Path-Goal approach to productivity", *Journal of Applied Psychology*, pp. 345-353.

6   House, R. J.(1971), "A Path-Goal theory of leadership effectiveness", *Administrative Science Quarterly*, 16, pp. 321-338.

① 조직구성원들이 노력하면 그 과업을 수행해낼 수 있다고 믿을 때,

② 노력의 결과가 어떤 성과(보상)로 이어질 것이라고 믿을 때,

③ 과업수행의 결과로 얻은 보상이 가치 있는 것이라고 믿을 때이다.

따라서 리더가 조직구성원들의 동기를 유발시키려면, 먼저 목표 달성의 대가로 조직구성원들이 향유하게 될 보상의 가치와 가능성을 증가시켜야 하며, 조직구성원들이 그러한 보상을 획득하는 과정상에 어려움이 없도록 장애물을 제거하거나 자신감을 심어주어야 한다. 조직구성원들이 목표와 보상에 이르는 경로를 다루고 있다는 점에서 하우스의 이론을 '경로–목표 이론'이라고 한다.

이 이론이 리더들에게 주는 교훈은 조직구성원들의 동기유발을 위해 그들의 욕구에 가장 적합한 리더십 유형을 활용하라는 것이다. 이 같은 일은 작업 환경에 결여된 것을 보완하거나 보충할 수 있는 행동을 선택함으로써 이루어진다. 그래서 리더들은 작업 환경에서 정보나 보상을 제공하여 조직구성원들의 목표 달성 수준을 향상시키기 위해 노력한다.[7] 또한 리더는 조직구성원들에게 '그들의 목표를 달성하기 위해 필요하다고 생각되는 요소들'을 제공한다. 하우스와 미첼(Mitchell)은 조직구성원들이 작업의 대가로 받게 되는 보상의 양과 종류를 증대시킬 수 있을 때 그 리더십은 조직구성원들의 동기유발을 가능하게 한다고 주장하였다.[8]

요약하자면 경로–목표 이론은 리더가 어떻게 하면 조직구성원들의 요구와 그들의 작업환경에 가장 적합한 리더십 행동을 하여 조직구성원들이 목표 달성의 경로를 잘 따라가도록 도울 수 있는 것인가를 설명하기 위해 설계된 이론이다. 즉 적절한 리더십 행동유형을 선택함으로써 조직구성원들의 성공적인 과업 수행과 만족 수준을 증진시킬 수 있게 된다는 것이다.[9]

1.2.1 리더십 행동유형

경로–목표 이론의 독립변수인 리더행동들은 지시적 행동(directive behavior), 지원적 행동(supportive behavior), 참여적 행동(participative behavior), 성취지향적 행동(achievement oriented

---

7 Indvik, J.(1986), "Path-Goal theory of leadership: A meta-analysis", *Proceedings of the Academy of Management Meeting*, pp. 189-192.

8 House, R. J. & Mitchell, T. R.(1974), "Path-Goal theory of leadership", *Journal of Contemporary Business*, 5, p. 83.

9 Northouse, P. G.(1991), *Leadership*: Theory and Practice(2nd ed.), Thousand Oaks, CA: Saga Publications.

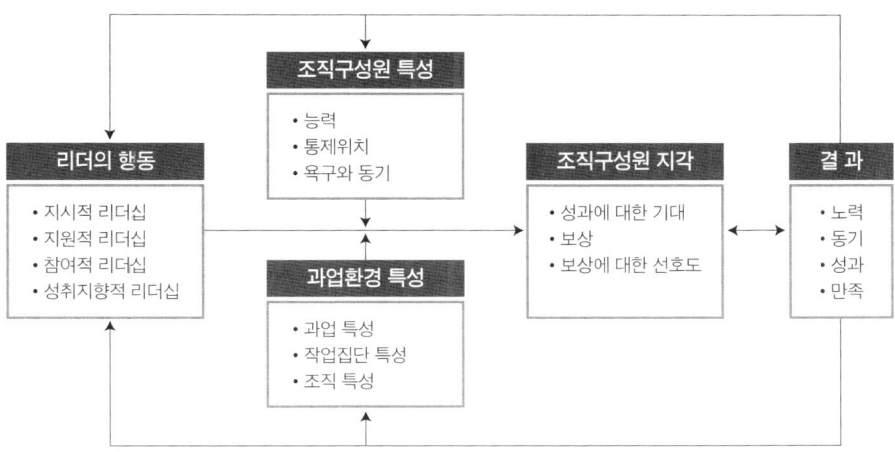

〈그림 2-11〉 하우스의 경로-목표 이론

자료: Luthans, F. (1989), *Organizational Behavior*(5th ed.), NY: Hill Book Co., p. 565.

behavior)을 포함한다.[10]

〈그림 2-11〉에 제시된 리더의 행동유형에 대한 리더십의 개념은 다음과 같다.

(1) 지시적(directive) 리더십

구체적 지침과 표준 그리고 작업스케줄을 제공하고 규정을 마련하며 직무를 명확히 해 주는 리더 행동이다. 이는 구조주도 또는 과업지향적 리더십과 유사한 의미를 갖는다.

(2) 지원적(supportive) 리더십

조직구성원들의 욕구와 복지에 관심을 쓰며 이들과 상호 만족스런 인간관계를 강조하면서 후원적 분위기 조성에 노력하는 리더 행동이다. 이는 배려 또는 인간지향적 리더십과 유사하다.

(3) 참여적(participative) 리더십

조직구성원들에게 자문을 구하고 그들의 제안을 이끌어내어 이를 진지하게 고려하며 조직구성원들과 정보를 공유하는 리더 행동이다.

---

10 House, R. J. & Mitchell, T. R. (1974), "Path-Goal theory of leadership", *Journal of Contemporary Business*, 5, pp. 81-97.

(4) 성취지향적(achievement oriented) 리더십

도전적 과업목표를 설정하고 성과개선을 강조하며 조직구성원들의 능력발휘를 격려하고 자율적 실행기회를 부여하는 리더 행동이다.

하우스는 피들러의 주장과는 달리 리더는 매우 융통성이 있기 때문에 위의 네 가지 유형을 상황에 따라 수시로 바꾸어가며 행사해야만 효율적 리더가 된다고 제시하였다. 왜냐하면 절대적이며 최상의 리더십은 존재하지 않으므로 훌륭한 리더십은 조직구성원들의 수준과 능력, 그리고 과업환경에 적합할 경우에 성립되기 때문이다. 따라서 하우스는 조직구성원들의 능력 수준이 증가함에 따라 네 가지 유형의 리더십 행동이 순차적으로 이루어지는 것이 바람직하다고 추천하고 있다.[11] 순차적인 리더십 행동과정은 〈그림 2-12〉와 같다.

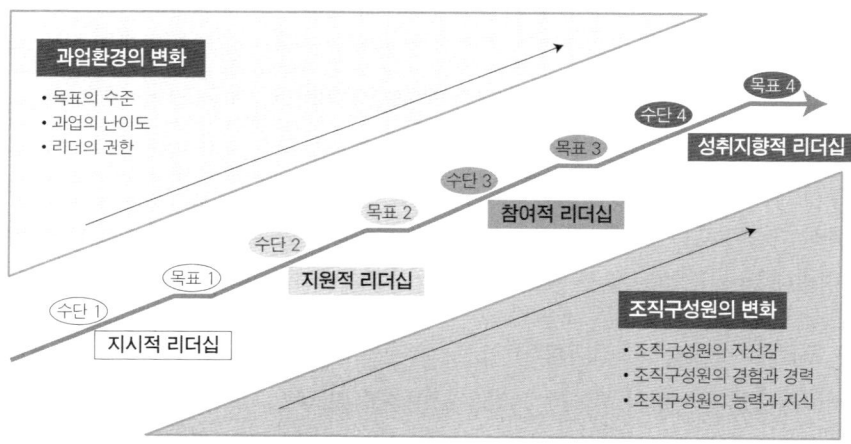

〈그림 2-12〉 순차적인 리더십 행동과정

자료: House, R. J. & Mitchell, T. R.(1974), "Path-Goal Theory of Leadership", *Journal of Contemporary Business*, Autumn, p. 86.

1.2.2 상황변수

경로-목표 이론에서는 특정 스타일의 리더 행동과 조직구성원 행동 간의 관계를 조절해주는 두 가지 유형의 상황적 조절변수가 개입되어 있다. 하나는 능력, 통제위치, 욕구

---

11 House, R. J. & Mitchell, T. R.(1974), "Path-Goal theory of leadership", *Journal of Contemporary Business*, Autumn, p. 86.

〈표 2-17〉 경로-목표이론의 상황변수

구 분		내 용
조직 구성원의 특성	능력	조직구성원이 자신의 능력에 대해 지각하는 정도로서, 어떤 과업을 효과적으로 완성할 수 있다고 지각하는 능력이 크면 클수록 조직구성원은 리더의 지시적 행동을 그만큼 덜 수용하려고 한다. 왜냐하면 자신이 능력이 뛰어나다고 생각하는 조직구성원은 리더의 지시적 행동을 불필요한 것으로 보기 때문이다.
	통제위치	조직구성원이 자신의 신변에 일어나고 있는 일들을 자신이 통제할 수 있다고 믿는 정도를 나타낸다. 자기의 주변 환경을 자신이 통제할 수 있다고 보거나 신변에 일어나고 있는 일들이 자기의 행동 때문이라고 믿는 사람은 내적 통제 위치를 지니고 있으며, 그러한 일들이 자신의 통제범위 밖에 있고 행운이나 운명 때문이라고 믿는 사람들은 외적 통제를 지니고 있다. 일반적으로 내적 통제 위치를 지닌 조직구성원은 상사의 참여적 리더십을 선호하며, 외적 통제 위치를 지닌 조직구성원은 상사의 지시적 리더십을 더 선호한다.
	욕구와 동기	조직구성원이 내면에 갖고 있는 지배적인 욕구는 리더의 행동에 영향을 미친다. 예를 들면 안전욕구가 강한 조직구성원은 리더의 지시적인 행동을 수용할 가능성이 높지만, 자존욕구가 강한 조직구성원은 리더의 지원적인 행동에 대하여 더 호의적으로 반응할 것이다.
과업환경 특성	과업특성	조직구성원의 과업이 구조화된 정도를 말한다. 구조화 정도가 높고 일상적으로 반복되는 과업을 수행하는 조직구성원은 리더의 지시적 행동을 더 잘 수용하게 될 것이다. 반면, 구조화 정도가 낮고 모호성이 큰 과업을 수행하는 조직구성원에게 리더가 지시적 행동을 하는 것은 부적절하다.
	작업집단 특성	작업집단의 특성도 조직구성원이 리더의 행동을 수용하는 데 영향을 준다. 집단이 형성 초기에 있는 경우 리더가 지시적 행동을 하는 것이 효과적이지만, 집단이 안정되어 확고한 규범이 갖추어진 상황에서는 지원적 행동과 참여적 행동이 더 효과적일 것이다.
	조직특성	조직특성이란 규칙·절차 등의 조직구성원의 작업 활동을 조절하고 있는 정도(즉 조직의 공식화 정도), 시간적 압박감이 존재하는 정도 등을 의미한다. 공식화 정도가 높은 조직에서는 지시적 행동이 별다른 효과를 내지 못할 것이나, 시간적 압박감이 큰 상황에서는 효과를 발휘할 수 있을 것이다.

자료: 이상호(2010), 『조직과 리더십』, 북넷, 132쪽.

및 동기와 같은 조직구성원의 특성과 관련된 것이고, 다른 하나는 과업 및 환경의 특성과 관련된 것이다. 세부적인 내용은 〈표 2-17〉에 제시된 바와 같다.

1.2.3 매개변수

경로-목표 이론에서는 조직구성원의 동기유발에 관련된 지각을 매개변수로 도입하고 있다. 이러한 매개변수는 기대이론에 기초한 것으로, 조직구성원들은 ① 노력하면 그 과업을 수행해낼 수 있다고 믿을 때, ② 또한 노력의 결과가 어떤 보상으로 이어지고, ③ 과업수행의 결과로 얻는 보상이 가치 있는 것이라고 믿을 때 동기부여가 된다는 것이다.

기대이론에서는 동기유발을 주어진 시점에서 직무에 얼마나 많은 노력을 쏟아야 하는지에 대한 개인의 합리적 선택 과정이라고 보고 있으며, 이러한 동기유발 정도는 앞에서 언급한 세 가지 요소에 의해 결정된다. 그리고 조직구성원들의 동기유발에 관련하여 지각하는 내용은 그 사람이 직무에 대해 쏟는 노력, 직무에 대해 만족하는 정도, 리더를 수용하는 정도, 달성하는 성과 등에 영향을 미친다.

경로-목표 이론에서 리더의 중요한 역할은 조직구성원들이 지각하는 세 가지 요소에 영향을 미치는 것이다. 따라서 리더는 특정한 행동을 통해 조직구성원들이 노력을 기울이면 성과를 달성할 수 있다는 기대감을 향상시키고, 성과를 내면 어떠한 보상이 주어질 것이라는 기대감을 확실히 갖게 해주며, 주어지는 보상의 가치를 높게 평가하도록 해주어야 한다. 그렇게 한다면 조직구성원들은 자신의 업무수행에 보다 큰 노력을 집중하게 되고, 이는 보다 높은 직무만족과 과업성과를 가져올 것이다.

1.2.4 리더십 행동과 상황변수들 간의 관계

경로-목표 이론에 의하면 네 가지 리더십 행동의 효과는 조직구성원들의 특성이나 과업환경 요인에 의해 달라진다. 하지만 조직구성원들의 특성과 과업특성이 결합되어 나타나는 각각의 상황별로 어떤 리더십 행동이 효과적인가를 구체적으로 밝히는 것은 매우 어려운 일이다. 왜냐하면 조직구성원들의 특성과 과업 특성을 종합하여 만들어낼 수 있는 상황에 대한 경우의 수가 무수히 많기 때문이다. 이러한 이유 때문에 경로-목표 이론은 여러 상황변수를 결합시켜 나타나는 상황에 따른 바람직한 리더십 행동을 체계적으로 제시하기보다는, 상황변수 각각에 대해 어떠한 리더십을 발휘하는 것이 조직구성원들의 기대치를 높여주는가를 탐색하여 제시하는 수준이다. 그 구체적인 탐색과정과 내용은 다음과 같다.

첫째, 조직구성원들이 업무능력이 부족하고 과업이 구조화되어 있지 않아 일을 어려워하는 경우를 생각해보자. 리더가 조직구성원들에게 자율성을 보장하여 스스로 과업을 수행하라고 하면 조직구성원들은 어떨까? 열심히 한다고 해도 잘 될 것 같지도 않고 성과에 자신이 없으니 보상에 대한 기대도 떨어질 것이다. 이런 상황에서는 리더가 조직구성원들의 기대를 주도해주는 지시적 리더십이 효과적일 것이다. 즉 과업의 내용을 명확히 설명하고 목표를 설정해주며 과업 수행방법을 지도하고 수시로 확인하면서 이끌어주면 조직구성원들의 과업성과 달성에 대한 자신감이 증대될 것이기 때문이다.

둘째, 조직구성원들의 능력은 기본적으로 구비되어 있으나 자신감이 부족하여 과업성과 달성에는 확신을 갖지 못하지만 과업 자체는 감당 가능한 수준이라면, 리더가 조직구성원에게 관심을 가져주고 인간적인 격려와 후원 등의 지원적 리더십을 발휘해서 동기부여를 할 때 자신감을 얻어서 과업성과 달성의 확신을 증가시킬 것이다.

셋째, 조직구성원들이 기본적으로 과업능력과 의지가 있고 과업이 감당 가능한 상태에서 자율적인 판단을 존중받고 싶어 하며 피동적인 지시를 받는 것보다 의사결정과정에 능동적으로 참여하고 싶어 한다면 참여적 리더십이 조직구성원들의 기대치를 높일 수 있을 것이다.

넷째, 조직구성원들의 과업능력이 우수하고 도전적이며 성취감을 얻고 싶어 하고 과업은 다소 어려워도 새로운 영역이어서 도전할 가치를 느끼고 있다면 성취지향적 리더십을 발휘하는 것이 조직구성원들의 기대치를 높일 것이다. 이런 조직구성원들에게 지시적인 리더십을 발휘한다면 과업의욕을 떨어뜨려 과업목표를 달성하고자 하는 의지와 기대가 저하될 것이기 때문이다. 이상의 내용을 종합적으로 요약하면 〈표 2-18〉과 같다.

〈표 2-18〉 경로-목표 이론의 요약

상황의 특성			바람직한 리더십	예상효과
상황 1	조직 구성원	• 업무능력 저조, 경험 부족 • 자신감 결여, 외적 통제 선호	지시적 리더십	• 과업수행 방법 인식 및 자신감 증진 • 보상에 대한 기대감 증가
	과업	• 비구조화되고 공식적 수행절차 미흡 • 다소 어려움		
상황 2	조직 구성원	• 기본적인 업무능력, 자신감 결여 • 친화욕구가 강함	지원적 리더십	• 리더에 대한 책임감을 통한 성과증진 노력 • 자신감과 내적 동기 증진
	과업	• 구조화된 반복적 과업 • 결정에 참여한 일 선호		
상황 3	조직 구성원	• 자율의지와 도전적 자세 • 책임감과 자신감 구비, 능력우수	참여적 리더십	• 결정참여의 책임감 증가를 통한 성과증진 노력 • 성과와 보상 기대 증진
	과업	• 다소 비구조화되어 있고 모호함 • 도전적이지 않더라도 흥미로움		
상황 4	조직 구성원	• 자율의지와 도전적 자세 • 책임감과 자신감 구비, 능력우수	성취 지향적 리더십	• 자기 능력발휘의 기대감 증진 • 자아실현적이고 헌신적인 과업 수행
	과업	• 비구조화, 어려움, 새로운 영역 • 불확실성, 다른 사람들이 회피		

자료: 박유진(2011), 『리더십 마인드 & 액션』, 양서각, 180쪽.

1.2.5 하우스의 경로-목표 이론에 대한 평가

경로-목표 이론이 안고 있는 한계와 문제점들은 다음과 같다.

① 네 유형의 리더십 행동이 각각 분리되어 있는데 각 유형 간의 상호작용 관계나 결합적 관계가 있을 수 있음에도 단편적인 모습만을 제시하고 있다.
② 과업의 구조화, 조직구성원들의 기대, 보상 등의 개념을 실무적으로 정확하게 측정하여 활용하기가 쉽지 않다는 것이다.
③ 기대이론의 개념들과 상황변수 등 많은 변수와 개념들을 포괄하여 사용하고 있어서 설명과정이 다소 복잡하고 어렵다.

반면에 경로-목표 이론은 다음과 같은 장점을 가지고 있다.

① 상황변수와 매개변수를 활용하여 리더십 행동 및 효과성과 연결시키는 유용한 이론적 모형을 구성함으로써 리더십 이론의 발전에 공헌하였다.
② 네 유형의 리더십 행동들이 조직구성원들의 행동에 영향을 미치는 과정을 조직구성원의 특성 및 과업특성 변수와 연계함으로써 리더십 상황이론의 연구범위를 확장하였다.

1.3 허시와 블랜차드의 상황적 리더십 이론

허시와 블랜차드(Hersey & Blanchard)는 리더십 행동이론에서 제시된 리더십 유형이 리더십 효과성과 일관된 관계를 밝히지 못한 데 착안하여 상황적 리더십 이론(Situational Leadership Theory)을 제시하였다.[12] 이들은 피들러와는 달리 리더의 성격이나 동기구조에 따라 리더를 구분하지 않고, 행동론적 관점에서 리더의 행동을 유형화하였으며 리더가 동일한 행동 유형을 보이는 것이 아니라 상황에 따라서 상이한 리더십 유형을 사용할 수 있다고 가정하였다.

이들은 리더십 효과성에 영향을 주는 상황변수로 조직구성원의 성숙도(maturity) 또는

---

12 Hersey, P. & Blanchard, K. H.(1977), *Management of Organization Behavior*, 3rd ed., Englewood Cliffs, NJ: Prentice-Hall.

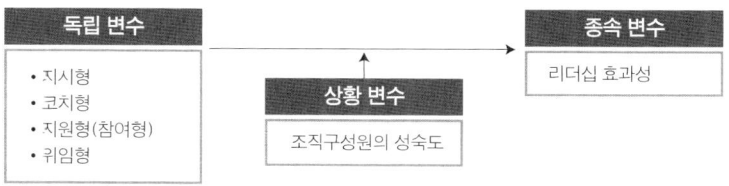

〈그림 2-13〉 허시와 블랜차드의 리더십 상황적합 모형

자료: 이상호(2010), 『조직과 리더십』, 북넷, 140쪽.

준비정도(readiness)를 설정하고, 조직구성원의 성숙도에 따라 상이한 리더십을 사용해야 한다고 주장하였다.[13] 여기서 성숙도란 성취동기의 수준, 책임을 맡기 위한 의지와 능력, 직무에 관련된 교육과 경험 등을 말하는 것으로, 요컨대 조직구성원들의 일에 대한 능력과 의지를 뜻한다.[14] 따라서 유능한 리더는 조직구성원들의 성숙도를 파악하고 이에 따라 자신의 리더십 유형을 거기에 맞추어나가는 사람인 것이다. 이러한 상황적 리더십 모형을 〈그림 2-13〉에 제시하였다.

1.3.1 리더십 행동유형

허시와 블랜차드는 리더십 행동유형으로서 기존의 행동이론에서 소개된 과업지향적 행동과 관계지향적 행동을 조합하여 〈그림 2-14〉와 같이 네 가지 리더십 유형을 구성하였다.[15]

〈그림 2-14〉 과업 및 관계행동에 따른 리더의 4유형

자료: 박유진(2011), 『리더십 마인드 & 액션』, 양서각, 181쪽.

---

13 Hersey, P. & Blanchard, K. H.(1982), *Management of Organization Behavior*, Englewood Cliffs, NJ: Prentice-Fall.

14 Randolph W. A. & Blackburn, R. S.(1989), *Management of Organization Behavior*, Homewood, Irwin, p. 319.

15 Hersey, F. & Blanchard, K. H.(1982), *Management of Organization Behavior*, Englewood Cliffs, NJ: Prentice-Hall, p. 152.

(1) 지시형(directing)

'높은 과업 행동 – 낮은 관계 행동'으로 과업지향적 행동유형과 같은 유형이다. 의사소통의 초점이 목표달성과 생산성에 맞추어져 있으며 리더는 계획된 목표의 달성과정과 방법에 대해 조직구성원들의 활동을 감독하고 통제한다.

(2) 코치형(coaching)

'높은 과업 행동 – 높은 관계 행동'의 유형으로 의사소통의 초점을 목표달성과 정서적 지원 양쪽에 동시에 맞추고 있다. 조직구성원들의 참여를 촉진하고 아이디어를 장려함으로써 인간관계적 만족감을 통해 팀 정신을 촉구하면서도, 여전히 과업목표 달성에 대한 강한 통제적 행동을 유지한다. 코치형은 과업기술에 대한 적극적인 지도 등 높은 수준의 과업행동을 해야 하고 동시에 개인적인 관심과 배려 등 인간적인 신뢰감을 쌓아야 하기 때문이다.

(3) 지원형(supporting)

'높은 관계 행동 – 낮은 과업 행동'의 유형으로 배려형 또는 조직구성원 지향적 리더와 같은 유형이다. 목표달성을 위한 지원적 행동을 통하여 조직구성원들의 자발적인 노력을 촉진하고자 한다. 일상적 의사결정의 권한은 조직구성원에게 위임하지만 문제해결의 책임은 리더가 지려고 한다.

(4) 위임형(delegating)

'낮은 관계 행동 – 낮은 과업 행동'의 유형으로 리더는 계획과 통제 및 감독 등의 과업활동은 물론 인간관계를 원활하게 하는 지원적 행동도 적극적으로 하지 않고 과업담당자 등에게 위임하여 자율에 맡기는 유형이다.

1.3.2 상황변수

허시와 블랜차드의 모델에서는 조직구성원의 성숙도만을 상황변수로 채택하고 있다. 여기에서 상황변수인 조직구성원의 성숙도는 두 범주로 나뉜다. 하나는 직무성숙도로서 직무경험과 직무지식 및 직무요구의 이해도 등 세 요소로 구성된 직무수행능력을 의미한다. 다른 하나는 심리성숙도로서 책임감과 성취동기 및 직무전념도의 세 요인으로 구성된 직무수행의 자발성과 자신감을 의미한다. 조직구성원들은 성숙도에 따라 〈그림 2-15〉와 같이 네 개의 유형으로 구분할 수 있다.[16]

M1은 능력과 자발적 의지가 모두 낮은 조직구성원이며, M2는 능력은 낮으나 자발적

〈그림 2-15〉 성숙도에 따른 조직구성원의 4유형
자료: 박유진(2011), 『리더십 마인드 & 액션』, 양서각, 183쪽.

의지는 강한 조직구성원이다. M3는 능력은 높으나 자발적 의지가 약한 조직구성원이며, M4는 능력과 의지가 모두 높은 유형의 조직구성원이다. 리더의 유형에서 가장 효과적인 유형은 알 수 없지만, 조직구성원의 유형 중 가장 바람직한 유형은 M4이며 가장 바람직하지 않은 유형은 M1이다.

1.3.3 상황별 효과적인 리더십 스타일

허시와 블랜차드는 조직구성원의 성숙도에 맞추어 리더십 스타일을 달리 해야 한다고 주장하였다. 이는 발달적 연속선상에서 조직구성원의 성숙도가 높아짐에 따라 리더의 과업행동과 관계행동의 양이 변화되어야 한다는 것이다. 즉 리더 유형과 조직구성원 유형의 적합성을 연계하는 것이다. 리더의 유형이 네 개이며 조직구성원의 유형도 네 개이다. 이 중 조직구성원의 유형이 상황변수이므로 각각의 조직구성원 유형에 적합한 리더 유형을 파악하여 연결하는 것이다. 그 결과는 〈표 2-19〉와 같다. 즉 조직구성원이 M1 수준이면 지시형, M2 수준이면 코치형, M3 수준이면 지원형, 그리고 M4 수준이면 위임형 리더십이 가장 효과적이라는 것이 허시와 블랜차드의 견해이다.

〈표 2-19〉 리더 유형과 조직구성원 유형의 적합 관계

조직구성원 유형(상황변수)		리더 유형
미성숙형 (M1)	→	지시형 (S1)
심리성숙형 (M2)	→	코치형 (S2)
직무성숙형 (M3)	→	지원형 (S3)
통합성숙형 (M4)	→	위임형 (S4)

---

16 박유진(2009), 『현대사회의 조직과 리더십』, 양서각, 133-134쪽.

즉 M1형의 미성숙한 조직구성원은 과업을 수행할 자발적 의지와 능력이 모두 부족하기 때문에 리더가 과업목표를 설정해주고 수행방법을 지도하여 주기적으로 확인하고 통제하는 것이 성과달성에 바람직하다는 것이다. 반면에 M4형의 성숙한 조직구성원들은 스스로 과업을 수행할 의지와 능력이 있으므로 리더가 지나치게 구체적으로 개입하는 것이 오히려 방해요소가 될 수 있다고 보아 위임형이 적합하다는 것이다. 직무수행의 자발적 의지는 있으나 직무능력이 다소 미흡한 M2형의 조직구성원들에게는 적극적으로 과업수행을 지도하고 동시에 관계지향적인 코치형의 리더행동이 과업성과 증진에 바람직하다고 본다. 마지막으로 직무능력은 있으나 자발적 의지가 약한 M3형의 조직구성원들에게는 자발적 의지를 북돋을 수 있는 관계지향적 행동으로서의 지원형이 적합하다고 제시한다.

후속된 실증연구들의 견해가 모두 일치하지는 않는다. 가령 베키오(Vecchio, 1987)가 14명의 학교장과 303명의 교사를 대상으로 연구한 결과, 허시와 블랜차드의 이론은 중간 이상의 높은 수준의 성숙도를 가진 교사보다는 낮은 수준의 성숙도를 가진 교사에게 더욱 적합성이 높았다. 페맨데즈와 베키오(Femandez & Vecchio, 1997)가 32명의 리더와 332명의 조직구성원들을 대상으로 한 연구에서는 리더행동과 조직구성원의 성숙도 간의 적합관계가 성과에 유의한 영향을 미치지 않는 것으로 조사되어 본 이론을 지지하지 않았다.

1.3.4 허시와 블랜차드의 상황적 리더십 이론에 대한 평가

허시와 블랜차드의 상황적 리더십 이론에 대해서는 긍정적인 평가와 한계점에 대한 지적이 공존한다. 한계점으로 제시되는 내용들은 다음과 같다.

① 가장 기본적인 문제점은 조직구성원의 성숙도라는 하나의 상황변수에 의존하여 리더십 과정의 모든 것을 설명하려는 것이 무리라는 것이다.
② 조직구성원의 성숙도에 따라 유연한 리더십 스타일을 활용해야 하는 것은 이론적으로는 타당하지만 현실적으로는 조직구성원마다 대응하기가 쉽지 않다.
③ 리더 유형과 조직구성원 유형을 매치시켰지만 어떠한 적합화 과정을 통하여 성과를 나타내는지에 대한 설명이 부족하다. 따라서 이론의 타당성을 검증한 연구들도 리더 유형과 조직구성원 유형의 적합성이 성과에 미치는 효과에 대해 일관된 결과를 보이지 않고 있다.

긍정적 평가들을 살펴보면 다음과 같다.

① 조직구성원들을 성숙 수준에 따라 융통성 있게 다루어야 한다는 원칙을 제시하고 있는데, 조직구성원들의 성숙도는 중요한 변수이면서도 비교적 쉽게 알 수 있는 요소이다.
② 조직구성원의 성숙도를 상황변수로 도입하고 직무 차원과 심리 차원으로 나누어 리더십 이론의 상황변수를 확장하였다. 동시에 조직구성원 개발의 중요성도 아울러 제시하고 있다.
③ 다양한 리더십의 개발 필요성을 강조하고 있다. 다양한 성숙 수준의 조직구성원들을 효과적으로 운용할 수 있도록 조직구성원의 유형에 적합한 리더십 행동들을 간명하게 알려주고 있다.

1.4 리더십 대체이론

리더가 리더십을 발휘하지 않고 가만히 있으면 어떻게 될까? 조직성과가 전혀 나타나지 않을까? 혹은 리더십을 대체하는 요인은 없을까? 케르와 제미르(Kerr & Jermier, 1978)는 조직구성원들과 과업 및 조직의 특정한 조건들이 리더십 행동의 효과를 대체하거나 중화시킬 수 있다는 데에 착안하여 리더십 대체이론을 제안하였다.[17]

초기 대체이론에서는 대체요인(substitutes)과 중화요인(neutralizers)이라는 두 종류의 상황변수를 제시하였다. 대체요인은 과업성과의 창출에 있어서 리더의 행동을 대체할 수 있는 변수로서 리더의 행동이 없더라도 성과를 나타나게 하는 요인이다. 가령 조직구성원들의 업무능력이 충분히 우수하다면 리더의 과업지향적 행동은 불필요하거나 무의미한 것이다. 반면에 중화요인은 리더십의 효과가 나타나지 않게 만드는 요인이다. 가령 리더의 조직 내 파워나 보상능력이 미약하다면 조직구성원들에 대한 영향력이 제대로 작용하지 않는다는 것이다.

그러므로 조직에서 대체요인이 풍부하다면 리더가 굳이 리더십을 적극적으로 발휘하지 않더라도 성과를 낼 수 있고, 반면에 중화요인이 많다면 리더가 애를 쓰더라도 그 효과

---

17 Kerr, S. & Jermier, J. M.(1978), "Substitutes for Leadership Their and Measurement", *Organizational Behavior and Human Performance*, 22, pp. 375-403.

〈표 2-20〉 지원적 리더십과 수단적 리더십의 대체 및 중화요인

상황요인		지원적 리더십 (관계지향, 배려)	수단적 리더십 (과업지향, 구조주도)
조직 구성원 특성	1. 경험, 능력, 훈련		대체요인
	2. 전문직 성향	대체요인	대체요인
	3. 보상에 대한 무관심	중화요인	중화요인
과업 특성	4. 구조화되고 일상적인 과업		대체요인
	5. 과업을 통한 피드백		대체요인
	6. 내재적 만족을 주는 과업	대체요인	
조직 특성	7. 응집력이 높은 집단	대체요인	대체요인
	8. 직위적 권력이 낮음	중화요인	중화요인
	9. 높은 공식화(역할과 절차)		대체요인
	10. 유연성 부족(규칙과 정책)		중화요인
	11. 조직구성원들의 작업장이 분산되어 있음	중화요인	중화요인

자료: Kerr, S. & Jermier, J. M. (1978), "Substitutes for Leadership: Their and Measurement", *Organizational Behavior and Human Performance*, Vol. 22, pp. 375-403.

가 제대로 나타나지 않는다. 〈표 2-20〉은 열한 가지의 상황요인들이 두 유형의 리더십에 대해 대체요인 또는 중화요인으로 설정된 관계를 보여주고 있다.

한편, 하월 등(Howell et al., 1986)은 조직에는 리더십 발휘를 더 북돋는 요인들도 존재한다고 보고, 강화요인과 보완요인을 추가하여 대체이론을 더욱 정교하게 발전시켰다.

강화요인(enhancers)은 리더와 과업성과 사이의 긍정적 관계를 상승시켜 주는 요인을 말한다. 예를 들어 권력이 강한 지원적 리더는 권력이 약한 지원적 리더에 비해 더 많은 영향력을 조직구성원에게 미칠 수 있다. 이 경우에 리더의 권력은 강화요인이 된다. 강화요인과 중화요인은 서로 반대의 작용을 하면서 리더십 효과를 조절하는 기능을 한다. 요인 자체로는 리더십 효과성에 직접적인 영향을 미치지 않지만 영향의 정도를 조절하는 작용을 하는 것이다. 중화요인은 리더십 효과성에 부정적인 영향을 미치는 반면에 강화요인은 긍정적인 영향을 미친다.

보완요인(supplements)은 리더의 역할을 대신할 수는 없으나 리더십 발휘에 도움을 주는 수단적인 요인이다. 가령 컴퓨터 의사결정지원시스템은 리더의 활동을 도와서 리더십 효과성을 높이는 데 도움을 줄 수 있으며, 동료들과의 원만한 관계도 리더 역할의 보완요인이 된다.

리더십 대체이론의 타당성에 대해서는 다음과 같은 문제점들이 지적되고 있다.

① 상황변수들의 대체 또는 중화의 역할이 현실에서는 분명하지 않으며 효과를 정확하게 측정하기가 쉽지 않다.
② 대체 및 중화요인이 작용하는 리더십을 지원적 리더십과 수단적 리더십으로 제한하여 다른 리더십 유형에 적용하는 데 한계가 있다. 가령 카리스마나 변혁적 리더십처럼 강력한 리더에게는 대체요인들의 효과가 잘 나타나지 않는다.

리더십 대체이론은 긍정적인 평가를 많이 받고 있다.

① 리더십 연구사에서 신선한 접근으로 평가된다. 기존 이론들은 리더의 역할 강화를 전제로 하였는데, 대체이론은 리더역할의 대체요인을 제시함으로써 기존의 전제에 고착되지 않도록 하였다.
② 실용적으로도 유용하다. 임파워먼트된 조직구성원이나 자율관리팀과 같이 자율성을 높여 리더에 대한 의존을 줄이는 방향을 제시하고 있는 것이다.
③ 대체, 증화, 강화, 보완의 네 요인은 리더십 효과성을 증진시키는 맥점을 알게 하여 효과적인 리더역할수행에 도움을 준다.

리더십 대체이론으로부터 얻을 수 있는 실천적 시사점으로는

① 리더와 조직의 입장에서는 대체요인을 개발하고 중화요인을 제거하는 것이 바람직하다는 것이다. 대체요인의 활용은 리더에게 전략의 구상이나 대외적 활동과 같은 역할에 몰입할 수 있게 여유를 주어 조직유연성에 도움을 줄 수 있다.
② 강화요인과 보완요인의 개발도 리더십 효과를 높이는데 도움이 되므로 관심을 기울이는 것이 좋다.

1.5 리더십 상황이론에 대한 평가

리더십 상황이론은 특성이론이나 행동이론에서 나타난 한계와 문제점을 극복하고자 생겨난 이론이다. 리더십 상황이론에 대한 긍정적인 평가와 문제점, 실천을 위한 시사점

을 살펴본다.

1.5.1 긍정적 평가

첫째, 우수한 리더십을 규명하는 데 있어서 보편타당한 리더의 특성이나 행동유형을 규명하지 못하였기 때문에 그 대안적 연구라는 점에서 긍정적으로 평가된다. 이는 리더십의 연구영역을 확대하는 긍정적 결과를 가져왔다.

둘째, 리더십 모형을 더욱 정교하고 다양하게 발전시키는 데 공헌하였다. 리더의 행동유형과 리더십 효과성의 관계를 탐색함에 있어서 상황변수가 개입됨으로써 다양한 연구모형이 도출되고 모형에 따라 다양한 연구방법들이 개발되었다.

셋째, 실무적인 차원에서 리더십 효과성을 높일 수 있는 상황적합적 행동유형을 제시함으로써 리더십 처방과 개발의 방향을 제공하고 있다.

1.5.2 한계점 및 실천적 시사점

첫째, 대부분의 상황이론들은 이론적인 면에서 주요 변수들의 측정과 이론모형의 타당성 검증, 그리고 변수 간의 인과관계 검증이 어렵다.

둘째, 실용적인 면에서 연구결과를 실무에 적용하기가 매우 어렵다. 상황이론들에서 제시하는 상황요인을 분석하여 그에 적절한 리더십 스타일을 발휘해야 하는데, 현장의 리더들은 정확한 상황판단의 어려움, 변화하는 상황들에 대한 혼돈, 리더십 변화에 필요한 개발시간의 제한, 리더십 변화에 대한 심리적 저항, 리더십 변화에 대한 안정성의 위험 등의 문제로 인해서 실제 상황에서 적용하기란 쉽지 않다.

셋째, 상황변수들이 주로 리더, 조직구성원, 과업, 집단의 특성 등과 같은 미시적 요인들이라는 점이다. 사실상 조직성과가 전략, 문화, 산업의 특성 등 거시적 변수에 의해서도 상당한 영향을 받는다는 점에서 연구결과가 미시적으로 편향될 가능성이 있다.

넷째, 일반적으로 리더의 긍정적 덕목으로 평가받고 있는 '원칙과 일관성의 유지' 등과 같은 덕목들과 상반된다는 것이다. 특히 최근 각광받는 비전적 리더십, 전략적 리더십 또는 변혁적 리더십은 장기적 안목과 소신을 가지고 비전을 실현해나가는 리더상을 요구하고 있다는 점에서 상황적합적 리더십은 이러한 덕목과의 조화를 모색해야 하는 과제를 안고 있다.

사례: 인천상륙작전의 영웅, 맥아더

맥아더는 1880년 1월 26일 미국의 아칸소 주에서 태어났으며, 1964년 4월 5일 워싱턴 D. C.에서 타계했다. 제2차 세계대전 중에 남서태평양 전역(戰域) 사령관이었고, 연합군 점령기에 전후의 일본을 통치했다. 그리고 6 · 25전쟁 초기의 9개월 동안 유엔군 총사령관직을 수행했다. 13만 명의 북한군 보병부대가 소련제 탱크를 앞세워 파죽지세로 남하하여 사흘 만에 서울을 점령했다. 한국군은 그때 북한의 위장 평화 공세에 속아 북한의 선의만 믿고 방어준비를 소홀하게 했다가 속절없이 당하고 만 셈이다. 북한군은 그 후 낙동강 지역까지 밀고 내려와 한국의 마지막 교두보를 위협하고 있었다. 그러나 그해 9월 15일 맥아더 장군의 인천상륙작전이 대한민국을 구출했다. 그는 북한군 남침 직후 급거 한국전선을 시찰하고 돌아갔다. 인천지역에 대한 상륙작전 구상은 이때 맥아더의 머리를 섬광처럼 스쳐갔고, 그는 이 기본구상을 2개월 반 동안 참모들과 수십 차례 토론 끝에 마침내 실전 작전개념으로 굳혔다.

그는 북한군이 저항 없이 남하를 계속한다면 보급로가 감당할 수 없이 길어질 것이고 유엔군이 배후에서 공격, 보급로의 허리를 끊으면 서울 이남에 있는 북한군은 독 안에 든 쥐 신세가 될 것이라고 생각했다. 인천상륙작전은 맥아더의 이런 구상이 극비리에 작전개념으로 다듬어져 대다수 관계자들의 반대에도 무릅쓰고 감행된 작전이다. 인천상륙작전의 성공은 수도 서울을 재탈환하였고 반격작전을 수행할 수 있는 상황을 조성하였다. 인천상륙작전은 맥아더가 최고지휘관으로서 탁월한 리더십 · 정의감 · 반공정신 · 동맹국에 대한 의리가 어우러져 일궈낸 승리였다.

최종 작전안은 8월 23일 도쿄 맥아더 사령부에서 콜린스 합참의장, 해군의 셔먼 제독, 그리고 참모들과 장시간의 격론 끝에 마무리되었다. 그는 마지막 토론에서 반대하는 장성들에게 특유의 과장법을 활용하여 "나는 지금 찰칵찰칵, 운명의 초침 소리를 듣고 있다. 당장 행동하지 않으면 우리는 다 죽는다."라고 비장한 결심을 하였다. 인천상륙작전은 시작되었고 맥아더의 상륙군은 최소한의 피해로 승리했다. 뒤이어 계속된 수도 서울 탈환작전도 성공하여 한국군은 그해 9월 28일 중앙청에 태극기를 게양함으로써 서울을 수복하였다. 맥아더는 이승만 대통령과 나란히 세단을 타고 총탄 구멍으로 만신창이가 된 중앙청 건물 행사장에 도착하여 서울 수복 축하 행사에 참석했다.

인천상륙작전의 성공은 그를 한국전의 영웅으로 만들었고, 그의 인기는 본국은 물론 한국과 극동지역에서 하늘 높이 치솟았다. 그의 일생에 가장 아쉽고 애석한 일은 그와 한국인들의 소원대로 압록강을 국경으로 하는 남북통일을 성사시키지 못한 것이었다. 이 목표는 1950년 10월 중순 중공군 개입으로 아깝게 좌절되고 말았다.

맥아더 장군의 인천상륙작전에서의 리더십을 분석해보면, 전쟁의 흐름을 역전시킬 수 있는 대안의 구상, 주변의 반대에도 상식을 초월하는 역발상의 의사결정, 북한군의 전투근무지원 상황에 대한 정확한 전황 진단, 상륙부대의 적절한 편성, 인천항의 작전환경을 극복 및 활용할 수 있는 대책 등 리더십의 효과성을 극대화할 수 있는 상황변수를 적절하게 활용한 상황적합적 리더십의 성공적인 사례로 평가할 수 있다.

제2절 리더-구성원 교환관계 이론

리더-구성원 교환관계(LMX: Leader-Member EXchange) 모델은 리더십을 리더와 조직구성원 간의 상호작용을 중심으로 개념화한 이론이다. LMX 이론은 댄서로우, 그렌과 하가(Dansereau, Graen & Haga, 1975)가 처음 제시하였으며, 리더와 조직구성원과의 관계의 속성이 성과에 미치는 영향을 분석한 이론이다.[18]

LMX 이론은 대부분의 리더십 이론과는 달리 리더의 특성이나 행위에 초점을 두는 것이 아니라 리더와 조직구성원 간의 관계에 초점을 두고 있다. 그리고 리더는 조직구성원들을 하나의 집단으로 대하는 것이 아니라 각각의 조직구성원과 다른 성질의 관계를 형성하여 상호작용한다고 보는 독특한 시각을 갖고 있다. LMX 이론은 과거에는 수직적 일대일 관계연결 이론(VDL: Vertical Dyad Linkage theory)이라고 불렸는데, 이는 한 개인이 다른 개인에게 직접적으로 권한을 행사하는 것으로 구성된 수직적 일대일 관계 내의 상호 영향과정에 초점을 두었기 때문이다.

---

[18] Dansereau, F., Graen, G. & Haga, W. J.(1975), "A vertical dyad linkage approach to leadership within formal organization: A longitudinal investigation of role making process", *Organizational Behavior and Human Performance*, 13, pp. 46-78.

2.1 초기의 LMX 이론

LMX 이론의 기본전제는 조직구성원들의 업무역할에 대해 리더가 조직구성원 개개인과 개별적인 교환관계를 발전시킨다는 것이다. 그렌과 캐시먼(Graen & Cashman, 1975)은 리더와 조직구성원 교환관계가 개인적인 양립 가능성과 조직구성원의 능력 및 신뢰성을 토대로 형성된다고 보았다. 시간이 지남에 따라 리더는 조직구성원들과 개별적으로 높은 수준의 교환관계나 낮은 수준의 교환관계를 형성하게 된다.

댄서로우 등은 9개월에 걸쳐 60개의 리더와 조직구성원 쌍을 관찰하고 두 가지의 리더와 조직구성원 관계유형을 발견하였다. 하나의 유형은 상호 영향력을 행사하고, 계약 이상의 추가적인 행동을 교환하며, 상호 신뢰하고, 존중하고, 좋아하며, 공동의 운명을 느끼는 특징을 갖는 파트너십 관계를 형성하는 것이다. 그리고 다른 하나의 유형은 리더를 감독자로 보고 일방적이고 하향적인 영향력을 행사하며, 명시된 역할에 근거해 행동을 교환하고, 느슨하게 연계된 운명을 느끼는 특징을 갖는 공식적인 관계를 형성하는 것이다. 전자의 유형을 내집단(in-group) 관계라고 하고, 후자의 유형을 외집단(out-group) 관계라고 한다.[19] 이러한 내집단과 외집단 관계의 구분은 직위권한에 의존하지 않고 강압적이지 않은 방식으로 영향력을 행사하는 리더십과 직위권력에 의존하여 강압적 방식으로 영향력을 행사하는 리더십으로 구별된다.

리더는 내집단과 외집단에 대해 다른 리더십 행동을 보이게 된다. 내집단과 외집단에 대한 리더십 행동의 차이를 연구했던 VDL 이론은 연구관점을 심화하여 LMX 이론으로 진전되었다.

2.2 리더와 조직구성원의 역할 형성

LMX의 수정 이론에서 그렌과 스칸두라(Graen & Scandura)는 리더와 조직구성원의 일대일 교환관계가 역할 취득(role taking), 역할 형성(role making), 그리고 역할 일상화(role routinization)의 과정을 거치면서 만들어진다고 하였다. 역할 협상을 통해 교환관계가 형성되는 과정은 〈그림 2-16〉과 같다.

〈그림 2-16〉에서 보는 바와 같이 ① 역할 취득 단계는 리더와 조직구성원 간 관계의

---

19 Vecchio, R. P.(1982), "A Further test of leadership effect due to between-groups variation and within-group variation", *Journal of Applied Psychology*, 67.

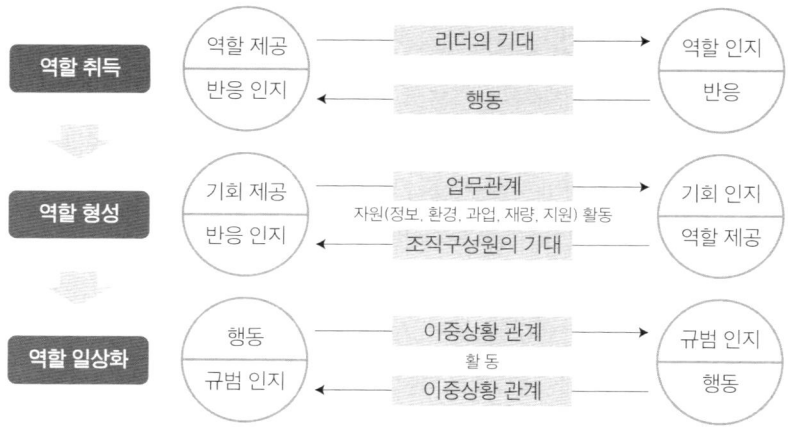

〈그림 2-16〉 리더-구성원 교환관계 및 역할 협상 과정

자료: 이상호(2010), 『조직과 리더십』, 북넷, 183쪽.

초기단계로서, 리더와 조직구성원 간 교류가 공식적인 틀을 넘어서지 않는다. 리더는 조직구성원에게 과업을 할당하고 그 조직구성원이 과업을 어떻게 수행하는지를 탐색한다. 조직구성원은 다양한 행동으로 리더에 반응하고 리더는 그 행동을 보고 다음에 보낼 역할 메시지를 결정한다. 만일 조직구성원이 더 도전적인 과업을 수행할 만한 능력과 동기가 있다고 판단되면 역할 형성 단계로 이동한다. ② 역할 형성 단계에서는 리더와 조직구성원들은 서로 가치 있는 정보나 자원 등을 제공하고 공유하며, 양자 간의 기여도에 근거한 교환관계가 나타난다. 리더는 조직구성원에게 다양한 기회를 제공하고 조직구성원이 더 많은 역할과 중요한 책임을 수행할 수 있는지를 살펴보며, 조직구성원은 리더가 역할과 권한을 위임할 의사가 있는지를 검증하게 된다. ③ 역할 일상화(또는 발전) 단계는 역할 형성 단계에서 만들어진 교환관계가 정착되고 안정화되는 단계이다. 리더와 조직구성원 간에 상호신뢰의 존중, 그리고 상호의무감을 갖게 되며 광범위한 측면에서 서로 영향을 주고받는 단계이다. 이와 같은 역할 협상 과정을 통해, 리더는 어떤 조직구성원과는 높은 질의 교환관계를 갖게 되고 또 어떤 조직구성원과는 낮은 질의 교환관계를 갖게 되는데, 이를 내집단, 외집단으로 분류하였다.

리더는 내집단 조직구성원들에게는 개인적 관심, 능력에 대한 자신감 부여, 조직구성원의 행동지원 등과 같이 자아가치를 지원해주는 행동을 제공해주며 도전적이고 흥미로운 직무 및 기회를 할당한다. 내집단 조직구성원은 이러한 리더십에 대한 교환행동으로 만족할 만한 성과뿐 아니라 추가적인 역할 외 활동을 수행한다. 반면에 외집단 관계에서 리더와 조직구성원 간에는 계약된 역할행동만을 교환하는 낮은 질의 교환관계가 발생한다. 즉 리더는 외집단 조직구성원에게 관심과 배려만을 제공하며 관리자로서 정해진 역할수행을 지시하고 감독하는 행동만을 수행한다. 마찬가지로 외집단 조직구성원들은 정해진 기준의 성과만을 내면 그만이다. 따라서 리더와 조직구성원 간의 내집단과 외집단 관계는 교환관계의 질에 있어서 서로 차이가 있다.

2.3 LMX의 측정 및 실증 연구

LMX 측정에 일반적으로 사용되는 도구는 'LMX-7'이라고 불리는 〈표 2-21〉에 제시한 일곱 가지 문항 척도이다.

〈표 2-21〉 LMX-7

이 설문지는 귀하에게 귀하와 귀하의 리더와의 관계 혹은 귀하와 귀하의 부하들 중의 한 사람과의 관계를 묻고 있는 문항들입니다. 각 문항마다 그 밑에 그 같은 관계의 정도를 나타내는 숫자가 기록되어 있습니다. 귀하의 경우를 잘 나타내고 있는 숫자에 체크하여 주십시오.

1. 귀하는 귀하의 리더(부하)와의 관계가 어떻습니까? 귀하의 리더(부하)는 귀하가 하는 일에 대해 어느 정도로 만족하고 있다고 생각하십니까?

거의 만족하지 않는다	때때로 만족해 한다	자주 만족해 한다	꽤 자주 만족해 한다	매우 자주 만족해 한다
1	2	3	4	5

2. 귀하의 리더(부하)는 귀하의 직무상의 문제점이나 직무상의 필요를 어느 정도로 잘 이해하고 있습니까? (1~5점)
3. 귀하의 리더(부하)는 귀하의 잠재능력을 어느 정도로 잘 인식하고 있습니까? (1~5점)
4. 직무에 부여된 공식권한과는 상관없이 귀하의 리더(부하)는 그(그녀)의 권력(영향력)을 이용하여 귀하를 도와 작업상의 문제를 해결해줄 가능성은 어느 정도입니까? (1~5점)
5. 귀하의 리더(부하)가 가지고 있는 공식적 권한과는 상관없이 귀하의 리더(부하)가 자신의 희생을 무릅쓰고 귀하를 어려운 처지에서 구해내 줄 가능성은 어느 정도입니까? (1~5점)
6. 귀하는 귀하의 리더(부하)를 충분히 신뢰하고 있기 때문에 그(그녀)의 결정을 옹호하고 정당하다고 인정할 것입니까? (1~5점)
7. 귀하의 리더(부하)와 작업상의 관계가 어떻다고 말할 수 있습니까? (1~5점)

◆ 채점 방법: LMX-7 점수 해석지침
   (매우 높음: 30~35, 높음: 25~29, 중간: 20~24, 낮음: 15~19, 매우 낮음: 7~14)
◆ 높은 범주의 점수: 내집단 조직구성원, 낮은 범주의 점수: 외집단 조직구성원

자료: Graen, G. B. & Uhl-Bien, M.(1995), "Relationship-based approach to leadership: exchange theory of leadership over 25 years: Applying a multi-domain perspective", *Leadership Quarterly*, 6(2), pp. 219-247.

LMX 이론은 리더와 조직구성원 간의 관계의 질에 따라 조직행동이 다를 것이라고 가정하였다.[20] 리더와 조직구성원 간의 관계의 질과 커뮤니케이션 빈도, 가치관의 일치성, 직무만족, 조직몰입 등과의 관련성을 연구한 결과, 내집단 조직구성원들이 더욱 높은 직무만족, 낮은 이직률 등의 성과를 보였으며, 상호 간의 교류의 질이 좋을수록 리더와 조직구성원 및 조직의 전반적 측면에서 긍정적인 결과를 보였다.

많은 연구들에서 리더와 조직구성원 관계의 질을 양호하게 지각하는 조직구성원들이 그렇지 않은 조직구성원들보다 생산성, 직무만족, 조직몰입도, 리더만족, 조직시민행동, 혁신행동 등과 같은 조직유효성이 높은 것으로 나타났다. 예를 들어 스칸두라와 그렌(Scandura & Graen, 1984)의 연구에 의하면, 처음에는 LMX 수준을 낮게 지각했던 조직구성원들이 리더와 양질의 상호관계가 진행된다고 지각하게 되면 LMX 수준을 높게 지각했던 조직구성원들보다 리더만족과 직무만족 및 생산성이 더욱 증가한다고 한다. 이는 외집단의 조직구성원들도 리더와 좋은 관계를 형성할 수 있는 기회가 제공되면 리더와 조직에 헌신과 만족도가 충분히 증가할 수 있음을 보여주는 것이다. 또한 혁신과 관련한 연구들에서도 LMX의 질을 높게 지각하는 조직구성원일수록 혁신의 필요성을 더 많이 지각하고 있음을 제시하고 있다.

2.4 LMX 이론 평가

LMX 이론은 이론과 실무에서 여러 가지 긍정적 시사점을 제공해주고 있다.

① LMX 이론은 리더와 조직구성원 간의 관계를 개별적인 쌍의 관계로 보는 유일한 이론이다. 이러한 측면에서 기존의 리더십 이론들이 간과한 부분을 보완하는 역할을 하고 있다.

② 실제의 조직현장에서 LMX 이론은 많은 사람들의 현실적 공감을 얻을 수 있는 이론이다. 대부분의 조직구성원들은 자신이 내집단 또는 외집단 가운데 어느 한 곳에 속한다는 느낌을 받으며, 리더에 대한 헌신과 리더로부터의 배려의 차별성을 경험한

---

[20] LMX의 측정도구는 댄서로우와 그렌(Dansereau & Graen, 1984)이 개발하고 리덴(Liden, 1993) 등이 개선한 설문(리더와 조직구성원 간의 신뢰, 리더에 대한 존경, 리더의 희생, 능력에 대한 상호존중 등의 요인을 일곱 가지 문항으로 구성)과 리덴과 매슬린(Liden & Maslyn, 1988)이 네 가지 요인, 즉 리더와의 정서적 애착(affect), 리더에 대한 충성심(loyalty), 리더와 조직에 대한 공헌의욕(contribution), 리더의 전문성에 대한 존경(profes- sional respect)을 11개 문항으로 구성한 설문 등이 있다.

다고 생각한다.

③ 풍부한 실증연구는 LMX의 질과 조직효과성의 관계를 입증하고 있다. 이는 이론과 실용의 양면에서 이 이론이 유용함을 보여주는 것이다. 아울러 리더와 조직구성원 간의 관계의 질을 높이는 것이 중요하다는 점을 시사하고 있다.

한편 여러 가지 문제점과 보완할 점도 존재한다.

① 내·외집단의 구분기준이 명확하지 않고, 문화나 다른 요인들에 의해 기준이 변화할 수 있다는 점이다. 가령 개인주의적 문화권인 미국에서는 조직구성원의 능력이 중시될 수 있지만, 집단주의 문화권인 우리나라에서는 사적인 친분관계나 충성심 등이 중시될 수도 있다.

② VDL 이론은 도덕적이고 인본주의적인 면에서 문제를 안고 있다. 조직구성원을 차별적으로 구별하여 대우를 달리하는 것은 공정하지 않고, 특히 외집단 조직구성원들의 근로생활에 부정적인 영향을 야기할 수 있으며 그들이 소외감을 가질 경우에 조직 전체의 문제로 번질 가능성도 있다.

③ LMX 이론은 양질의 LMX를 강조하지만 양질의 교환관계 형성과정과 유지과정에 대한 충분한 설명이 부족하다. 이는 보다 정교한 이론적 발전을 통해 보완이 필요하다.

사례: 그림자 경호실장, 장세동

육사 11기인 대구 출신 전두환과 육사 16기인 전남고흥 출신 장세동은 월남에서 처음 만났다. 부하 장세동이 부상을 입어 입원한 병원에 상급자인 전두환이 위문을 한 것이다. 이러한 인연을 시작으로 장세동은 하나회 멤버가 되었고, 12·12사태 이후 전두환의 오른팔 격인 그림자가 되었다. 장세동은 전두환이 대통령 재임 당시 대통령 경호실장과 중앙정보부장을 역임하게 된다. 전두환이 빛이라면 장세동은 그림자였다.

장세동 경호실장은 대통령의 육신뿐만이 아니라 심기까지도 경호해야 한다는 심기경호론까지 거론한 인물이다. 이리하여 장세동은 전두환 권부에서 명실상부한 제2의 권력자가 되었고, 한때 권부와 세간에서는 전두환을 후계할 대통령 후보 적임자로까지 부상하기도 했다. 그러나 노태우가 대통령이 되었고, 장세동은 야인이 되면서 청문회에 나가게 된다.

청문회에 나온 장세동은 한 치의 부끄러움과 비굴함도 없는 태도로 그 무서운 청문회 태풍에 맞섰다. 결국 장세동은 일해재단 사건으로 법정에 서게 되고, 첫 번째 구속이 시작된다. 형 집행정지로 풀려나온 장세동은 연희동 집으로 달려갔다. "신고합니다, 각하! 휴가 잘 다녀 왔습니다." 거수경례를 올리면서 장세동이 한 말이다.

용팔이 사건 때는 "용팔이 사건은 나 이상의 배우가 없다."라는 말로 법적 책임을 자기에게서 끝내려는 증언을 남겼고, 이 사건으로 두 번째로 구속되자 일부 세인들은 동정론을 펴기도 했다. 김영삼 정부는 들어서자마자 '역사 바로세우기'라는 명분하에 전두환과 노태우, 장세동의 목을 겨누었다. 장세동은 12·12사태와 5·18사건, 비자금 사건 등으로 다시 두 번을 더 감옥에 가게 된다. 이 시기에 전직 두 대통령의 경호실장이 모두 감옥에 가게 되면서 장세동과 이현우를 비교하는 세론(世論)이 일어났다. 장세동이 의리의 사나이로 평가되었다면, 이현우는 자기가 모시던 분의 비자금을 폭로한 비열한 인간으로 추락했다. 감옥에서도 이현우가 나타나면 재소자들이 욕을 하고, 장세동이 나타나면 환성을 질렀다는 일화가 있다. 피의자로서 남긴 명언 중에서 "어른을 구속하려 들 경우에는 내가 역사의 수레바퀴에 깔려 죽는 한이 있더라도 막을 것이고, 그러지 못한다면 나는 어른의 뒤를 따라 가겠다."라는 말도 있었다. 감옥을 네 번을 가건 수백 번을 가건 '장세동의 소리'는 거침이 없을 것 같다. 아마도 그에게는 아직도 토해내지 못한 말들이 남아 있을 것이다.

장세동에 대한 역사적 평가와는 별도사안으로 접어두고, 전두환과 장세동의 관계는 LMX 이론에서 제시하는 내(內)집단 관계의 전형적인 사례로 평가할 수 있겠다.

본 장의 요약

리더의 특성과 행동에 관한 연구들은 모든 상황에서 조직성과를 높여주는 리더의 특성과 행동유형을 찾으려고 했다. 하지만 1960년대까지의 연구를 통해 밝혀진 결과는 보편 타당한 리더의 특성이나 행동이 존재한다기보다는 리더의 특성과 행동이 리더십 효과성에 미치는 영향은 여러 상황적 요인에 따라 달라진다는 사실이었다. 따라서 연구자들은 리더십을 발휘하는 과정에서 조직성과의 창출에 영향을 주는 상황변수에 대해서도 점차로 관심을 갖게 되었다. 상황이론에서는 전통적 리더십 이론에서 강조하는 리더의 특성,

행동과 같은 요소들이 리더십이 발휘되는 상황과의 적합성을 가져야 한다는 점을 지적한다. 피들러가 1967년에 상황적합성 이론모형을 제시한 이후 수많은 학자들에 의하여 수백여 편의 후속연구가 진행되었다. 그러나 피들러의 모형과 연구결과의 타당성에 대해서는 긍정적 평가와 부정적인 지적이 공존한다. 그럼에도 불구하고 피들러의 모형을 통해 리더십 상황이론이 확산되는 효과를 얻었으며 리더십 이론의 정교화에 공헌하였다. 경로-목표이론은 1950년대에 처음 제안된 이후 에번스(1970), 하우스(1971)를 거치면서 보다 정교하게 발전되어 왔다. 이 이론은 동기부여이론의 하나인 기대이론에 기반을 두고 있다. 경로-목표이론은 리더가 조직구성원들의 목표달성경로를 돕는다는 기본적 관점에서 정립된 이론이며 실용적 측면에서 효과적인 리더십 행동을 발휘하기 위한 유용한 지침을 제공하였다. 한편, 허시와 블랜차드는 리더 유형과 리더십 효과성 간에 상황변수가 작용하는 리더십 이론을 제시하였다. 조직구성원의 성숙도를 상황변수로 도입하고 직무 차원과 심리 차원으로 나누어 리더십 이론의 상황변수를 확장하였으며, 다양한 리더십 개발의 필요성을 강조하고 있다.

이처럼 상황이론에 기반을 둔 연구들은 리더십 모형을 더욱 정교하고 다양하게 발전시키는데 공헌하였다. 리더의 행동유형과 리더십 효과성의 관계를 탐색함에 있어서 상황변수가 개입됨으로써 다양한 연구모형이 도출되고 그에 따라 다양한 연구방법들이 개발되었다. 그러나 상황이론에서 강조하는 상황적합성 개념이 일반적으로 리더의 긍정적 덕목으로 평가받는 '원칙과 일관성의 유지'라는 개념과는 다분히 상반되는 측면이 존재한다. 특히 최근 각광받는 비전적 리더십, 전략적 리더십 또는 변혁적 리더십은 장기적 안목과 소신을 가지고 비전을 실현해나가는 리더상을 요구하고 있다는 점에서 향후의 연구에서는 리더십의 상황적합성에 대한 새로운 개념 보완이 필요하다.

다음으로 리더-구성원 관계(LMX: Leader-Member EXchange)에 대해서 살펴보았다. LMX 이론은 대부분의 리더십 이론과는 달리 리더의 특성이나 행위에 초점을 두는 것이 아니라 리더와 조직구성원 간의 관계에 초점을 두고 있다. 그리고 리더는 조직구성원들을 하나의 집단으로 대하는 것이 아니라 각각의 조직구성원들과 서로 다른 성격의 관계를 형성하여 상호작용한다고 보는 독특한 시각을 갖고 있다. LMX 이론은 리더와 조직구성원 간의 관계를 개별적인 쌍의 관계로 보는 유일한 이론이다. 이러한 측면에서 기존의 리더십 이론들이 간과한 부분을 보완하는 역할을 하고 있다. 하지만 LMX 이론에서 강조하고 있는 양질의 교환관계 형성과정과 유지과정에 대한 충분한 설명이 부족하다는 점 이외에도 여러 가지 측면에서 한계점이 지적되고 있어서 보다 정교한 이론적 발전을 통한 내용적 보완이 필요한 것으로 평가받고 있다.

제5장 혁신지향적 리더십 이론

이전 100년 동안 변화되었던 것들이 불과 10년도 채 되지 않은 사이에 변화되는가 싶더니 하루가 다르게 우리를 놀라게 하는 새로운 변화의 사건들이 도처에서 일어나고 있다. 그리고 유비쿼터스라 불리는 신기술에 기반한 대변혁의 시대가 바로 눈앞에 전개되고 있다. 이제 우리에게는 변화하는 과학문명에 부응하여 혁신이라는 패러다임을 정신영역에도 접목시키는 새로운 차원의 리더십이 필요하다는 데 많은 사람들이 공감하고 있다.

세상을 변화시키겠다고 말하는 사람들이 많다. 우리 주변에서 쉽게 찾아볼 수 있는 예가 바로 정치인들이 출사표 현장이다. 그러나 존경받는 리더와 리더십은 쉽게 눈에 띄지 않는다. 도대체 왜 그럴까? 정작 변화를 위하여 이 한 몸 바치겠다던 자신들은 변화하지 않기 때문이다.

본 장에서는 리더십 이론을 현대적 관점에서 새롭게 접근해보도록 하겠다. 이를 위하여 먼저 급변하는 환경 속에서 신속하게 적응할 수 있고, 개인과 조직의 성과를 극대화시킬 수 있는 혁신지향적 리더십의 대표적인 이론들에 대하여 살펴본다.

1. 슈퍼 리더십과 셀프 리더십의 관계를 예를 들어 논의하시오.
2. 조직구성원들을 셀프 리더로 만드는(임파워먼트시킬 수 있는) 리더의 행동들은?
3. 하우스의 카리스마적 리더십 모델의 장단점을 설명하시오.
4. 당신의 카리스마는 무엇인가? 어떤 모습의 리더가 되고 싶은가?
5. 콩거와 카눈고의 카리스마적 리더십 측정설문 결과, 본인의 카리스마 수준은 어떠한가? 만일 본인이 낮은 수준의 카리스마를 가진 것으로 평가되었다면 이를 보완할 수 있는 방법으로는 어떠한 것들이 있는가?
6. 훌륭한 리더에게 카리스마는 필수적인가? 카리스마적 리더십과 비카리스마적 리더십을 비교하여 논의하시오.
7. 변혁적 리더십의 구성요소로는 어떠한 것들이 있는가?
8. 거래적 리더십과 비교하여 변혁적 리더십의 효과성을 평가하시오.
9. 기술혁신형 중소기업의 최고경영자가 추구할 수 있는 전략적 리더십의 바람직한 유형을 논의하시오.
10. 현재 당신이 몸담고 있는 조직의 리더십을 변화흐름에 비추어본다면 어느 정도의 흐름에 위치하고 있다고 보는가?

제1절 리더십 이론의 현대적 구분

본서에서는 리더십 이론을 전통적 이론과 현대적 이론으로 구분하여 서술하고 있다. 아래에서는 1970년대 이후에 제시된 이론들을 현대적 관점에서 구분하고 미래 리더십에 대한 그림도 함께 그려볼 것이다.

초기의 산업사회에서는 조직들의 구조가 톱니바퀴로 연결된 잘 짜인 기계처럼 구성되는 것이 효율적이라는 생각이 강했다. 즉 조직구성원들을 기계적 관점에서 자원의 일부로 생각하였다. 따라서 조직의 가치가 개인의 가치보다 우선하였으므로 개인들은 조직의 요구에 순응하는 것을 당연한 것으로 받아들였다. 이러한 생각을 바탕으로 리더십은 '상부에서 지시한 목표달성을 위해 주어진 직무만 잘하도록 조직구성원들에게 영향력을 행사하는 과정'으로 인식되었다.

그러나 현대사회와 조직은 빠르게 변화하고 있고 앞으로는 그 속도가 더욱 빨라질 것이다. 민주화와 정보화의 진전으로 개인들의 가치가 중시되고 교육 수준과 전문화 수준도 높아졌다. 사람들 간의 평등의식이 확산되어 지배와 군림의 문화는 약화되고 존중과 배려, 윤리가 중요한 덕목이 되었다. 사람들은 사회와 조직 속에서 자신의 비전을 실현할 수 있는 자율능력을 더욱 중요시하기 시작했다. 현대사회의 개방성은 개인들로 하여금 추구하는 가치를 다양하게 표현할 수 있게 하였으며, 사람들은 남들에게 어필하는 개성적인 카리스마의 개발에 더욱 많은 관심을 갖게 되었다. 또한 지식정보화 사회는 산업사회의 상황보다 더욱 빠르고 복잡한 변화의 양상을 보이고 있으며, 디지털사회는 아날로그사회보다 더욱 기민한 순발력을 요구한다. 이러한 속성은 리더에게 변화와 혁신을 주도할 수 있는 능력을 요구한다. 디지털 상황에 적응하지 못하는 아날로그형 리더가 디지털형 조직구성원들을 이끌고 나가기가 매우 어려워진 것이다.

더욱이 현대사회의 변화는 한 가지 방향으로만 일정하게 진행되는 것이 아니라 복합적이며 다방향적으로 진행되고 있다. 따라서 조직구성원 모두를 주체로 인식하면서 변화에 적응하며 성과를 극대화할 수 있는 혁신지향적 리더십을 요구하고 있는 것이다. 또한 획득한 성과에 대해서는 투명한 분배와 재투자를 추구하고, 사회와 조직에 기여하는 기업의 역할을 요구하고 있다. 이러한 과정에서 공정성의 윤리와 사회적 봉사를 중시하는 문화가 리더십의 한 축을 형성하고 있다. 그리고 리더십의 미래에 대한 변화를 예측하고 대비방안을 제시하는 것도 현대를 살아가는 사람들의 몫이다.

본서에서는 현대적 리더십의 맥락을 다음과 같이 크게 세 갈래의 흐름으로 나누어 정리한다. 첫째 흐름은 조직구성원들의 자율능력의 개발과 리더의 변화주도적인 혁신을 강조하는 관점으로서 새로운 비전의 실현을 강조하는 이론이다. 둘째 흐름은 현대사회에서 선택의 문제가 아니라 필수요소로 평가되는 리더의 윤리적 품성과 감성 및 봉사를 중시하는 관점의 이론이다. 셋째 흐름은 미래의 사회와 조직을 그려보면서, 현대와 미래를 연결하는 리더십의 관점에서 신조류 리더십으로 구분하였다.

그 외에도 한국적 리더십의 현주소와 향후의 리더십 방향에 대하여 별도의 장을 구성하였다. 〈표 2-22〉는 현대적 관점의 리더십을 구분한 것이다.

〈표 2-22〉 현대적 관점의 리더십 구분

구 분	대표적 리더십	
혁신지향 리더십	• 슈퍼 리더십 • 변혁적 리더십	• 카리스마 리더십 • 전략적 리더십 등
인본주의 리더십	• 윤리적 리더십 • 희생적 리더십	• 서번트 리더십 • 감성 리더십 등
신조류 리더십	• 글로벌 리더십 • 유비쿼터스 리더십	• 블루오션 리더십 • 챌린지 리더십 등

제2절 슈퍼 리더십

'슈퍼'(Super)란 어떤 것을 뛰어나게 하는 지혜나 능력을 가리키는 말이다. 사회와 조직에는 지혜나 능력의 잠재력을 소유한 사람들이 많다. 따라서 조직구성원들의 지혜와 능력을 이끌어내도록 도움을 주어 그들의 자율능력을 향상시키는 것이 슈퍼 리더십이다.

'슈퍼 리더십'(Super Leadership)이란 다른 사람들의 의지를 자신의 의지에 굴복시키는 능력이 아니라 자신들이 처한 상황을 자기 스스로 처리해나갈 수 있도록 도움을 줌으로써 다른 사람들의 공헌을 극대화시킬 수 있는 능력을 말한다. 즉 조직구성원들이 리더의 지시와 통제에 따라 움직이는 것이 아니라 스스로 자신의 과업을 수행하고 통제하는 능력을 향상시키는 것을 의미한다.

우리가 살아가고 있는 사회와 조직에서 조직의 비전과 목표를 달성하기 위하여 조직구성원들이 다양한 환경과 조건에서도 자율적으로 문제를 해결하고 성과를 창출하는 것이 가장 이상적인 리더십 비전이다. 그렇게 되기 위한 리더의 최우선 과제는 적재적소의 조직구성원을 선발하고 조직구성원들로 하여금 자율능력을 갖춘 자율 리더로 만들어내는 것이다. 즉 잠재력은 있으나 아직 개발되지 않은 평범한 수준의 조직구성원들에게 스스로를 통제(판단 → 결심 → 조치 → 책임)할 수 있는 자율 리더십(self leadership)을 갖추도록 하여 자율 리더(self leader)로 개발하고자 하는 리더십이 바로 '슈퍼 리더십'이다. 슈퍼 리더란 슈퍼맨이 아니라 조직구성원들에게 솔선ㆍ주도, 자기 책임, 자신감, 자기 스스로의 목표설정, 긍정적인 기회적 사고, 그리고 자기 스스로의 문제해결을 위하여 조직구성원들에게 임파워먼트를 부여하는 사람이다. 그리고 지위와 신분에 상관없이 모범을 보이며 리더십의 살아있는 모델 역할을 하는 사람이다.

슈퍼 리더십의 본질적 목표는 조직 내의 리더나 조직구성원 모두가 자율 리더가 되도록 하는 것이다. 그러므로 인간을 잠재력, 자율성, 창의성을 가진 존재로 인식하고 상급자로서의 규제는 최소화하며 조직구성원들의 잠재력 개발을 지원하고 발휘할 기회를 제공하는 것이다. 이러한 슈퍼 리더십 이론은 다른 사람들을 셀프 리더로 만드는 측면에서 본다면 결국은 리더의 육성에 초점을 맞춘 이론이라고 볼 수 있다. 따라서 슈퍼 리더십과 셀프 리더십, 임파워먼트는 불가분의 관계에 있으며, 이들 간의 관계는 〈그림 2-17〉과 같다.

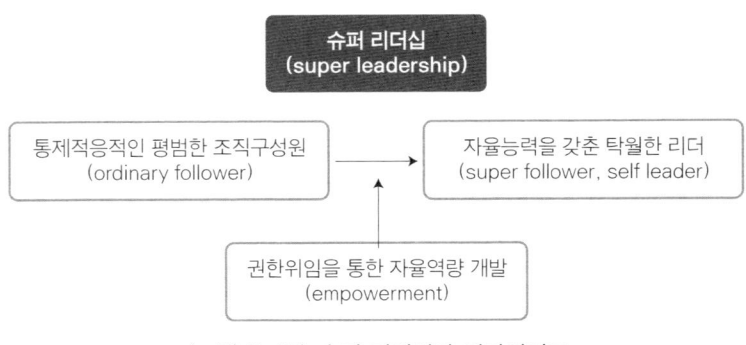

<그림 2-17> 슈퍼 리더십과 임파워먼트

2.1 임파워먼트

2.1.1 임파워먼트의 개념

임파워먼트(empowerment)는 '권한부여' 또는 '권한위임'의 뜻이다. 조직의 임파워먼트를 촉진시키는 리더를 임파워링 리더라고 하며 그들의 행동을 임파워링 리더행위라고 한다. 임파워링 리더행위는 권한위임(delegation of authority), 책임부여(accountability), 자기지향적 의사결정 권장(encouragement of self-directed decision making), 정보공유(information sharing), 능력개발(skill development), 혁신적 성과를 위한 코칭(coaching for innovative performance) 등 여섯 개 차원으로 분류할 수 있다.[1]

보엔과 롤러(Bowen & Lawler, 1992)는 서비스 부문에 임파워먼트를 적용하면서 ① 조직행동에 관한 정보, ② 조직행동에 기초한 보상, ③ 조직구성원이 조직행동을 이해하고 수행할 수 있는 지식, ④ 조직의 방향과 행동에 영향을 미치는 의사결정권을 조직구성원들에게 나누어주는 것으로 임파워먼트를 정의하였다.

토머스와 벨토스(Thomas & Velthous, 1990)는 임파워먼트를 내재적 동기부여로 보고 ① 자신의 노력이 과업의 결과에 미치는 영향, ② 주어진 직무를 능숙하게 처리할 수 있는 능력, ③ 자신의 목표를 기준으로 한 직무에 대한 의미감, ④ 스스로 직무를 선택할 수 있는 능력 등으로 정의하였다.

또한 스프레이츠(Spreize, 1995)는 실증적 연구를 통해 임파워먼트의 심리학적 요소로

---

1   Konczak, et al.(2000), 김오현·양호철(2010), "부하의 주도적 행위를 유발하는 리더십 선행요인에 관한 연구", 대한리더십학회, 『리더십 연구』 제2권, 47-78쪽 재인용.

〈표 2-23〉 임파워먼트 개념의 다양한 접근

구 분	초 점	임파워링
내 용	역량증대 활용, 확산	• 자신과 조직구성원으로부터 최선이나 최고를 추구하는 것 • 잠재력을 포함한 개인의 모든 능력을 최대한 활용하는 것 • 개인 속에 내재된 역량을 발휘하는 것
목 표	능동적 경영 자율경영 창조경영	• 수동적 · 상황적응적 관리를 지양하고 능동적 · 상황창조적 관리를 추구하는 것 • 임파워된 사람은 수동적 삶을 살지 않고, 능동적 · 공격적인 삶을 추구함
방 법	권한위임 동기부여 시너지 효과	• 위임을 넘어서 가장 효과적으로 권한이 필요한 곳에 실질적으로 권한을 부여하는 것 • 개인의 내적 동기, 내적 직무동기 및 행동능력을 제고시키는 것 • 권한을 잃는 것도 주는 것도 아니고, 권한을 발휘하게 하고 키워주는 것

자료: 박원우(1995), 『임파워먼트와 기업문화』, 삼성정신문화연구소, p. 73.

① 의미감, ② 자기결정력, ③ 능력에 대한 자신감, ④ 영향력 등을 제시하였다. 이 중에서 가장 중요한 요소는 자신감이다. 리더가 단순하게 조직구성원들에게 권한을 위임하는 것이 아니라, 조직구성원 스스로 임파워먼트가 되겠다고 인식하고 자신감을 갖는 것이 중요하다. 따라서 임파워먼트는 조직구성원들의 능력에 초점을 둔 것으로서 조직구성원들의 노력 · 수행 · 기대 또는 긍정적인 개개인의 자신감에 대한 마음의 상태를 증대시키는 것이므로 '할 수 있다는 신념'(belief of enabling)을 부여하는 과정으로 표현할 수 있다.

임파워먼트의 개념은 내용, 목표, 방법 중 어디에 초점을 두느냐에 따라 〈표 2-23〉에서 보는 바와 같이 다양하게 해석할 수 있다.

임파워먼트에 대한 개념들을 종합해보면 임파워먼트가 갖는 의미는 크게 두 가지로 구분된다. 하나는 리더가 권한을 조직구성원에게 위임한다는 것이고, 다른 하나는 권한을 위임받은 조직구성원의 자신감과 자율역량을 키워야 한다는 것이다. 즉 권한위임을 수단으로 조직구성원의 자율역량을 강화시켜 업무상의 혁신(자율성, 창의성, 혁신성)을 추구하기 때문에 임파워먼트를 '권한위임을 통한 자율역량개발'로 개념화할 수 있다.

〈그림 2-18〉에 임파워먼트의 패러다임을 제시하였다.

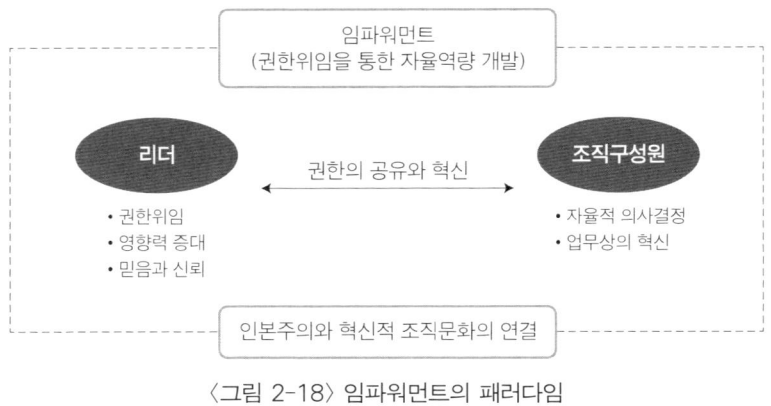

〈그림 2-18〉 임파워먼트의 패러다임

2.1.2 임파워먼트의 역할

임파워먼트는 슈퍼 리더십의 가장 중요한 수단이며 과정이다. 스스로 권한을 가지고 업무를 실행하는 경험 없이 자율 리더십이 생성되는 것은 거의 불가능하기 때문이다. 임파워먼트 실천의 핵심은 리더가 조직구성원들로 하여금 자기 업무에 대해 권한을 가지고 모든 과정을 직접 실행해보도록 기회를 부여하고, 시행착오를 거치더라도 자기평가를 통해 자신의 장단점을 식별하여 스스로를 개발함으로써 자율역량을 갖추어나가도록 여건을 만드는 것이다.

〈그림 2-19〉는 조직구성원들의 보편적인 행동화 과정을 나타내고 있다. 첫 단계에서 조직구성원들은 수행할 과제에 대해 먼저 상황을 판단한다. 두 번째 단계는 상황판단을 기초로 실행할 대안을 선정하고 실행방법에 대한 의사결정을 한다. 세 번째 단계는 의사결정에 기초하여 실행한다. 마지막 단계는 실행한 결과에 대해 평가를 한다. 이 과정에서의 리더의 개입 여부와 개입의 정도가 자율 리더 육성의 갈림길이 된다.

통제적 리더십은 세 번째 과정인 실행 이외의 모든 단계마다 리더가 깊이 개입한다. 즉 리더가 상황을 판단해주고 결정을 해주면 과업을 수행할 조직구성원은 단지 리더의 판단과 결정에 의해 시키는 대로 실행만 할 뿐이다. 실행의 결과에 대해서도 성과와 잘잘못을 리더가 평가해준다. 과업수행의 주체가 되어야 할 조직구성원은 상황판단능력, 의사결정

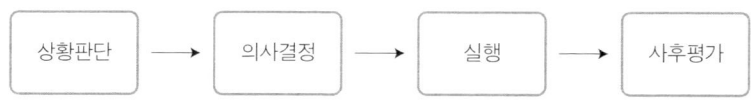

〈그림 2-19〉 조직구성원의 임파워먼트 행동화 과정

능력, 성과의 평가능력 등을 기를 수가 없으며, 자율능력을 갖추지 못한 채 상급자의 지시와 통제에 순응할 수 있을 뿐이다.[2]

그러므로 임파워먼트를 실천하기 위해서는 과업수행자에게 상황판단과 의사결정 및 평가의 권한을 부여하여 직접 실행하도록 기회와 여건을 만들어주어야 한다. '백 번 듣는 것보다 한 번 보는 것이 낫고 백 번 보는 것보다 한 번 해보는 것이 낫다.'[3]라는 것은 학생들의 학습 성과를 높일 수 있는 교육방법론을 적절하게 표현한 경구이다.

임파워먼트의 실천에서 가장 어려운 두 가지의 문제가 있다. 하나는 권한위임이 리더의 권력과 통제력을 약화시키지 않을까 하는 우려이고, 다른 하나는 조직구성원의 과업성과가 기대에 미치지 못하거나 실패하였을 경우의 피해와 책임에 대한 우려이다. 이러한 우려는 임파워먼트의 실천을 주저하게 하는 장애요소로 작용한다. 그렇지만 임파워먼트를 실천하기 위해서는 과업수행자에게 상황판단과 의사결정 및 사후평가에서 적절한 권한을 가지고 실행할 수 있게 하는 것이 매우 중요하다. 임파워먼트를 실행하면 초기에는 미숙하여 성과가 제대로 나타나지 않을 수가 있다. 그렇다고 권한을 다시 회수하거나 책임을 물어 처벌한다면 셀프 리더로 키울 수 없다. 초기의 저조한 성과에도 불구하고 시행착오를 겪고 극복하면서 판단력, 결단력, 실천력을 기르고 평가안목과 더불어 책임감을 가지게 될 때 자생력이라는 임파워먼트의 성과를 거두게 될 것이다.

임파워먼트의 가장 상징적인 효과는 조직구성원들의 주도적 행위를 활성화시킨다는 점이다. 주도적 행위는 '조직구성원들이 현재 환경에 대한 수동적인 적응보다는 더욱 나은 환경과 조직의 성과를 위해 주도적으로 시작하는 미래지향적 행동'으로 정의된다.[4] 리더의 임파워링 행위와 조직구성원의 주도적 행위의 상호 긍정적 순환과정에서 시행착오를 겪더라도 조직구성원의 판단력과 결단력 및 실천력이 길러지고 평가안목과 책임감을 가지게 될 때 자생력이라는 열매를 맛볼 수 있는 것이다.

효과적인 임파워먼트의 실행을 위해서는 지속적인 학습이 병행되어야 한다. 주요 내용은 과업지식과 기술적 능력의 향상, 의사소통과 갈등조정 등의 인간관계 능력의 향상, 계획수립과 통제 및 조정 등의 관리기법의 향상 등이다.[5]

---

2   가정에서 이러한 현상은 마마보이를 만들 우려가 있다. 즉 자녀의 일에 대해 부모가 판단하고 결정하는 등 자녀가 하야 할 일을 부모가 대신해주면 그 아이는 마마보이가 될 가능성이 높다. 마마보이는 셀프 리더의 반대어이다.

3   백문이불여일견(百聞而不如一見)이고, 백견이불여일행(百見而不如一行)이다.

4   김오현·양호철(2010), 앞 논문, 59쪽.

5   박원우(1997), 『임파워먼트: 개념정립 및 실천방법 모색』, 120-125쪽.

수 준	변화 목표	내 용
개인	사고와 역량의 변화	높은 자기효능감 및 책임감, 원활한 의사소통, 높은 성취욕구, 직무전문성 증진, 자기 업무의 성격과 개선방향 인식, 창의적 문제해결, 자기발전의 요소식별과 학습열의
집단	관계의 변화	참여와 협력의 팀워크 증진, 상호신뢰와 개방적인 커뮤니케이션, 목표의식의 공유, 자기발전 노력의 장려, 집단활력의 증진
조직	구조의 변화	조직학습문화와 학습체계 발전, 평가 및 보상체계 발전, 개인·집단 능력 개발 촉진문화, 균형적 권한구조

자료: 박유진(2009), 『현대사회의 조직과 리더십』, 양서각, 157쪽.

임파워먼트의 실행은 개인 수준에서부터 집단 및 조직 수준까지 함께 이루어지는 것이 바람직하다. 임파워먼트가 되면 개인은 자기효능감과 책임감이 증진되고 직무전문성을 발전시키게 된다. 집단 수준에서는 팀워크 활성화 등 집단의 활력이 증진한다. 조직 수준에서도 학습조직으로서의 시스템과 평가체계 개선 등의 효과를 기대할 수 있다. 임파워먼트의 수준과 기대효과는 〈표 2-24〉와 같다.

2.2 셀프 리더십

셀프 리더십은 스스로 자기 자신에게 영향을 미치기 위해 사용되는 사고 및 행동전략을 통틀어 일컫는다. 셀프 리더십이란 세상이 나를 지배하도록 방치하는 것이 아니라, 내가 스스로를 통제해나가도록 하는 것이다. 따라서 셀프 리더십은 '개인이 자기 자신에게 영향을 미치는 지속적인 과정'이라고 정의된다. 반면에 앞에서 논의되었던 슈퍼 리더십은 조직구성원들을 셀프 리더로 만드는 리더십 활동이다. 이처럼 셀프 리더십과 슈퍼 리더십은 불가분의 관계에 있다고 하겠다.

셀프 리더십 이론이 주장하는 주요 내용은 리더는 다른 사람들을 이끌려 하기 전에 자기 스스로부터 제대로 이끌 줄 알아야 한다는 것이다. 만츠(Manz, 2001)는 셀프 리더십의 내용(셀프 리더가 되는 행동원칙)을 여섯 개의 핵심적 요인으로 정리하여 〈표 2-25〉와 같이 제시하고 있다.[6]

---

6   Manz, C. C. & Neck, C. P. (2001), *Mastering Self-Leadership*, NJ: Prentice-Hall. p. 89.

① 자기관찰	② 힌트 전략	③ 자기목표 설정
④ 자기보상	⑤ 자기벌칙	⑥ 연습

① 자기관찰이란 '언제, 왜, 어떤 상황에서 내가 특정한 행동을 보이는가'를 알아보는 것이다. 예컨대, 하루 종일 하는 일 없이 시간만 낭비하면서 지낸다고 느껴지면 '나의 나태함'에 대해서 언제부터, 왜, 어떤 경우에 나의 나태함이 나타나는지를 연구하여 스스로를 바로잡는 것이다.

효과적 자기관찰과 변화의 포인트를 찾아내는 일은 '자기관찰기록'을 통해서 이루어질 수 있다. 작은 카드나 패드를 사용하여 자신의 행동을 상세하게 기록해본다. 자기 관찰기록에 기초하여 다양한 변화전략을 개발해낼 수 있다. 이는 각자 자신의 처지와 습관에 맞는 자기행동 관찰기록법을 개발하여 활용하는 것이 바람직하다.

② 힌트 전략이란 중요한 것을 잘 기억해내고 관심을 집중하기 위해 포스트잇이나 점검표와 같은 둘리적 도우미를 활용하는 전략이다. 어떤 사람은 중요한 것을 잊지 않고 연상하기 위해서 손가락에 고무줄이나 실을 묶어 둔다고 한다. 하지만 가장 많이 쓰는 방법은 해야 할 일의 목록(To-do list)을 만들어 사용하는 것이다. 이것은 기억촉진과 관심집중의 역할을 한다. 1일 활동 리스트의 작성, 공장에서 사용하는 안전기록표, 역할모델의 사진 부착, 바꿔야 할 행동리스트를 작성하여 사무실 책상 앞에 부착하는 것, 화장실의 청결 점검표 등은 우리에게 무엇이 중요한지를 알려주고 관심을 집중하도록 하는 힌트 전략의 예에 해당한다.

③ 자기목표 설정은 우리를 안전한 곳, 바람직한 곳으로 인도하는 역할을 한다. 열심히 앞만 보고 달려갔는데 끝에 벼랑이라고 생각해보자. 명백하고 구체적인 목표 없이 달려가다 보면 위험한 곳, 원하지 않는 곳에 이를 수도 있다. 또한 필요하지 않은 행동, 비효율적인 방법을 따르는 결과를 가져오기도 한다.

효과적인 목표의 설정은 우선 인생의 목적을 분명히 하여 장기목표를 설정하고 그에 입각하여 단기적인 목표를 수립하는 데서 출발한다. 목표는 구체적이고 명확하며 도전적이라야 한다. 목표를 설정했으면 실행을 위해서 구체적인 실행계획을 마련해야 한다. 장기목표 달성을 위해서 필요한 능력이 무엇이며 그것을 어떻게 개발할 것인가를 계획하는 데서 출발하는 것이 좋다. 실천의 방법은 다양한 대안들이 존재한다. 얼마나 효과적인 대안들을 발견하거나 창안하는가는 목표달성의 성패를 결정하는 매우 중요한 요인이다. 많이 찾고 대화하고 조언을 구하는 노력이 요구된다. 방법은 어디엔가 있기 마련이다.

④ 자기보상이란 자신이 일을 잘했다고 판단될 때 스스로에게 보상을 주는 것을 뜻한다. 자기보상은 자기 자신을 새로운 성취, 새로운 목표로 이끄는 데 있어 가장 강력한 방법이다. 자신의 바람직한 행동에 대해서 스스로 긍정적인 물질적ㆍ정신적 보상을 부여함으로써 다음 행동에 영향을 미치게 된다. 자동차 판매원 양민희 씨는 큰 계약을 치를 때마다 스스로 멋진 저녁식사를 즐긴다고 한다. 효과적인 자기보상을 위해서는 자기 자신을 동기부여시키는 물질적ㆍ정신적 요인들이 무엇인가를 정확히 알아야 한다. 자기 목표를 달성했을 때 좋은 곳으로 휴가를 떠나는 것도 자기보상의 좋은 예가 될 것이다.

⑤ 자기벌칙은 셀프 리더십을 통해서 자신을 바람직한 방향으로 이끌어가는 데 있어 효과적인 방법 중 하나가 자기벌칙을 활용하는 것이다. 하지만, 사람들이 자기벌칙을 너무 많이 사용하여 습관적 죄의식과 불필요한 자기비판의 함정에 빠지곤 한다. 이것은 결국 동기유발과 창의성에 부정적 결과를 가져온다. 그러므로 파괴적 자기벌칙이 아니라 건설적 자기벌칙을 활용할 줄 알아야 한다. 자기보상이 바람직한 행동을 강화시키는 것이라면 자기벌칙은 부정적 행동을 감소시키는 것이다.

⑥ 연습은 자기 자신을 실질적으로 변화시키는 전략이다. 연습은 실전에 들어가기 전에 필요한 행동을 반복함으로써, 자신의 문제를 알아차려 수정할 수 있게 해준다. 연습은 이처럼 큰 대가를 치러야 하는 실수를 피할 수 있게 해준다. 연습은 실전에 필요한 역량을 강화시켜 주지만 효과적으로 해야 큰 성과를 거둘 수 있다. 틀린 방법으로 필요 없는 행동을 많이 연습한다는 것은 바람직하지 않다. 그러므로 체계적이고 과학적이며 효과적인 연습계획을 수립하여 연습에 임하는 것이 좋다. 김연아 선수나 박태환 선수를 생각해보자. 이들의 성공 뒤에는 매우 과학적이고 체계적인 연습계획이 있었다는 사실을 잊지 말아야 한다.

이상에서 셀프 리더가 되는 여섯 가지 핵심 요인들을 살펴보았다. 매우 현실성이 있고 적용하기 쉽기 때문에 누구나 시도해볼 만한 내용이다. 리더는 다른 사람을 이끌려 하기 전에 자신을 이끄는 셀프 리더가 되어야 한다는 관점이 많은 사람들에게 매력적인 주장으로 받아들여진다. 따라서 슈퍼 리더는 조직구성원 스스로 셀프 리더십의 스킬을 개발할 수 있는 방법을 모색함과 아울러 슈퍼 리더의 지도하에 셀프 리더십의 스킬을 개발할 수 있는 방법을 동시에 구상하여 조직구성원들의 리더십 수준에 맞게 적용하는 기술이 요구된다.

일반적으로 셀프 리더십은 슈퍼 리더십의 하부이론으로 논의되어 왔다. 그러나 만츠는 그의 저서에서 셀프 리더십을 독립된 이론으로 발전시켜 전체적인 틀을 제시하고 있다. 만츠와 넥(Neck)에 따르면, 개인이 자신에게 영향을 미치는 과정으로 정의되는 셀프 리더십은 두 가지 심리학적 이론에 기초를 두고 있다. 하나는 사회적 인지이론(social cognitive theory)이며, 다른 하나는 내재적 동기이론(intrinsic motivation theory) 또는 인지적 평가이론(cognitive evaluation theory)이다.

사회적 인지이론은 개인의 행동과 정신 영역에 대하여 세 가지 가설을 제공한다. 첫째, 개인의 행동은 개인과 외부 세계와의 복잡한 교류를 통하여 습득되고 변화된다. 둘째, 개인은 다른 사람에 대한 관찰이나 상상력 발휘를 통해서 과업이나 사건을 학습하든가 경험할 수 있다. 셋째, 개인은 자기 자신의 잠재력이나 역량이 얼마나 효과적인지를 감지할 줄 안다.

인지적 평가이론은 사람은 자신이 하고 싶고 즐기는 일을 할 때 자연적 보상을 받는다는 원리를 일깨워 준다. 즉 일 자체가 주는 즐거움이 곧 자연적 보상이므로 일 자체가 내재적으로 동기부여의 효과를 가져 올 수 있다는 의미이다. 이러한 원리들에 입각하여 만츠는 개인의 행동과 사고에 영향을 미치는 네 가지 영역들을 지적하고 있다. 개인은 자신의 행동과 사고를 바꿔 자신과 팀의 효과를 높이기 위해서, 환경변환 전략과 자기규제 전략, 자연적 보상 전략, 자신의 정신세계 개조, 그리고 팀 사고(team-think)에 기초한 팀 셀프 리더십 등을 구사해야 한다는 것이다.

이러한 내용들을 보다 구체적으로 〈그림 2-20〉에 종합적 셀프 리더십 모델로 묘사하였다. 이 모델의 골자는 리더가 위에 제시된 것과 같은 셀프 리더십 전략들을 효과적으로 활용하면 지적이고 합목적적이며 높은 동기 수준을 갖는 행동과 사고가 발생되며, 그로 말미암아 성공적인 직무수행과 개인적 성과가 도출된다는 것이다. 성공적 직무수행은 또한 자신의 효용감을 높이는 결과를 가져오게 된다고 보고 있다.

본서에서는 리더와 조직구성원 모두에게 필요한 기본적인 셀프 리더십 스킬 향상의 일환으로 라이프 로드맵(Life-Road-Map)에 대한 설계 기법을 제시하였으며, 그에 관한 세부적인 내용은 제10장에서 제시하고 있다.

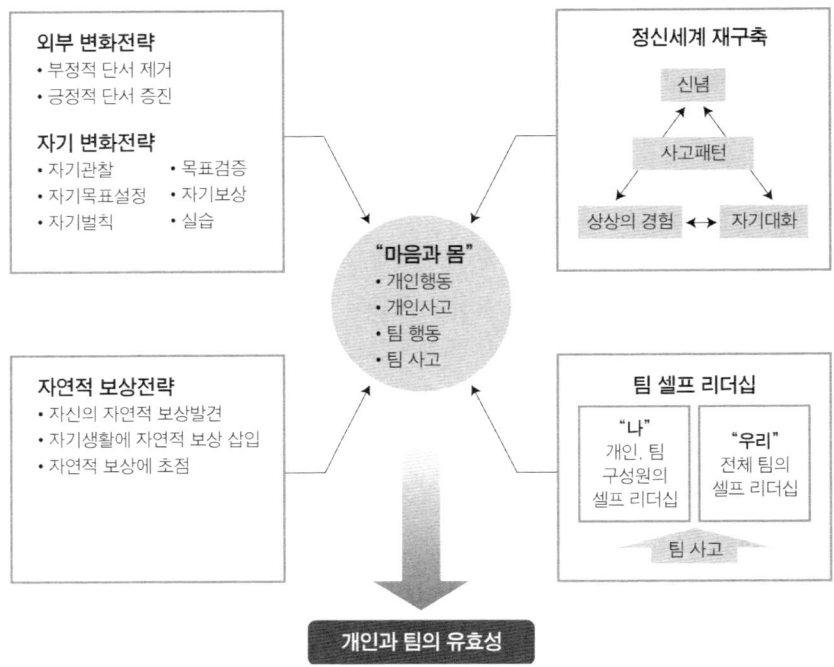

<그림 2-20> 종합적 셀프 리더십 모델

자료: Manz, C. C. & Neck, C. P.(1999), *Mastering Self-Leadership: Empowering yourself for personal excellence*, Upper Saddle River, NJ: Prentice-Hall.

2.3 슈퍼 리더의 역할

전술하였듯이 슈퍼 리더십 이론은 조직구성원들이 자기 자신을 리드할 수 있는 역량과 기술을 갖도록 하는 리더십을 의미한다.[7] 개념적으로 본다면 슈퍼 리더는 조직구성원들의 셀프 리더십을 완성하는 순간 리더로서의 역할이 끝난다. 즉 조직구성원들이 일정한 요건을 갖추게 되면 리더십(슈퍼 리더십)을 대체하는 결과를 가져오게 되므로 케르와 제미르(Kerr & Jermier, 1978)가 제시했던 리더십 대체이론과 어느 정도 개념적 유사성이 있다고 볼 수 있다. 배스(Bass)도 그의 리더십 핸드북에서 슈퍼 리더십은 '대체하기 위해서 필요한 리더십'이라고 주장하였다.[8]

---

[7] Manz, C. & Sims, Jr. H.(1989), *Super-leadership: Leading others to lead themselves*, NY: Prentice-Hall; Manz, C. & Sims, Jr. H.(1991), "Super-leadership: Beyond the myth of heroic leadership", *Organizational Dynamics*, 19(4), p. 33.

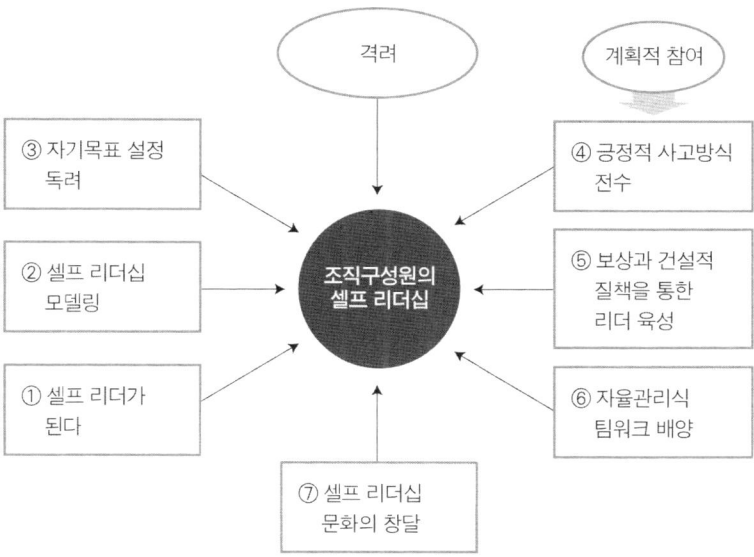

<그림 2-21> 슈퍼 리더십 모델 7단계

자료: Manz, C. & Sims, Jr. H.(1991), "Super-leadership: Beyond the myth of heroic leadership", *Organizational Dynamics*, 19(4), p. 33.

    슈퍼 리더십 이론을 제시한 만츠와 심즈(Mans & Sims, 1991)는 슈퍼 리더에 이르는 일곱 가지 단계를 <그림 2-21>과 같이 제시하고 있다. 슈퍼 리더가 되는 '제1단계'는 우선 슈퍼 리더가 되려는 자가 스스로 셀프 리더가 되는 것이다. 다른 사람을 이끌기 전에 자기 자신을 이끌 줄 알아야 한다. 앞에서 우리는 셀프 리더가 되는 여섯 가지 행동원칙을 학습하였다. 이러한 행동원칙을 상시화하기 위해서는 일 자체로부터 보람을 느낄 수 있도록, 즉 일로부터 내재적 보상을 받을 수 있도록 스스로 직무를 재구성할 필요가 있다. 또한 사고방식의 변화를 통해서 자신에 대한 믿음과 자아개념을 긍정적이고 건설적인 방향으로 바꿔나가야 한다.

    '제2단계'는 이러한 셀프 리더의 모습을 조직구성원들에게 보여줌으로써 그들이 모델로 삼도록 하는 단계이다. 미국의 지미 카터 전 대통령은 퇴임 후 노숙자들을 위해서 집을 지어주는(해비타트, Habitat) 운동을 꾸준히 실천한 결과, 지금은 미국인들뿐 아니라 세계의 많은 사람들이 그의 행동을 본받아서 집 지어주기 운동에 참여하고 있다. 그는 대통령 재직 시에 이룩했던 것보다 더 큰 업적을 이 같은 셀프 리더십 행위를 통해서 달성했다는 평

---

8   Bass, B. M.(1990), *Bass & Stogdill's Handbook of Leadership*, NY: Free Press.

가를 받고 있다. 이처럼 특정인의 셀프 리더십 행동을 보면서 다른 사람들(조직에서는 조직구성원들)도 따라 하도록 하는 것이 2단계이다.

'제3단계'는 슈퍼 리더가 조직구성원들에게 도전적으로 자신의 목표를 설정하는 기법을 가르쳐 주는 단계이다. 직접적인 설득이나 앞 단계에서 했던 모델링 방법 또는 코칭 기법을 활용할 수 있다.

'제4단계'에서 슈퍼 리더는 조직구성원에게 긍정적 사고방식을 전수해줘야 한다. 이 과정은 매우 어려우며 시간도 많이 걸린다. 이를 위해서 슈퍼 리더는 일상적인 대화나 교류과정에서 조직구성원의 역량이 뛰어나다는 암시를 자주 던져줄 필요가 있다. 조직구성원의 역량에 대한 믿음의 표현은 그들에게 커다란 자신감과 기대감을 불어넣는 결과를 가져오게 된다. 또한 계획적으로 조직구성원들의 참여를 유도하는 것도 긍정적 사고방식을 전수하는 데 유효한 수단이 될 수 있다.

'제5단계'는 보상과 질책의 단계이다. 슈퍼 리더는 외적인 보상보다는 직무 자체로부터 보상받는 법(내적 보상)을 가르쳐야 한다. 내적 보상이란 직무를 수행하면서 얻는 보람과 즐거움, 그리고 성취감을 말한다. 이를 위해서는 조직구성원들을 배치할 때 그들의 욕구나 욕망과 직무의 특성이 일치하도록 배려해줘야 한다. 한편 벌을 내리는 일에 있어서는 주의가 필요하다. 질책은 곧 개인의 자존심과 자신감을 깎아 내릴 수 있기 때문에 학습효과를 극대화해주는 범위에서 건설적으로 이루어져야 한다.

'제6단계'에서는 팀워크를 통해서 셀프 리더십을 배양하는 단계이다. 팀원들 각자가 셀프 리더가 되도록 함으로써 팀 자체가 자율관리팀의 성격을 띠게 되어 더 이상 팀장(즉 슈퍼 리더)에게 의존하지 않고 스스로 판단하고 결정하고 행동하게 된다.

마지막으로 '제7단계'는 셀프 리더십의 조직문화를 창달하는 단계이다. 이러한 문화를 만들기 위해서는 최고경영자의 역할과 지원이 절대적으로 필요하다. 조직 전체가 셀프 리더십의 가치를 받아들여 실천에 옮길 때 커다란 성과가 얻어지게 된다. 이 전 과정을 통해서 슈퍼 리더는 조직구성원들을 격려해주고 안내해줘야 한다. 적어도 팀워크와 조직문화가 제대로 정착할 때까지는 관심과 지원을 아끼지 말아야 한다.

이러한 단계를 밟아 많은 조직구성원들이 셀프 리더십을 갖추게 되면 조직몰입, 동기유발, 역량의 향상 등의 결과가 얻어져 조직성과가 높아지고 조직혁신이 이루어진다. 그만큼 셀프 리더가 다시 슈퍼 리더가 될 가능성도 커지게 된다.

2.4 슈퍼 리더십 평가

첫째, 슈퍼 리더십은 관찰하는 각도에 따라 다르게 해석할 수 있다. 리더의 입장에서는 조직구성원을 변화시키는 주도적 역할을 하므로 리더가 변화의 주체가 되며, 반면에 조직구성원들은 변화되어야 할 대상이므로 객체가 된다. 그러나 조직구성원들의 입장에서는 리더의 작용이 없어도 자율능력을 갖춰서 실행하고 있다면 이미 셀프 리더가 된 것이므로 주체가 조직구성원들이고 슈퍼 리더십은 의미가 없게 된다. 슈퍼 리더십을 너무 강조하면 조직구성원들이 이미 갖추고 있는 자율능력을 경시할 수도 있음을 유념해야 한다.

둘째, 슈퍼 리더십은 권위적 리더십보다는 민주적인 리더십, 통제적 관리보다는 참여적 관리, 리더에 의한 리더십보다는 조직구성원들의 자율적 리더십과 연계된 개념이다. 조직학습과 병행하여 조직비전의 실현을 위해 조직력의 기초를 튼튼하게 하는 역할을 한다.

셋째, 슈퍼 리더십에서 임파워먼트는 권력의 상위집중(상향 집권화)의 부작용을 감소하기 위한 활동이지만 분권화와 권력공유가 항상 타당하고 효과적인 것은 아니다. 원칙적으로 모든 시스템은 장점과 문제점의 양면성을 갖는다.

넷째, 본서에서는 임파워먼트를 슈퍼 리더십의 수단이자 과정으로 설명했지만, 임파워먼트 자체를 리더십으로 이론화하여 '임파워먼트 리더십'으로 설명하는 일련의 연구들도 있음을 밝혀둔다.

사례: 사우스웨스트 항공사의 켈러허 회장

사우스웨스트 항공사(Southwest Airlines)의 창업자인 켈러허(Herb Kelleher) 회장은 슈퍼 리더십 모델의 전형이라고 할 수 있다. 켈러허 회장은 1971년에 사우스웨스트 항공사를 창업하여 댈러스. 휴스턴, 샌안토니오를 잇는 운항을 시작한 이래 30년간 항공사를 경영해왔다. 그의 개성이 넘친 비전과 열정, 기지가 혼합된 리더십 특성으로 인하여 사우스웨스트 항공사는 미국 내 최고의 수익성과를 창출하는 항공사로 자리매김하였으며, 미국의 경제전문 잡지 『포춘』지에 가장 일하기 좋은 10대 기업에 두 번씩이나 선정되었다.

켈러허 회장이 보여준 리더십의 가장 큰 특징은 '자율권 부여의 기업문화' 개발이다. 그의 리더십의 주요 특징으로서는 ① 혁신프로그램의 도입, ② 조직구성원들에 대한 강한 애착, ③ 고객서비스에 대한 빈틈없는 노력으로 요약할 수 있다.

켈러허 회장의 리더십 성공의 핵심은 '자율권 부여의 기업문화'를 일관되게 추진한 결과로서 조직구성원 개개인들을 셀프 리더로 육성하였으며, 그들의 셀프 리더십의 성과가 기업의 수익으로 귀결된 것이다.

켈러허 회장은 셀프 리더의 육성과정에서 '조직구성원 개개인은 가치 있는 자원이고 하나의 인간임'이라는 가치를 매우 강조하였다. 그는 항상 '조직구성원들은 저마다의 가치가 있고 자기 자신을 스스로 리드할 줄 아는 동료'라고 표현하였다. 그는 조직구성원들의 이름을 알기 위해 각별히 노력하였고, 작업현장에서 옷소매를 걷어 올려 동참하기도 하고, 고객들에게 직접 인사를 하는 등 이타주의의 모델이 되었다. 그는 자기 자신을 스스로 다른 사람이 하고 싶어 하지 않은 일을 처리하는 소방수라고 불렀다.

사우스웨스트 항공은 손님인 승객보다도 직원들을 더 우선시하고 중요시하는 회사이다. 직원을 가장 먼저 우대하고, 그 다음에 승객인 손님을 우대하고, 마지막으로 주주들을 우대한다. 다른 회사에서 주주→ 손님→ 직원 순으로 우대하는 것과는 정반대이다.

켈러허 회장은 고객과 직원을 중시하는 경영철학을 스스로 지키며 나아가 고객을 생각하는 마음이 사우스웨스트 항공사 전체 직원들의 태도와 행동에 스며들게끔 했다.

켈러허 회장의 '자율권 부여의 기업문화' 구축에는 다음과 같은 가치가 함의되어 있다.

① 사랑(or 이타주의): 사우스웨스트의 심장이요, 영혼인 종업원들을 하나로 통합한다.
② 재미(fun): 일은 놀이가 되어야 하며, 즐겁게 할 수 있어야 한다.
③ 유머(humor): 재미있는 근무환경 속에서 일을 하도록 해야 한다.

현재 리더의 위치에 있거나 리더가 되고자 하는 사람들은 켈러허 회장의 리더십 특성과 경영과정에서 그가 보여준 리더십(셀프 리더의 육성) 및 임파워먼트를 세밀하게 분석하여 효과적인 지침으로 활용할 수 있는 지혜가 필요하다.

제3절 카리스마적 리더십

'카리스마'(charisma)라는 단어는 이미 우리의 일상에서 깊숙하게 자리 잡고 있다. '누구 (예: 사장, 팀장, 대대장 등)에게는 카리스마가 있다.'라는 표현을 하기도 한다. 그렇다면 카리스마를 소유한 사람들은 평범한 사람들과 구체적으로 어떤 차이가 있는 것일까? 카리스마라는 용어는 그리스어로 '신이 주신 재능'(endowed gifts)이라는 뜻으로서 독일의 사회학자 막스 베버에 의해 학술적인 용어로서 본격적으로 사용되기 시작했다. 일반적인 의미로는 '대중적이고 사람을 끌어당기는 힘을 가진 사람'들을 카리스마적이라고 하지만, 원래의 뜻은 예수나 나폴레옹처럼 비범한 인물들을 의미한다.

1980년대 후반부터 1990년대 말에 이르기까지 카리스마적 리더십 이론이 인기가 있었던 이유는 두 가지 때문이다. 첫째는 카리스마적 리더십이 성과와 높은 상관관계를 갖고 있다는 점이고, 둘째는 비전과 혁신이라는 시대적 욕구를 이론의 핵심내용으로 다루고 있다는 것이다. 카리스마적 리더십 이론의 핵심내용인 창조적 파괴와 새로운 비전의 추구가 전 세계적으로 조직경영의 화두가 되고 있는 '조직혁신운동'과 맞물려 리더십의 중심 축을 형성한 것으로 보인다. 카리스마 리더십의 핵심과 성과와의 관계는 〈그림 2-22〉에 제시한 바와 같다.

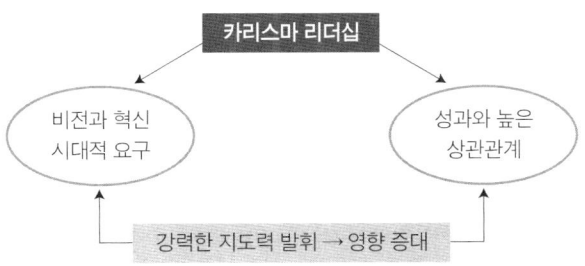

〈그림 2-22〉 카리스마 리더십의 핵심과 성과

본 절에서는 막스 베버의 이론, 하우스의 행동이론, 콩거와 카눈고의 귀인이론, 샤미르의 자아개념 이론을 살펴보기로 한다.

3.1 막스 베버의 이론

막스 베버(Max Weber)의 이론은 카리스마적 리더에 대한 현대적인 최초의 연구이다. 베버는 어떤 사람의 힘이 다른 사람들에게 정당하다고 인식되면 그 힘은 권위가 되어 다른 사람들에 대한 지배력으로 작용한다고 하였다. 권위에 의한 지배는 전통적 지배와 합법적 지배 및 카리스마적 지배의 세 유형으로 구분된다.[9]

첫째, 전통적 지배는 근대 이전의 왕정 등의 지배형태를 말하는데 관습이나 전통과 규범 등의 불문율이 공동체를 유지하는 준거가 된다.

둘째, 합법적 지배는 전통사회 이후의 산업사회 초기에 조직을 관리할 새로운 지배형태로 제시된 것이다. 베버는 산업사회의 조직은 전통적 준거로 관리할 수 없으므로 합리적으로 제정된 법규를 준거로 지배할 수 있다고 보았다.

셋째, 카리스마적 지배의 근거는 리더의 인간적 비범함에 있다. 비범함에 사람들이 동조하고 추종한다면 지배의 힘으로 작용한다는 것이다.

막스 베버는 카리스마적 리더십을 조직구성원들의 리더에 대한 지각이라고 보고 리더가 남들이 갖고 있지 못한 천부적인 특성을 갖고 있다고 조직구성원들이 느끼게 될 경우에 리더는 카리스마적 리더십을 발휘할 수 있게 된다고 하였다. 리더가 갖는 어떤 특성을 실제보다 큰 것처럼 느끼게 됨으로써 조직구성원들은 리더를 믿고 따르게 된다는 것이다. 뿐만 아니라, 리더를 초인적 영웅, 영적인 지도자 등으로 우상화하고 숭배하게 되는 현상까지 나타나게 된다.[10]

카리스마적 리더의 특성에 대한 베버의 견해를 정리하면 다음과 같다.[11]

① 카리스마적 리더는 숭고한 사명을 내세워서 사람들로 하여금 그 사명을 자신의 사명과 동일시하도록 영향력을 행사하여 따르도록 한다.
② 비범한 성과를 이루거나 사건을 만들어 추종자들에게 자신의 카리스마를 부각하고 확대시킨다.
③ 자신을 정점으로 하여 중간 계층에 자신보다 낮은 카리스마적 리더를 둠으로써 최정점으로서의 자신의 이미지를 더욱 높인다.

---

9   Weber, M.(1910-1920), "Economy and Society", 한국리더십연구회 역(2000), 제임스 M. 번즈, 『리더십 강의』, 미래인력연구센터, 425-426쪽.

10 Weber, M.(1947), *The theory of social and economic organization* (T. Parson, Trans.), NY: Free Press.

11 박유진(2009), 『현대사회의 조직과 리더십』, 양서각, 161-162쪽.

④ 영향력은 시간이 지나면서 일상 속에 침전되어 관료화로 연결된다.

⑤ 카리스마는 가치중립적이어서 공동체를 발전시키는 긍정적인 것일 수도 있지만, 히틀러나 사이비 종교의 교주처럼 파멸과 쇠퇴의 길로 이끄는 부정적인 것일 수도 있다.

3.2 하우스의 카리스마 행동이론

하우스(House, 1977)는 베버 이후 카리스마적 리더십 연구의 새로운 출발점을 만들었다는 평가를 받는다. 그는 카리스마적 리더의 특성 및 행동이 조직구성원에게 미치는 영향과 카리스마 효과를 증폭시키는 상황적 요인에 관한 모델을 〈그림 2-23〉과 같이 제시하였다.[12] 그는 카리스마적 리더십을 '조직구성원들에게 카리스마적 효과를 미치는 리더십'으로 정의하고, 조직구성원들이 자신의 역할을 수행함에 있어서 이념적 가치와 의미성을 느낄 수 있는 상황이나 긴장이 많은 상황에서 카리스마적 효과가 발생할 가능성이 높

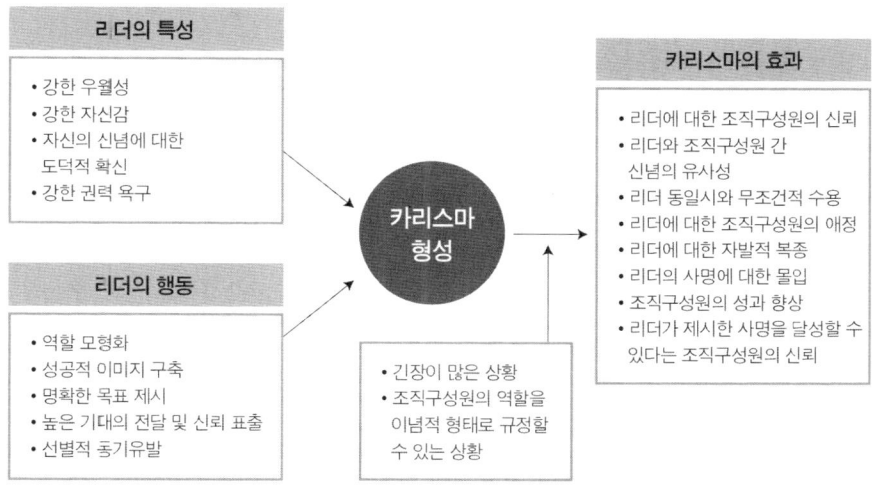

〈그림 2-23〉 하우스의 카리스마적 리더십 모델

자료: House, R. J.(1977), A 1976 theory of charismatic leadership. In Hunt, J. G. & Larson, L. L.(Eds.) *Leadership: The Cutting Edge*, Carbondale: Southern Illinois University Press.

---

12 House, R. J.(1977), "A 1976 theory of charismatic leadership", In Hunt, J. G. & Larson, L. L.(Eds.) *Leadership: The cutting edge*, Carbondale: Southern Illinois University Press.

다고 보았다.

하우스는 카리스마적 리더십의 효과성을 판단할 수 있는 여덟 가지의 기준으로 리더의 신념이 옳다는 조직구성원의 신뢰, 리더와 조직구성원 간의 신념의 유사성, 리더에 대한 동일시와 무조건적 수용, 리더에 대한 조직구성원들의 추종의지, 조직사명에 대한 조직구성원들의 감정적 몰입, 조직구성원들의 성과의 향상, 조직사명의 달성에 기여할 수 있다는 조직구성원들의 신념을 제시하였다.

또한 리더의 카리스마적 행동특성들이 카리스마적 효과에 차별적으로 영향을 미친다고 하였다. 리더에 대한 동일시와 수용과정을 통하여 조직구성원들은 리더를 숭상하고 자신과 동일시하여 리더의 가치체계를 모방하고 수용하는 과정을 통해 카리스마적 효과를 향상시킨다. 또한 리더의 성공적 이미지 구축은 리더에 대한 신뢰, 충성, 무조건적 수용, 자발적 복종 등을 유도할 수 있으며, 명확하고 확고한 목표의 제시는 리더에 대한 신뢰와 의존을 증가시킬 수 있다. 리더가 조직구성원들에 대해 가지는 높은 성과에 대한 기대감은 조직구성원들이 더욱 높은 목표를 설정하게 하며 자부심을 향상시킨다. 선별적 동기유발행동은 도전적 목표를 조직구성원들이 수용하도록 영향을 미친다.

하우스는 카리스마적 리더십 모델을 제시함으로써 조직 수준의 카리스마적 리더십 연구의 계기를 마련하였다. 미국의 역대 대통령에 대한 하우스(1991)의 연구는 '카리스마적 리더십이 권력욕구가 높고 성과도 높을 것'이라는 가설을 지지하는 결과를 보여주었다. 특히 위기발생 시에 대통령을 지낸 사람일수록 카리스마적 리더로 인식되는 경향을 발견하여 하우스의 이론을 뒷받침하였다.

하우스의 이론은 카리스마적 리더십의 발전에 중요한 공헌을 한 것으로 평가받고 있지만 문제점으로 지적되는 요소는 다음과 같다.

첫째, 이론의 논리적 모순이다. 그의 리더십 모델에서는 리더의 카리스마적 행동이 독립변수(원인변수)이고 카리스마 효과가 종속변수(결과변수)로 설정되어 있다. 그러나 실제로는 카리스마적 리더의 행동과 카리스마 효과가 상호 영향을 미치는 순환관계에 있어서 각각 독립변수와 종속변수의 역할을 동시에 하고 있다.

둘째, 카리스마적인 리더의 행동이 카리스마적 효과를 창출하는 과정에 대해 구체적으로 설명하지 않고 있다는 점이다.

3.3 콩거와 카눈고의 카리스마 귀인이론

'귀인'(歸人, attribution)이란 어떤 사실의 결과에 대해 그 원인을 특정한 사건이나 사람에게 돌리는 것을 말한다.[13]

3.3.1 리더 귀인경향의 카리스마적 행동특성

콩거와 카눈고(Conger & Kanungo, 1987)는 카리스마를 리더가 가진 고유한 특성으로 보지 않고, 조직구성원들이 리더의 행위에 대해 카리스마적이라고 인식하고 인정하는 귀인의 결과로 나타나는 현상이라고 보았다.[14] 그들은 카리스마를 리더에게 귀인하게 만드는 리더십 행동유형을 연구한 결과 카리스마적 리더의 다섯 가지 행동유형을 제시하였다.

비카리스마적 리더와 차이를 보이는 카리스마적 리더들의 다섯 가지의 행동유형은 다음과 같다. 전략적 비전의 제시와 구체화 행동, 환경 민감성, 조직구성원들의 욕구에 대한 민감성, 위험 감수 행동, 비관행적 행동 등이다. 카리스마적 리더의 다섯 가지 행동유형의 특징을 살펴보면 다음과 같다.

(1) 전략적 비전의 제시와 구체화 행동

조직구성원들이 수용할 수 있는 수준의 비전을 제시하며 설득적 호소를 한다. 조직구성원들의 인식 수준과 기대범위를 벗어나는 비전은 수용되기 어렵기 때문이다. 아울러 리더가 비상하다는 이미지를 주기 위해 관례적인 전략보다 혁신적인 전략을 사용한다.

(2) 환경 민감성

조직이 당면하고 있는 환경적 제약조건들과 기회를 현실에 이용할 수 있도록 상황을 정확히 평가한다. 특히 타이밍을 적절히 선택한다.

(3) 조직구성원들의 욕구에 대한 민감성

조직구성원들의 욕구와 가치관 등을 파악하고 적절히 반응함으로써 조직구성원들을 신뢰하고 그들을 이해하고 노력하는 리더라는 이미지를 통해 그들을 더욱 끌어당긴다.

---

13 어떤 일에 대한 성과가 목표에 미치지 못할 때, 그 원인이 리더의 비합리적인 의사결정 때문이라고 생각한다면, 그 성과를 리더에게 귀인시키는 것이다. 즉 '조상 탓', '날씨 탓'이라고 하는 것도 귀인의 한 모습이 될 수 있다.

14 Conger, J. A. & Kanungo, R. N.(1987), "Toward a behavioral theory of charismatic leadership in organizational setting", *Academy of Management Review*, 12(4), pp. 637-647.

(4) 위험 감수 행동

자신이 주창하는 비전 달성을 위해서 특정한 상황에서 난관을 극복하고 위험을 감당하는 행동을 보인다. 이러한 행동은 전형적인 카리스마적 행동으로서 조직구성원들이 리더에게 카리스마를 귀인하는 중요한 계기가 된다.

(5) 비관행적 행동

기존의 관행을 타파하고 새로운 방식을 추구하는 행동은 카리스마적 이미지를 높인다. 새로운 가치의 제시도 중요하지만 새로운 스타일의 행동이 대중에게 강하게 어필한다. 또한 카리스마적 리더는 비카리스마적 리더에 비해 자신의 이상이나 가치를 실현하기 위해 기존의 질서와 틀을 변화시키려 하고 주위 환경요소들과 협조와 조화보다는 새로운 변혁을 이루기 위해 관계를 주도하려는 속성을 갖는다.

카리스마적 리더와 비카리스마적 리더의 특성을 비교하면 〈표 2-26〉과 같다.

〈표 2-26〉 카리스마적 리더와 비카리스마적 리더의 비교

행위요소	카리스마적 리더	비카리스마적 리더
현상에 대한 태도	기본적으로 현상에 반대 및 변화 노력	기본적으로 현상에 동의 및 유지 노력
미래 목표	현상과 차이가 큰 이상적인 비전 설정 제시	현상과 큰 차이 없는 목표 중시
존경스러움	관점과 비전을 공유하게 됨으로써 조직구성원들이 존경하고 동일시 또는 모방하려 함	관점을 공유하므로 조직구성원들이 존경하게 됨
전문성	기존질서의 초월 및 비관례적인 수단의 활용에 전문적임	기존 틀 속에서 가용한 수단의 활용에 전문적임
환경 민감성	환경변화를 위해 민감함	환경 유지적이며 덜 민감함
명확성	미래의 비전과 리더십 동기에 매우 명확함	목표도 리더십 동기도 명확하지 않음
권력기반 (힘의 원천)	전문성, 존경, 특출한 영웅에 대한 조직구성원들의 칭송에 기초한 개인적 힘에 의존함	직위권한과 개인적 힘(보상, 전문성, 처지가 비슷한 친구에 대한 호의 등)에 기초함
리더-조직 구성원과의 관계	• 엘리트, 기업가, 하나의 모델 • 사람들을 혁신시켜 급진적 변화를 수용하도록 함	• 평범, 합의 추구, 또는 지시적 • 자신의 관점을 공유하도록 조직 구성원들을 몰아붙이거나 지시함

자료: Conger & Kanungo(1987), "Toward a behavioral theory of charismatic leadership in organizational settings", *Academy of Management Review*, Vol. 12(4), pp. 637-647.

3.3.2 카리스마적 리더십의 4단계

콩거와 카눈고는 리더가 카리스마를 갖게 되는 4단계 모델을 〈그림 2-24〉와 같이 제

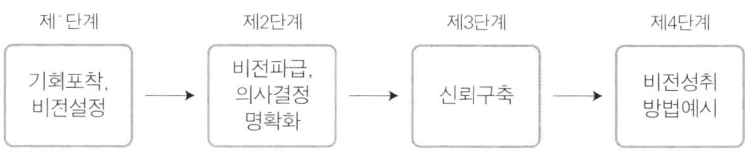

제1단계	제2단계	제3단계	제4단계
기회포착, 비전설정	비전파급, 의사결정 명확화	신뢰구축	비전성취 방법예시

〈그림 2-24〉 카리스마적 리더십 4단계

자료: Conger & Kanungo(1988), *Charismatic Leadership*, San Fransisco: Jossey-Bass, p. 27.

시하였다.

제1단계에서는 기회와 결점을 찾아내고 이해관계자의 욕구를 고려하여 전략적 비전을 수립하게 된다.

제2단계는 설정된 비전을 조직구성원들에게 전파하는 단계이다. 현 상태가 왜 불만족스러운지 그리고 제시된 비전이 어째서 가장 바람직한 대안인지를 명확히 전달해야 한다. 또한 리더는 조직구성원들을 비전으로 인도하는 데 대해서 갖고 있는 각오나 마음가짐을 조직구성원들에게 적당히 표출해야 한다.

제3단계에서는 기술적 전문성, 개인적 위험감수, 자기희생, 그리고 조직구성원들이 기대하는 이상의 행동을 보여줌으로써 신뢰를 쌓게 된다.

마지막으로 4단계에서는 비전 성취방법을 제시하여야 한다. 리더가 모범을 보이고 조직구성원들에게 힘을 심어주든가 아니면 모종의 다른 혁신적 방법을 통하여 비전성취의 방법을 조직구성원들에게 제시하여야 한다.

한편, 임창희(2008)는 콩거와 카눈고의 카리스마 4단계 리더십 모델을 실용성 차원에서 〈그림 2-25〉와 같이 구체화하여 실행모델을 제시하였다.

최근 카리스마적 리더십은 위기관리와 관련하여 연구되기도 한다. 조직이 위기에 처했을 때 그것을 극복할 수 있는 하나의 수단으로서 카리스마적 리더십을 내세우게 된다는

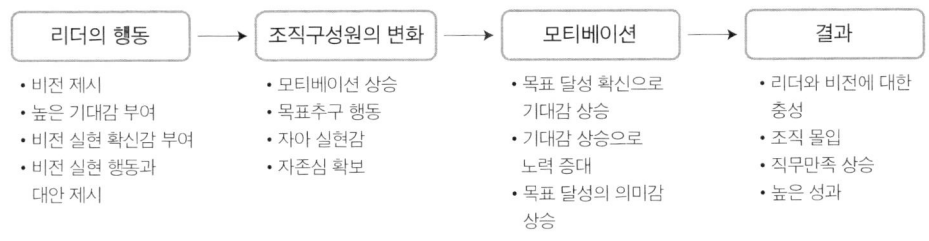

리더의 행동	조직구성원의 변화	모티베이션	결과

• 비전 제시
• 높은 기대감 부여
• 비전 실현 확신감 부여
• 비전 실현 행동과
  대안 제시
	• 모티베이션 상승
	• 목표추구 행동
	• 자아 실현감
	• 자존심 확보
		• 목표 달성 확신으로
		  기대감 상승
		• 기대감 상승으로
		  노력 증대
		• 목표 달성의 의미감
		  상승
			• 리더와 비전에 대한
			  충성
			• 조직 몰입
			• 직무만족 상승
			• 높은 성과

〈그림 2-25〉 카리스마 리더십 실행모델

자료: 임창희(2008), 『조직행동』, 비엔엠 북스, 386쪽.

것이다. 위기상황에서 꼭 필요한 강인함과 분명한 태도, 그리고 자신감 등을 카리스마적 리더는 제시해줄 수 있어야 한다.

3.3.3 카리스마적 귀인의 영향력 과정

콩거와 카눈고의 초기연구(1987)에서는 리더의 행동특성을 주로 설명했는데, 후속 연구(1989)[15]에서는 조직구성원들이 카리스마적 리더를 추종하고 비전에 몰입하는 것과 같이 리더의 영향력을 수용하게 되는 이유를 다음과 같이 설명하고 있다.

(1) 일체감의 형성

조직구성원들이 리더를 좋아해서 모방하고 동일시하려는 열망에서 영향력이 형성된다. 리더의 비범한 통찰력과 강한 에너지는 조직구성원들의 동일시 욕구를 촉진한다. 조직구성원들의 동일시 노력은 리더의 인정과 칭찬에 의해 더욱 강화되어 리더가 제시한 비전을 달성해야 한다는 의무감은 증가한다.

(2) 긴급상황의 창출

리더들은 조직구성원들의 헌신이 더욱 요구되는 상황을 창출한다. 조직구성원들은 리더에게 더욱 확실히 인정받는 기회를 받아들이며, 리더를 실망시켜 집단에서 소외되는 두려움으로 인해 조직구성원들은 리더의 기대에 더욱 몰입하게 된다.

(3) 카리스마의 내면화

리더가 제시하는 새로운 비전과 가치에 대해 조직구성원들이 의심을 품지 않고 정당한 것으로 확신하도록 하며 그것을 실현하는 것이 내면적 동기유발의 원천이 되도록 한다.

3.3.4 콩거와 카눈고의 귀인이론 평가

콩거와 카눈고의 귀인이론은 첫째, 카리스마적 귀인을 가져오는 리더의 행동들을 강조함으로써 리더십의 특성이론보다는 행동이론적인 접근으로 이해된다.

둘째, 카리스마로 인식될 수 있는 행동유형의 제시는 두 가지의 가능성을 보여준다. 하나는 사람들이 카리스마적 행동을 배울 수 있다는 점에서 카리스마는 타고나는 것이 아니

---

15 Conger, J. A.(1989), *The charismatic leader: Behind the mystique of exceptional leadership*, Cal: Jossey-Bass.

라 만들어질 수 있다는 것이다. 그러나 리더의 선천적 카리스마 역량의 중요성을 경시하는 것은 아니다. 다른 하나는 카리스마가 특정한 부류의 제한적인 사람들만의 것이 아니며, 일상에서 카리스마의 맥락을 잘 이해하고 활용하면 보통 사람들도 카리스마를 발휘할 수 있다는 점이다.

셋째, 카리스마의 귀인적 인식과 함께 카리스마가 조직구성원들에게 미치는 영향과정을 구체적으로 제시함으로써 카리스마 이론을 정교하게 발전시켰다.

넷째, 카리스마적 리더십을 조직 내의 모든 계층에 적용할 수 있는가 하는 문제이다. 비전의 제시는 일반적으로 최고경영층의 역할로 인식된다. 중간계층에서 혁신적 비전을 제시할 경우 비록 그것이 부서 내에 국한되는 것이라 하더라도 조직비전과의 관계에서 상충과 마찰을 피해야 한다. 또한 추진력이 약할 때 비전으로서의 기능을 제대로 하기 어려울 것이다. 잘못하면 독단적이고 반발적인 것으로 오해를 받을 수도 있다. 부서의 비전설정과 실행은 조직 전체의 비전과 일관성을 가지고 조화를 이루도록 설정하는 지혜가 필요하다.

3.4 샤미르의 카리스마 자아개념 이론

카리스마적 리더십의 핵심적 관심은 왜 조직구성원들이 리더에게 비이성적인 충성과 헌신을 하는가의 문제이다. 가령 지지하는 정치가의 노선을 따라 기꺼이 전쟁을 치르고 종교에 재산을 헌납하며 생명을 바치는 행위들이 일어나는 이유를 탐구하는 것이다.

샤미르(Shamir, 1991, 1993)는 카리스마적 리더가 조직구성원들에게 영향을 미치는 심리적 과정에 대해 자아개념이론을 제안하였다.[16] 샤미르가 '자아개념'이라고 명명한 것은 조직구성원들이 리더에게 충성과 헌신하는 이유를 조직구성원의 자아개념이 확대되는 것으로 해석하기 때문이다.[17]

샤미르가 제시하는 카리스마적 리더의 행동은 다른 연구들과도 상당히 유사하다. 가령 비전의 창출과 명확한 제시, 조직구성원들의 능력에 대한 신뢰, 높은 기대감의 표현, 역할모형화를 통한 새로운 모습의 상징화, 자기희생적 모험의 실행과 책임의 감수, 비관습적인 이념적 행동의 실행, 자신감 있는 긍정적 이미지의 형성, 상징·구호·영웅적인

---

16 Shamir, B.(1991), *The Charismatic relationship*: Alternative explanations and prediction; Shamir, et al.(1993), *The motivational effects of charismatic leadership*: A self-concept based theory.

17 '대리만족'의 의미로서 가까운 친구가 성공하면 자신이 성공한 것처럼 느끼는 현상.

이야기 등을 활용한 집단정체성의 강조, 조직구성원에 대한 지적인 자극을 통한 변화 유도 등이다. 샤미르는 추종자의 자아개념이 확대되는 과정을 개인적 동일화, 사회적 동일화, 내면화, 자기효능감 등의 네 가지 요소로 설명하고 있다.

(1) 개인적 동일화(personal identification)

개인적 동일화는 조직구성원들이 자신과 리더를 동일시하여 리더를 모방하고 리더와 같은 태도를 갖는 것이다. 리더와 동일시되면 조직구성원들은 훌륭한 리더와 함께 한다는 긍지를 지니게 되고, 리더의 조직구성원들에 대한 영향력은 매우 강해진다. 권위적 인물에 대한 복종심이 높은 조직구성원들에게서 발생할 가능성이 크다.

(2) 사회적 동일화(social identification)

사회적 동일화는 자신의 특성과 집단의 특성을 동일시하는 것이다. 카리스마적 리더는 조직의 매력적 정체성을 높여 다른 조직과 차별화함으로써 다른 사람들이 참여하고 싶도록 만든다. 이러한 차별화는 조직구성원들의 자아개념과 집단의 정체성을 연결시키는 작용을 강화한다. 사회적 동일화가 강해지면 조직구성원들은 개인의 욕구보다 집단의 요구를 중시하고 집단을 위한 행동규범을 강화하게 된다. 사회적 동일화는 리더십의 집단수준에서 매우 중요한 요소이다.

(3) 내면화(internalization)의 강화

내면화는 다른 사람의 가치관 등이 자신의 가치체계에 전이되어 내재적으로 정착되는 현상이다. 카리스마적 리더는 조직구성원들로 하여금 과업목표의 달성이 조직구성원들의 가치관을 실현하는 일로 인식하도록 만든다. 그러므로 목표달성에 대해 물질적인 외재적 보상보다는 심리적인 내재적 보상을 중시하도록 한다. 내재적 보상은 일이 도덕적으로 옳다는 사명을 더욱 갖도록 만든다.

(4) 자기효능감(self-efficacy)의 증대

자기효능감은 자신이 능력이 있으며 과업을 잘 수행할 수 있다는 자기 자신에 대한 믿음이다. 자기효능감이 강한 사람은 과업목표 달성을 위해 더 많은 노력을 기울이고 장애를 극복해나가는 능력과 인내심도 강하다. 카리스마 리더는 조직구성원들의 자기효능감이 증대된다고 느끼도록 촉진한다. 또한 카리스마적 리더는 조직구성원들의 동기를 유발하기 위해 여러 가지 심리적 메커니즘을 활용한다. 가령 조직구성원들이 노력 자체를 정당화할 수 있도록 유도하는 의미성을 제공한다. 과업과 집단의 목표가 일관성이 있다는 것을 알려주고 조직이 지속적으로 발전한다는 의미감을 심어 헌신에 대한 심리적 자긍심을 높인다.

한편, 샤미르는 카리스마적 리더십의 효과에 긍정적인 영향을 미치는 다음과 같은 상황조건들도 제시한 바 있다. 첫째, 조직의 비전 및 정체성과 연결된 추종자들의 일관되고 안정된 가치관. 둘째, 명확하지 않고 측정이 어려운 성과기준. 셋째, 불확실하거나 위기에 놓인 조직 상황 등이다.

자아개념 이론은 조직구성원들의 자아 확대라는 개념을 설정하여 카리스마 리더십 이론을 확장했다는 점에서 의의가 있다. 다만 향후에 충분한 실증적 연구를 통해서 그 이론적 타당성을 명확하게 검증하는 것이 필요할 것이다.

3.5 카리스마적 리더와 조직구성원의 특성

여러 연구자들이 리더십의 신비스러운 주제인 카리스마에 대하여 다각적인 탐구를 해왔다. 카리스마가 리더 고유의 특성일 수도 있고 조직구성원들에게 인식된 결과일 수도 있을 것이다. 그럼에도 불구하고 카리스마적 리더들의 특성에서는 여러 공통점이 발견되고 있으며, 조직구성원들의 반응과 행동에서도 유사성을 발견할 수 있다. 이들을 정리하면 〈표 2-27〉과 같다.

〈표 2-27〉 카리스마적 리더와 조직구성원의 특성

카리스마적 리더의 특성			조직구성원의 특성
외형적 특성	심리적 특성	행동적 특성	
• 매력적인 외모 • 강렬한 눈빛 • 매혹적인 목소리 • 위용 있는 태도 • 강렬한 인상	• 자신감 • 자신의 이상에 대한 믿음 • 이상실현의 열정 • 상황 통찰력 • 강한 권력욕구	• 이상적 비전의 제시 • 설득적 언변 • 비관행적 행동 • 위험감수와 모험 • 조직구성원의 신뢰표현 • 조직구성원에게 높은 성과 기대 표출 • 상징적 이미지 창출 • 신비감 있는 행동 • 역할 모델링 표본 • 비전실현의 구체적 전략	• 리더에 대한 신뢰와 존경 • 리더와 비전에 감성적 몰입 • 자발적 충성과 헌신 • 리더의 비전을 내면화 • 높은 성과창출 몰입 • 리더 동일시 노력

자료: 박유진(2011), 『리더십 마인드 & 액션』, 양서각, 207쪽.

3.6 카리스마적 리더십 이론에 대한 평가

이론과 실무적인 면에서 카리스마적 리더십 이론에 대한 긍정적 평가들과 문제점들을 살펴본다. 먼저 긍정적 평가들은 다음과 같다.

① 리더 역할론에 활력을 부여하였다는 점이다. 리더십에 있어서 리더를 중심 개념으로 자리매김함으로써 리더의 중요성을 부각시켰다.

② 기존의 리더십 이론들이 비교적 정태적 조직환경을 대상으로 형성된 데 비하여 카리스마적 리더십은 상대적으로 동태적인 환경 속에서 변화주도적인 리더십 이론을 펼쳤다는 점이다. 카리스마적 리더들의 공통점은 비전으로 조직구성원의 힘을 모아 혁신을 추구한다는 점이다.

③ 카리스마적 리더십의 실증연구 결과들은 조직구성원들의 태도나 개인적 성과는 물론 집단의 성과에도 직간접적으로 긍정적 영향을 미치는 것으로 나타나고 있어 실무적 효용성을 보이고 있다.[18]

카리스마적 리더십에 대한 실증연구는 매우 많고 결론이 일치하는 것은 아니므로 일부의 실증연구 결과들을 토대로 일반화하는 것은 적절하지 않다. 다만 기존 연구결과를 종합하면 카리스마적 리더십이 퍼지상태[19]에 있는 조직구성원들에게 정향감을 주어 긍정적인 효과들을 보이는 경향이 있음을 알 수 있다.

하지만 카리스마적 리더십 이론은 다음의 몇 가지 점에서 문제점도 안고 있다.

① 카리스마적 리더들은 비윤리적 목적과 개인적 야망을 채우는 데 조직구성원들을 이용할 수 있다.

② 카리스마적 리더에 지나치게 의존하는 이론적 시각 때문에 전통적인 상황요인들을 경시하고 있다. 위기상황 등에서 효과적이라는 점에 대해서는 대체로 동의하지만

---

18 포사코프(Podsakoff, 1990)의 연구에서는 카리스마적 리더하의 조직구성원들에게서 리더에 대한 신뢰와 충성심이 더 높았으며, 조직시민행동도 많이 하는 것으로 나타났다. 스미스(Smith, 1982)의 비교연구에서는 카리스마적 리더하의 조직구성원들이 더 높은 자신감과 리더에 대한 신뢰를 보였다. 커크패트릭과 로크(Kirkpatrick & Locke, 1996)는 조직구성원들의 태도와 더욱 밀접한 관련이 있는 카리스마적 요인은 비전수립이라고 밝혔다. 한편, 송병식과 강영순(2001)은 카리스마적 리더십이 조직구성원들의 자아개념과 조직몰입을 매개로 조직시민운동에 긍정적 영향을 미침을 밝혔다.

19 확실한 판단이 어려운 모호한 상태를 의미하며, 퍼지이론(Puzzy Theory)의 근거가 됨.

다른 상황에서 얼마나 효과적인지는 명확하지 않다.

③ 카리스마 리더들은 자신의 능력에 대한 과신으로 실패를 초래하기도 한다. 자신의 비전이나 전략에 대한 적절한 객관적 평가 없이 조직구성원들의 맹목적 지지로 인해 판단력이 흐려짐으로써 실패에 이를 가능성도 있다.

④ 카리스마 리더들은 비관행적 방식으로 기대 이상의 성과를 내어 비범한 사람이라는 인상을 형성하는데, 이 과정에서 다른 사람의 공헌을 인정하지 않거나 특정 사람을 소외시킬 수 있다.

⑤ 카리스마적 리더십을 모든 계층에 적용할 수 있는가의 문제이다. 조직비전의 제시는 일반적으로 최고경영층의 역할인데 중간계층에서 설정하는 비전은 추진력이 약하므로 비전활용의 영역이 제한된다는 것이다.

사례: 마틴 루터 킹 목사의 카리스마적 리더십

마틴 루터 킹 목사는 1929년 1월 15일 애틀랜타에서 출생하였으며, 1948년 목사 안수, 1951년 신학박사 학위취득, 그리고 1954년부터는 앨라배마 주 덱스터 침례교회 목사로 재직하였다. 목사로 재직하던 앨라배마 주에서 1955년 12월 1일, '로사 파크스'라는 할머니가 버스의 백인 전용 좌석의 바로 뒷좌석에 앉아 있었다. 당시 버스의 앞쪽 일곱 개 좌석은 백인용으로서 흑인들은 백인용 자리가 비어 있어도 앉을 수 없었다. 백인 남성이 차에 오르자 자리를 내주고 뒤로 가 서서 가라는 버스운전사의 말에 파크스 할머니는 이를 거부하고 백인 남자들에게 뭇매를 맞고 경찰에 체포되기에 이르렀다.

이 사건을 전해들은 27세의 킹 목사는 파크스 할머니의 공판일이었던 12월 5일부터 버스 보이코트를 전개하자는 성명서를 내고, 각 교회에서 인쇄물을 나누어주어 시민들의 참여를 유도하였다. 흑인 승객의 60%만 협력해주어도 대성공일 거라고 예상했지만, 거의 100%가 협력을 하는 기적이 일어났다. 이를 계기로 킹 목사는 인권운동단체인 진보연합(MIA: Montgomery Improvement Association)의 의장이 되어 활동하였는데, 1956년 1월 30일 자택이 폭파되는 등 각종 방해활동이 계속되었다. 그러나 이에 굴복하지 않고 버스 보이코트는 꾸준히 계속되었다.

1956년 11월 13일 연방 최고법원에서 버스 내 흑백분리 법률이 위헌이라는 판결을 받아냄으로써, 흑백통합버스 제도를 이루어내면서 본격적으로 흑인들을 위한 인권투쟁을 시작하였다. 운동기간 중 수많은 대중연설을 하게 되는데, 그가 연설하는 실제 목소리를 들으면 왠지 모르는 전율과 흥분을 느끼게 한다. 매력적인 목소리와 군말 하나 없이 물 흐르듯 이어지는 어투, 밀물과 썰물처럼 정상을 향해 치닫는가 하면 어느덧 잦아져 만조를 기대하게 하는 억양, 그리고 여유로운 듯하면서도 신념에 번뜩이는 표정과 제스처… 그의 연설은 모든 악기들이 함께 연출해내는 한편의 환상곡이다. 그리고 무엇보다도 그의 연설 속에는, 모든 억압받는 사람들을 위한 희망과 꿈, 그리고 비전을 담고 있다. 그 연설내용의 일부를 제시한다.

"우리는 지금 비록 역경에 시달리고 있지만, 나에게는 꿈이 있습니다. 나의 꿈은 아메리칸 드림에 깊이 뿌리 내리고 있는 꿈입니다. 나에게는 꿈이 있습니다. 조지아 주의 붉은 언덕에서 노예의 후손들과 노예 주인의 후손들이 형제처럼 손을 맞잡고 나란히 앉게 되는 꿈입니다. 나에게는 꿈이 있습니다. 이글거리는 불의와 억압이 존재하는 미시시피 주가 자유와 정의의 오아시스가 되는 꿈입니다. 나에게는 꿈이 있습니다. 내 아이들이 피부색을 기준으로 사람을 평가하지 않고 인격을 기준으로 사람을 평가하는 나라에서 살게 되는 꿈입니다. 나에게는 꿈이 있습니다. 지금은 지독한 인종차별주의자들과 주지사가 간섭이니 무효니 하는 말을 떠벌리고 있는 앨라배마 주에서, 흑인어린이들이 백인어린이들과 형제자매처럼 손을 마주 잡을 수 있는 날이 올 것이라는 꿈입니다. 지금 나에게는 꿈이 있습니다. 골짜기마다 돋우어지고 산마다 작은 산마다 낮아지며 고르지 않은 곳이 평탄케 되며 험한 곳이 평지가 될 것이요, 주님의 영광이 나타나고 모든 육체가 그것을 함께 보게 될 날이 있을 것이라는 꿈입니다. 이것은 우리 모두의 희망입니다. 저는 이런 희망을 가지고 남부로 돌아갈 것입니다. 이런 희망이 있다면 우리는 절망의 산을 토막 내어 희망의 이정표를 만들 수 있습니다. 이런 희망이 있다면 우리는 나라 안에서 들리는 시끄러운 불협화음을 아름다운 형제애의 교향곡으로 바꿀 수 있습니다. 이런 희망이 있다면, 언젠가는 자유를 얻을 수 있다는 확신이 있다면, 우리는 함께 행동하고 함께 기도하고 함께 투쟁하고 함께 감옥에 가고 함께 자유를 위해서 싸울 수 있습니다. 내 꿈이 실현되는 날이 반드시 올 것입니다. 나의 조국은 아름다운 자유의 땅, 나는 조국을 노래 부르네. 나의 선조들이 묻힌 땅, 메이플라워 호를 타고 온 선조들의 자부심이 깃들어 있는 땅, 모든 산허리에서 자유의 노래가 울리게 하라!"

링컨이 노예해방(1863)을 선언한 것은 오래된 얘기이지만, 백인들의 정신 속에서까지 흑인들이 해방된 것은 아니었다.

킹 목사는 1957년 미국남부지도자협의회 의장으로 선출되었고, 9월 25일 리틀락의 센트럴 고등학교에 인종차별폐지를 위해 공권력을 투입한다는 아이젠하워 대통령을 지지했다. 1960년에는 애틀랜타로 이주하여 런치카운터 연좌운동을, 1963년에는 버밍햄에서 기독교 인권운동을 전개하던 중, 5월 7일 어린이 1,000명이 체포되고 킹 목사가 묵고 있던 게스턴 모텔과 킹 목사 형의 자택이 KKK단에 의해 폭파되었다. 그러나 킹 목사의 활동은 워싱턴 평화행진(1963. 8. 28)으로 확대되었다. '모든 인간은 평등하다'라고 최초로 제안했던 케네디 대통령이 암살(1963. 11. 22)되었고, 1964년 흑인 투표권을 획득했으나, 투표권 행사는 원활하지 못했다. 킹 목사는 1964년 12월 10일 노벨평화상을 수상했으며, 1966년 도시빈민 개혁운동을 위해 시카고 톤테일로 이주하였다. 1967년에는 베트남 반전 연설로 파문을 일으켰으며, 빈민 탈출 활동을 계속하였다. 킹 목사는 1968년 시위행진을 주도하던 중 4월 4일 호텔(멤피스 로레인)에서 암살당했다. 미 의회의 결정에 따라 1월 셋째 주 월요일을 그의 탄생을 기념하는 국경일로 지정하였다.

마틴 루터 킹 목사는 편견과 차별에 대항해 싸워 평등사회의 이상을 고양하고, 흑인들에게 인간다운 삶에 대한 꿈과 희망을 심어주고 성취시켜준 카리스마적 리더의 표상이었다. 자신의 리더십을 배양하고자 노력하고 있는 사람들은 마틴 루터 킹 목사의 육성연설(동영상)을 직접 들어보면서 카리스마적 리더의 비전(숭고한 사명) 제시와 추종자들에 의해 동일시 및 내면화(카리스마의 부각, 확대)되는 과정을 간접적으로 체험해보는 것을 권장한다.

제4절 변혁적 리더십

변혁적 리더십[20]은 1978년 정치학자였던 번스(Burns)가 그의 저서 『Leadership』에서 사용하면서 등장하였고, 1985년 배스(Bass)가 그의 동료와 함께 조직 상황에 맞춰 더욱 정교한 이론을 제시하면서 널리 알려지게 된 리더십 이론이다. 변혁적 리더십은 기존의 리더십 이론들이 지나치게 리더와 조직구성원들 간의 거래관계에만 초점을 둔 거래적 리더십(transactional leadership)에 기초하고 있다는 비판에서 출발하고 있다. 거래적 리더십의 리더는 '기대되었던 성과'(expected performance)만을 조직구성원으로부터 얻어낼 수 있는 반면에, 변혁적 리더십의 리더는 조직구성원으로부터 '기대 이상의 성과'(performance beyond expectations)를 이끌어낼 수 있다는 차이가 있다.

이러한 변혁적 리더십은 첫째, 조직구성원들에게 주어진 목표에 관한 기대성과의 중요성과 의미에 관한 인식 수준을 고양시키고, 둘째로 조직구성원이 자기 이익보다는 우선적으로 집단이나 조직 전체의 이익을 위하여 일하도록 만들며, 셋째로는 조직구성원들의 현재 욕구 수준을 매슬로(Maslow, 1954)가 주장한 상위 수준으로 끌어올리도록 자극하고 충족시킴으로써, 조직구성원들을 근본적으로 변화시키는 리더십을 의미한다.[21] 이에 따라

---

20 변혁적 리더십이라는 용어는 다운튼(Downton, 1973)이라는 학자가 거래적–변혁적 리더십에 관한 연구에서 처음 사용하였다. 이어서 다운튼의 연구를 확대하여 번스(Burns, 1978)가 체계화하여 리더십의 일반적 개념으로 사용하고 있다.

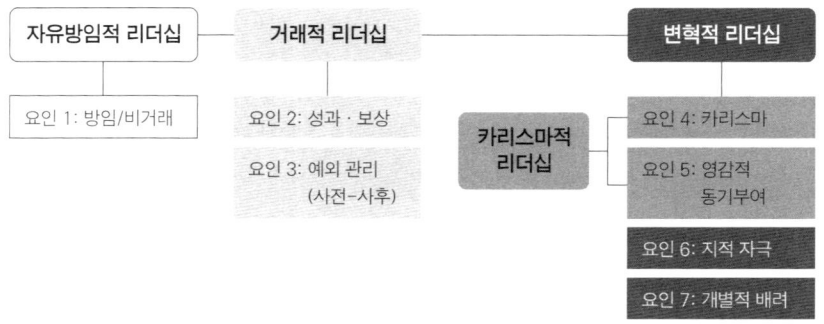

〈그림 2-26〉 배스의 리더십 7요인

자료: Bass, B. M. (1985), *Leadership and performance beyond expectations*. NY: Free Press.

변혁적 리더십은 조직구성원들의 현재 상태를 혁신하고 조직구성원 자신과 집단 또는 조직을 근본적으로 변혁시키는 리더십이라고 정의할 수 있다.

배스(1985)는 번스가 정치적 리더들을 대상으로 했던 연구를 기초로 기업과 행정조직 등에 적용할 수 있는 리더십 모델을 제시하였다. 그는 리더십을 자유방임적 리더십, 거래적 리더십, 그리고 변혁적 리더십의 세 단계로 설정하고 일곱 개의 요인으로 이들을 비교하여 〈그림 2-26〉과 같이 제시하였다.

자유방임적 리더십은 리더와 조직구성원 간에 어떤 유형의 거래도 이루어지지 않는 리더십이다. 즉 리더가 의사결정을 회피하고, 책임을 지지 않으며, 조직구성원들에게 피드백을 제공하지 않고, 조직구성원들의 욕구를 만족시키거나 그들을 지원하는 데에 별다른 노력을 기울이지 않는다.[22] 이러한 리더십은 일반적으로 가장 수동적이고, 비효과적인 리더십 유형으로 간주된다. 즉 리더십이 발휘되고 있지 않은 상황을 의미한다.

본 절에서는 거래적 리더십과 변혁적 리더십의 이론을 비교한 후에 변혁적 리더십 이론에 대하여 구체적으로 살펴보기로 한다.

4.1 거래적 리더십의 개념 및 구성요인

거래적 리더십은 리더가 상황에 따른 보상에 기초하여 조직구성원들에게 영향력을 행

---

21 Bass, B. M. (1985), *Leadership and performance beyond expectations*, NY: Free Press.

22 Bass, B. M. & Avolio, B. J. (1997), *Full range or leadership*: Manual for the Multi-factor Leadership Questionnaire, Palo-Alto, CA: Mind Garden.

사하는 과정으로 정의할 수 있다. 즉 거래적 리더십이란 리더가 행동, 보상, 인센티브를
사용해 조직구성원들로부터 바람직한 행동을 하도록 만드는 과정이며, 이 과정은 리더와
조직구성원 간의 교환이나 거래관계에 기초한다.

번스에 의하면 거래적 리더십은 한 사람이 가치 있는 어떤 것을 교환할 목적으로 다른
사람과 계약을 하는 데 주도권을 행사할 때 발생한다고 하였다. 즉 리더는 교환이라는 시
각을 가지고 조직구성원에게 접근한다는 것이다. 따라서 거래적 리더들은 조직구성원에
게 책임을 명확히 규정해주고, 또한 자신이 조직구성원에게 기대하는 바를 정확히 제시함
으로써 조직구성원들이 조직에서 요구하는 바를 충족시키기 위해 최선을 다하도록 암묵
적 계약관계를 맺는다.

배스는 번스의 거래적 리더의 개념에 기초하여 거래적 리더십을 '교환 또는 협상된 노
력을 발휘하도록 동기부여 시키는 리더십'이라고 정의하였다. 여기에서 교환 또는 협상관
계란 리더가 원하는 것을 얻기 위해서 조직구성원들이 원하는 것을 제공한다는 것이다.
따라서 거래적 리더십은 조직구성원이 자신의 역할에 대해 보상이나 벌의 회피와 교환하
는 데 있어서 리더와 동의가 이루어질 때 나타난다. 배스가 제시한 거래적 리더십 모형은
〈그림 2-27〉과 같다.

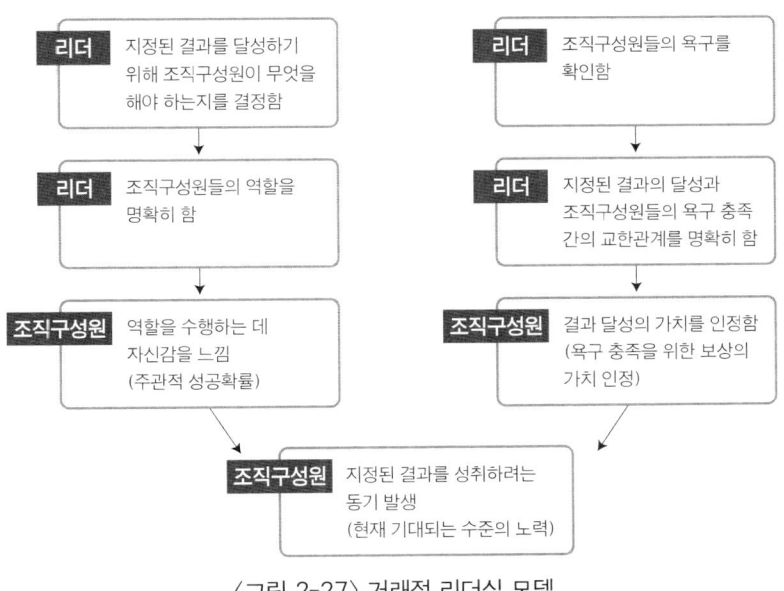

〈그림 2-27〉 거래적 리더십 모델

자료: Bass, B. M.(1985), *Leadership and performance beyond expectations*. NY: Free Press.

〈그림 2-27〉에 제시된 바와 같이 거래적 리더십은 브룸(Vroom)의 기대이론[23]에 기초한 영향력 과정과 관계가 있다. 브룸의 기대이론에 따르면, 기대되는 결과를 산출하도록 조직구성원을 동기부여 시키기 위해서는 다음의 세 가지 요소를 고려해야 한다.

첫째 요소는 열심히 노력하면 원하는 결과를 얻을 수 있을 것이라는 믿음, 즉 기대감 (expectancy)이다. 둘째 요소는 특정의 결과를 산출하면 보상을 얻을 수 있을 것이라는 믿음, 즉 수단성(instrumentality)이며, 셋째 요소는 결과를 통해 얻을 보상이 자신에게 의미가 있을 것이라는 보상에 대한 가치인식, 즉 유의성(valence)이다. 따라서 리더는 조직구성원들이 원하는 것을 인식하고 그 욕구를 조직구성원의 노력과 성과에 대한 교환조건으로 연결해야 하며, 노력하면 성과를 낼 수 있다는 자신감을 제공해야 한다.

4.1.1 상황적 보상

상황적 보상(contingent reward)은 조건적 보상이라고도 불리는데 리더 자신이 설정한 수준에 맞게 조직구성원이 성과를 달성했을 때 동기부여의 강화를 위해 인센티브나 보상을 제공하는 것을 의미한다. 거래적 리더는 조직구성원들과의 합의를 통해 보상을 받기 위해 무엇을 해야 할지를 결정한다. 그리고 성취한 결과를 인정해주는 등의 행동을 포함한다. 상황적 보상은 바람직한 성과에 대한 시기적절한 긍정적인 반응이다.

이러한 상황적 보상은 아이디어 창출에 의한 것보다는 주로 효율적 관리과정에 초점을 맞춘다. 거래적 리더는 과업수행의 진실성보다는 과업이 어떻게 진행되었는지를 중요하게 여긴다. 따라서 거래적 리더는 효율적 관리를 위해 과정을 유지하고 개선하는 데 집중하여 그들의 권력을 유지하는 수단으로서 보상과 처벌을 사용한다.

그런데 리더의 상황적 보상이 보다 큰 효과를 발휘하기 위해서는 다음과 같은 상황이 수반되어야 한다. 첫째, 리더가 많은 권한을 보유하고 있어야 한다. 둘째, 조직구성원들이 보상을 얻기 위해 리더에게 의존해야 한다. 셋째, 보상을 가져다주는 성과가 조직구성원들의 노력과 능력에 의해 달성될 수 있어야 한다. 넷째, 성과가 정확하게 측정되어야 한다.

4.1.2 예외에 의한 관리

예외에 의한 관리(management by exception)는 예외적 사건이 발생했을 때 리더가 개입하

---

23 Vroom, V. H. (1964), *Work and Motivations*, NY: John Wiley and Sons.

는 것을 의미한다. 이러한 개입활동은 때때로 부정적 피드백이나 부정적 강화를 수반한다. 상황적 보상이 긍정적 피드백인 반면에 예외에 의한 관리는 부정적 피드백에 해당된다. 일반적으로 부정적 피드백은 상황적 보상보다 상대적으로 비효과적이다. 리더가 조직구성원에게 개입하는 형태가 비난이나 처벌로 나타날 때에는 오히려 역효과가 발생할 수도 있다. 비판의 대상은 조직구성원 개인이 아닌 관련 업무수행에 관한 것이어야 하며, 잘못된 것이 구체적으로 무엇인지를 알려주고 리더 자신이 무엇을 느꼈는지를 말해주어야 한다. 또한 리더는 조직구성원의 잘못된 점을 정확하게 진단해줄 수 있는 능력을 갖추고 있어야 한다.

예외에 의한 관리에서 리더가 조직구성원의 성과가 낮은 원인을 조직구성원 당사자의 노력 부족으로 판단할 때는 처벌행동을 취해야 한다. 그러나 조직구성원 당사자의 능력 부족이 원인이라면 조직구성원을 훈련시켜야 하며 훈련으로 행동이 수정되지 않는다면 대체시켜야 한다. 따라서 예외에 의한 관리는 변혁적 리더십의 행동이나 상황적 보상보다는 조직구성원의 추가적 노력과 성과가 높지 않게 나타난다.

하터(Harter)와 배스는 이러한 예외에 의한 관리를 적극적 예외에 의한 관리와 소극적 예외에 의한 관리로 구분하였다. 적극적 예외에 의한 관리는 리더가 문제가 발생하지 않도록 조직구성원을 사전에 점검하고 효율적으로 과업을 수행하도록 미리 시정조치를 취하는 것이다. 소극적 예외에 의한 관리는 수용가능한 성과 기준에서 명백한 이탈이 발생했을 때에만 개입하며 처벌과 같은 교정 조치를 취하는 것이다. 따라서 적극적 예외관리는 잘못을 찾고 조직구성원의 성과를 가까이서 점검하는 것이고 소극적 예외관리는 문제가 심각해진 후에 개입하는 것이다. 변혁적 리더십의 초기 연구에서는 이들 간의 개념적 구분이 없었으나 최근에는 이 두 개념을 구분하고 있다. 거래적 리더십과 변혁적 리더십을 측정하기 위해 개발된 다항목 리더십 설문지의 최근판(MLQ-5X)에는 적극적 예외관리와 소극적 예외관리를 구분하여 포함시키고 있다.

요약하면, 거래적 리더십은 일상적 업무수행 과정에서 리더와 조직구성원 간의 관계를 복종과 보상을 주고받는 거래관계로 보고 있다. 리더는 적절한 보상을 통해 복종을 유도한다. 이러한 거래적 리더십은 업무가 반복적이고 기대성과 수준이 측정 가능할 때 효과적이다. 그러나 조직구성원들로 하여금 열정과 헌신을 기대하기는 힘들 것이다.

그러므로 거래적 리더십은 가치관 등 조직구성원의 정신적 내면까지는 영향력이 침투하지 못하고 외면적 행동 수준에서 영향을 줄 수 있으며, 성과와 연계한 보상과 예외관리의 두 요인 중에서 핵심요인은 업적과 보상의 관계이며 예외관리는 보조적인 요인이라고 할 수 있다.

<표 2-28> 거래적 리더십과 변혁적 리더십의 비교

비교요인/리더십	거래적 리더십	변혁적 리더십
시간지향성	단기적이며 현실 중시	장기적이며 미래 지향
협조 메커니즘	규정과 규칙 등의 적용	목적과 가치의 일치화
의사소통	수직적 · 하향적 소통	다 방향적 소통
초 점	주로 재무적 가치 추구	조직 내 · 외적 고객의 만족
보상시스템	외형가치, 조직적 통제	내면적 가치, 개인적 다양성
권력의 원천	직책권력의 부여	조직구성원들이 인정하고 부여
의사결정	집단적 · 하향적 결정	분권적 · 상향적 결정
승인 메커니즘	지시적 동의	합리적 설명
변혁에 대한 태도	회피 및 저항 가능성	대응 및 수용적 태도
유인 메커니즘	이익	비전과 가치관
통 제	조직의지	자율적 관리
관 점	내적인 관점	개방적인 관점

자료: 트레이스와 힌킨(Trace & Hinkin, 1994)을 김창걸(2003), 『리더십 이론과 실제』, 307쪽에서 재인용하여 구체화.

그에 비하여 변혁적 리더십은 조직구성원들의 외면적 행동은 물론 가치관이나 태도 등의 내면의 세계에 영향을 주어 변화를 유도한다. 변혁적 리더십은 <표 2-28>과 같이 거래적 리더십과의 비교를 통하여 명확하게 이해할 수 있다.

따라서 거래적 리더십은 이론 자체로서의 연구는 그 의미가 제한된다. 그러나 번스와 배스가 거래적 리더십에 바탕을 두고 변혁적 리더십 이론을 구체화하면서 상호 비교를 통하여 다양하게 연구되어지고 있다.

4.2 변혁적 리더십의 개념 및 구성요인

번스(1978)는 리더십을 끊임없는 행동이 아닌 과정으로 보며, '리더십이란 리더가 조직구성원에게 영향을 미치는 동시에 조직구성원들의 반응과 저항을 겪으면서 피드백을 받아 리더행위를 수정하는 발전적 상호관계의 과정이다.'라고 규정하였다. 그는 이러한 정의를 바탕으로 수많은 정치적 리더에 관한 기술적(descriptive) 연구로부터 정치적 리더십을 두 유형으로 분류하였다. 그는 히틀러, 간디, 레닌 등의 역사적 인물들에 관한 연구를 통해 이들이 발휘한 리더십을 정치적 리더십이라고 일반화시켰다. 그리고 정치적 리더십의 한 유형으로서 변혁적 리더십이라는 개념을 제시하였다.

변혁적 리더십이란 '리더가 조직구성원들의 잠재적인 동기를 인식하고, 매슬로의 욕구 단계 중에서 상위의 욕구를 만족시키도록 추구하고 조직구성원들에게 전인(full person)으로 대면하여 리더와 조직구성원 간의 상호자극을 교환하고 발전시키는 관계를 낳게 하는 과정'이다. 즉 궁극적으로 도덕적인 동기와 욕구에 초점을 두고 조직구성원들의 신념, 욕구, 가치의 변화를 제고시켜 개인, 집단, 그리고 조직의 극적 변화를 고양시키는 리더십이라는 것이다. 이러한 리더십은 상위 수준의 동기와 도덕성 추구에 리더와 조직구성원 모두가 몰입할 때 형성되는 것이다.

배스(1985)는 번스(1978)와 하우스(1977)의 변혁적 리더십에 관한 연구결과를 바탕으로 이론적 체계를 정립하여 기존의 변혁적 리더십을 보다 심층적으로 개념화하였다. 그는 기존의 리더십 이론이 조직의 목표달성과 조직구성원들이 바라는 보상 간의 교환만을 강조하는 거래적 리더십에 초점을 두고 있어서 조직구성원들로부터 주어진 의무 이상의 행동을 유발시킨다는 것이 거의 불가능하다고 보았다. 그러나 변혁적 리더십은 장기적 비전의 제시와 그 추구로 인해 조직구성원들의 고차원적 욕구를 유발시키고, 리더와 조직구성원 간의 신뢰분위기 조성으로 개인적 이해를 초월하여 동기를 부여시켜 기대 이상의 성과를 달성할 수 있는 리더십이라고 말하고 있다.

배스(1985)는 성과측면에서 볼 때 리더의 욕구보다는 조직구성원의 욕구에 더 많은 주의를 기울임으로써 성과가 향상될 수 있다는 것을 그의 연구에서 제시하였으며, 변혁적 리더의 행위는 다음과 같을 때 기대 이상의 성과를 달성할 수 있다고 주장하고 있다.

첫째, 리더는 조직구성원들에게 특정한 목표와 수단의 중요성과 가치, 그리고 목표를 이룩하기 위한 방법에 관한 인식을 증대시킨다.

둘째, 리더는 조직구성원들로 하여금 우선 자신들이 속한 집단이나 조직 전체의 이익을 위해 그들의 개인적 이익을 초월해서 행동하도록 유도한다.

셋째, 리더는 조직구성원들이 보다 높은 수준의 욕구(매슬로의 자존감 욕구, 자아실현 욕구 등)를 자극하고 충족시킨다.

이러한 세 가지 요소가 한 곳으로 녹아 합쳐짐으로써 조직구성원이 특정한 결과에 관해 부여하는 가치는 상승된다. 이와 아울러, 조직구성원의 자신감을 고양시킴으로써 더 좋은 성과를 이룩할 수 있다는 조직구성원의 기대감을 고취시킬 수 있다. 또한 변혁적 리더십을 발휘하는 리더는 조직문화를 변화시키는데, 이는 조직구성원이 자기 자신과 조직에 관해 생각하는 방식과 조직 내의 자신의 위치에 관해 생각하는 방식을 변화시킴으로써 이루어진다. 조직문화의 변화는 목표를 이룩하고자 하는 조직구성원의 의지를 더욱 확고하게 만들어주고, 이에 따라 조직구성원은 가일층 노력을 기울이게 되며 이로 인해 '기대 이상의 성과'를 달성하게 된다.

배스(1985)에 따르면 변혁적 리더십은 위기상황이나 사회적 변화가 일어나고 있는 시기에 효과를 발휘할 가능성이 높다. 이에 따라 명확한 규범이나 체제 또는 제도가 존재하는 구조화된 환경은 변혁적 리더십이 효과를 발휘하기 어려운 제약조건으로 작용할 수도 있다. 그럼에도 불구하고 변혁적 리더십을 발휘하는 리더는 그러한 상황을 변화시킴으로써 효과를 발휘할 수 있다. 변혁적 리더십은 팀 단위로 업무를 수행하고 통합적인 노력이 필요한 상황에서 효과를 발휘할 가능성이 높다. 왜냐하면 팀 단위로 업무가 수행되는 상황에서는 자기희생과 추가적인 노력 그리고 팀 구성원 간의 협동이 크게 요구되기 때문이다.

따라서 배스의 관점에 의하면 변혁적 리더십은 '조직구성원들로 하여금 기대 수준 이상의 동기부여를 통해 기대 이상의 성과를 이룩하고자 하는 과정'으로 정의될 수 있고, 이는 조직구성원들이 갖고 있는 욕구 수준에 관한 자신감이나 계획된 결과를 위한 욕구에 기초하여 발휘된다. 이러한 동기부여 효과에 관한 리더십 모델은 〈그림 2-28〉과 같다.

또한 배스와 아볼리오(Bass & Avolio, 1990)는 변혁적 리더십은 조직구성원들의 성과는 물

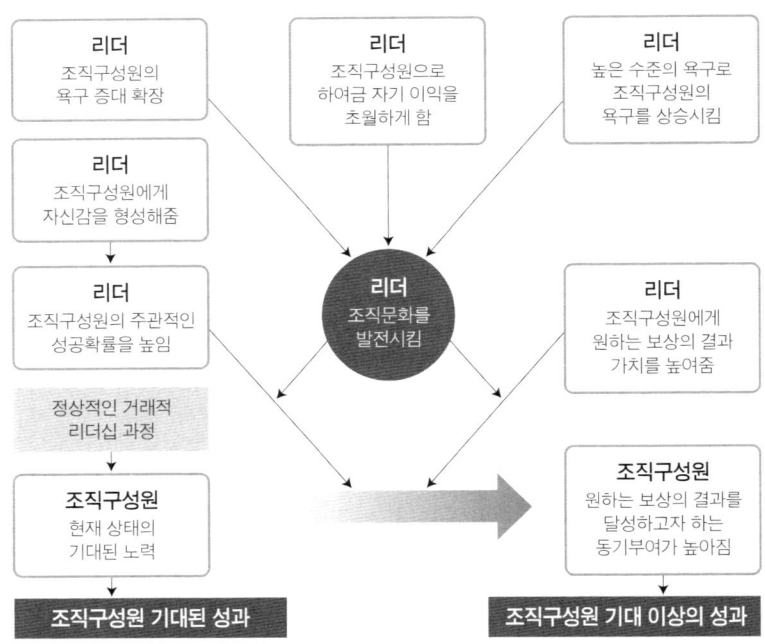

〈그림 2-28〉 변혁적 리더십 과정

자료: Bass, B. M. (1985), *Leadership and Performance beyond expectations*. NY: Free Press. p. 23.

론이고 조직구성원의 욕구와 잠재력을 최대한 개발하는 것과도 관련되어 있다고 주장하고 있다. 이러한 변혁적 리더십의 구성요인으로는 앞서 〈그림 2-26〉에 제시된 바와 같이 카리스마, 영감적 동기, 개별적 배려, 지적 자극이 있다.

4.2.1 카리스마

베버(1947)는 카리스마(Charisma)를 '한 개인이 보통 사람들과 구별되는 어떤 자질' 또는 '초자연적이거나 초인간적인 어떤 예외적인 힘이나 능력을 부여 받았다고 인정되는 개인의 어떤 자질'이라고 설명하였다. 하우스(1977)는 카리스마적 리더가 권력에 대한 강한 욕구, 강한 자신감, 자신의 믿음과 이상에 있어 강한 확신을 갖고 있다고 보았다. 리더가 가진 권력에 관한 강한 욕구는 조직구성원들에게 영향력을 행사하도록 동기화시키며 강한 자신감과 투철한 신념은 조직구성원이 리더를 판단함에 있어 조직구성원의 신뢰를 증가시킨다. 이런 특성이 없는 리더는 조직구성원에게 영향력을 행사할 가능성이 낮고, 영향력을 발휘했을 때 성공할 가능성도 낮다.

배스가 주장하고 있는 카리스마적 리더는 베버의 개념을 따르면서 하우스의 정의를 발전시켜, 조직구성원들의 변화에 관한 저항감을 줄이고 정서적 상승분위기를 이끌어 기대를 높이고 흥분을 조성해낸다고 한다. 카리스마적 리더는 높은 자신감과 타인에게 영향력을 행사하고자 하는 강한 욕구를 소유하고 있고 뛰어난 커뮤니케이션 기량을 가지고 있으며, 목표를 이념적 형태로 전환하여 명확하게 제시할 수 있다. 그리고 자신이 성공할 수 있는 사람이라는 이미지를 구축하며 직접적인 행동을 중시하고, 자신이 제시한 비전과 사명을 달성하게끔 조직구성원들의 동기와 정서를 불러일으키는 능력을 지니고 있다. 카리스마적 리더는 조직구성원의 정서를 제고시킴으로써 태도와 행동의 변화에 조직구성원의 저항을 감소시키고 조직구성원들에게 확고한 자신감과 기대감을 만들어준다.

카리스마적 리더는 조직구성원에게 이처럼 강력한 영향을 미치기 때문에 카리스마를 '이상적 영향력'(idealized influence)이라 부르기도 한다.[24] 카리스마적 리더를 이상적인 관점에서 정의한다면, 첫째, 카리스마적 리더는 일반 사람들이 지니고 있지 못한 비범한 재능을 가지고 있어야 한다. 둘째, 위기나 절망적인 상황에서도 그에 관한 합리적인 해결책이 무엇인지를 제시하여야 한다. 셋째, 조직구성원들에게 리더는 초월적인 능력(transcendent power)을 발휘하여 믿도록 하여야 한다. 넷째, 리더는 지속적 성공을 통해 조직구성원들로

---

24 Bass, B. M. & Avolio, B. J.(1990), *Transformational leadership development: Manual for the multi factor leadership questionnaire*, Palo Alto, Cal: Consulting Psychologists Press.

부터 존경심을 받을 수 있어야 한다.

4.2.2 영감적 동기

영감적 동기(Inspirational Motivation)는 감화(inspiration)라고도 하는데 리더는 집단의 목표 달성을 위해 필요한 모든 행동을 하게 된다. 여기서 영감적 동기는 조직구성원들에게 비전을 호소한다거나 다양한 상징적인 행동을 통해 조직구성원들의 협력을 이끌어낼 때 주로 나타나는 요인이라 볼 수 있다. 배스와 아볼리오(1994)는 리더가 조직구성원들에게 영감적 동기를 불어넣기 위해서는 조직구성원들에게 자신의 기대를 명확히 전달하고, 팀 정신을 창출하며 자신의 일에 열정을 갖도록 해야 한다고 주장하였다. 이러한 특성을 가진 리더는 조직구성원들에게 높은 기대를 표시하며 조직구성원들 간에 공유된 비전을 실현하는 데 헌신하도록 동기유발을 통해 조직구성원의 의욕을 끊임없이 고무시키는 리더십을 발휘한다. 그러나 일부 연구자(Howell & Avolio, 1993)들은 카리스마와 영감적 동기가 서로 높은 수준의 관련성을 보임에 따라 영감적 동기를 카리스마와 하나의 차원으로 함께 설명하고 있다.

콩거와 카눈고(1987)는 카리스마적 리더는 조직이 이룩하고자 하는 이상적인 목표와 비전을 가지고 있는 특성이 있으며 공유된 비전의 달성을 위해서라면 개인적 위험과 자기 희생을 무릅쓸 수 있다고 한다. 이를 통해 조직구성원들로부터의 신뢰를 상승시킬 수 있으며, 비관습적이고 특별한 방법을 사용하여 기존의 질서를 뛰어넘는 전문성을 발휘하며 비전을 실현하고 혁신적인 전략을 실행하는 데 영향을 미치는 환경적 요인들을 정확하게 평가할 수 있다. 그리고 미래의 바람직하고 달성 가능한 비전을 제시하며, 전문성과 자신감, 조직구성원들의 욕구에 관한 관심 등을 통해 그들의 동기를 부여하고, 개인의 독특한 세력을 이용하여 조직구성원들의 변화를 촉진하는 주역으로서 기능한다고 주장하였다. 이러한 콩거와 카눈고(1987)가 언급한 카리스마적 리더십의 특성에는 영감적 동기와 리더의 카리스마 요소가 함께 포함되어 있음을 알 수 있다. 따라서 본서에서도 이러한 연구결과를 준용하여 카리스마와 영감적 동기를 하나의 요인으로 통합하여 서술한다.

4.2.3 개별적 배려

개별적 배려(Individualized Consideration)는 리더가 조직구성원들의 욕구와 능력에 따라 개별적인 관심을 바탕으로 신뢰하고 존중하며, 책임감을 고취시켜 학습하는 것을 도움으로써 조직구성원들을 육성하도록 멘토링(mentoring)과 코칭(coaching)하는 것이다. 이처럼 조직구성원들을 멘토링하고 코칭하는 것은 리더에게 매우 중요한 일이다.

개별적 배려는 리더와 조직구성원 간의 관계에 있어서 리더에 관한 조직구성원들의 만족이나 업무효율성 향상에 기여하는 중요한 측면이다.[25] 개별적 배려를 하는 리더는 조직구성원들에게 접근하고 비공식적으로 상대해주며 동등하게 대우해준다. 이러한 리더의 개별적 행동은 리더와 조직구성원 간의 직접적인 접촉, 양방향의 의사소통을 강조한다. 그렇게 함으로써 조직구성원들의 자아상을 확립시켜주고 조직구성원들의 정보욕구를 고양시키며 의사결정 결과에 따른 책임의식을 갖도록 만들어준다. 따라서 리더가 갖고 있는 정보를 일방적으로 전달시켜주는 것을 지양하고 쌍방 간의 대화가 이루어지면서 메모지와 문서화된 형태보다는 직접적인 대면과 같은 효과적인 방법을 이용하여야 한다.

그러므로 개별적 배려는 리더와 조직구성원 간의 직접적인 접촉, 쌍방 간의 의사소통을 강조하며 발전시키고 의사결정 결과에 따라서 책임의식을 갖도록 만들어준다. 변혁적 리더십의 카리스마적 요소가 조직구성원들로 하여금 리더를 따르도록 하는 측면인 반면에 개별적 배려 요소는 조직구성원들이 성장할 수 있도록 촉진시키는 측면이라 할 수 있다. 따라서 리더가 카리스마적이지만 조직구성원들에게 개별적 배려가 부족할 때에는 리더에게 충성은 하겠지만 리더에게 의존적이게 된다. 이러한 리더는 카리스마적 리더는 될 수는 있지만 변혁적 리더가 되지는 못한다고 할 수 있다.

4.2.4 지적 자극

지적 자극(Intellectual Stimulation)은 리더가 조직구성원들로 하여금 틀에 박힌 일정한 방식에 관한 문제의 인식을 제기하고 새로운 관점에서 문제를 바라보고 해결할 수 있도록 도와주는 지도방식으로 정의될 수 있다. 변혁적 리더는 조직구성원들에게 발전적인 방식으로 생각하고 문제를 해결하도록 강조한다. 이러한 리더의 행동은 조직구성원들로 하여금 상황을 분석함에 있어 기존의 틀을 뛰어넘어 보다 창의적인 관점을 개발하도록 자극하게 된다. 이런 지적 자극은 조직구성원들이 직면한 문제점의 본질과 그 해결방안에 관하여 조직구성원들이 갖고 있는 개념화, 이해도, 신중성을 한층 더 발전시킴으로써 조직구성원들에게 도전의식을 심어주고 일상적인 문제에 관해서도 새로운 방식으로 생각할 수 있도록 자극하는 것이다.

즉 직접적인 변화와 자극보다는 오히려 믿음과 가치, 상상력과 사고, 문제해결과 문제

---

25 Bass, B. M.(1985), *Leadership and performance beyond expectations*. NY: Free Press.

인식에 있어서 조직구성원을 변화시키고 자극하는 리더의 능력을 의미한다. 이러한 리더의 능력은 조직구성원의 개념화와 이해를 증진시키고 그들이 신중하게 당면한 문제와 해답의 성질을 인식 가능하게 한다. 변혁적 리더는 시키는 일만 성실하게 수행하는 조직구성원보다는 업무수행 과정에서 기존의 틀을 깨더라도 창의적이고 참신한 아이디어를 제시하는 조직구성원에게 더 많은 관심을 갖는다.

지적 자극의 또 다른 중요한 요소는 조직의 목적과 관련된 주요 아이디어를 반영하는 이미지와 새로운 상징의 창출을 통하여 관계와 가치, 믿음을 강화하는 새로운 시스템의 구축에 있다. 리더의 자극은 특히 구조화된 비교적 쉬운 문제보다 구조화되지 못한 어렵고 복잡한 문제에 직면했을 때 더욱 중요시된다. 변혁적 리더는 조직구성원들에게 어떤 문제에 관하여 새로운 시각만을 갖도록 만드는 것이 아니라 아이디어에 관한 지원을 아끼지 않으며 아이디어를 실현시키기 위해 공동의 노력을 한다. 따라서 변혁적 리더는 조직구성원을 동기부여 할 때 항상 열려있는 마음을 갖고 어려운 상황이 닥치더라도 지혜롭게 극복해 나갈 수 있도록 자극을 줄 수 있어야 한다. 그리고 조직구성원들을 지적으로 자극하기 위해서는 리더 자신이 지적으로 풍부해야 하고 그러한 지식을 활용할 수 있어야 한다.

4.3 변혁적 리더의 행동과 역할

조직이 나아갈 방향이 제시되면 현재의 위치로부터 바람직한 상태로 가기 위한 방법이 제시되고 추진되어야 한다. 그러므로 조직의 리더는 역동적 환경변화 속에서 조직의 비전과 전략에 적합한 조직혁신을 수행해야 한다. 이를 통하여 변혁적 리더는 조직의 방향을 설정하고 이 목표를 수행하기 위해 조직구성원들이 몰입할 수 있는 여건을 조성하여 변화를 제도화하고 그 과정을 관리해나가야 한다.[26]

티치와 디베나(Tichy & Devanna, 1986)는 변혁적 리더들은 첫째, 조직구성원들로 하여금 변화의 필요성을 인식시키고, 둘째, 새로운 비전을 창조하며, 셋째, 변화를 제도화함으로써 조직의 변혁을 달성한다고 제시하였다. 이때 변화의 필요성을 강조하는 과정에서 변화에 대한 저항을 제어하고 과거와 단절시키는 것이 무엇보다 중요하다. 또한 변화를 제도화하여 조직을 전환시키는 과정에서 창조적 파괴과정과 변화를 담당하는 인맥을 재구성하여 조직구성원의 동기부여를 이끌어내는 것이 핵심이다.

---

26 유승동(2001), "변혁적 리더십과 임파워먼트 간의 관계", 『인사관리연구』 24(2), 39-68쪽.

따라서 변화관리의 주체로서 변혁 주도적 리더는 ① 조직구조의 조정, ② 조직문화의 개발, ③ 권력구조의 재편, ④ 학습조직의 구축이라는 네 가지 역할을 성공적으로 수행해야 한다.

4.3.1 조직구조의 조정

새로운 리더는 전략적 유연성을 조직구조의 혁신을 통해서 실현해야 한다. 즉 역동적 환경변화에 유연한 조직으로 대처해야 한다. 또한 조직혁신은 끊임없는 환경변화에 따라 지속적으로 추진해야 한다. 새로운 정보화 사회는 지금까지 통용되던 수직적 위계조직과 다른 형태의 조직을 요구하고 있다. 새로운 시대의 변혁적 리더는 환경변화에 상응하는 혁신과 신속한 전략적 결정을 위해 현재보다 수평적이면서 유연한 조직구조로 끊임없이 재설계해나가야 한다.

4.3.2 조직문화의 개발

최고경영자의 조직변혁을 위한 노력은 조직문화가 변화되지 않으면 성공할 수 없다. 따라서 혁신 주도적 리더십은 조직문화의 형성 및 변화와 관계된 문화적 리더십(cultural leadership)을 요구한다. 조직문화란 조직구성원 사이에 공유된 가치를 말하며 조직으로 하여금 다른 조직과 구분되는 분위기를 연출한다. 조직문화는 시간의 경과에 따라 자연스럽게 형성되기도 하나, 리더의 강력한 역할이 수반되어 형성되는 것이 보통이다.[27] 샤인(Schein, 1992)에 따르면 조직의 리더는 일차적 및 이차적 메커니즘을 통해 조직문화를 창조하고 유지하며 변화시키는 역할을 수행한다. 이때의 메커니즘은 다음과 같다.

① 일차적 메커니즘: 주위환기, 위기에 대한 반응, 역할모형, 보상배분, 선발과 해고의 기준 등
② 이차적 메커니즘: 조직구조의 설계, 관리시스템과 절차의 설계, 공식적 문서 등

문화혁신 리더(cultural innovation leader)는 조직의 창업 시에 왕성한 에너지로 자신의 비전과 핵심가치를 조직구성원들에게 전파시킨다. 이때 자신의 가치에 부합하는 인재를 채용하여 활용하고, 자신의 핵심가치를 교육을 통해 강조하고, 스스로 솔선수범하여 역할모

---

[27] Schein, E. H.(1992), *Organizational culture and leadership*(2nd ed.), San Francisco: Jossey-Bass.

델이 됨으로써 초기 조직문화의 형성에 결정적 역할을 한다. 또한 조직의 위기에 대처하기 위해 새로운 가치에 기반한 혁신적 이데올로기와 비전 및 새로운 전략을 개발하고 시행한다. 그리고 조직문화는 조직의 비전과 전략에 연계시켜서 발전시켜야 한다.

새로운 조직은 구성원의 성별, 인종, 국적, 직종, 채용 형태 등의 측면에서 다양성을 보일 것이다. 따라서 새로운 조직의 변혁적 리더는 이러한 다양성을 수용하면서도 조직구성원의 가치와 행동을 공통의 방향으로 결집시킬 수 있는 강한 조직문화의 개발자로서 역할을 다해야 한다.

4.3.3 권력구조의 재편

변화 주도적 리더가 자신이 제시한 비전을 달성하기 위해서 조직구조와 조직문화의 혁신을 이루어야 하는데 이와 맞물려 있는 것이 바로 정치시스템의 재편이다. 정치시스템이란 조직구성원 사이의 영향력의 관계를 의미하며 그 핵심은 권력구조에 있다. 조직에는 다양한 교환관계를 통한 연결고리, 즉 네트워크가 존재한다. 이러한 네트워크는 재화와 서비스, 정보, 영향력, 감정의 교환에 따라 공식 및 비공식적으로 형성된다. 특히 감정의 교환네트워크, 즉 인맥이 공식적 권력구조와 맞물려 조직변혁에 영향을 주게 된다.

새로운 시대의 글로벌 기업의 리더는 조직혁신 과정에서 정치적 네트워크의 구축에도 능력을 발휘해야 한다. 업무수행을 위한 공식 및 비공식 관계의 구축이 경영자의 핵심적 역할의 하나이기 때문이다.[28] 따라서 조직혁신을 추진하기 위해서 변화 주도적 리더는 변화를 주도할 수 있는 혁신적 인물들로 조직을 재편해야 한다. 즉 인맥 설계자로서 변혁적 리더는 혁신의 초기단계에 최고경영진 및 현장관리자, 여론선도자 등 조직분위기 전환의 핵심적 인물을 중심으로 인맥의 물갈이를 단행해야 한다. 이때 주목해야 할 것은 권력구조의 재편에 타이밍이 중요하다는 점이다.

권력구조의 재편을 단행하기에 앞서 변혁적 리더는 조직구성원 사이의 네트워크를 철저히 분석하여야 한다. 그 후 조직혁신에 요구되는 조직구성원 교체의 폭과 시기를 정하여 혁신세력을 조직전면에 내세워 혁신을 용의주도하게 추진해나가야 한다. 조직의 새로운 변혁을 주도하려는 리더는 혁신을 위한 최소한의 동조자 이외의 다양한 인맥으로부터 동조와 지원을 지속적으로 받는 일에 최우선의 가치를 두어야 한다.[29]

---

28 Yukl, G. (1994), *Leadership in organization*(2nd ed.), NY: Prentice- Hall.

29 Tichy, N. & Devanna, M. (1986), *The transformational leader*, NY: John and Sons.

4.3.4 학습조직의 구축

지식사회는 부의 창출 원천이 자본으로부터 지식으로 넘어가는 시기이다.[30] 새로운 정보화 사회에서 리더는 조직혁신의 방향을 궁극적으로 지식창조를 통한 경쟁력확보에 두어야 한다. 이는 전술한 변화 주도적 리더의 역할, 즉 조직구조의 조정과 조직문화의 개발이 종국에는 학습조직 구축을 통한 지식창조로 연결되어야 함을 의미한다.

급변하는 시대의 변화 주도적 리더는 조직학습을 활성화하기 위해 스스로 솔선수범하여 학습인의 모범을 보이고, 현장관리자의 학습노력을 지원하며, 조직전반의 학습관련기반 시스템의 개발에 노력해야 한다.[31] 새로운 시대의 리더가 학습조직 구축을 위하여 정보기술(IT)을 얼마나 효율적으로 활용하느냐에 따라 조직경쟁력에 차이가 날 것이다. 그러므로 변화 주도적 리더는 정보시스템의 설계와 운영에 전략적으로 밀접하게 참여하여야 한다.

이는 글로벌 시대에 전 세계적으로 분산된 전문가 팀원들이 물리적 공간의 제한에도 불구하고 자유로이 의사소통하고 결정을 내릴 수 있도록 지원이 가능한 정보시스템이 될 것이다.

4.4 변혁적 리더십 이론에 대한 평가

변혁적 리더십에 대한 지금까지의 후속 연구결과들을 종합해보면 다음과 같다.

① 성과에 영향을 많이 미친 변혁적 리더십 요인은 대체로 카리스마, 개별적 배려, 지적 자극 순이었다.
② 변혁적 리더십의 성과는 거래적 리더십의 효과를 초과하는 유의적인 증분효과가 있는 것으로 나타났다. 그러나 변혁적 요인을 배제했을 경우에 거래적 리더십만의 효과는 작은 것으로 보인다.
③ 변혁적 리더십과 거래적 리더십은 동시에 실행할 수 있는 양립적인 것이다. 그러나 거래적 기초가 없이 변혁적 리더십의 효과를 극대화하기는 어렵다.

---

30 Drucker, P. F.(1993), *Post-Capitalist*, NY: Harper Collince.
31 Senge, P. M.(1999), "Toward an ecology of leadership: Development journeys of three leaders", *The Academy of Management Conference*, Chicago.

④ 카리스마적 리더십과의 관계는 다음과 같이 설정할 수 있다. 우선 카리스마적 리더십에서는 카리스마가 충분조건으로 평가된다. 하지만 변혁적 리더십에서는 카리스마가 핵심적이기는 하지만 필요조건으로 인식된다. 카리스마적 리더십의 구성요인은 카리스마와 영감적 동기부여이며, 변혁적 리더십은 여기에 지적 자극과 개인적인 배려가 추가된다고 볼 수 있다. 카리스마적 리더는 개인 차원에서 개인에 대한 충성을 중시하는 경향이 있고, 변혁적 리더는 조직 차원에서 조직에 대한 헌신을 중시하는 경향이 있다. 카리스마적 리더가 추종자들의 추종하는 힘에 주로 의존하는 데 비하여 변혁적 리더는 혁신프로그램을 통해 조직을 체계적으로 변화시키고자 한다.

⑤ 변혁적 리더십 요인을 측정하기 위한 MLQ는 불완전한 도구로 평가된다. 따라서 설문구성이나 변수의 개념을 좀 더 보완할 필요가 있다.

변혁적 리더십은 단일 주제로서는 매우 많은 연구들이 이어지고 있다. 물론 카리스마적 리더십과 중복되는 부분도 상당히 많다. 변혁적 리더십 이론에 대한 긍정적인 평가들을 정리하면 다음과 같다.

① 리더십 연구사에서 최신의 이론체계로 평가된다. 매우 광범위한 관심을 불러일으켰고 실용적인 실증연구가 활발하게 진행되고 있다.

② 기존의 리더십 이론들이 리더와 조직구성원의 교환적 거래관계에 초점을 맞춘데 비해 조직구성원의 욕구와 가치관을 사회적 가치의 차원으로 강조함으로써 리더십 이론의 도덕적 차원을 높였다.

③ 거래적 리더십을 넘어서는 차별적 관계로 연구가 시작되었지만, 거래적 리더십과 보완적 관계로 연구범위가 발전함으로써 기존의 이론들을 끌어안는 포괄적인 이론으로 체계화되었다.

하지만 다음과 같은 몇 가지 측면에서의 문제점도 지적되고 있다.

① 리더의 카리스마가 가장 중요한 지배적 요인이기 때문에 카리스마적 리더십과의 차이가 확연하지 않다는 지적을 받기도 한다.

② 배스는 변혁적 리더십을 중간경영층에도 활용할 수 있다고 하지만, 구성요인들을 보면 현실적으로 중간경영층에서 행동화하기 어렵다.

③ 실증연구에 활용되는 MLQ는 변혁적 리더십의 구성요인들이 중복적이며 불안정하다는 평가가 있으므로 개선이 필요하다.

사례: 삼성 이건희 회장의 변혁적 리더십

2010 글로벌 500대 기업		(단위: 억 달러)
순위	기업	매출(2009)
1(3)	월마트	4,082
2(1)	르열더치셸	2,851
3(2)	엑손모빌	2,846
4(4)	BP	2,461
5(10)	토요타	2,041
32(40)	삼성전자	1,089
67(69)	LG	788
78(87)	현대자동차	716

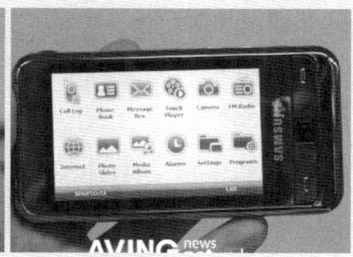

(주)삼성의 이건희 회장은 1942년 1월 9일 경남 의령에서 이병철 회장의 3남으로 태어났다. 조지워싱턴 대학교 경영대학원에서 경제학을 공부하였으며, 이병철 회장으로부터 철저한 경영수업을 받았다. 장남이 아닌 3남에게 경영을 맡긴 이병철 회장의 안목도 높이 평가되고 있다.

이건희 회장은 1993년 6월 7일 독일의 프랑크푸르트에서 '신경영'을 선언함으로써 혁신의 신호탄을 쏘아 올렸다. '변하지 않으면 살아남을 수 없다. 마누라와 자식들을 제외하고 모두 바꾸라'라는 개혁의 캐치프레이즈를 천명하고 혁신을 시작하였다. 개혁의 첫 신호탄인 출퇴근의 혁신을 시작으로 500여억 원어치의 불량품을 과감하게 소각하여 과거의 타성으로부터 탈피하였고 떠난 인물을 재기용하는 패자부활의 용병술, 조직 활성화와 개인 창의력 발휘의 바탕이 된다는 신념하에 실시한 과감한 인센티브제, 내부 인재를 국제적 교육을 통해 박사로 육성하는 등의 글로벌 인재육성 의지 등 새로운 시대를 준비하는 신경영 개혁은 쉼 없이 이어졌다. 이 회장의 혁신경영은 천재 육성론, 브랜드 가치와 스포츠 마케팅, 기회선점 전략, 골프경영학, 문화경영, 윤리경영 등 수없이 많은 또 다른 경영철학들을 낳았고, 그것들을 중심으로 전 삼성인은 개혁과 혁신이라는 한 방향을 향해 끊임없이 나아갔다.

그 결과 삼성은 유례가 없는 괄목할 만한 성장과 발전을 이루어 IMF라는 초유의 경제위기를 극복하고 108억 달러의 브랜드가치를 달성했을 뿐만 아니라, 외국투자가들의 최고 선호기업, 신 경영 10년 만에 66배 수익증가, 세계 1위 브랜드가치 증가율, 메모리반도체, 평면TV 등 18개 제품에서의 세계시장 리더 등을 이룩한 글로벌 삼성으로 자리 잡을 수 있었다. 삼성은 2010년에 삼성전자가 세계 32대 기업으로 선정되었고, 순이익 24.5조의 경영실적을 낸 34만4천여 명의 조직구성원으로 구성된 초일류기업으로 성장하였다. 한 해외언론은 삼성이 '주식회사 대한민국'을 부활시키는 상징이 되었다는 논평을 내기도 했다. 이 회장의 신선한 변화와 개혁의 바람은 일류 기업을 넘어 초일류 기업, 존경받는 글로벌 기업으로 나아가기까지 계속되는 현재 진행형이다.

삼성은 다시 '준비경영'에 몰두하고 있다. 지금의 사상 최대 이익에 안주하는 것이 아니라 미래의 성장 동력을 찾기 위해 또 다른 변화의 길을 모색하고 있다. 우리는 삼성의 모습을 통해 앞으로 우리 사회와 조직이 나아가야 할 길에 대한 시사점을 찾아야 할 뿐만 아니라 지속적인 혁신만이 글로벌 경쟁시대에 살아남을 수 있다는 교훈을 자신의 리더십에 접목시켜야 하겠다. 현실안주는 곧 도태라는 위기의식을 냉정하게 직시하는 혜안이 필요하다.

제5절 전략적 리더십

리더십 연구의 대부분은 조직 내 감독자와 중간관리자에 관심을 두었으나, 리더십 연구자들의 최근 관심은 CEO(Chief Executive Officer)를 비롯한 최고경영진에게 필요한 전략적 리더십으로 옮겨지고 있다. 이러한 초점의 전환은 점점 치열해지고 있는 글로벌 경쟁에 대처하기 위해 기업의 경영자들이 어떻게 기업을 변환시켜야 하는가에 대한 관심의 증가를 반영하는 것이다.

전략적 리더십 이론(Strategic Leadership Theory)은 1980년부터 출현하기 시작하였다. 조직운영에 있어서 CEO, 최고경영자 팀(TMT: Top Management Team), 그리고 이사회(BOD: Board of Directors) 등은 하부조직의 관리자들과는 비교할 수 없을 만큼 큰 역할을 수행하고 있다. 이들 최고경영층(Top Management Zone)은 조직 전체의 성과에 대하여 책임을 지며 조직 내외의 여러 요인들의 변화와 혁신에 대응해야 하고 다양한 이해관계자 집단들을 관리하게 된다. 그러므로 이들의 결심과 행동은 조직의 성과뿐 아니라 향후의 조직의 운명에도 영향을 미칠 수 있으므로, 리더로서의 최고경영층의 행동과 역할을 이해하는 것은 매우 중요한 의미를 갖게 된다.

요약하면, 전략적 리더십이란 CEO, TMT, BOD 등의 전략층을 대상으로 그들의 특성, 구성, 행동이 각종 성과와 어떤 관계를 갖는지에 초점을 두는 리더십을 의미한다.[32] 여기에서 전략적 리더십은 CEO 한 사람의 리더십을 의미하기도 하지만 CEO, TMT, BOD 세 부분이 하나의 집단(전략층)으로서 어떤 전략적 성향을 보여주는가를 의미하기도 한다. 결

---

32 Finkelstein, S. & Hambrick, D. C.(1996), *Strategic leadership: Top executive and their effects on organization*, St. Paul, M. N: West Publishing.

국 전략적 리더십이란 최고경영층에서 국내외 환경변화에 대응하는 경영전략들을 수립하여 관리자 이하 전사적 조직구성원들이 성과를 달성할 수 있도록 하는 데 중점을 두는 리더십이다.[33]

5.1 전략적 CEO의 역할

'회사는 CEO의 그릇 크기만큼 성장한다'라는 말이 있다. 이병철 회장은 "경영자도 그릇이 있다. 상무 그릇이 있고 전무 그릇이 있고 사장 그릇이 있다. 상무 때 잘하다가도 전무, 부사장이 되어 잘못하는 경우가 많다. 좋은 사장이 되는 것은 매우 어렵다."라고 언급하면서, 경영자들의 전략적 리더십 능력배양을 강조하였다.

CEO들은 다양한 수단을 통해서 조직의 각 분야에 영향을 미친다. 가장 직접적인 것은 CEO가 내리는 각종의 의사결정이다. 새로운 기술이나 제품을 도입하든가 새로운 시장을 공략하기로 결정할 수도 있다. 다른 회사와의 제휴를 추진하든가 사회적 기여를 위해서 특별한 사회공헌 프로그램에 자금지원을 결정할 수도 있다. CEO의 결심은 조직의 다양한 분야에 영향을 미친다. 물론 모든 결정을 혼자서 다 하는 것은 아니지만 최종 결심은 CEO가 하게 되며 그에 따른 책임도 결국 CEO가 지게 된다. 또한 CEO들은 자원을 분배하며 보상과 처벌을 시행한다. 하부조직의 리더들을 선발하고 배치, 승진, 육성하는 역할도 CEO의 몫이다. 아울러 CEO는 다른 많은 조직 내·외의 관련자들에게 주목의 대상이 되며 역할 모델로서의 노력도 소홀히 할 수 없다.

CEO의 결정과 행동은 조직과 조직을 둘러싼 환경에도 영향을 미치게 된다. 조직을 둘러싼 환경이란 조직의 경영에 영향을 미치는 정부의 시책, 시장변화, 주주, 사회의 변화 등을 종합적으로 일컫는 말이다. CEO의 결정과 행동은 그 이외에도 조직의 전략, 조직문화, 조직구조, 기술 그리고 리더십 인식 등에도 영향을 미친다. 이들을 요약하면 〈그림 2-29〉와 같다.

리더의 권한이 커질수록 그가 내리는 결정이나 행동의 영향력도 커진다. 대통령의 결정이나 행동이 장관이나 기업체 CEO의 그것보다 더 큰 영향을 미치는 것은 대통령에게 주어진 권한이 크기 때문이다. 따라서 CEO 리더는 필요할 때 자신의 권한을 적절히 사용할 수 있는 역량을 길러야 한다.

---

33 김성수(2011), 『21세기 글로벌 리더십 개발』, 탑북스, 58-59쪽.

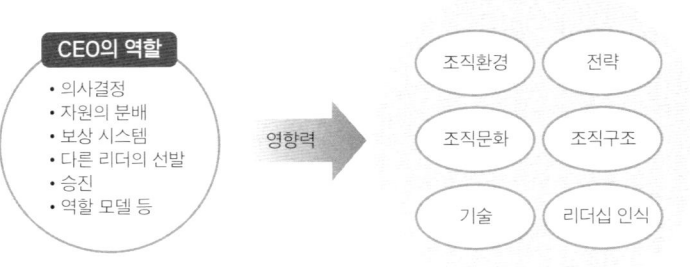

〈그림 2-29〉 CEO의 역할과 영향력

자료: Nahavandi, A.(2000), *The Art and Science of Leadership*, Upper Sanddle River,
NJ: Prentice Hall, p. 214.

5.2 전략적 리더십의 모형

전략적 리더십의 모형은 일정한 특성을 갖는 전략층이 환경이나 조직과 상호작용하며 전략을 수립 및 실행하고 그 결과로서 긍정적 혹은 부정적 성과가 산출되는 과정을 표현한 것이다.[34] 구체적으로 CEO는 자신의 스타일에 따라 전략을 선택하고 실행하여 성과를 산출하려 할 것이다. 그러나 CEO의 이러한 행동은 TMT, 즉 중역들이나 CEO를 견제하기 위해서 존재하는 BOD의 견제를 받게 된다. 따라서 CEO가 TMT나 BOD와 어떠한 역학관계를 갖고 있는가에 따라 전략의 선택이 달라진다. CEO가 상대적으로 큰 힘을 갖고 있으면 자신이 원하는 전략이 무리 없이 선택되어 실천되겠지만 두 집단으로부터 인정을 받지 못하는 경우에는 옳다고 믿는 전략을 포기해야 되는 경우도 있다.

이러한 전략층의 선택은 조직의 환경이나 조직 자체의 특성들로부터도 영향을 받게 된다. CEO, TMT, BOD 중 누가 전략수립 과정을 지배하더라도 조직이 처한 환경적 특성(예: 불확실성의 정도)과 조직의 문화 등의 영향을 받지 않을 수 없다. 이를테면 환경이 극히 안정적이고 조직의 문화도 질서가 잘 잡혀 있는 경우에는 CEO의 전략적 리더십의 역할은 미미해진다. 그러나 환경의 불확실성이 큰 정보통신업체나 벤처기업에서와 같은 경우에는 상대적으로 CEO의 전략적 리더십의 역할이 커지게 된다.[35] 전략층의 특성, 환경특성, 조직특성 및 전략행위 간의 관계를 포함하는 전략적 리더십의 모형은 〈그림 2-30〉과 같다.

---

34 김성수(2011), 『21세기 글로벌 리더십 개발』, 탑북스, 58-59쪽.

35 Nahavandi, A.(1997), *The art and science of leadership*, Upper Saddle River, NJ: Prentice Hall.

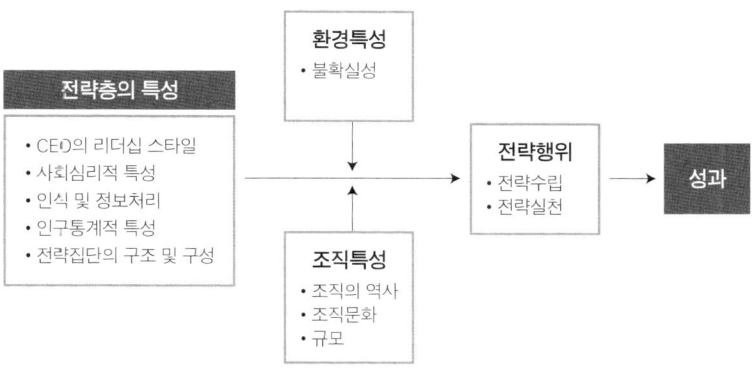

〈그림 2-30〉 전략적 리더십의 모형

자료: 김성수(2011), 『21세기 글로벌 리더십 개발』, 탑북스, 58쪽.

5.3 전략적 리더십의 유형

　CEO를 비롯한 전략적 리더들의 스타일은 두 가지 차원에서 구분이 가능하다. 하나는 조직구성원들을 어떻게 다루느냐 하는 것이고 다른 하나는 일을 추진하는 스타일이 어떤가 하는 것이다. 대체적으로 이 두 가지 축을 가지고 CEO들의 전략적 리더십을 이해할 수 있다. 나하반디(Nahavandi)는 CEO의 전략적 리더십 스타일을 〈그림 2-31〉과 같이 통제욕구와 도전욕구의 두 개의 축을 기준으로 하여 네 개의 유형으로 제시하고 있다.[36]

〈그림 2-31〉 전략적 리더십의 네 개 유형

자료: Nahavandi, A. & Malekzadeh, A. R.(1993), "Leader Style in Strategic and Organization Performance: An Integrative Framework", *Journal of Management studies*, 30(3), p. 405.

36　김성수(2011), 『21세기 글로벌 리더십 개발』, 탑북스, 60-62쪽.

5.3.1 과정 관리형(PM)

과정 관리형은 조직운영과정에서 조직구성원들의 참여를 많이 허용하지만 전략적 선택은 매우 보수적인 형태로서 위험이 따르는 전략을 멀리하는 스타일이다. 따라서 급진적 변화에 대해서는 매우 부정적이며 조직안정에 기반을 둔 점진적 변화를 추구한다. 또한 조직구성원들에게 강력한 통제보다는 자율과 참여를 중시한다.

5.3.2 현상 수호형(SQG)

현상 수호형도 PM과 같이 안정을 추구하여 위험도가 높은 전략을 회피하려는 성향이 있으나 내부관리에 있어서는 매우 엄격한 통제력을 발휘하려는 특성을 갖는다. 과거의 성공과 실적을 유지하고 지키려는 스타일이다. 100년 동안 캔디를 만들어온 투시 롤 인더스트리(Tootsie Rolls Industries, 고든 회장)는 이러한 스타일로 수성(守成)에 성공하고 있다. 이 회사는 세세한 통제에 기초한 방어전략을 구사하여 수년 동안 미국 최고의 회사 중 하나로 자리 잡고 있다.

5.3.3 참여 혁신형(PI)

참여 혁신형은 현상 수호형과 정반대의 스타일로서 외적으로는 도전적이고 혁신적인 전략을 추구하나 조직 내적으로는 참여적이고 개방적인 문화를 유지하는 유형이다. 종업원들은 스스로 문제를 찾아 새로운 방법으로 해결할 수 있도록 임파워먼트되어 있다. 위에서 이런저런 지시를 하지도 않고 간섭을 하지도 않는다. 개략적인 방향만 제시하는 수준에서 끝난다. 창의력을 발휘하여 여러 가지를 실험할 수 있는 기회가 늘 주어져 있다.

5.3.4 통제 혁신형(HCI)

통제 혁신형은 내적으로는 강한 문화와 통제를 위한 제도를 중시하나 외적으로는 도전적 전략을 추구하는 스타일이다. 새로운 시장에 진출하고 미개척 분야에 도전하며 비관련 산업에 대해서도 사업기회를 추구하는 혁신적 스타일이다. 그러나 조직운영이나 관리에 있어서는 보수적이어서 최고경영자가 모든 권한을 가지고 통제하려는 속성을 갖는다. 마이크로소프트 사의 빌 게이츠가 대표적인 HCI 스타일이다. 그는 사업진출에 있어서는 도덕적이나 내적으로는 '지적 능력' 하나의 기준을 가지고 강력한 통제를 실시한다. 의사결정도 자신과 자신이 직접 뽑은 몇몇 TMT 구성원들에 의해서 이루어진다.

5.4 전략적 CEO 리더의 조건

국가나 조직의 최고경영자의 리더십이 국가나 조직 차원에서 차지하는 중요성의 비중에 대한 강조는 이론의 여지가 없다. 즉 최고경영자의 의사결정은 국가의 운명과 흥망성쇠, 그리고 조직의 운명을 좌지우지할 수도 있다.

예를 들면, 파키스탄은 인도로부터 세 차례의 공격을 받아 패배의 아픔으로 와신상담하던 중 '부토 대통령'이 취임하게 된다. 부토 대통령은 '인도의 침공을 막는 길은 핵무기 개발뿐이다. 극민모두가 풀뿌리를 캐먹는 한이 있어도 핵개발을 해야 한다.'라고 결심하고, 비밀리에 핵개발을 추진하여 1998년 핵실험에 성공하게 된다. 그 이후에는 인도로부터 침공도 없었으며 자주적으로 인도에 대한 억지력을 행사하고 있다. 최고경영자들이 보여주는 전략적 리더십 스타일은 각각 성공의 사례도 많고 실패의 사례도 흔하다. 문제는 최고경영자들이 어떤 조건을 갖춰야 제대로 성과를 낼 수 있는가 하는 것이다. 지금까지의 여러 연구들에서 효과적인 CEO 리더의 조건으로 제시되어 온 사항들은 대체로 다음과 같다.

(1) 경험

제일 중요한 요건이다. 그 사람이 무엇을 해보았는가는 그 사람이 생각과 행동을 결정하는 기준이 된다. 어떤 경험을 했더라도 그 경험으로부터 무엇을 학습하였는가 하는 것이 매우 중요하다. 많은 경험을 가지고 있으나 그로부터 아무런 교훈도 얻지 못했다면 별 효과가 없다. 만약 당신이 대기업의 후계자 수업을 받는다면 어떤 경험이 필요할까? 강성 노동조합과의 원만한 관계유지, 까다로운 상사와의 업무추진, 미개척 분야에 대한 새로운 도전 및 성취, 경쟁분야에서 살아남는 현장경영 등 다양한 경험은 당신을 성공적인 CEO로 성장하게 하는 조건이 될 것이다.

(2) 자기 자신에 대한 이해

리더는 스스로 자기 자신의 문제를 진단하고 수정하는 반추역량[37]을 가져야 한다. 조직의 많은 문제들은 조직구성원들 때문에 생기는 것보다 CEO 때문에 생기는 경우가 많다. 그렇기 때문에 CEO가 되기 위해서는 자신을 돌아보고 스스로 조정 및 통제할 수 있는 기본 역량을 갖추는 것이 중요한 CEO의 조건이다.

---

37 어떤 일을 되풀이하여 음미하거나 생각해서 분석 및 정리하는 능력.

(3) 정기적인 리더십 훈련 필요

리더십 훈련은 조직구성원들만 받는 것으로 생각하는 잘못된 생각을 가진 CEO들이 있다. 하지만 최고경영자일수록 배우고 고민하는 모습을 보여주는 것이 조직구성원들에게 큰 영향을 준다. TV드라마 '뿌리 깊은 나무'에서 세종대왕의 모습은 최고경영자의 솔선수범이며 롤 모델의 단면을 보여줬다고 하겠다.

(4) 유연성의 겸비

CEO는 자신의 스타일이 상황에 맞는지를 제대로 파악하여 맞춰 나아가려는 노력이 요구된다. CEO가 당면하는 의사결정을 모두 건전하고 신속하게 할 수는 없다. 그러므로 CEO는 적절한 임파워링으로 권한을 위임하고, CEO 자신이 결심할 사안들도 경중완급(輕重緩急)으로 구분하여 유연성 있게 대처함으로써 시행착오를 최소화해야 한다. 이를 위해서는 CEO 자신이 직무에 대해서 깊은 지식과 견해를 겸비해야 한다.

(5) 분석적인 습관의 함양

CEO는 누리는 혜택보다 짊어져야 할 책임이 더 무거운 직책이다. 섣불리 결심하고 행동이 가벼워서는 잘못된 결정을 내리기 쉽다. CEO의 결심은 분석·비교를 통하여 최선의 방책을 채택하고, 최선의 방책이 추진될 경우 발생하는 제한사항의 해소대책, 추진 후 최종상태까지 분석해보고, 성공가능성이 예측되어야 결심하는 것이다. 이를 위해서는 의견수렴, 전문가의 지식, 유경험자의 조언, 참모 및 기획부서의 판단, 자신의 경험 요소 및 추진시점의 환경변화 등을 고려하여 의사결정에 이르는 습관을 구비해야 한다.

5.5 전략적 리더의 전략 수립

전략은 미션을 실행하고 전략적 목표를 달성하기 위한 계획이나 청사진이다. 경영자들의 가장 어려운 책임 중의 하나는 조직의 경쟁전략을 개발하는 것이지만, 경쟁전략을 효과적으로 개발하는 방법에 대한 간단명료한 해답은 없다. 그러나 이와 관련한 이론과 기존의 연구 및 실무적 통찰을 바탕으로 한 일반적인 지침을 제시해보면 다음과 같다.[38]

---

38 Yukl, G. (2009), 강정애 외 역, 『현대조직의 리더십 이론』, 시그마프레스, 548-553쪽.

(1) 장기적인 목표와 우선순위 결정

달성되어야 할 목표와 상대적 우선순위에 대하여 모른 채 전략적 계획을 수립한다는 것은 매우 어렵다. 장기적 목표와 우선순위는 공식화된 미션과 조직의 비전을 바탕으로 정해져야 한다. 기업조직에 있어서 전략적 목표는 구체화된 수익률 혹은 ROI(투자대비 수익)의 유지, 시장점유율 향상, 산업 내 최고의 제품이나 서비스 제공과 같은 것들을 포함한다.

(2) 현재의 강점과 약점에 대한 평가

전략적 계획은 전략적 목표와 연관되어야 한다. 또한 경쟁업체들의 성과와 비교하여 현재의 성과를 포괄적이고 객관적으로 평가함으로써 활성화된다. 평가 결과, 현재의 강점이 얼마나 오래 지속될지에 대하여 예측해보고, 현재의 강점으로부터 얻어질 수 있는 경쟁우위는 얼마나 오래 지속될 것인가를 판단해야 한다. 그리고 노출된 약점은 없는지, 약점이 있다면 즉각적으로 교정되거나 다른 강점으로 만회가 될 수 있는지 판단해야 한다.

(3) 핵심역량의 규명

핵심역량은 특정 활동을 수행하는 데 필요한 지식과 능력이다(Barney, 1991). 사용하면 없어지는 무형의 자원과는 달리 핵심역량은 사용할수록 더욱 증가한다(Prahalad & Hamel, 1990). 핵심역량은 일반적으로 기술 관련 전문지식과 응용기술의 조합을 의미한다. 예를 들어 고어(W. L. Gore) 사의 핵심역량은 특정소재(Gore-tex)와 관련한 그들의 기술 관련 전문지식과 그 소재의 새로운 활용을 발견하고 탐색할 수 있는 그들의 능력으로 구성된다. 만약 핵심역량이 경쟁업체들이 쉽게 복사하거나 복제할 수 없는 혁신적인 것이며, 고품질의 제품과 서비스를 제공하는 데 활용된다면 그러한 핵심역량은 지속적으로 경쟁우위를 제공해줄 잠재적 원천이 된다. 핵심역량은 조직이 현재의 사업에 있어서 경쟁력을 유지하고 새로운 사업으로 다각화되는 데 있어서 도움을 줄 수 있기 때문이다.

(4) 전략상의 주요변화에 대한 필요성 평가

경영자들의 가장 중요한 책임 중의 하나는 조직이 다른 전략을 필요로 하는지, 아니면 기존의 전략에서 조금 향상되는 것을 필요로 하는지를 결정하도록 도와주는 것이다. 조직성과가 위기에 봉착했을 경우에는 새로운 전략이 필요할 수 있는 반면, 정착된 경우에는 필요하지 않다. 심각한 위기상황에서의 대처는 방어적이고 전통적인 것보다는 실용적이고 유연한 것이 더욱 적합하다. 그러나 현재의 전략이 쉽게 정착될 수 있을 때 새로운 전략을 제시하는 것은 조직과 리더 모두에게 위험할 수도 있다.

(5) 장래성 있는 전략 찾기

전략에 있어서 주요 변화가 필요하다면 가능한 전략범주를 탐색함으로써 시작하는 것이 더욱 좋다. 하나의 전략에 지나치게 빨리 초점을 맞추게 되면 더 좋은 대안전략을 배제하는 결과를 초래할 것이다. 명확하고 의미 있는 조직의 미션, 핵심역량, 그리고 현재의 성과를 통해 새로운 전략을 모색한다면 성공확률은 더욱 높아질 것이다. 때로는 조직의 핵심역량과 관련된 새로운 활동을 포함시키기 위하여 조직의 미션을 재정립하는 것도 필요하다.

(6) 전략으로 인한 결과 평가

전략은 주요 목표의 달성 정도를 통하여 평가될 수 있다. 관련된 결과에는 조직 내 다양한 이해관계자들의 수익과 비용이 포함된다. 비용은 전략을 지원하는 데 필요한 조직변화로 인하여 발생한 추가적인 자원과 줄어든 생산성을 포함한다. 그러나 전략적 변화로 인한 결과를 예측하기는 어렵다. 특히 경쟁자들이 변화에 대응하기 위하여 그들의 전략을 조정할 수 있을 때는 더욱 그러하다. 새로운 제품이나 서비스에 대한 고객들의 반응을 평가(시장조사, 경쟁업체 및 상품, 선별된 지역이나 시장에서의 제품 선호도)하기 위하여 몇 가지 절차가 개발 및 활용되고 있다.

(7) 전략선택에 다른 경영자 참여

경영자들의 중요한 책임은 조직을 향상시킬 수 있는 전략적 의사결정을 하는 것이다. 그러나 혼자서 그러한 의사결정을 내릴 수 있을 정도로 유능한 리더는 거의 없다. 전략은 최고경영자 팀의 다른 조직구성원도 함께 참여한 상태에서 개발되어야 한다. 불확실성이 크고 장기적인 기회와 위험이 동시에 예측되며 최고 전략에 대한 의견의 불일치가 존재하는 경우에는 그 유효성에 관한 더 많은 지식을 수집한 후 다시 수정을 할 수 있도록 경영자들과 관련 외부인들이 참여하는 유연한 전략을 선택하는 것이 현명하다.

사례: 휠라코리아 회장의 전략적 리더십

　'샐러리맨의 신화', '매직 퍼슨'(돈을 버는 마술사) 등 화려한 수사가 따라다니는 윤윤수 회장의 성공비결은 누구도 상상하지 못한 아이디어를 찾아낸 뒤, 남들보다 먼저 도전하는 '속도 경영'에 있었다. 윤 회장은 샐러리맨들의 우상이다. 해운공사 직원으로 사회생활을 시작해 10여 년의 직장생활 후 무역회사를 차렸고, 1991년에는 세계 4대 스포츠 브랜드인 휠라코리아의 CEO로 발탁됐다. 그리고 그는 샐러리맨의 우상이 되었다. 그가 샐러리맨의 우상이 된 직접적인 이유는 윤 회장의 연봉 때문이었다. 첫 해 연봉 5억 원을 시작으로 1997년 연봉 18억, 2004년에도 20여억 원의 연봉을 기록했다.

　그런 그가 2005년 1월, 또 다른 신화를 작성했다. 외국 자본이 국내 기업을 인수하는 요즘 거꾸로 휠라코리아를 인수, 외국 기업을 국내 기업으로 만드는 새로운 역사를 썼다. 그리고 윤 회장은 휠라코리아의 미래 사업 전망에 대해 2011년 전 세계의 휠라 중에서 7위 수준인 휠라코리아를 4위로 끌어올리겠다는 비전을 갖고 경영하고 있다.

　대학입시의 삼수, 무기정학, 첫 직장(해운공사) 입사 후 자진퇴사, 이직, 이사직에서 퇴출 등 적지 않은 실패를 맛보았던 윤 회장이 그때마다 끈기로 다시 일어서서 사업을 성공적으로 이끌 수 있었던 비결은 다음과 같은 네 가지 명제로 요약할 수 있다.

　① 모든 아이디어는 경험에서 나온다.　② 발상의 전환으로 돌파한다.
　③ 한번 시작하면 반드시 끝을 본다.　④ 고난은 인생의 재산이다.

　이를 증명하는 그의 경영철학에 의하면, MBA 코스에서 배우는 것은 죽은 지식을 습득하는 것이다. 왜냐하면 여기에서는 과거에 있었던 케이스를 기본으로 가르친다. 그리고 아이디어는 한번 세상에 소개되면 그걸 다시 이용해 돈을 번다거나 어떤 성공을 만들어내기는 어렵다. 따라서 혁신적이고 신선한 구상이 아니면 성공가능성이 희박하다. 그러므로 혁신적인 아이디어는 독서도 중요하지만 직접 몸으로 체험한 경험에서 얻어지는 것이다. 가진 것 하나 없이 맨손으로 시작해서 전 세계 70여 개국에서 팔리는 휠라코리아의 본사 회장이 되기까지 윤 회장의 리더십 성공 비결은 '체험이 바탕이 된 아이디어의 활용'으로 압축할 수 있다.

　한 가지 요소가 더 있다면 용기이다. 그는 "비즈니스맨은 용감해야 한다", "내가 용감하지 않았다면 (글로벌 휠라 인수를 위해) 4,500억 원을 빌릴 수 있었겠느냐'라고 반문하고 있다. 윤 회장의 리더십 성공비결을 통하여 전략적 CEO 리더의 조건과 전략적 역량 향상을 위한 비전을 설정하고 끝까지 추진하는 각오를 다짐해보자.

　　본 장에서는 현대적 리더십 이론의 핵심적인 내용을 구성하고 있는 혁신지향적 리더십에 관한 주요 이론들을 학습하였다. 전통적 리더십 이론과 현대적 리더십 이론을 구분하는 기준은 사실 그렇게 명확하지만은 않다. 이러한 구분은 리더십을 논의하는 데 있어서 시기적인 특징과 학문적 접근방법을 함께 고려한 분류라고 할 수 있다. 현대사회로 오면서 리더십과 관련된 가장 큰 변화 중의 하나는 리더의 역할에 대한 인식의 변화라고 할 수 있다. 조직을 둘러싼 대내외적인 환경변화의 속도가 빨라지고 경쟁의 강도가 더욱 치열해지면서 리더에게 기대되는 역할도 이와 연계되어 증대하고 있다. 따라서 리더는 전통적인 리더의 역할에 더하여 조직의 변화와 혁신에 있어서도 주도적인 역할을 해야 하는 상황이 된 것이다. 혁신지향적 리더십 이론에서는 이러한 이슈들이 추가되어 논의되고 있다는 점에서 전통적 리더십 이론에 비해 논의의 대상이 보다 확장된 형태로 이해할 수 있을 것이다. 본 장에서는 변화와 혁신의 추구에 보다 적합한 리더십 이론으로서 슈퍼 리더십, 카리스마적 리더십, 변혁적 리더십, 전략적 리더십 등을 소개하였다.

　　슈퍼 리더십의 궁극적인 목표는 조직 내의 리더나 조직구성원 모두가 셀프 리더가 되도록 하는 것이다. 그러므로 인간을 잠재력, 자율성, 창의성을 가진 존재로 인식하고, 상급자로서의 규제는 최소화하며 조직구성원들의 잠재력 개발을 지원하고 발휘할 기회를 제공하는 것이다. 이러한 슈퍼 리더십 이론은 다른 사람들을 셀프 리더로 만드는 측면에서 본다면 결국은 리더의 육성에 초점을 맞춘 이론이라고 볼 수 있다. 따라서 슈퍼 리더십과 셀프 리더십, 임파워먼트는 불가분의 관계에 있다고 할 수 있다.

　　1980년대 후반부터 각광을 받기 시작한 카리스마적 리더십 이론은 베버의 이론을 출발점으로 하여 하우스의 카리스마 행동이론, 콩거와 카눈고의 카리스마 귀인이론, 샤미르의 카리스마 자아개념 이론을 중심으로 살펴보았다. 카리스마적 리더십은 그 핵심적 내용인 창조적 파괴와 새로운 비전의 추구가 전 세계적으로 조직경영의 화두가 되고 있는 '조직혁신운동'과 맞물려 리더십의 중심축을 형성하게 되었다. 카리스마적 리더십이 발전적으로 확장된 형태인 변혁적 리더십은 1985년 배스가 그의 동료와 함께 조직 상황에 맞춰 더욱 정교한 이론을 제시하면서 널리 알려지게 된 리더십 이론이다. 변혁적 리더십은 기존의 리더십 이론들이 지나치게 리더와 조직구성원들 간의 거래관계에만 초점을 둔 거래적 리더십에 대한 비판에서 출발하고 있다. 본문에서는 거래적 리더십과 변혁적 리더십의 구성요소를 제시하고 변혁적 리더의 행동과 역할에 대하여 학습하였다. 변혁적 리더십은 단일 주제로서는 매우 많은 연구들이 이어지고 있으며 현대적 리더십을 대표하는 이론 중의 하나이다. 당초에는 거래적 리더십을 넘어서는 차별적 관계로 연구가 시작되었지만, 거래적 리더십과 보완적 관계로 연구범위가 발전으로써 기존의 이론들을 끌어안는 포괄적인 이론으로 체계화되었다. 하지만 구성요인의 보완 필요성과 중간경영층에 대한 적용문제 등 개선이 필요한 부분들도 있는 것으로 평가받고 있다.

다음으로 CEO(Chief Executive Officer)를 비롯한 최고경영진에게 필요한 전략적 리더십을 살펴보았다. 전략적 리더십의 중요성의 증대는 점점 치열해지고 있는 글로벌 경쟁에 대처하기 위해 기업의 경영자들이 어떻게 기업을 변환시켜야 하는가에 대한 관심을 반영하는 것이다. 전략적 리더십이란 최고경영층에서 국내외 환경변화에 대응하는 경영전략들을 수립하여 관리자 이하 전사적 조직구성원들이 성과를 달성할 수 있도록 하는 데 중점을 두는 리더십이다. 본문에서는 전략적 CEO의 역할에 대하여 논의한 후에 전략층의 특성, 환경특성, 조직특성 및 전략행위 간의 관계를 포함하는 전략적 리더십의 모형을 제시하였다. 전략적 리더십의 유형은 통제요구와 도전욕구의 두 개의 축을 기준으로 과정 관리형, 현상 수호형, 참여 혁신형, 통제 혁신형의 네 개의 유형으로 구분하여 학습하였다.

그러나 현재에도 리더의 특성과 행동 그리고 상황을 재강조하는 주장들이 계속 논의되고 있다. 즉 수십 년 전의 리더십 특성이론과 행동이론을 재차 주장하면서 다만 강조하는 특성요인과 행동요인만 오늘날에 맞게 차별화하여 강조하고 있다. 예를 들어 현대적 상황이론에서는 상황이 중요하다고 하면서도 과거의 상황이론과는 다른 관점에서 접근하기도 한다. 따라서 우리는 온고이지신의 자세로 전통적 이론들에 대한 깊은 이해를 바탕으로 혁신지향적 리더십 이론을 포함한 현대적 이론들을 접해야 할 것이다.

제6장 인본주의적 리더십 이론

　최근 들어 부각되고 있는 사회적 이슈의 하나가 리더의 윤리와 도덕성이다. 윤리는 정치와 공공 부문 및 기업경영 등 사회의 모든 영역에서 선택의 문제가 아니라 필수적인 요건이 되고 있다. 선진국에서는 경영과 리더십 영역에서 윤리성 문제가 중요한 화두로 등장하고 있다. 우리나라에서도 21세기에 접어들면서 리더십의 윤리는 경영윤리와 더불어 필수적인 주제가 되었다. 그런데 이러한 윤리와 도덕성의 바탕에는 인본주의(人本主義, humanitarianism)가 깔려 있다.

　성장지향의 산업사회에서는 성과를 가장 중요시하여 수단의 정당성 문제에 대해서는 비교적 관대하였다. 그러나 올바른 수단과 성과를 함께 중요시하는 문화가 강조되고 있는 현재의 시대정신에 비추어본다면, 윤리와 도덕성이 리더가 갖추어야 할 필수적인 덕목이라는 데에 반론이 거의 없을 것이다. 이러한 시대적 요구에 부응하기 위해서는 리더의 윤리적 품성문제를 진지하게 고려해야 한다.

　현대사회의 리더십 관점에서 또 하나의 괄목할 만한 변화는 조직구성원들에 대한 리더의 봉사적 태도이다. 전통적으로 리더십은 조직구성원들이 리더에게 헌신하게 하는 것으로 개념화되어 왔었다. 그러나 최근의 흐름은 리더의 역할이 조직구성원들을 위해 봉사하고 배려하는 것으로 전환되고 있다는 것이다. 물론 조직구성원들이 리더를 추종하고 직무에 헌신하게 하는 리더십의 지향점이 변화한 것이라기보다는 그 실행방법이 변화한 것이다. 조직구성원들을 위한 헌신에는 이미 리더의 윤리적 품성이 전제되어 있기 때문이다.

　본 장에서는 리더의 기본적인 자질과 연계되는 윤리적 리더십과 자기희생적 리더십, 리더의 봉사를 중시하는 서번트 리더십, 그리고 조직구성원 개개인 내면의 만족까지를 배려하는 감성적 리더십에 대하여 살펴본다. 이러한 리더십 개념들은 모두 인간의 존엄성과 가치를 가장 우선시하는 인본주의적 사상에 기초하고 있다는 공통점이 있다.

1. 윤리적 리더십은 동양적인 가치관과도 부합하는 점이 많은 리더십 유형이다. 윤리적 리더십을 기업조직에서 효과적으로 실천할 수 있는 방안으로는 어떠한 것들이 있는가? 구체적인 사례를 들어 논의하시오.
2. 당신이 몸담고 있는 조직에서 리더십 문화의 윤리성에 대하여 평가하고 논의하시오.
3. 서번트 리더십은 조직구성원들의 입장에서는 매우 바람직한 리더십 유형일 수도 있다. 그렇다면 리더의 입장에서 보았을 때 서번트 리더십의 장단점으로서는 어떠한 것들이 있는가?
4. 자기희생적 리더십 모델을 리더와 조직구성원의 관점에서 비교하여 평가하시오.
5. 현대조직에서 감성 리더에게 기대할 수 있는 효과성으로서는 어떠한 것들이 있는가?
6. 감성 리더십의 원칙을 기업조직에서 효과적으로 활용할 수 있는 방안을 논의하시오.

제1절 윤리적 리더십

1.1 윤리적 리더십의 일반적 개념

일반적으로 리더는 조직구성원들보다 더 많은 권력과 통제력을 가지고 있기 때문에 그들의 리더십이 조직구성원들의 삶에 어떤 영향을 미치는 것에 대해서도 민감하게 고려해야 할 책임감도 있는 것이다. 그것이 집단작업이든 조직의 목표나 지역사회의 과업이든지 간에 리더들은 조직구성원들을 고용하여 그들의 노력을 공동의 목표를 달성하는 데에 활용한다.[1] 리더들은 이러한 상황에서 조직구성원들을 존엄과 존경으로, 즉 조직구성원들 나름대로의 독특한 정체성을 지닌 인간으로 대할 윤리적 책임이 있는 것이다. 이러한 '인간에 대한 존경심'(respect for persons)은 리더들에게 조직구성원들 자신의 이해관계, 욕구 및 양심적인 사항들에 대해 주의를 기울일 것을 요구한다. 우리 모두는 다른 사람들을 독특한 한 인간으로 대해야 할 윤리적 책임을 가지고 있지만, 리더들은 리더십 지위가 갖는 특수한 성질, 즉 조직구성원들에게 중대한 영향을 미칠 수 있다는 점 때문에 특별히 더 큰 윤리적 책임을 가져야 한다.

이제 윤리는 리더십의 중심에 자리하고 있으며 리더가 조직의 가치를 확립하고 강화하

---

1 김성수(2011), 『21세기 글로벌 리더십 개발』, 탑북스, 99쪽.

<표 2-29> 윤리적 리더십과 비윤리적 리더십 비교

윤리적 리더십	비윤리적 리더십
• 겸손함을 잃지 않는 자세	• 거만하고 자기중심적
• 더 큰 공인에 대한 관심을 유지함	• 지나치게 자신의 이익을 추구
• 정직하고 올바름	• 기만적 행동을 함
• 약속을 철저히 지킴	• 약속을 지키지 않음
• 공정성을 확보하는 데 진력함	• 불공정하게 거래함
• 스스로 책임을 짐	• 다른 사람들에게 책임을 돌림
• 각 개인을 존중함	• 다른 사람의 존엄을 무시함
• 다른 사람들을 격려하고 개발시킴	• 조직구성원 개발을 소홀히 함
• 다른 사람들을 섬기려는 자세	• 도움이나 지원을 제공하지 않음
• 옳은 것을 지키려는 용기를 가짐	• 불공정 행위에 맞설 용기가 없음

자료: Zanderer, D. G. (1992), *Integrity*: An essential quality, Business Forum, pp. 12-16.

는 데에도 영향을 미치고 있다. 모든 리더는 자기 나름의 독특한 신념과 관점을 가지고 있다. 그리고 모든 리더는 그들 나름대로의 비망록을 가지고 있으며 일련의 신념, 제안, 가치, 아이디어 그리고 다루고 싶은 이슈들을 가지고 있다. 한 리더에 의해 촉진되는 가치들은 그 조직 전체의 가치에 큰 영향을 미칠 수 있다. 다시 말하면 그들의 영향력 때문에 리더들은 조직 내의 윤리적 환경을 확립하는 데 중요한 역할을 하게 되는 것이다.[2]

그렇다면 리더는 어떤 윤리적 자세를 견지해야 할 것인가? 윤리적 리더는 스스로 솔선수범하여 엄격한 윤리적 판단(moral reasoning)의 기준을 준수하려고 노력해야 한다. 그리고 윤리적 문제에 대해서 항상 진지하게 접근하여 긴장을 놓치지 않는 자세를 가져야 한다. 윤리적 리더십과 비윤리적 리더십의 행동들을 <표 2-29>에 제시하였다.[3]

1.2 윤리적 리더십의 판단기준

세계적인 투자가인 워런 버핏(Warren Buffett)의 실천적인 윤리성의 판단기준과 관련하여 그는 스스로에게 'paper ethic'의 원칙에 맞추어야 한다고 제시하였다. 여기에서 'paper'는 신문이라는 뜻이고, 'ethic'은 윤리이므로 종합하면 '언론공개의 원칙'이라고 하겠다. 즉 오늘 내가 한 선택, 내가 내린 결정, 내가 한 행동이 내일 아침 조간신문에 그대로 났을 때, 내 가족과 같이 앉아 그 기사를 읽을 수 있는가를 기준으로 삼으라는 것이다.[4]

2　Zanderer, D. G. (1992), *Integrity*: An essential quality, Business Forum, pp. 12-16.

3　Northouse, P. G. (2001), *Leadership*(김남현 외 역, 경문사), 382-383쪽.

그렇다면 리더의 특정한 결정이나 행동에 대한 윤리성의 판단기준은 무엇일까? 일반적으로 '목적, 도덕적 기준과 일치하는 행위의 수단, 그리고 자신과 타인을 위한 결과' 등이 제시되고 있다. 이러한 세 가지 기준은 서로 연관되어 있다. 가령 수단을 평가하는 도덕적 기준은 리더의 행동이 사회의 기본적인 법규를 위반하고 다른 사람들의 건강과 삶을 위협하는 것을 포함하며, 개인적인 이익을 위해 다른 사람들을 속이고 이용하려는 행위들도 포함한다. 예를 들면 정보조작, 개인적인 용도로 자산을 이용하는 것, 자신의 실수를 타인에게 떠넘기기, 사람들 사이에서 불신 자극하기, 경쟁자에게 비밀정보의 판매, 뇌물에 대한 보상으로서의 편애, 다른 사람에게 해를 입히는 무모한 행위 등이다. 배스와 빅터 (Bass & Victor, 1999) 등이 제시한 윤리적 리더십의 평가준거를 본다면 〈표 2-30〉과 같다.

〈표 2-30〉 윤리적 리더십의 평가 준거

준 거	윤리적 리더십	비윤리적 리더십
리더의 권력과 영향력 행사	조직구성원들과 조직에 봉사함	개인적인 욕구와 경력에 대한 목적을 만족시킴
이해관계자들의 다양한 관심을 조정	이해관계자들과 균형을 맞추고 통합하는 것을 시도함	최고의 이익을 제공하는 일부 파트너와 제휴함
조직에 대한 비전 개발	조직구성원들의 욕구, 가치, 아이디어가 반영된 것에 기초한 비전을 개발함	조직이 성공하는 유일한 방법이라고 함으로써 개인적인 비전을 달성하려고 시도함
리더의 행동에 대한 도덕성	지지하는 가치와 일관되게 행동함	개인적인 목표를 달성하기 위해 적당한 것을 행함
리더의 결정과 실행에 대한 위훈감수	개인적인 위험을 감수하고 필요한 결정을 기꺼이 함	리더에게 개인적으로 위험한 행동이나 필요한 결정을 회피함
관련된 정보 처리에 대한 커뮤니케이션	사건, 문제, 행동에 대한 정보를 완전하게 시의적절하게 공개함	문제와 과정에 대해 조직구성원들의 인식을 바꾸기 위해 속임수와 왜곡을 사용함
조직구성원들에 의한 비평과 이견에 대한 반응	더 좋은 해결책을 찾기 위해 비판적인 평가를 독려함	어떠한 비평이나 이견을 저지하고 억압함
조직구성원들의 스킬과 자신감에 대한 개발	조직구성원들을 개발하기 위해 코칭, 멘토링, 훈련을 사용함	조직구성원들이 리더에게 나약하고 의존적이도록 하기 위해 개발을 강조하지 않음

자료: Yukl, G.(2009), *Leadership in Organization*, 6th ed, 강정애 외 번역, 617쪽.

---

4   백기복 외(2010), 『리더십의 이해』, 창민사, 105-106쪽.

1.3 윤리적 리더십의 실천원칙

리더의 윤리적 자질요소는 다양하게 제시되고 있다. 일반적으로 윤리적 리더십에서 준수해야 할 원칙으로서는 존중, 봉사, 정의, 정직, 그리고 공동체 윤리구축 등 다섯 가지 요소가 제시되고 있다. 이는 건전한 윤리적 리더십 개발(the development of sound ethical leadership)을 위한 토대를 제공하고 있으며 도식화한다면 〈그림 2-32〉과 같다.[5]

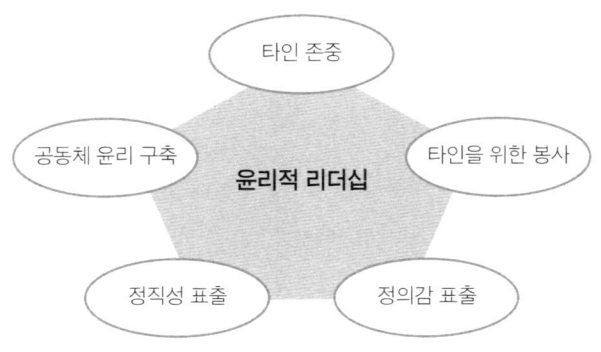

〈그림 2-32〉 윤리적 리더십의 원칙
자료: 김성수(2011), "21세기 글로벌 리더십 개발", 탑북스, 100쪽.

1.3.1 타인 존중의 원칙

윤리적 리더십은 리더가 먼저 다른 사람들을 대할 때, 수단으로서가 아니라 목적으로 대하려면 다른 사람의 결정이나 가치를 존중해야 한다는 것이다. 그렇게 하지 않으면 다른 사람을 자신의 목적을 위한 수단으로 취급하는 것이 되기 때문이다. 그래서 타인을 존중하는 리더는 조직구성원들의 창조적인 열망(creative wants and desires)을 인정하고 존중한다. 또한 그 같은 리더는 모든 타인이 그 나름의 절대적인 가치와 소중한 개인차를 가지고 있다는 생각을 가지고 그들을 대한다. 그리고 다른 사람을 존중한다는 것은 다른 사람의 생각을 신뢰하고 그들을 한 인간으로 인정하는 것을 의미한다. 그리고 존중한다는 것은 리더가 그들과 관련된 결정을 그들에게 맡겨야 한다는 의미이기도 하다.

번스가 제의한 바와 같이 리더는 조직구성원들이 자신들의 욕구와 가치 및 목적 등을 인식할 수 있도록 해야 하고 그들의 욕구, 가치, 목적을 리더의 그것들과 융합해가도록 도움을 주어야 한다. 타인을 존중해야 한다는 것은 다분히 고차원적인 윤리개념으로서 부

---

5   김성수(2011), 『21세기 글로벌 리더십 개발』, 탑북스, 100-103쪽.

모가 어린 자녀들을 가르치는 것과 유사하지만 그보다는 더 깊은 뜻을 담고 있는 개념이다. 그래서 타인을 존중하는 리더는 조직구성원들의 말을 수용적인 자세로 경청하고 공감을 나타내며 반대의 견해도 관대하게 받아들이게 된다.

또한 존중은 조직구성원들의 신념이나 태도 및 가치관을 인정하는 것을 의미하기도 한다. 리더가 조직구성원들을 존중하게 될 때, 조직구성원들은 자신들의 과업에 자신감을 느끼게 되는 것이다. 요약한다면 타인을 존중하는 리더는 조직구성원들을 자신의 종속체가 아닌 독립된 인격체로서 대하는 리더이다.

1.3.2 봉사의 원칙

섬기는 리더는 이타적이다. 그래서 그들은 계획을 수립할 때 조직구성원들의 복지를 최우선에 둔다. 작업현장에서도 이타적이며 섬기는 리더들은 멘토링, 권한이양, 팀 구축 및 조직시민행동 등의 행동을 하고 있음을 보게 된다.

다른 사람들을 섬기는 리더의 윤리적 책임은 자선 의료봉사 활동에서 볼 수 있는 윤리원칙과도 매우 유사하다. 자선행위는 히포크라스적 전통에서 유래된 것으로서 의료전문가들은 환자들에게 유익이 되는 선행을 해야 한다는 것이다. 의료전문가들과 마찬가지로 윤리적 리더는 다른 사람들의 필요를 유념하고 그들을 보호하며 그들의 복지에 유익하고 해가 되지 않는 방향으로 결정해야 할 의무가 있다.

1.3.3 정의감 표출의 원칙

윤리적 리더는 정의에도 높은 관심을 기울여야 한다. 즉 리더들은 그들의 조직구성원들을 평등하게 대해야 한다는 것을 최우선과제 중 하나로 해야 한다. 정의는 리더들이 그들의 결정과정에 공정성을 가장 중심에 둘 것을 요구한다. 일반적으로 어쩔 수 없는 특별한 경우를 제외하고는 조직 내의 누구도 특별한 대우를 받거나 특별한 배려는 받아서는 안 된다. 조직 내의 개인이 불가피하게 차별대우를 받아야 할 경우라 할지라도 그 차별적 대우의 원인이 분명하고 합리적이며 건전한 도덕적 가치에 근거해야 한다.

1.3.4 정직성의 원칙

윤리적 리더는 정직해야 한다. 정직은 단지 진실을 말하는 것만을 의미하는 것은 아니다. 정직은 다른 사람들에게 마음을 열고 진실을 있는 그대로 완전히 표현하는 것을 말한다. 그러나 그것은 쉬운 일이 아니다. 완전한 진실을 말함으로써 오히려 파괴적이며 역효과를 낳는 결과를 초래할 수도 있기 때문이다. 따라서 리더의 과제는 특정상황에서 무엇을 말하는 것이 적절한 것인지 항상 주의하는 동시에 개방적인 것과 솔직한 것 간에 균형을 이루는 것이다. 리더가 믿을 만해야 하는 것은 매우 중요하다. 그러나 동시에 다른 사람들의 태도나 감정에도 민감해야 한다는 것은 필수적이다. 따라서 정직한 리더십은 광범위한 행동양식을 내포하고 있다.

달라 코스타(Dalla Costa)는 그의 저서 『윤리적 책무』(The ethical imperative)에서 '정직한 것은 속이지 않는 것 이상을 의미한다.'라고 지적하였다. 조직 내의 리더들에게 있어서 정직함은 '그들이 이행할 수 없는 것을 약속하지 않으며, 잘못 대변하지 않으며, 발뺌하고 둘러대면서 숨기지 않으며, 책임을 은폐하지 않으며, 의무를 회피하지 않으며, 경영에서 적자생존의 압력이 다른 사람의 존엄성과 인간성을 존경할 의무로부터 우리를 해방시켜준다는 주장에 현혹되지 말 것'을 요구한다. 그밖에도 달라 코스타는 조직이 정직의 필요성을 인식하고 조직 내의 정직한 행동에 대해 보상해주는 것이 중요하다고 주장한다.

1.3.5 공동체 구축의 원칙

윤리적 리더는 공동체를 구축한다. 공동목표는 리더와 조직구성원들 간에 그 집단이 나아가야 할 방향에 대해 동의가 이루어져야 한다는 것을 요구한다. 따라서 리더는 그 자신과 조직구성원들의 목표를 동시에 고려하면서 그에 적합한 공동목표를 향해 나아가야 한다. 이것은 리더가 자신의 의지만을 다른 사람에게 강요해서는 안 된다는 것을 의미한다. 그래서 리더는 모든 사람들의 목표와 양립될 수 있는 목표를 추구할 필요가 있는 것이다.

번스는 이 개념을 그의 변혁적 리더십 이론의 중심에 두고 있다. 변혁적 리더는 집단이 리더와 조직구성원들 양쪽 모두에게 이익이 되고 공동의 목표를 지향할 수 있도록 해야 한다는 것이다. 이같이 상호 이익이 되는 목표를 지향하면서 리더나 조직구성원들 양쪽은 모두 변화를 겪게 마련이다. 바로 이 부분이 번스 이론의 독특한 특징이 되고 있다. 즉 번스는 리더십이란 조직구성원들 간의 관계에 바탕을 두어야 한다고 보고 있다.

번스가 주장한 바와 같이 변혁적 리더와 그를 따르는 조직구성원들은 넓은 사회적 집합체에까지 손을 뻗치기 시작하고 더 높고 광범위한 도덕적 목표의 확립을 추구한다. 모든 개인의 목표와 조직의 목표는 공동의 선과 공적 이익의 테두리 안에서 추구되어야 한다. 우리는 리더와 조직구성원들에 의해 제기되는 변화들이 어떻게 조직, 지역사회, 그리고 사회에 영향을 미칠 수 있는가에 항상 유의할 필요가 있다. 가장 포괄적인 의미에서의 윤리적 리더는 공동 선(善)에 관심을 두어야 한다.

사례: 이나모리 회장의 윤리적 리더십

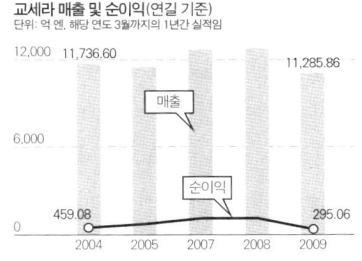

교세라 매출 및 순이익(연길 기준)
단위: 억 엔, 해당 연도 3월까지의 1년간 실적임

대부분의 사람은 인생에서 '필요와 이상'을 함께 추구하고자 노력한다. 필요만 추구하거나, 그렇다고 이상만 추구하면 삶의 균형을 잃기 쉽다. 그래서 많은 사람이 중도(中道)의 길을 가고자 노력한다. 하지만 현실에서 그것은 쉬운 일이 아니다. 더구나 사업이라는 것은 수익을 얻기 위한 것이므로 그것을 이상과 직접 연결하기는 매우 어렵다. 그래서 사업가를 '이상주의자'로 보는 경우는 드물다. 그런데 일본 교세라 그룹의 명예회장 이나모리 가즈오는 자신의 저서 '카르마 경영'에서 기업과 리더의 역할에 대해 다음과 같은 소신을 피력한다. 남을 위하는 마음이 사업의 출발점이며, 기업은 사회의 공기(公器)라는 것이다. 한 치 앞도 내다볼 수 없는 약육강식의 비즈니스 세계에서 이나모리 회장의 조언은 너무 이상적인 말로 들린다.

그러나 이나모리 회장의 생각은 매우 확고하다. 불교 신자인 그는 '이 세상에 무엇을 하러 왔는가?'란 질문에 '태어났을 때보다 조금은 더 훌륭한 인간이 되기 위해, 조금이라도 아름답고 숭고한 영혼을 가지고 죽기 위해'라고 말한다. 그에게 노동은 '영혼을 닦아 가는 수련의 과정'이다. 그리고 사업의 최종 목적은 어디까지나 사회에 도움이 되는 것이어야 한다. 그렇기 때문에 기업을 이끄는 리더는 재능보다 덕을 먼저 갖춰야 한다고 보고 있다. 조직의 도덕적 해이 역시 지도자의 그릇이 되지 못하는 인물, 즉 재능은 있으나 내적인 규범이나 윤리 기준이 부족한 인물들이 지도자 자리를 차지했기 때문이라고 해석한다. '정검(正檢)을 빼면 성공하지만 사검(邪檢)을 빼면 무덤을 판다.'는 논리이다.

일본 거품경제가 한창이던 1990년대 많은 기업이 부동산 투자에 혈안이 되어 있었다. 은행들은 교세라도 부동산에 투자해보라고 유혹했지만 "땀 흘리며 스스로 번 돈이 진정한 이익이다."라며 그러한 권유를 거부했다. 그 후 부동산 거품이 급격하게 꺼지자 보유 부동산이 불량 채권으로 돌아와 부동산에 투자했던 수많은 기업이 그 후유증을 앓고 있다. 반면에 교세라는 일본의 거품경제가 붕괴한 후 장기 복합 불황을 겪을 때 오히려 승승장구하면서 소니를 앞지르는 순익을 창조하며 세계적인 기업으로 성장했다.

'인간으로서 올바른 것을 지켜나간다는 단순하지만 확실한 원리 원칙을 가지고 있으면 어떠한 상황에서도 올바른 판단을 할 수 있다'. 투명경영·도덕경영의 선구자이자, 일본에서 '경영의 신'으로 불리며 가장 존경받는 기업가로 꼽히는 이나모리 회장의 동양적 가치관을 바탕으로 한 리더십은 그 어떤 리더십보다도 훨씬 단순하면서도 강력한 윤리적 리더십의 교훈으로 평가되고 있다.

제2절 희생적 리더십

2.1 자기희생 리더십의 일반적 개념

자기희생 리더십(Self-sacrificial Leadership)은 조직이 어려움에 처한 경우에 리더가 솔선하여 희생하며 조직을 살리려는 모습을 보이면 조직구성원들의 태도가 리더에게 호의적으로 변화하여 적극적으로 동참하면서 조직성과 개선에 긍정적인 영향을 미친다는 관점의 리더십의 이론이다.[6] 자기희생적 리더십은 어려운 조직 상황에서 리더의 자기희생의 불가피성과 희생과정 및 성과개선의 과정을 설명하고 있다.

일반 경영자나 리더들에게 바람직한 리더의 자질을 물으면 빠지지 않고 포함되는 요소가 리더의 '자기희생' 또는 '희생정신'이다. 특히 한국인들의 경우, 리더의 이타적 희생을 필수적인 요소로 간주해왔다. 이러한 일반적인 인식에도 불구하고 이 희생정신을 이슈로 하는 리더십 이론의 연구가 그동안 거의 없었다. 그러던 중에 우리나라의 최연 교수가 희생적 리더십 이론을 내놓아 국내외 학자들의 많은 관심을 받고 있다.[7]

리더가 자기희생을 통해서 조직구성원들에게 감동을 주었던 예는 어렵지 않게 찾아볼 수 있다. 간디가 그랬고 슈바이처 박사가 그러하였으며 테레사 수녀도 자기희생의 성스러운 면모를 보여준 사람이었다. 조직에서도 리더의 자기희생의 사례는 어렵지 않게 찾아볼 수 있다. '크라이슬러'가 풍전등화의 위기에 몰려있을 때, 연봉 1$를 내걸고 기업의 회생을 위해서 헌신했던 '아이아코카'의 예를 비롯하여, 자신의 전 재산을 사회에 환원했던 '유한양행의 유일한 박사' 등도 그러한 예에 속한다고 볼 수 있을 것이다.

이러한 범용성에도 불구하고 지금까지 자기희생을 구체적으로 이론화하려는 노력은 별로 없었다. 카리스마적 리더십 이론이나 변혁적 리더십 이론 등에서도 리더의 자기희생이 변혁을 주도하는 데 도움이 된다고 언급하고 있다. 그러나 이들은 구체적으로 자기희생의 개념을 이론화하지는 않았다.

---

[6] Choi, Y.(1995), *A theory of self-sacrificial leadership*, Doctoral Disssertation, University of Kansas, Lawrence, KS.

[7] 최연 교수는 자기 희생적(self-sacrificial) 리더십 이론을 개발한 우리나라의 대표적인 학자이다. 그는 조직 상황에서 자기희생을 정의한 후, 왜 자기희생이 조직 상황에서 불가피한가에 대한 설명을 시도하고 있다. 나아가 조직 상황에서 자기희생이 불가피 하다면, 조직에서 그 희생의 부담이 어떻게 조직원들 사이에 분배되는가에 대한 사회심리학적 분석을 시도하고, 그 부담이 왜 리더에게 전가되는가에 대한 설명과 함께 자기희생을 담당하는 리더의 행위에 대한 조직구성원들의 반응에 대한 연구모델을 제시하고 있다(Choi & Mai-Dalton, 1998).

2.2 자기희생 리더십의 본질

자기희생적 리더십은 조직상황에서 리더의 자기희생의 불가피성과 그 과정을 설명하고 있다. 조직이 어려움에 처한 경우에 리더가 자기희생적인 리더십을 발휘하면 조직구성원들의 태도와 행동의 변화적 반응을 통해 조직성과에 영향을 미친다는 것이다.

회사가 도산위기에 처했을 때 경영자가 자신의 권한과 편익을 반납하고 조직구성원들과 숙식을 같이 하면서 힘든 일을 같이 함으로써 조직구성원들에게 감동을 주고 모두가 열심히 일하여 회사를 다시 살린 여러 사례들에서 이러한 리더십을 발견할 수 있다.

국내기업 중에서도 팬택이 2006년에 워크아웃까지 가는 경영상의 위기에 처했을 때 CEO(박병엽)가 솔선수범하여 4,000여억 원의 사재와 자신의 사생활을 모두 포기하면서까지 회사의 재건을 위해 전력투구한 결과, 채권단의 신뢰와 직원들의 적극적인 동참을 이끌어내어 성공적인 회생의 길로 나아간 사례도 있다.

자기희생적 리더십의 모델은 조직 수준의 거시적 차원과 조직구성원 심리현상의 미시적 차원으로 〈그림 2-33〉과 같이 구성되어 있다. 거시적 차원의 리더십은 조직변화의 제도적 메커니즘에 대해 영향을 미치는 것이며, 미시적 차원의 리더십은 조직구성원과의 상호작용을 통해 조직구성원의 인지, 태도, 행동 등에 영향을 미치는 것이다.

이 모델에서는 리더십이란 조직설계의 불안전성(IOD: Incompleteness of Organizational Design) 때문에 필요한 것이라고 인식한다. 어느 조직이든 완벽하게 조직을 설계할 수 없

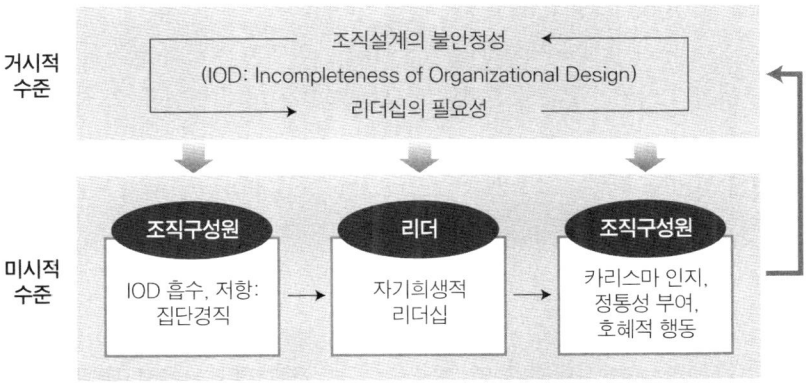

〈그림 2-33〉 자기희생적 리더십 모델

자료: Choi, Y. & Mai-Dalton, R. R.(1998), "On the leadership function of self-sacrifice", *Leadership Quarterly*, 9(4), pp. 475-501을 참조하여 재구성.

으므로 조직은 불안전하게 되고, 이러한 불안전성은 조직변화를 필요로 하게 되면서 이 과정에서 리더십의 개입을 필요로 하게 된다는 것이다.

조직 불안전성(IOD)을 해소하는 과정에서 조직구성원들은 기술격차나 과잉비용과 같은 불안전성을 흡수하기도 하고 기피하기도 한다. 그런데 조직 불안전성을 개인이 흡수하기에 너무 크다고 느끼거나, 흡수가 조직 유효성에 기여하지 못할 것이라고 판단되면 조직구성원들은 불안전성을 흡수할 동기가 감소하여 기피행위를 보인다. 특히 조직구성원들이 희생을 하더라도 조직의 회생가능성이 낮다고 판단하면 더욱 기피할 것이다. 이러한 기피행위는 조직 전체로 급격히 확산되는데 이때 경영자가 선택할 수 있는 하나의 대안이 바로 자기희생이다.[8]

따라서 조직 불안전성이 클수록 리더십의 개입을 더욱 필요로 하게 되고, 이때 리더가 자기희생을 통해 상황을 극복할 수 있다는 믿음을 주는 상징적 행위를 하여야 한다. 그러한 행동이 조직구성원들의 소극적이고 기회주의적인 태도와 행동을 포기하게 하는 중요한 계기를 만들 수 있다. 리더의 자기희생적 행동은 조직구성원들에게 강한 메시지를 전달함과 동시에 상호유대적인 관계를 유지하는 고리가 된다.

리더의 자기희생은 크게는 다음의 세 가지 범주에서 이루어진다.[9]

① 업무분장(division labor)상의 자기희생: 위험하고 힘들며 기피되는 업무, 역할, 순번 등을 자청하는 희생이다.
② 보상분배(distribution of rewards)상의 자기희생: 자기에게 정당하게 분배되어야 할 금전적 · 비금전적 보상을 포기하거나 미루고 줄이는 희생이다.[10]
③ 권한행사(exercise of power)상의 자기희생: 리더에게 합법적으로 주어진 자원과 권한 등의 사용을 자제하거나 포기하는 희생이다.[11] 리더의 이러한 자기희생적인 행위는 조직구성원의 의지, 정서, 행위에도 상당한 영향을 미치게 된다.

자기희생적 리더십은 어느 한순간에 커다란 희생을 보여주는 급진적 스타일과 오랜 기간에 걸쳐 꾸준히 보여주는 점진적 스타일로 구분된다. 급진적 스타일은 조직이 위기에

---

8 '아이어코카'가 '크라이슬러'의 회장으로 취임하며 1달러의 연봉을 자청한 자기희생의 사례.
9 Choi, Y. & Dalton, R. (1999), "The model of followers' responses to self-sacrificial leadership", *An empirical test*, pp. 397-421.
10 정당하게 주어지는 휴가나 성과급을 반납하는 행위.
11 조직구성원들과 숙식을 함께하고 배정된 운전기사를 다른 직무에 배치하는 행위 등.

처해 있을 때 나타날 가능성이 높고, 점진적 스타일은 오랜 기간에 걸쳐 하나의 문화로 자리 잡게 될 가능성이 높다. 리더의 자기희생이 조직구성원들에게 영향을 미쳐서 나타나는 반응은 리더에 대한 카리스마 인지, 리더에 대한 정통성 부여, 리더와 조직구성원 간의 상호유대적 행등, 그리고 리더추종과 희생참여 및 과업에 대한 몰입 등이다.

요컨대, 리더의 자기희생적 행위는 조직구성원들로 하여금 리더가 카리스마적이라고 인지토록 하고(카리스마 인식), 그(녀)가 리더로서 합당하다고 느끼게 하며(합법성 귀인), 리더의 희생에 뭔가 보답해야 하겠다는 호혜적 행위의도를 나타내게 한다. 그러나 이러한 리더의 자기희생적 리더십과 조직구성원들의 반응과의 관계는 조직구성원들의 조직 불확실성과 리더의 역량에 대한 인식에 의해서 조절되는 것으로 알려져 있다.

리더의 자기희생에 초점을 맞춘 이 이론에 대한 평가는 다음과 같다.

① 대체로 윗사람의 자기희생적 행동은 감동과 정서적 반응을 이끌어낸다. 이러한 자기희생적 개념을 리더십 이론으로 체계화한 것은 리더십 연구에서 중요한 공헌으로 평가된다.

② 이론의 타당성 확보를 위하여서는 더욱 많은 실증적 연구가 요구된다. 최연과 마이돌튼(Choi & Mai-Dalton)의 연구에서는 조직구성원들이 리더가 희생적이라고 느낄수록 리더에 대한 카리스마 인지, 정통성 부여, 호혜적 행동이 높게 나타났다. 앞으로 후속 연구에서 다양한 검증을 통한 이론적 발전이 기대된다.

③ 리더의 자기희생은 대체로 리더에 대한 조직구성원들의 긍정적 반응을 유발한다고 보지만, 리더의 희생적 행동의 동기가 순수하지 않은 것으로 인식되면 오히려 부정적 결과를 낳을 수 있다. 가령, 회사가 어려울 때 연봉은 매우 적게 받아 희생하는 것처럼 하고 그 대신 스톡옵션으로 보상받는 경우 등이다.

④ 자기희생의 개념이 서번트 리더십의 '봉사'의 개념과도 상통할 수 있다는 점에서 서번트 리더십과 연계하여 연구할 필요성이 있다.

사례: 유일한 박사의 윤리적 · 희생적 리더십

1 유일한 박사

2 유일한 박사의 유언장

유일한 박사는 재봉틀 장사로 자수성가한 상인의 9남매 중 장남으로 태어났다. 1904년 9세 때 미국으로 유학을 떠났다. 배에서 돈을 잃어버려 인솔자이자 독립운동가인 박용만의 배려로 미국에서 독신자 자매인 태프트 자매에게 입양되었다.

태프트 자매는 어린 유일한에게 영어를 가르쳐서 미국 사회에 적응하도록 배려했다. 그는 낮에는 농장에서 일하고 밤에는 공부했으며, 방학 때는 신문배달을 하면서 자신의 힘으로 살았다. 이후 네브래스카 주립대학교에 입학한 유일한은 뛰어난 운동실력을 발휘, 장학금을 받으며 미식축구 선수로 활약하였다. 1922년에 미시간 대학교 대학원에서 수학하였고, 1929년에 스탠퍼드대학교 대학원에서 국제법을 공부하였다.

대학교를 졸업한 그는 제너럴 일렉트릭사에 취직하여 돈을 모은 후 1922년 숙주나물 통조림을 제조하는 '라초이' 식품회사를 설립하였다. 그는 일부러 교통사고를 내어 기자들의 호기심을 끌었고, 숙주나물을 조리하여 먹는 중국계 미국인들의 관심을 모았다. 덕분에 사업은 번창하여 1925년까지 50만 달러의 거금을 벌었고, 중국계 미국 여성 소아과 의사인 호미리와 결혼했다. 그리고 귀국하여 1926년 서울에 유한양행을 설립했다. 유일한 박사는 한민족의 건강유지에 필요한 결핵약과 진통소염제, 안티플라민, 혈청 등을 판매하였고, 투명한 윤리경영을 하면서 1939년 우리나라 최초로 '종업원 지주제'를 실시하였다. 그 후 만주, 다롄, 톈진에도 지사를 설치하여 방대한 시장을 확보하였다.

1939년 사업상 미국으로 건너가 활동 중에 1942년 12월 태평양전쟁이 일어나 귀국하지 못하고 8 · 15광복을 맞이하였다. 1946년 7월 미국에서 돌아와 유한양행을 재정비하고, 대한상공회의소 초대회장으로 활동하였다. 유한양행은 계속 성장하여 성실한 경영과 우수약품 생산업체로 안정된 기반을 구축하였다. 1952년에는 고려공과 기술학교, 1964년에는 유한공업 고등학교를 설립하였다.

1969년 기업의 제일선에서 은퇴하며 혈연관계가 전혀 없는 전문경영인에게 유한양행의 경영권을 인계하였다. 그는 기업의 전문경영인 등장의 길을 여는 데 선구자적 역할을 하였다. 1971년 3월 76세로 타계하였다. 별세하기 전, 아들인 유일선 변호사의 딸의 학자금으로 1만 불만 남기고 전 재산을 교육사업에 기부한다는 유서를 남겼다.

유서내용은 대략 다음과 같았다.

첫째, 유일선의 딸, 즉 손녀인 유일링(당시 7세)에게는 대학 졸업 시가지 학자금으로 1만 불을 준다.

둘째, 딸 유재라에게는 유한공고 안에 있는 묘소와 주변 땅 5천 평을 물려준다. 그 땅을 유한동산으로 꾸며 달라고 하면서 이런 부탁을 덧붙였다. 유한동산에는 결코 울타리를 치지 말고 유한 중·공업고교 학생들이 마음대로 드나들게 하여 그 어린 학생들의 티 없이 맑은 정신에 깃든 젊은 의지를 지하에서나마 느끼게 해 달라.

셋째, 자신이 소유한 주식 14만 941주는 전부 '한국 사회 및 교육 원조 신탁기금'에 기증한다.(유일한 박사는 이 신탁기금에 이미 9만 6천 282주를 기증한 바 있었다. 그리하여 23만 7천 223주를 소유하게 된 신탁기금은 나중에 '유한재단'으로 발전하여 유한양행의 최대주주가 된다.)

넷째, 아내 호미리는 재라가 그 노후를 잘 돌보아주기 바란다. (아내에게도 재산을 물려준다는 말이 없다.)

다섯째, 아들 유일선에게는 '대학까지 졸업시켰으니 앞으로는 자립해서 살아가거라'라는 말만 남겨놓았다.

여섯째, 아무에게 돈 얼마를 받을 것이 있으니 얼마는 감해주고 나머지는 꼭 받아서 재단기금에 보태라는 식으로 세세한 금전 거래까지 밝히고 있다.

유일한 박사의 유언장이 공개되자 언론매체에서는 신선한 충격을 받은 듯 '나의 전 재산 학교재단에', '아들엔 한 푼 없이 자립하라' 식으로 제목을 달아 대서특필하였다. 자신의 모든 소유를 자식들에게 대물림하지 않고 사회에 고스란히 환원한 유일한의 결단과 정신은 우리 사회에서 두고두고 귀감이 되고 있다.

한편 유일한 박사의 딸 유재라 씨는 1991년 3월 19일 미국 시애틀에서 63세로 타계했는데, 그녀 역시 당시에 시가 45억 원 상당의 유한양행 주식 2만 5,000주와 시가 160억 원의 서울 영등포구 대방동 집터 1,800평 등 모두 205억 원을 공익재단인 유한재단에 기부함으로써, 2대에 걸친 기부활동으로 유일한 박사의 유업을 승계하였다.

유한양행의 주식은 2005년 기준, 유한재단 18%, 유한학원 8%, 기타 공익법인이 16% 가량을 소유하고 있으며, 유한양행은 지속적인 고배당 정책을 통해 기업이윤이 사회공익활동에 사용되도록 하고 있다.

윤리적·희생적 경영을 실시하여 1926년 유한양행이 설립된 이래, 지금까지 한국 경제계에서 가장 모범적이고 성공적인 경영을 하였다. 한국경제사에서 100년을 가까이 성장해온 기업은 거의 없으니 유일한 박사는 경영인으로는 가장 성공한 기업인이라 할 수 있으며, 자기 희생적 리더십을 발휘한 모범적 리더의 대표적인 사례라고 하겠다.

제3절 서번트 리더십

3.1 서번트 리더십의 개념

서번트(Servant)의 기본 소양은 노력과 수고이다. 또한 서번트는 자신의 목소리를 크게 내지 않는다. 다른 사람을 위해 묵묵히 자신의 역할을 해나간다. 서번트 리더십의 개념은 1977년에 그린리프가 지은 『*Servant Leadership*』에서 처음 제시되었다.

그는 서번트 리더십의 기본 아이디어를 헤세의 소설 『동방으로의 여행』(*Journey to the East*)에서 얻었다. 이 소설은 귀족 등 상류층 인물들의 동방여행을 소재로 삼고 있다. 여러 사람이 여행을 가는데 레오는 그 일행의 허드렛일을 맡아 하는 사람이었다. 여행 중에 모든 허드렛일을 맡아서 하던 레오가 사라지기 전까지 모든 일은 잘되어갔지만, 그가 사라지자 일행은 혼돈에 빠지고 흩어져서 결국 여행을 중단되었다. 그들은 충직한 심부름꾼이었던 레오 없이는 여행을 계속할 수가 없었던 것이다. 사람들은 레오가 없어진 뒤에야 그가 없으면 아무것도 할 수 없다는 사실을 깨달은 것이다. 그 일행 중 한 사람은 몇 년을 찾아 헤맨 끝에 레오를 만나서 여행을 후원한 교단으로 함께 가게 되었고 거기서 그는 그저 심부름꾼으로만 알았던 레오가 그 교단의 책임자인 동시에 정신적 지도자이며 훌륭한 리더라는 것을 알게 되었다. 이 이야기에서 보면, 결국 위대한 리더는 다른 사람들에게 우선 서번트로 다가오며, 그 단순한 사실이야말로 위대함의 핵심이다. 진정한 리더십은 무엇보다 다른 사람들을 돕고자 하는 깊은 열망을 지닌 사람들에게서 발현되며 레오라는 인물은 서번트 리더의 전형이라고 볼 수 있다.

서번트 리더는 있는 곳에서는 그의 존재가 그리 크지 않은 것 같다. 남들의 이목도 받지 못하고 때로는 리더로서의 자질조차 의심받기도 한다. 하지만 서번트 리더의 존재감은 그가 자리에 없을 때, 혹은 다른 사람이 그 자리에 올랐을 때 부각되고 그의 리더십이 평가된다. 서번트 리더십은 힘과 권위의 리더십이 아니라 사랑과 관용, 신뢰의 리더십이기 때문이다. 서번트 리더는 상급자로서 권위적으로 지시하고 감독하는 이미지의 전통적인 리더와는 상반되는 개념이며, 그 차이를 〈표 2-31〉과 같이 제시한다.

서번트 리더십이 전통적 리더십과 다른 특징적인 점들은 조직구성원을 진심으로 아끼고 발전을 돕는다는 것, 타인의 삶과 가치관 등을 존중하고 신뢰한다는 것, 그리고 자신의 권위보다 공동체의 이익을 중요시한다는 것 등이다. 그러나 분명하게 인식할 점은 이러한 특징적인 요소들 때문에 조직의 성과를 경시하는 것은 아니라는 점이다. 리더십에 관한 모든 이론들은 성과 창출을 전제로 하고 있다는 점을 간과해서는 안 된다.

<표 2-31> 서번트 리더와 전통적 리더의 비교

비교	서번트 리더	전통적 리더
조직구성원에 대한 인식	가장 중요한 자원	여러 자원 중의 일부
생산성 기준	조직구성원의 자발성과 성과	성과와 계량적인 투입비용
팀워크 인식	공동체 형성을 중요시	개인적 경쟁의 활용 중요시
조직구성원 신뢰	조직구성원의 능력을 신뢰하고 판단존중	리더의 우월의식, 조직구성원이 자신의 틀 속에서 활동 기대
타인에 대한 가치관	타인의 삶 존중, 수용적이고 개방적인 가치관으로 후원	리더의 자기중심적 가치관, 자신에게 맞출 것을 요구
개인생활과 업무	조화 및 총체적 삶의 발전 추구	업무중심적 비용분석과 관리
조직구성원에 대한 봉사	조직구성원을 위해 기꺼이 봉사	시간과 에너지를 가능한 한 아낌
정보의 흐름	조직 내에 활성화, 공유노력	상의하달 및 독점 성향
조직구성원의 성장 지원	물질적 · 정신적 후원	상과 벌로써 능력 이용

자료: 박유진(2011), 『리더십 마인드 & 액션』, 양서각, 223쪽.

3.1.1 서번트 리더란?

서번트 리더십의 창시자인 그린리프는 '서번트 리더십이란 타인을 위한 봉사에 초점을 두며 조직구성원, 고객 및 커뮤니티를 우선으로 여기고 그들의 욕구를 만족시키기 위해 헌신하는 리더십'이라고 말했다.

<그림 2-34>에 제시된 것처럼 우리는 누구나 타인에게 인정받고 싶어 하고 경쟁에서 이기기를 원하고 리더가 되기를 원한다. 내 인생의 주인공은 그 누구도 아닌 바로 나 자신이다. 원하든 원하지 않든 내 삶의 리더라는 이야기이다. 우리는 이러한 무수히 많은 자기 삶의 리더들과 함께 공존하고 있다. 나의 인격체가 소중하듯이 타인도 그러하다. 내가 인정받고 싶다면 타인을 인정하고, 명성을 얻고 싶다면 타인을 먼저 배려하고, 이익을 얻고 싶다면 먼저 베풀어야 한다. 이것이 서번트 리더의 기본적인 로드맵이다.

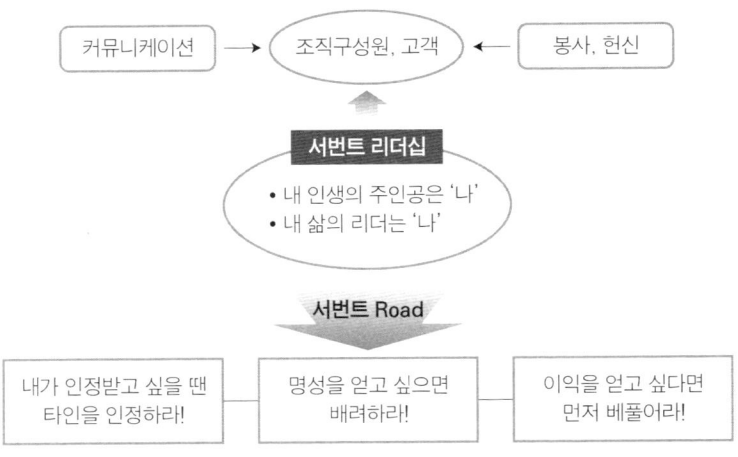

<그림 2-34> 서번트 리더의 로드맵

　권력에 대한 자신의 욕구를 이기고 타인을 사랑하는 마음을 가지고 봉사하고 베풀며, 그들과 함께 하는 리더가 바로 진정한 서번트 리더이다. 이러한 맥락에서 보면 서번트 리더란 다음과 같은 사람으로 표현될 수 있다.[12]

- Service(봉사하다): 섬기는 사람
- Effort(노력, 수고): 다른 사람에게 도움이 되기 위해 끊임없이 노력하는 사람
- Relationship(관계, 관련): 사람들과의 관계를 중요시 여기는 사람
- Vocation(사명): 자신이 하는 일에 사명감을 가지고 있는 사람
- Attitude(태도, 마음가짐, 자세): 타인을 사랑하는 인간존중의 태도를 가진 사람
- Nurture(양육하다, 양성하다): 명예를 바라지 않고 모범을 보임으로 제2, 제3의 서번트를 양육하는 사람
- Trust(신뢰, 믿음): 철저한 신뢰와 믿음을 바탕으로 교류하는 사람

12　안병용 외(2008), 『블루오션 리더십』, 보명, 315쪽.

3.2 서번트 리더의 특징

그린리프 연구센터의 연구소장인 스피어스(Spears)는 다음과 같이 서번트 리더의 주요 특성을 제시하였다.[13]

(1) 경청(Listening)

경청은 조직구성원들을 존중과 수용적인 태도로 이해하는 것이다. 적극적이고 능동적인 경청을 통해 조직구성원들의 욕구를 정확히 알게 된다.

(2) 공감(Empathy)

공감이란 차원 높은 이해심이며 리더는 조직구성원들과의 감정의 공감을 형성하여 일체감을 갖는다.

(3) 치유(Healing)

치유는 리더가 조직구성원들을 이끌어가면서 보살펴 주어야 할 문제가 무엇인가를 살피는 것이다.

(4) 스튜어드십(Stewardship)

조직구성원들을 위해 자원을 지원하고 봉사하는 것이다.

(5) 조직구성원들의 성장을 위한 노력(Commitment to the growth of people)

조직구성원들에게 성장과 전문적 발전 및 정신적 성숙의 기회와 자원을 제공한다.

(6) 공동체 형성(Building community)

조직구성원들이 서로 존중하며 봉사하는 진정한 의미의 공동체를 만들어간다.

서번트 리더십을 구성하고 평가하는 요소들은 다양하게 개발되어 왔다. 서번트 리더십과 직접 관련되는 성실, 겸손, 섬김, 배려, 자기개발 독려 등의 세부요인들은 〈표 2-32〉와 같으며, 이러한 요인들은 자기평가에도 좋은 자료가 될 것이다.

---

13 미국 인디애나 폴리스에는 그린리프 연구센터가 있고, 서번트 리더십의 연구와 프로그램 등을 개발하고 있다.

주요 요인	세부 요인
성실 (9)	솔직하게 대함, 진실을 위해 비난을 감수함, 남에게 요구한 것을 나도 실천함, 옳고 그름을 중시함, 조작하지 않음, 정직성을 지킴, 친절을 생활화함, 신뢰를 쌓음, 윤리를 해치는 일과 타협하지 않음.
겸손 (10)	더 나은 사람에게 양보함, 타인에게 공을 돌림, 나의 약점을 인정함, 잘못을 인정하며 배움, 동료와 일하면서 인정과 보답에 욕심을 바라지 않음, 남의 경멸에도 겸손을 유지함, 부하에게서도 배움, 나의 잘못을 인정함, 남을 칭찬함, 남에게 의지함을 인정함.
섬김 (11)	타인의 위치를 존중함, 남을 모시려 함, 공동의 일에서 개인적 희생을 감수함, 부당한 비난을 감수함, 온화한 마음, 리더의 책임감을 감수함, 대접받기보다 대접함, 함께 일하는 사람의 이익을 배려함, 남을 성공시킴, 타인이 서번트 리더가 되도록 영감을 줌, 동료의 인종과 종교 등을 개의치 않음.
배려 (8)	남의 복지에 관심, 남들을 이해하려 노력함, 남의 요구를 도와주려 함, 상담하려 함, 나의 도움을 개방함, 남을 배려함이 그에게 도움이 된다고 믿음, 용서함, 남의 말을 경청함.
자기개발 독려 (7)	조직구성원의 재능을 찾으려 함, 능력을 발휘하게 함, 실수를 관용함, 자기개발의 시간과 투자를 권함, 나의 시간과 에너지로 도움, 남들의 성장을 돕도록 역할함, 나를 능가할 사람을 발굴하려 함.

자료: 박유진(2011), 『리더십 마인드 & 액션』, 양서각, 224-225쪽.

3.3 서번트 리더십의 실천원칙[14]

(1) 서번트 리더는 봉사하는 사람이다

서번트 리더십은 천성적으로 조용히 섬기는 것을 즐기며 남 앞에 나서기를 꺼려하는 사람들이 리더로서의 역할을 감당하는 데 적합한 리더십 모델이다. 서번트 리더십의 핵심은 섬기는 자세에 있다. '내가 봉사를 잘할 테니, 당신들은 나를 리더로 섬겨라.'라고 요구하는 조건부가 아니다. 진정한 서번트 리더는 '나는 최선을 다해서 봉사하겠다. 당신들이 나를 따르는 것은 선택사항이다.'라며, 섬기는 기능을 목적으로 설정한다. 섬기려는 마음이 모든 것을 우선하는 리더이다. 이 리더십은 사람에 대한 따스한 사랑을 요구한다. 근본적으로 인간존중의 정신이 뒷받침되지 않고서는 서번트 리더의 자세를 장기적으로 견지한다는 것이 불가능하다.

사랑이 가득한 가슴으로 서번트 리더십을 선보인 위대한 리더들은 많다. 4대 성인이 대표적이며, 간디, 슈바이처, 마틴 루터 킹 목사, 테레사 수녀가 그렇다. 서번트 리더십은

---

14 안병용 외(2008), 『블루오션 리더십』, 보명, 317-325쪽을 참고하여 재구성.

깨달음이 있는 리더에게 적합한 유형이다. 많은 것을 포용할 수 있는 넓은 도량과 인간존중의 사랑만이 이를 가능하게 한다. 사우스웨스트 항공사의 허브 켈러허 회장은 바로 사랑을 실천하는 대표적인 CEO이다. 그는 갑자기 나타나 고객에게 직접 땅콩을 서비스하기도 하고, 따스한 포옹과 키스를 선사하기도 한다. 리더십은 '하인 노릇 하기'라고 그는 말한다.

뛰어난 리더는 동시에 훌륭한 조직구성원이어야 한다. 리더는 다른 사람들의 생각이 자기의 생각과 달라도 기꺼이 받아들여야 한다. 또한 조직구성원들을 위해 기꺼이 위험을 감수해야 한다. 왜냐하면, 조직구성원들을 위해 싸우려 하지 않는다면, 그들도 역시 당신을 위해 싸우지 않기 때문이다. 서번트 리더는 조직구성원들에게 주인의식을 가지라고 말하지 않는다. 다만 조직구성원들을 주인으로 섬길 따름이다.

(2) 서번트 리더는 다른 사람을 위해 노력하는 사람이다

서번트 리더가 되기 위해서는 나를 바라보던 시각에서 세상을 바라보는 시각으로 바뀌어야 한다. 세상에는 우리가 할 수 있는 일들이 너무나 많다. 가정에서, 학교에서, 직장에서, 사회에서 우리가 베풀 수 있는 것을 찾아낼 수 있는 관심을 가져야 하고 도움이 되기 위해 노력해야 한다. 그 노력은 물질적인 것일 수도 있고 정신적인 것일 수도 있고 육체적인 것일 수도 있다. 어떤 형태이든 상관없다. 우리에게 중요한 것은 섬기고 나누고 베풀기 위해 끊임없이 찾아내어 땀 흘리는 진정으로 노력하는 자세인 것이다.

(3) 서번트 리더는 타인과의 관계를 중요시 여긴다

아무리 훌륭한 리더라 하더라도 혼자서 할 수 있는 일은 아무것도 없다. 리더가 조직을 이끌기 위해서는 관심과 격려의 눈을 가지고 계속적으로 조직구성원들과 교류를 해야 한다. 경영자나 상사의 입장에서 바라보는 것이 아니고 그들과 함께 그 속에 섞여 살을 부딪치며 땀을 흘리고 웃고 울며 나누는 것이어야 하는 것이다. 조직의 경쟁력은 조직구성원들 간의 관계의 질에 의해 결정된다고 할 수 있다. 조직구성원과 조직구성원, 조직구성원과 상사, 조직구성원과 조직이 어떠한 생각을 공유하고 있으며 같은 비전을 가지고 있는지 또한 서로간의 신뢰는 어느 정도인지에 따라 조직의 성패가 좌우된다고 보는 것이다.

이런 면에서 서번트 리더는 먼저 잘 들어주어야 한다. 이는 다른 사람에 대한 가장 큰 배려 중의 하나다. 또한 감정이입에 능한 사람이 서번트 리더가 될 수 있다. 다른 사람의 감성 영역으로 파고 들어가는 공감의 능력이야말로 서번트 리더의 빛나는 특성이다. 이와 같은 공감은 상처 받는 사람을 치유하고자 하는 열정으로 나타날 것이다. 뿐만 아니라 리더의 역할은 다른 사람을 지도하는 입장에 있으므로 일방적이고 통제적이기 쉽다. 그러나 서번트 리더는 권위주의가 아닌 설득을 통해 조직을 리드하는 길을 택할 것이다.

(4) 서번트 리더는 섬김이 천직이라고 생각한다

천직이란 '마땅히 해야 할 직분', 그 사람의 천성에 알맞은 직업을 뜻하는 말이다. 슈바이처 박사는 인류에 대한 봉사를 천직(마땅히 해야 할 직분)이라고 생각하였으며 그중에서 자신이 할 수 있는 의료봉사를 선택하여 일평생 몸을 바쳤다. 슈바이처 박사는 겸손하고도 섬김의 정신을 가진 '서번트 리더'였다. 그는 노벨평화상을 수상하는 높은 명예를 얻었음에도 남을 섬기는 자세를 늘 견지하는 서번트 리더십의 전형을 보여 주었다. 또한 궂은일을 마다하지 않고 팔을 걷어붙이는 해결사이자 문제 상황에 봉착해 자신의 안위를 돌보기보다는 주변 이웃 특히 아프리카의 원주민들을 먼저 생각하는 희생적인 리더였다.

성공하는 서번트 리더가 되기 위해서는 기꺼이 다른 사람을 섬기고 그들이 잘 되기를 바라며 그들을 돕는 것을 자신의 평생의 업으로 알아야 한다. 다른 사람을 도와 줄 때 기쁨이 있는가? 봉사와 섬김이 당신의 삶의 원동력이라고 생각하는가? 그렇다면 당신은 슈바이처와 같은 서번트 리더가 될 수 있을 것이다.

(5) 서번트 리더는 인간존중의 태도를 가진 사람이다

서번트 리더에게는 자신에게 도움이 되는 사람과 도움이 되지 못하는 사람의 구분이란 것이 따로 없다. 서번트 리더에게 있어 인간이란 '누구나 마땅히 존중받아야 할 소중한 존재'인 것이다. 그러므로 이기적인 관점에서 모든 것을 자기중심으로 생각하고 실행하는 것과는 패러다임 자체가 근본적으로 다르다고 할 것이다.

(6) 서번트 리더는 모범을 보이는 사람이다

타인을 배려하고 신뢰하고 사랑하는 생활 속에서 행해지는 실천을 통해 나 자신이 행복해지고 삶의 이유를 찾게 되는 것, 나의 생활이 모범이 되어 가족과 이웃과 내 주변이 조금씩 변화되는 것, 이것이 바로 서번트 리더로서 우리가 누리게 될 명예이고 가치일 것이다.

(7) 서번트 리더는 신뢰와 믿음을 바탕으로 한다

수많은 기업들이 성공하기를 바라고 경쟁력을 갖추기 위해 많은 자금과 노력을 아끼지 않고 있다. 조직구성원이 자신의 일에 자부심이 높고 동료들과 함께 일하는 것이 즐거울 때, 개인과 조직의 성과가 높아지며 기업의 경쟁력이 증대한다. 이때 이러한 관계를 형성하는 가장 중요한 요소가 바로 신뢰이다.

모든 리더십이 신뢰가 생명이지만 특히 서번트 리더십은 신뢰와 믿음이 뒷받침되어야 한다. 따뜻한 마음과 인간에 대한 깊은 애정이 필요하다. 이런 맥락에서 서번트 리더십은 강력한 조직학습 방법론이다. 단지 고위층만이 아니라 모든 조직구성원들이 회사 경영에 참여할 수 있는 기회가 제공되기 때문에 매우 적극적인 참여 분위기가 형성된다는 것이다. 즉 서번트 리더십에 기반을 둔 도구와 정보는 모든 사람들이 공유할 수 있게 되고 모든 사람들이 창의적인 접근을 시도할 수가 있으므로 조직의 발전과 향상에 긍정적으로 작용하게 되는 것이다.

스티븐 코비는 "서번트 리더십을 발휘하기 위해서는 조직 차원의 원칙이 있어야 한다. 그것은 바로 신뢰이다. 즉 조직구성원들이 스스로 역량을 발휘할 수 있다는 믿음이 조직 전반에 뿌리내려 있어야 한다. 리더는 조직구성원들과의 신뢰가 높을 때, 코칭과 임파워먼트, 사례를 통한 시범, 그리고 설득력을 발휘할 수 있다. 이것이 바로 서번트 리더십이다."라고 말했다. 신뢰를 바탕으로 한 인간관계, 이것은 서번트 리더가 되기 위한 첫걸음이자 뿌리이다.

그렇다면 서번트 리더십의 실천 방안과 실천과정에서의 시사점은 무엇인가? 첫째는 판단하지 말고 먼저 들어주어야 한다. 들어주는 자세는 가장 성실한 관심이다. 둘째는 참된 마음을 가져야 한다는 것이다. 셋째는 공동체를 형성하라는 것이다. 당신과 함께 일하는 사람들에게 고마움을 표시하라. 넷째는 권한을 공유하는 것이다. 당신이 감독하거나 함께 팀을 이루는 사람들의 의견을 존중하는 것이다. 다섯째는 사람들을 발전시키는 것이다. 다른 사람들을 발전시켜 보다 높은 수준의 리더십을 갖추도록 만드는데 일정시간을 할애하는 것이다.

다음은 서번트 리더가 실천과정에서 유념해야 할 시사점이다.[15]

첫째, 리더의 봉사와 희생적 헌신이 고정화될 경우에 공식적 권한의 엄정한 집행이 어려워지거나 위급한 상황에서 강압적 리더십이 필요함에도 실행이 어려울 수 있다. 특히 초기에는 낮은 수준의 봉사와 희생으로 리더십 효과를 얻을 수 있지만, 만성이 되면 더 높은 수준의 봉사와 희생을 요구하게 되고 조직구성원의 기대 수준이 점차 상승하기 때문이다.

둘째, 모든 조직구성원들이 리더의 희생에 대해 감동으로 화답하는 것이 아니라 당연시하기도 한다. 이러한 점이 봉사와 희생의 리더십의 발휘를 어렵게 한다. 그러므로 리더는 봉사와 희생의 가치관부터 정립한 후에 그 범위를 설정하며, 봉사와 희생의 효과가 조직구성원들의 동참 및 조직성과로 연결되게 하는 지혜가 필요하다.

---

15 박유진(2011), 『리더십 마인드 & 액션』, 양서각, 225쪽.

사례: 슈바이처 박사의 서번트 리더십

슈바이처는 1875년 1월 14일 독일의 알자스(현재 프랑스 지역)에서 루터교 목사의 맏아들로 태어나 스트라스부르 대학에서 철학과 신학을 공부했으며, 이곳에서 1899년 철학박사학위, 그 이듬해 신학박사학위를 받았다. 『라이마루스에서 브레데까지』(1906)라는 저서로 신학연구 분야에서 세계적 인물로 인정받았다. 그는 1905년 박애사업에 헌신하기 위해 선교의사가 되겠다는 결심을 발표했고, 8년 만인 1913년 의학박사가 되었다. 그를 돕기 위해 간호사 훈련을 받은 아내 브레슬라우와 함께 프랑스령 적도 아프리카의 가봉에 있는 '랑바레네'로 출발했다. 그곳에서 '오고우에' 강둑 위에 원주민들의 도움으로 병원을 세웠다.

처음에는 자신의 수입으로 기구를 갖추고 병원을 운영하다가 나중에는 여러 나라의 독지가 또는 재단의 기부금으로 보충했다. 제1차 세계대전 동안 그곳에서 적국 외국인(독일인)이라는 이유로 구금되었으며, 그 뒤에는 전쟁포로로 프랑스에 억류되기도 했다. 그는 방치되었던 병원을 다시 세우기 위해 1924년 아프리카로 돌아와 '오고우에' 강 위쪽 약 3.2km 지점에 병원 터를 잡고 얼마 뒤 나병환자 거주지를 추가로 세웠다. 1936년 무렵 병원에는 350명의 환자와 그들의 친척이 있었고, 나병환자 거주지에는 150명의 환자가 있었으며, 약 36명의 백인 의사·간호사와 다수의 원주민 근로자가 환자들을 보살폈다. 그는 노벨평화상뿐만 아니라 '세계의 위인, 인도(人道)의 전사, 원시림의 성자' 등으로 불리며 세인의 존경을 받았다. 그러나 그는 존경과 명예에 집착하지 않고 1965년 90세의 나이로 사망할 때까지 봉사하며 자신의 자리에서 묵묵히 최선을 다했다.

슈바이처의 다음 일화에서 서번트 리더십의 교훈을 찾을 수 있다. 슈바이처는 노벨상 시상식에 참석하기 위하여 아프리카를 떠나 파리까지 가서, 거기서 다시 기차를 타고 덴마크로 갈 계획이었다. 그런데 그가 파리에 도착했다는 소식을 전해들은 신문기자들이 취재를 하려고 그가 탄 기차로 몰려들었다. 슈바이처는 영국왕실로부터 백작 칭호를 받은 귀족이었다. 그래서 취재경쟁에 열중한 기자들이 한꺼번에 특등실로 우르르 몰려가서 슈바이처 박사를 찾아보았으나 찾을 수가 없었다. 그러자 다시 1등 칸으로 몰려가 찾아보았으나 거기에도 없었다. 또 다시 2등 칸으로 가 보았으나 거기서도 찾지 못했다. 그래서 기자들은 허탈한 나머지 그대로 돌아가 버렸다.

그런데 영국 기자 한 사람만이 혹시나 하고 3등 칸을 기웃거리다가 의외로 거기서 슈바이처 박사를 찾아냈다. 가난에 찌든 사람들이 딱딱한 나무 의자에 꽉 끼어 앉아있는 퀴퀴한 악취로 가득한 3등 칸 구석에 쭈그리고 앉아서 슈바이처 박사는 열심히 그들을 진찰하고 있었다. 놀란 기자가 그에게 특등실로 자리를 옮기기를 권유했으나 슈바이처 박사는 들은 척도 하지 않았다. "선생님! 어쩌자고 이렇게 냄새나고 불편한 곳에서 고생하며 가십니까?" 슈바이처 박사는 잠시 후 이마의 땀을 닦으며 대답했다. "저는 편안한 곳을 찾아다니는 게 아니라, 저의 도움이 필요로 하는 곳을 찾아다닙니다. 특등실의 사람들은 저를 필요로 하지 않습니다."

슈바이처 박사는 겸손하고도 섬김의 정신을 가진 진정한 '서번트 리더'였다. 그는 노벨상을 수상한 높은 명예를 얻었음에도 남을 섬기는 자세를 늘 견지하는 서번트 리더십의 전형을 보여주었다.

제4절 감성 리더십

4.1 감성 리더십의 개념

뇌와 뇌 사이, 그리고 사람과 사람 사이에 공감의 관계를 만들어내는 가장 강력하고도 직접적인 방법이 감성지능이다. 공감이란 뇌의 기능 면에서 볼 때 사람들의 정서 중추가 일제히 긍정적인 방향으로 작동하는 것을 의미한다. 예를 들어 긴장된 상황에서는 가벼운 유머 한마디가 촌철살인의 정서적 힘을 발휘하여 팽팽한 긴장을 해소시킬 수도 있다. 뛰어난 감성에서 비롯되는 매끄러운 유머 구사 능력은 최고의 리더십을 발휘하기 위한 열쇠이다.

따라서 감성 리더십(Emotional Intelligence Leadership)은 '자신과 상대의 감성에 대한 이해를 바탕으로 한 관계형성 및 유지를 통하여, 상대로부터 공감을 받아내고 공감을 받은 자들이 최선을 다해 직무에 몰입함으로써 높은 성과창출을 가능하게 하는 리더십'으로 정의할 수 있다.[16]

역사적으로 훌륭한 리더들은 기술적·인지적 능력과는 다른 감성지능의 능력을 가지고 있었다. 목표를 성취하기 위한 강한 추진력, 일을 주도적으로 이끌어나가는 진취력, 협

---

16 변상우(2012), 『리더십 개발과 훈련』, 청람, 308쪽.

동과 팀워크를 이끌어내는 능력 등은 바로 감성지능에 기초한 리더십 능력이다. 결국 뛰어난 감성지능은 훌륭한 리더십을 수행하기 위한 도구라고 할 수 있다.

감성 리더십은 먼저 리더 자신이 자신의 내면을 깊이 성찰하는 단계로부터 시작된다. 자신의 내면을 깊이 성찰하고 난 이후에 조직구성원들의 감성 및 욕구를 이해하고 배려하는 속에서 공동의 목표를 달성해내는 것이 감성 리더십의 본질적인 핵심내용이다. 그러므로 감성 리더십은 개인적 측면에서 조직구성원들이 열정을 다해 업무에 몰입하게 함으로써 높은 성과를 창출하게 하는 것이며, 조직적 측면에서는 신명나게 일할 수 있는 조직문화를 형성할 수 있는 기반을 제공하게 된다.

본 절에서는 감성능력을 갖춘 리더는 타고나는 것이 아니라 후천적으로 학습되고 훈련되는 것이며, 감성지능을 향상시키기 위한 훈련을 받은 리더들은 업무성과가 현저히 향상될 수 있다는 전제하에 리더의 감성지능과 감성지능 향상을 위한 방안 위주로 살펴볼 것이다.

4.1.1 감성 리더란?[17]

미국의 기업 역사상 가장 빠른 속도로 성장한 기업으로 불리는 이베이의 CEO인 '휘트먼'은 조직의 복잡하고 미묘한 힘을 잘 조화시켜, 이베이가 타 기업들의 몰락 과정에서도 생존하고 오히려 성장을 구가하는 리더십을 발휘했다.

휘트먼의 리더십을 하나의 키워드로 설명할 수 있다면, 그것은 아마도 여성 특유의 감성일 것이다. 감성에 기반을 둔 리더십은 자발적이고 창의적인 아이디어를 끌어내고, 소모적인 경쟁보다 협조를 유도하며, 사안을 하나하나 세밀하게 따지는 것이 특징이다. 이러한 감성 리더십은 최근의 감성트렌드와 상호작용하며 각광받는 리더십 기법으로 자리잡고 있다. 먹고 사는 기본적인 문제가 어느 정도 해결된 사람들은 그 어떤 카리스마보다 혹은 논리적인 설명보다는 마음을 움직이는 말 한마디, 조그마한 배려에 감동한다. 그리고 사람들은 이것을 통해서 자신의 능력을 발휘하고 창의적 인간으로 탈바꿈한다.

월드컵 4강 신화를 이루었던 2002 한일월드컵 당시, 국가대표팀 감독이던 히딩크는 일본이 한국에 앞서 16강에 진출하자 조별예선 마지막 경기를 앞두고 한일 양국 간의 라이벌 의식으로 선수들에게 자극을 주었다고 한다. 이에 선수들은 힘을 얻어 경기를 승리로 장식하고 4강 신화를 이루어내었다. 삼국지에 나오는 포로를 일곱 번 잡았다가 일곱 번

---

17 안병용 외(2008), 『블루오션 리더십』, 보명, 293-295쪽을 참고하여 재구성.

놓아주었다는 칠금맹획(七擒孟獲)이나, 이순신 장군의 부하 사랑은 감성이 오래 전부터 중요한 리더십의 원천이었음을 보여주는 대표적인 사례이다.

물론 리더십이 강력한 카리스마와 불도저 같은 추진력에서 나온다고 주장하는 사람도 있다. 실제로 카리스마의 리더십이 더욱 효과적인 때도 있다. 그러나 카리스마에 기반을 둔 리더십보다 감성의 리더십은 앞으로 점점 더 중요한 역할을 하게 될 것으로 예측된다. 국가와 지역별로 발생하는 경제 불황 등은 사회 각개 각층에서 자신의 이익을 위한 갈등을 심화시키기 때문이다. 어려운 시기일수록 사랑과 포용을 통해 서로 협조하고 자발적으로 사람들을 움직이게 하는 감성 리더십은 조직의 성과와 직결된다. 따라서 조직에서 리더들의 감성에 기반을 둔 비전제시와 동기부여는 무엇보다 중요한 역할이며, 감성리더는 다음과 같은 역량을 갖춘 사람이라고 할 수 있다.

- Emotional intelligence(감성지능): 감성지능이 높은 사람
- Motivate(동기부여): 타인에게 동기를 부여할 수 있는 사람
- Opportunity(행동, 실천): 사람들이 자신의 능력을 발휘할 수 있도록 항상 기회의 문을 열어 놓고 있는 사람
- Thoughtful(사려 깊음): 모든 일에 있어 사려가 깊은 사람
- Intimate(친밀함): 다양한 사람들과 친밀하게 지낼 수 있는 사람
- Open-minded(열린 마음): 어느 누구와도 허심탄회하게 대화할 수 있는 사람
- Newsy(화제가 풍부함): 사람들에게 들려줄 이야기가 풍부한 사람

4.2 감성지능과 리더십 효과성[18]

감성지능과 리더십과의 관계에 관한 연구는 골먼(Goleman)의 저서인 『감성지능』의 출간 이후에 본격적으로 진행되었다. 골먼에 따르면 지속적으로 높은 성과를 내는 성공적인 리더들의 공통점은 감성지능이 높다는 것이다. 그리고 약 80% 정도의 감성지능과 20% 정도의 지적 능력이 적절히 조화를 이룰 때, 리더는 효과적으로 리더십을 발휘할 수 있다고 한다.

골먼은 188개의 글로벌 기업을 대상으로 어떤 개인적 능력이 조직성과에 어느 정도 기

---

18 이상호(2010), 『조직과 리더십』, 북넷, 86-88쪽을 참고하여 재구성.

여하는지를 조사하였다. 그는 개인적 능력을 회계나 사업기획 같은 기술적 능력(technical skills), 분석적 추론과 같은 인지적 능력(cognitive abilities), 다른 사람들과 공동으로 일하거나, 변화를 이끄는 데 효과적인 감성지능(emotional intelligence)의 세 가지로 분류하고 이들이 조직성과에 미치는 영향을 조사하였다. 이 조사를 위해 그는 기업의 간부들을 대상으로 조직의 뛰어난 리더들은 어떤 능력을 가지고 있는지를 조사하였다. 조사 결과, 기술적 능력은 높은 성과를 내는 데 중요한 요인이었다. 그리고 전체 모습이나 장기비전을 그리는 인지적 능력 또한 중요하였다. 그러나 성과에 대한 영향력을 계산한 결과 감성지능은 모든 업무 영역에서 다른 개인적 능력보다 약 2배 이상 중요하다는 점이 밝혀졌다. 더군다나 상위계층의 리더일수록 감성지능의 중요성은 더 커지는 것으로 나타났으며, 성과 차이의 90% 이상이 감성지능의 정도에 따라 달라지는 것으로 나타났다.

감성지능을 리더십과 연관시키면서 골먼은 감성지능과 관련된 역량을 〈그림 2-35〉와 같이 네 개의 영역으로 재구성하였다. 네 개의 영역은 자기인식(self awareness), 자기관리(self management), 사회적 인식(social awareness), 그리고 사회적 기술(social skills)이다. 자기인식에는 감성적인 자기인식, 정확한 자기평가, 자신감의 역량이 포함되며, 자기관리에는 감성적인 자기통제, 신뢰성, 양심성, 적응성, 성취지향성, 주도적 혁신성이 포함된다. 사회적 인식에는 감정이입, 조직적 인식, 서비스 지향성이 포함되며, 사회적 기술에는 비전적 리더십, 영향력, 타인개발, 의사소통, 변화의 촉매(change catalyst), 갈등관리, 유대관

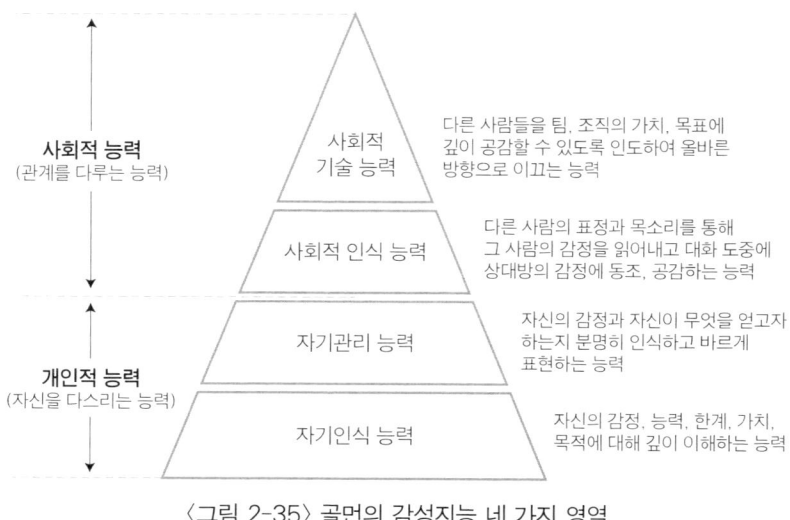

〈그림 2-35〉 골먼의 감성지능 네 가지 영역

자료: Goleman, D.(2000), *Working with Emotional Intelligence*, NY: Bantam Double day Dell.

계의 구축(building bonds), 팀워크 그리고 협력을 포함한다.

이러한 개념적 틀에 따라 감성지능과 관련된 역량은 다시 두 개의 범주로 구분할 수 있다. 하나는 자신을 다루는 개인적인 능력(자기인식과 자기관리)이고 또 하나는 타인 또는 관계를 다루는 사회적 능력(사회적 인식과 사회적 기술)이다.

골먼은 자기인식과 자기관리 영역을 포함하는 자신을 다루는 능력과 사회적 인식과 사회적 기술을 포함하는 타인 또는 관계를 다루는 능력은 모두 리더십 효과성에 중요하다고 주장하였다. 특히, 성공적인 리더는 상황에 따라 리더십 스타일을 바꾸는 데 유연하다는 점을 강조하였다.

또한 많은 학자들은 감성을 적절하게 사용하는 것은 성공적인 리더십에 매우 중요하다는 점을 강조하였다[19]. 리더는 감성을 이용하여 집단의 협력을 확고히 하고 조직구성원과 커뮤니케이션을 강화하며 그들을 동기부여 시켜야 한다. 그리고 리더는 반드시 조직구성원의 감성적 반작용을 인식해야 하며 이러한 인식이 없으면 리더는 그의 명령이나 지시에 조직구성원이 따를지 여부를 알기 어렵다. 따라서 개인과 타인의 감성관리는 리더십의 중요한 부분이다. 이러한 논리를 바탕으로 많은 연구들은 리더의 감성지능이 리더십 효과성을 예측하는 중요한 변수임을 보여 주고 있다.

〈그림 2-35〉에 제시한 감성지능의 네 가지 영역에 대한 구체적인 능력들은 〈표 2-33〉과 같다.

〈표 2-33〉 감성 리더십의 영역과 능력

개인적 능력: 자신을 다스리는 능력	
자기인식 능력	• 감성적 자기인식 능력: 자신의 감정을 읽고 그것의 영향력을 깨닫는 능력 • 정확한 자기평가 능력: 자신의 장점과 한계를 아는 것 • 자기 확신 능력: 자신의 가치와 능력에 대해 긍정적으로 생각하는 것
자기관리 능력	• 감성적 자기제어 능력: 파괴적인 감정과 충동을 통제하는 것 • 솔직할 수 있는 능력: 솔직히 있는 그대로를 보여주는 것 • 적응력: 상황의 변화에 적응하고 장애를 극복하기 위해 유연하게 대처하는 것 • 성취력: 제 나름대로 정해놓은 최선의 기준을 충족시키기 위해 노력을 아끼지 않는 능력 • 진취성: 주도적으로 먼저 나서고 기회를 포착할 수 있는 능력 • 낙천성: 모든 사물을 긍정적으로 보는 능력

---

19 Mayer, J. D., Salovey, P. & Caruso, D. R.(2000), "Models of Emotional Intelligence", In R. J. Stermberg (Ed.), *Handbook of Intelligence*, pp. 396-420.

사회적 능력: 관계를 다루는 능력	
사회적 인식 능력	• 감정이입의 능력: 다른 사람의 감정을 헤아리고 그들의 시각을 이해하며 그들의 생각에 적극적인 관심을 표명할 줄 아는 능력 • 조직적 인식 능력: 조직단위에서의 흐름과 의사결정 구조, 경영 방식 등을 읽어내는 능력 • 서비스 능력: 조직구성원과 고객의 요구를 알아차리고 부응하는 능력
사회적 기술능력 (관계관리 능력)	• 영감을 불러일으키는 능력: 확고한 전망으로 사람들을 이끌고 동기를 부여하는 능력 • 영향력: 다양한 설득의 기술을 구사할 줄 아는 능력 • 다른 사람을 이끌어주는 능력: 적절한 피드백과 지도로 다른 사람의 능력을 지지해주는 능력 • 변화를 촉진하는 능력: 새로운 방향을 제안하고 관리하며, 사람들을 그곳으로 이끄는 능력 • 유대형성 능력: 관계의 망을 만들고 유지하는 능력 • 팀워크와 협동을 이끌어내는 능력: 팀을 구성하고 협력 체제를 조성하는 능력

자료: Goleman, D., Biyatzis, R. & Makee, A.(2002), *Primal Leadership: Realizing the Power of Emotional Intelligence*, 장석훈 역(2005), 청림출판, 76-77쪽.

4.3 감성지능의 향상

바람직한 조직은 그 조직구성원들이 집단정체성에 대해 공통된 전망을 갖고 있을 뿐만 아니라 특별한 공감대를 바탕으로 서로 맺어져 있는 조직이다. 이런 조직의 구성원들은 마치 몸에 맞는 옷을 입은 듯한 느낌과 서로 이해하고 이해 받는다는 느낌을 갖는다. 그리고 서로의 존중으로 인해서 행복감을 느낀다. 이와 같은 조직을 만들어내는 것은 감성지능을 갖춘 리더의 의무다. 이러한 감성지능을 지닌 조직을 이루기 위해 골먼(2002) 등이 제시한 방안은 다음과 같다.[20]

4.3.1 감성적 현실 인식

리더는 조직구성원의 조직문화와 감성적 현실에 대한 이야기에 귀를 기울여야 한다. 그리고 공감대가 형성된 감성지능을 갖춘 조직체를 만들려면 조직구성원들이 조직문화에 대해서 서로 이야기를 나눌 수 있도록 유도할 필요가 있다. 그리고 감성지능을 갖춘 조직으로 변화시키기 위해서는 조직구성원들이 스스로 변화를 이끌도록 해야 한다. 감정은 억지로 강요하는 경우에는 역효과를 낸다. 리더는 조직구성원의 감정을 존중하고 조직구성원 스스로 변화를 이끌도록 유도하는 세심한 배려가 필요하다.

---

20 변상우(2012), 『리더십 개발과 훈련』, 청람, 304-308쪽을 참고하여 재구성.

리더는 조직의 감성적 현실에 대해 제대로 파악하고 앞으로 지향해야 할 이상적 상태에 대한 공감대를 형성해야 한다. 그런데 그것만으로는 부족하다. 상향식 기법도 필요한 것이다. 왜냐하면 모든 조직구성원들이 변화에 부응해야만 공감대가 형성되기 때문이다. 리더는 조직구성원들이 함께 움직일 때 얼마나 기쁘고 즐거운 것인가를 수시로 언급함으로써 조직구성원들이 스스로 변화를 시도하도록 유도해야 한다. 일단 조직구성원들이 설레는 감정을 안고 적극적으로 참여하게 된다면 말을 행동으로 옮기는 일은 더욱 쉬워진다. 가능한 한 많은 조직구성원들이 참여할 수 있는 상향식 기법을 통한 공감을 불러일으킬 수 있도록 해야 한다.

4.3.2 공감 형성

조직구성원들의 공감을 불러일으키기 위해 리더는 자신의 감정과 조직구성원의 감정에 주의를 기울여야 한다. 그리고 조직구성원이 조직의 비전을 따르게 하기 위해서는 그 비전이 조직구성원들의 마음을 움직일 수 있는 것이어야 한다. 리더는 조직구성원들이 진정으로 원하고 바라는 것에 주목하면서 조직 내의 건전한 분위기를 뒷받침해줄 문화를 신중하게 만들고 그런 가운데 관계를 형성해야 한다.

리더가 조직구성원들에게 관심을 가지면 감성적 유대가 형성되고 그것을 바탕으로 공감의 분위기가 만들어진다. 공감의 분위기가 조성되면 조직구성원 간에는 견고한 유대감이 생긴다. 유대감은 자신의 일과 다른 사람들에 대한 믿음이 바탕이 되는 것이다. 그러기 위해서는 우선 조직구성원들이 일을 중심으로 서로 긴밀한 관계를 맺어야 한다. 그리고 함께 웃고 이야기하면서 공통의 꿈을 추구해야 한다.

4.3.3 감성지능 향상을 위한 리더의 역할

감성지능이 높은 집단을 구성하려는 리더는 먼저 집단이 집단적 자기각성 능력을 갖출 수 있도록 도와줘야 한다. 리더의 역할은 집단의 감성적 기조가 어떤 상태인지를 확인하고 집단의 구성원들로 하여금 그들에게 어떤 부조화가 존재하는지를 지각하게 하는 것이다. 집단의 구성원들이 자신들의 감성적 현실을 제대로 직시할 때 비로소 변화를 향해 마음이 움직일 것이다. 즉 모든 조직구성원들이 똑같이 느끼고 있는 감정의 실체를 제대로 파악하면, 그 집단은 변화를 향한 중요한 일보를 내딛게 된다. 집단 내에서 일어나고 있는 일에 귀를 기울이고 조직구성원의 말과 행동을 주의 깊게 살피면 조직구성원들의 감정을 이해할 수 있다.

리더는 조직구성원들의 감정을 눈여겨 볼 줄 알고 그것이 얼마나 중요한지를 인식해야 한다. 예를 들어, 어느 연구개발 부서의 부서장이 하급 팀의 인기 있는 리더가 회사를 떠나자, 팀원의 사기가 크게 떨어졌다는 것을 알게 되었다. 그는 이 문제를 가볍게 생각하지 않고 팀원을 개별적으로 만나 그들이 느끼는 섭섭함과 걱정에 대해 함께 이야기를 나누었다. 이처럼 상급 부서장이 직접 아래 팀원의 감정을 눈 여겨 보고 일일이 신경을 써준 덕분에 팀은 다시 활기를 찾아 일에 매진할 수 있었다.

이와 같이 리더는 자신들의 감정과 집단의 감정을 잘 다스림으로써 조직구성원들의 감정적 에너지를 소모하지 않고 변화의 난제를 풀어나갈 수 있고 집단의 감성적 기조를 눈여겨봄으로써 긍정적 에너지를 포착하고 부정적 감성을 건설적으로 탈피할 방안을 찾을 수 있다. 이처럼 리더는 집단의 감성지능이 높아질 수 있도록 조직구성원들의 감성을 살피고 바람직한 방향으로 감성이 형성될 수 있도록 감성지능 향상의 촉진제 역할을 해야 한다.

4.3.4 감성지능의 유지

조직에서 감성적인 분위기를 지속시키기 위해서는 우선 조직의 구성원들이 서로 배려하고 신뢰하는 분위기가 정착될 수 있게 해야 한다. 그래야만 인간적인 관계가 형성되고 상대방으로부터 긍정적인 감성이 형성되어 조직의 일원이라는 소속감과 공동체의식을 가지게 된다. 그리고 리더는 조직구성원들에게 조언을 하고 비전을 제시하며 민주적인 방식으로 그들을 존중하면서 조직을 이끌어야 한다.

조직의 감성지능 유지에 중요한 것은 조직구성원들이 긍지를 갖고 자신이 하는 일에 보람을 느끼게 해주는 것이다. 그러기 위해서는 조직의 발전과 높은 성과에 자신도 동참하고 있다는 인식을 심어주어 일에 만족을 느끼고 보람을 찾게 해야 한다. 그리고 조직의 감성지능을 지속적으로 유지시키기 위해서는 조직에 대해 자랑스러워 할 수 있는 것을 가시적으로 만들어 놓는 것도 필요하다. 즉 감성지능과 공감의 분위기를 뒷받침해줄 수 있는 상징물을 통해 조직의 상황이 아무리 좋지 않더라도 긍정적인 감성을 견지할 수 있도록 유도하는 것도 좋은 방법이다.

사례: 전 인류를 끌어안은 감성 리더, 마하트마 간디

자신의 감성으로 전 인류를 끌어안은 감성리더

- 20세기 가장 영향력 있는 리더 중 한 사람
- 인간 존재에 대한 존엄, 그 자체
- 인권운동의 아버지
- 깊은 종교적 믿음, 연설능력, 희망을 주려 한 리더

20세기 가장 위대한 인류의 지도자 중 하나인 마하트마 간디(1869~1948)는 1869년 10월 2일 현재 구자라트 주의 해안 도시 포르반다르에서 출생했다. 그의 아버지는 그 지방의 정치 지도자였으며, 네 번째로 얻은 부인의 넷째이자 막내 아들이 간디였다. 어린 간디는 정식 교육을 받지 않았지만 원칙에 엄격했던 아버지와 시바 신을 섬기는 경건한 힌두교인 어머니와 지방 주 종교로 불살생(不殺生)을 최고로 여기던 자이나교의 영향을 받으면서 자라났다.

간디의 학교 성적은 보통이었다. 지방대학에 들어갔다가 유학을 위해 중도에 그만 두었다. 1888년 9월 4일 열아홉 생일 한 달 전, 영국으로 법학을 공부하러 떠났다. 1891년 6월 변호사 자격증을 취득하여 2년 8개월의 영국 생활을 접고 인도로 돌아왔다. 간디는 고향과 뭄바이에서 변호사로 개업했지만 성공하지 못해, 1893년 남아프리카에 있던 인도 상사에 일자리를 구하여 남아프리카에 가게 된다. 남아프리카로 가는 기차에서 일등실 표를 가지고 있었지만, 삼등실로 옮겨 가라는 요구를 받고 거절했다가 어느 역에서 밖으로 내동댕이쳐진 사건은 영화 『간디』를 통해서도 잘 알려져 있다. 그는 목적지로 가는 도중, 그리고 거기에서 살면서 받은 인종차별의 경험을 통해 불의에 항거하는 사회운동의 중요성에 눈뜨기 시작했다.

간디는 인도인들의 투표권 박탈을 입법화하려는 데 반대하는 운동에 참가하기 위해 남아프리카에서의 계약기간을 연장시켰다. 그리고 비록 법안을 저지하지는 못했지만 인도인들의 단결된 힘을 보여주는 데는 성공했다. 그는 1894년 나탈인도인의회를 창설하고 인도인들의 정치적 힘을 집결하였다. 그 후 남아공의 여러 가지 인종차별 정책에 저항하는 운동을 이끄는 일을 성공적으로 수행했다. 남아공에서의 인권운동으로 유명해진 간디는 1915년 인도로 돌아와 인도와 인도의 독립을 위한 지도자가 된다. 간디는 농민들을 착취하는 지주들과 영국 식민지 정부를 향한 저항운동을 지도했다. 1930년의 그 유명한 '소금 행진' 등 긴 비폭력 저항운동을 통해 1947년 8월 15일 드디어 인도의 독립을 가져오게 했다.

독립은 했지만, 인도는 결국 이슬람교인이 압도적인 파키스탄과 힌두교인이 주류를 이루는 인도로 갈라지게 되었다. 이런 과정에서 힌두교와 이슬람의 평화적 공존을 주장하던 간디는 그의 지도력에 불만을 품은 힌두교 과격파 인물에 의해 암살당했다. 1948년 1월 30일 오후 5시 5분이었다. 죽으면서 최후로 한 말은 "오, 신이여!". 네루는 라디오 방송으로 그의 죽음을 알리면서 "빛이 우리의 삶에서 사라지고 어디에나 어둠이 있을 뿐."이라고 했다.

간디의 사상과 원칙을 크게 두 가지로 요약하면 아힘사(ahimsa)와 사타그라하(satyagraha)였다. 아힘사는 보통 '비폭력'이라고 번역되지만 '일체의 생명에 해를 주지 않는 것, 생명을 살림', 즉 생명을 경외하는 것을 의미한다. 그는 "눈에는 눈이라면 온 세상이 다 눈이 멀게 되고 말 것"이라고 하며, 진리와 사랑이 결국에는 승리한다는 것을 명심하라고 했다. 사타그라하는 진리파지(眞理把持)라고 번역하는데, 우리의 행동이 감정이나 이해관계에 따라 좌우되는 것이 아니라, '참된 현실을 진정으로 꿰뚫어본' 결과에서 나와야 한다는 주장이다.

간디는 모든 종교 전통이 하나의 신에 대한 각기 다른 표현이라 믿고 모든 종교에 대해 관대하였다. 모든 종교의 핵심은 자비, 불살생, 황금률 같은 진리와 사랑으로 요약된다고 보았다. 그는 스스로 힌두교인이면서도 동시에 "그리스도인, 이슬람교인, 불교인, 유대교인이기도 하다."라고 했다. 간디의 사상은 많은 사람들에게 영향을 끼쳤는데, 가장 대표적인 예가 1960년대 미국 인권운동을 지도한 마틴 루터 킹 목사, 미얀마 민주화를 위한 여성 지도자로 1991년 노벨평화상을 받은 아웅산 수지 여사, 남아공에서 흑백 차별 반대 운동을 지도하다가 1984년 노벨평화상을 받은 데스몬드 투투 주교, 남아프리카 전 대통령으로 1993년 노벨 평화상을 받은 넬슨 만델라 등이다.

간디는 1930년에 타임지의 '올해의 인물'로 선정되었고, 1999년에는 '세기의 인물' 중 아인슈타인 다음으로 지목되었다. 간디의 생일 10월 2일은 인도의 국경일임은 물론, 2007년 유엔총회에서는 '국제 비폭력일'(International Day of Non-Violence)로 선포하였다. 이상과 같이 간디는 끝없는 인내력, 자기극복과 겸손, 솔선수범하는 리더로서 남아프리카에서의 인권운동으로 역사에 등장한 이후, 비폭력 저항운동으로 인도의 독립을 이끌어내었으며, 세계의 인권·민주화 지도자들에 큰 영향을 준 감성리더의 대표적인 인물이다.

본 장의 요약

본 장에서는 1970년대 이후에 부각된 여러 이론들 중에서 도덕적·인본주의적 리더십 이론에 속하는 이론들을 학습하였다. 인간은 선사시대부터 리더의 윤리성에 대해 관심을 가져왔다. 리더는 일반적으로 조직구성원들보다 더 많은 권력과 통제력을 가지고 있기 때문에 그들의 리더십이 조직구성원들의 삶에 어떤 영향을 미치는 것에 대해 민감하게 반응해야 할 책임이 있다. 윤리적 리더십에서는 리더의 윤리적 요소가 리더십의 중심에 자리한다. 리더가 조직구성원들을 효과적으로 이끌어서 공동목표를 달성하도록 해야 할 필요성 때문이고, 조직의 가치를 확립하는 데 있어서 리더가 미치는 커다란 영향력 때문이다. 윤리적 리더십의 원칙에서는 존중, 봉사, 정의, 정직, 그리고 공동체 윤리구축 등의 원칙을 학습하였다.

다음으로 서번트 리더십 이론은 리더의 '타인을 위한 봉사'에 초점을 두며, 조직구성원, 고객 및 커뮤니티를 우선시하고 그들의 욕구를 만족시키기 위해 헌신하는 리더십을 제시하였다. 그리고 본 장에서는 서번트 리더십에 관한 최근의 논의를 소개하고 구체적인 원칙과 사례를 학습하였다. 관리자들에게 바람직한 리더의 자질을 물으면 늘 포함되는 요소가 리더의 '자기희생' 또는 '희생정신'이다. 이와 관련하여 한국의 최연 교수가 주장한 희생적 리더십 이론을 소개하였다. 자기희생적 리더십은 리더가 자기희생적 행위를 통하여 다른 사람들을 이끄는 것을 뜻한다. 자기희생적 리더십은 조직상황에서 리더의 자기희생의 불가피성과 그 과정을 설명하고 있다. 조직이 어려움에 처한 경우에 리더가 자기희생적인 리더십을 발휘하면 조직구성원들의 태도와 행동의 변화를 통해 조직성과에 긍정적인 영향을 미친다는 것이다.

한편, 감성지능도 훌륭한 리더십을 수행하기 위한 중요한 도구라고 할 수 있다. 감성지능과 리더십과의 관계에 관한 연구는 골먼의 저서인 '감성지능'의 출간 이후에 본격적으로 진행되었다. 골먼은 자기인식과 자기관리 영역을 포함하는 자신을 다루는 능력과 사회적 인식과 사회적 기술을 포함하는 타인 또는 관계를 다루는 능력은 모두 리더십의 효과적인 발휘에 중요하다고 주장하였다. 특히, 성공적인 리더는 상황에 따라 다양한 리더십 스타일을 바꾸는 데 유연하다는 점을 강조하였다. 이러한 논리를 바탕으로 많은 연구들은 리더의 감성지능이 리더십의 효과성을 예측하는 중요한 변수임을 보여 주고 있다.

제7장 신조류 리더십

미래학자 앨빈 토플러가 그의 저서 『제3의 물결』(*The third wave*, 1980)에서 21세기를 정보화 혁명의 시대로 정의한 대로 우리의 눈 앞에는 디지털 혁명이 전개되고 있다.

환경은 급박하게 변하고 있고 미래의 불확실성과 과업의 복잡성은 더욱 가속화되고 있다. 또한 미국의 미래학자 존 네이스비트는 그의 저서 『메가트렌드』(*Megatrends*, 1982)에서 세계의 디지털화, 글로벌화, 분권화, 행복추구, 네트워크형 조직의 출현 등과 같이 다양성과 개성이 강조되는 사회변화의 흐름에 대해 기술하고 있다. 그리고 21세기의 리더십은 광속도, 빛의 시대에 대응할 수 있는 유연한 조직의 변화, 인적자원의 관리 및 활용에 대한 개념의 재정립, 지적 자산의 창출 및 활용, 끝없는 자기혁신과 조직의 혁신을 주도하는 참신한 아이디어와 신속한 실행을 요구하고 있다.

이제 21세기의 모든 조직은 탁월한 리더십을 통하여 보유한 역량과 자원의 시너지 효과를 내지 않으면 성장은 물론 생존조차 보장할 수 없게 되었다. 그러므로 시너지 효과 리더십은 선택이 아닌 생존과 성장의 필수 조건이다. 미래의 리더십은 인간적인 정과 배려, 자아실현, 사랑과 봉사, 개인과 직장의 조화 등 인간가치 중심의 리더십이 조직목표 달성을 위한 시너지 효과를 위해 핵심적 요소로 부각될 것이다.

많은 학자들이 변화하는 환경에 직면한 조직의 기민한 혁신성을 확보하고 비전 달성에 적합한 조직으로서 변화를 주도하며 조직구성원들의 능력개발과 동기부여에 초점을 맞추는 새로운 리더십 개념을 다양하게 제시하고 있다. 따라서 본 장에서는 급변하는 환경과 시대정신의 변화 속에서 조직을 변화시키고 새로운 비전을 부여하며 조직구성원들의 자발적인 기여를 유도하고, 잠재력을 극대화시켜 조직과 개인의 목표와 성과를 끌어올리는 데 기여할 수 있는 새로운 개념의 리더십으로서 진성 리더십, 글로벌 리더십, 블루오션 리더십, 유비쿼터스 리더십, 챌린지 리더십 등을 제시한다.

1. 우리나라의 전통적 사상인 효·예·충과 진성 리더십의 구성요소들과는 서로 조화가 가능한 개념인지 구체적인 예를 들어 토의해보시오.
2. 오늘날의 기업들의 활동무대는 글로벌시장이다. 글로벌시장과 글로벌 조직구성원들을 대상으로 한 경영자의 글로벌 리더십의 발휘에 필요한 역량으로서는 어떠한 것들이 있는가?
3. 다(多)문화적인 팀을 관리하는 데 필요한 팀장의 리더십 역량에 대하여 논의하시오.
4. 블루오션(blue ocean) 리더십을 독자적인 리더십으로 분류할 수 있는가? 적절한 사례를 들어서 논의하시오.
5. 유비쿼터스 환경에서 더욱 중요한 유비쿼터스 리더십은 다른 리더십 유형과도 함께 연계되어 발휘될 수 있는가? 가령 블루오션 리더십과 유비쿼터스 리더십을 병행적으로 구사할 수는 없는지에 관하여 논의해보시오.
6. 국내외 기업에서 챌린지 리더의 사례를 찾아보시오. 챌린지 리더에게 실패의 의미는 어떻게 평가될 수 있는가?

제1절 진성 리더십

1.1 진성 리더십의 등장 배경

최근 리더십 연구의 중요한 화두로 떠오르고 있는 주제가 바로 진성 리더십(authentic leadership)이다. 진성 리더십이란 리더가 진정성(authenticity)을 가지고 조직구성원들과 소통한다는 리더십 유형으로 아볼리오와 가드너(Avolio & Gardner, 2005) 등 여러 학자들에 의해 발전하고 있는 개념이다. 이는 2000년대에 들어 기존의 리더십 이론들이 시장 중심의 무한경쟁 패러다임에 기반하여 리더의 언변이나 스킬 등을 지나치게 강조하는 방향으로 발전함에 따라 경영자의 사적 이익을 채우는 수단으로 전락하였다는 인식에서 출발한다.[1]

기존 리더십의 한계를 깨닫고 리더들의 진정성과 윤리성 등에 대한 관심이 증폭된 계기는 미국의 대기업인 엔론(Enron)의 파산이었다. 비윤리적 기업의 전형이자 부패한 리더십의 표상으로 여겨지는 '엔론 사태'는 리더들의 탐욕과 오만에 의해 왜곡되고 진정성 없

---

[1] 윤정구·김가진·홍지혜·이지예(2011), "한국에서 진정성 리더십 연구방향," 『리더십연구』 2, 3-26쪽; Raelin, J.(2003), "The myth of charismatic leaders," *Training & Development*, 57, pp. 46-54.

는 리더십이 글로벌기업을 일시에 파산에 이르게 할 수 있음을 보여주었다. 2012년 다보스 세계경제포럼에서는 포럼의 창설자인 슈바프(Schwab) 회장이 최소한의 도덕성도 갖추지 못한 금융, 기업, 자본에 대해서 신랄하게 비판하였고 최고경영자들의 도덕성 회복을 강조하였다. 이처럼 전 세계적으로 단기 이익 창출에만 급급한 자본가와 신자유주의의 문제점이 부각되면서 윤리경영과 기업의 사회적 책임 등에 대한 논의가 활발하게 진행되고 있다. 최근 우리나라에서도 정치, 경제, 사회, 복지 등의 모든 분야에서 국민을 진정으로 위하는 정치인, 즉 진성 리더에 대한 논의가 활발하게 이루어지고 있다.

진성 리더십은 연구의 초기 단계이기 때문에 학자들 간의 동의를 이룬 명확한 정의가 있는 것은 아니다. 하지만 연구가 축적되면서 진성 리더십의 정의도 점차적으로 정립되어가고 있다. 루선스와 아볼리오(Luthans & Avolio, 2003)[2]는 진성 리더십을 "긍정심리학의 역량과 고도로 발전된 조직적 맥락을 기반으로 리더와 동료들의 자기인식 및 자기규제 행위를 발생시켜, 긍정적인 자기발전을 강화하는 과정"이라고 규정한 바 있다. 2005년 저명한 세계적 리더십 학술지인 『Leadership Quarterly』에서 스페셜 이슈로 다루어졌고, 진성 리더십을 측정하는 척도인 ALQ(Authentic Leadership Questionnaire)의 개발이 이루어진 이후 관련 연구들이 계속 진행되고 있다. 국내에서도 2010년에 '대한리더십학회'에서는 추계 학술대회 주제로 선정하여 논의가 이루어지는 등 진성 리더십에 대한 관심이 증가하고 있다.

진성 리더십의 이론적 토대는 긍정심리학 분야에서 출발하였다. 긍정심리학에서는 리더의 역량을 중시하는데, 여기서 역량이란 자신감, 낙관주의, 희망, 역경에 대한 탄력성 등 진성 리더가 지닌 심리적 자원을 의미한다. 이러한 긍정심리학은 조직행동 분야에도 영향을 끼쳐서 긍정조직학, 긍정조직행동의 출발점이 되었다. 긍정조직학은 삶을 의미 있게 하는 긍정적인 휴먼 프로세스와 조직 역학에 대한 이해를 목표로 하고 있다. 긍정조직행동은 긍정심리학을 기반으로 하여 인적자원의 강점과 심리적 역량을 연구하고 응용하는 학문이다.

그런데 긍정심리학적인 역량은 변화가 불가능한 고정된 개념이 아니다. 최근의 연구들을 보면, 긍정심리학적인 역량은 '발전과 변화가 가능한 상태'라는 것이 이론적·실증적으로 확인되었다. 그리고 이러한 변화가능성은 개인과 팀, 조직, 사회의 발전과 번영에 중요한 역할을 한다. 긍정심리학적 역량은 변화와 발전이 가능하다고 보는 선행연구들의

---

2 Luthans, F. & Avolio, B. J.(2003), "Authentic leadership development," in K.S.; Cameron, K. S., Dutton, J. E. & Quinn, R. E. (Eds.), *Positive organizational scholarship*, San Francisco, Berrett-Koehler, pp. 241-258.

관점은 리더와 조직구성원의 상호적인 발전과 팀, 조직단위로의 진성 리더십 확장에 대해서도 긍정적으로 보고 있다.[3]

한편, 진성 리더십을 다룬 선행연구들은 진성 리더십이 긍정적인 도덕관을 포함한다고 전제하고 있지만, 긍정적 도덕관을 진성 리더십에 포함시키는 것이 진성 리더십의 의미를 약화시킨다는 반론도 있다. 이들은 긍정적 도덕관이 진성 리더십의 선행요인이거나 결과일 뿐이라고 말하며, 리더의 스타일과 가치를 제한하지 않아야 한다고 언급한다.[4] 하지만 이 주장은 성격이나 자기인식에 큰 결함이 있는 리더도 스스로에게 진실하다면 진정성이 있다고 할 수 있는지에 대해서 의문을 갖게 된다.[5] 따라서 사회심리학에서 정의한 '진정성'이란 개념 자체가 높은 수준의 도덕적인 발전과 연관된다고 보는 것이 타당하며 윤리(ethics)가 리더십의 핵심에 위치한다는 관점에 따라서 긍정적인 도덕관이 진성 리더십의 전제라고 보아야 할 것이다.

1.2 진성 리더십의 개념과 구성요소

1.2.1 진성 리더십의 개념[6]

가드너 등(Gardner et al., 2005)에 따르면 진성 리더란 자기 인식과 자기 규제를 끊임없이 실천하여 리더 자신, 조직구성원, 나아가 조직에까지 긍정적 영향력을 미치는 리더를 의미한다. 진성 리더십에 관한 연구에서는 업무와 조직구성원에 대해 권한을 행사함으로써 성과에 영향을 미치는 기존 리더십의 한계점을 비판하면서 타인이 아닌 리더 자신에게 진실한 리더가 팀의 장·단기성과에 더 큰 기여를 할 수 있다고 주장한다.

과거로 거슬러 올라간다면 진정성(authenticity)에 대한 개념은 '너 자신을 알라' 라는 고

---

3   Luthans, F. & Avolio, B. J.(2003), "Authentic leadership development," in K.S.; Cameron, K. S., Dutton, J. E. & Quinn, R. E. (Eds.), *Positive organizational scholarship*, San Francisco, Berrett-Koehler, pp. 241-258.

4   Shamir, B & Eilam, G.(2005), "What's your story? A life-stories approach to authentic leadership development," *The Leadership Quarterly*, 16, pp. 395-417.

5   Walumbwa, F., Avolio, B., Gardner, W., Wernsing, T. & Peterson, S.(2008), "Authentic leadership: Development and validation of a theory-based measure," *Journal of Management*, 34, pp. 89-126.

6   정예지·이수정·김문주(2012), "변혁적 리더 대 진성 리더: 변혁적 리더십의 재조명", 『경영학연구』 41(3), 539-573쪽; Gardner, W. L., Avolio, B., Luthans, F., May, D. & Walumbwa, F.(2005), "Can you see the real me?" A self-based model of authentic leader and follower development," *The Leadership Quarterly*, 16, pp. 343-372.

대 그리스 철학에서부터 시작된다. 현명하고 진정성 있는 인간이 되기 위한 단초가 바로 자아의 올바른 인식에서부터 시작되기 때문이다. 진성 리더십 연구의 대표적 학자들인 가드너와 그의 동료들은 진성 리더란 진정한 나의 모습을 볼 수 있는 리더라 정의하고 있다. 진정한 나를 볼 수 있는 리더란 리더 자신의 진실한 행동을 통해 건강하고 윤리적인 조직분위기를 조성하며 더 나아가 조직구성원들의 진정성 성취까지 돕는 리더를 뜻한다. 즉 리더가 자기 자신의 진정한 모습을 알고 있고 자기 내면의 감정, 생각, 가치관에 일치하도록 행동함으로써 자신은 물론 주위 사람들의 자아 성취, 더 나아가 조직의 변화를 도울 수 있을 때 이를 진성 리더라 칭할 수 있다.

진정한 자아를 발견하고 자아를 인식한다는 것은 일차적으로는 자기 자신을 속이지 않으며 더 나아가 외적 표준과 기대가 아닌 자신만의 내적 기준과 신념에 기초하여 삶을 살아감으로써 내적 충만감과 삶의 완전한 일치를 경험하는 것이다. 자기규제란 자기 인식을 통해 설정된 자신만의 내부적 기준과 실제 내가 창출하는 결과, 또는 기대되는 결과 간의 불일치 정도를 평가하고 이러한 불일치를 없애거나 최소화하기 위해 특정 행동들을 실행해나가는 것을 의미한다. 자기규제가 철저한 리더는 스스로의 가치와 일관되게 행동하는 과정에서 타인의 압력, 외부의 기대 등에 흔들리지 않는 일관된 모습을 보인다. 이처럼 리더가 자신의 가치와 신념에 일치하는 행동을 보이는 경우, 조직구성원들은 이러한 리더를 '언행이 일치하며 진정성이 있다'라고 지각하게 되는 것이다.

진성 리더십에 대해서 사람들이 가질 수 있는 오해 중의 하나는 진성 리더가 비전을 제시하는 것에는 능하지만 그 비전을 달성하는 실행능력과 처리능력은 다소 부족할 뿐 아니라 우유부단하고 착하기만 할 것이라는 데 있다. 그러나 진성 리더는 조직의 미션과 비전에 대한 명확한 인식과 함께 이를 실천하기 위한 실행력을 겸비한 사람이다.[7] 만일 비전을 제시하기만 할 뿐, 이러한 비전을 달성하거나 실행하지 못한다면 단지 공상가일 뿐이다. 반대로 조직의 방향성은 제시하지 못한 채 무조건적인 실행만을 강조한다면 행동대장에 불과할 것이다. 결국, 진성 리더란 개인의 성찰과 인식, 규제를 강조하면서 자신이 속한 팀과 조직이 나아가야 할 올바르고 선한 목적과 방향성을 중시하며 리더와 조직의 지속가능한 성과를 추구한다. 그 결과, 진성 리더십은 자기인식, 자기규제를 기반으로 자신, 조직구성원과 조직의 효과성에 긍정적 영향을 미칠 수 있게 된다.[8]

---

7   윤정구(2011), "리더십 이론의 동양적 회귀인가: 진성 리더십에 대하여", 『리더십 에세이』 제29호.

8   Zhu, W., Avolio, B. J., Riggio, R. E. & Sosik, J. J.(2011), "A theoretical consideration of the effect of transformational leadership on follower and group ethics," *The Leadership Quarterly*, 22, pp. 801-817.

진성 리더십이 기존의 리더십과 가장 다른 부분은 리더의 진정성을 통해 조직구성원의 진정성까지 고추시키고 이를 통해 리더가 속한 집단의 성과를 도출한다는 점이다. 즉 진성 리더십은 리더 개인의 진정성 있는 행동이 조직구성원들에게 긍정적인 역할 모델이 되어줌으로써 조직구성원의 성과에 영향을 미치게 된다. 진성 리더는 조직과 팀의 소명은 사라진 채 단기적 목표 달성에만 집중하는 것이 아니라 비전과 사명, 장기적 목적의 고찰을 통해 목표가 도출되었음을 깨닫고 외재적 목표와 내재적 가치를 균형 있게 관리하기 때문에 조직의 목적을 고려한 지속적 성과관리가 가능하다. 또한 진성 리더는 자신의 성장뿐만 아니라 진성 관계를 통한 조직구성원의 성장, 더 나아가 자신이 속한 조직의 성장과 지속적 발전에 대한 소명의식을 가진 리더이다.

1.2.2 진성 리더십의 구성요소

진성 리더십의 구성요소에 대한 연구는 활발히 진행 중인데, 여러 연구들에서 공통적으로 나타나는 대표적 구성요소는 리더의 자기인식과 자기규제이다.[9]

1) 자기인식(self-awareness)

자기인식이`란 현재 자신의 진실한 자아를 인식하는 것으로 자신의 재능과 강점은 물론 자신의 약점과 부족한 점에 대해 명확히 인식하는 것부터 자신의 목표, 핵심 가치, 믿음과 욕망 등을 지속적으로 이해하는 과정이다. 자기인식이란 궁극적으로 '나란 누구인가?'에 대해 꾸준히 묻고 그 답을 찾는 과정으로 볼 수 있다. 진성 리더십의 구성요소로서 자기인식을 다룬 가드너와 동료들은 가치, 정체성, 감정, 목표에 대한 이해를 자기인식의 구성요소라고 보았다.

진성 리더십 이론에서 강조하는 진정성을 견지하려면 높은 수준의 자기인식이 필요하다. 스스로에 대한 이해의 과정이 없다면, 진실 된 자아와 일치되게 행동하는 것 자체가 불가능하기 때문이다. 자기인식은 끊임없는 자기성찰을 통해 이루어지므로 자기인식은 종착지가 아니라 스스로를 지속적으로 이해하려는 과정이다. 즉 진성 리더는 스스로에

---

9   Avolio, B. J. & Gardner, W. L. (2005), "Authentic leadership development: Getting to the root of positive forms of leadership," *The Leadership Quarterly*, 16, pp. 315-338; Gardner, W. L., Avolio, B., Luthans, F., May, D. & Walumbwa, F. (2005), "Can you see the real me?" A self-based model of authentic leader and follower development," *The Leadership Quarterly*, 16, pp. 343-372; Walumbwa, F., Avolio, B., Gardner, W., Wernsing, T. & Peterson, S. (2008), "Authentic leadership: Development and validation of a theory-based measure," *Journal of Management*, 34, pp. 89-126.

대한 이해 과정을 거쳐 내재적인 기준을 세우고, 그 기준과 자신의 실제 모습 간의 불일치를 줄이기 위해서 노력하는 사람이라고 할 수 있다.

2) 자기규제(self-regulation)

아볼리오와 가드너(Avolio & Gardner, 2005)에 따르면 자기규제는 진성 리더가 자신의 가치와 행위를 일치시키는 과정이다. 진성 리더는 스스로의 가치와 일관되게 행동을 하고 이는 내재적인 규제 프로세스로 유발되기 때문에 외부적인 압력이나 타인의 기대에 흔들리지 않고 자기일관적인 정체성을 가진다. 가치와 신념에 일치되는 리더의 일관된 행위는 팔로어가 리더를 '진정성이 있다'(authentic)고 지각하게 한다. 매일 많은 선택과 결정을 반복해야 하는 상황에 놓인 현대 사회에서 자기규제는 리더가 스스로에게 리더십을 행사하게 함으로써 진성 리더로 성장하게 하는 역할을 할 것이다.

자기규제를 구성하는 요인으로서는 내재화, 정보의 균형적 처리, 관계적 투명성 등이 제시되고 있다.

(1) 내재화

규제(regulation)는 동기에 따라 보상, 처벌 등의 외부적 요인에 의한 외적 규제(external regulation), 자부심 등을 경험하기를 원하는 내부 압력에 의한 투입된 규제(introjected regulation), 행위 자체가 가치 있다고 여겨져서 행동하는 동일시된 규제(identified regulation), 가치를 자아와 일치시켜 행위를 선택하는 통합된 규제(integrated regulation)의 네 가지 유형으로 나뉜다. 자기규제는 가장 자율적 형태인 통합된 규제를 말한다. 가드너와 동료들은 이러한 통합된 규제에 근거하여 자기규제가 진정성과 연관이 있다고 하면서, 진성 리더의 자기규제는 외부적인 힘과 기대가 아니라 내재적이고 핵심적인 리더 자아에 의해 '내재화'된 형태로 촉진된다고 보았다. 즉 진정성은 스스로에 대한 인식으로만 이루어지는 것이 아니라, 내재적 동기에 의해 자신의 핵심가치와 일치되는 행위를 하였을 때 실현된다. 진성 리더십도 자기인식을 통해서 이상적 자아와의 불일치를 줄여나가는 자기규제 행위를 통해 이루어진다. 따라서 자기규제는 스스로의 실행의지에 따라 행해지며 자신의 가치 및 신념과 일치되는 행위로 표출된다.

(2) 정보의 균형적 처리

많은 사회심리학 연구에서 나타난 특징적인 현상의 하나가 사람들은 정보를 처리할 때 선천적으로 편향된 해석을 하는 경향이 있다는 것이다. 이는 자기와 관련된 정보를 대할 때 더욱 두드러지게 나타나고 있다. 이에 가드너와 그의 동료들은 진성 리더십의 자기규제에 속하는 구성요소로서 '균형적 처리'(balanced processing)라는 용어를 사용하였다. 정보의 균형적 처리는 의사결정 전에 관련 정보를 객관적으로 분석하고 검토하는 것을 의미한다. 즉 정보의 균형적 처리는 개인의 긍정적이고 부정적인 측면·특질·능력에 대해 객관성과 수용력을 가지는 것을 의미한다. 이는 자기존중감(self-esteem)과 관련하여 이해할 수 있다. 자기존중감이란 스스로에 대해 긍정적 개념을 유지, 고양하려는 동기를 의미한다. 자기존중감이 높더라도 이것이 상황적 압력에 따라 변동성이 큰 사람들의 경우, 스스로가 원하지 않는 약점이나 특질에 대해 인지하는 것이 어렵다. 반면에 진성 리더는 정보의 내용이 자기존중감을 높이거나 낮추는 것에 상관없이 정보를 객관적으로 분석한다. 진성 리더는 자신의 능력을 증명하기 위하여 이에 적합한 정보를 선택하는 것이 리더 자신과 팔로어의 학습 및 발전에 해가 되고 궁극적으로는 팀과 조직 결과에 부정적 의미를 준다는 것을 알고 있기 때문이다. 이는 진성 리더가 리더와 팔로어를 위해 올바르고 공정한 행위를 하고자 하는 신념을 지니고 있으며, 이 신념에 따라 행동하기 때문에 비로소 가능해진다.

(3) 관계적 투명성

관계적 투명성은 진정성 있는 자아를 타인에게 솔직하게 보여주는 것이다. 이는 자기노출(self-disclosure)과 상호적인 친밀감의 발전을 통해 자신의 모습을 솔직하게 보여주는 것을 의미한다. 자기노출이란 스스로에 대한 정보를 타인에게 드러내는 것을 말한다. 이러한 행위는 상대방에게 신뢰와 솔직함을 보여주고 생각과 느낌을 서로 공유함으로써, 상대방도 자신에게 투명하게 대하도록 유도하는 역할을 한다. 진정성 있는 관계를 성취하기 위해서는 사람에게 진실되어야 하며 가까운 타인과의 관계에 거짓됨이 없어야 한다. 이를 리더십에 적용하면, 관계적 투명성은 팔로어 등과의 관계에서 서로 열린 마음과 신뢰를 형성하기 위해 노력하는 것을 말한다. 열린 마음과 신뢰는 믿음을 창출하고 믿음은 타인과 긍정적인 관계를 형성하게 한다.

1.3 진성 리더십과 기존 리더십 이론과의 관계

진성 리더십은 변혁적 리더십, 윤리적 리더십, 서번트 리더십 등 여타의 리더십 개념을 포함할 수 있는 보다 근본적 개념이다. 진성 리더는 지시적일 수도 있고 참여적일 수도 있으며 때로는 권위적일 수도 있다. 이는 진성 리더십이 반드시 특정한 행위 스타일을 갖지는 않는다는 의미이다. 아볼리오와 가드너(2005)가 진성 리더십이 리더십의 긍정적 접근을 위한 '근본 토대'(root)라고 주장한 것은 위의 관점과도 일맥상통한다. 즉 리더는 진성 리더십을 바탕으로 해서 상황에 맞는 다른 특정한 리더십 스타일(예: 변혁적 리더십)을 개발할 수 있다. 따라서 진성 리더십과 다른 리더십 스타일은 상호배타적인 개념이 아니라 개인이 가진 특정 리더십 스타일을 한층 더 진실되게 만들어주는 역할을 하게 된다.[10]

예를 들어 리더의 카리스마가 가식적이 아닌 진정성을 바탕으로 했다는 것을 조직구성원들이 지각할 때 리더십의 효과성은 더욱 강해지며, 조직구성원들은 리더에 대해 존경심을 갖게 된다. 이처럼 진성 리더십은 리더십 스타일의 토대를 구성하는 근본적인 개념으로 이해되어야 할 것이다. 결국 '진짜' 리더십은 누군가의 리더십 행위를 단지 모방하기보다는, 리더 자신의 강점과 약점을 알고 자신이 속한 상황적 맥락을 이해하며 개인적 가치와 확신에 따라 행동하는 것이다. 따라서 현재 기업조직 맥락에서 진성 리더십을 바탕으로 하지 않는 유사(pseudo) 리더십 스킬은 개인과 팀, 조직에 지속적이고 긍정적인 성과를 창출하기 어렵다고 보는 것이 진성 리더십 이론의 요체이다.

최근 수년간 진성 리더십에 대한 논의가 국내외에서 활발하게 이루어지고는 있으나 리더십 분야의 주류로 자리 잡기 위해서는 후속연구가 더욱 필요한 상황이라고 할 수 있다. 따라서 진성 리더십에 대한 학술적 · 실무적 평가를 한다는 것은 아직 이른 감이 있는 것이 사실이다. 하지만 진성 리더십의 핵심적 구성요소인 리더의 자기인식, 자기 규제, 공동체적 소명의식 등을 살펴보면, '수신제가 치국평천하', '효 · 예 · 충'과 같은 동양적, 한국적 가치관과도 부합하는 측면이 상당 부분 나타나고 있다는 점은 매우 흥미로운 현상이 아닐 수 없다. 진성 리더십 이론에서는 리더십의 발휘를 단지 개인이나 조직의 이익이나 목적을 추구하는 수단으로만 보기보다는, 그 자체로서 유의미한 목적성을 지닌 행위로 바라봄으로써 리더십의 개념을 보다 고차원적이고 철학적 · 윤리적인 논의대상으로 격상시켰다는 점에서 리더십의 지평을 더욱 확장하였다고 볼 수 있을 것이다.

---

10 정동일(2011), "참된 나를 찾아라, 진정성 리더십이 온다", *Dong-A Business Review*, 2(75), 18-24쪽.

제2절 글로벌 리더십

2.1 글로벌 리더십의 개념

글로벌 리더란 세계라는 무대를 대상으로 개인적·집단적 목적을 설정하고 세계 지구촌 사회를 대상으로 그 목적을 달성해나가는 능력을 갖춘 리더를 의미한다. 또한 각국의 정치·경제·사회적 문제들을 전 세계적 맥락에서 이해하고 대처할 수 있으며, 효과적인 문제해결을 위해 세계 여러 지역 사람들의 공동 협력을 이끌어내고 동원할 수 있는 능력을 갖춘 리더라고 하겠다.

글로벌 리더십에 관한 일치된 정의는 없지만 기업들은 국경 없이 상호 연결된 글로벌 경제의 출현으로 인해, 엄청난 경쟁과 불확실성에 직면하고 있다. 경영학적인 측면에서 '글로벌 리더십은 글로벌 기업에 근무하는 경영자와 관리자 또는 해외에 파견되어 근무하는 관리자가 갖추어야 할 리더십'이라고 할 수 있다.[11] 따라서 글로벌 리더는 국제적 맥락에서 비즈니스 목적을 달성하기 위해 다른 이의 생각과 행동에 영향을 미치는 역할을 맡고 있는 조직의 리더를 의미한다. 기업들은 국경 없이 상호 연결된 글로벌 경제의 출현으로 인해서 엄청난 경쟁과 불확실성에 직면하고 있다. 이러한 상황 속에서 기업들이 지속적으로 생존·발전하기 위해서는 글로벌 차원의 역량을 갖춘 리더들을 육성하는 것이 절실히 요구된다. 그러나 글로벌 인재의 부족현상은 경제 선진국들뿐만이 아니라 국내기업에서도 절실한 실정이다.

그렇다면 어떻게 조직구성원들로 하여금 글로벌 리더십을 갖추게 할 수 있을 것인가. 이것이 학계와 기업들이 공동으로 해결해야 할 시급한 과제이며 화두이다. 이 화두에 대해서 학계에서는 역량 중심의 글로벌 리더십 개발이 가장 효과적이라는데 대체로 의견이 일치하고 있다. 그런데 기업 내에서 글로벌 리더십을 구성하는 핵심역량들이 무엇인가를 명확하게 제시할 수 있다면 기업에 필요한 경영자와 관리자들의 글로벌 리더십을 체계적으로 육성할 수 있을 것이다. 세계적인 글로벌 리더십 개발전문가인 라인스미스 박사가 제시한 글로벌 리더십 역량모델의 요지는 〈그림 2-36〉과 같다.[12]

---

11 안병용·한수범·장인봉(2008), 『블루오션 리더십』, 보명, 138쪽.

12 Rhinesm.th, S. H.(1993), *A manager's guide to globalization*: Six keys to success in a changing world. Alexandria, Va.; Homewood, Ill.: American Society for Training and Development Business One Irwin.

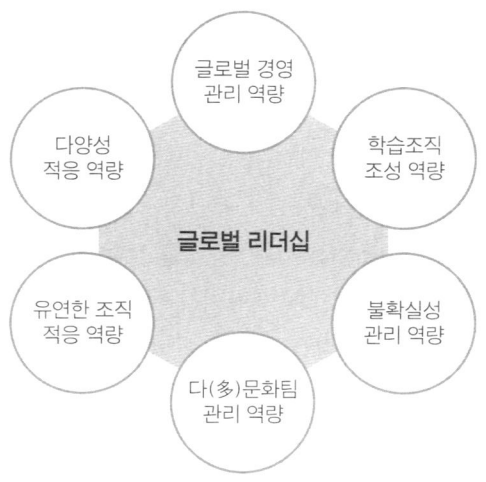

〈그림 2-36〉 라인스미스의 글로벌 리더십 역량모델

(1) 글로벌 경영관리 역량

글로벌 경영관리 역량은 글로벌 차원에서 자본, 기술, 공급자, 설비, 시장기회, 인적자원에 관한 정보를 수집하고 활용하는 능력을 의미한다.

(2) 다양성 적응 역량

다양성 적응 역량은 개인 및 조직의 성과에 영향을 미치는 동적인 관계를 인식하고 분석하며 관리할 수 있는 능력을 의미한다. 또한 개인이 직면하게 될 모순된 상황을 균형 잡힌 시각을 가지고 해결할 수 있는 능력을 말한다.

(3) 유연한 조직적응 역량

유연한 조직적응 역량은 탄력적으로 조직을 설계하고 조직의 규정을 바꿀 수 있는 능력과 기업 내에서 경영의 여러 기능에 관한 의사결정 권한을 글로벌 차원에서 적절하게 분배하고 통합하는 능력을 의미한다.

(4) 다(多)문화 팀 관리 역량

세계화 시대에 한 기업은 다양한 문화적 배경을 가진 사람들로 구성된다. 그러므로 오늘날 경영자와 관리자에게는 이러한 문화적 차이를 활용해서 창조적인 혁신 및 시너지를 이끌어내며 동시에 갈등을 건설적으로 관리해나가는 능력이 필요하다.

(5) 불확실성 관리 역량

불확실성 관리 역량은 환경변화에 적극적으로 대응하고 계속되는 변화와 혼돈 속에서 새로운 기회를 창출해내는 능력이다.

(6) 학습조직 조성 역량

기업의 리더들은 개인이나 조직 차원에서 오픈마인드를 가지고 새로운 지식과 기술 및 관점을 탐색하고 익히는 것이 무엇보다도 필요하다.

이러한 글로벌 리더십 역량 모델은 글로벌 리더 양성 시 여러 조직에서 보편적으로 적용될 수 있는 모델이라고 볼 수 있다.

2.2 글로벌 리더십의 중요성

국경이 없는 범세계적인 글로벌 경쟁은 갈수록 심화되고 있다. 지난 20여 년간 경제의 글로벌화는 급속하게 진행되어 왔으며, 향후에도 경제 및 경영의 글로벌 경쟁은 더욱 심화될 수밖에 없을 것이다. 예컨대, 경쟁이 치열해질수록 기업들의 기술개발 등에 필요한 투자비용 부담이 증가할 수밖에 없고, 이러한 투자비용의 회수나 규모의 경제 효과를 위해서는 글로벌 차원의 시장 확대가 이루어지지 않으면 안 될 것이다. 또한 국가 간 무역장벽 완화 및 시장개방 가속화, 소비자 기호의 범세계화, 중국이나 인도 등 개도국의 경제 성장에 따른 신흥시장의 대두 등도 글로벌 경쟁을 가속화시키는 요인이다. 이러한 환경 요인들을 고려할 때, 앞으로 글로벌 경쟁력이 없는 기업은 장기적 생존을 보장 받기 어렵게 될 것이다. 따라서 기업들에 있어 글로벌화는 선택이 아니라 생존을 위한 필수조건이 되고 있다.

기업이 글로벌 경쟁력을 갖추기 위해서는 브랜드 이미지, 기술력, 마케팅력 등 여러 가지 요인이 뒷받침되어야 하겠지만, 가장 중요한 근본적인 동력은 글로벌 비즈니스를 수행할 수 있는 인재의 확보이다. 특히 탐험가와 같은 모험심과 개척 정신을 가지고 글로벌 비즈니스를 이끌어갈 수 있는 경영자의 확보가 중요하다. 따라서 기업들은 글로벌 경영자를 확보하기 위해서 외부에서 글로벌 역량을 갖춘 인재를 영입하거나 내부에서 체계적으로 육성해야 한다.

그러나 인력시장 전체적으로 글로벌 역량을 갖춘 인재들의 공급이 부족한 상황이므로 외부에서 영입하는 것은 쉽지 않다. 따라서 대부분의 기업들은 내부에서 글로벌 경영자의 체계적인 육성을 통해 확보해나갈 수밖에 없다. 글로벌 경영자의 효과적인 육성을 위해서는 기본적으로 두 가지 요소가 필요하다. 첫째는 글로벌 경영자가 갖추어야 할 자질 요건을 규명하는 것이다. 둘째로는 경영자의 글로벌 역량을 개발하기 위한 교육훈련 프로그램이다.

2.2.1 글로벌 리더의 자질 및 특성

북미, 유럽, 아시아의 50여 개 글로벌 기업의 경영진과 인사담당자 130여 명을 대상으로 심층조사를 통해 성공적인 글로벌 경영자들의 특징을 도출해낸 결과를 정리하면 다음과 같다.[13]

(1) 탐험가와 같은 호기심

글로벌 리더가 갖추어야 할 가장 중요한 첫 번째 요인은 호기심이다. 즉 글로벌 리더는 미지의 세계를 알고, 개척하고자 하는 탐험가와 같은 호기심이 있어야 한다는 것이다. 호기심은 전 세계 곳곳을 돌아다닌 마젤란과 같은 탐험가들의 핵심적인 기질 특성이라고 한다. 글로벌 시장은 매우 다양하고 불확실하기 때문에, 시장을 제대로 알고 개척해내기 위해서는 현지의 문화나 관습, 소비자 특성 등에 대한 정확한 이해가 필요하다. 이러한 현지에 대한 깊이 있는 이해를 위해서는 정열적으로 탐색 활동을 전개해야 하는데, 그 탐험 활동은 어떤 미지의 새로운 것에 대한 궁금증, 호기심에서 출발한다는 것이다. 호기심 많은 글로벌 경영자는 '배움에 대한 충족되지 않는 열망'으로 가득 찬 사람으로서 '해야 할 것'보다는 '배워야 할 것'에 더 많은 주의를 기울인다. 또한 호기심 많은 경영자는 적극적인 질문과 경청을 통해 정보를 얻는 배움의 자세를 가지며, 과거의 성공 체험이나 고정관념에 빠지지 않고 자기 반추를 통해 변화에 적응해나간다.

(2) 다원성 수용 능력

글로벌 리더가 갖추어야 할 두 번째 요인은 복잡 다양한 상황에 유연하게 대처할 수 있는 다원성 수용 능력이다. 글로벌 사업을 추진하는 경영자는 다양한 지역과 국가에서 활동을 해야 되기 때문에, 매우 불확실하고 복잡하게 얽혀 있는 상황에 직면하게 된다. 이러한 상황에 적절히 대처하기 위해서는 우선 철저한 사전 조사를 통해 지역 시장을 깊이 있

---

13 Black, J. S., Morrison, A. J. & Gregersen, H. B.(2000), *Global Explorers: The Next Generation of Leaders*, 장국현 역(2002), 전경련, FKI미디어.

게 이해해야 한다. 또한, 시장의 전체 흐름을 읽고 시의적절한 의사 결정을 내릴 수 있는 전략적 판단력을 갖추어야 한다. 의사 결정 스타일 면에서도 '80 : 20 법칙'에 입각하여 접근하는 자세가 필요하다. 즉 80% 정도의 확신만 있다면 20%가 부족하더라도 과감하게 행동으로 옮기는 결단력이 있어야 한다. 불확실한 상황에서는 100%의 완벽한 확신을 가질 수 없으며, 설령 가능하다 하더라도 그렇게 되기 위해서는 수많은 정보 수집 활동과 시간이 필요하기 때문에 급변하는 시장에 신속하게 대응할 수 없다.

예컨대, 과거 IBM은 '제품이 회사를 탈출한다'라는 말이 나올 만큼 품질에 완벽을 추구하는 경향이 강했다. 이러한 완벽주의로 인해 제품 출시가 지연되고 시장 기회를 상실하는 경우가 발생하게 되자, IBM은 80 : 20 법칙에 입각하여 신속히 의사결정하고 실행하는 문화를 추구하였다고 한다.

이렇게 복잡 다양한 글로벌 시장에서 경영자가 자주 직면하는 대표적인 이슈는 '범세계적인 통합(표준화)'과 '지역별 차별화'의 문제다. 통합과 차별화는 서로 상충되는 요인인데, 글로벌 경영자는 자사의 사업 특성이나 지역 시장의 상황에 따라 이 두 가지를 조화롭게 추구할 수 있어야 한다. 예컨대, 자사의 경영 철학이나 핵심 가치는 지역에 관계없이 범세계적으로 통일하고 판매 방식이나 인사 관리 등에서는 지역적 차별화를 기하는 것이다. 여기서 중요한 것은 국가와 지역별로 표준화할 것과 차별화할 포인트들을 정확히 판단하고 조화시켜나가야 한다는 점이다.

(3) 믿음을 줄 수 있는 인성

글로벌 리더가 갖추어야 할 세 번째 자질 요인은 현지인들의 신뢰를 얻을 수 있는 인격과 품성(인성)이다. 이러한 인성의 바탕이 되는 핵심요인은 문화적 배경이 다른 사람들과의 정서적 유대관계 형성능력과 높은 윤리의식이다. 글로벌 경영에 있어서 장기적 성공을 위한 근본초석은 현지 국민이나 정부의 신뢰를 얻는 것에 있다. 신뢰는 글로벌 기업이 현지에서 어려움에 봉착했을 때 현지인의 도움과 협조를 이끌어내는 역할을 한다. 이러한 신뢰를 얻기 위한 기초는 다른 무엇보다도 현지인들을 이해하고 존중하는 것에 있다. 이를 위해서는 경영자가 자국 중심의 편협한 사고에서 벗어나 상대방의 이야기를 들을 수 있는 경청의 자세, 교만하지 않는 겸손함, 상대를 존중하는 언행, 현지인들에 대한 진실한 관심과 배려 등 인간관계 측면의 품성과 태도를 갖추어야 한다. 또한 단순한 이윤추구를 넘어서 현지의 제반 법규준수, 환경보호, 현지 종업원에 대한 공정한 대우 등 정직·투명하고 사회적 책임을 다하는 경영을 해야 현지인들의 신뢰를 얻을 수 있다.

(4) 사업과 조직에 대한 통찰력

글로벌 리더가 갖추어야 할 마지막 네 번째 자질 요인은 통찰력이다. 통찰력에는 두 가지가 있다. 하나는 세계적 관점에서 사업 기회를 간파하는 사업적 통찰력이다. 예컨대, 잠재력이 있는 신 시장을 발굴하거나 인건비, 지리적 이점 등 지역별 비교우위를 활용한 이윤창출 기회 등을 포착해내는 능력을 뜻한다. 다른 하나는 간파한 사업 기회를 실제로 활용하기 위해 조직의 자원(물적, 인적, 업무 노하우 등)을 동원해내는 조직적 통찰력이다. 사업 기회의 포착도 중요하지만, 이를 실제 조직성과로 연결시키기 위해서는 글로벌 차원에 퍼져 있는 자사의 자원을 적절히 활용할 수 있어야 한다. 이러한 통찰력 확보를 위해서는 글로벌 시장의 동향이나 자사 주력 사업의 변화 추이를 지속적으로 모니터링하고, 현장에서의 정보획득 활동을 적극 전개해야 한다. 특히 세계 각지에 흩어져 있는 현장을 자주 방문하고, 현지 사원들이 갖고 있는 정보나 고충사항을 잘 듣고 이해하여야 한다. 현지시장에 대한 정보나 사업 기회는 직접 눈으로 보고 느끼는 과정을 통해서 효과적으로 파악될 수 있기 때문이다.

2.2.2 글로벌 리더의 육성

성공적인 글로벌 경영자가 되기 위해서는 호기심, 다원성 수용력, 인성, 통찰력을 갖추어야 한다. 이러한 글로벌 경영자는 타고나기도 하지만 후천적인 개발 노력으로 육성이 가능하다고 한다. 이러한 관점에서 글로벌 리더를 육성하기 위한 방안으로 4T(Travel, Team, Training, Transfer)를 제시할 수 있다.[14]

(1) 여행

세계 여러 국가 및 문화권을 직접 방문하고 글로벌 비즈니스 현장을 직접 눈으로 보고 느끼게 하는 방법이다. 여행을 통한 육성 활동에 있어서 한 가지 유의해야 할 점은 여행의 빈도보다는 여행의 질을 높여야 한다는 것이다. 예컨대, 기분 전환이나 휴식 차원의 여행은 삼가야 한다. 해당 현지국의 문화, 경제 등을 깊이 파악할 수 있는 실질적인 교육 효과가 있는 여행이 이루어져야 한다.

(2) 팀 활동

국적, 문화, 인종 면에서 다양한 사람들과 한 팀을 이루어 함께 일하도록 하여 그로부

---

14 앞의 책.

터 다양한 가치체계, 사고방식 등을 배우게 하는 것이다. 이는 이(異)문화 팀(Cross-cultural Team) 활동을 통한 훈련에 해당한다.

(3) 훈련

글로벌 리더로서 성장잠재력이 있는 사람들을 대상으로 사전에 준비된 프로그램을 가지고 집중적으로 훈련하는 방식이다. 즉 특정의 장소에 대상자들을 모아 놓고 일정기간 실시하는 집합식 교육이다. 여기서 유의해야 할 점은 지식전달 차원의 일방적인 강의식 교육보다는 글로벌 차원의 실제사업과 관련한 이슈를 가지고 토의하고 문제 해결방안을 찾게 하는 실전적 훈련이 이루어져야 한다는 것이다.

(4) 파견

실제 글로벌 사업이 전개되는 현지에 장기간 파견하여 직접업무를 수행하게 함으로써 훈련시키는 방식이다. 즉 일을 통한 학습 방식이다. 이는 다른 방식에 비해 장기간 이루어지기 때문에 훈련 효과가 높은 대신 비용이 많이 드는 면이 있다.

결국 성공적인 글로벌 비즈니스 수행을 위해서는 미지의 세계를 개척해낼 수 있는 글로벌 탐험가가 필요하며, 기업들은 그러한 자질 요건을 갖춘 사람을 발굴하여 체계적인 훈련을 통하여 적극적으로 육성해내야 할 것이다.

2.3 글로벌 리더십의 현장(사례)

2.3.1 지식경영 글로벌 리더십: 스타벅스

전 세계에 1만 3,700여 개의 점포를 둔 세계 최대 원두커피 전문점 스타벅스(Starbucks). 이 회사는 어떻게 해서 커피라고 하는 평범한 상품으로 세계적인 기업으로 도약한 것일까? 이러한 성장 뒤에는 스타벅스의 지식경영이 숨어있다. 스타벅스가 실천한 지식경영의 요체는 '이해관계자와의 공유'에 있다.

스타벅스가 실천하고 있는 지식경영의 첫 번째 원칙은 커피농가는 물론 공급업체와 '지속가능한 거래'(Sustainable Trade) 체제를 구축하는 것이다. 커피농가와 공급업체에 합리적인 이익을 보장해 줌으로써 서로 원원하는 지속가능한 경영을 할 수 있도록 하는 것이다. 이를 위해 스타벅스는 'CAFE 프랙티스'(Coffee and Farmer Equity Practices)라는 커피 구매 기준을 정해 커피농가와 스타벅스가 상생할 수 있도록 하고 있다. 즉 스타벅스의 글로벌

공정무역
- 지속가능한 거래(Sustainable Trade)
- CAFE 프랙티스(Cofee and Farmer Equity Practices)

파트너 경영
- 직원은 회사 성장을 이끄는 파트너
- 파트너 = 회사 성공의 초석

경험 마케팅
- 인적 교류 → 스타벅스의 경험 공유
- 맞춤 서비스: 8만 7,000개 음료 메뉴

사회책임 경영
- 기업, 고객, 이해관계자가 만족하는 행복경영 지속

〈그림 2-37〉 하워드 슐츠 회장의 지식경영 리더십

지식경영의 첫 번째 실천은 '공정무역'(Fair Trade)인 것이다.

두 번째 스타벅스의 지식경영 요체는 '파트너 경영'이다 스타벅스는 직원들을 종업원(employee)이란 말 대신에 동업자(partner)라고 부른다. 슐츠 회장은 커피회사인 스타벅스의 경쟁력은 커피 전문가인 직원들에게서 나온다고 믿는다. 그리고 파트너들이 회사의 초석이며 이들의 아이디어, 헌신, 고객 서비스가 스타벅스 경영의 핵심이라고 생각한다.

세 번째 스타벅스의 지식경영 요체는 '경험 마케팅'이다. 스타벅스의 고품질 커피와 안락함을 통해 인적 교류가 이루어질 수 있도록 제품, 매장, 직원을 통해 스타벅스의 경험을 제공하고 있다. 이를 위해 '맞춤(Customization) 서비스'를 스타벅스 경험의 핵심 속성으로 삼고 있다. 전 세계적으로 공급되는 음료메뉴가 8만7천 개가 넘을 정도로 고객의 기호에 맞도록 다양하게 준비하고 있다.

네 번째 스타벅스는 사회책임 경영을 통해 세상을 바꾼다는 열정을 가진 기업으로서, 기업을 둘러싼 이해관계자들을 충족시킬 수 있는 행복경영을 통해 스타벅스의 고객과 사회의 미래를 밝게 하는 경영을 추구하고 있다.

2.3.2 꿈을 향한 글로벌 리더십: 혼다

실패를 용서하는 수준을 뛰어넘어 실패를 두려워하지 않도록 용기를 부여하는 혼다(本田, Honda)의 경영. 대장장이 아들로 태어나 초등학교 졸업 학력이 전부인 창업주 혼다 소

혼다이즘

꿈을 향한 도전

"실수를 저지르지 않는 사람은
그저 위에서 시키는 대로 일하는 사람이다.
그런 사람은 혼다에 필요하지 않다."

| 1960년대: 오토바이 | 1970년대: 자동차 | 2000년대: 두발 로봇 | 2005년 7월: 소형 제트기 |

〈그림 2-38〉 혼다 소이치로의 꿈의 리더십

이치로가 1946년 창업 당시 가진 꿈은 이동수단에 날개를 다는 것, 즉 항공기 개발이었다. 그 꿈이 비로소 60년 만에 실현되었다. 창업주가 제시한 비전은 전 조직구성원이 비전의 실현을 향해 뛰도록 동력을 부여했고 기업의 끊임없는 성장을 향한 활력소가 됐다. 조직구성원들은 꿈을 실현하기 위해 자발적으로 상상력을 발휘했으며, 이 과정에서 신지식 경영시대에 필요한 창조형 지식을 스스로 찾아냈다.

혼다는 사장, 부장, 차장이라는 호칭 대신에 '○○○ 씨'라고 이름을 부른다. 임원을 위한 독방, 임원실도 없다. 또한 조직구성원 상호 간에 사적인 것을 묻는 것이 금지돼 있다. 따라서 사장이나 조직구성원들이 어느 고등학교나 대학을 나왔는지 아는 사람이 없다. 중요한 것은 조직구성원이 실력을 갖췄느냐다. 현직 임원의 아들, 딸은 같은 회사에 취업도 할 수 없다. 혼다의 창업자 소이치로는 일본의 전설이다. 그는 2003년 니혼게이자이 신문이 조사한 가장 존경할 만한 일본의 경영자에서 1위를 차지했다. 불같은 열정과 아름다운 퇴진 때문이다. 그가 1973년 은퇴할 당시의 나이가 67세였다. 이후 그는 회사 일에 전혀 관여하지 않았다. 혼다 소이치로는 꿈과 비전을 제시하며 세계로 그의 영역을 넓히고, 소신을 가지고 진정한 글로벌 리더십을 발휘했던 최고경영자이다. 혼다는 글로벌 리더와 글로벌 조직구성원 간의 비전의 공유, 실패를 두려워하지 않는 비전 실천의 용기를 부여하는 글로벌 리더십의 모습을 잘 보여주고 있다.

제3절 블루오션 리더십

3.1 블루오션 리더십의 개념

'블루오션'(blue ocean)이란 용어가 등장하게 되면 따라 나오는 용어가 '레드오션'(red ocean)이다. 레드오션은 오늘날 존재하는 모든 산업을 뜻하며 이미 세상에 알려진 시장공간이다. 반면에 블루오션은 현재 존재하지 않는 모든 산업을 나타내며 아직 우리가 모르고 있는 시장공간이다. 레드오션에서는 산업 간의 경계선이 명확하게 그어져 있다. 기업들은 기존 수요에서 보다 큰 점유율을 얻기 위해 경쟁자를 능가하려 애쓴다. 시장 참가자 수가 늘어남에 따라 수익과 성장에 대한 기대치는 낮아진다. 애써 개발한 상품은 흔히 일상품이 되고 목을 죄는 경쟁으로 시장은 유혈의 붉은 바다로 변한다. 이와는 대조적으로 블루오션은 미개척 시장 공간으로 새로운 수요 창출과 고수익 성장을 향한 기회로 정의된다.[15]

블루오션은 기존 산업의 경계선 바깥에서 완전히 새롭게 창출되는 경우도 있으나 대부분은 기존 산업을 확장하여 만들어진다. 즉 과거에도 있었고 현재에도 있는 비즈니스 라이프의 한 형태이다. 그리고 블루오션은 시간의 흐름에 따라 지속적으로 변화되고 창조되어 왔다.[16] 산업은 제자리에 가만히 있는 것이 아니라 지속적으로 진화하고 발전하는 것이다. 이것은 산업에만 국한되는 것이 아니라 우리가 사는 이 사회에도 똑같이 적용된다. 이러한 블루오션이 지니는 힘은 창조를 통해 사회의 올바른 변화를 이끌어내며 활기를 불어넣고 현재와 새로운 미래를 연결해준다.

현재까지의 리더십은 주로 집단이나 조직계층을 대상으로 발휘되어 왔으며 이때 리더십의 성과는 업무실적과 잠재력까지 포함된다. 그러나 블루오션 리더십은 그 이상의 역할과 행동을 발휘하는 것을 의미한다. 조직구성원의 감성과 창의성, 조직구성원의 가정과 가족에게까지 리더십을 펼쳐 보인다. 일과 맺어진 관계 그 이상의 범위까지 확대되는 것이다. 즉 조직구성원의 개인적 성향까지 파고드는 리더십으로 관계의 결속력을 키운다. 그것이 바로 블루오션 리더십이다.[17] 〈표 2-34〉에서는 블루오션과 레드오션의 영역을 구분하여 제시하였다.

---

15 안병용·한수범·장인봉(2008), 『블루오션 리더십』, 보명, 369쪽.

16 Kim, W. C. & Mauborgne, R.(2005), *Blue Ocean Strategy*: How to Create Uncontested.

17 서영태, 『서울신문』 2006년 1월 23일자.

〈표 2-34〉 블루오션과 레드오션의 영역

블루오션	레드오션
• 존재하지 않는 모든 산업 • 모르고 있는 시장 공간 • 대부분은 기존산업을 확장 • 새로운 수요창출과 고수익 성장	• 존재하는 모든 산업 • 세상에 알려진 시장 공간 • 산업 간의 경계선이 명확 • 보다 큰 점유율을 얻기 위해 경쟁

3.2 블루오션 리더의 역할

블루오션 리더란 어떤 사람들인가? 블루오션을 창출하여 높은 성장을 이룬 기업들은 기존의 산업 분야에서 비약적으로 수요가 증가함에 따라 새로운 시장공간을 열고, 이 시장을 장악하는 제품과 서비스를 만들어냈다. 전략에 대한 기업들의 접근방식이야말로 블루오션 창출의 승자와 패자를 구분하는 일관성 있는 기준이 된다. 레드오션에 빠진 기업들은 기존 산업질서 안에서 경쟁자를 누르려는 전통적 접근법을 추구했다. 그러나 블루오션 창조자들은 경쟁자를 이기는 데 집중하는 대신 고객과 회사를 위한 가치도약을 이뤄 새로운 비경쟁 시장공간을 창출함으로써 경쟁 자체에서 벗어났다.

블루오션의 롤 모델과 역할은 〈그림 2-39〉와 같다.

〈그림 2-39〉 블루오션 리더의 모델과 역할

3.3 블루오션 리더십의 현장(사례)

3.3.1 몽골제국의 창업자: 칭기즈칸[18]

칭기즈칸의 본명은 테무진이며, 그의 유년시절은 결코 행복하지 않았다. 몽골 왕족의 후예인 아버지 예수게이가 타이타르족에 의해 독살되었다. 극심한 가난을 경험하면서 성장한 테무진은 세력을 키워, 1189년 몽골씨족연합의 맹주에 추대되어 칭기즈칸의 칭호를 받게 된다. 1206년에 칭기즈칸의 군대는 10진법 체제인 전쟁을 위한 조직으로 정비되었다.

칭기즈칸은 중국을 정복의 주목표로 하여 1211년부터 금나라와의 전쟁을 시작하여 1215년에는 베이징(북경)까지 함락시켰다. 그 후 칭기즈칸은 1227년 서하까지 정복하는 전쟁을 계속하였다. 1227년 8월 그가 죽을 무렵 몽골족은 고비사막 북부 초원의 힘없는 유목 민족이 아니라 동으로는 만주, 서로는 러시아, 남으로는 인도, 북으로는 시베리아에 이르는 대제국의 주인으로 군림하게 되었다. 칭기즈칸은 1997년 4월 뉴욕타임스에서 선정한 '세계를 움직인 가장 역사적인 인물' 중 첫 번째 인물로 뽑힌 바 있다.

성장　　　　정복　　　　제국건설　　　　추앙

〈그림 2-40〉 칭기즈칸의 블루오션 리더십

블루오션 리더로서 칭기즈칸의 역할을 정리해보면 다음과 같다.

18　안병용 · 한수범 · 장인봉(2008), 『블루오션 리더십』, 보명, 372-380쪽을 참고하여 재구성.

1) Road: 칭기즈칸은 블루오션 리더로서 길을 여는 사람이었다

여러 가지 근거들을 종합하여 판단해볼 때 칭기즈칸은 다면적인 성품을 가지고 있었다. 그는 뛰어난 체력, 강한 목표의식, 강철 같은 의지를 가지고 있었다.

특히 칭기즈칸의 리더십 중에 주목받을 점은 그의 '길을 여는 능력', 즉 '위대한 비전'의 제시이다. 그의 세계정복을 한마디로 요약하면 '꿈, 즉 비전'이라고 할 수 있다. 일찍이 과거에도 없었고 누구도 가능하리라고 생각하지 않았던 것을 가능하게 만든 비전이다. 그의 비전이 처음부터 컸던 것은 아니지만 어린 테무진이 결론지은 것은 그의 부족들이 '공동의 목표'가 있으면 잘 뭉친다는 것을 발견한 것이다. 그리고 공동목표는 소박하거나 곧 이룩될 만한 작은 것에서는 별반 효과가 없었으며 원대한 것이라야 사람들이 큰 힘을 내더라는 것이다.

이것은 우리가 오늘날 이야기하는 '비전'과 다를 바 없다. 칭기즈칸 리더십의 면면에는 한 가지 공동목표가 달성되기가 무섭게 곧 다음의 새로운 공동목표를 만들어 쉬지 않고 그의 부족을 이끌어갔다. 그리고 그 비전은 나라를 만드는 것, 주변국가로부터의 위협을 없애는 것, 중원을 경영하는 것, 나아가 천하를 통일하는 것, 그리고 그 천하는 중국 땅을 넘어 사람이 살고 있는 모든 땅으로 계속 커져만 갔고 그 꿈들을 하나씩 하나씩 실현시켰다.

현실의 안개 속에서 이 순간 우리가 어디에 있고 어디를 향하고 있는지에 대하여 신속하고 훌륭한 해석을 할 수 있는 능력이야말로 경쟁력의 원천이다. 그것은 기대요, 예견이며 비전이다. 그 능력을 어떻게 가르칠 수 있는지는 모르지만 성공적인 리더들은 그 능력을 갖고 있다. 조직이 비전을 가지고 있더라도 조직구성원들이 공감하지 못하거나 무관심하다면, 리더는 조직이 추구하는 핵심 가치를 분명히 인식하고 조직의 바람직한 미래를 그리는 비전과 비전을 실행할 전략 및 목표를 만들어 공유하여, 조직구성원들에게 미래에 대한 방향제시와 희망을 갖게 해야 한다. 사람들은 자신이 중요하다고 느끼는 기준에 따라 반응을 하게 되어있다. 가슴을 울렁거리게 할 수 있는 비전일수록 조직구성원들은 자신이 하는 일이 조직의 비전과 전략성취에 기여를 하며, 그 성취로부터 얻어지는 결과를 예상할 수 있다.

리더는 앞서 걸으면서 온몸으로 고난과 고통, 시련과 맞서야 한다. 그런 과정과 모습이 힘의 원천이다. 칭기즈칸은 한 번도 고난을 피하지 않았다. 꿈으로 무장한 동지들과 수평적인 인간관계를 유지하며 도전의 고삐를 한시도 늦추지 않았다. 그 고통을 극복한 순간 칭기즈칸은 인류가 낳은 최고의 벤처사업가가 됐다. 고통의 길을 선택할 때만이 성공을 거둘 수 있다. 고통을 비껴가지 않고, 도망치지 않고, 정면으로 부딪칠 때만 성공을 기약

할 수 있다. 칭기즈칸은 중국이나 이슬람 등 제3자들이 쌓아 놓은 기존의 문명을 발판으로 자신의 사업을 구축했다. 핵심기술과 모험정신 그리고 중앙아시아 대초원이라는 인프라까지 갖춘 벤처기업가였다.

지금의 우리에게 필요한 것도 바로 이런 칭기즈칸의 자존과 유목의 비전이 아닌가 생각된다. 한반도는 세계로 나아가는 중심이 되어야 한다. 우리를 둘러싸고 있는 주변강대국들이 만들어가는 국제정치의 역동성 하에 우리나라가 놓여 있다. 우리에게도 세계화, 정보화 시대에 '핵심기술'과 '모험정신' 그리고 '세계'라는 인프라를 충분히 활용할 수 있는 리더십이 간절하게 요구된다.

2) Rule: 칭기즈칸은 규칙을 만드는 사람이었다

글을 몰랐던 몽골 유목민들이 유라시아를 지배하던 시절에는 법다운 법이 있었을까? 있었다면 지켜지기나 했을까? 혹시 무법천지의 제국이 아니었을까?

더구나 칭기즈칸과 같이 영토 확대 전쟁이 평생에 거쳐 이루어진 상황이라면 더더욱 법조문들은 거추장스러울 뿐 만 아니라 장애물이 될 위험도 있다. 규정만 따지다가 전쟁은 도대체 언제 할 것인가. 원정군들은 온갖 작전계획을 세우느라 시간을 낭비할 수 없었다. 수많은 정보와 판단을 요구하는 결정임에도 그들은 철저한 임장주의(臨場主義)를 선택하였다. 이는 현대적 의미의 현장주의인데, 탁상공론으로 세월을 보내봤자 소용이 없고 '저 산을 넘어가 보아야 그곳이 산일지 바다일지를 안다.'라는 모토로 일단 대 원칙을 먼저 세우고 행동에 옮기며 상황을 보아가며 세부적인 사항은 그때 가서 결정한다는 방식이다.

그러나 한편으로 강자가 규칙을 깨면 그 밑에 있는 다수는 아무런 죄의식 없이 규칙을 어기게 된다. 모범은 강자의 규범이다. 통치에서 가장 기본적인 것이 모범이다. 그런 칭기즈칸의 생각을 그대로 반영한 것이 칭기즈칸 대법령이라고 불리는 '대야사'이다. 불과 36개 조항밖에 되지 않는데 조항들을 하나하나 검토해보면 최대와 최소의 의미가 실감나게 와 닿는다. 저비용 고효율의 구조의 의지가 고스란히 담겨 있는 것이다. 우선 상당수 조항이 그것을 어기면 '사형에 처한다'로 단순 명쾌하다. 이 철의 규율을 확립하고 유지하려는 의도는 곳곳에 숨어있다.

대야사 말고도 몽골 유목민 사회가 얼마나 철의 규율 속에 살았는지 알려주는 일화가 있다. 칭기즈칸은 어느 날 길 위에 금 장식품을 떨어뜨리고 지나가는 병사들의 반응을 알아보라고 지시했다. 병사 넷이 지나쳤으나 아무도 줍지 않았다. 칭기즈칸은 네 병사를 불러 물었다.

"너희들은 그 장식품이 귀중한 것을 몰랐는가?"

첫 번째 병사: "아닙니다. 알았습니다. 그러나 대야사에 물건을 줍고도 주인에게 돌려주지 않은 자는 사형에 처한다고 되어 있지 않습니까? 그래서 저는 줍지 않았습니다."

두 번째 병사: "저는 이것보다 더 좋은 게 있습니다. 지난번 전투 때 잘 싸웠다고 지휘관이 준 것입니다. 저는 필요 없어서 줍지 않았습니다."

세 번째 병사: "다음 전투에서 이기면 그보다 더 좋은 것을 가질 텐데 무엇 때문에 그걸 줍습니까?"

네 번째 병사: "제 것이 아니어서 줍지 않았습니다. 제 것이 아닌 것을 갖는 것은 창피한 일 아닙니까. 도둑질한 자는 다른 사람들의 피와 땀을 훔치는 것 아닙니까?"

네 병사의 답변을 들은 칭기즈칸은 '앞으로도 우리 군대는 적은 숫자로도 얼마든지 큰 숫자를 이길 수 있겠다.'라고 감탄했다.

조직구성원은 규칙을 지키지만 리더는 규칙을 만드는 자다. 관용과 처벌이 서로를 보완해주고 버텨주는 규칙, 그런 규칙을 만드는 것은 규칙을 지키는 것보다도 더욱 중요하다.

3) Last Scene: 블루오션 리더는 마지막 장면을 만드는 사람이다

'이기기 위해 지기'란 힘든 일이다. 이기기 위해서 이기기도 힘든데 이기기 위해서 진다는 것은 조직의 리더로서는 정말 어려운 일이다. 그 과정을 이해할 수 없는 조직구성원들을 설득하기도 논리를 세우기도 어렵다. 그럼에도 불구하고 그렇게 할 줄 아는 사람은 진정 현명한 리더다. 리더는 과정이 어떠하든 마지막 장면, 즉 라스트 신만 머릿속에 그리고 있으면 된다. 아홉 번을 패해도 마지막 한 번을 이기면 승리하는 것이다. 이것이 우리가 흔히 말하는 전투에서 패했지만 전쟁에서 승리하는 결과를 낳기도 한다. 리더가 라스트 신을 놓치면 조직은 흔들리게 된다. 칭기즈칸과 몽골인에게 원수 중 원수는 중국 금나라였다. 금나라는 칭기즈칸의 먼 조상을 처형했고 몽골고원을 분열로 몰아간 장본인이다. 그런 금나라가 칭기즈칸에게 사신을 보냈다. '타타르 부족이 오만해져서 정벌하려 하니 너희들도 우리를 도와 타타르 부족을 공격하라.'라는 메시지를 전하기 위해서였다.

소식을 들은 참모들이 벌떼처럼 들고 일어났다. "타타르 부족이 밉고 칸의 아버지를 독살했다고 하지만 그들은 엄연한 몽골 사람들입니다. 몽골고원을 아비규환의 내전상태로 몰아넣은 금나라를 도울 순 없는 것 아닙니까?" 심지어는 이렇게 말하는 참모도 있었다.

"타타르 부족은 금나라의 개입니다. 주인이 개를 때린다는데 왜 옆에 있는 우리가 공연히 끼어듭니까?" 그러나 칭기즈칸은 단호했다. "아니다. 지금은 금나라를 도와 타타르를 칠 때다." 그러자 이번에는 칭기즈칸의 어머니 허엘룬까지 나서서 반대한다. "칸은 무슨 생각을 하고 있는 거요? 금나라가 원수라는 사실을 잊어버렸소?” 칭기즈칸은 한층 단호해졌다. “어머니, 적의 적은 친구가 될 수 있는 겁니다. 우리는 금나라에 반기를 들기에 아직 힘이 모자랍니다. 금나라가 원수라는 사실을 내가 잊어버린 적이 있겠습니까? 그러나 지금은 아닙니다. 우선 타타르부터 멸망시킨 뒤 금을 쳐야 합니다.”

칭기즈칸은 끝내 금나라와 연합해 타타르를 멸망시켰다. 금나라는 칭기즈칸에게 용병대장의 직위를 내렸다. 매우 굴욕적인 일이었지만 칭기즈칸은 내색하지 않고 받았고, 라스트 신은 칭기즈칸 군대가 금나라를 멸망시키는 것으로 끝났다. 칭기즈칸은 라스트 신을 잊지 않았던 것이다. 칭기즈칸에게 이런 사례는 수없이 많았다. 칭기즈칸은 최후의 마지막 장면을 그리고 실패와 고난을 극복한 리더였다.

물론 라스트 신을 멋지게 그리기 위해서는 그에 맞는 명분과 정당성의 확보가 우선해야 한다. 자신들은 정의의 편이라는 생각으로 같은 전쟁을 하더라도 명분이 없는 전쟁을 하지 않았다. 금나라를 칠 때도 그 명분은 나라를 물려받지 못할 불효한 놈이 천자가 되어서는 안 된다는 명분이었다. 그리고 백성들을 향해서는 일종의 해방전쟁으로 선전하여 함부로 땅을 빼앗거나 명분 없는 약탈은 자제하였다.

먼저 앞서 나가는 리더, 가장 앞서서 길을 열어나가는 리더, 칭기즈칸은 개척자였다. 칭기즈칸은 누구보다도 앞장섰고 누구보다 먼저 길을 열었다. 그리고 가장 멋지게 라스트 신을 완성하였다. 그래서 그는 블루오션 리더인 것이다. 비즈니스든 전쟁이든 의욕만으로 성공하지 못한다. 문제는 타이밍이다. 공격해야 할 타이밍이 있고 물러서야 할 타이밍이 있다. 타이밍을 정확히 선택하는 것이 진정한 라스트 신을 그리는 리더의 역할이다.

요즈음 우리의 '빨리빨리' 문화가 경쟁력이라는 말이 있다. 그러나 '빨리빨리'는 라스트 신을 겨냥한 치밀한 계획 없이 무턱대고 결과만 재촉하는 게 아닌가. 그러다 보면 시간을 지배하는 게 아니라 시간의 지배를 받는 결과만 가져올 뿐이다. 리더는 가장 정확한 타이밍을 노려야 한다. 그러면 완급의 조절이나 양보, 신속한 추진 등의 선택은 자연스럽게 이루어질 것이다.

리더는 전쟁이나 비즈니스는 치밀하고 과학적인 사전 준비가 얼마나 중요한지를 인식해야 한다. 올라가야 할 마지막 산, 넘어야 할 마지막 고개가 무엇이며, 진짜로 노리는 마지막 타깃이 무엇이냐를 항상 머릿속에 그리고 있는 사람이 진짜 리더이다. 칭기즈칸은 그런 라스트 신의 의미를 언제나 가슴에 새기고 살다간 블루오션 리더였다.

3.3.2 기계에 감성을 접목시킨 IT의 혁명가: 스티브 잡스

스티브 잡스는 미국 캘리포니아 주 샌프란시스코에서 미국인 어머니와 시리아계의 아버지 사이에서 태어났다. 생후 1주일 후에 캘리포니아 주 산타클라라에 사는 폴과 클라라 잡스 부부에게 입양되었고, 스티브 잡스는 폴과 클라라 잡스 부부를 유일한 부모로 여겼다. 스티브 잡스는 1972년 고등학교를 졸업하고 오리건 주 포틀랜드에 위치한 리드 대학교에 등록하였으나 1학기만 수강한 후 중퇴하였다. 잡스는 이후에 부모님들이 비싼 학비를 내는 것이 본인에게 상당히 부담스러웠다고 고백했다.

그는 1976년 스티브 워즈니악과 동업으로 애플 컴퓨터를 설립했다. 흠브르라는 클럽에서 스티브 워즈니악이 개발한 최초의 퍼스널컴퓨터 애플1을 공개했다. 애플1은 모니터도 없고 디자인도 투박했으나 의외로 큰 반응을 보이며 판매에 성공했고, 그에 힘입어 1980년에는 주식을 공개했다. 1984년에는 IBM에 대항하여 최초의 그래픽 유저 인터페이스를 탑재한 애플 리사를 탑재하지만, 실패하였고 결국 매킨토시 프로젝트에 밀려 1985년 경영 일선에서 물러났다.

애플을 떠난 뒤 넥스트사를 세워 세계 최초의 객체지향 운영체계인 넥스트텝을 개발하였고 1986년에는 픽사를 인수하였다. 픽사는 여러 번 단편 애니메이션 분야에서 오스카상을 받았으며 이후 최초의 장편 3D 애니메이션(토이 스토리)으로 큰 성공을 거두었으며, 현재는 디즈니사에 합병되었다. 1997년에 경영상태가 어려워진 애플로 다시 복귀한 잡스는 노트북 아이맥을 히트시키며 수렁에 빠져 있던 애플사를 회생시켰다. 이후 2001년 아이팟 열풍을 일으켰고, 2007년 아이폰과 2009년 아이패드를 잇따라 내놓으며 전 세계에 태블릿 PC를 히트시키는 등 글로벌 정보기술 산업의 혁신을 주도한 인물로 평가돼, 2009년 『포춘』지 선정 최고의 CEO로 선정되기도 했다. 그 후 암에 걸려 투병 중에도 회사경영에 매진하다가 2009년 1월부터 칩거에 들어갔으며 2011년 10월 6일에 사망하였다.

〈그림 2-41〉 스티브 잡스의 블루오션 리더십

그가 발휘한 블루오션 리더십의 특징을 살펴보면 다음과 같다.

1) Road: 통찰력을 바탕으로 한 미래에 대한 확신으로 길을 열었다

그는 어느 누구보다도 자신이 하고 있는 일과 회사의 미래에 대한 확신이 강한 리더였다. 이런 자신감은 그의 뛰어난 통찰력으로부터 나왔다. 그와 같이 일을 했거나 가깝게 지냈던 수많은 뛰어난 리더들(앨 고어, 루돌프 머독, 래리 엘리슨, 빌 게이츠, 마이클 아이스너 등)도 그의 시장, 기술, 고객, 그리고 미래에 대한 통찰력 앞에서는 평범한 사람처럼 보였다. 자신이 최선을 다해 일해왔던 것을 조금도 주저하지 않고 잡스를 믿고 따랐던 조직구성원들이 많았던 이유는 그들에게서 결국 잡스가 옳으리라는 믿음이 존재했기 때문이다. 그의 통찰력은 매킨토시 컴퓨터로 PC 시장의 새 역사를 쓴 것이나, 아이팟, 아이폰, 아이패드를 통해 새로운 라이프스타일을 고객에게 선물한 것, 그리고 새로 개발하는 전문가용 컴퓨터인 파워 맥 G3에 플로피디스크 드라이버를 과감하게 뺀 것 같은 제품 디자인에 이르기까지 다양한 상황에서 빛을 발한다.

통찰력이 있는 리더는 이렇게 천재적인 직관력을 가지고 시장, 고객, 기술에서 일어나는 변화와 트렌드를 파악해 '이게 지금 내가 하고 있는 일에 어떤 영향을 끼칠까?'라는 질문을 수없이 반복해서 스스로에게 물어본다. 단순한 수동적 관찰자가 아니라 적극적 관찰자가 돼 끊임없이 시장과 고객에 산재돼 있는 단편적인 정보를 통합하고 큰 그림과 현상의 본질에 대해 이해하려는 노력을 하다 보면 어느덧 미래에 대한 확신이 생기고 이는 리더로서의 자신감을 갖게 해준다.

2) Rule: 일에 대한 명확한 책임 소재를 부여하고 디테일에 집중했다

스티브 잡스의 리더십에서 배워야 할 규칙은 명확한 책임 소재를 중요시하는 태도와 디테일에 초점을 맞추는 리더로서의 행동이다. 혁신은 창의적인 아이디어가 중요하지만 이는 시작에 불과하다. 이를 바탕으로 경쟁 기업보다 더 빨리 고객의 요구를 잘 해결해줄 수 있는 혁신적인 제품, 그러면서도 수익 창출이 가능한 제품을 만들려면 명확한 책임소재를 부여하고 그 개발과정 하나하나마다 리더의 숨결을 불어넣어야 한다. 이를 위해 잡스는 매주 월요일부터 다양한 회의를 했다. 회의는 파워포인트를 바탕으로 한 프레젠테이션이 아니라 실질적인 이슈들에 대한 브레인스토밍이자 성과를 관리하는 자리였다. 따라서 애플의 회의 방식은 단순한 안건에 책임소재를 명확하게 부여해 누가 어떤 책임을 지고 있는가에 대한 혼란으로 업무가 등한시되는 일이 발생하지 않았다. 잡스는 권한 위임을 하는 리더와는 거리가 멀었다. 오히려 그는 중요한 것일수록 직접 참여해 그 과정 하나하나마다 자신의 철학을 불어넣었다. 아이디어 개발 단계부터 시작해 색상, 디자인, 질감, 광고, 판매 등에 이르기까지 모든 과정에 깊이 관여했다. 자신의 마음에 들지 않으면 필요 이상으로 고집을 부려 조직구성원들의 원망을 사기도 했다. 명확한 책임소재와 책임감, 그리고 사소한 것까지 챙기는 것이 잡스 리더십의 핵심이고 규칙이었다.

3) Last Scene: 열정과 집중력으로 최상의 상품을 만들어냈다

리더로서 잡스의 가장 큰 장점 중 하나는 제품과 일의 본질에 대한 근본적인 고민과 이를 통해 가장 중요한 것을 파악하고 이에 집중하는 능력이다. 1997년 애플로 복귀한 잡스가 가장 먼저 한 일 중 하나는 20여 개로 불어난 애플 제품을 과감하게 네 개로 줄인 일이었다. 이후 잡스는 "당신과 같이 똑똑한 인재들이 시시하고 형편없는 제품에 시간을 낭비해선 안 됩니다."라고 이야기하며 애플의 수익성을 높이기 위해 노력했다. 평생 동안 서로에 대한 부정적인 감정을 숨기지 않았던 빌 게이츠조차도 "몇 가지 중요한 부분에 초점을 맞추고 사용자 인터페이스를 제대로 이해하는 인력을 확보하면서 제품을 혁명적인 것으로 광고하는 스티브 잡스의 능력은 놀랍습니다."라고 말하며 그의 탁월한 선택과 집중력을 높이 샀다. 그는 무엇이 중요한가를 판단하기 위해 제품과 경영의 본질적인 문제가 무엇인지에 대한 고민을 했다. 이는 그가 시장과 기술에 대한 통찰력을 기르는 데 중요한 근간이 됐다. 애플이 추구하는 극단적인 미니멀리즘도 제품의 본질에 대한 잡스의 고민의 결과라 할 수 있다. 그는 진정으로 단순한 제품을 만들기 위해서는 본질에 깊이 파고들어가 제품에 대한 모든 것과 제조 방식을 이해해야 한다고 믿었다. 본질적이지 않은 부분들을 제거하기 위해서는 역설적으로 해당 제품의 본질에 대한 심도 깊은 이해가 선행돼야 한다는 것이다.

더 잘할 수 있는 것에 역량을 집중하고 이를 통해 사고의 틀을 파괴하는 것은 스티브잡스의 창의적 리더십에 있어서 가장 중요한 역량이며 이는 '아이폰과 아이패드'라는 혁신적 제품을 만들 수 있는 가장 중요한 계기가 되었다.

제4절 유비쿼터스 리더십

4.1 유비쿼터스의 개념과 유비쿼터스 리더[19]

유비쿼터스의 언어적 의미는 원래 라틴어에서 유래한 것으로 '도처에 널려 있다', '언제 어디서나 동시에 존재한다'라는 의미로 사용된다. 일반적으로 물, 공기처럼 도처에 산재해 있는 자연자원을 의미하며, 종교적으로는 언제 어디서나 시공을 초월하여 존재한다는 것을 상징할 때 이용되는 말이다. 현재는 다종다양한 컴퓨터가 현실 세계의 사물과 환경 속으로 스며들어 상호 연결되어 언제, 어디서나 이용할 수 있는 인간, 사물, 정보간의 최적 환경을 뜻한다.

유비쿼터스는 IT, 디지털기술로 시작되어 컴퓨팅, 네트워크 결합, 유·무선 통신기술, 나아가 여러 가지 기술의 융합을 통해 미래사회 변화의 주역이 되어가고 있다. 로봇·우주·에너지·의료·문화산업에 적용되어 인간의 먹고, 보고, 즐기는 욕구충족을 만족시킴과 동시에 쇼핑에서 구매, 결제에까지 모든 분야에 적용되어 인간을 게으르게 만든다는 시대, 즉 동선(動線, traffic line)의 최소화를 통한 편리함의 시대적 변화를 가져올 것이다. 유비쿼터스 시대는 인간의 창의력을 전제로 하는 지식, 정보, 예술 및 전통과 같은 다양한 요소가 경쟁력의 원천이 된다. 즉 급변하는 지식정보사회는 경제적으로는 글로벌 무한경

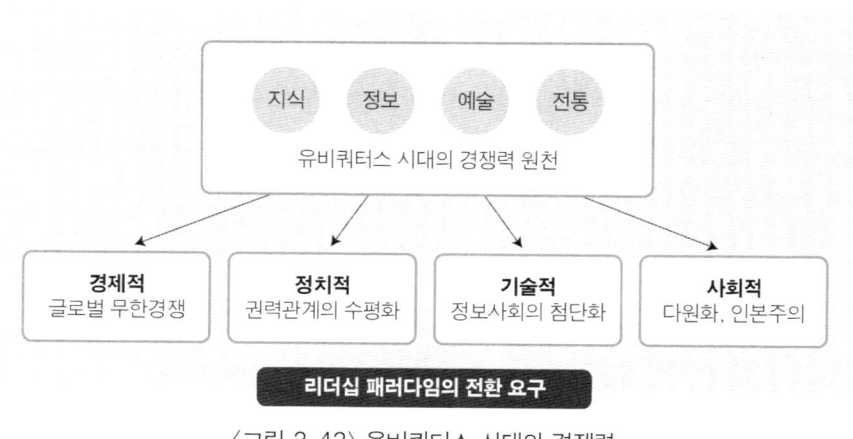

〈그림 2-42〉 유비쿼터스 시대의 경쟁력

---

19 앞의 책(175-177쪽)과 다음 백과사전(http://cnc.daum.net/dic100)을 참고하여 재구성.

정, 기술적으로는 정보사회의 첨단화, 정치적으로는 권력관계의 수평화, 사회적으로는 다원화와 인본주의 가치 중시의 방향으로 역동적인 환경변화가 진행되고 있다는 뜻이다.

이러한 변화추세는 리더십 패러다임의 전환을 요구하고 있다. 그리고 이러한 패러다임 전환에 주목한다면 다양한 기술, 정보를 요구하는 21세기에 조직의 글로벌 경쟁력을 지속하기 위해서는 유비쿼터스 리더십이 절대적으로 필요하다. 환경이 급변하고 변화가 거듭될수록 더욱 기본적인 것을 지키며 나아가야 하고, 이러한 점에서 리더가 갖추어야 할 가장 기본적인 조건은 바로 발상의 전환이다.

유비쿼터스 리더는 리더십에 대한 분명한 철학과 목표의식을 가지고 있어야 한다. 따라서 리더는 그 목표를 달성하기 위해 상당한 양의 시간과 노력, 비용을 투자한다. 그리고 유비쿼터스 지도자의 리더십은 비전 및 목표를 명확하게 제시하고 조직구성원 사이의 인간관계에 대한 배려가 조화를 이루게 해서 집단과 조직의 목표를 달성할 수 있는 길을 안내하는 것이라고 하겠다.

지금까지 노동, 산업, 정보화 전반부 시대에 자본주의(노동, 토지, 자본) 중심의 리더십이 큰 역할을 했다면 다가오는 정보화 후반부 유비쿼터스 시대는 뇌(두뇌)본주의 중심의 유비쿼터스 리더십이 요구된다. 즉 아날로그식의 주먹구구 발상은 서서히 물러가고 디지털식 지식 결합형 시대에 맞는 리더가 필요해진다는 것이다.

유비쿼터스 리더는 언제, 어디서나, 누구든지, 어떤 장치·네트워크에서 집요하게 원칙을 지키며, 끊임없이 자기개발 과정을 반복하는 식의 뇌본주의적 자기관리로 지도자로서의 프로근성을 다져야 한다. 또한 이에 지도자의 바람직한 인격형성이 뒷받침되어야 함을 물론이다. 멀리 보고, 미리보고, 그리고 어디로 끌고 갈 것인가를 알고 있는 것, 이것이 바로 창조적 발상의 유비쿼터스 리더가 발휘하는 리더십의 핵심이며 무기이다.

4.2 유비쿼터스 환경과 리더십

4.2.1 유비쿼터스 리더십 개념의 정립

PC와 인터넷 환경 등 다종다양한 일상용 기재들이 홍수를 이루는 현실세계 속에서 사람들 간의 관계는 네트워크로 상호 연결되어 언제, 어디서나 이용할 수 있는 인간·사물·정보간의 최적 환경이 조성되어 있다. 리더는 언제 어디서나 실시간 유·무선으로 정보에서 지식이 교환되는 '지'(知) 거래 중심의 유비쿼터스 리더십을 일상화하고 있다.

따라서 유비쿼터스의 개념은 '유비쿼터스 컴퓨팅과 유비쿼터스 네트워크의 결합'이라고 정의할 수 있다. 그리고 이 개념에 추가하여 정보통신(IT), 나노기술(NT), 생명과학기술(BT), 문화기술(CT), 우주기술(ST), 로봇기술(RT)과의 거대융합이 이루어지는 시기가 바로 '유비쿼터스 차세대'라고 할 수 있다. 이와 같이 유비쿼터스의 확장과 병행하여 유비쿼터스 리더십의 개념도 확장되면서 사회·경제적 변화와 혁신을 주도하게 될 것으로 예상된다.

4.2.2 유비쿼터스 컴퓨팅[20]

유비쿼터스 컴퓨팅(Ubiquitous Computing)이란 다양한 종류의 컴퓨터가 사람, 사물, 환경 속으로 침투하여 서로 연결되어, 언제 어디서나 컴퓨팅을 구현할 수 있는 환경을 의미한다. 즉 인간이 살아가고 있는 실제 세계의 일상 환경과 사람들의 도처에 마이크로 프로세서가 내장되고 있으며, 서로 정보 교환을 할 수 있는 작은 컴퓨터가 보이지 않게 심어져

〈그림 2-43〉 유비쿼터스 환경과 리더십

---

20 정창덕(2005), 『유비쿼터스 리더십』, MJ미디어; 안병용·한수범·장인봉(2008), 『블루오션 리더십』, 보명; 네이버지식백과(http://terms.naver.com/) 등을 참고하여 재구성.

있고, 이러한 컴퓨터들과 공간, 인간, 정보가 하나로 통합되어 자율적으로 인간의 작업 능력과 지식의 공유를 개선해주는 컴퓨팅 및 정보 환경을 말한다. 또한 물리공간에 존재하는 사람과 사람들이 이용하는 여러 가지 사물 및 기기에 지능화되고 상호 연결이 가능한 컴퓨터가 부착 또는 내장됨으로써 사람·기기·사물 간에 실시간 수준의 상황 인식과 판단, 작업 수행 등이 가능하도록 해주는 기술 등을 의미하기도 한다.

4.2.3 유비쿼터스 네트워킹[21]

유비쿼터스 네트워킹(Ubiquitous Networking)은 1999년 일본의 노무라 종합연구소가 차세대 IT를 담당할 키워드로 제시한 기술이다. 이는 기존의 컴퓨터와 지능화된 사물 및 기기들을 유선, 무선, 위성통신, 방송 등 여러 가지 통신망을 이용해서 연결함으로써 필요한 정보 및 콘텐츠에 언제, 어디서나 쉽게 접근·활용할 수 있도록 해주는 기술을 의미한다.

이러한 유비쿼터스 네트워킹 기술은 ① P2P(Person To Person, 사람 간), ② P2O(Person To Object, 사람-사물 간), ③ O2O(Object To Object) 또는 D2D(Device To Device), T2T(Thing To Thing) 등의 단계로 계속 발전할 것으로 전망된다.

유비쿼터스 컴퓨팅은 네트워크상의 노드(node)에 해당되는 컴퓨터에 유비쿼터스 네트워킹은 네트워크상의 링크(link)에 해당되는 사물 간 또는 사물–인간 간의 통신망에 각각 초점을 둔다. 또한 유비쿼터스 네트워킹은 휴대용 기기 또는 정보 가전 등 전자기기에 유비쿼터스 컴퓨팅은 주변 모든 사물에 컴퓨터를 내장해서 지능화된 개체로 만드는 것에 각각 초점을 둔다. 따라서 유비쿼터스 네트워킹은 유비쿼터스 컴퓨팅의 부분집합으로 보는 것이 일반적 견해라고 하겠다.

4.2.4 유비쿼터스 시스템[22]

유비쿼터스 시스템(Ubiquitous System)이란 유비쿼터스 기술을 이용해서 인간생활에 유용한 복합적인 서비스를 제공하도록 구성된 컴퓨터 하드웨어, 소프트웨어, 네트워크, 업무 절차, 정보 및 콘텐츠, 기기, 인간과 사물 등의 결합체를 의미한다. 주요 구성요소의 개념을 정리하면 아래와 같다.

---

21 정창덕(2005), 『유비쿼터스 리더십』, MJ미디어; 안병용·한수범·장인봉(2008), 『블루오션 리더십』, 보명; 네이버지식백과(http://terms.naver.com/) 등을 참고하여 재구성.
22 정창덕(2005), 『유비쿼터스 리더십』, MJ미디어; 안병용·한수범·장인봉(2008), 『블루오션 리더십』, 보명; 네이버지식백과(http://terms.naver.com/) 등을 참고하여 재구성.

- 컴퓨터 하드웨어: 고성능, 초소형, 저전력, 저가격, 사물 및 기기에 부착 가능
- 컴퓨터 소프트웨어: 내장형(embedded), 실시간 처리, 지능적 처리, 컴포넌트 구조
- 네트워크: 광대역, 이동성, 유선 및 무선 통합, 쉬운 접속 방식, 상시 접속 가능, 무한 대의 주소 사용
- 업무 절차: 전자공간과 물리공간이 일체화된 가운데 사람-사물 및 기기-컴퓨터 간의 자연스럽고 유기적인 상호작용 방식
- 정보 및 콘텐츠: 멀티미디어, 대용량, 실시간 업데이트
- 기기(appliance): 휴대폰, 정보가전, 컴퓨터, RFID 태그(무선인식기기)
- 인간 및 사물: 유비쿼터스 시스템의 내·외부에 포함된 행위자, 사용자

현실공간과 도래하고 있는 유비쿼터스 세상의 시스템을 구성하는 환경을 비교해보면 〈표 2-35〉와 같다.

〈표 2-35〉 유비쿼터스 리더십의 환경 비교

인터넷 사이버 공간	물리 공간	유비쿼터스 리더십 공간
논리적 공간	유클리드 공간	지능적 공간
PC와 PC를 연결하는 인터넷	도로망	사물과 사물이 대화하고, 사람과 사물이 대화하는, 그리고 연결하는, 하이테크 정보기술
컴퓨터 공간에서 가상적	실제적 현실임	지능적으로 증감된 현실
만질 수 없는 공간	만질 수 있는 공간	만지지 않아도 알 수 있는 공간
인터넷+웹	토지+사물	유비쿼터스 네트워크+지능화된 환경, 사물
고정 IPV4	주소 번지수	모바일 IPV6
인터넷 사이버 공간	물리 공간	유비쿼터스 리더십 공간
컴퓨터에 가상 사물이 심어짐	공간에 사물이 심어짐	컴퓨터에 사물이 심어짐
PC	메인 프레임	Pervasive IT 컴퓨팅
IT+컴퓨터+방송/음향	토목건축	IT+NT+BT 융합

자료: 정창덕(2005), 『유비쿼터스 리더십』, MJ미디어, 24-25쪽.

4.3 유비쿼터스 리더십의 발상원칙[23]

사람은 생각하는 습관, 생활하는 습관, 일하는 습관, 학습하는 습관, 사람을 만나는 습관, 가정생활 습관, 건강을 관리하는 습관 등 다양한 습관을 가지고 있다. 이러한 습관은 살아온 개인적인 환경이나 가정의 문화 및 부모님의 영향에 의하여 많은 영향을 받는다. 그러나 한 가지 분명한 것은 습관은 바뀔 수 있다는 점이다.

유비쿼터스 리더는 아이디어의 창조적인 발상을 위하여 기본적인 방향을 설정하는 것이 중요하다. 의도적인 탐색을 통하여 생각해내는 참신하고 획기적인 아이디어는 지식창조의 중요한 방법이 된다. 그러나 일반적인 생활 속에서도 창조적인 아이디어를 얼마든지 발견해낼 수 있다는 신념을 갖는 것이 중요하다. 특히 새로운 아이디어를 생각하는 것은 특별한 사람이나 가능하다는 사고는 금물이다. 이러한 소극적인 사고는 자신에게 떠오른 아이디어를 쓸모없는 불필요한 것으로 생각하도록 하는 데 문제가 있다. 아래에서는 일상 속에서 아이디어를 발상해내는 데 도움이 될 만한 바람직한 습관들을 소개한다.

(1) 기억력을 자랑하지 말고 기록을 자랑하라

생각나는 아이디어를 즉시 기록하고 관리하는 습관이 필요하다. 아무리 기억력이 뛰어나다고 해도 새로운 아이디어를 오랫동안 기억한다는 것은 거의 불가능하다.

기록하는 습관을 위해서는 메모장을 지참하여 다니거나 아니면 디지털 녹음기를 소지하고 다니면서 필요한 것을 기록하거나 녹음을 한 후에 이를 보관하면서 자신의 아이디어를 체계적으로 관리하려는 노력을 하여야 한다. 유비쿼터스 시대는 모든 것이 기록 가능한 시대이다.

(2) 시야를 넓히라

인간은 자신이 하는 방법에 익숙해지고 익숙한 방법에서 벗어나지 않으려는 경향이 강하다. 그러나 다분히 엉뚱하고 비합리적으로 보이는 생각이라 할지라도 때로 발상의 전환을 가능하게 한다. '하늘을 나는 자동차는 만들 수 없을까? 물 위를 달리고, 땅 위를 달리고, 하늘을 날고, 바다 속을 다니는 자동차는 만들 수 없을까?' 라는 생각은 엉뚱하고 비합리적인 사그에서 출발한다. 특히 디지털 시대는 아날로그적인 사고로는 충분하게 접근하기 어려운 시대이다. 그래서 불특정하고 불규칙적이고 예측 불가능한 상황이 언제든지

---

23 정창덕(2005), 『유비쿼터스 리더십』, MJ미디어; 안병용 · 한수범 · 장인봉(2008), 『블루오션 리더십』, 보명; 네이버지식백과(http://terms.naver.com/) 등을 참고하여 재구성.

가능하다는 생각으로 접근하는 것이 중요하다.

(3) 생각의 깊이를 가지라

문제의 해결이나 아이디어의 발상은 사소한 생각에서부터 다양하고 특별한 생각에 이르기까지 중요하다. 그러므로 여러 가지의 아이디어들을 모으고 관리하는 것이 중요하다. 브레인스토밍 방법에서처럼 억지로 평가하거나 분석하지 말고 생각나는 것을 무조건 기록하고 그것을 분류하여 분석하면 새로운 방향의 중요한 아이디어를 만들 수도 있게 된다.

인간은 하나의 아이디어를 위하여 집중하다 보면, 어느 날 갑자기 그 문제를 해결하는 아이디어가 떠오르고 그것이 생각지도 못한 해결책으로 작용하게 된다. 저자의 경우 꿈 속에서도 문제를 해결하는 아이디어를 얻는 이색적인 경험을 한 바 있다. 따라서 새로운 아이디어를 찾아내려면 조급함을 버리고 여유를 가지고 길게 생각하는 습관도 유익한 방법이다.

(4) 생각의 넓이를 가지라

모든 문제는 해결방법이 같을 수 없다. 각자의 방법이나 사고에 따라 가치관이나 상황에 따라 접근하는 방법이나 해결하는 방법도 다를 수밖에 없다. 그래서 모든 아이디어는 다르다는 생각을 기본으로 하고 단순한 방법으로 접근하는 노력이 필요하다. 복잡하고 고난도의 기술만이 중요한 아이디어가 되는 것은 아니다. 어쩌면 아주 단순하고 유연성이 있는 아이디어가 새로운 지식을 창조하는 방법이 될 수도 있다.

- 다른 용도로 사용할 수 있는 방법은 없을까?
- 다른 곳에서 아이디어를 빌릴 수는 없을까?
- 변경할 수는 없을까?
- 확대하면 어떻게 될까?
- 축소하면 어떻게 될까?
- 대용할 수 있는 것은 없을까?
- 재배열하면 어떻게 될까?
- 반대로 또는 거꾸로 사용하면 어떻게 될까?
- 결합 또는 분류하면 어떻게 될까?

아이디어의 해답은 한 가지만이 아니라는 생각을 인정하게 되면 유연성 있고 차별화된 아이디어를 얻을 수가 있다. 다양하게 아이디어의 고리를 물고 늘어져야 한다. 그러면 더 좋은 방법의 아이디어가 생겨날 수 있다. 유비쿼터스 시대는 순간적인 판단과 결단력을 요하되 정확하면서도 깊이 있는 판단능력과 결단력을 유비쿼터스 리더에게 요구하고 있다.

4.4 유비쿼터스 리더십의 현장(사례)

4.4.1 생각의 속도, 컴퓨터의 황제: 빌 게이츠

마이크로소프트(MS) 사의 설립자 빌 게이츠, 본명은 윌리엄 헨리 게이츠 3세(William Henry Gates 3). 게이츠는 시애틀의 명문 사립중고등학교인 레이크사이드에서 13세의 나이에 처음 컴퓨터를 접했다. 1975년 하버드 대학 2학년이었던 19세의 나이에 대학을 중퇴하고 폴 앨런과 함께 마이크로소프트 사를 설립했다. 1978년 매출액 100만 달러를 넘어섰고, 1995년에는 윈도우(Windows)의 개발로 세계 소프트웨어 시장을 석권하여 연매출 100억 달러를 넘는 기업이 되었다. 시장을 독점한 MS사는 꾸준한 고속성장을 거듭하여 세계 최고의 기업으로 자리매김하였다.

21세기에 유비쿼터스 시대로의 변화는 피할 수 없는 환경이며 선택이다. 빌 게이츠는

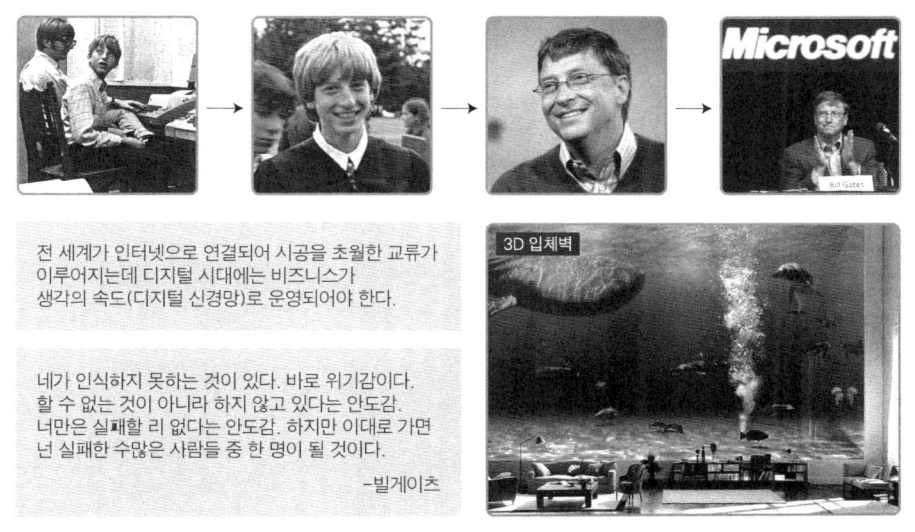

전 세계가 인터넷으로 연결되어 시공을 초월한 교류가 이루어지는데 디지털 시대에는 비즈니스가 생각의 속도(디지털 신경망)로 운영되어야 한다.

네가 인식하지 못하는 것이 있다. 바로 위기감이다. 할 수 없는 것이 아니라 하지 않고 있다는 안도감. 너만은 실패할 리 없다는 안도감. 하지만 이대로 가면 넌 실패한 수많은 사람들 중 한 명이 될 것이다.
-빌게이츠

3D 입체벽

〈그림 2-44〉 빌 게이츠의 유비쿼터스 리더십

'변화를 적극적으로 받아들여 새로운 흐름을 주도해나갈 것인가? 도태되고 말 것인가?'의 여부는 리더의 선택에 달려있다고 생각했다. 그는 컴퓨터 업계뿐만 아니라 제조업, 서비스업, 의료업계 등 산업계를 망라하여 정보화시대를 준비해가는 선두주자로서의 통찰력을 보여주었다. 그리고 디지털 혁명이 교육계와 정부, 행정당국, 군 조직에 미치는 영향과 정보기술의 올바른 활용방안에 대해서도 방향을 제시하였다. 빌 게이츠는 비즈니스에 대한 혜안과 기술에 대한 '방법론적 접근방식'을 접목하여, 정보화시대가 가져다 줄 새로운 가능성과 미래의 변화를 준비하고 선도한 유비쿼터스 리더였다.

빌 게이츠는 전 세계가 인터넷으로 연결되어 시공을 초월한 교류가 이루어지는 디지털 시대에는 비즈니스가 '생각의 속도'로 운영되어야 한다며, 기업의 성공을 위해서는 인간의 신경체계와 같은 '디지털 신경망'(Digital Nervous System)을 구축하여 적절하게 통합된 정보의 흐름을 꼭 필요한 부분에 적시에 제공해주어야 한다고 역설하였다.

하버드 중퇴생이며 모범생도 아니었던 빌 게이츠가 13년 연속 세계 최고의 갑부 자리를 유지하고 있다. 그리고 부인과 함께 설립한 '빌 & 멜린다 게이츠 재단'은 매년 수십만 명의 목숨을 구하고 있다. 그의 성공은 인류에게 지식정보화 사회를 선물한 공로와 함께 '노블레스 오블리주'를 솔선하여 실천함으로써 비즈니스 세계에서 높이 평가받고 있다.

하버드 신입생들에게 최고의 존경과 경외의 대상인 빌 게이츠의 리더십을 정리해보면 다음과 같다.

첫 번째 리더십은 '미래에 대한 통찰력을 바탕으로 한 탁월한 의사결정능력'이다. 그는 개인용 PC가 온 세상을 장악할 것을 예측하여 독점보다는 표준을 장악하는 데 초점을 맞추어 판단하였다. 이 하나의 의사결정이 세상과 그의 미래를 결정했다고 하겠다.

두 번째 리더십은 핵심인재의 확보, 그리고 그들로부터 무한대의 헌신과 몰입을 이끌어내는 능력이었다. 빌 게이츠의 인생에서 가장 '탁월한 의사결정이 무엇인가?'라는 질문에 '폴 앨런과 스티브 발머를 최고 경영자로 영입한 것'이라고 답변했다. 그는 유능한 인력이 빠지고 나면 모든 상품들은 순식간에 퇴물이 될 것이라고 경고하기도 했다.

세 번째 리더십 비결은 '성공에 대한 특별한 경계'다. 그는 성공이란 '현명한 사람들로 하여금 자신에게 실패란 없다고 확신케 만드는 어설픈 교사'라고 했다. 어떤 기업이든 현재의 영광에 안주해서는 안 된다. 극단적인 경우 1년 안에 우리도 망할 수 있다. 매일 아침 눈뜨는 순간 혁신을 생각해야 한다고 강조하고 있다.

이렇듯 빌 게이츠는 성공을 꿈꾸는 차세대 리더들에게 냉철한 가르침을 주고 있다. 주변 사람까지 전염시키는 용암처럼 솟구치는 열정, 끝없는 학습열을 포함한 빌 게이츠의 경영 성공철학을 요약하면 다음과 같다.

- 제시간에 제자리에 있어라.
- 어디에도 얽매이지 마라.
- 어떠한 칭찬의 말도 기대하지 마라.
- 비전을 읽는 통찰력을 가져라.
- 바이트 크기의 사업을 구축하라.

- 기술을 사랑하라.
- 똑똑한 사람들을 고용하라.
- 살아남기 위해 학습하라.
- 기초부터 철저히 다져라.
- 결코 공에서 눈을 떼지 마라.

4.4.2 차세대 유비쿼터스 리더: 구글의 리더십 사례

미국 일간지 『USA 투데이』는 '최근 25년간 미국 경제에 가장 큰 영향을 미친 25인'을 선정하여 발표한 바 있다. 1위는 마이크로소프트의 빌 게이츠 회장, 3위는 아이폰 열풍의 주역인 애플의 스티브 잡스 회장, 4위는 구글의 공동 창업자 래리 페이지와 세르게이 브린이다. 이들의 공통점은 남들이 가지 않는 길을 개척한 혁신가라는 점이다. 즉 블루오션 리더십을 가진 최고경영자 CEO들이다.

구글은 1998년에 젊은 공학도들인 래리 페이지와 세르게이 브린이 공동창업을 한 기업이지만, 창업 초기의 구글은 영세성을 면치 못하고 있었으며 공학도 출신이라 경영지식도 매우 부족했다. 그들은 외부에서 CEO를 초빙하기로 결심했다. 그들이 원하는 CEO는 '돈이 아닌 비전을 볼 수 있는 인물, 그리고 패기는 있지만 경험이 부족한 구글에게 완숙함을 수혈할 수 있는 IT 업계에서의 경험이 풍부한 인물'이었다. 이러한 요건에 부합하는 인물이 바로 현재 구글의 CEO인 에릭 슈미트였다. 그는 프린스턴 대학교를 졸업하고 캘리포니아 대학교 버클리에서 컴퓨터 공학 박사학위를 받은 기술자 출신 전문경영자였다. 선마이크로시스템에 CTO로 재직하던 시절에는 OS에 관계없이 프로그램을 구동할 수 있는 '자바'의 개발을 주도했으며 이후에는 리눅스 업체인 노벨에서 대표를 맡기도 했다.

〈그림 2-45〉 슈미트 회장의 유비쿼터스 리더십

에릭 슈미트는 2001년 구글에 합류했지만 사실 그는 구글에 들어올 생각이 별로 없었다. 당시 닷컴 버블이 꺼진 데다 신생기업인 구글 역시 적자에서 벗어나고 있지 못했기 때문이다. 그의 생각을 바꾼 것은 구글의 젊은 창업자 래리 페이지와 세르게이 브린이었다. 그들의 신선한 사고와 통찰력에 감탄한 그는 구글에 합류하여 두 창업자와 함께 성공 스토리를 만들어나간다. 슈미트 회장은 사업가 및 최고 기술 개발자로서 20여 년의 풍부한 경험을 구글에 모두 이식했다. 그의 노하우와 리더십은 독특한 기업문화를 바탕으로 초고속 성장을 거듭하는 구글과 시너지 효과를 일으켰다. 사람들은 그의 리더십을 그림자 리더십이라고도 표현한다. 그림자 리더십은 리더가 마치 조직구성원들의 그림자처럼 행동하며, 조직구성원들이 최대한의 능력을 발휘할 수 있는 업무환경을 구축하기 위해서 리더가 모든 역량을 다하는 리더십을 지칭하는 표현이다. 유비쿼터스 시대에 걸맞은 리더십이 아닐 수 없다.

그의 리더십의 요체는 다음과 같다. 첫째, 신뢰에 기반하여 조직구성원들이 자신들의 역량을 최고로 발휘할 수 있는 환경을 조성해준다. 둘째, 조직구성원들과의 효과적인 커뮤니케이션은 혁신을 위한 전제조건이다. 커뮤니케이션을 통해서 두뇌의 한계를 극복할 수 있으며 현 시점에서는 존재하지 않는 해결책을 도출할 수도 있다. 셋째, 잘못된 판단은 잘못된 데이터에서 나온다. 정확하고 올바른 데이터의 구축과 관리는 올바른 의사결정을 위해서 필수적인 조건이다.

구글은 슈미트 회장의 그림자 리더십을 통하여 이제 세계에서 가장 주목을 끄는 위협적인 업체로 떠올랐다. 검색시장을 제패하며 승승장구하고 있으며 워드프로세스와 스프레드시트, 캘린더 프로그램 등의 무료 버전을 차례로 공개하면서 소프트웨어 시장을 지배하고 있는 MS를 위협해가고 있다. 또한 구글은 프로그램 개발을 위해 웹페이지 작성 프로그램 개발 업체인 잣스팟(JotSpot)을 인수해 관련 기술을 확보했다. 2006년에 구글은 광고 수익을 164억 달러까지 올렸다. 이처럼 혜성같이 등장해 급성장하고 있는 구글의 미래는 과연 어떨까? 미국의 경제·경영 전문잡지인 비즈니스 2.0은 최고 전문가들로부터 자문을 구해 신생 천재기업으로 명성을 떨치고 있는 구글의 미래에 대한 네 가지(긍정 3, 비판 1) 시나리오를 보도했는데 그 주요 내용은 다음과 같다.

① 미디어가 된다(Google is The Media): 구글은 구글TV, 구글모바일, e-페이퍼의 급성장에 힘입어 미디어계에 일대 지각변동을 일으키고 거대 미디어 제국으로 떠오를 것이라는 시나리오다. 2020년에 구글에 기반한 작가들이 퓰리처상을 받게 되고, 구글이 후원한 밴드들이 그래미상을 휩쓸고, 구글의 이사들이 오스카의 최고 영화를 뽑

는 심사위원으로 뽑혀간다. 이런 시나리오라면 구글은 유비쿼터스 미디어의 왕국으로 군림할 가능성이 있다.

② 인터넷이 된다(Google is The Internet): 구글이라는 단어는 검색의 대명사다. 구글은 인터넷, 컴퓨터, 휴대폰과 같은 말이다. 구글은 기술 플랫폼, 커뮤니케이션 네트워크, 인터넷이 된다. '구글 좀 빌릴 수 있을까'라는 질문이 나올 날이 멀지 않았다는 뜻이다. 유비쿼터스 구글넷이 생겨 도시의 중심지를 커버하면서 무선 인터넷과 휴대전화 서비스를 제공하게 된다는 것이다.

③ 신이 된다(Google is God): 구글이 전지전능한 인공지능을 만들어내게 된다는 시나리오다. 2020년이 되면 모든 책과, 기사, 영화를 디지털화한다. 2060년까지 IP주소와 무선 스마트 칩의 모든 GPS 주소위치를 말해준다. 사람은 물론 지구상의 모든 생물체의 DNA에 스마트 칩이 장착된다. 구글은 인공지능 소프트웨어로 완벽한 데이터베이스를 구축해낸다. 구글은 첫 셀프 업그레이드형 인공지능 소프트웨어인 스트롱 보트라는 패턴 인식 코드를 만들어 낸다. 모든 사람들이 정보에 접근할 수 있게 되고 인간의 의식은 업그레이드되면서 정교하게 연결된다.

④ 사라진다(Google is Dead): 한때 강력했던 검색 엔진이 개인정보 침해 문제로 구글에 대한 비난이 일면서 마이크로소프트에게 망한다는 시나리오다. 구글의 가장 큰 강점인 검색 퀄리티가 떨어지면서 구글의 광고사업도 쇠락의 길을 걷게 된다. 구글은 계속 버텨보지만 피해자들은 이에 그치지 않고 구글을 고소하게 된다. 개인정보 침해 문제가 전 세계적으로 이슈가 된다. 법무부는 조사에 착수한다.

검색, 광고, 유 · 무선통신, 소프트웨어, 미디어, 인공지능 등 구글이 지향하는 미래는 모든 것이 바로 유비쿼터스 그 자체이다. 위의 여러 시나리오는 가능성에 기반을 둔 전문가들의 예측이다. 좀 더 지켜봐야 하겠지만 구글의 미래는 유비쿼터스 시대와의 적합성으로 인해서 시대를 선도하는 새로운 리더로서 자리 잡게 될 가능성이 매우 높아 보인다.

제5절 챌린지 리더십

5.1 챌린지 리더와 리더십

우리는 역사적으로 현실적으로 상상하기 힘든 역경을 이겨낸 수많은 영웅들의 사례를 만날 수 있다. 도전은 도전할 대상이나 상황이 대부분 동시에 설정된다. 목표를 이루는 과정에서 만나게 되는 수많은 역경과 장애는 반복적이고도 끈질기게 좌절감과 공포감을 가져다준다. 그렇기에 보통 사람들은 일을 하기도 전에 포기하거나 중도에 포기하기 일쑤다. 그러므로 진정한 리더는 목표를 치밀하게 검토하고, 설계하여 진행하되 그 과정에서 만나는 갈등, 알력, 실패, 좌절감 등을 잘 다스리고 관리하여 절대 포기하지 않는 용기와 신념이 중요하다.[24]

지구상에서 제일 부자인 빌 게이츠는 쉬지 않고 제품개발과 경영확장에 몰두하고 있다. 초등학교도 졸업하지 못하고 배가 고파 아버지가 소를 판 돈을 훔쳐 가출한 산골 소년 정주영은 우리나라 최고의 부자가 되었다. '수많은 고난과 난관이 닥쳐도 나는 할 수 있다.' 그들의 성공비결은 무엇일까? 아마도 마음속에 정한 꿈과 목표를 기필코 달성하겠다는 도전정신과 실천의 용기일 것이다. 실제로 정주영의 유명한 일화가 있다. 회사가 세운 목표가 너무 높아서 사전에 좌절하는 참모에게 독려하며 한 말이 '해보기나 했어?'였다는 것이다. 그렇다, 많은 사람들은 무슨 일을 해보기도 전에 겁부터 내고 부정적인 생각을 한다. 모든 일은 마음먹기에 따라 그 성패가 50% 이상 좌우되는 경우도 많다. 하려고 하면 방법이 생기고 하지 않으려 하면 핑계가 생긴다는 말이 있다.

미국의 『포춘』지에서 미국의 정치 · 경제 · 사회 부문의 성공한 사람들의 자질과 성공 이유를 분석한 적이 있다. 학벌, 가문, 경제력, 지능, 건강 등이 모두 영향요소로 분석되었지만 결정적인 요인은 아니었다. 모든 영역에서 결정적이고 구속력 있는 요인으로는 도전, 그리고 그 도전에 대한 긍정적인 생각으로 분석되었다.

그러므로 도전하고 모험을 감수하는 자세야말로 리더가 갖추어야 할 중요한 덕목이라 할 수 있다. 비전과 목표가 크면 클수록 고통과 난관은 많다. 많은 사람들은 이런저런 핑계와 이유를 만들어 현실에 안주하는 경향이 있다. 주위의 빠른 변화속도를 감지하지 못하고 현 상태에 주저앉아 안주하면 어느 순간 침몰을 면치 못한다. 그러므로 도전정신이야말로 훌륭한 리더가 되기 위한 기본 조건이 된다. 따라서 리더는 현실에 안주하려는 자

---

24 안병용 · 한수범 · 장인봉(2008), 『블루오션 리더십』, 보명, 271-272쪽.

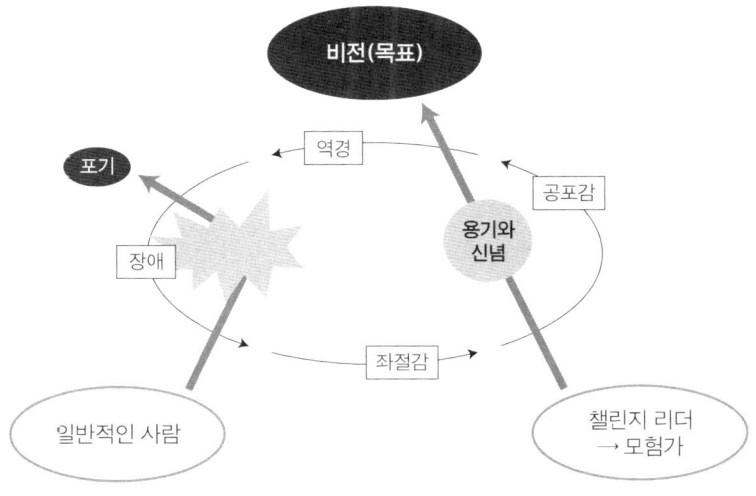

〈그림 2-46〉 챌린지 리더의 길

기 자신과 조직구성원들을 독려하여 변화하는 새로운 도전의 세계로 이끌어가야 한다.

살아있는 모든 생명체와 사람들은 자신의 생존을 위하여 끊임없이 도전한다. 그러나 리더는 단순히 생존만을 위하여 도전하지는 않는다. 조직목표의 성취, 이상향 건설, 문학과 예술의 완성, 인간한계의 극복 등 그 성취하려는 바는 다양하다. 개인적인 목표든지 조직이나 국가적인 목표든지 아무런 장애 없이 저절로 되는 일이란 아무것도 없다. 우리는 불확실성의 시대를 살고 있다고 한다. 변화의 속도가 너무도 빠르기 때문에 그 누구도 미래를 정확히 예측하기 어렵다는 뜻이다. 따라서 챌린지 리더십은 '리더가 어떠한 최악의 상황에서도 목표를 성취하기 전에는 절대 포기하지 않겠다는 도전적 자세'라고 정의할 수 있다.

챌린지 리더십은 국가의 정치리더에게만 필요한 덕목이 아니다. 기업, 비영리 조직, 종교단체, 교육기관과 가정에서도 모두 요구된다. 성공적인 챌린지 리더들은 침체된 상황을 타개하기 위하여 도전할 기회를 놓치지 않는다. 성공을 보장하기 위하여 치밀한 사전준비는 꼭 필요하겠지만 우유부단하여 귀중한 기회를 잃게 되면 모든 것이 허사가 된다. 그러므로 챌린지 리더는 기회 앞에서 용기를 내고 작은 가능성에도 희망의 불씨를 살릴 줄 안다. 그리고 뛰어난 성취욕뿐만 아니라 동시에 세월의 인고를 참아내는 인내심을 갖고 있는 리더십을 발휘한다. 또한 무작정 기회가 오기만을 기다리는 것이 아니라 기회가 왔을 때 그 기회가 자신의 것이 될 수 있도록 꾸준히 준비하고 노력하는 사람이다. 챌린지 리더십은 리더 자신의 안락함을 추구하지 않고, 무명의 어둠에서 헤매는 이들을 깨우고,

여러 역경과 실패에도 굴하지 않고 다시 일어나 도전하여 기회가 오면 바로 실행하고 쟁취하는 과정의 연속이라고 할 수 있다.

챌린지 리더의 내면과 리더십 행동을 정리하면 다음과 같다.

- Change(변화): 변화를 알아차리고 대응하는 사람
- Hope(희망): 희망을 설계하고 전파하는 사람
- Action(행동, 실천): 모험을 겁내지 않고 실천에 옮기는 사람
- Love and Listen(사랑과 경청): 조직구성원을 진정 사랑하고 경청해주는 사람
- Endurance(인내): 어떠한 역경에도 인내력이 있는 사람
- Never give up(절대 포기하지 않음): 도전을 절대 포기하지 않는 사람
- Game(승부): 승부를 걸 줄 알고 승리하는 사람
- Examination(시험): 수많은 시험을 두려워하지 않고 통과하는 사람

5.2 챌린지 리더십의 발상원칙[25]

(1) 당신의 목표를 향한 효과적인 팀을 구축하라

위대한 리더들의 조건 가운데 하나는 좋은 조직구성원이 얼마나 많이 그 팀에 합류하느냐이다. 준비된 챌린지 팀은 한 개인이 아무리 뛰어나고 다양한 재능을 가지고 있다 할지라도 혼자서는 성취할 수 없는 일을 성취할 수 있는 매력이 있다.

특별히 당신의 삶에서 도전하고 모험하고 싶은 분야의 일을 해야만 한다면 그리고 당신이 지금하고 있는 일이 어떤 것이든 팀을 구축하고 당신의 목표를 향해 전진해보라.

(2) 당신의 몸을 잘 돌보아라

몸은 마음을 담는 그릇이다. 몸을 함부로 하지 말고 잘 가꾸어야 한다. 특별히 챌린지 리더로서 건강의 의미는 더 크고 중요한 요소이다. 당신은 건강을 위해 지금 어떤 활동과 좋은 습관을 가지고 있는가? 당신은 적당한 운동, 적당한 음식, 적당한 휴식으로 스트레스를 잘 관리하고 기본적인 영양소 공급과 성공적인 인간관계를 유지하고 있는가?

---

25 안병용 · 한수범 · 장인봉(2008), 『블루오션 리더십』, 보명, 280-281쪽을 참고하여 재구성.

(3) 나를 찾아내는 여행을 계획하라

새로운 세계와의 만남을 꿈꾸고 다시 세상 속으로 뜨겁게 열정적으로 도전하는 챌린지 리더로 살아가기 위해서는 나를 찾아 떠나는 여행이 꾸준하게 이루어져야 한다. 이 과정을 통하여 우리는 단지 여러 가지 리더의 유형을 단순히 모방하고 뒤따라가는 것이 아니라 내 속에 잠자고 있는 진정한 나를 찾아내어 가장 나답고 나만의 색깔을 드러낼 수 있는 것을 발견할 수 있는 것이다.

5.3 챌린지 리더십의 현장(사례)

아무도 가지 않은 길을 가보고 싶거나 누구도 해내지 못한 일들은 성취하고자 하는 욕구는 누구에게든 있을 것이다. 그러나 모두가 그 가능성에 직접 도전하는 것은 아니다. 실패의 두려움과 그 과정에서 마주칠 역경으로 인해서 용기를 내기가 쉽지 않기 때문일 것이다. 그러나 도전하지 않으면 아무것도 이룰 수가 없다. 도전하여 얻은 실패가 안주하여 기회를 상실한 것보다 더 가치가 있다. 또한 현실에 안주하다 자신과 조직구성원 모두를 침몰시킨 경우도 많다. 이처럼 도전과 모험심으로 성공한 챌린지 리더십과 나약한 마음과 현실안주로 실패한 리더십을 보여주는 아래의 사례들에서 우리는 교훈을 얻을 수 있다.

5.3.1 모험을 두려워하지 않고 실천에 옮긴 챌린지 리더: 엄홍길

엄홍길이 히말라야 원정을 위해 대원 구성을 하는데 히말라야를 경험한 사람이 아무도 없었다. 따라서 주변 사람들 모두가 실패를 예상하였고 안 될 것이라 예측하였지만, 엄홍길은 "우리의 목표는 정상이며 못할 이유가 없다. 할 수 있다."라고 하였다. 그는 동료를 믿으면서 맡은 부분에서 최선을 다하기로 하였다. 개인주의, 무사안일주의로는 절대 성공할 수 없다는 신념이 있었기 때문이다. 오지에서 의식주를 해결하며 8,000m가 넘는 산을 오르는 일인데, 어느 한 부분이라도 소홀해서는 절대 성공할 수 없다. 별 것 아니라고 생각할 수 있는 사소한 일로도 중대한 문제가 발생하므로 작은 일도 무시할 수 없는 것이다. 즉 대원 모두가 현장에서의 작은 틈이 사고와 실패, 생과 사의 갈림길을 결정한다는 것을 잊어서는 안 되는 상황인 것이다. 히말라야 8,000m 봉우리 14좌의 완등이라는 원대한 계획을 실행에 옮기고 성공할 수 있었던 것은 전 대원의 하나된 목표와 해낼 수 있다는 도전의지가 있었기 때문이다. 이것이 진정한 챌린지 리더십의 모습이다.

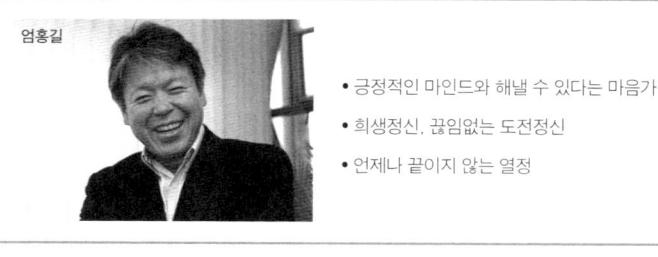

- 긍정적인 마인드와 해낼 수 있다는 마음가짐
- 희생정신, 끊임없는 도전정신
- 언제나 끝이지 않는 열정

〈그림 2-47〉 챌린지 리더의 성공사례

5.3.2 모험이 두려워 실천에 옮기지 못해 실패한 리더: 홍선 대원군

　　1866년 8월에 천주교도 박해를 구실로 쳐들어온 프랑스 군대를 격파하는 병인양요를 겪은 이후로 대원군은 외국인에 대해 더욱 적개심을 가졌다. 그러한 가운데 1868년 4월 '오페르트'가 충청도 덕산(德山)에 침입하여 군아(郡衙)를 습격하고, 이어 가동(伽洞)에 있었던 대원군의 아버지 남연군의 묘를 도굴한 사건이 일어났다. 이로써 대원군의 외국인 배척사상은 굳어지게 되었다.

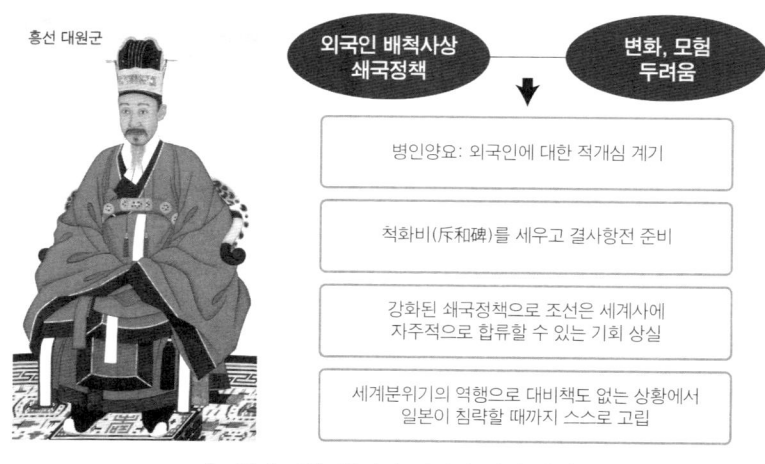

〈그림 2-48〉 챌린지 리더의 실패 사례

1871년 4월 '제너럴셔먼 호' 사건을 빌미로 미국 함대가 쳐들어와 덕진진(德津鎭)과 광성보(廣城堡)를 점령하자, 서울의 종로 네거리를 비롯한 전국 주요도시에 척화비(斥和碑)를 세우고 결사항전을 준비했다. 조선정부가 외교교섭에 응하지 않고 전투가 장기화되자 미국 함대는 그해 5월 철수했다. 일본도 메이지 유신[明治維新] 이후 근대적 조약 체결을 요구했으나 대원군은 왜양일체(倭洋一體)라는 입장에서 이를 거절했다. 이런 과정을 통해 서구 제국주의의 침략이 일단 저지되었으나, 이후 더욱 강화된 쇄국정책으로 인해 조선은 세계사에 자주적으로 합류할 수 있는 기회를 놓쳤다. 당시 세계 분위기를 역행하는 그런 결과 속에서 적절한 대책도 마련하지 않은 채 조선은 일본이 쳐들어 올 때까지 스스로 고립을 자초하였으며, 이는 일본에게 나라를 송두리째 강점당하는 원인이 되었다. 즉 흥선 대원군은 모험이 두려워 문호개방을 실천에 옮기지 못한 실패한 리더로 역사에서 평가되고 있다.

본 장의 요약

본 장에서는 신조류 리더십에 속하는 이론들을 몇 가지 학습하였다. 먼저 최근 리더십 연구의 중요한 화두로 떠오르고 있는 진성 리더십(authentic leadership)을 소개하였다. 진성 리더십이란 리더가 진정성(authenticity)을 가지고 조직구성원들과 소통한다는 리더십 유형으로 아볼리오와 가드너(2005) 등 여러 학자들에 의해 발전하고 있는 개념이다. 이는 2000년대에 들어 기존의 리더십 이론들이 시장 중심의 무한경쟁 패러다임에 기반하여 리더의 언변이나 스킬 등을 지나치게 강조하는 방향으로 발전함에 따라 경영자의 사적 이익을 채우는 수단으로 전락하였다는 인식에서 출발한다. 진성 리더십의 핵심적인 개념적 구성요소인 리더의 자기 인식, 자기 규제, 공동체적 소명의식 등을 살펴보면 '수신제가 치국평천하', '효·예·충'이라는 동양적·한국적 가치관과도 부합하는 측면이 상당 부분 나타나고 있다는 점은 매우 흥미로운 현상이 아닐 수 없다. 진성 리더십 이론에서는 리더십의 발휘를 단지 개인이나 조직의 이익이나 목적을 추구하는 수단으로서 보다는 그 자체로서 유의미한 목적성을 지닌 행위로 바라봄으로써 리더십의 개념을 보다 고차원적이고 철학적·윤리적인 논의대상으로 격상시켰다는 점에서 리더십의 지평을 더욱 확장하였다고 볼 수 있을 것이다.

다음으로 21세기는 글로벌 리더십이 필요한 시대라고 할 수 있다. 기업들은 국경 없이 상호연결 된 글로벌 경제의 출현으로 인해서 엄청난 경쟁압력과 불확실성에 직면하고 있다. 이러한 상황 속에서 기업들이 지속적으로 생존·발전하기 위해서는 글로벌 차원의 역량을 갖춘 리더들을 육성하는 것이 절실히 요구된다. 본장에서는 글로벌 리더십 역량에 관한 연구 중 세계적인 글로벌 리더십 개발전문가인 라인스미스 박사가 제시한 글로벌 리더십 역량모델에 대해 살펴보았다. 그는 글로벌 리더가 되기 위한 여섯 가지 항목을 다양한 글로벌 기업 리더들의 사례를 통해 설명해주고 있다. 아울러 글로벌 리더들에 대한 사례 분석으로부터 배울 수 있는 중요한 교훈들을 학습하였다.

블루오션 리더십은 기존 리더십 개념이 포괄하는 이상의 역할과 행동을 발휘하는 것을 말한다. 즉 조직구성원의 감성과 창의성, 조직구성원의 가정과 가족에게까지 리더십을 펼쳐 보인다. 일과 맺어진 관계 그 이상의 범위까지 확대되는 것이다. 사람과 사람의 관계, 즉 조직구성원의 개인적 성향까지 파고드는 리더로 관계의 결속력을 키워 창조적인 변화의 방향으로 이끄는 리더, 그것이 바로 블루오션 리더이다.

한편 20세기의 노동, 산업, 정보화 전반부 시대에는 자본주의(노동, 토지, 자본) 중심의 리더십이 큰 역할을 했다면 다가오는 유비쿼터스 시대에는 뇌(두뇌)본주의 중심의 유비쿼터스 리더십이 요구된다. 즉 아날로그식의 발상은 서서히 물러가고 디지털식 지식 결합형 시대에 맞는 리더가 필요해진다는 것이다. 유비쿼터스 리더십은 창조적이고 융합적인 아이디어 발상을 통하여 조직목표의 추구 및 조직구성원에 대한 인간적인 배려가 서로 조화를 이루어서 조직구성원을 올바른 방향으로 이끄는 것이다. 본 장에서는 일상생활 속에서 유비쿼터스 리더가 창조적인 아이디어를 발상해내는 습관들을 몇 가지 소개하였다.

또한 리더는 단순히 생존만을 위하여 도전하지 않는다. 조직목표의 성취, 이상향 건설, 문학과 예술의 완성, 인간한계의 극복 등 그 성취하려는 바는 다양하다. 우리는 불확실성의 세기를 살고 있다. 변화의 속도가 너무도 빠르기 때문에 그 누구도 미래를 정확히 예측하기 어렵다는 뜻이다. 따라서 챌린지 리더십은 '리더가 어떠한 최악의 상황에서도 목표를 성취하기 전에는 절대 포기하지 않겠다는 도전적 자세'라고 할 수 있다.

제8장 한국의 리더십

나라별로 리더십에 차이가 있는가? '한국인들의 리더십은 다른 나라 사람들의 리더십과 차이가 있는가?'라는 질문은 이제 누구나 한 번쯤은 생각하게 되는 보편화된 질문이다.

물론 이것은 한국인들만의 질문은 아니다. 중국인들은 스스로 미국과 다르다고 주장하고, 중동인들도 마찬가지로 자신들에게는 서방과 다른 리더십이 존재한다고 믿는다. 정도의 차이는 있겠지만 '우리는 다르다'라는 심리현상은 어느 나라에나 존재하는 일반적인 모습인 것 같다.

그렇다면 '한국인의 리더십이 다른 나라 사람들과 다른가?'라는 질문에 앞서 '우리는 우리 나름대로의 리더십에 대한 연구체계나 이론체계를 발전시키고 있는가?'라는 질문을 해야 할 것이다. 이는 서양의 리더십 이론과 관점을 단순하게 모방하고 인용하고 있는 현실에 대한 경고라고 여겨진다.

따라서 한국인의 리더십에 대한 현상 진단을 통하여 한국인의 리더십의 특성을 이해하고 보완·발전할 수 있는 여지를 찾으려는 자세를 갖는 것이 바람직하다. 이러한 활동은 우리나라에서뿐만 아니라 다른 어느 나라에서도 똑같이 적용될 수 있는 관점이다. 세계적으로 공통되는 리더십의 요소들이 있고 각국의 문화적 토양에 맞는 독특한 요소도 있게 마련이다. 나라를 불문하고 다 똑같은 리더십을 발휘한다고 말할 수도 없지만, 모든 나라의 리더십이 다 다르다고 말할 수도 없다. 세계적 관점에서 각국 리더십의 특성과 스타일을 이해하고 서로 간에 교훈으로 삼을 수 있다면, 오해나 상대방에 대한 무지로 인한 갈등과 문제를 예방하고 극복할 수 있을 것이다. 이런 의미에서 본 장에서는 리더십 문화의 상대성을 분석해보고, 한국적 리더십과 군 조직의 리더십에 대하여 살펴보고자 한다.

1. 한국적 리더십을 탐구한 연구 중에서 W이론의 이론적·실무적인 시사점에 관하여 논의하시오. 이와 함께 본인의 경험상 신바람이 났던 경우들의 사례를 찾아보시오.
2. 신세대들이 부상하고 있는 현대적 조직상황에서도 혼 경영이 효과성이 있을 것인지 여러분들의 경험을 바탕으로 논의하시오.
3. 이슈 리더십에서 3H의 사례를 찾아보고, 자신은 어떠한 리더 유형에 해당되는지 평가해 보시오.
4. 우리나라 신세대 장병들의 특성을 반영한 효과적인 리더십 특성을 논의하시오.
5. 한국인의 의식구조를 더 찾아보자. 기성세대와 신세대의 차이는?
6. 한국적인 문화와 의식구조를 고려한다면 우리나라의 미래에 필요한 리더십 특성으로는 어떠한 것들이 있을지 논의하시오.

제1절 한국인의 리더십

1.1 리더십과 문화적 상대성

한국인들은 비교적 온정적이고 따뜻하면서도 가까이 하기 쉬운 리더를 원하지만 프랑스 사람들은 권위적이고 과업중심적인 스타일의 리더십을 더 바람직하다고 여긴다. 이러한 리더십의 문화차이를 올바로 이해한다는 것은 리더십에 대한 이해의 폭을 넓혀준다는 차원에서 중요하다.

미국의 리더십 이론이 한국에도 적용될 수 있는가? 이 문제에 답하기 위해서는 문화적 상대성에 대한 이해가 있어야 한다. 리더십에서 문화적 상대성(cultural relativity)은 문화가 다르면 리더십의 원형이 다를 수 있다고 보는 관점이다. 가령 Z이론은 X와 Y의 이분법적 관점으로 규정했던 미국식 개념으로는 일본을 이해하기에 부적합해서 개발된 일본식 경영을 의미하는 것이다.[1]

우리나라에서도 미국 이론의 지나친 일반화에 대한 반성으로 한국적 이론 개발의 노력이 증가하고 있다. 과연 한국적이라는 것이 존재하는가, 존재한다면 실체는 무엇인가 하

---

[1] 문화적 상대성에 대한 관심은 오우치(Ouchi, 1981)의 Z이론과 홉스테드(Hofstede, 1991)의 비교문화 연구 등에 의해 고무되었다.

는 것이 주된 이슈이다. 리더십의 문화적 상대성은 보편성과 특수성에 관한 문제이다. 리더십의 대상이 인간이므로 미국인이든 한국인이든 인간의 본성은 같으므로 리더십의 본질도 같다고 보는 것이 보편성의 입장이고, 미국과 한국의 문화적 환경이 다르면 리더십의 본질도 달라진다고 보는 것이 특수성의 입장이다. 리더십에서 당면하는 문화비교의 논점은 동양문화와 서구문화이다.[2]

크레이너(Crainer)에 의하면 미국인들은 자기들이 경영학 분야의 중심이라고 생각한다. 대표적인 사례는 리더의 유형을 관계지향형과 과업지향형의 이분법적으로 구분하여 일반화하는 것이다. 사실상 소매체인점을 경영하는 것과 가톨릭교회를 경영하는 것은 큰 차이가 없는데, 그 이유는 사람의 문제란 동질적인 것이기 때문이며, 만약 차이가 있다면 원칙이 아니라 원칙의 적용과정에 있다는 것이다.[3] 이러한 인식은 경영, 정치, 사회 등 각 부문별로 현상은 다를지라도 리더십 기본이론은 동일하다고 보는 보편성의 시각이다.[4] 한국군 리더십 모델에 관한 연구에서 남기덕 교수는 미국에서 검증한 모델을 우리의 문화적 특성을 고려하여 변형하면 된다고 보고 있다.[5] 이론의 틀은 하드웨어이고 그 하드웨어를 운용하는 것이 소프트웨어인데, 문화적 특성은 하드웨어가 아니라 소프트웨어에서의 고려요소라는 것이다. 가령 긍정적 행동에 대해 보상을 하는 것은 하드웨어 원형의 틀이고, 무엇을 어떤 방법으로 보상하는가 하는 것이 문화적인 차이라고 보는 것이다.

홉스테드(Hofstede)가 비교한 문화의 네 차원에서 가장 중요한 것은 개인주의 대 집단주의인데, 흔히 미국과 동양의 문화차이를 설명하는 기준으로 쓰여 왔다.[6] 그러나 그 차이가 문화권의 차이라기보다는 시대변화에 따른 사회경제구조의 차이라는 해석에도 귀 기울여 진다. 한편, K이론에서는 무엇이 한국적인 경영풍토인가를 질문하고 있다.[7] 기존의 연구들은 한국적인 경영풍토의 특징을 집단주의, 가족주의, 가부장적 풍토, 연공서열, 종신고용 관계 등으로 제시하였다. 그런데 근래에 한국적 특징들이 변하는 모습을 보이고 있는데, 그 중심은 집단주의의 해체과정이다. 대체 어떠한 변화이고 또 어디를 향해 가는 것일까?

---

2   남상훈(2006), 『글로벌 리더』, 인물과 사상; Nisbett, R. E.(2003), *The Geography of Thought*(최인철 역, 『생각의 지도』, 2004, 김영사).

3   Crainer, Stuart(2000), *The Management Century*(박희라 역, 2000), 『경영의 세기』, 더난출판.

4   서성교(2003), 『하버드 리더십 노트』, 원앤원 북스.

5   남기덕(1999. 10. 29), "한국군 리더십의 모형과 발전방향", 화랑대 국제학술심포지엄.

6   Hofstede, G.(1991), *Cultures and Organizations*, London: McGraw-Hill.

7   김성환(1998), 『K이론』, 한국능률협회.

일본은 우리보다 앞서서 변화를 경험하고 있다. 직장이동성이 용인되고 개인주의가 증가하고 있으며 연공보다 직무능력을 우선하는 연봉제가 확산되고 있다. 이는 전통적인 규범과는 다른 것이다. 서양문물에 휩쓸려 동양적인 것 또는 한국적인 것들이 퇴색되어 가는 것일까?

이러한 변화는 동서양을 막론하고 공동사회(Gemeinschaft)에서 이익사회(Gesellschaft)로 이행하는 과정에서 나타나는 현상으로 해석된다. 경제구조는 인간의 생존에 가장 결정적인 구조이며 문화 및 가치관에 영향을 준다. 개인의 이익추구에 기초한 시장경제구조가 정립되기 이전에는 동서양을 막론하고 규범적 인간관계가 지배하는 공동사회였다. 사회가 이익사회로 이행하면 개인주의가 당연히 두드러지게 된다. 우리나라는 자본주의 경제구조가 서구나 일본보다 늦게 정착되고 있을 뿐이다. 한국사회 고유의 정체성을 찾는 노력은 가치 있는 것이지만, 미국 등에서 과학적인 검증을 통해 개발된 경영기법들은 응용하는 일도 가치 있는 일이다. 한국적인 것도 미국적인 것도 일본적인 것도 그 특수성에 지나치게 집착하지 말고 보편적 원리의 충실한 탐구와 한국적 리더십의 탐구가 다 같이 소중함을 이해해야 한다.

문화의 상대성을 리더십 활동과 연계시켜보면 리더십은 자선활동이 아니라 목표추구의 성과창출 활동이다. 기본적인 전제들은 조직목표 지향, 리더와 조직구성원 간의 상호작용, 조직구성원을 동기화시켜 직무의지 고양, 결과에 대한 책임 등과 같은 것이다. 인간 간의 상호작용의 가장 현실적인 행위는 가치를 공정하게 교환하는 것이다. 테일러의 차별적 성과급제의 이념처럼 인류는 가치를 교환하며 거래해왔고 아직도 경영현실에서 그 본질을 따르고 있다.

호손 연구가 인간관계 운동을 유발시키는 역할을 하였지만 높은 생산성의 더 큰 원인은 인간관계를 중시한 지원적 감독보다도 금전적 보상, 실업의 공포, 관리규율, 원료의 고품질화였다. 맥그리거의 X관점과 Y관점은 인간본성에 대한 하나의 가정이다. 당근과 채찍의 인간관인 X관점에 대비하여 Y관점은 인본적 당위성의 달콤함으로 부정하기 어려운 야릇한 상황을 만들어냈다.[8] X관점을 주장하면 냉혹하게 느껴지고 Y관점을 주장하면 인간적인 것처럼 느끼지만 X관점은 선택이 아니라 필수적인 기본전제인 것이다. 인간관계론이 테일러의 차별적 성과급제의 문제들을 보완하는 것이지 대체한 것은 아니다.

최근의 변혁적 리더십이나 서번트 리더십 등도 지나치게 계산적인 것으로 이해되고 있는 거래적 리더십의 이미지로부터 벗어나고 싶어 하는 노력의 일환이다. 거래적 리더십

---

8   박동수 외(2002), 『조직 행위론』, 28-33쪽.

과 변혁적 리더십의 관계는 과학적 관리의 관점과 인간관계론의 관계처럼 서로 흡사한 양상을 보인다. 결국 효과적인 리더십은 충실한 거래적 리더십의 바탕 위에 변혁적 리더십의 요소들이 적절히 보완되는 것이라고 할 수 있다.

사람들은 자신이 속한 국가와 조직의 고유한 문화를 통해서 자신의 생존과 이익을 확보하는 방법, 그리고 가치의 교환방식을 체득해나간다. 한국적인 것은 분명히 존재한다. 그러나 그 역시 대접한 만큼 대접받고, 콩 심은 데 콩 나고 팥 심은 데 팥 나는, 거시적인 황금률의 보편적 이치 위에서 성립하는 것이다.

1.2 한국형 리더십 패러독스

백기복 교수의 연구팀(서재현 · 구자숙 · 김정훈, 2010)은 '한국형 리더십 개발을 위한 탐색적 연구'에서 여덟 가지의 한국형 리더십 요인을 도출하였다.[9] 한국기업의 관리자 및 임원 2,000명으로부터 96개 설문을 통해 리더들의 행동을 조사한 한국형 리더십 요인은 다음과 같다.

(1) 자기긍정

상황을 파악하여 과감히 결단을 내리고 어떠한 난관이 있더라도 도전하여 해낼 수 있다는 내적 확신, 즉 '하면 된다'라는 것이 대표적인 표현이다.

(2) 성취열정

해야 하는 일에 대해서는 어떤 개인적 희생을 치르더라도 책임 의식을 가지고 전력 몰입하여 해내고야 마는 행동 성향으로 '일등주의', '압축성장'이 대표적인 표현이다.

(3) 솔선수범

자신의 이익을 추구하기보다 공공의 이익을 위해서 인내하며 바른 길을 가는 모범적 모습을 보여주는 것으로써 '나를 따르라'가 대표적인 표현이다.

---

9 백기복 · 서재현 · 구자숙 · 김정훈(2010), "한국형 리더십", 『인사 · 조직연구』 18(4), 33-69쪽. 이 연구는 2,000여 명의 기업관리자로부터 얻은 데이터베이스를 기초로 과학적으로 진행된 방대한 연구로서 우리나라의 리더십 연구에서 매우 괄목할만한 업적으로 평가받고 있다.

(4) 상향적응

윗사람의 의중과 체면을 존중하여 직접적인 갈등을 피하고 상사가 필요로 하는 서비스를 적극적으로 제공함으로써 함께 성장하는 분위기를 조성함, '모시기와 봐주기'가 대표적인 표현이다.

(5) 수평조화

동료들과 신의를 바탕으로 원만한 인간관계를 형성하며 갈등을 극복하고 소통과 공유를 바탕으로 협력하는 태도임, '모나지 않게 둥글게'가 대표적인 표현이다.

(6) 하향온정

조직구성원과 가족 같은 친밀감을 형성하여 실수에 관용으로 대하고 문제를 앞장서 감싸주며 헌신적으로 조직구성원을 위해주는 자세로써 '끌어주고 밀어주기'가 대표적인 표현이다.

(7) 미래비전

항상 미래의 더 나은 상태를 추구하며 그의 실현을 위해서 구체적으로 계획하여 실천하는 것을 소망하고 핵심가치로 여김, '선진국 진입'이 대표적인 표현이다.

(8) 환경변화

조직환경의 거시적 변화에 항상 관심을 가지며 대세의 흐름에 신속히 응하기 위해서 정보를 수집하고 외부 네트워크를 강화하는 등의 전략적 노력을 기울임, '최신 유행'이 대표적인 표현이다.

한국적 리더십 요인 여덟 가지의 평균을 분석한 결과 성취열정, 환경변화, 상향적응의 요인이 비교적 높게 나타나고 솔선수범, 하향온정, 미래비전 요인이 낮게 나타났다. 그러나 솔선수범, 하향온정, 미래비전이 리더십 효과성에 미치는 영향이 강한 것으로 나타났다.

연구팀은 이것을 '한국형 리더십 패러독스'라고 말한다. 한국의 리더들은 조직구성원으로부터 솔선수범, 하향온정, 미래미전의 행동을 하도록 기대를 받고 있지만, 실제로는 성취열정, 환경변화, 상향적응 등의 행동에 치중하고 있다는 것이다. 리더들은 윗사람을 모시는 것이 직장생활의 결정적 요소이므로 '상향적응'을 중요시한다. 성취열정이나 환경변화의 리더십 행동도 자신의 생존에 더 큰 영향을 미치기 때문이다.

이러한 경향에는 몇 가지 원인이 있다.

첫째, 전통적인 가부장적 리더십을 아직도 중요하게 여기기 때문이다. 상위자 입장에서는 조직구성원들이 자신을 모셔주기를 기대하는 것이다.

둘째, 한국의 기업들이 리더가 조직구성원들에게 잘하는 것을 시스템적으로 장려하고 있지는 않고 있기 때문이다. 선진국들의 경우에는 리더가 조직구성원들에게 잘 행동하지 않으면 승진이 어렵기 때문에 조직구성원들에게 기회를 주고 훈련시키는 것을 중요하게 여기지만, 한국은 대부분 윗사람의 평가에 의해 승진이 좌우되는 시스템을 갖추고 있으므로 자신의 상사에 비해서 조직구성원들에게는 상대적으로 소홀해지기 마련이다.

셋째, 리더들이 솔선수범, 하향온정, 미래비전에 대해 중요하게 생각하지만 구체적인 방법을 모르는 경우가 많기 때문이다. 비전이란 아래로 전달만 하면 되고 하향온정은 술로 친해지면 도는 것으로 인식하고 있다. 솔선수범은 조직구성원들보다 사무실에 오래있고 휴일에도 출근하면 되는 것처럼 착각하고 있다.

특이한 점은 한국에서의 '하향온정'이란 다른 나라의 경우와 다르다는 점이다. 우리나라에서는 지극히 개인적인 부분까지도 리더들이 감싸주길 원한다. 한국이 빠르게 성장할 수 있었던 것은 서양의 시스템인 계약관계를 넘어 정(情)이 통하는 관계로 일했기 때문이다. 한국 사람들은 리더를 진심으로 따르기 시작하면 자기능력의 200% 이상을 발휘하는데, 그것은 정의 힘이므로 한국적 정서를 나쁘다고는 볼 수는 없는 것이다.

아울러 정의 교감을 통한 리더십에는 리더의 진정성이 필수적인 요소가 된다. '하향온정'의 정서에는 진정성을 가지고 가슴으로 같이 느껴주고 아픔을 함께 해준 것에 대해 큰 의미를 둔다. 조직구성원들이 어려운 문제에 처했을 때 곁에 있어주면서 설사 문제해결이 안 되었더라도 말로만 표현하는 것이 아니라 함께 행동으로 극복하려는 실천적인 모습을 보여줄 때, 조직구성원들의 마음이 움직이는 것이다. 백 교수팀은 한국형 리더십의 여덟 가지 요소를 두루 갖춘 리더로서 세종대왕을 꼽았다.

제2절 한국적 리더십 탐구

오늘날의 한국사회를 리더십과 관련지어보면 두 가지 점이 주목된다. 하나는 수직적 유교질서는 힘이 약해져서 제대로 작동하지 못하고 있고, 그렇다고 민주적 수평질서가 충분히 정립되었다고 보기도 어렵다는 점이다. 다른 하나는 표방하는 가치는 민주와 자유이지만 내적으로는 여전히 권위적인 질서가 유지되고 있다는 점이다. 역사적으로 변동하지 않는 시대는 없다는 점에서 본다면 전통가치와 새로운 가치가 지속과 변동의 스펙트럼

속에서 조화하고 갈등하는 상태로 이해해야 할 것이다.

우리나라에서의 리더십 연구는 서구사회를 모델로 연구된 미국의 이론이 중심이 되어 왔으며, 이는 글로벌 산업사회에서 미국의 영향력이 가장 크게 반영되고 있음을 의미한다. 우리나라에서는 1960년대에 처음 논문으로 발표되었고 1980년대까지는 외국이론들의 소개 수준의 연구들이 주류를 이루다가 1990년대에 자체의 연구 수준이 높아지기 시작한 것으로 평가된다.[10]

'한국적 경영'의 논의가 활발해진 것은 1990년대에 이면우의 'W이론'부터라고 볼 수 있다. 그런데 한국적 이론의 논의에 있어서 다음의 두 가지 점을 인식해야 한다. 하나는 문화의 지속과 변동에 관한 시간 차원이다. 전통가치의 지속은 미래가치의 기회를 상실할 가능성을 내포한다. 다른 하나는 한국적 특수성과 세계적 보편성의 갈등과 조화에 관한 공간 차원이다. 서구편향은 한국풍토와 괴리된 이론을 낳게 되고, 한국화에 대한 집착은 문화적 폐쇄성을 초래할 수 있기 때문이다. 이러한 인식에 기반하여 본 절에서는 우리나라 학계에서 한국적 리더십을 탐구한 결과로서 제시된 리더십 이론을 몇 가지 소개한다.

2.1 W이론

W이론[11]은 선진 외국에서 도입한 경영이론의 무분별한 산업현장 적용이 오히려 비능률과 문제점들을 발생시켰다는 문제의식을 바탕으로 해서 한국적인 독창적 경영철학을 세우기 위한 이론 틀이다. W이론에 의하면 한민족 고유의 특성은 '신바람'이며 정신적 기반은 실사구시(實事求是)이다. 한국적 경영을 정립하기 위해서는 실사구시 정신에 투철한 지도자가 필요하다. 지도자는 국민으로부터 신뢰와 존경을 받으면서 정보혁명시대에 국민들에게 밝은 전망을 제시하고 가정·산업계·대학·정부 등 각계에서 신바람을 불러 일으켜야 한다.

W이론은 완벽한 이론체계를 갖춘 것은 아니며, 이로 인하여 신사고 이론 등으로 보완하고 있다.[12] 그에 의하면 '흩어지면 살고 뭉치면 죽는다', '사촌이 땅을 사면 배가 아파야 한다'가 정상적인 인식이며, '아나바다 운동(아껴 쓰고 나눠 쓰고 바꿔 쓰고 다시 쓰자는 소비절약운

---

10 백기복(2001), 『리더십 2000: 리더십 연구의 새로운 패러다임』, 320쪽.

11 이면우(1992), 『W이론을 만들자』, 지식산업사. W이론에 특별한 의미는 없음(미국의 X, Y이론, 일본의 Z이론 개념과 유사).

12 이면우(1997), "신사고 이론", "신창조론(1998)", 한국경제신문사.

동)은 오히려 중소기업을 위축시키는 운동'으로 평가한다. W이론의 지향점은 조직구성원들의 능력을 이끌어내어 경쟁에서 이기도록 하는 우수한 경영철학을 찾는 것이며, 이는 한국인의 의식 속에 축적된 민족고유의 마음인 신바람에서 출발해야 한다는 것이 W이론의 핵심적인 요체라고 볼 수 있다.

2.2 흔 경영

흔 경영[13]은 우리 민족이 장단점의 양면적 속성을 가지고 있으며 일을 잘할 때와 못할 때의 차이가 매우 크다는 점에 초점을 맞추고 있다. 무너져가는 기업을 조직구성원들의 힘으로 살리기도 하는 반면에 악성분규로 인해서 멀쩡한 기업이 도산하기도 한다. 이는 두 가지 상반된 사회심리적 사이클에 기인한다. 하나는 공생의 공동체주의와 자발성 및 창의성의 순환을 통해 에너지를 증폭시키는 '흥(興)의 사이클'이고, 다른 하나는 집단적 이기주의와 소극성의 악순환을 통해 불만을 축적시키는 '한(恨)의 사이클'이다. 따라서 한국적 경영의 핵심은 흥의 사이클을 고양하고 한의 사이클을 억제하는 것이다.

흥의 사이클 형성과정은 다음과 같이 제시할 수 있다.

첫째, 공존공생의 공동체로서의 조직질서와 분위기를 만들어나간다. 합리적이고 교과서적인 경영기법보다 적극적인 배려와 인간적 유대에 의한 방법이 효과적이며 반복적인 노력을 통해 형성된다.

둘째, 업무의 자율성을 높이면서 선의의 경쟁을 고양한다. 가능한 한 권한을 위임하고 능력발휘의 기회를 주는 신뢰감을 보여준다. 성공과 실패의 어떤 경우라도 신뢰감을 느끼도록 격려하는 태도가 중요하다.

셋째, 개개인의 자발성과 창의성을 고취하고 관리한다. 소극적인 태도와 노출 회피의식을 공개적인 장으로 유도해나간다.

넷째, 성과에 대한 공정한 보상을 한다. 승진이나 연봉제 등의 장기적 주기의 보상은 효과가 작으므로 일상의 작은 성과에 대해서도 인정하고 보상한다.

조직구성원들은 인간적 교감을 바라며 긍정적 교감이 형성되면 엄청난 에너지를 발휘하고 공동체 의식으로 발전하여 집단의 운명을 자신의 운명으로 받아들이기도 한다. 한은 억울하고 분한 감정을 발산하지 못하고 안으로 심화하여 자학으로 해소하려 했던 생활상

---

13 이장우ㆍ기민화(1994), 『흔 경영』, 김영사.

에서 연유한 것이다. '한의 사이클'은 조직구성원을 존중하지 않고 억압해도 되는 통제의 대상으로 간주하는 데서 발생한다.

혼 경영은 한국적 리더십의 일곱 가지 방향을 제시하고 있다.

첫째, 리더와 조직구성원들 간의 정서적인 교감이다. 교감이 이루어질 때 리더를 추종하며 과업에 몰입한다.

둘째, 자부심을 심어주고 비전과 희망을 제시하여야 한다.

셋째, 리더의 솔선수범이다. 윗사람의 솔선은 인간적 감화와 유대감의 핵심적 고리가 된다.

넷째, 조직구성원들을 믿어주어야 한다. 사람은 자신에 대한 인정욕구가 있어서 스스로에 대한 재량권을 갖고 싶어 한다. 이를 리더가 인정하고 행동으로 표현하는 방식이 조직구성원에 대한 신뢰이다.

다섯째, 실패를 아량으로 수용하는 것이다. 조직구성원들이 창의적이고 도전적이기를 바란다면 시행착오와 실패를 관용하고 후원해줄 수 있어야 한다.

여섯째, 상벌이 공정하고 엄격해야 한다. 잘해도 그만 못해도 그만인 분위기에서는 의욕적으로 일할 수 없게 한다.

일곱째, 칭찬과 격려를 아끼지 않아야 한다. 공식적인 보상제도 외에도 세심한 마음 살핌이 의욕을 북돋게 한다.

2.3 힘과 정의 관계

힘(power)과 정(affection)은 리더가 조직구성원들과 관계를 맺으며 리더십을 발휘하는 중요한 요소들이다. 오세철 교수는 리더십의 두 차원을 힘과 정으로 설정하고, 리더십 유형을 자선적 권위형(높은 힘과 높은 정), 민주형(낮은 힘과 높은 정), 독재형(높은 힘과 낮은 정), 자유방임형(낮은 힘과 낮은 정)으로 구분한 후, 어떤 유형의 리더가 한국사회에서 더욱 효과적인지를 실증적으로 검증하였다.[14]

연구결과 첫째, 자선적 권위형 리더의 집단에서 가장 높은 생산성을 보였으며 직무만족과 응집력에서도 가장 효과가 좋았다. 민주형 리더의 집단에서는 직무만족이 독재형이나 자유방임형보다 높았으나 독재형과 자유방임형 사이의 유의적 차이는 없었다. 둘째, 생산

---

14 오세철(1979), "집단 상호작용과 성과에 미치는 지도유형의 효과", 『문화와 사회심리이론』, 박영사, 168-222쪽.

성에 있어서 독재형과 민주형 사이에 유의적인 차이가 없었다. 이는 힘과 정 중에서 한 가지라도 약할 때는 집단효율이 저하됨을 보여주는 것이다. 그러나 독재형에서 적대적인 대인행위가 많이 발견되었다. 이는 한국인은 리더가 영향력을 강하게 발휘하면서도 인간적인 정을 베풀 때 조직성과와 인간적 유대감이 높아진다는 것을 보여주고 있는 것이다.

제3절 이슈 리더십

3.1 이슈 리더십의 개요

이슈 리더십은 백기복 교수가 개발한 독창적 이론이라는 점에서 가치를 인정받고 있다.[15] 이슈 리더십의 기본 논리는 3단계의 리더행위로 구성된다. 즉 주어진 상황에서 중요한 이슈를 창안하는 행위, 창안된 이슈를 관련 조직구성원들(오디언스)에게 설득하여 동참과 몰입을 이끌어내는 행위, 그리고 이슈를 성공시키기 위한 효과적인 실천시스템을 구축하는 행위이다.

이슈 리더십은 기존의 리더십 이론들과 몇 가지 다른 특징을 가지고 있다.

첫째, 이슈 리더십에서는 직급이나 나이에 관계없이 보다 창의적이고 핵심적인 이슈를 창안해내는 사람이 리더가 된다. 이슈를 창안하는 사람을 이슈 리더라고 칭하고 그 이슈의 추진에 동참하고 몰입하는 사람들은 오디언스가 된다. 오디언스는 이슈에 관심을 가지고 동참하는 상·하급자와 동료 및 이해관계자들이다.

둘째, 리더는 고정되어 있지 않고 이슈에 따라 바뀐다. 이슈 Q의 리더는 다른 조직구성원이 제안한 이슈 P(or H)의 오디언스로 참여할 수 있는 것이다. 따라서 조직구성원 모두는 자기가 창안한 이슈의 리더인 동시에 다른 이슈의 협력자, 지원자, 실천담당자, 비판자 등의 입장에서 오디언스의 역할을 하게 된다. 이슈 리더와 오디언스의 관계는 상·하의 관계가 아니라 역할 분담의 파트너의 관계로 볼 수 있다.

셋째, 이슈 리더십은 개인의 문제이면서 동시에 조직의 문제이다. 개인이 어떻게 이슈 리더가 될 수 있는가를 설명해줄 뿐만 아니라 조직 차원에서 이슈 리더들을 어떻게 확보하고 육성하며 유지할 것인가에 대해서도 해답을 제시한다.

넷째, 기존의 리더십 이론들은 상위계층에 초점을 두고 있는데 비해 이슈 리더십은 계

---

15 백기복(2009), 『리더십의 이해』, 창민사.

층에 관계없이 적용할 수 있다. 경영층 및 신입사원을 포함하여 누가 조직에 중요한 이슈를 효과적으로 개발하고 설득하여 성과를 내느냐가 중요한 것이다.

3.2 이슈 리더십의 3차원

이슈 리더는 세 차원의 행동을 통해 리더십을 발휘한다. 즉 이슈의 창안과 오디언스의 확보 및 실천시스템의 구축인데, 이를 이슈 Pull(Head)과 오디언스 Push(Heart) 및 시스템 Power(Hand)라고 부른다. 이러한 명칭으로 백기복은 이슈 리더십을 '리더십 3H모델'이라고도 한다. 각 차원의 영역별 이슈 리더의 행동 항목들은 〈표 2-36〉과 같다.[16]

〈표 2-36〉 이슈 리더의 구체적 행동 항목

구 분	주요 행동 지표
이슈 Pull 영역의 행동 (Head)	• 새로운 아이디어를 찾기 위한 탐구활동 • 다른 사람들의 탐구활동을 격려하고 지원함 • 'How'보다는 'What'에 항상 중점을 두고 생각함 • 아이디어를 위한 토론을 좋아함 • 권위나 격식보다는 아이디어 위주로 교류함 • 주어진 업무에만 얽매이지 않음 • 지시를 기다리지 않고 스스로 일을 찾아 나아감
오디언스 Push 영역의 행동 (Heart)	• 이슈를 다양한 측면에서 패키지화함 • 적절한 오디언스를 선정하여 이슈를 판매함 • 이슈 실천에 따르는 비용과 혜택을 구체적으로 제시함 • 이슈가 오디언스의 책임 영역임을 내세움 • 평소에 일의 추진에 대한 신뢰를 구축함 • 추진과정에서의 적절한 지원을 약속함
시스템 Power 영역의 행동 (Hand)	• 이슈의 실행을 위한 지원체제를 점검함 • 시스템의 비효율을 극복하기 위한 남다른 노력을 기울임 • 이슈의 성공적 실천을 위하여 계획하고 전략을 세움 • 실천담당자들의 동기유지를 위해서 심리적 지원을 함 • 실천과정에서 필요한 자원과 정보를 지원함 • 전 방향 오디언스들의 조정역할을 수행함

자료: 백기복(2000)의 이슈 리더십의 틀에 서수석·백기복(2011), "이슈 리더십과 리더십 성과의 관계"(대한리더십학회, 2권 3호)의 3H 용어를 부가하여 구성.

---

16 백기복 교수는 최초의 연구에서 '이슈 Pull'과 '오디언스 Push' 및 '시스템 Power'라고 명명했으나 후속 연구에서는 이들을 'Head'와 'Heart' 및 'Hand'라고 명칭을 바꾸어 3H 모델이라고 명명하였다. 그 의미상의 차이가 별로 없으므로 본서에서는 용어를 병행하여 기술하였다.

성공적인 이슈 리더십은 적절한 이슈를 창안하고 오디언스를 몰입시키며 시스템을 효화시키는 것이다.

3.3 이슈 리더의 유형

이슈 리더는 3H가 모두 갖추어진 3H 리더를 이상형으로 하여 2H 스타일, 1H 스타일로 유형을 분류한다.

〈표 2-37〉 이슈 리더의 유형

유 형	3P			명 칭
	이슈 Pull (Head)	오디언스 Push (Heart)	시스템 Power (Hand)	
3H 스타일	○	○	○	이상형
2H 스타일	×	○	○	전통적 관리자(이슈 결핍형)
	○	×	○	나홀로 추진형(몰입 결핍형)
	○	○	×	새가슴형(실천 결핍형)
1H 스타일	○	×	×	립서비스형(이슈 의존)
	×	○	×	골목대장형(몰입 의존)
	×	×	○	지시대기형(실천 의존)
0H 스타일	×	×	×	혼수상태형(의문형)

자료: 백기복(2000)의 이슈 리더십의 틀에 서수석·백기복(2011)의 "이슈 리더십과 리더십 성과 관계"(대한리더십학회, 2권 3호)의 3H 용어를 부가하여 구성.

3.3.1 3H 이상형

3H가 모두 갖추어진 이상적인 유형이다. 윤리성을 갖춘 카리스마적 리더나 변혁적 리더와 비슷하며 이슈 창의적인 행동이 더욱 두드러진다. 이슈를 중심으로 누구든지 설득하는 능력이 있고 이슈실행에 필요한 자원을 동원할 능력을 가지고 있다. 세종대왕은 대표적인 3H이상형 리더이다.

3.3.2 2H 스타일

3H 중 두 가지가 갖추어지고 한 가지가 결핍된 유형이다. 구비 및 결핍요소에 따라 세

가지로 세분된다.

（1）전통적 관리자형(이슈 결핍형)

자기가 주도적으로 이슈를 찾아내지 못하고 지시받은 일은 체계적으로 잘 해낸다. 새로운 이슈 창출기능이 약하여 자기가 일을 만들어 주도하기보다는 누군가를 잘 보필하는 유형이다. 관리중심 또는 관계중심적 스타일에 집착하게 되며 특히, 혁신조직에서는 도태될 가능성이 높다.

（2）나홀로 추진형(몰입 결핍형)

이슈 창안도 잘하고 추진능력도 갖추고 있지만 오디언스들에게 이슈를 어필하지 못하는 유형이다. 오디언스들의 참여를 확보하지 못하면 좋은 이슈라 하더라도 오래가지 못한다. 몰입결핍은 이슈창안자의 신뢰에 문제가 있는 경우, 이슈에 대한 오디언스들의 이해가 부족한 경우, 조직구성원들의 체계적인 저항이 있는 경우에 발생할 가능성이 높다.

（3）새가슴형(실천 결핍형)

이슈의 창안과 이슈의 실천은 별개 문제이다. 아이디어는 풍부해 이슈 창안을 잘하고 타인들에게 설득도 잘하는데 실천시스템을 제대로 구축하지 못하거나 실천력이 약한 리더를 말한다. 실적이 저조하면 성과에 대한 불안감으로 사람들을 다그칠 가능성이 높다.

3.3.3 1H 스타일

3H 중 두 개의 요소가 부족하고 하나의 요소에만 의존하는 유형이다.

（1）립서비스형(이슈 의존형)

아이디어는 많아 이슈를 강조할 뿐 인정하는 사람도 별로 없고 실천의 추진력이 미약한 경우이다. 흔히 몽상가라는 평가를 받으며 문제의 근원은 대부분 리더에게 있다. 과거에 오디언스로부터 신뢰를 잃었거나 이슈추진의 결과에 책임을 지지 않았거나 시작은 했으나 끝을 보여주는 예가 별로 없었던 것 등이 이유이다.

（2）골목대장형(몰입 의존형)

오디언스들의 몰입에 의존하는 유형이며 두 가지 형태로 나타난다. 하나는 관계에 대한 몰입으로 오디언스들에게 선심을 쓰며 호의적 관계에 매달려 일에 동참하기를 원한다. 이러한 선심형은 조직목표보다 조직구성원들의 요구충족에 치우치는 경향이 있다. 사무실을 잘 꾸며주고 종업원들을 위한 레저시설을 짓거나 비합리적인 급여인상요구에

동의해준다. 다른 하나는 시간에 대한 몰입으로 근무시간 등을 통제하려고 한다. 어떤 일을 해야 할지를 판단하지 못해서 출퇴근 시간을 강조하고 자신의 통제범위에 있도록 하려는 스타일이다.

(3) 지시대기형(실천 의존형)

자신이 맡은 일만 열심히 하는 유형이다. 오디언스들의 동참을 요구하지도 않는다. 무엇을 왜 하는지는 중요하지 않고 주어진 이슈만을 성실히 수행하면 된다고 생각한다. 위에서 시키거나 주어진 일에 대해서 밀어붙이는 식으로 실천해나간다. 오디언스들의 불평이나 의견을 저항으로 이해하고 강력한 규율로 이겨내야 하는 것이라고 생각하여 밀고 나가는 스타일이다. 바쁘다는 자체가 만족감을 주며 저돌적이라거나 불도저 형이라는 평가를 보상으로 생각한다.

3.3.4 0H 스타일(혼수상태형)

진정한 의미에서 리더라고 할 수가 없으나 현실적으로 이러한 유형의 관리자들이 흔히 있다. 대개 기본자격이 미달인 상태에서 리더의 지위에 정치적으로 임명된 경우이다. 조직의 현실에서 무엇이 중요한지를 파악하지 못하고, 오디언스들의 지지와 몰입도 얻지 못하며 업무추진 시스템을 구축하지 못하므로 리더십 발휘가 거의 불가능하다.

3.4 이슈 리더십의 평가

백기복 교수의 조사에 의하면 한국의 관리자들 중에서 이상형인 3H형은 약 4% 정도였고 '나홀로 추진형'과 '지시대기형'이 많은 것으로 나타났다.

일반적인 리더십 이론들이 관리자의 지위가 리더역할을 부여받는 것으로 상정하고 있지만 이슈 리더십은 리더의 역할이 이슈에 따라 생성된다고 본다. 실제로 과업에 따라 공식적 관리자가 아닌 다른 조직구성원이 핵심적인 역할을 하는 경우가 있다는 점에서 이론의 현실성이 있다.

또한 이론을 3H 요소로 구성하여 간명하면서도 체계적으로 모델화한 점과 리더 개발의 방향을 설정하였다는 점에서 실용성이 높다고 본다. 다만, 아직도 연공서열과 직위 등의 위계적 질서가 유지되는 조직문화 풍토에서 하위 조직구성원의 독자적인 이슈 리드와 오디언스 어필이 어느 수준까지 가능할지는 잘 관찰할 필요가 있을 것이다.

사례: 한글창시의 이슈 리더십, 세종대왕

한반도의 역사에서 세종대왕만큼 유명한 인물도, 큰 업적을 남긴 이도 없을 것이다. 세종대왕을 한국형 이슈리더의 대표적인 인물로 선정하는 이유는 첫째, 세종은 스스로 창의적인 사고와 실천으로 수많은 업적을 남겼다. 세종은 높은 창의성과 인간을 향한 깊은 통찰을 동시에 담고 있으며, 그의 훈민정음 창제는 반만 년의 우리 역사에서 가장 창의적이고 위대한 업적으로 평가받고 있다.

세종은 새 문자를 만들어 단독으로 쓰겠다는 생각을 공표하면 엄청난 반발에 부딪칠 것이고, 중국의 협박을 받을 가능성도 농후하며, 무엇보다 학문을 자신들의 고유영역이라 여겨온 당시의 지식인 계층의 큰 저항이 있을 것을 알고 있었을 것이다. 하지만 그는 자신의 신념을 굽히지 않았다. 이는 훈민정음 창제 동기에서 이해할 수 있다. 바로 '어리석은 백성이 이르고자 할 바가 있어도 이르지 못하는 사람이 많기에 그런 백성들을 편안하게 하기 위함'이 아니었던가.

훈민정음 창제는 이두문자의 한계에서 출발했다. 일반 백성들이 이두로 의사를 전달하고 글을 읽는 데 전혀 불편함이 없었다면 굳이 새 문자를 만들 이유가 없기 때문이다. 훈민정음이 과학적으로 정교하게 창제돼 오늘날까지 '한국사 최고 발명품'으로 존재하고 있는 것은 훈민정음이 과학적이고 정교하게 창제되었기 때문이다. 그렇기 때문에 세계의 언어학계 석학들이 입을 모아 그 위대성과 과학성을 극찬하고 있는 것이다.

훈민정음뿐만 아니라 세종의 창조력은 그의 박학다식함과 열린 사고방식에서 나왔다고 볼 수 있지만, 인간을 향한 마음이 근간에 깔려 있지 않았다면 불가능했을 것이다. '창조'는 강한 목표의식 속에서 태동하고, '사랑' 만큼 목표의식을 강하게 만들어주는 것은 없는 셈이니 말이다.

둘째, 세종은 창의적인 인재를 등용하고 그들의 능력을 발휘할 수 있는 여건을 제공했는데 그 대표적인 인물이 바로 장영실이다. 약 300만 년 전 지구상에 인류가 출현한 이후로, 인간의 뇌는 공간을 뛰어넘어 동시성을 띠며 진화해왔다. 동서남북을 막론하고 동시대를 산 인간들은 비슷한 생각을 하며 살아왔음을 인류사는 증명하고 있다. 교통과 통신을 상상조차 하지 못했을 시절에도 곳곳에 흩어진 인간들은 비슷한 시기에 도구를 사용했고, 비슷한 시기에 촌락을 이뤘던 것이 대표적인 예다. 그런 의미에서 본다면 장영실은 '미래를 산 인간'이라고도 표현할 수 있을 듯하다. 그가 발명한 기구들은 항상 타 대륙의 그것보다 수십 년에서 수백 년씩 앞서 있었기 때문이다.

장영실은 기생의 아들로 태어났지만 신분에 대한 편견을 넘어 우리 역사의 창의력과 도전정신의 상징으로 존재하고 있다. 특히, 그는 세종대의 찬란한 문화적 업적 가운데서 그 중심에 있었던 과학 분야의 한가운데에 서 있었다. '세종실록'에 따르면 그의 아버지는 몽골 지배 시절의 한족이었고, 어머니는 동래현 소속 기생이었다고 한다. 당시 중국인 가운데 뛰어난 기술을 가졌으나 여진족을 피해 조선으로 도망 와 있던 기술자들을 세종이 후하게 대접했다는 기록이 있다. 이 때문에 장영실의 아버지도 중국인 기술자였을 것이라는 분석이 설득력을 갖는다.

장영실이 세종 3년(1421)에 천문기구의 제작을 연구하기 위해 세종의 특명을 받고 중국 유학을 떠난 기록에서는 이미 그가 궁중에서 눈에 띄는 과학기술자로 인정받고 있었음을 알 수 있다. 장영실이 중국 유학 시절 중국과 이슬람의 선진기술을 익혔는지 여부는 정확하지 않다. 당시 천문기구는 최신 과학기술이었기에 타국에 유출되지 않도록 통제되어 개괄적이고 원론적인 이론 정도만 입수했을 것이라는 분석과 귀국 후 그가 보인 혁신기술들을 보면 선진기술을 적극적으로 받아들여 이들 기술을 융합했을 것이라는 분석 등이 있다. 그렇지만 분명한 것은 세종의 적극적인 지원 아래 장영실이 일궈낸 과학적 업적은 동시대의 세계사 전반을 통틀어 가장 앞섰다는 점이다. 그중 몇 가지를 살펴보자.

첫째, 세계 최초로 해시계와 물시계를 탄생시켰다. 이는 천체의 운행과 그 위치를 측정하는 기계로 중국 우주관 중 하나인 혼천설[17]에서 비롯된 것이다. 장영실이 만든 혼천의는 천구의와 함께 물레바퀴를 동력으로 움직이는 시계장치와 연결되어 일종의 천문시계 기능을 했다. 천문학의 발전은 시계의 발명을 불러 해시계와 물시계를 탄생시켰다. 당시 다른 나라의 해시계는 단순히 시간만을 나타냈지만 장영실의 해시계는 바늘의 그림자 끝을 따라가면 시간과 절기를 동시에 볼 수 있는 다기능 시계였고, 세계에서 유일한 '반구(半球) 해시계'이기도 했다.

둘째, 과학자 장영실을 말하면 측우기 또한 빠질 수 없다. 측우기는 1441년에 발명돼 조선시대의 관상감과 각 도의 감영 등에서 강우량 측정용으로 쓰인 관측 장비로서, 현대의 강우량계측기 기능을 했다. 이는 이탈리아의 카스텔리가 1939년에 만든 측우기보다 200여 년이나 앞선 세계 최초의 기상 관측 장비였다. 특히, 이 측우기는 강우량을 정확히 측정하기 위해 측우기의 크기, 빗방울이 떨어질 때 생기는 오차까지 고려한, 현재 세계기상기구가 정한 측정 오차에도 합격할 만큼의 정밀도를 나타낸다고 한다. 측우기를 통해 강우량 측정제도가 마련된 조선은 이를 농업에 응용해 농업기상학에서 괄목할 만한 진전을 이룩했다. 이외에도 종전 대비 두 배 향상된 인쇄능률은 서적출판의 발전을 불러 세종대의 문화진흥에 큰 몫을 하는 등, 장영실이 비단 과학뿐만이 아닌 조선사회 전체에 미친 영향이 컸음을 역사는 말해준다. 이처럼 장영실이 세계 과학사에서 이룬 업적은 크지만, 당시 신분적 한계로 말미암아 업적이나 일대기가 상세히 남아 있지는 않다. 역사적 증빙자료가 충분했다면 세계 과학사의 한 페이지를 장식했을 장영실, 비록 그의 업적이 국사만이 아닌 세계사에 길이 남지는 못했지만 그가 가진 창의력과 도전정신은 우리민족의 창의적 DNA에 전해지고 있다고 생각된다.

이상과 같은 세종대왕의 리더십을 조명해보면, 현대의 리더십 이론과 연계시켰을 때 전형적인 이슈 리더십에서의 3H 리더에 속하며 한국형 리더십의 이상적인 모델이라 하겠다.

제4절 한국군의 리더십

4.1 군에서의 리더십 정의

일반적으로 군 리더십과 일반사회에서의 리더십은 그 성격이 서로 다르다고 생각하는 경향이 있기 때문에 리더십에 대한 일반적인 정의와 군에서의 리더십에 대한 정의에도 차이가 있을 것이라고 생각하기 쉽다. 그러나 실제로는 〈표 2-38〉에서 보는 바와 같이 리더십에 대한 일반적인 정의와 군에서의 리더십에 대한 정의가 별다른 차이가 없음을 알수가 있다.

군 리더십을 오랫동안 체계적으로 연구해온 미 육군에서는 리더십을 '임무를 완수하고, 조직을 발전시키기 위해 목표와 방향을 제시하고, 동기부여 시킴으로써 조직구성원들에게 영향력을 행사하는 과정'이라고 정의하고 있다.[18] 그리고 통합군인 캐나다 군의 경우에는 '임무 완수에 기여하는 역량을 개발 또는 향상시키면서 다른 사람들이 직업적 전문성과 윤리성을 바탕으로 임무를 완수하도록 명령하고, 동기부여 시키며, 실현가능하도록 지원하는 것'이라고 정의하고 있다. 이러한 미 육군과 캐나다 군의 리더십 정의의 공통점은 바로 리더십은 조직구성원들을 동기부여 시켜 임무를 완수하는 것이라는 점이다.

한편 한국군에서는 오랫동안 양성 및 보수 교육과정에서 리더십 교육을 해왔고, 리더십에 대한 관심도 그 어느 조직에서보다도 높았다고 할 수 있다. 그러나 2000년 이전에는 군내에 리더십을 전문적으로 교육하거나 연구하는 기관도 없었을 뿐만 아니라 국방부나 각 군 본부에 리더십 관련 업무를 담당하는 부서도 없었기 때문에 공식적으로는 리더십이라는 용어를 거의 사용하지 않고 지휘(指揮), 통솔(統率), 지휘통솔(指揮統率) 등의 용어를 혼용하였다.[19] 리더십에 대한 용어가 통일되지 못했던 것처럼 리더십에 대한 정의도 〈표 2-38〉과 같이 각 군별로 서로 다르게 정의되고 있다.

---

17 혼천설이란, 우주는 둥근 원으로 얽혀 있고 지구는 그 속에 있는 또 하나의 둥근 원이라는 뜻이며, 곧 지구 구형설을 의미한다.

18 미 육군에는 리더십을 연구하는 연구소가 ARI(Army Research Institute for the Behavior and Social Science) 와 CAL(Center for Army Leadership)이 있다. 지휘참모대학 부설 CAL은 리더십 교범 『Be-Know-Do』를 발간하여 미 육군의 리더십 체계를 정립하였다.

19 한국군은 1948년 창군 이래 리더십을 '지휘(指揮), 통솔(統率), 지휘통솔(指揮統率), 통어(統御), 통수(統帥)' 등의 용어로 사용해왔는데, 리더십이라는 용어는 2000년에 국방대학교에 '리더십 석사과정'을 개설하면서 사용하기 시작하였다. 육군에서는 2012년에 『군 리더십』 교범을 발간하였다.

<표 2-38> 군 리더십에 대한 정의

구 분		정 의
미 군	육군	부여된 임무를 완수하고, 조직을 발전시키기 위해 목표와 방향을 제시하고, 동기부여 시킴으로써 조직구성원들에게 영향력을 행사하는 과정(Department of the Army, 2006)
	해군	지시나 강제적·위협적 명령이라기보다는 감화와 설득으로 조직구성원들을 관리하는 것(해군본부, 2005)
	공군	공동의 목표를 달성하기 위하여 조직구성원들의 존경, 신뢰, 복종 및 충성스러운 협조를 얻을 수 있도록 영향을 주고 지도하는 기술(공군 전투발전단, 2002)
캐나다군		임무 완수에 기여하는 역량을 개발 또는 향상시키면서 조직구성원들이 직업적 전문성과 윤리성을 바탕으로 임무를 완수하도록 명령하고, 동기 부여 시키며, 실현 가능하도록 지원하는 것(Canadian Forces Leadership Institute, 2005)
한 국 군	육군	군 리더가 임무완수를 위해 조직구성원들에게 동기를 부여함으로써 영향을 미치는 과정(육군본부, 2012)
	해군	지휘관이 자기에게 부여된 책임과 권한에 의해서 부대의 목표를 보다 효율적으로 달성하기 위해 예하부대 및 조직구성원의 능력을 극대화하도록 감화시키고, 모든 노력을 부대목표에 집중시키는 기술(해군본부, 2000)
	공군	공군 고유의 문화적 가치관에 바탕을 두고, 미래의 항공우주군 건설 및 운용을 위해 전 공군인들이 자발적이고, 지속적으로 몰입할 수 있도록 이끌어가는 영향력 행사 과정(공군본부, 2002)

자료: 최병순(2010, 『군 리더십』, 북코리아, 30쪽을 참고하여 재구성.

〈표 2-38〉에 제시된 바와 같이 언뜻 보기에는 외국군과 한국군의 리더십에 대한 정의가 서로 다르고, 한국군 내에서도 각 군마다 리더십을 서로 다르게 정의하고 있는 것처럼 보이지만 그 내용을 분석해보면 별다른 차이가 없음을 발견할 수 있다. 즉 리더십에 대한 일반적인 정의에서와 마찬가지로 '목표', '팔로어', '영향력'의 요소를 정의에 포함하고 있고, 표현은 서로 다르지만 리더십을 '리더가 목표를 달성하기 위해 영향력을 행사하는 과정'이라는 전제를 하고 있다. 따라서 리더십 정의의 핵심적인 내용은 거의 같기 때문에 군에서의 리더십에 대한 정의나 일반적인 리더십에 대한 정의나 그 본질은 차이가 없다고 할 수 있다.

4.2 군 리더십 효과성

4.2.1 군 리더십 효과성의 개념과 평가

군의 사명 또는 존재 이유는 국가안보를 위협하는 적과 싸워서 이기는 데 있기 때문에 군 지휘관의 리더십 효과성은 '적과 싸워서 이길 수 있는 능력, 즉 전투력을 얼마나 보유하고 있는가?' 라고 할 수 있다. 그런데 적과 싸워서 이길 수 있는 전투력을 보유하고 있는지 여부는 실제로 전투를 해 봐야 알 수 있기 때문에 평상시에 각급 부대 지휘관의 리더십 효과성, 즉 전투력을 평가하는 것은 현실적으로 한계가 있다. 그렇기 때문에 전쟁이 발생하지 않도록 억제력을 발휘하는 것을 군의 목표로 제시하기도 한다. 그러나 군의 사명 또는 목표가 오직 전쟁 억제력 유지에만 있다고 한다면 전투를 하지 않을 군대를 왜 보유하는가라는 주장이 제기될 수도 있기 때문에 '전투 즉응력(卽應力) 또는 전투 준비태세(readiness), 즉 전투를 잘 수행할 수 있는 잠재력'이 군의 조직 효과성 또는 각급 부대 지휘관의 리더십 효과성을 평가하는 기준으로 활용되고 있다.[20]

한국군에서도 실제 전투에서 전투력을 얼마나 잘 발휘할 수 있을 것인가를 예측하는 '전술훈련 평가'(ATT: Army Training Test)와 '전투력 측정' 결과가 각급 부대 지휘관의 리더십 효과성을 평가하는 중요한 기준으로 활용되고 있다.[21] 이 외에도 지휘관의 리더십 효과성 평가를 위해 다양한 평가기준들을 활용하고는 있지만 사고율이나 군기위반 등과 같이 객관적인 평가가 가능한 것만을 평가요소로 하고 있기 때문에 리더십 효과성을 제대로 평가하지 못하고 있다고 할 수 있다. 그것은 객관적으로 평가가 가능한 리더십 효과성 평가요소만이 아니라 리더십, 사기, 응집력, 몰입 등의 질적 평가요소가 오랫동안 부대 성과를 결정하는 핵심요소로 식별되어 왔고(Bass, 1998), 한국군을 대상으로 한 전투상황에서의 리더십 연구(최병순·정원호·김용진, 2009)에서도 사기, 응집력, 자신감, 상관 및 동료에 대한 신뢰 등과 같은 부대원들의 사회심리적 요인들이 전투의 승패를 결정하는 핵심요인으로 나타났기 때문이다. 따라서 리더십 효과성, 즉 전투력을 보다 정확히 측정하기 위해서는 객관적으로 측정 가능한 양적 지표만이 아니라 부대원의 사기, 응집력, 지휘관에 대한 리더십 만족도 등과 같은 질적 요소도 전투력 평가요소에 반영해야 한다.

또 다른 한편으로는 군의 궁극적인 목표가 싸워서 이기는 것이기 때문에 암묵적으로

---

20 Morrison, J. E. & Fletcher, J. D. (2002), *Institute for Defense Analyses*, IDA Paper, p. 3735.
21 지휘관 재직 중에 전술훈련 평가(작전계획 수행능력 평가)와 전투력 측정(화기 및 장비 사용능력, 정신전력 등)을 실시하고 있다.

'군인은 수단과 방법을 가리지 말고 목표를 달성해야 한다.'라는 인식이 널리 퍼져있어 임무수행 과정에서 효율성이나 윤리성을 무시하는 것이 당연시되는 결과지상주의의 역기능을 야기하기도 했다. 그러나 동서고금의 전투에서 승리요인은 지휘관의 창의적인 전략·전술과 리더십, 실전과 같은 교육훈련, 그리고 부대원들의 높은 사기와 응집력 등이었지, 비효율적이고 비합리적인 또는 비윤리적인 수단과 방법을 사용했기 때문에 승리할 수 있었던 것은 아니다. 따라서 리더십 효과성을 평가할 때는 나타난 결과만이 아니라 지휘과정에서의 효율성, 합리성, 윤리성 등도 함께 고려하도록 해야 한다.

마지막으로 군 리더십 효과성을 평가할 때 군사적 목표의 달성만이 아니라 사회적 목표의 달성 여부도 고려해야 한다. 군의 1차적 목표인 군사적 목표는 적의 군사적 침략을 억제하고 억제가 실패할 경우 전쟁을 승리로 종결함으로써 국가의 안전을 보장하고, 국토를 방위하여 극민의 생명과 재산을 보존하는 것이다. 그리고 군의 2차적 목표인 사회적 목표는 전쟁의 억제와 수행에 직접적인 관련성은 작지만 국가의 발전과 사회의 안정에 기여하는 활동들이다.

4.2.2 군 리더십 효과성 지표

군의 리더십 효과성 지표로는 사기, 응집력, 사고율, 리더십 만족도, 조직몰입, 직무만족도, 조직시민행동 등 다양한 지표가 활용될 수 있지만, 여기서는 군 리더십 연구자들이 효과성 지표르 가장 많이 사용하고 있는 사기와 응집력을 중심으로 살펴본다.[22]

1) 사기

사전적으로는 '의욕이나 자신감 등으로 가득 차서 굽힐 줄 모르는 의기' 또는 '개인이나 집단의 정신적 또는 도덕적 자신감의 정도'로 정의되는 사기(Morale)는 산업계, 교육계, 체육계 등에서도 널리 사용되고 있지만, 특히, 군에서 많이 사용되는 용어이다.

이러한 사기에 대한 정의는 다음과 같이 개인 차원의 사기와 집단 차원의 사기로 나누어볼 수 있다. 모란(Moran, 1945)은 '개인의 역량을 제한하는 어떤 환경에서도 직무를 수행하는 능력', 구이온(Guion, 1958)은 '개개인의 욕구가 충족되는 정도'라고 개인적 차원에서 사기를 정의하고 있다. 다른 한편으로 티핀과 맥코믹(Tiffin & McComic, 1965)은 '집단 차원의 반응이며, 집단 구성원 개개인의 상호작용에 의해 결정되는 것으로서 집단정신과 흡사한

---

22 육군은 리더십 효과성 지표로 군기, 사기, 단결, 직무에 대한 만족, 조직에 대한 몰입, 자발적 모범행동 등을 제시하고 있다.

것', 레이튼(Leighton, 1943)은 '공동의 목적을 달성하기 위해 지속적으로 서로를 끌어당기는 집단의 역량'이라고 집단 차원에서 사기를 정의하고 있다.

그런데 군 관련 문헌에서는 사기를 전투의지와 연관시켜 '공포와 피로를 극복하게 해주는 정신적인 특성'(Mongmery, 1946), 또는 '조직구성원들이 전투를 하게 만드는 전투 집단에서의 심리적인 힘'(Grinker & Spigel, 1945) 등으로 정의하고 있다. 이처럼 학자마다 사기의 개념을 서로 다르게 정의하고 있지만 대체로 사기는 개인 또는 조직구성원들의 심리상태와 관련된 개념이라는 데에 의견을 같이하고 있다.

한편 미군에서는 사기를 '행복, 희망, 자신감, 안정감, 보람, 슬픔 등을 얼마나 느끼는가와 같은 개인의 정신적 · 감성적 · 영적 상태'로 정의하고 있으며, 한국군에서는 '부대원이 목표달성을 위해 자발적이고 적극적으로 참여하는 심리상태로서 공동의 목표를 달성하기 위해 최선의 노력을 다하게 하는 무형의 힘'으로 정의하고 있다.

이상과 같은 사기에 대한 정의에 따르면 사기가 높은 군인은 자신에게 부여된 임무를 능동적이고 적극적으로 수행할 뿐만 아니라 조직의 일원으로서 자긍심을 갖고, 공동의 목표를 달성하기 위해 다른 조직구성원들과 적극 협력하게 될 것이다. 실제 연구결과에서도 단결심과 사기가 높은 부대가 좋은 결과를 창출했고, 이스라엘 군을 대상으로 한 연구에서 사기가 높은 부대가 지휘관에 대한 신뢰도와 리더를 대신해서 희생하려는 의지가 더 높았다(Shamir et al., 1998). 따라서 군에서 사기는 평상시 부대의 성과뿐만 아니라 전투력, 즉 전투상황에서 리더십 효과성에 영향을 미치는 핵심 영향요인의 하나이기 때문에 군 리더는 부대원들의 사기앙양과 유지를 위해 노력해야 한다.

2) 집단응집력

집단응집력(group cohesiveness)은 '집단 구성원들을 집단 내부에 머물게 작용하는 모든 힘', '집단에 대한 매력 또는 집단을 떠나지 않으려는 정도' 등으로 정의할 수 있다.[23]

군에서 이러한 집단응집력의 중요성은 다음과 같은 전투상황에서의 연구들에 의해 입증되어 왔다. 스투퍼(Stouffer, 1949)는 제2차 세계대전 참전자들에게 '무엇이 전투를 계속할 수 있게 해주는가?'라는 설문을 하였는데 '집에 가기 위해서'라는 응답이 가장 많았다. 그러나 두 번째로 많은 응답과 가장 중요한 전투 동기부여 요인은 전투 중에 형성된 강한 집

---

23 한국 육군에서는 집단응집력과 유사한 개념인 '단결'을 리더십 효과성 지표로 제시하고 있다. 전쟁의 승리는 오직 단결된 힘에 의해서만 얻을 수 있으며, 단결의 요체는 조직구성원 모두의 팀워크 및 공동체의식을 기반으로 공동의 목표를 달성하기 위해 모든 역량을 통합 · 집중하는 데 있다고 강조하고 있다.

단응집력이었다. 또한 '전투 중에 자신을 지탱해준 힘의 원천이 무엇이었는가?'라는 설문에는 '기도였다'라는 응답이 가장 많았고, 다음으로 '동료에 대한 의리를 지켜야 한다.'라는 것과 '다른 사람을 실망시킬 수 없다'라는 생각이었다고 응답하였다. 이처럼 제2차 세계대전 참전자들의 전투 동기부여 요인은 이데올로기, 애국심, 또는 이념이 아니라 응집력 또는 동료들 사이의 정서적 유대감이 더욱 중요한 전투 동기부여 요인이었다.

쉴즈와 야노비츠(Shils & Janowitz, 1948)는 독일군 보병 포로들을 대상으로 독일이 패망한다는 것이 명백함에도 불구하고 끝까지 열심히 싸운 이유가 무엇인가를 조사하였다. 그 결과 그들이 끝까지 싸운 이유는 정치적 또는 도덕적 이유 때문이 아니라 1차 집단 내의 대인관계, 즉 응집력 때문이었고, 히틀러에 대한 충성은 두 번째라고 응답하였다.

부대의 응집력에 대한 연구는 6 · 25전쟁 중에도 실시되었는데, 리틀(Little, 1964)이 몇 개월 동안 전투를 하고 있는 보병 중대원들을 관찰한 결과 전투 중 병사들 간의 유대관계, 즉 동료관계가 생존에 가장 중요하다는 것을 발견하였다. 또한 베트남전에서 모스코스(Moskos, 1970)가 군인들을 대상으로 인터뷰를 실시한 결과, 1차 집단의 결속력이 부대 효과성에 중요한 역할을 한다는 결론을 내렸다.

한편 웡 등(Wong et al., 2003)이 이라크 자유 작전 참전자들을 대상으로 '전투 경험에 비추어 전투를 계속하고, 최선을 다한 이유가 무엇인가?'라는 설문에 '집에 돌아가기 위해서'라는 응답도 있었지만, 전투동기에 대한 가장 많은 응답은 '동료들을 위해 싸웠다'라는 것이었다. '전투 시에 내가 포기한다면 동료들을 돕지 않게 된다. 그것이 첫 번째 이유다.' 또는 '나와 나의 동료들도 그렇게 말했다. 실제로 전투 시 우리의 유일한 걱정은 내 자신과 나의 동료였다.'라고 응답했다. 즉 군인들 간의 감정적 유대인 사회적 응집력이 중요하다는 것이다.

응집력의 두 번째 역할은 자신감을 부여한다는 것이다. 그리고 동료들이 그들의 뒤에 있다는 확실한 믿음을 갖게 만드는 것이다. 이러한 믿음은 단지 역량, 훈련 또는 임무에 대한 몰입에서 나오는 것이 아니라 동료에 대한 신뢰로부터 나온다.

결론적으로 군인들은 동료들 사이에 형성된 신뢰와 군 조직의 일원으로서 군에 대한 신뢰 때문에 전투를 한다고 할 수 있다. 따라서 응집력은 여전히 군의 핵심적인 전투 동기부여 요인이라고 할 수 있다.

4.2.3 한국군의 지휘행동 연구

한국군어 대한 리더십 연구는 기존의 리더십 이론을 적용하여 효과적인 리더십 행동을 탐색하는 연구 및 학위논문을 통하여 주로 이루어지고 있다. 예를 들어 최병순의 소대장 지휘행동에 대한 연구[24]는 6개 사단 49개 소대에 대한 설문지 연구와 6개 사단 105개 소대에 대한 중요사건기술법의 두 가지 방법으로 구성되어 있어서 참고할 만한 연구결과라고 할 수 있다. 이 연구에서 대대장의 지휘행동 자료는 대대장을 경험한 119명의 중령과 대대참모 또는 중대장을 경험한 273명의 장교로부터 수집하였다. 지휘행동은 유클(Yukl, 1986)의 13개의 행동범주(정보의 전파, 계획 및 조직화, 문제해결과 위기관리, 과업의 명확화, 동기부여, 인정과 보상, 교육훈련과 훈계, 권한위임 및 참여, 확인감독, 부하에 대한 관심, 인화단결, 대표로서의 역할, 대외활동)를 이용하였다.

〈표 2-39〉에서 보는 바와 같이 효과적인 소대장의 지휘행동은 ① 부하에 대한 관심(사랑과 정, 복지 관심, 어려운 부하를 도움), ② 동기부여 및 유발(솔선수범, 임무에 대한 열정, 자신감 고양, 임무헌신 격려), ③ 교육훈련 및 훈계(잘잘못과 성과에 대한 적절한 조치와 효과적인 시정교육) 순이었

〈표 2-39〉 한국군의 리더십 연구결과

지휘행동	연구대상		
	소대장	중대장	대대장
정보의 전파			
계획 및 조직화			Q
문제해결과 위기관리			
과업의 명확화			
동기부여(솔선수범)	Q / C	C	Q / C
인정 및 보상		Q / C	C
교육훈련 및 훈계	Q / C	C	
권한위임 및 참여	Q		
확인 감독	Q		
부하에 대한 관심	Q / C	Q / C	Q / C
인화 단결		Q / C	Q
대표로서의 활동			
대외 활동			

주: Q는 설문지법에 의한 연구결과 나타난 효과적인 지휘행동요소,
C는 중요사건기술법에 의한 연구결과 나타난 효과적인 지휘행동요소
자료: 최병순(2010), 『군 리더십』, 북코리아, 179쪽.

---

24 최병순(1991), "한국군 지휘행동에 관한 탐색적 연구", 화랑대 연구소.

다. 이어서 대대장의 효과적인 지휘행동은 ① 부하에 대한 관심, ② 동기부여 및 유발, ③ 계획 및 조직화, ④ 인정 및 보상, ⑤ 인화단결 순으로 나타났다.

한편, 최병순의 또 다른 연구(1988)에서 제시한 중대장의 효과적인 지휘행동은 ① 부하에 대한 관심, ② 동기유발, ③ 인화단결, ④ 인정 및 보상 순이었다. 이러한 연구결과는 소대장부터 대대장까지 공통적으로 효과적인 지휘행동은 부하에 대한 관심과 동기부여 및 유발 행동이었으며 아울러 인화단결과 인정 및 보상도 효과적 행동임을 보여주고 있다.

4.3 한국군에서의 리더십 분류

한국군에서는 일반적으로 계급과 직위를 기준으로 장관급 장교(장성: 사·여단장 이상)들에게 요구되는 리더십을 고급제대 리더십으로 분류하고 있다. 또한 영관급 장교(대대장 및 연대장)들에게 요구되는 리더십을 중간제대 리더십, 위관 장교 및 부사관(분·소대장 및 중대장)들에게 요구되는 리더십을 초급제대 리더십으로 분류하고 있다. 그리고 일반적으로 연대급 이상 제대에서는 간접적 리더십을 발휘하고, 대대급 이하 제대에서는 직접적 리더십을 발휘하는 것이 바람직하다고 제시하고 있다.

이와 같이 예하 지휘관과 참모가 있는 대대장까지도 직접적 리더십을 발휘하도록 하고 있는 것은 일반적으로 대대급 부대는 부대원들이 동일 지역 또는 건물에서 생활하고 있기 때문에 대대장이 대대원들과 직접적으로 대면 접촉이 가능하기 때문이라고 할 수 있다. 또한 단기 양성교육 후 임관하는 초급 간부들의 리더십이 부족하기 때문에 안정적인 부대 관리를 위하여 대대장이 직접적인 지휘를 하는 것이 바람직하다는 현실을 고려했기 때문이라고 할 수 있다.

그러나 다 대대장이 400~500명의 대대원 전체를 직접 지휘를 하는 것은 통제범위(span of control)가 너무 넓기 때문에 현실적으로 가능하지도 않을 뿐만 아니라 소·중대장의 리더십 개발을 저해하기 때문에 바람직하지도 않다. 따라서 불가피하게 대대장이 직접적 리더십을 발휘할 필요가 있는 경우를 제외하고는 가급적 대대 참모와 중·소대장을 통하여 간접적 리더십을 발휘하는 것이 바람직하다. 전투상황에서도 대대장이 중·소대를 직접 지휘할 것인가? 그렇지 않다면 평시에도 전투상황에서처럼 소·중대장은 대대장보다 군사지식과 경험이 부족하기 때문에 소·중대장이 리더십을 잘 발휘하도록 여건을 조성해 주고, 리더십을 잘 발휘하도록 도와주는 조언자(consultant) 또는 코치(coach)로서 역할을 수행하여야 한다.

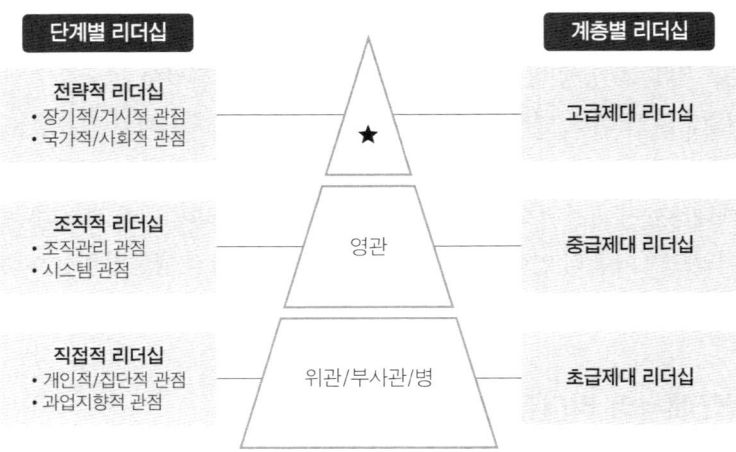

〈그림 2-49〉 단계별 리더십과 리더십 계층별 분류

자료: 최병순(2010), 『군 리더십』, 북코리아, 73쪽.

따라서 한국군에서는 〈그림 2-49〉와 같이 계급과 직위, 또는 근무 제대를 기준으로 한 리더십 분류를 서로 결합시켜 고급제대 리더십과 전략적 리더십, 중급제대 리더십과 조직적 리더십, 초급제대 리더십과 직접적 리더십을 연계하여 분류할 수 있는데, 육군교범 『군 리더십』(2012. 3)에서는 직접적 리더십을 행동적 리더십으로, 조직적 리더십을 통합적 리더십으로 명명하고 있다.

4.4 군의 리더십 방향

군의 리더십은 군 본연의 사명과 임무를 수행하는 데 요구되는 역량과 군을 구성하는 신세대 장병들의 특성을 접목시켜 달성해야 하는 특수한 형태의 리더십 유형이라고 할 수 있다. 이러한 군 리더십의 대표적인 특징은 다음과 같다.

첫째, 군이 수행하는 임무는 수정이 불가능하며, 불이행 시 엄청난 파장이 발생되기 때문에 신성불가침하다고 하겠다.

둘째, 군을 구성하는 임무수행의 주체는 신세대 장병들이다. 그런데 대부분의 장병들은 일정기간 의무복무의 형태로서 적정 수준의 보수 없이 신체적 · 시간적 노력과 희생(봉사)을 통해 임무를 수행해야 하는 상황이다. 따라서 군의 리더는 수동적인 조직구성원들의 행위를 통하여 절대적인 임무를 수행하는 특수상황에 적합한 형태의 리더십을 발휘해야 한다. 그러므로 앞에서 제시한 고급제대 지휘관 및 의사 결정권자들은 우선적으로 초급제대 지휘관(자)들에 대한 리더십 능력 배양에 주력해야 한다. 다음으로 군에 입영하는 신세대 장병들의 특성을 정확하게 진단 및 분석하여 신세대 장병들의 욕구를 해소하면서 그들의 특성을 전투력으로 승화시키기 위한 노력이 절실하게 요구된다.

셋째, 군의 특성에 맞는 리더십 모형의 개발이 필요하다. 즉 작전환경의 변화에 적응하면서 현존하거나 혹은 잠재적인 적의 도발을 억제하고, 적의 도발 시에는 승리하기 위해서 지속적인 혁신과 변화 지향적인 리더십이 요구되기 때문에 군의 특성(임무, 가용자원, 작전환경 등)에 맞는 리더십 모형의 개발이 이루어져야 한다.

4.4.1 군에서 요구되는 리더의 역량

군에서 요구되는 리더의 역량은 ① 리더의 자질 ② 리더의 능력 ③ 리더의 행동 측면에서 육군과 해군, 공군에서 〈표 2-40〉과 같이 제시되고 있다. 군별로 역량 명칭에는 다소간 차이가 있으나 내용면에서는 의사소통, 부하개발, 의사결정, 업무의 전문성, 변화와 혁신 등 대부분 공통적인 역량임을 알 수 있다.

〈표 2-40〉 한국군의 군별 리더십 요구 역량

구 분		육 군	해 군	공 군
적용 대상		전 지휘관	영관 해상 지휘관	영관 지휘관
역 량	자질	• 가치관 • 품성 • 태도 • 군인다움	• 타인에 대한 이해와 존중 • 공정한 대우와 평가 • 의사소통 • 조직구성원 역량 개발 • 책임감	• 도덕성 • 도전성 • 창의성 • 희생정신 • 책임감
	능력	• 지적인 능력 • 전투수행 능력 • 직무수행 능력 • 의사결정 능력 • 의사소통 능력 • 변화관리 능력	• 직무에 대한 열정 • 업무 전문성 • 의사결정 능력 • 통합적 사고 • 조직목표 설정능력 • 자원관리 능력 • 함정공동체 의식 조성 • 창의적 사고 • 비전설정 능력 • 변화와 혁신관리 • 공해상 작전수행 능력	• 자신과 타인존중 • 솔선수범 • 의사소통 • 부하 개발 • 업무의 전문성 • 업무조직화 • 의사결정 • 목표설정 • 팀워크 증진 • 긍정적 문화조성 • 비전 창출 • 네트워킹 • 변화와 혁신
	행동	• 솔선수범 • 마음 움직이기 • 자기개발 • 조직구성원 개발 • 성과달성		

자료: 최병순(2010), 『군 리더십』, 북코리아, 249쪽.

4.4.2 신세대에 대한 연구

1) 신세대의 개념

신세대(new generation)라는 용어는 20세기 초, 제1차 세계대전에 참전했던 많은 젊은이들이 기성세대와는 눈에 띄게 다른 독특한 행동양식과 사고방식을 가지게 된 데서 비롯되었으며, 일반적으로 10대 후반에서 30대 중반까지의 남녀를 지칭한다. 미국에서는 1960년대, 반전 운동의 주축이 되었던 대학생 세대 혹은 베이비 붐 세대를 지칭하고 있다. 그리고 일본에서는 경제적 풍요를 배경으로 급격한 가치관의 변화를 대변하는 새로운 세대가 사회로 진출하면서 기성세대와의 갈등이 표면화되기 시작하였는데 이때부터 신인류라는 개념으로 사용되기 시작하였다.

우리나라에서는 80년대 탈이념의 시대가 도래하고, 물질적 풍요를 누리는 시대가 되기 시작하면서 문화적 소비욕구가 새롭게 분출됨으로써 신세대라는 개념이 나타나게 되었다. 특히 1966년 이후 출생률과 사망률이 동시에 낮아지는 인구혁명시대에 태어난 사람들로서 가정의 아동중심 양육 분위기에서 성장한 세대를 일컫는다. 당시를 기준으로 연령상 20대부터 30대 중반까지의 청소년 및 청년층으로 그들만의 독특한 사고나 행동양식을 보이는 경향이 강하다.

이들은 사고방식이나 행동양식이 기성세대와는 매우 다르며 오늘날에는 'X세대, 디지털 노마드(Digital Nomad), Na세대, 유비노마드(Ubi-Momad), Neo W세대, me세대' 등의 다양한 명칭으로 사용되고 있다.[25]

---

25 본래 X세대의 기원은 캐나다의 더글러스 쿠플랜드(Douglas Coupland)의 소설에서 유래하였다. 당시에 미국 담배회사의 판매량이 증가하지 않자 판매량을 늘리기 위한 조치로 1993년 담뱃값을 인하하면서 기성세대와는 전혀 다른 세대인 신세대에게 접근하였는데, 이들의 등장을 두고 정체불명의 세대로 지칭하게 되었고, 쿠플랜드의 소설인 『Generation-X』에서 'X세대'로 지칭하게 되었다. M세대는 다문화 세대(Multiculture generation)를 뜻하며, 이동통신의 발달로 인하여 움직이면서 이메일을 주고받는 세대를 지칭한다. C세대는 사이버(Cyber)에 익숙한 세대를 말하며, 컴퓨터 사이버(Computer Cyber), 반도체 칩(Chip), 유선방송(Cable), 신용카드(Credit Card)에 익숙한 세대, 그리고 비판(Criticism)과 기존 질서로부터 변화(Change)를 요구하는 세대를 지칭한다. G세대는 푸른색의 'Green'과 'Global'을 상징하는 세대로 이들의 특징은 건강하고 적극적이며, 세계화를 추구하고, 미래지향적인 젊은 세대를 의미한다. 이들은 또 환경운동, 반핵평화포럼 등을 주도하기도 한다. E세대는 'Enterpriser'를 의미하는데, 스스로 사업체를 일으켜 경영인이 되고 싶어하는 세대를 말한다. W세대는 2002년 한일 월드컵을 통해 나타난 세대를 말하며, 자기정체성을 확인하고 이를 통해 삶의 가치를 찾는 세대이다. 디지털 노마드(Digital Nomad) 세대는 인터넷, 휴대전화, PDA 등을 가지고 이동하며 일하는 세대를 말하는데, 스피드를 중시하고, 시공간을 초월하는 사고성향을 가지고 있다. Na세대는 'New 호모 루덴스'(Homo Ludens: 노는 인간)을 뜻하며, 내가 주인공이 되는 세상을 만드는 데 열중인 세대이고, 창조적이고 주체적인 나, 남과 달라 보이는 나, 신바람 나는 나, 솔직하고 자유로운 나, 자신을 위한 투자에 적극적인 나를 의미하기도 한다. Y세대는 X세대의 다음 세대라는 의미로서, 주로 1980년 전후에 태어난 세대로 IT기술에 익숙하고 부모 의존적인 성향이 강한 특징을 보인다. 현재, 조직 내에서 Y세대

2) 신세대의 구분

삼성경제연구소에서는 2010년에 통계분석 결과를 기초로 연령과 직급 등을 함께 고려하여 조직 내 세대를 신세대, 중간세대, 기성세대로 구분한 바 있다. 연령으로 기준할 경우, 신세대는 34세(76년생)까지, 중간세대는 35세부터 45세(65년생), 기성세대는 46세(64년생) 이후로 구분하였다.

각 세대별로 특징을 분석한 결과를 보면 첫째, 세대차는 동일 연령대 내에서도 개인 간차이가 크다. 즉 연령대가 같더라도 조직에서 직급이 올라가면 행동방식이 직급에 맞게 변화되는 것으로 분석되었다.

둘째, 직급을 기준으로 군에 적용할 경우에 군에서의 신세대는 병사 및 위관급 간부와 일부 소령급 간부, 중사급 이하와 일부 상사급 부사관이 해당된다고 할 수 있으며, 중간세대는 영관급 간부(중령을 중심으로 소령과 대령 일부)와 35세 이상의 상사급 이상 부사관이며, 기성세대는 대령급 이상 고급 간부로 구분될 수 있다.

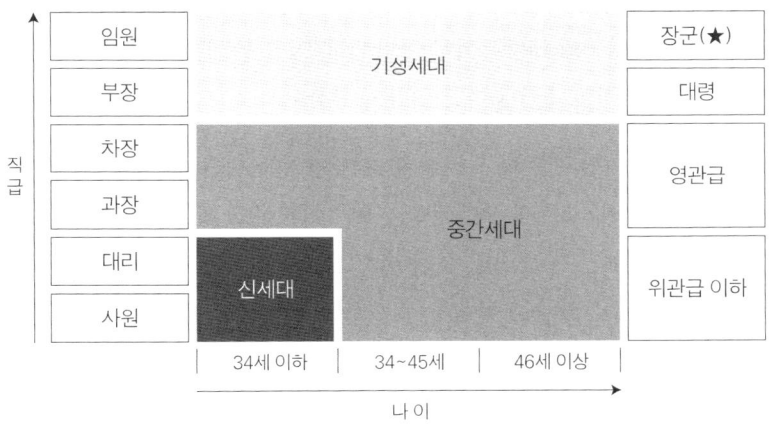

〈그림 2-50〉 연령과 직급을 고려한 직장 내 세대 구분

자료: 이순창 (2011), 『실전 리더십 핸드북』, 국방대학교, 56쪽.

3) 신세대의 특징

(1) 경제적 혜택을 받은 수혜의 세대

중진국 문턱에 들어선 시기에 출생하여 70년대 말의 호황과 신흥공업국으로 경제적 위치가 다져진, 국가적으로는 무에서 유를 창조한 경제성장의 혜택을 가장 먼저 누리고,

_____

의 비중은 약 24% 정도이며 대부분 직업인이 된 세대이다.

가정적으로는 부모의 피땀 어린 노력의 대가를 어려움 없이 수혜 받고 성장하여 물질만능주의적 사고와 보상에 민감하고 인내력이 부족한 편이다.

(2) 귀한 외아들 세대

산아제한운동과 산업화에 따른 핵가족화로 인하여 한 집에 1~2명의 자녀만 태어나, 대부분이 외아들(외동딸)로서 부모 사랑을 받고 성장하여 자의식이 강하며 자기가 제일 잘났다고 생각하는 경향이 있다.

(3) 전통적 가치관보다는 서구적 가치에 친근함을 느끼는 세대

근현대화가 곧 서구화라는 편향된 인식 속에서 전통적 가치를 고루하고 봉건적인 잔재로 생각한다. 모든 교육을 서구적으로 받았으며 먹고 살기 바빴던 부모세대의 비문화적 삶을 이해하기보다는 경시하기도 한다. 그러나 외형적인 서구화 속에서 문화적 정체감이 이들에게 혼돈을 주고 있다.

(4) 매스커뮤니케이션, 통신 및 과학의 발달로 대중문화에 빠진 세대

미국 및 일본 등 선진국의 대중문화를 안방에서 TV를 통해 보고 즐기며 책보다는 영상매체를 즐기는 등 감각적이고 즉흥적인 성향이 강하다.

(5) 권위주의 사회에서 민주화 사회로 편안히 안착한 세대

기성세대가 먹는 문제 때문에 선택했던 권위주의적이고 폐쇄적인 사회와 정치문화에 적극적으로 저항한 세대가 60년대의 신세대라고 한다면, 70년대의 신세대는 큰 고통 없이 민주화의 열매를 먹고 자라온 세대로서 민주적이고 개방적인 성향이 강하다. 그리고 정치보다는 문화 취향적인 성향을 가지고 있고 권위에 대해서 강한 반발심을 보인다. 그리고 군사문화에 대해서는 부정적 이미지가 형성되어 있다.

(6) 냉전 종식 후 신세계질서 형성기에 청소년기를 보낸 세대

이데올로기에 대한 관심이 점차 없어지고 반공의식이 희박해져 북한을 적이라고 생각하기보다는 동족으로 생각하는 경향이 농후하다.

(7) 정보화 사회에서 생활하는 세대

PC(인터넷)와 스마트폰 등 휴대전화로 데이트하는 세대로서 정보가 중요한 생활양식의 하나라고 생각하고, 이들 정보기기들을 다루는 데 매우 익숙하다.

〈표 2-41〉 사회변화에 따른 신세대 주요 특징

배 경	주요 특징
고도 경제성장	• 고생스럽고 고통스러운 것은 싫다. (인내력 / 정신력 부족) • 고상한 말 한마디보다는 당장 쓸 돈이 좋다. • 성과와 보상에 민감하다. (물질만능주의 사고)
핵가족 시대	• 세상에서 자기가 가장 잘났다. (과잉보호 / 외아들 근성) • 타인의 입장보다는 내가 중요하다. (이기심 / 개인주의) • 개인생활의 중시, 질책으로 쉽게 상처받는다.
서구화	• 자유, 자율가치를 존중한다. • 남녀 평등의식 및 수평적 가치를 존중한다. • 일과 생활의 균형을 중시하고, 사생활 보호에 민감하다.
대중문화 범람	• 감각주의 경향이 있다. • 자기 억제력 부족 및 돌발적인 과격 행동을 한다.
탈권위주의	• 전통적 · 권위주의적 문화와 유교적 질서의식을 상실하였다. • 군사문화에 대한 부정적 인식을 가지고 있다. • 자신의 생각과 감정을 적극적으로 표현한다.
탈냉전	• 상대적으로 북한에 대한 적개심이 약화되었다. • 이데올로기보다는 문화 지향적이다.
정보화 사회	• 정보를 생활양식의 일부로 생각한다. • IT기기 사용에 익숙하다. • 업무 외에도 폭넓은 인적 네트워크를 구축한다.
기타 (교육환경)	• 입시 위주 교육에 의한 전인교육 부재 환경에서 자랐다. • 체벌 없는 교육/성적과 경쟁의식에 의한 인성교육 부재환경에서 성장 • 협업 / 공동과업을 선호함.

자료: 이순창(2011), 『실전 리더십 핸드북』, 국방대학교, 59쪽.

〈표 2-42〉 신세대 장병들의 의식성향

구 분	내 용
개인주의 자기중심주의	• 내가 좋으면 그만, 이는 개성 또는 무원칙 성향으로 발전 • '우리'라는 소속감이나 집단보다는 '나' 중심 • 보편적 논리보다 자기 본위의 편의주의로 자기합리화 경향 • 자기에 대한 강한 자부심, 자신에게 충실 • 사회적 출세보다는 내면적 자아실현, 욕구실현을 중시하며 개인적 관심분야에 대해서 강한 집착과 열정을 보임 • 인내심이 부족하면서도 자기가 사고 싶은 것, 하고 싶은 것을 위해선 극도의 자제력을 보이며 자기개발에 관심이 높음 • 자신의 생각과 감정을 적극적으로 표현

구 분	내 용
합리주의	• '情'에 의한 인간관계 희박 • 원인과 이유를 따지기 좋아함 • '무조건 하라'는 지휘방식에 대한 강한 거부감을 표시 • 사생활 보호에 민감, 일과 생활의 균형을 중시
현실주의	• 명예, 보수, 안정성보다는 자기만족을 중시 • 현실적 이해타산과 이해득실에 민감 • 개인별 실적과 기여도에 따라 즉각적인 보상을 요구 • 협업이나 공동과업 선호(스터디 그룹, 팀 프로젝트 등)
탈이데올로기	• 대북관의 변질로 북한주민에 대한 동포애를 느끼며 북한군, 주민, 북한정권에 대한 가치기준이 모호 • 이념과 사상에 대해서 점차 무관심해지고 문화 지향적 사고형성
수평적 사고	• 민주화 교육의 결과 수평적 인간관계를 수직적 인간관계에 우선하여 생각하며, 일방적 결정에 대하여는 비순종적 • 권위주의에 대한 거부감 표시 • 다양한 인간관계와 관심사(폭넓은 인적 네트워크 구성)
다원주의	• 획일적·전체적 가치를 거부하며 자유분방 • 제도, 관습에 거부반응(자기 본위의 합리주의에 입각하여 판단) • 동료나 선배에 대한 의존도가 높은 편임

자료: 이순창(2011), 『실전 리더십 핸드북』, 국방대학교, 61쪽.

4) 신세대의 사고 및 행동성향

앞에서 살펴본 바와 같이 신세대는 개인의 삶을 더 가치 있고 풍요롭게 하는 것을 기반으로 조직을 인식하고 있으며 합리적인 평가와 보상을 중시한다. 이를 요약하면 신세대의 특징은 〈그림 2-51〉과 같다.

(1) 폭넓은 네트워크(다양한 인간관계와 관심사)

① 신세대는 폭넓은 네트워크를 형성하고, 이를 통해 자신의 다양한 호기심을 충족시키려는 특징을 보인다.

② 신세대는 기성세대보다 자신에 대한 투자에 훨씬 더 적극적이다.

③ 신세대의 폭넓은 인간관계와 다양한 취미활동은 창의적인 아이디어 발현의 잠재적인 기반이다.

(2) 평가결과와 보상에 민감

① 신세대는 자신의 노력과 성과에 대한 합당한 보상을 요구한다.

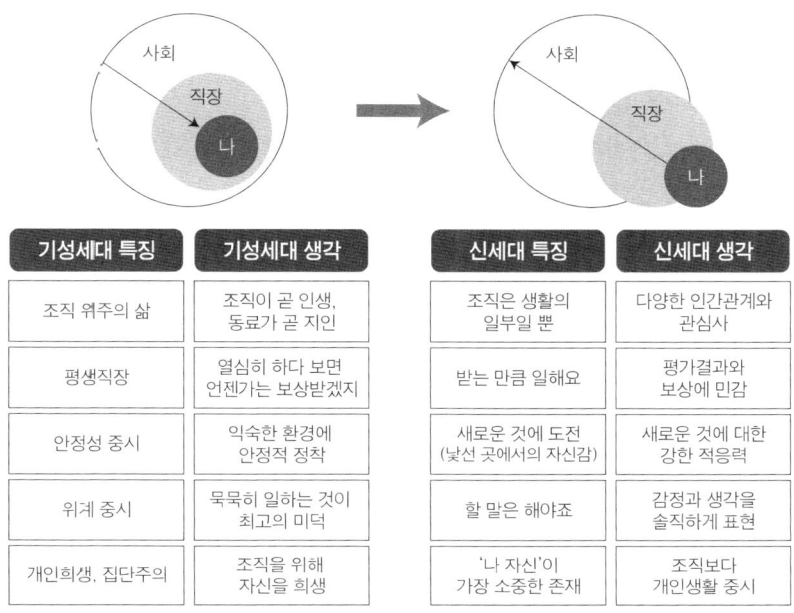

〈그림 2-51〉 신세대의 특징

자료: 이순창(2011), 『실전 리더십 핸드북』, 국방대학교, 67쪽.

② 기성세대는 보상에 민감하게 반응하는 신세대의 모습을 보고 충성심이 부족하다고 오해하는 경향이 있다.

③ 신세대는 자신의 발전에 도움이 되고 적절한 보상이 있어야 업무에 몰입한다.

(3) 새로운 것에 대한 강한 적응력

① 디지털 네이티브(Digital Native): 신세대는 새로운 IT기기에 대해 쉽고 빠르게 적응한다. 학생시절부터 컴퓨터, 인터넷, 디지털 카메라 등 디지털 IT기기를 일상의 도구로 사용한 신세대는 새로운 IT기술을 학습하고 응용하는 능력이 탁월하다.

② 글로벌 마인드: 우수한 어학 실력과 직간접적 해외 경험을 바탕으로 외국생활 등에 대한 강한 자신감을 가지고 있으며, 외국문화에 대해 거부감을 느끼지 않을 뿐만 아니라 어느 나라에 가서도 잘 적응할 수 있을 것이라 생각한다. 이는 학창시절 배낭여행, 어학연수 등 실제로 해외에서 생활해본 경험이 자신감이 원천으로 작용하기 때문이다. 신세대는 IT 및 글로벌 역량을 바탕으로 변화를 즐기고 새로운 것에 빠르게 적응하며, 이러한 적응력은 급변하는 조직환경에 유연하게 대처할 수 있는 강점으로 작용한다. 따라서 새로운 정보와 최신 트렌드에 민감한 신세대를 의사결

정 과정에 적극적으로 참여시키고 활용하는 것이 필요하다.

(4) 감정과 생각을 솔직하게 표현

신세대는 자신의 의견과 감정을 비교적 자유롭고 솔직하게 표현한다. 과거에는 자신의 감정을 드러내지 않는 것이 미덕이라고 여겼으나, 신세대는 자신의 감정을 표현하는 것이 자연스럽다고 생각한다. 따라서 신세대는 조직 내 커뮤니케이션 방식의 변화를 요구한다. 신세대는 기존의 상명하달식 커뮤니케이션이 비효율적이라고 생각하고, 실무자급의 발언 기회가 확대되고 상하 간 의사소통이 활발한 조직문화를 기대한다.

(5) 조직보다는 개인생활을 중시

신세대는 조직생활이 인생의 일부일 뿐이며 조직을 위해 희생하기보다는 개인 시간을 갖고 삶을 풍요롭게 하는 것이 인생의 목적이라고 생각한다. 신세대는 직업을 선택할 때 '일과 생활의 균형'(WLB: Work-Life Balance)을 중요한 기준으로 생각하나 실제 만족도는 낮은 편이다.

개인생활을 중시하는 신세대는 집단주의 가치관이 강한 기성세대와 종종 갈등상황에 직면한다. 즉 일과 개인생활 중 하나를 선택해야 하는 상황에서 신세대는 굳이 개인생활을 희생할 필요는 없다고 생각한다.

4.4.3 신세대에 맞는 리더십 방향

신세대는 현재의 조직 환경에 유리한 강점들을 많이 보유하고 있다. 따라서 이들 강점들을 군 경쟁력과 전투 강화에 기여할 수 있도록 리더십을 발휘하는 것이 중요하다.

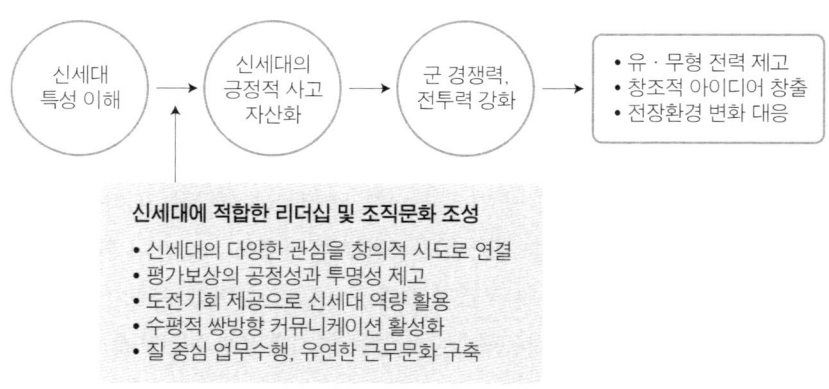

〈그림 2-52〉 신세대에 대한 리더십 방향

1) 신세대 성향이 군에 미치는 영향을 이해

신세대의 사고 및 행동성향은 양면성을 나타내고 있다. 그러나 부정적 혹은 긍정적 평가는 보는 사람의 주관, 즉 기성세대의 가치관을 중심으로 한 것이기 때문에 얼마든지 바뀔 수도 있는 이중적 가치임을 상기할 필요가 있다.

(1) 순기능적 측면

신세대 장병들은 매사 맺고 끊음이 분명하고 새로운 것을 추구하며 발전적이고 도전적이며 자기 성취의욕이 강하다. 그리고 변화에 대한 수용력과 공정성, 합리성을 추구하는 등 진취적인 장점을 지니고 있다. 강한 개인적 자부심과 자기성취욕 등은 개인의 의사표현을 분명히 하게 하고 강한 동기유발과 함께 적극적인 참여를 하게 한다. 특히 컴퓨터 및 첨단장비의 운용능력과 각종 소프트웨어의 조작능력 등은 미래 지식정보화 군으로의 발전에 긍정적인 영향을 미칠 것이다. 또한 신세대 장병의 이러한 특성들은 조직 내 활력을 불어넣는 데도 순기능적인 역할을 할 수 있다. 신세대 장병은 자신의 가치관과 조직의 목표가 일치되면 정당하다고 생각될 때는 적극적으로 헌신하는 태도를 보인다. 그리고 합리적으로 설득력 있게 어떤 과업을 지시하면 적극적인 임무수행 자세를 보이는 성향이 강하다.

이처럼 신세대를 부정적 시각과 선입견을 가지고 보기보다는 그들을 어떻게 군 조직의 존재 목적에 부합되고, 또 군 지휘통솔의 범주 안에서 좋은 방향으로 유도할 것인가를 고민하는 것이 바람직하다. 따라서 지휘관들은 신세대 장병의 긍정적 특성을 잘 이해하고 이러한 긍정적 특성이 조직목표 달성에 순기능적으로 작용할 수 있도록 지휘 및 통솔해야 한다.

(2) 역기능적 측면

신세대 장병의 특성은 양면적이고 이중적이기 때문에 긍정적 특성과는 달리 부정적이고 역기능적인 특성도 가지고 있다. 그들은 모든 가치의 중심을 '나'로 생각하기 때문에 매우 이기적이고 자기중심적이어서 국가·사회에 대한 봉사와 희생정신이 미약하고, 힘들고 어려운 일이나 위험한 일은 기피하려는 경향이 있다.

또한 신세대 장병들의 자유분방한 성향은 군의 계급 및 조직체계에 대한 거부의식으로 나타나고 군의 엄격한 지휘구조에 부정적인 반응을 보이기도 한다. 이로 인해 상급자와 부하, 동료 간에 갈등을 일으키고, 인내력 부족과 체력 및 정신력 결여는 복무염증 등의 병영 부적응 현상으로 표출되어 예상치 못한 악성사고를 유발할 수도 있음을 감안해야 한다.

2) 신세대의 특성을 사회적 배경 속에서 이해

기성세대가 가진 가치관의 잣대로 신세대의 사고와 행동을 해석하지 말고 그 차이를 인정해야 한다. 즉 신세대는 기성세대와는 다른 사회적 배경 속에서 성장했으므로 이를 바탕으로 그들의 특성을 이해하는 것이 중요하다. 성장 시기의 사회적 배경이 다른 세대 간에 서로 다른 가치관을 갖는 것은 오히려 자연스러운 현상일 것이다.

〈표 2-43〉 세대 간 인식의 차이

기성세대의 부정적 인식	신세대의 인식	신세대 인식 형성배경
'딱 자기 일만 하고, 총대 매는 법(희생)이 없다.'	아무도 나를 책임지지 않으며, 조직을 위해 내 인생을 희생할 필요 없음	입시·취업전쟁 경험, 승진의 어려움 경험, 중도 탈락 현상 목격(학교/직장 등)
'일이 있어도 퇴근시간이 되면 가 버린다.'	조직은 인생의 일부일 뿐, 몸담고 있는 조직 외에도 할 일이 많이 있음	글로벌, IT 등 넓은 경험 다양한 관심사
'금방 얼굴빛이 바뀌어서 야단도 못 치겠다.'	크게 질책 받은 경험이 없음, 합리적인 질책은 수용하지만 감정적 질책은 사양	1~2자녀 가구 세대(모두 왕자님, 공주님), 인격적·합리적 대우
'일일이 가르쳐주지 않으면 일을 못한다.'	내가 하는 일에 관심과 피드백, 세밀한 지도를 원함. 가르쳐주면 잘할 자신이 있음	맞춤형 사교육 세대, 부모의 세밀한 보호 하에 성장

자료: 이순창(2011), 『실전 리더십 핸드북』, 국방대학교, 80쪽.

3) 신세대의 강점을 강화할 수 있는 리더십과 조직문화 구축

신세대는 자신을 버리고 희생하여 조직의 성공을 이끄는 세대가 아니다. 자신의 성공이 전제될 때 조직에 헌신한다. 따라서 신세대에게 당위적으로 조직에 헌신할 것을 강요하는 것보다는 신세대 조직구성원과 조직이 함께 윈–윈(Win-Win)하는 방법을 강구해야 한다. 이를 위해서는 신세대 특징을 긍정적으로 강화하고 활용할 수 있는 리더십과 조직문화를 조성하는 것이 필수이다. 병사와 초급 간부들에게는 지시와 통제 중심의 리더십이 아니라 지속적으로 관심을 갖고 배려하며 알려주는 지원적 리더십이 필요하다.

<표 2-44> 신세대와 조직문화 연계

신세대의 특징	리더십과 조직문화 핵심요소
다양한 인간관계와 관심사	• 신세대의 다양한 관심을 창의적 시도로 연결 • 호기심을 자극하고 소집단 활동 장려
평가 결과 및 보상에 민감	• 평가보상의 공정성과 투명성 제고 • 금전적·비금전적 보상을 통해 인정 욕구 충족
새로운 것에 대한 강한 적응력	• 도전기회를 제공함으로써 신세대 역량 활용 • 새로운 업무기회 부여(Job Rotation 등)
자신의 감정과 생각을 솔직히 표현	• 수평적 쌍방향 커뮤니케이션 활성화 • 신세대를 이해하고 다양한 채널로 소통
조직보다 가인 생활을 중시	• 업무의 질 중심으로 유연한 근무문화 구축 • 조직의 핵심가치(shared-value)를 적극 공유

자료: 이순창(2011), 『실전 리더십 핸드북』, 국방대학교, 81쪽.

4) 장병들의 창의적 참여를 이끌어내기 위한 노력

신세대의 넓은 네트워크와 다양한 관심사가 창의성 발현의 원천이 되도록 군 조직 내에서 다양한 시도를 해야 한다. 즉 새로운 아이디어나 창의적인 시도를 인정해주는 조직문화를 조성하는 것이다. 따라서 신세대의 관심 주제에 대해서 소집단 중심의 비공식활동을 장려함으로써 조직 내에서 크고 작은 창의성 활동들이 끊임없이 일어나도록 장려하는 것이 바람직하다.

(1) 평가 보상의 공정성과 투명성 제고

신세대의 노력과 성과에 대해서 공정하고 합리적인 보상이 필요하다. 신세대는 자신의 보상 수준뿐만 아니라 동료의 보상에도 지대한 관심을 보이므로 객관적인 평가보상 기준의 설정이 매우 중요하다.

업무성과에 대해서 객관적으로 평가하고, 그 결과를 납득할 수 있도록 적시에 피드백함으로써 공정성을 인식시켜 주어야 한다. 또한 경제적 보상뿐만 아니라 작은 업무성과에 대해서도 칭찬과 격려 등의 즉각적 관심 표명을 통해서 인정의 욕구를 충족시켜 주어야 한다.

(2) 도전기회를 제공함으로써 신세대 역량 활용

보직순환이나 새로운 업무부여 등으로 신세대에게 끊임없이 새로운 도전 기회를 부여하고 경력개발을 지원해주어야 한다.

신세대는 환경변화에 빠르게 적응하는 반면, 빨리 지루해하고 지속적으로 새로운 자극을 찾는 경향을 보이는 것으로 분석되고 있다. 그러므로 주기적으로 새로운 업무기회를 부여하거나 교육훈련 기법의 다양화, 그리고 업무수행 방식을 변경해주는 등 수행업무에 변화를 줌으로써 신선한 자극을 제공해주는 방안이 강구되어야 한다.

(3) 수평적 쌍방향 커뮤니케이션 활성화

자기표현에 익숙하고 상대방도 자기의 생각과 감정을 표현해주기를 기대하는 신세대는 조직구성원 간 수평적 커뮤니케이션을 중시한다. 신세대는 인터넷, 소집단 활동 등을 통해서 자신의 생각과 감정을 표현하는 데에도 능숙하다. 반면에 조직 내에서 자신의 의견을 충분히 피력하지 못하고 있는 것이 군 조직의 현실이다. 따라서 지휘관은 신세대들에게 익숙한 이메일, 메신저 등의 커뮤니케이션 채널을 업무수행 시 적극 활용할 수 있도록 대안을 마련해줄 필요가 있다. 왜냐하면, 기성세대는 의사소통 시 상대방의 감정을 느낄 수 있는 대면접촉에 편안함을 느끼는 반면, 신세대는 짧은 시간 동안 자주 편하게 대화할 수 있는 커뮤니케이션 채널을 선호하기 때문이다.

(4) 업무의 질 중심으로 유연한 근무문화 조성

업무를 근무시간 중심으로 관리하는 경직된 근무문화에서 벗어나 일과 생활(병영생활), 일과 휴식의 균형을 고려한 유연한 근무분위기 조성이 필요하다. 하지만 이는 군대 조직의 특성상 어려운 면도 있다. 그러나 미래지향적인 차원에서 근무와 교육훈련 시간 및 업무(교육훈련)량 중심의 관리에서 벗어나 업무성과와 질을 최우선으로 하는 업무관리와 교육훈련 관리로 변화를 모색하는 방안이 검토되어야 한다. 그리고 이러한 업무 및 교육훈련 관리 제도는 성과중심의 평가보상과 연계되어야 진정한 효과를 발휘할 수 있음을 잊어서는 안 된다. 또한 개인생활을 중시하는 신세대 특성을 존중하되 지나친 개인주의로 흐르지 않도록 군조직의 핵심가치를 공유하는 것이 필요하다.

사례: 한국군의 살아있는 전설, 백선엽 장군

백선엽은 1920년 11월 23일 일제강점기 한국 평안남도 강서군에서 태어났다. 그는 가정환경으로 희망했던 군인의 길을 뒤로 미루고 평양사범학교로 진학하여 교직에 종사하다가, 1940년 3월 일본이 초급장교를 양성하기 위해 세운 펑톈(奉天)의 만주군관학교에 진학하였다. 1942년 12월에 만주군관학교를 제9기로 졸업하였으며 견습 군관을 거쳐 1943년 4월 소위(일본군)로 임관하였고, 일본 패망 당시 백선엽은 중위였다. 해방직후, 민중들로부터 많은 신망을 받고 있었던 고당 조만식 선생의 비서로 활동하면서 조만식 선생의 민족주의 운동에 참가하지만, 북한에서 사회주의체제가 수립되자, 1945년 12월 24일에 월남하였다. 월남 후 1945년 12월 5일에 만들어진 군사영어학교 1기생으로 입학, 1946년 2월 26일에 국방경비대 육군중위로 임관하였다. 다음해 1월 15일에 창설된 국방경비대 제5연대장(부산)으로 임무수행 중 미군과 신뢰관계를 형성하게 된다.

1948년 대한민국 정부 수립 이후, 국방경비대가 정식으로 국군으로 재편되면서 그는 국군 제5연대장과 육군본부 정보국장을 거쳐 1950년 4월에 개성을 관할하는 국군 1사단장으로 부임하여 1950년 6·25전쟁을 맞이하게 된다. 1950년 6월 25일에 백선엽은 당시 시흥에 있던 육군 보병학교에서 3개월 과정의 고급간부교육을 받고 있던 중 급거 귀대하여 육군 제1사단을 지휘하였으나, T-34/85 전차를 앞세운 북한군에 밀려 전선조정을 위하여 낙동강 선까지 후퇴하게 된다.

이후 1사단은 한국군 부대 중에서 유일하게 미1군단에 배속되어 지원 나온 미군 두 개 연대와 함께 낙동강 지역의 다부동전투를 치렀다. 전투 중 한국군 병력의 후퇴와 무단이탈이 극심하자 다부동전투를 함께하던 미군 27연대장 마이켈리스(Michaelis) 대령이 "전선 좌측의 한국군 부대가 무단이탈하고 있다."라며 다급하게 전황을 알려왔다. 그가 현장에 도착해보니 한국군이 후퇴하고 있었고, 당시 병사들은 이틀을 굶은 상태였다고 했다. 그는 후퇴하는 한국군을 막으며 "나라가 망하기 직전이다. 저 사람들(미군)이 싸우고 있는데 우리가 이럴 순 없다. 내가 앞장설 테니 나를 따르라. 내가 후퇴하면 나를 쏴도 좋다."라며 현장 리더십을 발휘하여 전장을 승리로 이끌었다. 그 후 인천상륙작전이 성공하고 북진과정에서 미 1기병사단, 미 24보병사단과 평양 점령을 경쟁하여 제일 먼저 평양에 입성하는 부대가 되기도 하였다. 평안북도 운산까지 진출한 1사단은 중공군의 반격에 밀려 다른 유엔군과 함께 38선 이남으로 철수하였다.

1952년의 휴전회담이 체결되자 그는 한국 측 대표단의 한 사람으로 휴전문서의 조인식에 참석하기도 했다. 그 후 육군 제2군단장을 거쳐 1952년 7월, 육군참모총장에 임명되었다. 이때 그의 나이는 약관 32세였다. 이때 그는 미군의 밴 플리트 장군과 함께 한국군 증강계획을 세워 추진한다. 미국의 신뢰 외에도 영어를 잘 구사했던 그는 대한민국의 입장과 이승만 대통령을 변호하여 이승만 대통령과 미국의 관계를 조율하는 역할을 하였다. 참모총장 재직 시 그는 10개 상비사단 창설(11~20사단), 10개 예비사단 창설 등을 추진하였으며, 1953년 1월 대한민국 최초로 육군 대장으로 진급하였다.

　1954년 2월에는 동양 최초로 제1야전군을 창설하고 사령관에 임명되었다. 이때 그는 155마일 휴전선 방어책임을 미8군으로부터 사실상 인수 받아, 43개월의 장기간 동안 초대 1군사령관으로 야전군의 기틀을 다져놓았으며, 1957년 5월, 다시 육군참모총장을 역임하게 된다. 1959년에는 연합참모본부 의장으로 취임, 최신식 무기 도입 등 한국군의 근대화에 공헌했다. 그러나 육군중령 김종필 등을 중심으로 하는 신진 장교들에 의한 청군 운동으로 스스로 용퇴를 결심, 1960년 5월 31일 퇴역했다. 퇴역 후에는 외교관으로 임명되어 1960년 7월 주 중화민국 대사, 1961년 7월 주 프랑스대사 겸 네덜란드·벨기에 대사를 역임했다. 5·16 군사쿠데타 이후 박정희 정권에서는 1965년 7월 캐나다 대사로 전보되었다가 1969년 10월 교통부 장관이 되었다. 교통부 장관으로 서울의 1기 지하철 건설을 지휘했다. 1971년 충주비료 사장, 1973년 (주)한국에탄올 사장, 1976년부터 1981년까지는 한국화학연구소 이사장 재직을 끝으로 은퇴하였다.

　백선엽 장군은 정·재계 은퇴 이후에도, 대한민국의 안보를 위하여 살아있는 증인으로서 전설적인 인물로서 다양한 활동으로 그 역할을 다하고 있다. 백 장군에 대한 일반적인 평가를 종합해보면, 장군의 지위에 있으면서도 위세를 부리지 않았던 점과 한국전쟁 중 차량 이동을 자제하고 부하들과 함께 도보로 이동하는 등의 모습을 보여 부하 장병들에게 감동을 주기도 했다. 특히 미국은 주한미군사령관 이·취임식 때는 '존경하는 백선엽 장군'이라는 인사말로 시작하는 전통이 있으며, 미군 장성진급자들을 대상으로 하는 캡스톤 그룹의 해외연수 프로그램의 필수 코스가 '한국에 찾아가 백선엽 장군 만나기'이다. 또한 주한 미8군에서 카투사 장병들을 대상으로 백선엽 장군 보드(General Paik Board)를 주관함으로써 백 장군의 활약상에 대해 높이 평가하고 있다. 2002년 4월 미 보병 제2사단 캠프 케이시에 '제너럴 백선엽 히어로 룸' 개관식을 가졌으며, 이 기념관에는 미군측이 부대 근접전투 전술훈련장(the Close Combat Tactical Trainer)을 백 장군 이름으로 명명하여 사후 강평실로 사용하고 있다.

　한국군의 리더십을 논함에 있어서 백선엽 장군에 대한 역사적인 평가가 모두 긍정적이지만은 않다. 특히 그의 일본군 경력에 대하여서 부정적인 시각이 존재하는 것이 사실이다. 앞으로 군인의 길을 걷고자 하는 이들에게는 해방과 창군, 6·25전쟁과 군의 현대화 과정에서 백선엽 장군이 걸어온 여정을 추적하여 전장에서의 살아있는 전설, 안보 및 국방 분야에서의 참군인의 리더십, 조국근대화 과정에서의 공헌 등을 돌아보면서 격변기를 살아온 백선엽 장군의 리더십을 재음미해볼 필요가 있다.

제5절 한국의 미래 리더십 방향

5.1 한국에서의 리더십 연구경향

한국에서의 리더십 연구는 학계 및 실무에서 그 관심과 활동이 더욱 활발해지고 증가하고 있는 추세이다. 한국의 리더십 연구에 대한 체계적인 개관은 1998년에 처음으로 이루어졌다고 볼 수 있다.[26] 백기복 등은 국내에서 리더십 논문이 최초로 발표된 1967년부터 1997년까지 30년 동안 한국의 경영학계에서 발표된 리더십 논문들을 분석하였다. 경영학 관련 학회지와 각 대학 논총 등에 발표된 46편의 논문들에 대해 서술적 차원, 이론 및 주제별 차원, 그리고 추세 차원에서 분석했으며 그 결과는 다음과 같다.

첫째, 46편의 논문 중에서 1990년대에 발표된 논문이 28편(21편이 실증연구)으로 리더십 연구가 1990년대 이후부터 더욱 증가하는 추세를 보이고 있다.

둘째, 저자의 수가 총 51명이었는데 그 중 44명이 한 편만 발표하여 학자들의 지속적 연구가 부족하였다.

셋째, 공저논문은 12편이었고 편당 한국논문(또는 저서) 인용건수는 평균 8.71%(2.99편)로서 연구방법이 다양해져가는 양상을 띠고 있다.

넷째, 서구의 기존 이론을 소개하는 논문은 1992년 이후부터는 거의 발표되지 않고 새로운 이론을 시도하는 연구가 늘고 있다. 다른 나라와의 리더십 스타일의 비교 연구에서는 리더십 관행에는 차이가 있지만 바람직한 리더상의 인식에 있어서는 유의한 차이가 없고, 한국이 미국보다 더욱 가부장적인 것으로 나타났다. 또한 문화와 리더스타일 간에 적합도가 높을수록 조직몰입과 직무만족이 높은 것으로 나타났다.

다섯째, 한국의 조직구성원들은 여성 리더에 대해서는 부정적 인식을 갖고 있으며 이것은 성역할의 고정관념에 의해서 그 강도가 조절되고 있는 것으로 나타났다. 또한 관계지향적 리더는 준거적 권력을 선호하고 과업지향적인 리더는 보상 및 강압적 권력을 더 선호하는 것으로 나타났다. 리더십 성과에 대한 영향은 조직구성원들에 의해서 매개되는 것으로 나타났으며, 리더 육성에 대해서도 관심을 보여야 하는 것으로 평가되었다.

여섯째, 변혁적 리더십은 거래적 리더십에 더하여 유의적인 증분효과가 있는 것으로 나타났으며, 카리스마적 리더십과 거래적 리더십은 양립할 수 있다는 결과를 얻었다. 리더의 특성으로서 배려와 구조주도를 사용한 연구들에서는 구조주도의 강력한 효과가 돋

---

26 백기복 외(1988), "한국 경영학계의 리더십 연구 30년: 문헌검증 및 비판", 『경영학연구』 제27집, 113-156쪽.

보였으나 결과변수로서 모두 직무만족을 사용했다는 점에서 한계가 있다.

일곱째, 서구에서 이루어진 많은 연구들 중에서 한국에서는 한 편의 논문도 발표되지 않은 이론이나 주제들이 비교적 많았다. 리더십의 귀인이론, 리더십 대체이론, 전략적 리더십 이론, 추종자 이론, 육성론, 리더십 실패 등은 앞으로 좀 더 많은 연구가 이루어져야 할 영역들이다.

여덟째, 종합적으로 평가한다면 서구의 기존 이론을 소개하는 데서 출발한 한국의 리더십 연구는 재검증 연구와 발전형 연구를 거쳐 새로운 지식의 생성에 초점을 두는 개발형 연구의 단계에 들어와 있는 것으로 판단된다.

한편 리더십학회 학회지인 『리더십 연구』 창간호(2004)에서 백기복과 정동일은 한국과 미국 경영학계에서 진행된 최근의 리더십 연구흐름을 정리하였다.[27] 그들에 따르면 미국에서의 연구추세는 ① 변혁적·카리스마적 리더십에 관한 연구의 집중, ② 공유 리더십 이론(shared leadership theory)의 출현, ③ 리더의 성별(gender)에 관한 연구의 활성화, ④ 분석 수준(level of analysis)의 중요성 대두, ⑤ 전략적 리더십에 관한 관심의 고조, ⑥ 이문화 리더십(cross-cultural Leadership)의 광범위한 연구 등으로 집약된다.

또한 한국에서의 리더십 연구 흐름을 ① 논문의 과학적 엄격성 향상, ② 연구주제의 다양성 증가(성별, 분석 수준, 이문화 리더십 등), ③ 변혁적 리더십 이론에 대한 연구 집중, ④ LMX 이론에 대한 관심 증가, ⑤ 독자적 리더십 이론의 실험 등으로 정리하고 있다. 미국에서의 리더십 연구흐름과 비교할 때 비슷한 점들이 많은 것은 국제적인 학문교류가 활발함을 보여주는 예라고 볼 수 있을 것이다.

서구에서의 리더십 연구는 직간접적으로 한국에 많은 영향을 미쳤다. 주로 서구에서 발행되는 학술지나 서구에서 교육받은 학자들을 통하여 리더십 이론이나 사고가 전파되어 왔다. 특히 정보통신의 발달로 자료들의 동시적 공유가 이루어지게 되어, 국내외의 경계의 의미가 약화되고 있는 실정이다.

그동안 우리나라에서 이루어진 리더십 연구결과가 제시하는 시사점들을 정리해보면 다음과 같다.[28]

첫째, 한국인의 의식구조와 리더십을 연계한 연구는 많지 않다. 한국에서 만든 이론의 틀이 없으므로 리더십 요인을 도출하는 연구도 미국의 이론모형과 요인들을 주로 사용하기 때문이다.

---

27 백기복(2005), 『리더십 리뷰』, 창민사, 72-75쪽.

28 박유진(2009), 『현대사회의 조직과 리더십』, 양서각, 234쪽.

둘째, 한국적 리더십 요인들은 주로 업무시스템 요인보다 정, 관심, 인간미, 감성 중시, 신뢰와 같은 인간관계 요인과 관련되어 있는데, 이는 한국사회가 집단주의 문화 속에서 인간관계를 통한 성과를 지향하기 때문으로 이해할 수 있다.

셋째, 가장 효과적인 리더십은 힘과 정을 모두 강하게 발휘하는 유형이다. 이는 미국의 리더십 연구에서 중요하게 평가받는 블레이크와 모튼(Blake & Mouton)의 관리격자에서 이상형으로 가정하는 9·9형과 유사하다.

넷째, 우리나라의 리더십은 큰 틀에서는 조직경영의 보편적 원리를 지향하고, 구체적인 실행에서는 한국적인 정서를 활용하면 효과가 증대될 것이다.

다섯째, 사회변화에 따른 리더십 패러다임의 변화에 주목해야 한다는 점이다. 공동사회에서 이익사회, 이익사회에서 지식정보화 사회로의 변화과정에서 기존의 권위적 질서에 의한 리더십 효과성은 약화될 것이다.

한국에서의 리더십 연구는 꾸준히 진척되어 왔으나 발전시켜야 할 과제들은 여전히 많다. 특히 창의적인 이론을 창출하고 현장의 리더들에게 호응을 받을 수 있는 실용성이 높은 연구결과들을 지속적으로 발표하면서 연구성과를 축적해나가야 할 것이다.

5.2 한국의 미래에 필요한 리더십

왜 그 사람을 추종하는가? 이 질문에 답하려는 것이 리더십 연구라고 본다면, 왜 그 사람을 추종하지 않게 되었는가? 이 질문 또한 양면성의 면에서 리더십 연구의 대상이다. 어떤 사람을 추종하고 또는 추종을 포기하는 이유는 무엇일까?

아마도 가장 중요한 이유는 개인의 이익과 관련한 이해관계일 것이다. 정치적 지도자를 따를 때는 집권 후에 얻을 수 있는 권력과 그에 따르는 이익을 기대할 것이고, 조직 내의 어떤 상급자를 추종할 때에도 승진이나 얻게 될 이익을 가늠할 것이다. 개인의 이익과 관련한 이해관계가 동서양의 어떤 문화권이든 보편적 이치일 것이고, 이해관계에서 중시하는 항목이 문화권마다 다른 것이 특수성의 문제일 것이다. 물론 추종과 추종단절의 이유가 이익적 거래 외에 다른 요인들도 있겠지만, 유념할 점은 인간내면의 동인(動因)은 설문이나 여론조사와 같은 피상적인 연구방법으로는 밝혀내기 어렵고 체계적인 면접이나 사례연구 등의 심층적인 연구방법으로 접근이 가능하다는 것이다.

어떠한 방법으로 접근하든지 우리 정서에 합치하는 리더십의 맥점을 탐색하기 위해서는 먼저 문화적 특성이나 의식구조를 이해하는 것이 좋은 방법의 하나이다. 의식구조와 같은 특성은 리더십 현상에 대한 일반적 이해에 도움이 될 뿐 아니라 연구의 가설로서도 필요하기 때문이다.

5.2.1 한국인의 의식구조

우리나라 사람들의 의식구조에 대하여 많은 견해들이 있지만 식별된 특성들은 다음과 같다.[29]

첫째, 상황에 따라 다르게 언행하는 양면성이다. 집단의 입장일 때와 개인의 입장일 때, 공식적 관계일 때와 비공식적 관계일 때, 지배적 입장일 때와 피지배적 입장일 때 등 동일한 상황에 대해 상반적인 태도와 행동을 보인다. 이러한 현상은 늘 집단의 입장과 집단 속에서 자기 위치를 고려해야 하므로 자신의 주장을 소신대로 표명하기 어려운 문화의 영향으로 볼 수 있다. 집단의 입장을 고려해야 하고 소속된 여러 집단을 곤란하지 않게 신경을 써야 하는 것이다. 그러나 최근 개인주의의 영향으로 자신의 의견을 솔직하게 표명하는 경향이 늘고 있으며 점차 자기정체성의 입장이 증가할 것으로 보인다.

둘째, 내집단을 중시한다. 내집단은 이해관계와 인간적 유대감을 긴밀히 나누는 사람들의 이익공동체이다. 내집단 사람의 입장을 살펴주지 않는 행위는 소외를 초래한다. 외집단 사람들에게는 공식적인 입장을 취하고 내집단 사람들에게는 인간적으로 친밀한 관계를 유지한다. 해결할 문제가 있으면 공식적인 경로보다 내집단을 이용한다.

셋째, 권력에 대한 욕구가 강하다. 예로부터 부귀영화를 바라는 정서가 지속되고 있으며 권력은 부와 사회적 위세를 얻는 기반이기 때문이다. 사회적 권력자들과의 유대관계를 맺으려 하고 또한 과시한다. 여전히 권력층과 줄이 닿는다는 거짓말에 큰돈을 벌려고 하는 사람들이 사기를 당하는 뉴스가 이어지는 이유이다. 손봉호 교수에 의하면, 우리나라 사람들은 돈으로 명예를 사려 하지만 서구인들은 돈이 생기지 않은 명예는 얻으려 하지 않는다고 한다.

넷째, 인간적 유대감을 주는 감성을 중시한다. 공식적이거나 규정에 의한 언행보다 비권위적 행동이나 파격의 멋을 선호한다. 합리적으로 따지는 것보다 감정적인 이해의 정서를 중시한다. 내집단 정서와 결합하여 '우리가 남이가?'의 유대감을 형성한다. 우리 문화를 정의 문화라고 부르는 이유이다.

다섯째, 외적인 형식가치를 중시한다. 실질가치보다 겉으로 드러나는 가치와 위세를

---

[29] 박유진(2005. 5), "한국적 리더십의 특성연구", 3사교논문집 참고.

중요하게 생각한다. 자동차도 고급스러운 것을 타고 체면의식으로 밥값도 먼저 치르려 한다. 가방이나 소지품 등 명품이 세계에서 가장 많이 팔리는 나라들 중에 속하며 유사명품도 넘친다. 명예나 체면 등을 중시하여 공개적으로 특히 친구나 가족 및 부하 앞에서 망신이나 모욕을 당하면 치유할 수 없는 원한이 될 수 있다.

여섯째, 자기 흥을 좋아한다. 평양감사도 하기 싫으면 마다한다는 이야기처럼 스스로 좋아하는 흥에는 힘이 솟는다. 내가 하고 싶어 나서는 일에도 누가 시키면 맥이 빠지는 법이다. 그러므로 흥이란 위의 지시를 받아서 생기는 것이 아니라 내면의 자기 감정에서 솟아나므로 조직구성원들의 흥을 솟아나오도록 만드는 것이 리더십의 요체이다.

5.2.2 미래 리더십 방향

한국은 과거 40여 년 동안 세계 최고의 경제성장과 민주화를 동시에 이룩하였다. 이 과정에서 정치, 경제, 사회, 문화 및 스포츠, 군, 교육, 종교 등 각계의 많은 리더들이 큰 역할을 하였다. 박정희, 김대중, 정주영, 이병철, 박태준, 조용기, 차범근 등은 한국인들 누구에게나 익숙한 산업화시대의 리더들이다. 박정희 전 대통령은 경제발전과 자주국방의 기틀을 마련했고 김대중 전 대통령은 민주화의 공적으로 노벨상을 수상했다. 또한 이병철 전 삼성그룹회장과 정주영 전 현대그룹회장은 세계시장에 도전함으로써 산업부흥의 단초를 마련했고, 박태준 전 포스코(POSCO) 회장은 전문경영인으로서 포스코를 세계적 기업으로 성장시켰다. 조용기 목사는 70만 명이 넘는 성도를 가진 세계 최대의 교회를 이룩했고 차범근 선수는 한국 스포츠 선수도 세계무대에서 당당히 경쟁할 수 있다는 가능성을 열었다.

이들의 한결같은 특징은 어려운 상황을 극복하고 세계적 성과를 이루었다는 점이다. 이것은 곧 자신에게 주어진 일을 필생의 사명(mission)으로 알고 그의 성취를 위해서 강력한 리더십을 발휘했다는 것을 의미한다. 이들의 리더십은 목표, 과업, 성취, 승리, 정신력, 희생 등을 강조하는 모습으로 나타났다. '하면 된다'(Can-Do Spirit)라는 표현이 이들의 리더십 특징을 잘 말해준다.

이와 같은 성과와 과업중심의 강력한 리더십은 정치·경제적으로 목표를 달성하고 임무를 완수하는 데 있어서는 효과적이었지만 다른 측면에서는 많은 부작용을 낳기도 했다. 정치적으로는 권력이 한곳에 집중됨으로써 독단적 리더십의 병폐를 낳았고, 경제적으로는 소외되고 탈락하는 계층이 생겨나는 결과를 가져왔다. 하지만 당시에는 국가 경제를 부흥시켜야 한다는 강력한 사명의식이 더 크게 작용한 시대였다.

그렇다면 미래 한국에 있어서도 과거와 같은 유형의 강력한 리더십이 필요할까? 이것은 미래에 전개될 한국을 둘러싼 국내외 상황의 특성에 의해 예상할 수 있는 문제이다. 미래의 한국이 감당해야 하는 과제는 대략 통일의 문제, 글로벌화, 사회양극화 및 교육과열 해소, 외교적 교섭력의 증진, 복지소요의 증대, 선진국 체제의 완성 등으로 요약될 수 있을 것이다. 이들 문제들을 잘 살펴보면 잘 살아보자는 과거의 문제와는 성격이 많이 다르다는 것을 알 수 있다. 고도성장기에는 많이 팔고 많이 모으면 부를 창출할 수 있었지만 미래의 문제들에 대해서는 해법이 그렇게 단순하지 않다. 열심히만 해서 해결될 문제들이 아니다. 상대방을 달래고, 협상을 하고, 좌우를 살피고, 길목을 지키고, 맥을 끊고, 때로는 편을 가르는 등의 현란한 기술이 요구되는 문제들이다. 이러한 차원에서 미래 한국에는 과거와 다른 리더십이 요구된다고 볼 수 있을 것이다.

물론 일을 하는 데 있어서의 열정이나 원대한 목표를 추구하는 성향 등의 특징은 과거와 크게 다르지 않을 것 같다. 하지만, 목표를 달성하고 일을 처리하는 과정에서의 리더십은 과거와 달라야 한다. 한국 사람들의 기대가 달라졌고 생각과 현상을 보는 눈이 크게 변화하였기 때문이다. 미래에는 과거처럼 목표와 사명은 어떤 희생을 치르더라도 달성해야 한다는 목표중심적 사고방식은 쉽게 받아들여지지 않을 것이다. 그만큼 창의성과 포용력과 합리적 일처리가 더 많이 요구되는 시대이다. 그러므로 리더십도 한 가지로 밀어붙이는 식보다는 상황의 필요에 맞춰 다양하고 유연한 모습을 보여줄 필요가 있을 것이다. 예컨대, 오늘 과업성취에 몰입하더라도 동시에 미래에 대한 비전을 제시할 줄 알며, 강한 윤리적 기준을 갖추고 있으면서 인간에 대한 배려와 개인의 육성, 그리고 이해관계자들을 조정하고 포용할 줄 아는 유연한 리더십이 필요한 시대가 될 것이다. 따라서 우리는 다양한 리더십 기술을 준비해야 하며 그를 위해서 리더십 훈련과 교육도 강화되어야 한다.

이상과 같은 국민적 요구를 충족시킬 수 있는 리더십의 실천적 방향을 본 장에서는 다음과 같이 제시하고자 한다.

첫째, 이상적인 리더십은 업무능력과 인간미를 겸비하는 것이다.

예를 들어 블레이크와 모튼의 관리격자에서 과업지향 행동과 인간지향 행동을 모두 적극적으로 실행하는 팀형, 강한 힘과 깊은 정의 자선적 권위형이 가장 이상적이다. 회사원들에 대한 한 조사에 의하면, 인간적인 면이 있으나 능력이 부족하고 우유부단한 모습의 상사를 제일 싫어했으며, 능력이 있으면서 인간미도 갖춘 상사를 제일 좋아했다.[30] 인간미란 능력이 바탕이 되었을 때 증폭효과가 있으며, 지위와 격식에 얽매이지 않는 행동에

30　"내가 좋아하는 상사, 내가 싫어하는 상사", 『조선일보』 2011년 11월 21일자, 56면.

서 생겨난다. 지위의 차이가 클수록 파격적인 행동에서 인간미의 감동을 크게 느껴 리더십 효과를 증폭시킨다.

둘째, 권력적 문화에서는 베풂과 감사의 상호작용이 효과적이다.

우리나라는 1990년대 이후 제도적 민주화가 급격히 진전되었지만 여전히 가부장적이고 권력지향적 문화는 강하게 지속되고 있다. 이러한 문화에서는 윗사람은 배려하고 아랫사람은 감사할 때, 베풂의 사이클은 지속되고 상호 신바람이 발생한다. 조직구성원의 감사의 피드백이 없으면 상급자의 베풀고자 하는 마음은 지속되기 어렵다. '조직구성원에 대한 관심', '정의와 교감', '시혜와 보은의 가부장적 관계', '자선적 권위형' 등의 의미는 이러한 리더십 관계를 나타내는 것이다.

다만, 리더는 베풂에 있어서 감사의 피드백을 기대하지 않는 마음가짐이 중요하다. 베풂과 감사는 수직관계의 개념이다. 서구문화의 유입과 이익사회로의 변화에서 리더는 수평관계에서의 인간관계에 익숙해지도록 노력해야 한다.

셋째, 사람들은 정감 있는 개인적 유대감을 원한다.

우리나라는 정의 사회이며 업무의 합리성보다 인간관계의 친밀성이 강한 동기요인이 된다. 권력적 성향과 결부하여 상급자와 내집단의 감정을 느낄 때 추종동기가 강화된다. 또한 리더의 집단적 배려보다 개인적 배려가 효과가 크다.

그렇지만 정과 유대감을 느끼도록 하는 것은 좋으나 지나친 배려를 기대하지 않도록 주의할 필요가 있다. 정은 배려하고 나누되 얽매이면 안 되는 것이다. 정에 얽매이면 리더로서의 자유의지의 공간이 좁아지고 엄정하지 못하여 곤경에 빠지게 된다. 진정한 리더의 정이란 조직구성원들의 희생을 요구하는 결심을 하였을 때에도 조직구성원들이 기꺼이 복종하게 하는 것이다. 아울러 일부 조직구성원과의 유대감이 다른 조직구성원들의 소외감을 유발시키지 않도록 유념해야 한다.

넷째, 흥(興)을 활성화하고 한(恨)의 발생을 예방하고 억제해야 한다.

흥은 인간적 공감대 형성을 통해 개인이 존중받으며 자발성과 창의적 능력을 마음껏 발산할 때 생기는 심리적 에너지이다. 한의 원인은 주로 모멸적 대우, 내면 손상, 수치심, 배신 등이다. 한은 악감정과 보복감정의 동기가 되며 특히 모독과 수치스러운 일이 공개적인 상황에서 일어난다면 회복하기 어려울 정도로 관계가 악화된다. 흥의 사이클을 활성화하고 한의 발생을 예방해야 한다.

다섯째, 조직구성원 집단 내의 핵심적인 주도자에 대해 영향력을 갖는다.

리더가 조직구성원들을 일일이 개별적으로 통솔하는 것은 어렵다. 집단에는 주도하는 소수와 추종하는 다수가 존재하는데 선·후배나 나이 등 집단 나름의 규범에 따라 집단에는 중심인물이 존재한다. 우리나라처럼 집단주의의 문화적 풍토에는 중심인물을 장악하거나 원만한 관계를 갖는 것이 리더십 발휘에 중요하며 효과적이다. 중심인물은 힘의 모멘트가 되어 집단을 움직이는 축이 되는 것이다.

여섯째, 조직구성원들을 신뢰하고 때로는 인간적 포용력을 발휘하자.

우리나라에서는 배짱 있는 상급자를 좋아하고 쪼잔한 상급자는 싫어한다. 경우에 따라 배짱 있는 사람처럼 행동이라도 할 줄 알아야 한다. 조직구성원들은 자신을 믿어주는 상급자, 성과를 조직구성원들의 공적으로 인정해주는 상급자, 조직구성원들의 실수를 덮어주기도 하는 상급자, 조직구성원들을 더 높은 사람에게 대변해주는 상급자, 위험을 감수하고 모험의 기회를 주는 상급자를 좋아하고 따른다.

일곱째, 상황에 적합한 솔선수범을 하자.

솔선수범은 우리나라에서 대표적인 리더십 실천요인이다. '윗물이 맑아야 아랫물도 맑다', '애들 보는 앞에서는 냉수도 못 마신다' 등의 속담처럼 리더부터 올바른 언행을 하라는 의미이다. 솔선수범이란 계급과 지위에 걸맞도록 실행해야 한다. 특히 솔선수범은 업무보다 인품과 윤리적인 면에서 요구된다. 부도덕성으로 나쁜 평판을 받는 리더는 일에서 솔선수범한다고 하여 조직구성원들이 따르지 않는다. 훌륭한 리더는 어려울 때 함께 극복해나갈 수 있다는 믿음을 주는 사람이다.

본 장의 요약

리더십은 특정 국가의 역사적 배경 및 사회·문화적 맥락에 따라 고유한 특성을 지닐 수 있으며, 한 나라 안에도 다양한 문화적 유형과 리더십 유형들이 존재할 수 있다. 그렇다면 한국인의 리더십은 어떤 속성을 갖는가? 최근 들어 이에 관한 연구가 상당히 활발해지고 있지만 아직 결론을 내리기에는 이르다. 최근까지도 한국의 리더십 이론은 서구사회를 모델로 한 미국의 여러 이론들이 중심이 되어왔다. 이는 산업사회에서의 미국의 영향력을 반영하는 것이기도 하다. 그간의 서구이론의 편중에 대한 반성으로 한국적 이론의 탐색노력이 증가하고는 있지만 아직까지는 연구결과가 선명한 단계는 아니며 한국화의 효용성에 대한 의문도 제기되고 있다. '한국적 경영'의 논의가 활발해진 시기는 1990년대에 이면우의 'W이론'이 등장한 이후부터라고 볼 수 있다. 본문에서는 우리나라 학계에서 제시한 리더십 이론 중에서 혼 경영, 이슈 리더십 등과 같은 몇 가지 모델을 소개하였다. 그중에서 이슈 리더십은 기존의 이론과는 차별되는 독창적인 이론이다. 그 기본 논리는 다음의 3단계 리더행위로 구성된다. 즉 주어진 상황에서 중요한 이슈를 창안하는 행위, 창안된 이슈를 관련 조직구성원들에게 설득하여 동참과 몰입을 이끌어내는 행위, 그리고 이슈를 성공시키기 위한 효과적인 실천시스템을 구축하는 행위이다.

한편, 군에서의 리더십은 군 본연의 사명과 임무를 수행하는 데 요구되는 역량과 군을 구성하는 신세대 장병들의 특성을 접목시켜 달성해야 하는 특수한 형태의 리더십 유형이다. 리더십에 대한 일반적인 정의와 군 리더십에 대한 정의에는 별다른 차이가 없다. 본문에서는 군 리더십 연구자들이 효과성 지표로 가장 많이 사용하고 있는 사기와 응집력에 대해 살펴본 후에 향후에 군이 지향해야 할 리더십 방향을 논의하였다.

한국은 과거 40여 년 동안 세계 최고의 경제성장과 민주화를 동시에 이룩하였다. 이 과정에서 정치, 경제, 사회, 문화 및 스포츠, 군, 교육, 종교 등 각계의 리더들의 강력한 리더십 발휘가 큰 역할을 하였다. 그러나 현재의 한국은 하나의 방향으로 밀어붙이는 식의 리더십이 주도했던 과거와는 달리 창의성과 포용력 및 합리적 일처리가 더 많이 요구되는 시대이다. 그러므로 리더십도 이러한 상황적 변화에 맞추어 보다 다양하고 유연한 모습을 보여줄 필요가 있다는 점을 인식해야 할 것이다. 본 장의 말미에서는 한국에서의 리더십 연구경향을 종합하고 한국인의 의식구조를 살펴본 후에 향후 국민적 요구와 수요를 충족시키기 위하여 한국의 리더들이 추구해야 할 리더십의 실천적 방향을 제시하였다.

제3부

리더십의 로드맵

리더십의 본질은 이론의 문제가 아니라 실천을 전제로 하는 행동의 문제이다. 리더십의 로드맵은 리더를 양성하고, 양성된 리더가 조직현실에서 리더십을 발휘하는 과정으로 의미를 정립할 수 있다. 본 책자의 1부와 2부에서 현재까지 학계에서 연구된 리더십의 개념과 이론을 정리하여 제시했다면, 3부에서는 보다 실무적이고 실천적인 의미에서 새로운 내용을 중심으로 구성하였으며 본 책자에서 가장 역점을 둔 부분이다. 제3부는 다섯 개의 장으로 이루어졌으며, 독자들과 학생들을 미래의 리더로 양성한다는 전제하에 리더 양성 및 리더십의 개발과 관련된 내용을 정리하였다. 또한 양성된 리더가 리더십을 발휘하는 과정과 그 과정에서 발생하는 실패의 경우를 학습하게 함으로써 미래의 리더십 현장에서의 시행착오를 최소화하려는 의도를 반영하였다.

제9장에서는 리더는 육성될 수 있다는 관점을 기반으로 평범한 사람들도 리더 양성과정의 학습을 통하여 잠재력을 갖춘 리더로 거듭날 수 있다는 전제하에, 미시적 리더 양성과 거시적 리더 양성으로 구분하여 살펴보았다. 제10장에서는 미시적 리더 개발의 핵심으로써 리더 자신이 셀프 리더로 성장하는 데 가장 기본이 되는 프로그램(나의 라이프 로드맵 설계)을 실습으로 진행할 수 있도록 구성하였다. 제11장에서는 리더의 기본 역할인 비전을 개발하고 조직구성원들과 공유하는 기법과 과정을 제시하였다. 제12장에서는 리더십을 발휘하는 과정에서 발생하는 갈등, 위기, 스트레스 등에 대하여 그 발생원인과 해소대책을 중심으로 정리하였다. 마지막 장인 제13장에서는 리더십 실패에 대한 간접체험이 가능하도록 관련된 사례들을 소개하였으며, 미래의 리더십에 대한 향후 과제들도 정리하여 제시하였다.

제9장 리더 양성 및 리더십 개발

　지식정보사회에서 인적자원(human resource)은 인적 자본(human capital) 또는 지적 자본(intellectual capital)으로 불리고 있으며 가장 중요한 조직자원으로 인식되고 있다. 정보통신기술의 혁명적인 발달로 인해 산업과 경쟁대상의 경계가 불분명해지는 무한경쟁의 시대에 향후 조직경쟁력의 원천은 우수한 인재확보와 조직구성원들의 잠재능력 개발이라는 인식이 확산되면서 리더의 양성과 리더십 개발[1]의 중요성은 더욱 증대되고 있다. 『Good to Great』의 저자인 짐 콜린스(Jim Collins)는 좋은 회사에서 위대한 회사로 도약한 기업들의 공통된 특징은 자신의 기업에 적합한 인재를 중시하는 것이라고 보았다. 단순히 우수한 인력이 아니라 조직에 적합한 사람이 진정한 자산이라는 것이다. 적합한 인재란 '기업의 가치나 문화에 부합하는 태도, 가치관 등 소프트한 역량을 겸비한 인재'를 말한다.

　실제로 일류 기업들은 인재를 판단할 때 교육적 배경과 지식 및 기술과 더불어 인재가 지닌 태도와 가치관 등의 내면의 품성을 함께 중시한다. 기술적 역량 이상의 의욕과 올바른 태도를 갖춘 인재가 장기적으로 더 우수한 인재로 성장할 가능성이 크다는 믿음을 갖고 있는 것이다. 미국 기업을 대상으로 한 조사(시설투자를 100% 늘리면 3.6%의 생산성 향상, 교육훈련투자를 10% 늘리면 8.4%의 생산성 향상) 결과는 인재개발을 위한 교육의 중요성을 입증해주고 있다.[2]

　우리나라 정부에서는 기업과 민간기관의 인적자원 개발노력을 촉진하기 위해 2006년부터 유관부처 공동(2008년에는 노동부, 교육과학기술부, 지식경제부, 중소기업청)으로 '인적자원개발 우수기관 인증제도'(Best HRD)를 시행하고 있다. 이 제도는 기업과 민간기관의 인증신청을 받아 심사를 거쳐 정부가 인증하는 제도로서, 영국(Investors in People)과 싱가포르(People Developer) 등 20여 개국에서 시행 중이다.[3]

1　리더란 리더십을 발휘하는 사람이며, 리더십은 리더가 발휘하는 능력을 의미한다. 리더 양성의 의미는 리더의 육성과 리더십 개발이 병행해서 이루어지기 때문에, 본서에서는 리더의 양성과 조직구성원들의 리더십 개발을 동일한 의미로 사용하였다.

2　『한국경제신문』 2005년 11월 12일자, A11면.

3　2008년에 124개 기관이 신청하여 종합 심사한 결과, 한전 KPS(주)가 최우수 기관으로 선정되었고, 매일유업 등 38개 기관이 인적자원 우수기관으로 인증을 받았다.

일반적으로 리더가 되는 경로는 크게 세 가지로 나누어볼 수 있다. 첫째는 탄생론의 관점에 의한다면 선천적인 리더 자질이 우수한 사람으로 태어나는 것이다. 둘째는 자기개발 및 사회생활 과정에서 다양한 경험을 통해 리더십을 체득하는 방법이다. 셋째는 육성론의 관점으로서 조직에서 자기조직에 적합한 리더를 체계적인 교육훈련을 통해 맞춤형 리더로 육성하는 것이다. 리더의 탄생론과 육성론에 대한 논란이 종식된 것은 아니지만, 현실 조직사회에서의 리더십은 선천적인 자질 외에도 후천적으로 양성되는 리더의 능력에 중점이 맞춰지고 있다. 다만 후천적 양성을 통하여 어느 정도 수준의 리더로 육성될 수 있는가는 중요한 관심사이다.

이처럼 리더를 양성하고 리더십을 개발할 수 있다는 주장은 리더십 연구에서 꾸준히 제기되어 왔다. 즉 행동중심의 리더십 이론들과 기업 등 각종 조직에서 운영되고 있는 리더십훈련 프로그램들은 조직적 개발론의 입장에서 정립된 것들이다. 자기개발론 또는 조직적 개발론의 매력은 누구나 스스로의 노력이나 일정한 훈련을 통해서 리더가 될 수 있다는 데 있다. 리더십이란 고정되어 있는 특성이 아니라 키워낼 수 있는 유동적 능력이라고 보기 때문이다. 그러나 현재까지 리더의 육성과정과 노력으로 조직이 요구하는 리더를 양성하는데 확실하게 성공했다는 증거를 찾아내기란 쉽지 않다. 왜냐하면 대부분의 리더십 육성 프로그램들이 정보의 전달이나 행정능력의 향상 수준에 머물러 있어, 리더 육성의 효과에 대해서 의문을 제기하는 견해들이 있기 때문이다.

그러나 조직적 개발을 통해 리더십을 길러내는 효과를 무시해서는 안 될 것이다. 지식정보화 사회는 다양하고 전문적인 지식과 기술을 바탕으로 이루어지는 사회이므로 리더십이 전문성을 바탕으로 발휘되었을 때 더욱 효과적이기 때문이다. 따라서 리더십은 선천적 자질을 바탕으로 하여 사회생활을 통해 스스로 개발하는 부분과 조직에서 경력개발 및 교육훈련을 통해 개발하는 부분들의 총합으로 이루어진다고 보아야 할 것이다.

인재개발 노력 중에서 리더십 개발이 가지는 의미는 첫째, 미래의 변화를 예측하여 올바른 비전을 창출하고 조직구성원들로 하여금 적극적으로 참여할 수 있게 하는 경영자의 능력을 개발하는 것이고, 둘째는 현재의 젊은 조직구성원들을 미래의 리더그룹으로 육성하는 것이며, 셋째는 현재의 조직구성원들의 직무능력과 인성의 잠재력을 개발하여 자율적이고 창의적인 셀프 리더로 변환시켜가는 것이다.

산업사회에서는 상급자의 하향적인 지시와 통제에 의해 조직구성원들이 집단적으로 움직였고 그러한 리더십도 성과를 거두었지만, 지식정보화 사회에서는 조직구성원들 모두가 자기 직무의 리더라는 자율적 전문성에 바탕을 둔 리더십이 요구되고 있다.

1. 당신은 리더십 역량은 선천적 자질과 후천적 개발 중 어느 것의 영향이 크다고 보는가? 이유는?
2. 당신의 리더로서의 우수한 자질과 능력요소는 무엇인가?
3. 나 자신을 스스로 관리 및 통제하는 방법과 자기개발을 위하여 노력하고 있는 실천사항들을 열거해보시오.
4. 나의 리더십 유형을 판단해보고, 나의 리더십의 수준을 진단하여 자신의 리더십 개발에 대하여 어떤 노력이 필요한지 제시해보시오.
5. 개인별로 리더십 개발교육을 받은 경험은 있는가? 있다면 어떻게 받았는가?
6. 당신은 멘토가 있는가? 인생 멘토, 그리고 직장 멘토는?
7. 현재 활동하고 있는 조직(학과, 동아리, 가정 등)에서의 귀하의 역할을 분석해보고, 리더가 갖추어야 할 조건과 연계시켜 논의하시오. 당신이 개발해야 한다고 생각하는 리더십 능력 요소들은 무엇인가?
8. 귀하가 경험한 조직생활(학교, 군대, 직장 등)에서 체득한 리더의 역량과 리더십 개발에서 제시한 1:1 리더십, 1:다수의 리더역량을 비교하여, 그 차이점을 찾아내고 나의 리더십 역량과 접목시키는 방법을 제시하시오.
9. 국가와 사회 차원에서 효·예·충(孝·禮·忠)의 필요성을 정리해보고, 미래의 리더 양성 및 리더십 개발의 덕목으로 적절한지 논의하시오.
10. GE 연수원의 리더 육성 프로그램에서 '변화의 대상과 깊이'에 대한 개념적 틀과 다섯 단계의 리더 양성 및 리더십 개발단계를 이해하고, 급변하는 현재와 미래에도 이를 벤치마킹할 필요성에 대해 논의하시오.
11. 선진 외국과 우리나라 기업들의 리더 양성 및 리더십 개발 프로그램을 비교하여 차이점을 식별하고, 글로벌 시대에 우리나라 기업들의 리더 양성 및 리더십 개발방향을 제시하시오.
12. 리더 양성 및 리더십 개발에 국가 및 기업의 최고경영자들의 역할과 학교기관의 추진방향에 대하여 토의하시오.

제1절 리더 양성을 위한 인재상의 설정

지식정보화시대에 적합한 인재상은 어떤 모습일까? 이에 대한 해답은 리더십을 연구하는 사람의 수만큼 견해가 있을 정도로 공통점을 집약하기가 쉽지 않다. 그렇지만 발을 움직이고 손을 쓰는 아날로그 시대와는 달리 마음을 움직이고 머리를 쓰는 디지털 사회의 리더, 인간의 두뇌 속에 잠재되어 있는 다중지능(multiple intelligence)을 발휘할 수 있는 새로운 모습의 인재가 요구된다는 점에는 이론의 여지가 없다.

리더의 양성이나 리더십의 개발은 최고경영자만을 대상으로 하는 것은 아니다. 다양한 조직과 계층의 중간관리자는 물론 일반 조직구성원들의 셀프 리더십 개발을 포함한다. 그리고 학교과정에서 학생들 간의 인간관계, 군 조직에 근무하는 장병들이 통제된 규칙에 적응하는 능력의 배양까지 포괄하는 개념이다.

따라서 양성하고자 하는 인재상의 설정은 각각의 조직이 추구하는 비전 및 목표에 따라 다를 것이므로 일반적인 표준을 제시하는 데는 한계가 있다. 하지만 모든 조직들은 리더 양성 및 리더십 개발 프로그램을 실행하기 위하여, 자신의 조직에 필요한 리더의 역할 정립과 이에 적합한 인재상을 설정하는 것이 리더 양성 프로그램의 첫 단추이며 가장 중요한 요점임을 인식해야 한다.

1.1 미래 리더의 역할

전통적인 조직 환경에서는 리더의 역할이 매우 제한되어 있었고 조직의 효과성에 미치는 리더의 역할도 제한적이었다. 그러나 급변하는 미래의 조직 환경에서 과거나 현재의 리더십 스타일이나 역할을 그대로 적용한다는 것은 많은 문제가 예상되며 조직의 향후 흥망에도 지대한 영향을 미친다는 것이 리더십 연구자들의 공통적인 견해이다.

로버트 퀸(Robert Quinn, 1996)은 리더의 다양한 역할에 대하여 〈그림 3-1〉과 같은 모델을 제시하였다. 이 모델은 집권화를 지향하는 축과 분권화를 지향하는 두 개의 상반된 방향을 가진 축과, 외부지향과 내부지향의 두 가지 상반된 방향을 지닌 축을 기준으로 상황을 분류하고 각각의 상황에 적합한 리더의 역할을 제시하고 있다.

내부적 시스템 유지에 초점을 맞추면서 융통성을 지향하는 분면은 인간관계의 모형으로서 인적자원개발에 목표를 두어서 활동을 하게 된다. 이 분면에서 리더는 조언자와 촉진자의 역할을 수행한다. 이에 비해 외부에 초점을 맞추고 융통성을 강조하는 리더는 개

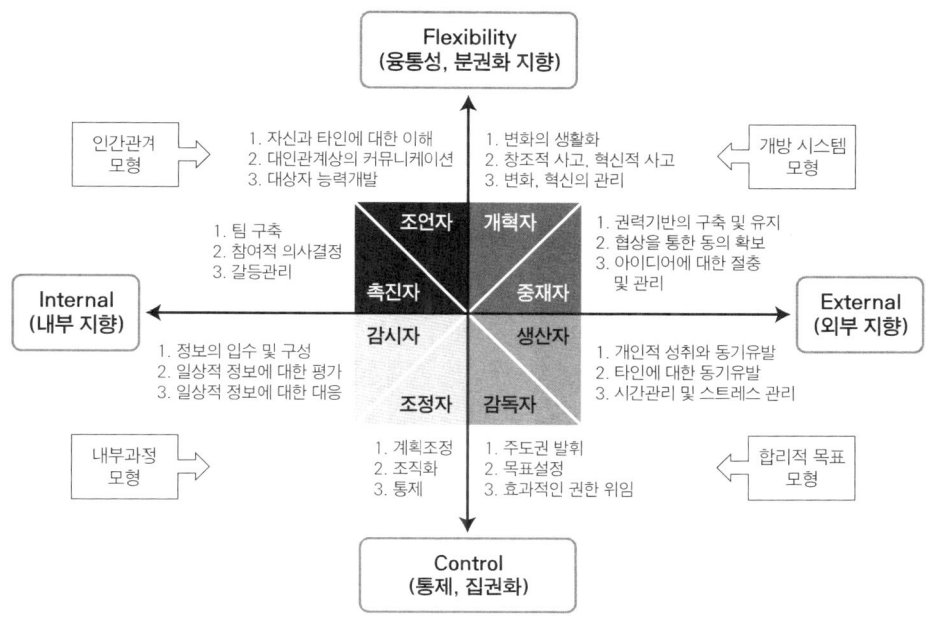

〈그림 3-1〉 리더의 역할 모형

자료: Quinn, R. E. et al.(1996; 2nd Ed.), *Becoming A Master Manager*: A Competency Framework, NY: John Wiley and Sons Inc.

방 시스템 모형에 속하며 개혁자와 중재자의 역할을 하게 되며 변화를 지향하는 활동을 하게 된다. 외부에 초점을 맞추면서 통제지향적인 분면의 리더는 합리적 목표 모형에 속하며 생산자와 감독자의 역할을 수행하게 되고 업무성과를 극대화하는 데 목표를 두고 있다. 마지막으로 내부지향적이고 통제를 추구하는 리더는 내부과정 모형에 속하며 조정자와 감시자의 역할을 수행하면서 정보에 대한 평가와 계획 및 조정활동을 중요시한다.

〈그림 3-1〉에서 제시하는 리더의 실제적 역할을 구체적으로 설명하면 다음과 같다.

(1) 생산자의 역할(Producer)

집단의 구성원들이 주어진 목표를 달성하도록 동기를 유발시키고 독려하는 데 관심을 가지고 있다. 생산자 리더십은 조직구성원의 동기를 유발시키고 리더 자신은 성취욕구가 높은 행동을 해야 한다. 생산자 역할로는 ① 개인적 성취와 동기유발, ② 타인에 대한 동기유발, ③ 시간관리 및 스트레스 관리 등이 제시되고 있다.

(2) 감독자의 역할(Director)

조직구성원들에게 해야 할 바가 무엇인지를 명확하게 제시해주기 위하여 계획과 목표

설정 등을 해주는 역할을 수행한다. 문제를 도출하고 대안을 제시하며, 규칙과 정책을 제정하며 업무수행을 하도록 평가하고 지시를 내리는 역할을 한다. 감독자 역할로는 ① 주도권 발휘, ② 목표설정, ③ 효과적인 권한 위양 등이 제시되고 있다.

(3) 중재자의 역할(Broker)

집단 외부와의 교섭을 통하여 집단이 필요로 하는 지원과 자원을 확보하여야 한다. 그러기 위하여 정치적으로 기민하고 설득력과 영향력이 있어야 하며 스스로의 이미지와 외부의 평판이 매우 중요하게 작용한다. 외부와의 접촉과정에서 연락인이 되며 조직을 대표하여 외부와 협상 등을 통하여 외부로부터 조직에 필요한 자원을 획득한다. 중재자 역할로서는 ① 권력기반의 구축 및 유지, 조정, ② 협상을 통한 동의 확보, ③ 아이디어의 절충 및 관리 등이 제시되고 있다.

(4) 개혁자의 역할(Innovator)

집단 외부와의 환경변화에 맞추어 필요한 변화와 혁신을 이루어나가야 한다. 변화를 개념화하고 계획하여야 하며 미래를 보고 개혁을 가시화하고 개인의 매력을 통하여 조직구성원의 비전을 통합하는 창조적 봉사자의 역할을 수행한다. 개혁자의 역할로는 ① 변화의 생활화, ② 창조적 사고, 혁신적인 사고, ③ 변화, 혁신의 관리 등이 제시되고 있다.

(5) 촉진자의 역할(Facilitator)

집단 내에 팀워크를 구축하고 조직구성원들의 갈등을 해소시키고 사기를 앙양시키는 역할을 수행하게 된다. 응집력과 팀워크를 구축하고 공동의 노력을 촉진시키며, 사기앙양, 참여의 강조, 그룹문제 해결 등의 역할을 한다. 따라서 촉진자의 역할은 ① 팀 구축, ② 참여적 의사결정, ③ 갈등관리 등으로 제시되고 있다.

(6) 조언자의 역할(Mentor)

개별 조직구성원들이 바라는 바가 무엇인지를 파악하고 도와주며 감정이입을 통하여 조직구성원들의 역량을 배양시키는 역할을 수행한다. 감사의 표시와 칭찬을 통하여 신뢰를 획득하며 기술의 구축, 교육과 훈련 기회의 부여로 조직구성원들의 개발을 촉진한다. 조언자의 역할은 ① 자신과 타인에 대한 이해, ② 대인관계상의 커뮤니케이션, ③ 대상자의 능력개발 등으로 제시되고 있다.

(7) 감시자의 역할(Monitor)

조직구성원의 활동내용을 상세히 점검하여 규칙의 준수 여부를 판단하며, 주어진 업무를 수행하고 있는가를 감시한다. 세밀한 것에 관심을 가지고 합리적으로 분석하는 능력이 필요하며 일상적인 정보의 처리, 논리적 문제해결 등이 요구된다. 감시자 역할은 ① 정보의 입수 및 구성, ② 일상적 정보에 대한 평가, ③ 일상적 정보에 대한 대응 등으로 제시되고 있다.

(8) 조정자의 역할(Coordinator)

집단 전체적으로 업무가 균형 있게 조정되어 매끄럽게 이루어지도록 해야 한다. 행위의 지속성의 유지, 분쟁의 최소화, 문서작성, 보고서의 검토와 평가, 계획과 제안의 작성 등이 강조된다. 따라서 조정자의 역할은 ① 계획과 조정, ② 조직화, ③ 통제 등으로 제시되고 있다.

〈그림 3-1〉은 현대 조직에서 리더가 수행하게 되는 다양한 역할을 보여주고 있는데, 특히, 가운데의 중심축을 기준으로 마주보고 있는 것은 서로 대조되는 역할을 나타내고 있다. 좋은 리더는 이러한 상이한 역할에 있어서 균형을 유지하는 능력이 필요하다. 이 모델을 이용한 실증연구 결과들을 분석해보면 최고관리층, 중간관리자 및 일선감독자의 계층에 따라서 중점적으로 수행해야 할 역할에 차이가 있음을 보여 주고 있다.

1.2 지능 및 마인드와 역량을 갖춘 리더

심리학 교수인 가드너(Gardner, 1983)는 그의 저서인 『마음의 틀』(*Frames of Mind*)에서 인간의 모든 능력이 뇌로부터 출발한다고 보고 있다. 그는 인간의 두뇌 속에 내재한 잠재능력에 대하여 사람은 누구나 다음과 같은 아홉 가지의 다중지능(multiple intelligence)을 갖고 있다고 하였다.

① 신체운동지능　　　　　　　　② 인간친화지능
③ 자기성찰지능　　　　　　　　④ 언어지능
⑤ 논리수학지능　　　　　　　　⑥ 음악지능
⑦ 공간지능　　　　　　　　　　⑧ 자연친화지능
⑨ 실존적 지능

그는 각각의 지능마다 커다란 개인차가 존재한다고 전제하면서 리더는 일반인과 비교하여 '언어지능, 인간친화지능, 자기성찰지능, 실존적 지능'이 우수해야 한다고 주장하고 있다.

(1) 언어지능(linguistic intelligence)

리더는 다른 사람들에게 설득력 있는 스토리를 들려줄 수 있어야 하기 때문에 일반인들과 비교하여 언어능력이 뛰어나야 한다. 단어를 효과적으로 사용하는 능력, 언어를 이해하고 실용적 영역을 조정하는 능력 등이다.

(2) 인간친화지능(interpersonal intelligence)

리더는 타인을 이해하는 대인관계지능이 높아야 한다.

- 다른 사람의 기분 · 의도 · 느낌을 분별하고 지각하는 능력
- 타인에게 동기를 부여하고 변화에 대해 유추하는 능력
- 감각과 대인관계의 암시를 구별해내는 능력
- 실용적 방식으로 암시에 반응하는 능력

(3) 자기성찰지능(self-examination intelligence)

리더는 자기 자신을 돌아보는 자기성찰능력, 즉 개인지각능력을 갖추어야 한다. 이는 자아를 이해하는데 관련된 지식과 그 지식을 기초로 적응하는 능력이다.

- 자신에 대해 정확히 알고 그에 따른 자아훈련, 자아이해, 자존감 유지능력
- 메타인지 능력(meta cognition: 사고에 의한 사고 - 사고방식을 통제 · 조절하는 정신적 과정)
- 영혼의 실체성 · 지각 등 고도로 분화된 감정들을 알아내어 상징화하는 능력

(4) 실존적 지능(existentialist intelligence)

인간의 존재 이유, 생과 사의 문제, 희로애락, 인간의 본성, 가치 등 철학적이고 종교적인 사고를 할 수 있는 능력을 갖추어야 한다.

또한 가드너(2006) 교수는 그의 저서 『미래를 위한 다섯 가지의 마인드』(*Five Minds for Future*)에서 리더에게 필요한 '미래의 마인드'를 제시하였다. 즉 변화무쌍한 미래에 리더는 다음과 같은 사고방식과 마인드를 갖추어야 한다고 제기하였다.

① 훈련된 마인드   ② 종합하는 마인드

③ 창의적 마인드   ④ 존중하는 마인드

⑤ 윤리적인 마인드

(1) 훈련된 마인드(disciplined mind)

훈련된 마인드는 전문성을 익히기 위해 필요하다. 미래의 인간은 최소한 한 분야에서 전문적인 능력을 갖추어야 한다는 사고방식이 필요하다. 이에는 교육과 훈련이 필요하며 최소한 한 분야에서의 전문성을 갖추지 못하는 개인은 결국 일자리가 없거나, 훈련된 사람 밑에서 일하게 될 것이다.

(2) 종합하는 마인드(synthesizing mind)

가장 매력적으로 생각되는 마인드다. 지금 어떤 일을 하고 있든 우리는 정보의 홍수 속에 살아가고 있다. 이럴 때일수록 우리는 종합하는 마인드를 통해 중요한 것과 무시할 것, 관심을 가져야 할 것과 흘려보내야 할 것을 가려야 하는 기준을 가져야 한다. 획득되는 다양한 정보를 객관적으로 이해 · 평가하며 그것을 자신은 물론 다른 사람들이 이해할 수 있도록 구성하는 마인드가 요구된다.

(3) 창의적 마인드(creating mind)

훈련된 마인드와 종합하는 마인드를 토대로 새로운 질문을 던지고, 새로운 물건을 만들어내며, 새로운 해결책을 제시하는 것이다. 이른바 '박스 밖에서 생각'하는 것이다. 가드너는 '박스 밖에서 생각하려면 먼저 박스가 필요하다.'라고 하며, 이때 박스란 '훈련 마인드와 통합 마인드'를 의미한다고 한다. 그런데 훈련된 마인드는 높으나 종합하는 마인드가 낮은 사람이 많다. 따라서 이 둘을 바탕으로 새로운 것을 만들어내기 위해서는 창의적인 마인드가 더욱 필요하게 될 것이다. 창조하는 마음이 없는 사람은 컴퓨터가 그 자리를 대신하게 될 것이며 점차 조직에서 지시에 따르는 맹종적(盲從的)인 업무에 머무를 수밖에 없다.

(4) 존중하는 마인드(respectful mind)

인간의 다양성을 받아들이고 외모와 배경, 신념 등이 다른 사람들과 함께 일하려고 노력하는 마인드다. 인간 네트워크에서는 편협함과 무례함이 통용되지 않는다. 존중하는 마음이 결여된 사람은 타인에게 존경받을 자격이 없으며 직장이나 공동체에 해를 끼치게 될 것이다.

(5) 윤리적 마인드(ethical mind)

우리가 직업인으로서 사회인으로서 양심과 책임감을 가져야 하는 일과 관련이 된다. 노동의 본질과 사회규범에 대해 깊이 생각할 줄 아는 마음이다. 이 마음은 사람들이 어떻게 개인의 이익을 넘어서 더 큰 목적에 봉사할 수 있는지, 그리고 어떻게 시민들이 사익보다 공익을 위해 기여할 수 있는지를 개념화한 마음이다.

세계적인 리더십 전문가인 베니스(Bennis, 1985) 교수는 그의 저서 『Leaders』에서 "지금 하는 일을 제대로 하는 것이 관리자의 역량이라면, 제대로 된 일을 찾아서 하는 것이 리더의 역할이다. 불확실성이 커지면 커질수록 리더의 역할은 늘어나고 반대로 관리자의 역할은 줄어든다."라고 하였다. 베니스 교수는 변화를 추구하는 리더십 역할에 초점을 맞추어 이를 효과적으로 수행하기 위해 갖추어야 할 리더의 능력을 네 가지로 요약하여 다음과 같이 제시하였다.

① 주의의 관리(management of attention): 리더는 비전을 가지고 있어야 할 뿐 아니라 조직구성원들을 비전에 몰입하게 하여야 한다.
② 의미의 관리(management of meaning): 의사소통 등을 통해 조직구성원들이 리더의 비전에 정렬되도록 하는 것이다.
③ 신뢰의 관리(management of trust): 조직구성원들에게 믿음을 주도록 일관성이 있고 성실하며 조직구성원들의 가치를 인정해주는 것이다.
④ 자신의 관리(management of self): 자신의 능력을 알고 그것을 효과적으로 활용하는 것이다.

1.3 주요기업들이 추구하는 리더상

주요 기업들이 리더의 양성 및 리더십 개발 프로그램의 실행을 통하여 개발하고자 하는 인재상의 모습들을 정리하면 다음과 같다.[4]

(1) 최고를 향한 열망과 열정을 가진 사람
비전을 설정하고 자신의 분야에서 최고를 향한 열망과 열정을 가진 사람으로, 열정의

---

4   박유진(2009), 『현대사회의 조직과 리더십』, 양서각, 390-392쪽.

근원은 자신의 일을 좋아하며 잘할 수 있다는 자신감과 소명의식 및 자부심이다.

(2) 강한 승부근성과 실천력을 가진 사람

도전정신 또는 승부근성이란 어려운 역경에서도 목표를 포기하지 않는 불굴의 의지를 말한다. 조직은 조직구성원들의 작은 실패를 용납하지 않거나, 실패의 경험을 더 큰 발전으로 승화할 수 있도록 배려하지 않는다면 조직구성원들은 무사안일을 추구하는 인간형으로 전락하고 말 것이다.

(3) 도덕적 겸양과 직업윤리를 갖춘 사람

도덕적 겸양이 있는 인재는 외유내강형의 사람이다. 직업윤리를 갖춘 사람은 스스로 윤리적인 원칙을 실천해나갈 수 있다. 성공적인 정도경영이나 윤리경영을 위해서는 이를 실행할 수 있는 기본적 자질이 있어야 한다.

(4) 감성지능이 높은 사람

감성지능은 다른 사람의 감정을 헤아리고 적절히 대응할 수 있는 능력과 자기 자신을 객관적으로 솔직하게 평가하고 자신의 감정을 적절히 통제할 수 있는 능력을 말한다. 높은 성과를 내는 리더들은 공통적으로 감성지능이 높으며 지적 능력과 적절히 조화를 이루면서 리더십을 발휘한다고 한다. 감성지능은 리더십의 핵심인 인간관계를 구축하고 유지하는 데 필수적인 요소이다.

(5) 새로움을 추구하며 지적 흡수 능력이 높은 사람

지식정보화시대에는 새로운 것을 배우고 소화하는 지적 흡수능력이 중요하다. 조직은 학습조직이며 리더와 조직구성원은 학습인이다.

(6) 핵심 가치에 충실한 사람

핵심 가치란 두 가지 의미가 있다. 하나는 조직이 추구하는 최상의 가치로서 조직구성원의 의사결정과 행동방식의 기준이 되는 것이다. 다른 하나는 사람이 신념으로 추구하는 고유의 자기 색깔과 같은 것으로 카리스마의 바탕이 된다. 이 두 가지가 합치될수록 높은 수준의 직무몰입을 할 수 있고 불명확한 상황에서도 판단과 의사결정을 효과적으로 하게 된다. 물론 핵심가치를 실현할 수 있는 핵심역량도 갖추어야 한다. 큰 원칙과 흐름을 보지 못하고 작은 규칙과 관행에 얽매인 인간은 현대사회에서는 조직의 발목을 잡는 장애물이 될 수 있다.

(7) 멀티코드 리더십을 실천할 수 있는 사람

현대조직의 조직구성원들은 동질적이지 않다. 특성이 다른 조직구성원들이 공존하는 것이다. 조직구성원들을 하나의 코드로 바라보지 않는 다양한 코드의 리더십이 요구되는 이유이다. 핵심가치가 원칙이라면 멀티코드는 유연성이라고 할 수 있다.

멀티코드의 주요 대상은 첫째, 다른 세대와의 소통이다. 이 경우에 주로 이슈가 되는 것은 리더 자신보다 젊은 신세대 조직구성원들과 나이가 많은 윗세대 조직구성원들과의 소통이다.

둘째, 여성 인력과의 소통이다. 여성성을 이해하고 여성 인력을 활용하는 것은 선택이 아닌 시대적인 당위가 되었다.

셋째, 경력사원들과의 소통이다. 사회적 부문 간의 경계를 넘나드는 인력이동은 보편적인 사회현상이 되고 있다. 조직에 새로 들어온 경력사원에 대한 멘토 역할 등을 통해 그들의 적응을 돕고 경험 및 노하우를 발휘하도록 하는 것이 중요하다.

넷째, 외국인과의 소통이다. 직장 내에서 국적이 다른 외국인과 함께 일하는 경우가 증가하고 있다. 노동력은 물론 그들의 문화도 함께 조직에 들어오는 것이므로 그들과 소통할 수 있어야 한다.

이제까지 제시한 멀티코드의 주요 대상들은 가치관과 배경이 서로 다른 조직구성원들이다. 그러므로 이러한 조직구성원들과 조직의 비전과 목표를 공유하고 이들의 잠재역량을 통합할 수 있는 리더와 리더십이 요구되는 것이다.

멀티코드 리더십의 구체적인 실행방안들을 정리하면 다음과 같다.

첫째, 잡종강세(雜種强勢)를 체질화하는 것이다. 혁신적이고 창의적인 아이디어는 비슷한 사람끼리의 만남에서보다 다른 생각, 다른 경험, 다른 관점을 가진 사람과의 만남에서 더욱 촉진된다. 리더는 인적 다양성을 방어적 관점이 아니라 창조적 혁신의 관점에서 받아들여야 한다. 다양성은 모순이 아닌 상생의 관계가 될 수 있기 때문이다.

둘째, 눈과 귀를 여는 것이다. 리더는 자신의 가치관도 알리고 그들의 코드로 바라보면서 일상생활에서부터 멀티코드의 대상들과 벽을 허물려는 노력이 필요하다.

셋째, 다양성 속에서 조직의 구심점이 될 수 있는 공통의 분모를 만드는 것이다. 조직의 기본 가치를 공유하면서 서로 다른 개성들이 시너지를 창출할 수 있어야 한다.

넷째, 그들만의 폐쇄된 소수 집단을 만드는 것을 경계해야 한다. 동일한 특성을 공유하는 사람들이 소수일 때 상호일체감을 갖는 경향이 강하다는 것이 사회심리학의 '독특성 이론'(Distinctiveness Theory)이다. 특성이 유사한 소수의 사람들끼리 네트워크를 형성하는 것은 자연스러운 현상이지만, 폐쇄된 소수 집단이 되면 리더의 조직 장악력을 약화시키고 비생산적인 갈등이나 파워 게임을 일으키는 단초가 될 수 있다.

리더 양성과 리더십 개발 프로그램을 통하여 양성하고자 하는 인재상은 시대상황과 조직의 특성에 따라 요구되는 조건이 달라질 수밖에 없다. 가장 중심이 되는 기준은 조직의 비전과 목표를 효과적으로 달성할 수 있는 능력과 품성을 구비하는 것이다.

제2절 미시적 리더 양성과 리더십 개발

가장 바람직한 리더십이란 자기 자신을 열심히 수련하고 겸양과 열정, 자기절제와 미덕을 실행함으로써 자연스럽게 주위에까지 흘러넘치게 되어 그 영향력이 주변에 퍼져 나가는 것이다. 그러므로 바람직한 리더십을 고양하기 원한다면 다른 사람의 뒤를 쫓을 것이 아니라, 자기 자신에게 초점을 맞추어 매사에 최선을 다하고 겸양과 열정을 보이면 그것만으로도 리더십 발휘가 가능하게 될 것이다.

리더를 양성하고 리더십을 개발하는 방법은 개인에게 초점을 두는 방법과 조직에 초점을 두는 방법으로 나눌 수 있다. 그중에서 미시적 리더의 양성은 개인 차원에서의 리더십을 개발하는 범주에 속하며, 개인적인 리더의 특성과 자질을 진단하고 리더십 역량을 개발하는 것으로써 개인에 초점을 둔 방법을 실천하는 것이다.

2.1 리더의 양성 및 리더십 개발방법의 탐색

개인에게 초점을 두고 리더를 양성하고 리더십을 개발하는 방법은 두 가지로 나누어볼 수 있다. 하나는 개인이 자율적으로 리더십을 개발하는 방법이고, 다른 하나는 조직 차원에서 체계적으로 리더십 프로그램을 실행하는 방법이다.

2.1.1 개인의 자율적 방법

개인의 자율적 방법에는 개인이 리더가 되기 위해 스스로 자기관리를 하는 방법과 자기개발 방법이 있으며, 상급자의 관심으로 조직구성원들의 자율 리더십을 길러주는 방법도 있다.

(1) 자기관리

자기 자신에 대한 통제능력, 대인관계유지 및 조직에 대한 적응능력, 첩보 및 정보의 처리능력, 의사표현 및 의사결정능력 등 리더가 될 개인으로서 가장 기본적인 능력을 개발하는 것이다.

(2) 자기개발

리더의 위치에서 필수적인 강건한 체력, 어학능력, 스피치, 창의적인 비전 설정, 도전적인 업무 추진 등 리더십 자질을 스스로 키워나가는 것이다.

(3) 상급자 관심

상급자에 의한 조직구성원의 자율 리더십 개발은 주요 의사결정에 참여할 기회의 부여, 권한을 위임하여 자율적인 직무처리를 할 수 있는 기회의 부여, 프로젝트의 책임자 역할 부여, 멘토링을 통한 코칭 등을 통하여 조직에서 시행하는 체계적인 프로그램에 의존하지 않고도 상급자가 직무수행 과정에서 스스로 판단하여 조직구성원들의 리더십을 길러주는 것이다.

2.1.2 조직에 의한 체계적 프로그램의 실행

조직에 의해 체계적으로 실행하는 방법은 우수한 기업 등 많은 조직들이 실행하고 있는 공식적인 방법이다.

콩거(Conger)는 인기가 있는 리더십 훈련 프로그램들을 자신이 직접 수강한 뒤, 이들을 네 가지 유형으로 분류하고 각각의 특징을 정리하였다. 그가 제시하는 네 가지 유형은 개인적 성장에 중점을 둔 프로그램, 리더십 개념과 성공적인 리더들의 삶의 이해에 초점을 두는 프로그램, 피드백 위주의 프로그램, 그리고 리더십 기술 향상 과정 등이다.[5]

(1) 개인적 성장에 중점을 둔 방법

수강자들로 하여금 자신의 삶을 되돌아보게 하여 자신의 생(生)에 대하여 스스로 책임을 지는 자세와 의지를 개발하는 데 초점을 둔다. 대표적 프로그램으로는 페코스리버 러닝센터(Pecos River Learning Center)[6]에서 운영하는 리더 훈련 프로그램을 들 수 있다. 또한,

---

5   Conger, J. A.(1992), *Learning to lead*, Jossey- Bass.
6   세계적인 경영 컨설턴트인 래리 윌슨(Larry Wilson)이 1982년도에 설립한 인재양성 전문기관이며, 이 기관은 연간 30만 명 이상의 세일즈맨들을 교육하고 있다.

윌슨(Wilson, 1965)이 창안한 프로그램은 뉴멕시코 산타페 지역의 사막에 캠프를 두고 있는데, 야외에서 행해지는 각종의 고난훈련을 통하여 개인의 자각심을 높이고 고난 경험을 실생활에 전이시켜 개인적 성장을 이루도록 하는 방법이다.

이 과정은 3단계로 이루어져 있으며 수강자들은 충격 체험, 개인적 변화, 그리고 미래 설계의 단계를 거치면서 자기 성장의 기회를 갖게 된다. 개인적 경험이 지속 효과가 더욱 크다는 가정에 입각하여 구축된 프로그램이다.

(2) 성공적인 리더들의 삶의 이해에 초점을 둔 방법

성공적 리더들의 속성이나 삶의 과정을 이해시켜 본받도록 하는 프로그램들이다. 이는 특정 리더십 이론을 이해시켜 정해진 경로를 따라가도록 구성할 수도 있다. 가령 대학의 강의중심 프로그램들과 쿠제스와 포스너(Kouzes & Posner, 1983)의 리더십 도전 프로그램 등이다. 쿠제스와 포스너는 성공적 리더들을 관찰한 "The Leadership Challenge"에 기반을 두어 리더십 프로그램을 만들었다. 이들은 성공적인 경영자들에게 적용한 리더십에 관한 38개의 주관식 질문으로부터 개인적인 베스트 교훈을 조사하였다. 이에 기초하여 성공하는 리더들의 5대 베스트 교훈을 도출하였으며, LPI(Leadership Practices Inventory) 설문도 개발하였다. 베스트 리더십 다섯 가지 교훈은 ① 사업과 업무 처리 과정에 대한 도전, ② 비전 공유 독려, ③ 다른 사람들이 행동할 수 있도록 지원, ④ 모델로서의 길을 보여줌, ⑤ 마음의 몰입 확보 등이다. 이 프로그램은 '리더는 미래를 창조해나간다.'라는 취지를 가지고 리더십에 관한 자신의 길은 물론 다른 사람들의 길도 열어주고자 하는 것이다.

(3) 피드백 방식

리더십의 다양한 변수들을 가지고 개인별로 설문조사를 통하여 그 결과를 알려주고 개선점을 찾아가는 방식이다. 리더십과 관련하여 개인의 성격이나 스타일 등에 초점을 둔 설문들이 활용된다. CCL(Center for Creative Leadership)[7]의 'Leadership Development Program' 등이 피드백 방식에 해당된다. 이 프로그램은 설문조사를 비롯하여 게임이나 연습활동 등도 포함하고 있다. 수강자들은 개인의 스타일과 성향을 추출하고 서로 컨설턴트 역할을 수행하는 피드백과정을 통해서 개인과 가정 및 경력에 관한 목표와 행동스타일 등을 설정하게 된다.

---

[7] The Center for Creative Leadership(CCL): Exclusively focuses on leadership education, research and unparalleled expertise in solving the leadership challenges of individuals and organizations everywhere.

(4) 리더십 기술향상법

많은 조직들이 자체 프로그램을 만들 때 흔히 사용하는 방식으로, 리더가 갖춰야 하는 기술이나 역량들을 사전에 제시하고 그것을 수강자들이 배양할 수 있도록 구성한다. 예를 들어 CLS(Center for Leadership Studies)의 프로그램은 환경해석능력, 비전 구체화 능력, 비전의 실천을 위한 동원기술, 그리고 동기부여기술 등을 배양하는 내용으로 구성되어 있다.

콩거에 따르면, 위의 네 가지 유형의 프로그램 중에서 상대적으로 효과가 큰 것은 개인의 성장에 초점을 둔 방법이다. 즉 특수한 개인적 경험을 제공하여 자신을 반성하게 하며 새로운 의지를 가지고 스스로 변화해나가도록 하는 것이다. 그러나 효과의 지속성이라든가 조직에 주는 영향 등 효과성의 기준에 따라 결과의 판단이 달라질 수 있다. 그러므로 위의 네 가지 방법을 종합적이고 입체적으로 실행할 수 있다면 개인 차원의 리더십 개발로는 가장 이상적인 방법일 것이다.

2.2 자신의 리더십 진단

2.2.1 자기관리: 긍정적인 자아 찾기

자신에 대한 깊이 있는 통찰은 긍정적인 자신을 바라보게 하며 적극적인 자세를 갖게 한다. 적극적이고 올바르게 행동하는 젊은이는 타인에게 좋은 영향력을 미치며 리더로서 우리 사회에 공헌하게 될 것이다. 교육기관에서는 미래의 리더들에게 긍정적인 정체성을 찾아주고 그들의 무한한 잠재력을 계발하여 능력 있는 전문가로 진출할 수 있도록 여건을 조성해주는 데 주안점을 두어야 한다. 자신에 대해 긍정적이며 실력과 역량을 갖추었을 때 타인을 더욱 잘 섬기는 적극적인 리더가 될 수 있다. 긍정적인 사람은 보는 이로 하여금 마음을 편안하게 해준다.

보스턴 의과대학 신경과 마저리 실버(Margery Silver) 교수 팀은 '100살 넘게 장수하는 사람들은 힘든 상황에서도 긍정적인 사고와 유머감각을 잃지 않는 등 정신적인 측면에서의 공통점이 가장 두드러진다'라는 연구 결과를 발표한 바 있다. 긍정적인 사고는 긍정적인 사람을 만든다. 컵 안에 물이 반쯤 들어있는데 당신은 그 컵을 보고 어떤 생각을 할 것인가? '컵에 물이 반이나 남아있네'라고 생각할 것인가? 아니면 '컵에 물이 반밖에 안 남아있네'라고 생각할 것인가?

우리는 늘 긍정과 부정 사이에서 갈등을 겪는다. 자기 자신의 문제에서도 그렇다. 우리는 자신에 대해 모든 걸 알고 있는 것처럼 생각하지만, 그렇지 못할 때가 많다. 내가 달려가고 있는 방향이 어디인지, 무엇 때문에 시간을 쪼개어 한 가지 일에 매달려 있는지, 내가 무엇 때문에 복잡한 관계 속에서 힘들어야 하는지 자신의 해답을 찾지 못할 때가 너무 많다. 자신에 대한 깊은 통찰이 없으면 자신이 나아가야 할 방향을 알지 못한다. 이런 사람들은 조직 안에서 자기에서 주어진 임무는 어느 정도 소화를 해낼 수 있다 할지라도 성장과 발전을 기대하기는 곤란하다.

생각은 그 사람을 만든다. 긍정적인 생각을 하는 사람은 매사에 적극적인 리더가 되어 가지만, 부정적인 생각을 하는 사람을 편협한 보스가 된다. 존경받는 리더는 긍정적인 사고를 하는 사람이다. 리더는 불가능한 것도 가능한 것으로 바꾸어 버린다. 부정적인 시각도 긍정적인 시각으로 돌려 생각하기 때문에 가능한 것이 되고 만다. 타인에게 영향력을 미치는 사람도 자기 자신을 제대로 관리하지 못하면, 정상에 올랐다 하더라도 그는 실패한 사람이 된다. 정상에 올라 세상 부러울 게 없어 보이는 사람이 한순간에 무너져 버리는 상황을 종종 목격하게 된다. 이것은 무엇을 의미하는가? 수많은 리더들이 정상의 자리에서 공적인 수행 능력을 인정받고 대단히 성공한 리더처럼 보일지라도 자기 관리가 안 된 사람은 결국 기초공사의 부실로 무너지고 마는 것이다.

〈그림 3-2〉는 세종대왕의 리더십처럼 불가능한 것들을 가능한 것으로 만들어낸 긍정적인 리더의 시각을 보여주고 있다.

미래의 리더들은 우선적으로 자기 자신을 다스릴 수 있는 셀프 리더십을 갖춰야 한다. 자기 자신에 대한 긍정적 정체성을 갖고 있지 않은 리더는 비록 정상의 자리에 위치하고 있다 할지라도 늘 만족이 없으며, 인생의 허무만이 그의 생각을 지배할 것이다. 긍정적인 자기정체성에 대한 이해가 결국 나와 타인을 유익하게 하며 타인에게 좋은 영향력을 미치

존경받는 리더 = 긍정적인 사고를 하는 사람

- 긍정적인 생각을 하는 사람 → 적극적인 리더로 성장
- 부정적인 생각을 하는 사람 → 편협한 보스로 정착
- 부정적 시각 → 긍정적 시각으로
- 불가능한 것 → 가능한 것으로

〈그림 3-2〉 긍정적인 리더의 시각

는 리더가 되게 한다. 훌륭한 장인이라 할지라도 자기감정을 다스리지 못한다면 걸작을 기대할 수 없다. 그러므로 리더가 되고자 하는 이들은 '수신제가 후 치국평천하(修身薺家 後 治國平天下)'의 의미를 깊이 되새겨볼 필요가 있다.

2.2.2 자기개발: 적극적인 '나' 찾기

무한경쟁시대에 자기개발을 위하여 무언가 하지 않으면 살아남을 수 없다는 절박한 위기의식은 학생들에게 토익과 토플에 매달리게 한다. 또 어떤 학생은 고시준비에, 또 다른 학생은 컴퓨터와 씨름하며 시간을 보낸다. 그러나 오직 한 가지 일에 매달려 있다고 할지라도 마음에 평안함이 없다. 왜냐하면, 남들과 비교하면 늘 우선순위가 매겨지고 자신이 무엇을 원해서 이것을 시작했는지 방향성이 불투명한 상태에서 시작했기 때문에 공부를 하면서도 갈등의 연속이다.

세상은 점점 살기가 어렵게 느껴지고 취업의 관문은 높아만 간다. 적극적인 모습으로 자신의 역량을 힘껏 발휘하며 사회생활을 하고 싶은데 현실은 그렇지 못하다. 힘겨운 고등학교 수험생 생활을 통하여 어렵게 대학에 합격하여, 대학 생활을 마치고 나면 마땅히 들어갈 직장이 없어 고민하다가 취업준비 장수생이 된다. 30대가 되면 마지못해 직장을 다니고 있노라고 푸념한다. 40대가 되면 직장에서 정리해고 될 것을 걱정한다. 50대 이후는 생각만으로도 너무 힘겹다. 우리 귀에 익숙해진 '구조조정', '취업대란', '학력파괴' 등의 말들은 더 이상 직장이 우리의 평안한 안식처가 아님을 말해주고 있다.

이제 리더십 전문가들은 한결같이 소리 높여 말한다. 무한경쟁시대에는 적극적인 개인만이 살아남는다. 자신의 전문분야를 스스로 찾아 계발하지 않으면 남들과 똑같은 능력만으로는 인정받기 어려운 세상이 되었다. 어떤 사람은 개인 브랜드의 시대가 이미 선포되었다고 한다. 무한경쟁의 시대에서 적극적인 자세가 아니면, 단지 이미지를 좋게 하는 것만으로 살아남지 못한다. 자신이 어떤 비전을 갖고 있고, 어떤 가치관을 갖고 있는지 간단명료하게 정의하고 표현할 수 있어야 한다. 나를 어떻게 표현할 것인가? 이것은 자신의 정체성을 고백하는 것이다. 마하트마 간디는 비폭력주의자가 그의 정체성이다. 마더 테레사는 평화의 어머니, 마틴 루터 킹 목사는 흑인 인권운동가, 앨빈 토플러는 미래학자, 김구는 독립운동가, 임권택은 영화감독, 엄홍길은 산악인 등 이들 모두는 자신의 정체성을 분명히 인식하고 그것을 위해 적극적인 인생을 산 사람들이다. 그들은 성공하고 인정받기까지 다른 사람들의 평가를 두려워하지 않았다. 비난과 질시에도 자유로울 수 있다는 것은 정상에 오른 사람만이 누리는 특권이다.

정체성을 인식하고 그것을 위해 인생을 산 사람들

마하트마 간디
(비폭력주의자)

마더 테레사
(평화의 어머니)

마틴 루터 킹
(흑인 인권운동가)

앨빈 토플러
(미래학자)

김구
(독립운동가)

임권택
(영화감독)

엄홍길
(산악인)

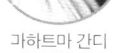

미래사회 = 전문가가 주목받는 시대

〈그림 3-3〉 적극적인 리더의 모델

우리는 무엇을 위해 적극적인 인생을 살고자 하는가? 적극적인 삶을 살기 위해서는 전문가로서의 역량을 발휘할 수 있어야 한다. 앞으로의 미래사회는 전문가가 주목받는 시대이다. 직장마다 전문영역의 중요성이 대두되고 있으며 세계화의 추세로 영어를 못하면 취업을 하기도 힘든 사회가 되었다. 당신은 어떤 분야의 전문가가 되기를 희망하고 있는가? 그것을 위해서 지금 무엇을 준비하고 있는가? 혹시 내성적인 성향을 갖고 있는 당신에게 적극적인 모습을 발견하라고 한다면 그것은 강요처럼 느껴질 수도 있을 것이다.

그러나 여기서 말하는 적극성이란 자신의 강점을 승화시켜 하나의 핵심 경쟁력을 만드는 것을 말한다. 다른 사람에게 없는 나만이 가지고 있는 핵심 경쟁력의 강점은 무엇이 있는지 생각해보자. 당신은 어떤 일을 할 때 제일 기쁘고 적극적인 모습으로 변화되는가? 당신은 어떤 기질적 특성을 갖고 있는 사람인지 스스로 인지하고 있는가? 당신의 강점, 약점은 무엇인가? 여기에서 장점이 자기개발의 근원이 될 것이다. 결국 적극적인 나를 찾기 위해서는 자신의 내면에 대한 깊은 통찰과 이해가 필요하다.

2.2.3 나의 리더십의 현주소

패러다임이란 '자기 자신을 보는 관점'을 말한다. 우리는 세상을 볼 때 있는 그대로 보는 것이 아니라 각자 자신이 경험하고 느낀 대로 세상을 보고 있는 것이다. 기존의 패러다임을 뛰어넘을 때, 기술의 발전과 혁신이 이루어진다. 패러다임이 바뀌게 되면 지금까지 사용했던 원리와 사고방식은 더 이상 의미가 없어지게 된다. 패러다임에 맞지 않는 정보는 수용하기 어렵다. 따라서 우리가 갖는 일반적인 경향은 정보를 패러다임에 억지로 끼위 맞추려고 하거나, 또는 경우에 따라서 정보 자체를 쓸모없게 만든다. 패러다임이 바뀌는 속도는 점점 빨라지고 있다.

이러한 패러다임에서 어느 유형의 리더십이 최상이냐는 질문은 빨강, 파랑, 노랑, 초록 중에 어느 색이 최상이냐는 질문과 같다. 최상의 리더십 유형과 행동유형은 없다. 누구나 각자의 성격과 행동에는 자신만의 고유한 색깔과 향기를 지니고 있다. 이것은 행동유형이 지니고 있는 가치이기도 하다. 각 행동유형에는 또한 지속적 발전과 성장을 위한 고유한 강점과 기회가 있기 때문이다.

1) 리더십 현주소 탐색(I): 리더십 지수 분석

여러분들은 스스로를 리더라고 할 수 있는가? 〈표 3-1〉의 체크리스트를 통하여 진단해보도록 하자.

〈표 3-1〉 리더십 지수 분석(예)

※ 다음의 문항을 정독하고 항목별로 점수 (1 ———— 10)를 부여한다.

1. 나는 우리의 과업을 달성하기 위해 불평하기보다 앞서서 모범이 되려고 하며 주도적이다.
   (아니다 : 1 ———— 10 : 그렇다)
2. 나는 함께하는 사람들의 마음상태와 여건을 항상 배려하려고 노력한다. (1 ———— 10)
3. 나는 타성으로 일하지 않고 '무엇인가 새로운 방법이 없을까?'에 대하여 항상 생각한다.
   (1 ———— 10)
4. 나는 내가 가진 정보와 지식, 성과와 명성을 조직구성원들과 나누려고 한다.
   (1 ———— 10)
5. 나는 내가 맡은 일에 대하여 확실하게 책임을 진다. (1 ———— 10)
6. 나는 어떠한 어려움이 있어도 열정을 가지고 헤쳐 나갈 자신이 있다. (1 ———— 10)
7. 나는 우리조직과 우리가 하는 일에 대해 조직구성원들과 수시로 재미있게 이야기한다.
   (1 ———— 10)
8. 우리는 서로의 문제에 대해 터놓고 이야기 할 수 있고, 서로의 말을 경청한다.
   (1 ———— 10)
9. 내가 일하는 조직에서 나의 의견이나 제안은 항상 중요하게 검토된다. (1 ———— 10)
10. 나는 다른 사람의 도움을 구할 때 서로의 이익이 되는 것이 무엇인가를 항상 생각한다.
   (아니다 : 1 ———— 10 : 그렇다)

총 점: 점

- 91~100점: 탁월한 리더   • 81~90점: 매우 우수한 리더
- 71~80점: 우수한 리더   • 61~70점: 보통 수준
※ 당신의 점수가 60점 미만이라면 리더십 능력 향상을 위한 노력이 요망됨.

---

2) 리더십 현주소 탐색(II): 당신의 기본적인 리더십 유형은?

다음은 본서 제4장 제1절에서 소개한 허시와 블랜차드의 리더의 행동유형에 근거하여 독자들이 자신의 리더십 성향 이해에 도움이 되도록 〈표 3-2〉와 같이 구성하였다.

〈표 3-2〉 허시와 블랜차드의 리더십 유형 판단(예)

아래 내용은 여러분들이 어떤 과업집단의 리더인 경우를 상정하여 여러분들과 소속집단에 영향을 미치는 결정을 내려야만 하는 여덟 가지 가상적 상황을 묘사하고 있다. 그 상황에 대하여, 여러분들이 현재의 리더십 수준에서 취할 수 있는 행동을 아래 보기(A, B, C, D)에서 선택하여, 그 기호를 여덟 개 상황의 표시된 ＿＿ 위에 기록하기 바란다.

＿＿＿ 1. 재정적인 압박으로 인하여, 여러분은 집단의 예산을 삭감하여야만 하는 상황에 처해있다. 예산 항목 중 어느 부분을 감축할 것인가?
＿＿＿ 2. 임박한 마감기한을 맞추기 위하여, 여러분의 집단구성원 중 한 사람은 중요한 보고서 작성을 끝가치기 위하여 오늘 밤 늦게까지 야간근무를 해야만 한다. 누가 할 것인가?
＿＿＿ 3. 직장의 소프트볼 팀 코치로서, 여러분은 현재 소속선수 30명을 25명을 줄이도록 요청을 받았다. 누구를 내보낼 것인가?
＿＿＿ 4. 부서 직원들이 모두 여름휴가 계획을 마련하는 상황에서 최소 필요한 인원은 반드시 사무실을 지켜야만 한다. 누가 제일 먼저 휴가를 가는 대신 사무실을 지킬 것인가?
＿＿＿ 5. 직장 내 친교모임의 회장으로서, 여러분은 매년 열리는 회사축제의 주제를 결정해야 할 책임을 지고 있다. 어떻게 축제의 주제를 결정할 것인가?
＿＿＿ 6. 여러분은 직장에 필요한 중요한 기자재를 구입 또는 임대해야 하는 기회를 갖고 있다. 관련된 모든 정보를 수집한 후 구입할 것인지 아니면 임대할 것인지 여부를 어떻게 결정을 내리겠는가?
＿＿＿ 7. 사무실을 새롭게 단장하고자 한다. 사무실의 색상을 무슨 색으로 할 것인지 어떻게 결정할 것인가?
＿＿＿ 8. 동료들과 함께 직장을 방문한 고위인사에게 저녁식사를 대접하고자 한다. 어느 식당을 예약할 것인지를 어떻게 결정할 것인가?

A. 조직구성원로로 하여금 스스로 무슨 일을 할 것인지 결정하도록 위임한다.
B. 조직구성원들에게 무슨 일을 할 것인지 결정하게 하고, 결과에 대한 책임은 여러분 자신이 감당한다.
C. 결정은 여러분 자신이 내리지만, 그 이유에 대하여 조직구성원들에게 설명하고 계속 확인 및 감독한다.
D. 결정은 여러분 자신이 내리지만, 조직구성원들에게 무엇을 해야 하는지 자세하게 설명하고 계속 관심을 표명한다.

• A라고 표시한 상황의 수를 계산한다. → 당신의 '위임형' 점수 ＿＿＿
• B라고 표시한 상황의 수를 계산한다. → 당신의 '지원형' 점수 ＿＿＿
• C라고 표시한 상황의 수를 계산한다. → 당신의 '지시형' 점수 ＿＿＿
• D라고 표시한 상황의 수를 계산한다. → 당신의 '코치형' 점수 ＿＿＿

※ 평가결과: 가장 많이 선택한 유형 → 당신의 기본적 또는 선호하는 리더십 유형.
① 지시형(directing): '높은 과업 행동 - 낮은 관계 행동'으로 과업지향적 행동유형과 같은 유형
② 코치형(coaching): '높은 과업 행동 - 높은 관계 행동'으로 의사소통의 초점을 목표달성과 정서적 지원을 동시에 충족시키는 데 두는 유형
③ 지원형(supporting): '높은 관계 행동 - 낮은 과업 행동'으로 배려형 또는 조직구성원 지향적 리더와 같은 유형
④ 위임형(delegating): '낮은 관계 행동 - 낮은 과업 행동'으로 자율에 맡기는 유형

2.3 자신의 리더십 개발

2.3.1 리더가 되는 기본요건

나에 대한 분석과정을 통하여 나의 리더십의 현주소를 파악하였다. 이는 나를 이해하는 수준으로서 목이 마를 때 물을 마시는 수준이다. 이제 갈증은 해소됐으나 내가 과연 올바른 길을 가고 있는지에 대해서는 아직 알 수 없다. 이제 내가 가고자 하는 올바른 방향과 길이 어딘지를 살펴보아야 하는 순서이다. 내가 달성해야 할 비전과 목표가 바로 미래의 나의 모습이며, 내가 지향하는 진정한 리더의 모습이다. 그렇다면 내가 리더가 되기 위해서는 무엇이 필요할까?

1) 따르는 사람이 있어야 한다

리더란 따르는 사람이 있다. 당신은 리더인가? 당신 주위를 살펴보라. 당신을 따르는 사람들이 있는가? 가족들이 당신에게 조언을 구하는가? 사람들이 당신을 존경하고 좋아하는가? 동료나 친구들이 당신을 찾아와 고민을 털어놓고 있는가? 사람들이 당신의 의견을 중시하는가? 당신은 동료들보다 업무에 관해 더 많이 알고 있는가? 자신의 업무수행 능력, 책임감, 신뢰성은 평균 이상인가? 당신은 문제를 일으키기보다 해결하고 있는가? 당신은 긍정적인 사람인가? 당신은 다른 사람에게 용기를 주고 있는가?

2) 스스로 리더가 되려는 의지와 노력이 있어야 한다

리더가 되기 위해서는 스스로 리더가 되려고 노력해야 한다. 당신은 리더가 되고 싶은가? 다른 사람들의 고민, 절망, 혼란과 짐들을 떠맡고 싶은가? 위대한 리더는 항상 다른 사람의 고통을 이해하고 이를 자신의 일처럼 생각한다. 리더들은 그들의 능력 덕분에 다양한 혜택을 받는다. 그러나 그들은 그러한 혜택 때문에 리더가 되지는 않는다. 그들은 개인적인 보상이 아니라 활동 그 자체를 중시한다. 단지 개인의 욕망이나 권력을 위하여 리더가 되려는 사람은 대부분 실패한다. 리더가 되고 싶다면, 먼저 자신의 내면을 살펴보라. 정직하고 진지하며 다른 사람을 돕고자 하는 마음이 있는가? 다른 사람들이 당신의 속마음을 알 때도 당신을 따르겠는가? 이것이 바로 리더의 두 번째 요건이다.

3) 자신을 다룰 수 있어야 한다

리더는 자신을 다룰 수 있어야 한다. 다른 사람을 다루려면 먼저 자신을 다룰 수 있어야 한다. 다른 사람을 다룰 수 있다는 말은 바로 자신의 태도와 행동을 다룰 수 있다는 말과 같다. 자신을 움직일 수 없다면 어떻게 다른 사람을 움직일 수 있겠는가? 당신이 의심하고 절망에 빠져 있다면 다른 사람에게 어떻게 희망과 용기를 줄 수 있겠는가? 당신이 책임을 회피하거나 거짓말을 한다면 어떻게 아이들에게 정직하라고 가르칠 수 있겠는가? 아이들 앞에서 일이 힘들다고 불평하면서 낚시를 즐기러 간다면 어떻게 아이들에게 일이 소중한 것이라고 가르칠 수 있겠는가? 자기보다 나은 사람들을 피하고, 비난하는 모습을 보여 준다면 아이들이 어떻게 야심을 갖고 높은 이상과 목표에 몰두할 수 있겠는가? 당신이 보여주는 태도와 행동은 다른 사람에게 전염된다. 당신의 태도와 행동은 다른 사람들의 성격과 행동에 영향을 미친다. 사람들은 자신의 우상을 따른다. 당신을 생각해보라. 누가 당신의 우상이었는가? 선생님? 친구? 가족? 아마 당신에게 커다란 영향을 준 사람은 소수일 것이다. 그들은 당신의 우상이 되려고 의도하지 않았다. 단지 자신의 진정한 모습을 보여주었을 뿐이다. 자신의 진정한 모습을 보여줄 때, 당신도 다른 사람의 우상이 될 수 있다. 아무도 당신에게 그 방법을 말해주지 않는다. 당신은 이미 마음속으로 어떤 사람이어야 하고, 어떤 일을 해야 하는지 알고 있다. 훌륭한 리더가 되려면 타인의 가르침을 받기에 앞서 먼저 자신 내면의 진술한 목소리에 따라 행동해야 한다.

4) 스스로 배우고 스스로 성장해야 한다

리더는 스스로 배우고 스스로 성장해야 한다. 또한 그들은 자신의 성장을 다른 사람과 기꺼이 나눈다. 리더는 일시적인 만족에 그치지 않고 더 큰 잠재력을 개발하기 위해 끊임없이 노력한다. 이것은 전 생애를 통해 배워 가는 과정이다. 풋사과를 보자. 풋사과가 계속해서 가지에 매달려 있다면 잘 익은 사과로 성장한다. 그러나 나무에서 떨어지면 붉은 사과가 될 수 없다. 나무에서 떨어지는 순간 풋사과는 점점 시들어 결국 삶을 마치게 된다. 민들레 씨앗도 마찬가지이다. 홀씨주머니에서 터져 나오는 순간부터 민들레 씨앗은 존재의 기쁨을 만끽하기 시작한다. 비단결처럼 부드러운 미풍에 몸을 내맡긴 채 이리저리 떠나며 삶을 순례한다. 그러나 바람이 고요해지는 날, 그 씨앗은 땅에 떨어져 그곳에서 연초록의 잎과 짙은 노란색 꽃으로 자라나려고 애를 쓴다. 씨앗은 더 이상 씨앗으로 만족하면서 떠나닐 수 없다. 땅에 떨어져 싹으로 자라야 한다. 그리고 성장해야 한다. 그밖의 다른 선택은 없다. 사람도 그러하다. 애착과 헌신 없이 성장하는 것은 불가능하다. 우리는 수많은 문제와 도전, 기쁨과 슬픔을 경험하며 성장을 시작한다. 어떤 사람들은 이리저리 떠돌며 삶을 방황한다. 그들은 문제에 부딪치면 상황을 떠나 다른 곳으로 옮겨간다. 그

것이 바로 인생이라고 믿는 사람도 있다. 그러나 그런 사람은 성장하거나 발전할 수 없다. 그런 사람은 리더가 될 수 없다. 변화는 좋은 것이다. 상황에 도전하라, 훌륭한 목표를 성취하려는 욕구가 있다면 어떤 상황에서도 문제를 극복하기 위해 최선을 다해야 한다. 이것이 바로 헌신이며, 또한 성장의 유일한 방법이다. 그리고 이것이 바로 리더의 특성이다. 이러한 헌신은 다른 삶에게 용기와 희망을 불어넣고 삶의 가능성을 깨닫게 한다. 모든 인간의 내부에는 삶에 대한 가능성이 존재한다. 가능성은 사람의 잠재력이자 힘이다. 이것이 바로 삶의 활력이다. 영국 속담에 '꿀벌은 물을 마셔서 꿀을 만들고, 뱀은 물을 마셔서 독을 만든다.'라는 말이 있다. 당신은 어떤 사람인가? 희망이라는 꿀을 만들고 있는가, 아니면 절망이라는 독을 만들고 있는가?

2.3.2 리더 양성의 두 가지 관점

리더십 패러다임의 전환과 연계하여 리더십 계발의 방향도 '존재론적 리더십'에서 '관계론적 리더십'으로 전환할 필요가 있다. 이는 개인의 리더십 역량 제고를 위한 노력에서 리더가 리더십을 발휘할 수 있는 제도적 여건과 환경을 창출하는 쪽으로 리더십 개발전략의 초점을 두어야 한다는 주장이다.

존재론적 리더십은 리더 개인에 역점을 두고 개인으로서의 리더가 갖추어야 될 다양한 자질과 역량을 육성하는 데 관심이 있는 반면에 관계론적 리더십은 리더십에 영향을 미치는 제도적 여건조성과 이상적인 업무환경을 설정하고 이를 어떻게 조성하느냐에 보다 많은 관심이 있다. 이러한 관계론적 리더십은 리더 개인만을 고려하지 않고 리더를 둘러싸고 있는 환경적 변수를 종합적으로 고려하고 이들 변수들 간의 상호 영향력 관계에 중점을 둔다. 이러한 관계론적 리더십은 크게 1 : 1의 리더십과 1 : 다수의 리더십 관계로 살펴볼 수 있다.

1) 1 : 1의 리더십(대인관계 리더십)

나에 대한 이해와 리더에게 요구되는 자질과 기술을 잘 알고 있다고 하더라도 상대방을 모르는 상태에서는 대인관계의 리더십이 나올 수 없다. 따라서 나와 타인의 1 : 1관계, 즉 나와 가족(부인, 자녀 등), 상급자, 동료, 부하, 학생 등으로 나의 리더십 영역을 확장시키고, 다른 사람을 이해하는 것이 필요하다. 즉 먼저 타인들이 나와는 다른 지능과 다른 성격, 다른 체질을 가지고 있다는 것을 인정하는 것이 중요하다. 아래에서 대인관계 리더십의 요체를 살펴보기로 한다.

첫째, 상호인정의 리더십이다. 먼저 상대방의 성격, 지능, 체질에 대한 이해로써 다른 사람을 이해하기 위해서는 그 사람의 말, 태도, 행동에 대한 이해가 필수적이다. 상대방의 성격과 지능, 체질을 아는 것은 그 사람을 제대로 이해하는 데 상당한 도움이 된다.

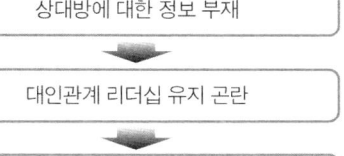

다음으로 다양성을 인정하는 것이다. 다양성을 인정받지 못하고, 힘의 불균형에 의해 하나의 힘으로 획일화된 질서는 강한 것처럼 보이지만 실제로는 매우 약할 수밖에 없다. 정치, 경제, 사회는 모두 서로 다름을 인정하는 다양성 속에서 건전하게 성장할 수 있는 것이다. 나와 다른 것을 인정한다는 것은 나의 선입관이나 편견에 의해서 남을 평가하지 않는 것이다. 강하다는 것은 다양성을 인정하는 것이며, 이는 사회에 꼭 필요한 것이다.

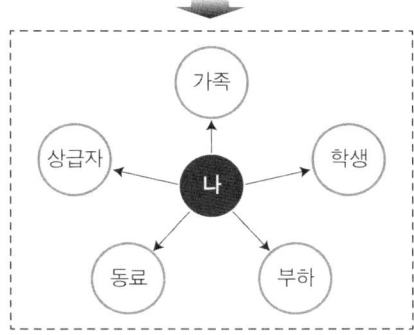

〈그림 3-4〉 대인관계 리더십의 기본조건

둘째, 상호신뢰의 리더십이다. 신뢰는 오랜 기간에 걸쳐 꾸준히 작은 것이 쌓이는 과정이다. 돈독한 신뢰는 하나의 사건에 의해 갑자기 형성되는 것이 아니라, 끊임없이 형성되어가는 과정이다. 사람과의 신뢰에 있어서도 한두 번 크게 도와주는 것보다는 조그만 도움이라도 자주 베푸는 것이 더 큰 신뢰를 낳게 된다. 신뢰는 단순히 상대방의 성격, 지능, 몸을 이해하는 정도가 아니라 상대방이 처한 입장에서의 감정과 생각을 공유하는 것이다. 또한 신뢰는 일관성에서 나온다. 진심은 내면의 진실됨을 말하는 것으로 사실을 사실대로 말하는 솔직함, 정직함이다. 진심은 자기 자신의 신념에 부끄러움이 없는 상태이며, 자신에게는 철저함이며, 다른 사람에게는 사랑이다. 그러나 사회적 풍토의 현실은 사람을 불신하게 만드는 경우도 다반사이며, 이 경우에는 불신의 악순환이 이어질 수도 있다.

셋째, 건설적 반대이다. 건설적 반대란 나의 관념과 성격을 버리고 중용의 입장에서 판단되는 반대이다. 반대를 위한 반대가 아닌 의사결정의 질을 높이고 상대방의 발전을 위한 진실이 담겨있는 반대이다. 건설적 반대는 상대를 비난하는 행위가 아닌 상대의 시각을 인정하고 같은 현상을 다각도의 시각에서 검토하기 위한 것이다.

마지막으로 자신의 잘못을 인정하는 것이다. 그런데 잘못을 인정한다는 것은 어느 하나의 이념이나 가치 또는 성격에 집착하거나 고착되어 있지 않은 상태여야 가능하다.

2) 1 : 다수의 리더십

리드(lead)의 대상이 사물이 아니라 사람들의 상호작용을 통해 나타나는 조직이나 사회 현상이기 때문에 1 : 다수의 리더십에 있어서는 시스템적 접근이 필요하다. 따라서 시스템으로 리드한다는 말에는 먼저 시스템이 함축하고 있는 핵심인 '부분들의 연관성' 시각에서 조직현상을 전체적으로 분석하는 것이 포함되어 있다. 다음으로 시스템으로 리드한다는 표현에는 부분들의 상호연관성을 기초로 하여 구조적인 틀을 만들어 사람의 행동에 영향을 미친다는 의미도 포함되어 있다.

시스템으로 리드하는 리더는 사람에게는 기본적으로 기회주의적이고 개인의 사적 이익을 추구하려는 욕구를 가졌다고 전제하고, 이를 방지하기 위한 시스템 구축을 위해 노력하는 사람이다. 조직 내에서 잘못이 있어도 사람에게 책임을 묻기 전에 시스템의 미비점이 무엇인지 찾아 고치려고 노력하는 사람이다. 사람을 문책하는 것은 그 효과가 일시적이지만 시스템을 보완하는 것은 지속적이기 때문이다. 그렇게 시스템이 완비되면 이제 사람을 모두 신뢰하고 많은 권한을 위임한다. 충분한 자율권을 주어 현장에서 필요한 결정과 행동을 자기 책임 하에 실행하도록 도와준다. 시스템적 리더는 우리 인체에 한번 들어온 균에 대해서는 면역체를 만들어 그 균에 대한 저항력을 기르듯이 시스템 내에서 일어나는 잘못을 늘 학습의 기회로 삼고 시스템의 성장을 위해 끊임없이 노력하는 사람이다. 시스템적 리더는 자신이 부재하는 경우에도 예전과 다름없이 시스템에 의해 조직이 원활하게 돌아가도록 만드는 사람이다.

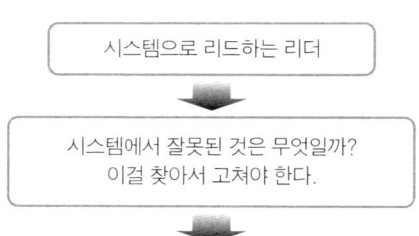

〈그림 3-5〉 1 : 다수의 리더십 기본 방향

2.3.3 리더의 양성 및 훈련

리더의 양성은 리더십 훈련에서 비롯된다. 리더를 만드는 데 있어서 적절한 훈련과 지침이 필수적인 요소라고 주장하는 플루커(Fluker, 2001)는 마틴 루터 킹과 같은 저명한 리더들을 육성하는 데 있어서 남부의 흑인 교회가 훌륭한 도구로서의 역할을 수행해왔다는 것을 근거로 들고 있다. 리더십이란 '누구는 가지고 누구는 가지지 못한 무엇'이 아니다. 사실 성공적인 리더십 개발전략은 문화를 변화시키는 것과 장기적인 관련성을 가질 수밖에 없다. 그러므로 이는 매우 오랜 시간이 소요되고 수많은 내외의 압력에 직면할 수밖에 없다. 이러한 압력에 현명하게 대처하면서 지속적으로 리더십을 개발하고 지속하는 노력을 유지하는 것이 가장 중요하다. 그렇다면 '나는 리더가 아니다.'라고 생각하는 많은 젊은이들에게 어떻게 리더와 리더십을 이야기하고 그들이 지닌 리더십 가능성을 개발하고 이를 위한 구체적인 기회들을 만들어갈 것인가?

맥스웰(Maxwell, 2003)은 리더의 양성과 리더십 개발과정은 다음의 4단계 국면으로 나타난다고 제시하고 있다.

(1) 제1국면: 내가 무엇을 모르는지 모른다

대부분의 사람들은 리더십의 가치를 인식하는데 실패한다. 그들은 어떤 조직의 구조에서 최고의 자리에 오르는 사람들을 위한 리더십이 단지 몇 가지 요소들로 구성되어 있다고 생각하근 한다. 그들은 자신들을 인도하는 법에 대해서 배우지 않았고 기회가 있는 동안 그것이 스쳐지나가고 있다는 사실에 대해서 깨닫지도 못한다. 불행하게도 사람들은 자신들이 무엇을 모르는지를 모르기 때문에 더 이상 성장하지 못하는 경우가 많다.

(2) 제2국면: 내가 무엇을 모르는지 알게 된다

주로 삶에 있어서 어느 지점에 다다르게 되면 우리는 때때로 잠시 주위를 둘러볼 때 우리를 따르는 사람이 아무도 없다는 사실을 발견하게 된다. 바로 이 순간이 우리가 사람들을 어떻게 인도해야 하는지에 대해서 배워야 할 필요성을 깨닫는 순간이다. 영국의 수상 디즈레일리(Disraeli)는 다음과 같이 현명하게 지적했다. '어떤 사실에 대해서 무지하다는 것을 깨닫는 것은 지식에 다다르는 위대한 첫 단계이다.'

(3) 제3국면: 나는 성장하는 것이 보이기 시작한다

우리가 자신의 부족함을 인식하고 개인적인 리더십 역량을 위한 리더십 개발 훈련을 계속할 때, 놀랄 만한 일들이 생기기 시작하고 보이기 시작한다. 오늘부터라도 당장 자신의 리더십 개발 훈련으로 자신의 리더십 역량을 키워보자. 그러면 언젠가 우리는 과정의 법칙이 주는 영향력을 경험하게 될 것이다.

(4) 제4국면: 나는 단지 가기만 할 뿐이다. 무엇을 아는지를 알기 때문이다

우리가 만일 세 번째 국면에 있다면 리더로서 잠재력을 갖춘 사람이 될 수 있다. 우리가 이 제4국면에 와있다면, 계속 노력하면 타인을 리드하고 조직의 성과를 창출하는 우리들의 능력은 계속 향상될 것이다. 그러나 거기에 도달하는 유일한 방법은 과정의 법칙에 순종해야 하며 많은 대가를 지불해야 하는 것이다.

다음은 세종리더십개발원[8]에서 리더가 설정해야 하는 비전을 중심으로 이루어지는 리더십 개발훈련의 내용이다.

(1) 가치: 나와 너, 우리의 가치를 발견하고 인식하고 고양한다

모든 리더십은 자기 자신 그리고 자기가 하고자 하는 일, 그리고 그 일을 함께 하려는 사람들의 가치를 발견하고 추구함으로써 비롯된다. 따라서 리더십을 기르기 위해서는 우선 가치를 발견해야 한다. 또한 가치를 어느 정도로 인식하고 어느 정도로 추구하느냐에 따라 리더십 또는 팔로어십의 강도가 달라진다. 이와 같은 가치인식 과정은 아래에 기술된 문제들이 최종 결과물로 한 개인에게 드러나도록 설계되고 추구된다.

주요 점검사항
- 나와 내가 하는 일에 항상 자부심을 느끼는가?
- 조직에서 함께 일하는 사람들이 아주 소중한 사람이라고 생각하는가?
- 조직구성원들을 아주 반갑게 대하며, 비판보다는 칭찬을 많이 하는가?
- 우리 조직과 우리가 하는 일이 아주 가치 있는 일이라고 생각하며, 다른 사람에게 우리를 자랑하는가?

(2) 지혜: 데이터와 정보를 모으고 지식을 만들며 지혜를 기른다

리더십은 관계 속에서 어떤 목적을 이루기 위해 발휘된다. 사람과 사람의 관계, 사람과 일 그리고 조직과 환경 등의 관계 속에서 리더십이 발휘되기 때문에, 이러한 제반 요소들이 어떤 상태에 있고 어떻게 움직이는지를 파악하는 것은 아주 중요하다. 이러한 제반 요소와 상황인식의 최고단계를 지혜라고 할 수 있는데, 지혜는 데이터와 정보를 모으고 지식

---

8 1997년 '세종리더십센터'로 개소하였고, 1999년부터 '세종리더십개발원'으로 확장하여 전국의 각급기관에 대한 리더십과 리더십 개발 프로그램을 이용한 교육지원을 하는 기관이다.

을 만들며 그것이 축적되어 통찰력이 생긴 결과이다. 지혜 과정에서도 아래에 기술된 문제들이 최종 결과물로 한 개인에게 드러나도록 설계되고 추구된다.

주요 개발사항
- 우리가 하는 일과 관계되는 여러 가지 자료와 정보를 열심히 모은다.
- 내가 모은 자료를 현실에서 유용하게 활용한다.
- 우리가 하는 일에 대해 다른 사람의 경험과 지식을 얻기 위해 항상 신경 쓴다.
- 우리가 하는 일을 어떻게 하면 더 잘할 수 있을까 항상 생각하며 노력한다.

(3) 미래창즈: 상황(비전, 목표)을 인식하고 생생한 미래를 믿는다

리더십의 3대 요소는 이끄는 자(리더), 따르는 자(팔로어, 조직구성원) 그리고 달성하고 자하는 상황(비전, 목표)이다. 전통적인 리더십 이론은 이 세 가지의 요소 중에서 이끄는 자와 따르는 자를 중시했다. 그러나 오늘날의 리더십 이론에서 가장 중요하게 부각된 것은 상황, 즉 '하고자 하는 어떤 일'이다. 이 '어떤 일'에는 이슈에서 비전까지 다양한 범주가 있을 수 있다. 그러나 이러한 다양성에도 불구하고 이 모두의 공통점은 이들이 아직 '이루어지지 않은 일'이라는 점이다. 따라서 리더십이 발휘되기 위해서는 무슨 일을 이루려 하는지 우선 그 '미래가 창조'되어야 한다. 미래 창조과정은 하고자 하는 일을 분명하고 생생하게 만드는 데 도움을 준다.

주요 개발사항
- 나는 나의 사명을 분명하게 인식하며 살고 있다.
- 나는 내가 속한 조직이 추구하는 목표와 목적이 무엇인지를 알고 있다.
- 나는 내가 달성하고자 하는 미래를 간절하고 생생하게 느끼고 있다.
- 나는 주위에 있는 사람들에게 내가 하는 일을 함께 하자고 이야기하고 싶다.

(4) 전략: SWOT를 파악하고 비전의 실행에 집중하며 작은 승리전략을 추구한다

비전은 가치와 지혜를 토대로 만들어진다. 이렇게 만들어진 비전을 이루는 방법론이 전략이다. 전략은 비전을 이루는 종합적이고 전체적인 방법이기 때문에 힘의 집중과 지속적인 노력이 수반되는 것이다. 수많은 전략이론이 있지만 통상적인 전략수립의 핵심은 강점과 약점, 기회와 위협요소(SWOT)를 파악하는 데서 시작된다. 그리고 이것을 토대로 분명한 지향성과 초점을 갖되 그 과정은 작은 승리를 끊임없이 추구하는 것이 되어야 한다.

- 나는 나의 일을 성취하기 위해서 내가 가진 강점과 약점, 기회와 위협요소를 잘 알고 있다.
- 나는 항상 일의 우선순위를 정하여 행동한다.
- 나는 나의 일의 성패를 결정하는 것이 무엇인지 알고 있다.
- 나는 나의 일을 이루기 위한 구체적인 실천계획을 가지고 있다.

(5) 행동과정: 주도적으로 행동하고 세밀하게 행동양식을 개발한다

행동과정은 수립된 전략을 실행에 옮기는 구체적인 행위와 함께 리더가 갖추어야 할 여섯 가지의 기본태도를 기르는 과정이다. 여섯 가지의 기본태도는 주도성, 배려, 창의성, 나눔, 책임, 용기인데, 이 중에서도 가장 중요한 것은 주도적으로 행동하는 것이다. 리더(이끄는 자)와 팔로어(따르는 자)를 구분하는 한 가지 기준을 꼽으라면 그것은 주도성이다. 따라서 이끄는 자는 주도성을 발휘해야 한다. 그리고 리더는 이루고자 하는 어떤 일에 대해 분명한 목표의식이 있고 그것을 이룰 전략도 있기 때문에 행동 또한 이에 부합하는 것이 되어야 한다.

주요 개발사항

- 나는 항상 일을 성취하기 위해 몰입하고 있다.
- 나는 항상 주도적으로 행동하며 강력한 추진력을 발휘하고 있다.
- 나는 일을 성취하는 데 필요한 여러 가지 기법을 잘 활용한다.
- 나는 일을 추진하는 데 필요한 인적 · 물적 자원을 동원하고 지원할 능력을 가지고 있다.

(6) 체제: 시너지를 창출하는 체제를 만들고, 이를 혁신한다

리더십은 관계 속에서 발휘되고 이 관계가 정착되면 하나의 체제가 만들어진다. 따라서 리더십은 결국 체제를 만들고 또 이를 관리하고 또 혁신하는 과정이라고 할 수 있다. 여기서 가장 중요한 것은 시너지를 창출하는 체제는 만드는 것이다. 결과를 산출하기 위해 어떤 팀이나 조직을 만들었으나 그것이 혼자 하는 것만 못하다면 리더십을 잘못 발휘한 것이다. 따라서 시너지를 내는 팀워크를 만들고 조직문화를 만들고 제도를 만드는 것이 체제과정의 핵심이다.

주요 개발사항

- 나는 나 혼자의 힘으로는 우리 조직과 우리가 하는 일을 성공시킬 수 없다고 분명히 생각한다.

- 나는 나와 연관된 일을 일목요연하게 알고 있다.
- 나는 동료들에게 일할 의욕을 불어넣고, 그들과 하나의 몸처럼 움직이는 팀워크를 형성하고 있다.
- 나는 우리의 성공을 위해 조직 밖의 사람들과 끊임없이 네트워크를 만들고 있다.

(7) 성과와 명성: 성과와 명성을 공유 및 확산하고 리더십의 전 과정을 강화한다

리더십의 모든 과정은 궁극적으로 미래를 현실에서 창조하는 것, 즉 의도한 올바른 결과를 얻기 위한 것이다. 그러나 보통의 경우에 리더십은 일회성으로 끝나지 않기 때문에 리더십의 과정 또한 의도한 결과를 얻는데 그치지 않고 이 결과(성과와 명성)를 관리하는 것이 아주 중요하다. 팀워크의 결과로 산출된 성과와 명성을 공유하고 확산함으로써 체제는 더욱 강화되고 더 높은 차원의 강력한 리더십이 발휘될 수 있다.

주요 개발사항
- 우리가 하는 일의 성과가 나타나고 있으며, 우리들의 평판도 좋아질 것이라 생각한다.
- 나는 주어지는 성과와 명성을 주변 사람과 함께 나눈다.
- 나는 성공에 대한 칭찬과 성과에 대한 축하, 그리고 실패에 대한 격려를 아끼지 않는다.
- 일의 결과에 대한 주변의 객관적 평가를 적극적으로 수용한다.

(8) 핵심능력 훈련: 커뮤니케이션을 활성화하고 신뢰를 양성한다. 그리고 협상하고 설득하는 능력을 기른다

리더십은 3대 요소(이끄는 일, 따르는 일, 할 일)의 관계 속에서 이루어진다. 따라서 리더는 이 관계를 통해 각각의 정보와 의미 그리고 힘들을 유통시키고 결집시키는 것이 매우 중요하다. 커뮤니케이션은 이러한 관계를 강화시키는 핵심요소이고 이를 통해서 신뢰가 형성될 수 있다. 한편 협상과 설득은 리더와 이를 둘러싼 여러 힘들을 동원하고 조직하는 중요한 방식이다. 결국 '할 일'을 제대로 이루기 위해서는 리더의 커뮤니케이션 능력과 협상하고 설득하여 힘을 결집시키는 능력이 필수적이다.

2.4 나의 라이프 로드맵 설계

사람들에게 '당신은 성공하는 사람이 될 수 있겠느냐?'라고 물으면 모두가 성공의 확신을 가지고 있는 것은 아니라는 사실을 발견하게 된다. 어떤 사람은 될 수 있다고 하고, 다른 사람은 아마도 될 수 있을 것이라고 하며, 또 다른 사람은 아마도 되기 어려울 것이라고 한다. 사람들에게 성공의 희망이 있지만 모두에게 성공의 확신이 있는 것은 아니다.

성공이란 무엇인가? 성공은 두 가지의 잣대로 평가할 수 있다. 하나는 사회적 지위와 권력 및 경제력 등의 잣대로 볼 수 있는 객관적 · 외면적인 성공이고, 다른 하나는 자아성 취감과 보람 및 자기만족 등의 잣대로 볼 수 있는 주관적 · 내면적인 성공이다. 현실에서 두 잣대의 성공은 서로 얽혀 있어서 선명하게 가리기는 쉽지 않다. 그러나 바람직한 성공 이란 내면과 외면의 성공을 함께 이루는 것이라는 사실에는 이의가 없을 것이다. 사람마 다 성공에 대한 정의와 느낌이 다를 수 있지만, 외면적인 성공만으로는 내면으로 공허함 을 느낄 수도 있고, 어느 정도 수준의 외면적인 성공이 없이는 내면만의 성취감을 갖기가 어렵기 때문이다.

성공하고 싶다고 해서 누구나 성공하는 것은 아니다. 또한 누구나 리더가 될 수 있다고 하지만, 아무나 리더가 되는 것은 더욱 아니다.

나의 라이프 로드맵(My Life-Road-Map)의 설계는 성공을 희망하는 사람, 리더가 되려고 하는 사람들의 자기관리를 위한 지침서이며, 반드시 거쳐야 하는 과정으로 볼 수 있다. 즉 앞에서 제시한 긍정적인 자아 찾기와 연계한 자기개발의 방법을 활용한 리더 개발과정이 다. 자기 자신에 대한 통제, 자신의 인생도 주도하지 못하면서 리더의 위치에서 조직구성 원들을 리드하여 조직의 비전과 목표를 달성할 수 있겠는가? 라이프 로드맵은 미시적 리 더 양성의 첫 걸음이며, 반드시 스스로 실천해야 할 사안이다. 이 과정을 거치고 나면 자 신의 인생항로가 보일 것이며, 리더의 길로 입문함에 있어서 상당한 자신감을 갖게 될 것 이다. 라이프 로드맵은 제10장에서 독자들이 실습이 가능하도록 구성하였다.

2.5 한국형 리더의 기본요건: 효 · 예 · 충을 갖춘 리더

'어떻게 하면 나라에 충성하고 바른 사회인이 되게 하며 부모다운 부모, 자식다운 자식 이 되게 할 것인가?' 예로부터 우리 민족은 평화를 사랑하면서도 불의 및 부정과는 타협하 지 않는 속성을 가지고 있다. 예를 들면 애국소녀 유관순을 필두로 목숨을 내놓는 데도 주 저하지 않았던 3 · 1운동, 4 · 19의거, 민주화 운동의 물결 등 현대사에 나타난 굵직한 사 건을 보더라도 그러하다. 그렇게 본다면 효 · 예 · 충(孝 · 禮 · 忠)을 실천하는 것은 하늘의 이치이자 순리이며 현대를 살아가는 과정에서도 우리가 반드시 새겨야 할 민족혼의 필수 요소라고 할 수 있다.

'윗물이 맑아야 아랫물도 맑다'라는 속담은 만고의 진리이다. 가정에서 보면 그 아버지와 어머니가 할아버지와 할머니에게 불효하면서 아들과 딸들에게만 효를 바란다면, 그 역시 순리를 거역하는 것이다. 사회를 예로 들더라도 어른세대가 부정한 짓을 일삼으면서 신세대나 청소년세대에게 바르게 살라고 하는 것은 있을 수 없는 것이다. 그리고 국가를 이끌어가는 지도자 그룹이 부정을 일삼으면서 국민들에게 올바르게 하라는 말만 되풀이한다면 그 나라도 역시 발전 동력을 잃게 될 것이다.

가정과 사회, 국가를 이끌고 나가는 리더 계층이 진정한 솔선수범을 보인다면 모든 사람들에게 희망의 등불이 되겠지만, 앉은 자리가 권력형 부정의 근원이 된다면 그 가정과 사회, 그리고 국가의 장래는 결코 희망적일 수가 없을 것이다. 그러므로 리더의 위치에 있는 자들일수록 고통과 인내를 감수하는 솔선수범이 중요한 것이다. 이러한 의미에서 많이 배운 사람, 높은 지위에 있는 사람일수록 노블레스 오블리주를 실천해야 한다. 이것이 리더로서 세상 밖으로 진출할 때 갖추어야 할 기본이다. 따라서 본서에서는 이제까지 리더십 서적에 등장하지 않았던 효·예·충을 한국사회에서 리더가 갖추어야 할 기본적인 요건으로 제시하고 그 필요성에 대하여 보다 심층적으로 논의한다.

2.5.1 효·예·충의 의미

효(孝)의 현대적 의미는 무엇일까? 한마디로 말해서 '부모님을 기쁘게, 걱정하지 않고 소외되지 않게 해드리면 그것이 오늘의 효'일 것이다. 어떻게 하면 기뻐하시는 모습을 볼 수 있을까? 그것은 상황요인으로 설명할 수 있다. 즉 부모와 자식 간의 원만한 의사소통, 형제자매 간의 우애, 환경을 극복하며 열심히 살아가며 성취하는 자세, 부모가 원하는 방향과 가족 전체가 잘되는 방향으로 행동한다면 그것이 오늘날의 효라고 하겠다.

다음으로 예(禮)에 대한 의미는 그 범주가 가정예절과 생활예절로 구분할 수 있으며, 현대적 의미에서의 예는 '상대방에게 폐나 방해가 되지 않으면서 사람으로서 도리를 다하는 것'이라고 하겠다. 예컨대 배가 고파서 무엇인가를 먹지 않고서는 버틸 수가 없는 상태에서도 남의 것에 함부로 손을 대지 않는 의식의 작용, 자기 혼자서 먹어도 부족하고 배가 고플 정도의 양이지만 옆에 있는 사람에게 나누어주는 인정미, 남이 싫어하는 것은 하지 않으며 질서를 잘 지키는 것 등을 들 수 있다.

따라서 예를 현대적 의미로 해석해본다면 첫째, 예란 마음을 바르게 가지는 것이다. 즉 아무리 어렵고 힘들어도 유혹의 손길에 흔들리지 않고 바른 길을 가는 것이며 불의를 배격하고 정의를 수호하는 것이다.

둘째, 하늘을 경외하고 선을 추구하는 정신이다. 예로부터 우리 민족은 하늘을 숭배하면서 살아왔다. 그 이유는 하늘을 곧 절대자로 생각하고 어려울 때 하늘에 의존하면서 살아온 것이다. 따라서 예는 권선징악, 즉 선을 추구하는 정신이다.

셋째, 예는 생활의 기본질서이다. 가정에서도 부모로서 해야 할 도리가 있고, 자식으로서 도리가 있다. 그리고 일상생활에서도 학교에서, 직장에서, 식당에서, 차 안에서, 전화할 때, 화장실에서 등 지켜져야 할 기본질서가 있는데 이러한 것들이 모두 예에서 출발하는 것이다.

마지막으로 충(忠)은 애국심이 바탕이요, 언제나 국가를 생각하는 마음의 발현이다. 이를 좀 더 구체적으로 구분하여 설명한다면 첫째, 국가를 대상으로 한다는 것이다. 국가의 개념에는 국민이 포함된다. 국민이 충성의 대상이 되는 이유는 국가의 3요소(국민, 영토, 주권)의 일부이기 때문이기도 하지만, 현대의 국가는 모든 권력이 국민으로부터 나오기 때문이기도 하다.

둘째, 국가의 윤리이자 기강이다. 윤리의 의미는 사람이 마땅히 행하여야 할 도리이고 기강이란 국가를 지탱하고 이끌어가는 무형적인 틀을 의미한다. 따라서 충은 국가를 이끌어가는 중심축의 역할을 하는 것이다.

셋째, 충은 역사관과 주인의식이다. 역사의식이 없는 애국은 있을 수 없고 애국심이 없으면서 역사에 대한 관심이 있을 수 없다. 그리고 주인의식이란 내 민족의 주인이요, 나라의 주인을 의미한다. 민족과 국가가 위태로울 때 방관자가 아니라 주인으로서 위기를 타개하는 데 몸과 마음을 바치고자 하는 정신이다.

넷째, 오로지 조국을 위하는 하나 된 마음, 바른 마음으로 최선을 다하는 것이다. 충은 내가 하고 있는 직분, 즉 임무에 최선을 다하면 그것이 곧 진정한 의미의 충인 것이다.

2.5.2 효·예·충의 과거와 현재

효·예·충은 말로만 강조한다고 되는 것이 아니라 책임이며 행동을 통한 실천을 기본으로 해야 한다. 그런데 사람을 일컬어 만물의 영장이라고 하지만 환경의 통제를 받기 때문에 상황에 따른 영향을 받을 수밖에 없는 것이 이치이다. 이를테면 봄, 여름, 가을, 겨울에 따라 생활패턴이 바뀌고 밤과 낮에 따라 그리고 도시와 농촌, 산과 바다, 지상과 지하, 남과 여 등 상황과 여건에 따라 적절히 대응하게 되는 것이 인간의 본능적 감각이다.

먼저 효(孝)의 관점에서 생각해보자. 과거 농경사회였던 시대의 효는 나라를 지키는 군인도, 임금을 섬기던 정승도, 제자를 가리키던 스승도, 모두가 상(喪)을 당하면 하던 일을 전폐하고 묘막을 짓고 3년간 수도생활을 했는가 하면 신체의 일부라도 헐어 다치게 되면 불효라 하여 머리도 깎지 않는 경우도 있었다. 그리고 부모 곁에 있지 않고 멀리 객지에 나가면 불효라 하여 언제나 부모 곁에서 농사나 짓는 것이 효인 것으로 생각하였다. 그러나 지금은 상황이 다르다. 농경사회 때와 같은 효는 부모도 원치 않을 뿐더러 환경 자체에 적응할 수도 없다.

그래서 효를 행하는 데는 세 가지의 상황적 요소를 고려해야 한다. 첫째는 부모, 둘째는 자식, 그리고 마지막 요소는 환경이다. 그런데 이 세 가지의 요소는 그 자체에서부터 많은 변수를 수반한다. 다시 말하면 부모의 입장에서 볼 때, 당시의 기분, 건강상태, 원하시는 것 등이 어떠하냐에 따라서, 그리고 자식의 입장에서 볼 때도 각종 상황적 입장에서 부모와 자식관계에 각종 영향을 미치는 환경요인(경제적인 요소를 포함한 가족관계, 이웃 관계 등)에 따라 달라질 수 있다는 것이다.

다음은 예(禮)의 관점에서 생각해보자. 일반적으로 농경사회였던 당시의 예는 '자기를 낮추고 남을 높이는 것이 예'라 하여 겸손한 사람일수록 예의바른 사람이라고 평가하는 경향이 있었다. 그러나 지금의 예는 그것과 다르다. 유럽에서의 '노블레스 오블리주'와 같이 신분의 지위에 상응하는 책임을 다해야 하며, 예에서와 마찬가지로 예를 행하는 데도 3요소, 즉 사람(나), 사람(상대), 그리고 환경(두 사람에게 영향을 미치는 각종 요소)에 따라 각자의 상황에 맞도록 조화를 이룰 수 있어야 예라고 할 수 있는 것이다.

마지막으로 충(忠)의 관점에서 볼 때에도 농경사회, 왕조시대의 충과 오늘날의 충은 완전히 다르다. 예전의 충은 임금과 신하, 상관에 대한 복종과 같은 개념으로 인식되어 온 것이 사실이다. 그러나 오늘날의 충은 '오직 나라가 잘되는 방향으로 나의 몸과 마음을 다하는 것을 충'으로 보면 된다. 즉 내 몸과 마음을 바르게 처신하고, 내가 맡은 임무완수에 최선을 다하며 나라가 잘되는 길이 내가 잘되는 길이라고 하는 마음을 갖는 것인데 여기에도 세 가지의 요소가 있다. 그것은 국가와 국민 그리고 상황(국가와 국민에게 영향을 주는 헌법, 제도, 정책, 리더십)에 따라 국민이 나라를 생각하는 충성심에도 달라질 수 있다는 것이다. 그리고 과거의 왕조시대에는 백성이 임금을 받드는 것이 충이었다면 현대는 통치자(공직자)가 국민을 위하는 마음이 곧 충이라고 하는 점도 새롭게 인식해야 한다.

2.5.3 효·예·충을 실천해야만 하는 이유

리더가 된다는 것은 지도자가 된다는 것이다. 리더는 조직구성원들을 리더가 원하는 방향으로 따라오게 하는 지도력을 갖추어야 한다. 따라서 리더가 리더답지 못하면 리더로서의 가치는 사라지고 리더의 위치를 상실하게 된다. 그러므로 리더는 가정과 사회, 국가에 대한 자신의 인생관이 먼저 정립되어야 하는데, 본서에서는 그 기본적 요체를 '효·예·충'으로 정리하고 리더가 '효·예·충'을 먼저 실천해야 하는 이유를 다음과 같이 제시하였다.

1) 왜 효를 실천해야 하는가?

첫째, 효는 사람의 본분이며 모든 행동의 길잡이이기 때문이다.

어머님의 마음을 생각하면서 '어머님의 은혜'라는 노랫말을 음미해보자. 부모님의 은혜는 한없이 숭고하다는 사실을 우리 모두가 느낄 수 있다. 그러나 어렸을 때는 부모님을 의지하면서 살았고 안 계시면 못살 것 같았지만, 막상 성장하여 자립할 수 있게 되면서 부모님보다는 처자식 위주로 생각하게 되고, 부모님의 은혜를 잊고 부모님 모시기를 소홀히 하는 경우를 종종 보게 된다. 효를 '백행지원, 백행지도'(百行之源, 百行之道)라고 옛 선현들이 말했듯이 효는 사람으로서 조직구성원을 통솔하는 리더로서 마땅히 행하여야 할 도리 중의 으뜸인 것이다.

둘째, 자식은 본 대로 행동하기 때문이다.

흔히 명문 가정, 전통 있는 가문이라는 집안의 내력을 살펴보면, 조상 대대로 효부·효자의 집안임을 알 수 있다. 그 이유는 효도하는 부모의 모습을 본받게 되고, 또 그 자식은 본보기를 후대에 물려주게 되니 그러한 집안은 명문 가정, 명문 집안이 될 수밖에 없는 것이다. 중국 주나라 초기의 정치가였던 강태공은 '내가 부모를 효로써 섬기면 자식이 또한 나에게 효도할 것이나, 나 자신이 부모에게 불효하면 자식이 어찌 나에게 효도하리오.'라고 하였다. 즉 부모의 일거수일투족을 자식이 본받게 되고 부모가 행하였던 대로 자식 또한 행하게 되기 때문이다.

셋째, 효는 가정의 화목과 만사형통의 열쇠

'자효쌍친락, 가화만사성'(子孝雙親樂 家和萬事成), 즉 '자식이 효도하면 부모가 즐거워하고, 집안이 화목해지며 모든 일이 순조롭게 이루어진다.'라는 말과 같이 효를 행하면 가정의 질서와 조화가 저절로 형성되고 모든 일이 쉽게 이루어지는 것이다. 그리고 효성이 있는 자식은 부모가 원하는 것이 무엇인지를 잘 알기 때문에 공부도 알아서 하고 부모, 조상에게 욕되는 언행을 하지 않으며 가문의 명예를 빛내고자 노력하게 된다. 그리고 형제간에 우애가 돈독하고 서로를 위해줄 줄도 안다. 자식이 불효하는 집안은 화목할 수 없고, 또한 화목하지 않은 가정은 결코 행복할 수 없다. 부모를 거역하는 자식이 형제간, 친척간, 이웃 간에 화목한 관계를 유지한다는 것은 기대할 수 없는 일이다. 그러므로 효는 가

정의 화목을 가져오고 매사를 순조롭게 할 수 있는 만사형통의 열쇠가 되는 것이다. 이처럼 리더는 모름지기 효행을 통해서 간접적인 리더십을 발휘해야 한다.

2) 왜 예를 실천해야 하는가?

첫째, 법보다 예에 의한 질서가 아름답기 때문이다.

우리 민족은 법보다는 예에 의해 다스려져 왔다. 지금과 같이 법이 세분화되지 않았지만 지금처럼 무질서하지 않고 패륜범죄나 사기사건 등이 많지 않았는데, 그 이유는 예를 지키려는 의식을 가지고 있었기 때문이다. 비근한 예로 어떤 집의 아들이 도둑질을 했다거나 또는 부모에게 욕설을 하고 버릇없는 행위를 하여 비판 받을 행동을 했을 경우, 그 마을에서 살지 못하고 쫓겨나는 신세를 면할 수 없었다. 그러다 보니 그 마을의 질서가 확립되어 저절로 다스려질 수가 있었던 것이다.

둘째, 예가 없는 사회는 엔진오일이 없는 자동차의 주행이기 때문이다.

현대사회에 있어서 예의 없는 행동을 함으로써 상대방을 불쾌하게 하고 나라마저 위태롭게 하는 경우를 본다. 식당에서의 결례, 지하철 안에서 소란 행위, 음악회 등에서 타인에게 피해를 주는 경우는 그렇다 치고 관치금융, 정경유착, 부정부패, 패륜범죄, 지존파, 성폭행 등의 용어들은 모두 '예를 벗어난 데서부터 파생된 것들'이며, 이러한 것들은 곧바로 인류질서를 파괴시키는 결과를 가져오게 한다. 그렇기 때문에 예는 기계에서의 윤활유에 비유될 수 있고 자동차의 엔진오일과도 비유할 수 있을 만큼 중요한 것이다.

3) 왜 충을 실천해야 하는가?

첫째, 애국심은 자신이 겪어봐야 실감하기 때문이다.

외국에 나가게 되면 애국자가 안 되는 사람이 없다고 한다. 말이 잘 안통하고, 아는 사람도 없고, 습관이 다르고 그래서 혼자 외톨이가 되었다는 느낌이 조국을 그리워하게 만드는 것이다. 물론 외국에서 흥청망청 돈을 쓰면서 잘 지내고 있으면 그런 생각이 나지 않을지도 모른다. 그러나 대다수의 사람들이 그럴 형편이 못되기 때문에 외로움, 불안과 불편을 느끼고, 역시 우리나라가 제일 좋구나하는 애국자로 돌아가는 것이다. 이 작은 나라 안에서도 객지에 나가 며칠만 지내면 집 생각이 간절한 판이니 외국에서는 두말할 나위가 없다고 하겠다. 말하자면 떠나봐야 아는 것이다. 멀쩡한 내 나라를 두고도 이럴진대 일제 강점기에는 오죽 했을까 싶다. 당시 상해 임시정부의 안뜰에서는 아침마다 국기 게양식과 함께 애국가를 부르는데, 그 애국가가 제대로 불러지는 일이 드물었다고 한다. 누군가가 애국가 중간에 목이 메여 끝내 울음을 터뜨리고 말았기 때문이다. 그 시절에는 애국가를 부른다는 것이 곧 통곡이었으며 사무치는 그리움이었던 것이다. 독립운동가 장준하 선생도 그와 똑같은 경험을 글로 적어 남기고 있다. '우리는 동북쪽 고국이 자리 잡고 있는 하늘을 향하여 경건하게 고개를 숙였다. 두고 온 산, 강, 뛰놀던 고향이며 사랑하는 사람들이 자욱하게 머리에 떠올랐다. 이윽고 우리가 고개를 들었을 때는 모두들 눈물을 가득 머금어 아침 햇살에 반짝이고 있었다. 나는 목이 메인 채 간신히 말했다. "우리 다 같이 애국가를 부릅시다." 우리란 그때 장준하 선생과 함께 학병으로 끌려갔다가 일본군 부대에서 탈출한 다섯 동지를 말한다. 그들은 곧 독립군에 참가한다. 그리하여 영하 30도나 되는 만주벌판에서 일본군을 기습하기 위하여 강바닥에 엎드려 있을 때, 장준하 선생은 몇 번이나 마음속으로 피맺힌 다짐을 했다. '우리 후손들한테는 절대로 이 설움을 물려주지 말아야지!'

구소련 공산당으로부터 추방당했던 솔제니친이 미국시민으로 살고 있을 때, 조국이 자신의 귀국을 허용만 한다면 지금이라도 당장 돌아가겠다고 했다. 자신을 그 지옥과 같은 수용소 군도에다 10년씩이나 처박았던 곳, 생각만 해도 치가 떨리는 공산당이 버티고 있음에도 불구하고, 갈 수만 있다면 당장이라도 가겠다고 했던 것이다. 조국이란 그런 것이다. 같은 피를 나누고 같은 말을 나누고 인정을 나누던 겨레와 눈에 익은 정다운 산천, 그곳에 갈 수 없다는 것이 솔제니친에게는 죽음보다 더 무서운 고통이 되어 가슴을 찌르는 것이었다. 조국이란 그런 것이다. 우리에게는 그것을 빼앗겼던 경험까지도 있다. '강가에서 말달리던' 우리의 선구자들처럼 우리 모두 리더의 입장에서 고개를 숙이고 조국을 한번 생각해보자.

둘째, 조국이 있음에 가정이 있고 내가 있기 때문이다.

북한 공산당의 기습남침 공격을 받아 조국의 운명이 풍전등화의 처지에 놓였을 때, 많은 학생들은 펜 대신 총을 부여잡고 전선으로 달려갔다. 그리고 김일성의 남침전쟁 뉴스를 들은 일본 교포 학생들은 6월 25일 밤에 각 대학 간부들이 참석한 가운데 학생회의를 열었으며, 일본 전국에서 1천여 명의 지원자가 나왔다. 재일교포 학생 연맹 간부들은 사상과 건강관계 등을 심사해서 8백 명을 선발하였으며, 이들은 현해탄을 건너와 멸공 전선에서 용감히 싸웠다. 조상의 뼈가 묻혀 있고 얼이 스민 조국강산이 공산군에게 유린당할 때, 재일교포 학도의용군들은 자진 귀국하여 백척간두의 위기에 선 조국을 구하기 위해 죽을지 모르는 전장에 나서는 아가페적인 애국심을 발휘하였다.

셋째, 마사다 요새와 삼전도의 교훈 때문이다.

이스라엘은 '마사다의 비극'을 잊지 못한다. 기원전 66년 이스라엘인들은 로마제국의 칠략에 대항하여 줄기찬 항전을 벌였지만 아무 보람 없이 전 국토를 유린당하고 말았다. 이때 '마사다' 성에서는 지도자를 중심으로 뭉친 1,000여 명의 결사대원이 한 사람도 빠짐없이 자결하고 말았다. 오늘날 이스라엘 군은 이 요새에서 장교 임관식을 거행한다. 이때는 쇠기둥에 불을 붙여 '마사다를 잊지 말자'라는 화자를 써놓고 결사 구국의 맹세를 하도록 하고 있다.

남한산성 부근에 있는 삼전도에 가면 병자호란 때 인조가 직접 국사를 지휘한 곳이라는 장대(將臺)가 남아 있다. 그곳은 지금도 무망루(無妄樓)라는 현판이 걸려 있다. 영조 때 이 누각을 증축하면서 문자 그대로 '호란의 피맺힌 한을 잊지 말자'라는 뜻을 내건 것이다. 실제로 영조는 세손과 함께 이곳에 들러 하룻밤을 지내며 호란의 역사를 되새겼다. 쓰라린 치욕의 과거를 그대로 사장시키거나 외면하지 않고 그 속에서 교훈을 얻으려는 의연함을 보여주는 현군(賢君)다운 일면이었다.

이스라엘이 되새기는 '마사다의 비극'이 2천여 년 전의 사실임에 비한다면 '삼전도의 비극'은 370여 년 전의 일이 아닌가? 그렇다면 우리는 마땅히 '삼전도의 치욕을 잊지 말자!'라는 화자(火字)를 써놓고 맹세해야 하지 않겠는가. 경험에서 배울 줄 모르고, 아무리 큰일을 당했더라도 그대로 흘려 넘길 뿐, 그 일을 거울삼아 앞날을 헤아리지 않는 민족에게는 똑같은 일이 되풀이될 뿐이다. 고통과 시련의 역사를 단지 어둡고 수치스럽다 하여 숨기기에 급급하지 말고, 이를 되새겨 새로운 각오를 다지는 와신상담의 확고한 결의와 슬기가 필요하다고 생각된다. 왜 충(忠)을 실천해야 하는가? 그 답변은 매우 간명한 것이다. 충성심이 강한 의병들이 있었기에 조국을 위해 희생한 수많은 순국선열들이 계셨기에 오늘 우리가 있을 수 있기 때문이다.

2.5.4 효·예·충을 갖춘 리더

리더가 되고 리더십을 발휘하기 위해서는 먼저 '윗물이 맑지 않고서는 아랫물이 맑아질 수 없다'라는 평범한 진리를 실천해야 한다. 그 예로서 대한민국의 역대 대통령들을 비롯한 정치가들, 재벌의 총수들, 교육계, 법조계, 종교계에서 비난받은 일부 리더들의 모습에서 우리는 그들이 과연 어느 정도의 윤리적 바탕을 갖고 있을까 하는 의문이 생기는 것이 사실이다.

아래에서는 리더십의 우리말인 지휘통솔(指揮統率)의 사전적 정의가 내포하고 있는 의미를 바탕으로 효·예·충의 관점에서 리더가 갖추어야 할 기본적인 요건들을 〈표 3-3〉에 제시하였다.

〈표 3-3〉 지휘통솔(리더십)의 의미

구 분	지(指)	휘(揮)	통(統)	솔(率)
일반적인 의미	가리키다 (손수+뜻지)	휘두르다 (손수+군사군)	합치다 (실사+채울충)	이끌다 (새그물 모양 글자)
	손으로 가리켜서 지시한다.	손을 휘둘러 군사를 지휘한다.	실로 묶어서 합친다, 통합한다.	새떼의 리더가 새를 이끌고 다닌다.
바탕정신	孝·禮·忠을 바탕으로 한 信(믿음)			
의미/ 요구 능력	•목표/방향제시 •부하지도 능력	•권한과 책임 •영향력 행사	•노력의 통합 •자원 관리	•이끌고 나감 •솔선수범
관점	충(忠)	예(禮)	효(孝)	孝, 禮, 忠
지휘통솔 정의	부대의 목표달성을 위하여 목표와 방향을 제시(指)하고 권한과 책임(揮)을 바탕으로 부하의 노력을 통합(統)하여 이끌고 나가는(率) 과정			

자료 : 김종두(1999), 『충·효·예의 리더십』, 충효문화사, 300쪽.

(1) 지(指)의 관점

목표와 방향을 제시할 수 있는 능력이 있어야 한다. 그리고 목표와 방향 제시는 충의 관점에서 제시되어야 하는데, 이는 조국이 잘되는 방향으로 리더십이 발휘되어야 하기 때문이다. 역사상 훌륭한 지도자는 국민들에게 목표와 방향, 즉 비전을 제시함으로써 훌륭히 그 임무를 수행해왔음을 알 수 있다.

(2) 휘(揮)의 관점

리더는 권한과 책임을 행사할 줄 아는 윤리적 감각을 가져야 한다. 그리고 권한과 책임 행사는 예의 관점에서 고려되어야 한다. 리더가 권한을 행사하지 않고 권력을 행사한다거나, 자신은 권한만 행사하고 밑의 사람에게는 책임을 감당하게 한다면, 이는 예에 어긋난 것이며 그 리더의 리더십은 결코 발휘될 수 없다.

(3) 통(統)의 관점

조직구성원들의 노력을 통합시킬 수 있는 친화력이 있어야 한다. 그리고 조직구성원들의 노력을 통합시키기 위해서는 효의 관점, 즉 자애(慈愛)정신에서 리더십이 발휘되어야 한다. 흔히 하는 말로 '선생님이 좋아야 그 과목이 재미있고 공부를 하고 싶어 한다'라는 말이 있다. 리더가 조직구성원들로부터 존경과 신뢰를 받는 풍토가 조성되고, 그 리더를 따르고 싶고 동일시의 대상이 될 때 그 리더의 통합능력도 발휘될 수 있을 것이다.

(4) 솔(率)의 관점

이끌고 나갈 수 있는 추진력과 수범정신이 필요하다. 그리고 이끌고 나가는 리더는 효·예·충의 종합적 관점이 고려되어야 한다. 모든 국민은 통수권자의 강력한 추진력을 희망한다. 그러면서도 그 리더의 솔선수범, 청렴성, 정직성 등을 갈구한다. 리더 스스로 살신성인 자세가 아닌 정경유착이나 관치금융 등으로 스스로 부정부패의 바탕을 만든다면 그러한 리더는 리더로서의 가치조차도 없는 것이다. 따라서 이러한 지휘통솔 능력은 어디로부터 그 힘이 발휘될 수 있는가 하는 것은 상호 간의 믿음, 즉 신뢰성에 있으며 그 신뢰성은 효·예·충 정신으로부터 나온다는 것을 알 수 있다.

이제까지 제시한 리더가 갖추어야 할 효·예·충 정신과 실천은 리더 양성을 위한 교육에서부터 시작된다. 교육이란 '미성숙자의 몸과 마음을 발육시키기 위해 가르쳐서 지능이나 재능을 가지게 하는 것'이다. 그리고 이러한 교육의 궁극적인 목표는 사람다운 사람, 즉 전인(全人)을 길러내는 것이다. 그래서 교육을 백년대계라고 한다. 교육이 추구해야 할 또 하나의 목표는 사람을 변화시키는 것이다. 따라서 교육을 받은 만큼 어떤 양질의 변화가 수반되어야 한다. 몰랐던 것을 알고, 악한 생각을 가진 사람이 선한 생각을 갖게 하고, 분별없이 좋다고만 생각되었던 것들을 분별할 수 있게 하는 등 교육을 통해서 변화를 가져올 수 있어야 한다. 그렇기 때문에 교육은 부모에게 불효하던 사람이 효도하게 하고, 사회인으로서 바르지 못했던 사람을 바르게 하며, 나랏일과 개인의 일을 연관시키지 않던 사람이 나라를 염려하며 나라를 위하도록 하는 등의 변화를 가져오는 매개체가 되어야 한다.

리더란 지식이나 학력만으로 자격을 갖추는 것이 아니다. 왜냐하면 말과 행동이 조직 구성원들에게 신뢰를 받을 수 있는 자질과 요건을 갖추어야 한다. 즉 어떤 태도나 규정이 있으면 형평성에 맞게 적용할 수 있는 능력이 있어야 한다. 학연이나 지연, 출신 따위에 의해서 특정인에게 혜택이 주어졌을 때는 결코 리더다운 리더로서 존경과 신뢰를 받을 수 없고, 리더십다운 리더십이 발휘될 수 없기 때문이다. 그리고 어떤 리더가 많은 지식은 가지고 있으되, 옳고 그름을 판단하지 못하거나, 판단은 하되 자신의 개성마저 숨기고 기회와 눈치만 살피는 그러한 리더는 컴퓨터만도 못한 리더이다. 컴퓨터는 알고 있는 것만큼이라도 정직하게 나타내 주지만 그러한 리더는 자신도 숨기는 비정직성을 가지고 있기 때문이다. 이러한 것들은 모두 효·예·충 정신의 결핍에서 오는 것이며, 리더로서의 역할 결핍에서 오는 것이라 할 수 있다. 따라서 한국사회의 정서에서 리더가 갖추어야 할 효·예·충의 방향을 다음과 같이 제시한다.

첫째, 효(孝)의 관점에서 리더는 부모는 부모답고 자식은 자식다워서 부모는 자식을 위하고 자식은 부모를 위하는 마음을 갖도록 수신제가(修身齊家)를 통해서 가정에서부터 인륜질서를 확립해야 한다. 즉 리더는 수신제가를 바탕으로 치국평천하(治國平天下)의 길을 걸어야 할 것이다.

둘째, 예(禮)는 사람은 사람답게, 기업인은 기업인답게, 군인은 군인답게, 교육자는 교육자답게, 정치인은 정치인답게, 각자의 위치에서 도리를 다함으로써 조화 및 질서를 형성케 하는 덕목이다. 따라서 리더는 사회적·윤리적 차원에서 책임을 다하고, 경제 및 기업활동을 통해서 부(富)를 취득했다면 적절하게 사회에 환원할 수 있는 희생적이고 봉사적인 리더십 덕목을 실천해야 한다.

셋째, 충(忠)은 한마디로 안보의식으로서, 국가가 있음으로써 내가 있고 가정이 있으며 내가 리더십을 발휘할 수 있다는 것이다. 그러므로 리더는 국가와 국가의 안보에 대하여 다른 무엇보다 우선시하는 책임의식을 견지해야 한다.

리더십은 직위나 계급, 학력이나 금력, 권력으로부터 나오는 것이 아니다. 리더가 리더다워야 리더십이 나온다. 그냥 리더다울 수 있는가? 효·예·충 정신에 맞는 가정교육, 학교교육, 사회교육으로 키워야 하고, 그 리더 된 자가 바르게 처신할 때 리더로 떠오르고, 그리고 진정한 리더로서 역할을 수행할 수 있는 것이다. 이 시대에 한국사회에서 진정한 리더의 양성과 리더십의 개발은 효·예·충의 정신과 실천을 그 바탕으로 해야 한다.

사례: 골프 황제 타이거 우즈를 양성한 아버지 리더십

시대를 풍미한 흑인 영웅들은 인종차별에 시달리는 미국 내 흑인들에게 희망을 선사했다. 그들은 백인들에 의해 만들어진 불가침 영역을 통쾌하게 부수는 슈퍼맨이었다. 마틴 루터 킹과 오바마는 정치적인 힘을 일깨웠고, 스포츠 분야에서는 흑인들의 기량이 백인선수들을 압도하고 있다.

전 세계 흑인들뿐만 아니라 남녀노소를 초월하여 스포츠 영웅으로 추앙받는 타이거 우즈는 어떻게 골프 황제 자리에 올랐는가? 그의 뛰어난 점은 위기에서 흔들리지 않는다는 점이다. 그는 일찍 아버지의 손에 이끌려 골프를 시작했는데 아버지의 교육방법이 독특했다. 아버지는 어린 타이거 우즈에게 퍼팅을 이렇게 설명했다. 아버지는 공을 쥐어주고 홀에 굴려서 넣도록 했다. 그런 다음 눈을 감고 어떻게 들어가는지 그려보게 했다. 그러면서 "눈을 감으면 공이 굴러가는 것이 보이지?"라는 아버지의 질문을 받을 때마다 어김없이 "아빠 홀이 또렷하게 보여요."라고 답했다.' 아버지는 공에 주목하지 말고 공을 치기 전에 홀의 이미지를 그려보라는 주문을 한 것이다. 이는 어떻게 쳐야 들어간다는 생각을 하기 전에 마음의 눈으로 목표를 보라는 것을 뜻한다. 그 결과 타이거 우즈는 위기에 처할 때면 그 장면에만 집중하여 극적인 퍼팅을 만들어낼 수 있었다.

타이거 우즈는 1975년 12월 30일 캘리포니아 주 사이프레스에서 그린베레 출신 예비역 육군중령 얼 우즈와 타이 출신 컬티다 우즈 사이에서 태어났다. 그의 부친은 생후 9개월째 자신의 스윙을 따라 하는 타이거 우즈를 보고 골프에 대한 소질을 발견하고 18개월이 되자 골프스쿨에 입학시키고 6살이 되자 스스로 골프장에 찾아가게 만든다. 그 후 신동소리를 들으며 16세이던 1991년부터 1993년까지 3년 연속으로 US 아마추어 챔피언에 오른다. 15세 때 그의 우상이던 잭 니클라우스를 만난 후부터 그의 사진을 머리맡에 붙여두고 그를 뛰어넘고자 했던 타이거 우즈. 1996년 스탠퍼드대 경제학과를 중퇴하고 프로로 전향한 타이거 우즈는 신기록 행진을 하며 골프 황제에 등극했다.

이미 언급했지만 타이거 우즈가 골퍼의 길을 걷게 된 것은 아버지 얼 우즈에 의해서였다. 아버지 얼 우즈의 도움이 없었더라면 아마도 오늘의 타이거 우즈는 존재하지 않았을 것이다. 2006년 5월 74세를 일기로 사망한 얼 우즈에 대해 타이거 우즈는 "아버지는 나의 가장 친한 친구이자 가장 훌륭한 모델이었다. 아버지가 많이 그리울 것이다. 아버지가 이룩한 일들을 생각하면 감명을 받는다. 당신은 훌륭한 아버지이자 코치였고 멘토이자 친구였다. 당신이 없었다면 나도 없었을 것이다."라고 밝혔다. 얼 우즈는 어떻게 타이거 우즈를 키운 것일까? 궁금하지 않을 수 없는 대목이다. 타이거 우즈를 키운 얼 우즈의 아버지로서의 리더십을 들여다보자.

첫째, 자신이 세운 목표보다는 타이거 우즈의 취향과 적성에 더욱 귀를 기울였다. 이미 야구선수로 빛나는 이력을 갖고 있던 얼은 타이거에게 야구를 강요하지 않았다. 그리고 다른 운동선수들 아버지들처럼 자식을 통해 대리만족을 느끼지 않도록 노력했다.

"나는 타이거 우즈가 원치 않는 것을 강요한 적이 한 번도 없다. 스스로 필요성을 느끼고 자발적으로 필요한 것을 해서 꿈을 이룰 수 있도록 방향과 비전을 제시하는 것이 내 목표였다."라고 고백한 적이 있다. 이렇게 자율성을 강조한 얼 우즈에게도 예외가 있었는데 그것은 반드시 학교숙제를 마친 후 골프연습을 시키는 것이었다.

둘째, 얼은 타이거에게 경쟁심을 부추겼다. 반복되는 타이거 우즈의 우승과 유명세에도 불구하고, "항상 네 생애 마지막 경기가 될 것이라 생각하며 대회에 임하라."라고 주문했다고 한다. 항상 경쟁심에 불타오르는 우승에 대한 집착은 얼이 만들어 낸 것이 분명하다. 하지만 이렇게 경쟁심을 북돋우고 킬러 본능을 키워가는 동안에도 "승패를 떠나 항상 상대방에게 공손해야 한다."라고 강조한 얼 우즈는 승부와 함께 인격의 중요성도 강조했다고 한다.

셋째, 집중력과 포기하지 않는 정신을 길러주기 위해 노력했다. 골프는 체력이나 기술과 더불어 시종일관 유지되는 선수의 집중력이 무엇보다 관건이다. 얼 우즈는 타이거 우즈가 어릴 때부터 다양한 방법으로 집중력을 키울 수 있는 방법을 훈련시켰다. 예를 들면 스윙을 하는 동안 음악을 크게 틀거나 퍼팅하는 중에 동전을 던져 방해하는 등 집중력의 중요성을 일찍부터 깨우쳐 주었다. 그래서 타이거 우즈는 마지막 라운드에서 항상 극적인 모습을 보여 주어 다른 선수들은 앞서가면서도 불안할 수밖에 없는 것이다.

넷째, 얼 우즈는 자신이 일관된 리더십을 지켰다. 성공과 유명세는 잘못하면 선수들에게 커다란 독이 될 수도 있다. 그 때마다 얼 우즈는 초지일관 겸손할 것을 당부했다. 그리고 타이거 우즈가 슬럼프에 빠질 때마다 든든한 버팀목이 되어준 얼 우즈는 자신의 리더십을 끝까지 밀고 가서 흔들리지 않는 타이거 우즈를 양성해낸 것이다.

"운동선수의 부모는 레슨비를 내는 등 물리적인 투자에는 관심이 많지만 정신적인 측면은 간과하는 바가 많다. 내가 다른 부모와 다른 것은 바로 정신적인 측면에 관심을 가졌다는 점이다. 이는 내가 죽은 후에도 물려줄 수 있는 유산이다."라고 했던 얼 우즈. 타이거 우즈가 골프 황제의 자리에 오르고 유지하는 데는 타이거 우즈의 천재적인 재능과 엄청난 노력이 크게 작용했을 것이다. 그러나 그러한 재능을 일찍부터 간파하고, 오늘의 타이거 우즈로 양성해낸 것은 분명 아버지 얼 우즈의 리더십의 산물이라고 하겠다. 학교숙제 후에 골프연습을 시키면서 "나는 아들이 골프와 인생에서 모두 승자가 되기를 바랐기 때문이다."라는 얼 우즈의 리더십 원칙은 효·예·충의 관점에서 '예'에 해당되며 우리나라 부모들에게 시사하는 바가 크다.

제3절 거시적 관점에서의 리더 양성 및 리더십 개발

리더십이란 특정한 비전과 목표를 달성하는 능력이므로 특정한 상황과의 적합성이 중요하다. 그러므로 목표가 구체적이지 않은 일반적인 능력이 아니라 조직의 비전실현에 적합한 능력이 요구되는 것이다. 이러한 관점에서의 리더십 개발은 당연히 조직시스템에 대한 적합성을 중요시하고 그 달성에 초점을 맞추게 된다. 이처럼 거시적 관점에서의 리더 양성은 조직 차원에서 경영실적의 효과를 극대화할 수 있는 인재를 키우는 것이다. 즉 조직구성원들에게 비전과 목표를 제시하고 공유하며, 실천하는 과정에서 자원을 획득하여 분배하고, 조직구성원들 개개인에 대한 지적 자극과 개별적 배려까지를 망라하는 리더십의 총체적인 능력을 배양하는 과정이다.

3.1 조직 차원에서의 리더 양성 및 리더십 개발방법의 탐색

오늘날 대부분의 리더십 개발방법은 조직의 요구에 초점을 두고 있다. 조직의 비전실현에 적합한 능력이 중요하므로 조직구성원들에 대해 미래에 요구되는 리더역량을 개발해야 하는 것이다. 이러한 개발 프로그램은 경영전략, 인사평가, 경력관리, 성과관리, 보상체계 등 조직의 주요 기능들과의 연계성을 갖는 것이 중요하다. 구체적인 실행방법으로는 핵심역량 중심의 교육과정, 리더십 파이프라인, 액션러닝, 리더 직책의 경험학습, 현장 코칭, 멘토링 등이다.[9]

(1) 핵심역량 중심의 교육과정(CBC: Competency-based Curriculum)

핵심역량(core competency)이란 1970년대 사회심리학자인 데이비드 클리브랜드(David Cleveland)가 개념화하였다. 해외 공보요원 선발에서 종래에 중시했던 지적 능력(IQ)이 문화적 적응 등 업무성과의 예측에 적합하지 않아 대안으로 제시한 것이다. 핵심역량은 경영전략과의 접목, 측정 및 평가의 용이성, 경쟁 환경의 변화에 대한 적합성 등의 긍정적인 이유로 HP와 IBM 등은 80년대부터 모토로라(Motorola)와 국내의 삼성과 LG 등 대기업에서는 90년대 초부터 적용해 오면서 보편화되는 추세이다.

핵심역량 교육과정의 본질은 해당사업 분야의 우수인재에 대한 벤치마킹이다. 특출한

---

9   송영수(2004), 『기업 리더십 개발 전략과 방향』; 백기복(2005), 『리더십 리뷰』, 317-360쪽; 서성교(2003), 『하버드 리더십 노트』, 143-151쪽; Collins. J.(2002), 『좋은 기업을 넘어 위대한 기업으로』, 이무열 역, 39-71쪽.

성과수행자들의 특성을 분석한 후 핵심역량요소를 추출하여 채용, 배치, 평가 등 인사관리 전반의 리더십을 개발하는 기법이다. 이러한 접근은 전략적 경영이슈를 전개해나가는 강력한 수단이 될 수 있다. 경쟁우위를 확보하기 위한 핵심역량의 개발은 정보기술력의 발전 속에서 그 필요성이 더 높아지고 있다.

(2) 리더십 파이프라인(Leadership Pipeline)

리더십 파이프라인은 리더 육성 및 차세대 리더승계(succession plan) 방법의 근간이며 경력관리와 유사한 방법이다. 리더십 파이프라인은 사원에서 CEO까지 상위관리계층으로의 단계마다 각 직책이 갖는 역할과 핵심역량 등을 설정한다. 직책에 요구되는 업무능력과 직면하게 될 도전들을 알게 하고 리더십 향상을 위해서 실행해야 할 내용을 학습하는 사다리형 개발시스템으로 상위계층으로의 단계들을 파이프로 이어지게 하는 것이다.

조직에 미치는 영향력이 큰 리더 직책일수록 단계들을 건너뛰지 않고 파이프라인이 상위단계로 연계되도록 한다. 직책별로 역할과 핵심역량 설정이 불명확하고 사다리 연계가 제대로 이루어지지 않으면 리더십 결핍상태를 맞게 된다. 기업은 리더가 될 사람을 선택하고 준비시키며 승계시키는 과정을 진행해나가는 것이다.

(3) 액션 러닝(Action Learning)

조직구성원들이 프로젝트팀을 구성하여 현장과 밀착된 현안과제의 해결과정을 통해 리더십 역량을 개발하는 집단적인 체험학습 방법이다.[10] 일반적인 실행과정은 AL과제 선정 → 팀 구성 → AL제안서 → 리서치 활동 → 성찰 → 해결대안 제시 → 적용여부 판단 등의 순서로 진행된다. AL을 통해 조직구성원들은 경영환경과 경영시스템 전반에 대한 이해, 창의력 향상, 주인의식 고취, 조직 내 부문 상호 간 이해 증진, 문제해결 도구 사용방법의 습득, 실무능력 향상, 회의운영기술 습득, 팀워크 향상 등 다양한 리더십 함양효과를 얻을 수 있다.

(4) 리더 직책 수행을 통한 경험학습(Experience of Leader Position)

리더 직무를 맡아 직접 경험하면서 배우는 방법이다. 일반적으로 교육자의 강의를 듣는 학습보다 학습자가 직접 실행해보는 것이 더욱 효과적이다.[11] 리더십 개발에서 경험학

---

10 봉현철(2006. 5. 12), "리더십 개발에 있어서 액션러닝의 효과성", 한국리더십학회 학술대회; 김석우(2006. 5. 12), "액션 러닝의 일상화를 위한 Cop System 설계: 삼성전자 및 ABO 사례를 중심으로", 한국리더십학회 학술대회.

11 百聞而 不如一見, 百聞而 不如一行.

습의 효과는 매우 큰 것으로 평가되어 기업 등 조직에서는 리더 직책의 경험을 경력관리에서 매우 중요하게 생각한다. 미국과 일본 및 한국 등 8개국의 리더십 역량을 조사한 연구에 의하면, 상위계층의 리더십 역량 개발에 가장 효과적인 방법으로 8개국의 응답자들이 모두 경험학습을 꼽고 있다.[12] 경험만한 교사가 없다는 것이다.

(5) 멘토링(Mentoring) 또는 코칭(Coaching)

멘토(mento)는 좋은 스승이라는 의미이고, 멘토링은 상급자(멘토: mento)와 하급자(멘티: mentee)를 연결하여 상급자의 노하우를 하급자의 교육에 활용하는 후견인 제도이다. 멘토링의 장점은 조직문화에 대한 자연스러운 학습과 적응, 심리적 안정감 부여, 조직 핵심가치의 수용 촉진, 조직충성도와 조직몰입의 증진, 조직 내 의사소통의 증진, 선배관리자의 체험에서 형성된 노하우의 활용, 강의 등 지식전달식 리더십 개발방법의 보완, 세대 간의 거리감 완화 등이다. 그러나 멘토링의 부정적인 측면들, 가령 멘토 중심의 비공식집단 형성 및 파벌화의 가능성, 공식 라인의 경시 가능성, 멘티에 대한 외부적 과잉보호, 멘토에 대한 의존감으로 멘티의 자립 지연, 멘토의 지위와 권력에 따른 멘티의 성장의 차이, 좋지 않은 조직문화의 전수, 멘토의 영향력 때문에 멘티들의 인간관계의 유연성 제약, 중요한 조직정보의 노출, 조직가치보다 멘토의 가치전수, 멘토와 멘티의 상호 실망 등으로 인한 관계악화 등의 부작용이 발생할 수 있음을 유념해야 한다.

그러므로 멘토링 시스템이 정상적으로 운용되기 위해서는 첫째, 멘토의 권한이 공식라인의 권한을 넘어서지 않도록 해야 한다. 가령 멘티의 애로사항을 해결할 필요가 있을 때에는 반드시 공식라인에게 통지하여 공식라인에서 해결하도록 해야 한다는 것이다.

둘째, 멘토에 대한 보상시스템이 병행되어야 한다. 멘토 역할은 부가적으로 역할이 증가하는 것이다. 보상이 없을 경우에는 형식적인 제도로 유명무실해질 수 있다.

셋째, 멘티의 실수 등에 대해 멘토에게 책임을 묻지 않아야 한다. 문책은 멘토와 멘티의 관계악화 곶 조직 내 불신의 풍토를 만들 가능성이 있다.

그러므로 멘토링 시스템은 부정적인 측면에 유념하면서 공식구조의 보조적 수준에서 운용하는 것이 바람직하다.

---

12 Yeung & Ready(1995), "Developing Leadership Capabilities of Global Corporations", *HRM*, 34-4, pp. 529-547; 백기복(2005), 『리더십 리뷰』, 120-124쪽에서 재인용. 리더 직책을 통한 경험학습 다음으로 Project/Task Force 등 단기적 경험학습(액션 러닝)과 성과관리 피드백이 효과적인 방법으로 조사되었다.

3.2 리더십의 개발 과정

만일 당신이 최고경영자로서 관리자들의 리더십 개발프로그램을 운영하고자 한다면 어떻게 할 것인가? 비전선포나 지시 등의 액션만으로는 안 될 것이고 조직의 전반적인 활동들과 연계해야 할 것이라는 것을 직감할 것이다. 리더십 개발 프로세스는 필요성의 자각, 미래의 기대, 실행, 조직 전체 기능과의 조화, 평가의 단계로 구성할 수 있다.[13]

(1) 리더십 개발 필요성의 인식(Awareness)

리더십 개발의 필요성은 내부요인과 외부요인에 의해 제기된다. 내부요인으로는 고객 및 종업원의 만족도 제고 필요, 경영성과의 문제점 발견, 조직분위기 개선, 새로운 비전의 필요성 등이다. 외부 요인으로는 경쟁환경의 변화, 시장조사 결과의 문제점, 새로운 경영기법 관련 정보, 새로운 연구결과, 시장다변화 등 경영여건의 변화이다. 리더십 개발 프로그램은 담당자들이 최고경영자의 전략적 안목과 프로그램의 참여자이자 실행자인 관리자들의 의견을 수렴하여 프로그램의 목표와 기대효과 및 예산 등을 확정하는 것이 좋다.

(2) 미래에 대한 예측(Anticipation)

리더십 개발 프로그램은 미래에 대비할 수 있도록 내용을 구성한다. 즉 시장, 경쟁, 기술 등의 면에서 미래의 환경변화에 대응할 수 있는 리더십 역량을 개발하는 데 주력하는 것이다. 가령 GE는 미래 리더의 자질을 파악하기 위해 세계 각 지역의 경영자들과 인터뷰를 실시하고 있다. 존슨 앤 존슨은 미국에서 성공적인 리더십 역량이 유럽과 아시아에 어떻게 적용될 수 있으며, 또 어떤 역량이 추가적으로 필요한지를 분석하는 팀을 항상 가동하고 있다.

(3) 실행(Action)

실행은 리더십 개발 프로세스의 핵심 단계이다. 선진기업들은 리더로 하여금 행동경험의 학습을 통해 리더십 역량을 습득하도록 유도하고 있다. 가령 GE의 경영자육성 실천학습 프로그램(Action-learning Topic)은 선택된 과제를 수행하는 과정에서 회사의 전략방향을 결정하는 스킬 등을 습득하도록 한다. 또한 해외로 보내 현지에서의 사업운영 방안을 제안하도록 하고, 일부 제안은 실제로 실행하기도 하는 등 경험을 통한 리더십역량 개발을 중시하고 있다. 또한 변화촉진 프로세스(CAP: Change Acceleration Process) 과정을 이수한

---

13 박기성(2001), "리더, 어떻게 육성할 것인가?", LG경제연구원, 『주간경제』 제617호.

관리자들 중에서 상위계층의 리더를 선발한다.

(4) 리더십 역량과 조직전체 기능과의 조화(Alignment)

리더십 개발은 해당 부서에서만 수행하면 끝나는 문제가 아니다. 리더십 역량은 기업 내 타 기능과 조화될 수 있어야 하고 역량의 개발과 평가 및 승계계획 등이 연계되어야 한다. 리더십 개발에 관한 정보가 조직 내에 원활하게 흐르도록 유지하면서 훌륭한 자질을 갖춘 인재를 추적하고 관리한다.

(5) 평가(Assessment)

리더십 육성 프로그램을 적용한 후에는 반드시 그 효과를 평가하여야 한다. 리더십 개발 담당자와 컨설턴트 등이 중심이 되어 교육 참가자의 반응, 지식습득의 정도, 행위 변화, 사업성과의 창출 정도, 고객 만족, 종업원 만족 등과 관련된 사항을 평가한다. 리더십 개발은 일회성 사업이 아니라 지속적인 학습 과정이므로 그 효과를 모니터링하고 보완해 나감으로써 선순환의 사이클이 형성되도록 운영해나가는 것이다.

3.3 리더 양성 및 리더십 개발의 현장

제2절에서는 개인 차원에서의 리더 양성 및 리더십 개발 프로그램을 제시하였다. 이러한 개인 차원의 훈련내용은 조직의 전략적 목적과 일치하지 않은 경우의 발생으로 문제를 야기하든가 효과가 반감되는 결과를 가져올 수도 있다. 좋은 기술을 배우고 충만한 의지를 가지고 현업으로 돌아온 잠재적 리더들은 개인훈련 과정에서 얻은 이상적 내용과 그를 수용해주지 않는 현실 사이에서 갈등하게 되는 경우가 있다. 그래서 리더십 훈련은 조직의 시스템들과 맞물려 실행되어야 제 효과를 낼 수 있다는 평가가 자주 대두되는 것이다. 이제 시야를 좀 넓혀서 조직 차원에서 체계적으로 리더를 육성하기 위한 프로그램들 중에서 성공적으로 평가받고 있는 사례들을 중심으로 논의한다.

3.3.1 WEC의 종합적 리더 육성 프로그램(사례 1)[14]

WEC(Westinghouse Electric Corporation)는 미국을 대표하는 성공적인 기업의 하나로서 오랫동안 각인되어 왔다. 이 회사는 사업 확장을 지속하던 중, 자사의 재무 부문이 주축이

---

14 백기복(2009), 『리더십 리뷰』, 창민사, 333-335쪽을 참조하여 재구성.

되어 부동산 시장에 뛰어들었는데 이것이 화근이 되었다. 1992년 부동산 시장이 급격히 위축되면서 웨스팅하우스는 막대한 악성 부채를 짊어지게 되었고 그 여파로 주가가 폭락하는 사태가 빚어졌다. 이에 대한 책임을 지고 회장이 물러나고 새로운 회장으로 조던 (Jordan)이 취임하게 된다.

조던 회장은 펩시에서 20년 가까이 근무했었고 맥킨지 컨설팅 회사에서 10년을 근무한 경력의 소유자였다. 기업의 회생을 위해서 신임회장이 선택한 대안이 바로 리더의 육성이었다. 즉 전략적 리더 육성을 통해서 침체되어 있는 기업의 문화를 혁신하고 이것을 재생의 발판으로 삼겠다는 구상이었다. 조던은 이러한 구상을 구체화하는 모델을 개발하여 〈그림 3-6〉과 같이 제시하였다.

웨스팅하우스는 〈그림 3-6〉에 제시한 바와 같이 먼저 전략적 필수요소들을 확인하는 데서 출발하고 있다. 그 다음으로 재무구조의 개선과 지속적 성장을 목표로 하는 이러한 전략적 필수요소들을 실천하기 위해서 어떤 역량을 가진 사람들이 필요한가를 제시하였다. 그 다음에는 구체적으로 누구를 대상으로 이러한 역량을 개발해야 하는가를 결정하였다. 이는 리더로 육성하려는 대상을 선발하는 과정이다.

회사 내적으로는 고과평가에서 우수한 평가를 받은 사람들을 대상으로 하였고, 외적으로는 경영자 탐색 전문회사나 비공식 채널을 통해서 추천받은 사람들을 대상으로 하였

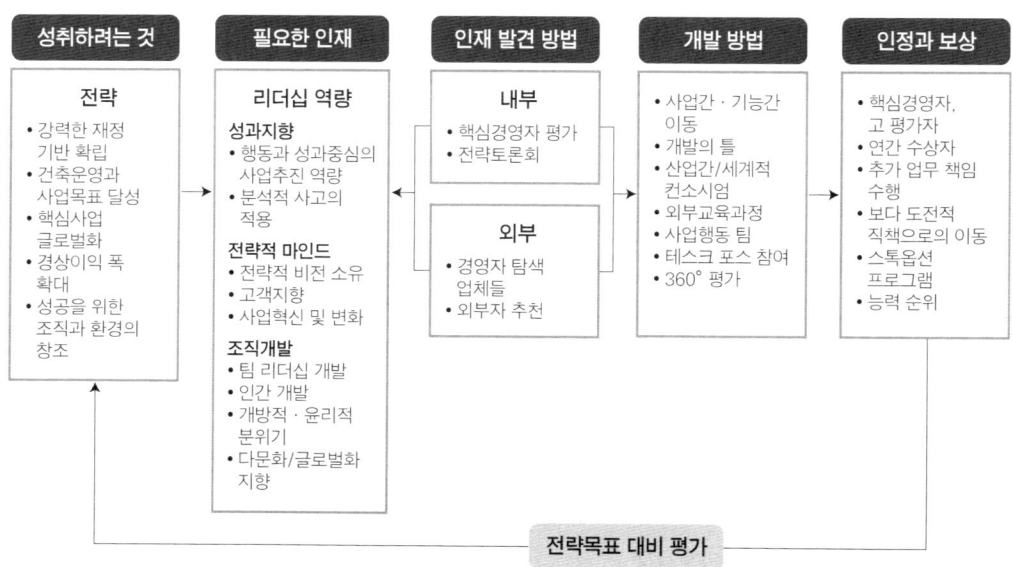

〈그림 3-6〉 웨스팅하우스 사의 종합적 리더십 개발 모델

다. 이렇게 하여 리더가 될 만한 사람들의 인력풀을 형성한 뒤, 이들이 실제로 어떤 역량을 갖고 있는지를 평가하였다. 다음으로는 평가결과와 모델에서 개발하려는 역량 수준과의 차이를 밝혀내고 체계적으로 그 차이를 줄여나갔다. 이 과정에서는 워크숍, 행동학습, 핵심 경영진과의 면담, 리더십 교육과정 등의 다양한 방법들이 활용되었다.

중요한 것은 이러한 리더 육성의 과정을 인사평가 및 급여체계와 연결시켰다는 점이다. 육성과정에서 뛰어나다는 평가를 받은 사람들에게는 스톡옵션 등의 인센티브를 부여하든가, 더 중요한 직책을 맡겨 키워주었다. 능력 있고 리더로서 앞서나가는 사람들을 지원해주고 밀어주는 분위기를 조성하기 위한 노력도 더해졌다.

3.3.2 GE의 리더 육성 체계(사례 2)[15]

GE(General Electric)에 대해서는 전 세계적으로 많은 기업들이 관심을 가지고 배우려 하고 있는 기업이다. 우리나라도 많은 기업의 관리자들이 GE의 크로톤빌(Croton ville) 연수원을 방문하였다. 그리고 그들의 프로그램 내용을 벤치마킹하는 기업들이 증가하고 있다. 세계적 초우량 기업인 GE의 리더 육성 프로그램 체계를 조망해본다.

GE는 발명왕 에디슨(Edison)이 창업한 회사로서 전구생산업체로 성장해오다가 1980년대 초 잭 웰치(Jack Welch)가 GE 역사상 최연소 회장이 되면서 12개의 계열사들로 사업을 재구축하여 혁혁한 성과를 가져왔으며, 1999년에는 『포춘』지에서 '20세기 최고의 경영자'로 선정되었다. 특히, 웰치 회장은 뉴욕 주에 있는 크로톤빌 연수원을 통하여 20년 가까이 GE의 혁신을 주도해왔다. 연수원장으로는 리더십 대체이론의 창안자인 케르(Kerr) 남가주 대학 교수를 부사장의 직위로 임명하였다. 잭 웰치는 재임기간(1981~2001) 동안 20만 명 이상을 해고하였으며, 100여 개의 계열사를 세계1위 또는 2위인 기업들로만 구성된 10여 개로 줄이는 등 가히 혁명적인 혁신을 추구하는 과정에서 크로톤빌 연수원을 통하여 육성된 중간관리자급의 변혁적 리더들에게 크게 의존하였다. GE 연수원은 다음과 같은 사명에 의하여 리더들을 육성하였다.

'GE 전문가들에게 기능수행과 사업추구의 폭넓은 리더십 개발과 조직성과 향상의 기회를 제공함'으로써 글로벌 기업환경 속에서 GE의 경쟁력을 높이며 문화혁신의 도구로서의 역할을 수행한다.'

크로톤빌 연수원의 리더 육성 프로그램들은 연수원 설립 초기와는 많은 차이를 보이고

---

15 앞의 책, 340-356쪽을 참조하여 재구성.

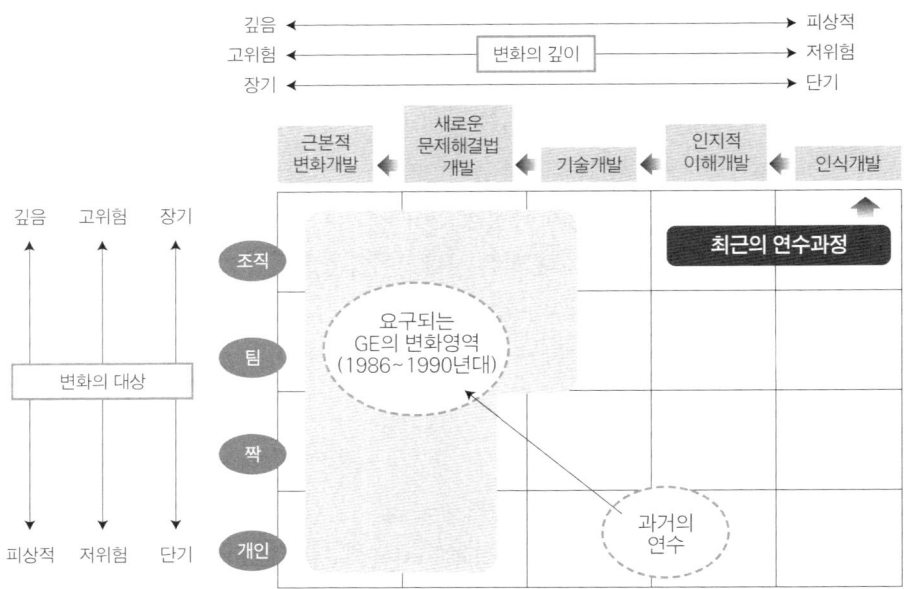
〈그림 3-7〉 GE 연수원의 리더 육성 개념의 변화

있다. 과거에는 방향도 없이 다양한 프로그램들을 늘어놓고 아무나 듣고 싶은 사람들이 선택적으로 와서 듣도록 하는 시스템으로 운영되었다. 그러나 최근에는 프로그램들이 종업원들의 핵심 경력변화 시점과 연계하여 제공되고 있으며, 핵심 과정에 대해서는 의무적으로 수강토록 하는 필수과목 개념이 도입되었고, 고도의 잠재력을 가진 소수를 위한 특별 고급과정들이 개발되어 운영되고 있다. 이러한 교육철학에 있어서의 변화를 정리하면 〈그림 3-7〉과 같다.

〈그림 3-7〉은 변화의 대상과 깊이에 대한 개념적 틀을 제공하고 있다. 과거에 GE는 다른 많은 기업들과 마찬가지로 개인이나 부서의 변화에만 치중해왔다. 그러나 진정한 변화는 개인, 짝, 팀, 그리고 조직 전체의 변화를 수반해야 한다. 이러한 인식하에 GE에서는 조직과 팀 차원의 변화를 최종 목표로 리더들을 육성해왔다.

그런데 변화는 그 깊이로 봤을 때 다섯 단계로 분류될 수 있다.

첫째 단계는 초보적인 변화이다. 이는 대상의 중요성이나 존재를 인식하는 것이다. '리더십이 중요 하구나', 또는 '그런 이론이 있구나' 정도의 효과를 얻었다면 그 리더십 프로그램은 참석자들의 리더십에 대한 인식개발에는 성공한 것이다.

둘째 단계는 변혁적 리더십의 개념은 무엇이고 어떤 요소들로 구성되는가를 알게 되는 수준을 의미한다.

셋째는 기술개발 단계이다. 이제 이해의 수준을 벗어나 기술을 체득하는 단계에 이르렀다. 실제로 이슈를 개발해보기도 하고 적용해보기도 하는 단계이다.

넷째는 새로운 기법을 개발해내는 단계이다. 기존의 기술에 더하여 비판의식을 갖게 되며 응용에도 능숙할 뿐 아니라 자기 나름대로의 일가견을 다른 사람들에게 설명할 수 있는 수준이다.

다섯째는 다지막 단계로서 근본적 변화의 단계이다. 이 단계는 리더의 가치관과 생활습관, 그리고 경영과 대인관계의 이념과 철학이 바뀌는 단계라고 볼 수 있다. 일반기업들의 연수 프로그램들은 대개 제2, 3단계의 수준을 달성하는 데 멈춘다. 이것을 4, 5단계까지 끌어올린다는 것이 GE 연수원의 목표이며 특징이다.

3.3.3 웨스트포인트의 리더십 개발(사례 3)[16]

미국의 웨스트포인트(Westpoint)는 리더들을 장기적이고 체계적으로 육성하는 데에 성공하고 있는 것으로 널리 알려져 있다. 생도들을 4년간 리더로 육성하기 위해서 구체적인 육성모델과 프로그램을 운영해 오고 있다. 웨스트포인트에서는 지적 능력 개발, 군사력 개발, 그리고 체력개발 등 세 가지 분야에 중점을 두어 군(軍)과 국가를 경영하는 데 필요한 리더의 특성개발에 집중하고 있다. 이 기관의 리더 육성 체계의 특징은, ① 리더 개발 경험을 통합하고 조직화하며, ② 원칙, 기준, 그리고 가치관 등을 명확히 하고, ③ 프로그램마다 분명한 목표를 추구하며, ④ 리더와 조직구성원 간의 발전적 교류경험의 틀을 제공하는 것 등으로 요약될 수 있다.

구체적으로 웨스트포인트의 리더 육성 프로그램이 가정하고 있는 바람직한 리더의 특성들은 아래와 같이 열두 가지로 정리할 수 있다.

① 전문가의 윤리   ② 타인에 대한 배려
③ 팀워크   ④ 조직구성원 개발
⑤ 구두 및 문서 커뮤니케이션   ⑥ 계획과 조직화 능력
⑦ 의무완수   ⑧ 군사적 기질
⑨ 위임   ⑩ 감독
⑪ 의사결정   ⑫ 다른 사람들에 대한 영향력 행사

---

16 앞의 책, 340-356쪽을 참조하여 재구성.

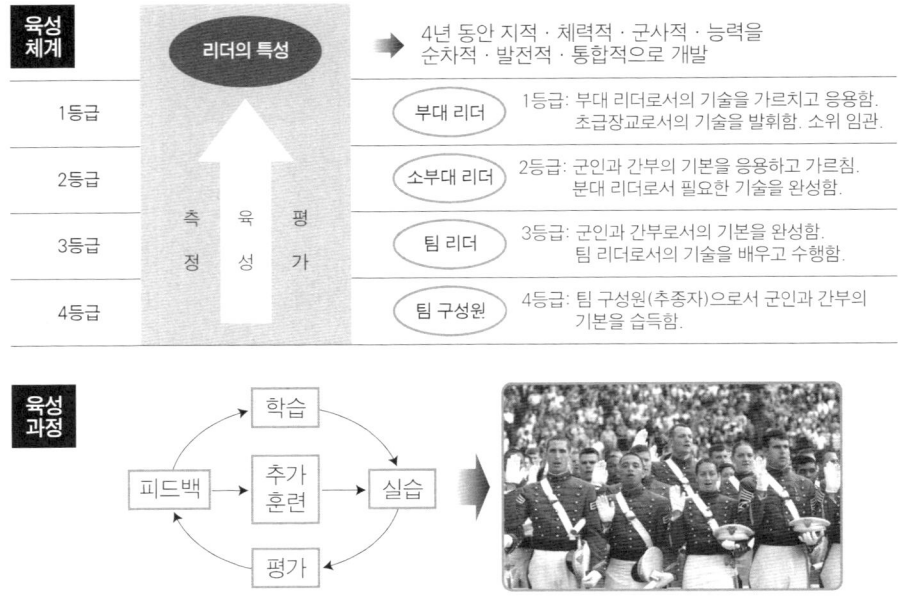

〈그림 3-8〉 웨스트포인트의 리더 육성 체계 및 과정

　또한 리더 육성의 개념적 체계를 4등급으로 나누어 제시하고 있다. 〈그림 3-8〉은 그 체계를 나타내고 있다. 그림에서 볼 수 있듯이, 첫 단계인 4등급 과정에서는 팀 구성원으로서의 역할을 훈련시키고, 3등급에서는 팀 리더, 2등급에서는 소규모 부대의 리더를 육성하는 데 초점을 맞추며, 1등급에서는 부대를 이끄는 리더로서의 기술과 자세를 개발하는 것으로 나누어져 있다.

　이러한 웨스트포인트 리더 육성 프로그램은 학습, 실습, 평가, 피드백, 그리고 재훈련 등의 과정을 통해서 이루어지고 있다. 이러한 리더 육성 체계와 과정에 입각하여 웨스트포인트는 군사적 리더뿐 아니라 나라를 위해서 큰일을 할 수 있는 리더들을 지속적으로 육성해내고 있다.

　웨스트포인트의 리더 육성 프로그램은 군 조직이라는 특수한 상황에서의 리더십 양성에 초점이 맞추어져 있기는 하지만, 일반 리더십 리더 양성 및 리더십 개발과도 공통점과 연계성이 존재할 것이므로 일반 리더십과의 효과적인 접목방안을 탐색하는 노력도 필요할 것이다.

3.3.4 SK아카데미의 SLDP(사례 4)[17]

한국기업들 중에도 리더 육성을 체계적으로 실시하고 있는 기업들이 있다. 그 예가 SK 그룹의 SK아카데미(SK Academy)이다. SK가 스스로 개발하여 운영하고 있는 SLDP(Supex Leader Development Program)은 앞서 살펴본 서구의 리더 육성 프로그램들과 매우 유사한 형 식을 취하고 있다. SK그룹은 오래 전부터 슈펙스(Supex: Super Excellence) 운동을 통하여 지 속적인 경영혁신을 추진해 오고 있다. 슈펙스 리더(Supex Leader)라는 용어도 이러한 운동 에 근거하여 만들어졌다. SK그룹에서는 각 계열사들로부터 일정한 기준에 의해서 미래의 잠재적 리더들을 뽑아 슈펙스 리더라고 명명하고 이들을 대상으로 자신들이 개발한 모델 에 입각하여 리더십 훈련을 시키고 있다.

〈그림 3-9〉에 제시한 이 모델은 SK아카데미에서 SK그룹사 경영자들 중에서 성공적 인 리더라고 평가받는 리더들의 의견을 종합하여 만들어진 것이다.

첫째, '자발적 · 의욕적 여건조성'은 부서장과 부서원 간의 상호 신뢰구축과 이를 기반 으로 하여 슈펙스 추구의 분위기를 조성하는 것을 의미한다. 구체적 내용으로는 신뢰감 형

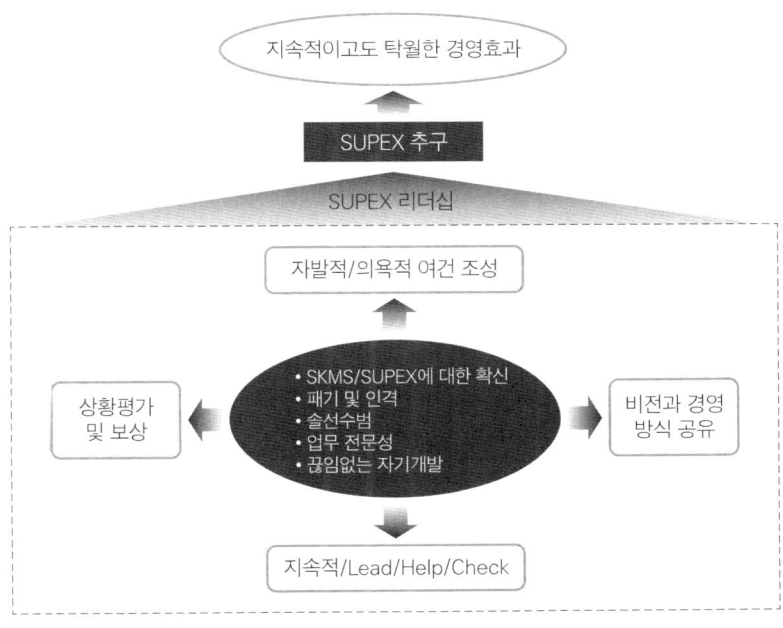

〈그림 3-9〉 SK의 슈펙스 리더 육성모델

---

17 앞의 책, 340-356쪽을 참조하여 재구성.

성, 작은 변화의 시도와 성공(변화선도 및 관리), 철저한 개인특성 파악, 일을 통한 자신감 고취, 슈펙스 마인드(Supex Mind) 제고, 그리고 물리적 여건 개선 및 조성 등을 포함한다.

둘째, '비전과 경영방식의 공유'는 부서가 나아갈 방향을 바로잡고 높은 수준의 목표를 설정하며 이의 공유를 위해서 지속적으로 교류해나가는 과정을 의미한다. 여기에는 회사와 개인의 미래와 관련된 비전과 목표를 설정하며 부서 내 커뮤니케이션을 활성화하는 등의 내용이 포함된다. 또 이를 효과적으로 수행하는 데 필요한 전략적 사고와 미래에 대한 예측 등도 필수적으로 탐구되는 내용이다.

셋째, '지속적인 Lead-Help-Check'의 역할은 목표달성 과정에서 꾸준하게 조직구성원들의 동적 요소를 관리하고 권한을 위임하는 등의 역할행동을 의미한다. 이 역할을 고양하기 위해서 훈련되는 내용들은 대략 과감한 권한위양, 끊임없는 후계육성 및 점검, 치밀한 특별관리, 업무과제에 대한 코치, 일을 통한 의욕관리, 일에 대한 전문성 공유(정보 공유), 그리고 네트워크 구축을 통한 타 부서와의 조정 등에 관련된 기법들이다.

넷째, '성과평가 및 보상'에 있어서는 타인(다른 부서, 최고경영자)을 통한 인정과 칭찬, 지속적인 보상, 그리고 공개적 인정 등의 역할을 슈펙스 리더들이 효과적으로 수행하도록 훈련한다. GE의 잭 웰치 회장도 언급한 바와 같이 구체적 보상 없이 조직구성원들을 리드하는 것은 매우 힘든 일이다. 그리고 조직에서 남들로부터 인정받는다는 것은 최고의 보상이라고 하겠다.

SLDP에서는 다양한 방식으로 이러한 메시지를 양성중인 리더들에게 전달하고 있다. 단순 강의에만 의존하는 방식에서 탈피하여, 리더의 구체적 사례들을 영상으로 제작하여 수강자들에게 보여준 후 토론을 유도하고, 야외에서 팀별 공동의 노력을 통하여 학습할 수 있는 기회를 부여하기도 한다. 이 영상 속에는 SK그룹 계열사의 성공적 리더라고 인정받는 부장급 두 명이 포함되어 있다. 자사의 실제 인물을 모델로 동료 부장들에게 사례교육을 하는 것은 대단히 과감한 발상이라고 할 수 있다.

SK에서는 교육결과를 인사시스템과 연계시켜 리더들을 관리하고 있으며, 이는 선진국 기업들의 리더 육성과 맥락을 같이하는 방식이다. 인사와 기획 쪽의 지원과 연계가 없이 진정한 교육의 효과를 기대하기란 어렵다.

3.3.5 삼성 에버랜드의 서비스 리더십(사례 5)[18]

제조업과 서비스업 간에는 커다란 차이가 존재한다. 서비스업에서는 고객과의 대면이나 만남 자체가 곧 상품이 된다. 재고를 쌓아 둘 수도 없고 생산성을 측정하기도 힘들다. 사람의 행동과 말투 하나하나가 상품의 품질로서 생산과 더불어 판매되고 평가받는 특징을 갖는다. 소비자와 공급자의 거리도 무척 가까워 중간 유통과정이 존재할 수 없다는 것도 특성 중의 하나이다.

이러한 특성들을 기존의 리더십 이론에서는 제대로 반영하고 있지 못하다. 지나치게 미시적인 상황변수들에 의존하는가 하면, 상황적 요인들을 고려하고 있지 않은 이론들도 많다. 따라서 서비스업의 특성에 맞는 리더십 모델을 개발하고 그에 입각하여 리더를 육성할 필요가 있다는 인식의 결과물이 에버랜드의 서비스 리더십 프로그램이다.

이 모델은 다섯 가지 Mode로 이루어져 있으며 이들 각각이 하나의 과정을 형성하고 있다. 이 모델의 핵심은 서비스 리더로서 갖춰야 하는 태도(Mode ①, ②), 역량(Mode ③, ④), 그리고 인식(Mode ⑤)을 확대하고 심화시키는 데 있다. 〈그림 3-10〉에서 알 수 있듯이 리더가 E-5를 갖추게 되면, 칭찬과 배려, 이타적 지원, 그리고 이미지 주도 등의 행동을 보이게 된다. 이것은 또 추종자들의 영적 몰입을 가져오게 되어 종국에 가서는 상생(Win-Win)의 3차원적 성과를 거두게 된다는 것이다. 3차원 성과란 개인, 팀, 그리고 조직의 성과를 말한다.

서비스 리더를 확보하는 방법으로는 교육과 훈련에만 국한하지 않고 선발, 육성, 그리고 시스템 지원 등 다양한 방법을 사용하도록 하고 있다. 따라서 리더의 육성 및 확보는 훈련 이외에도 보상, 평가 등의 인사제도가 함께 어우러져야 한다. 또한 에버랜드의 리더

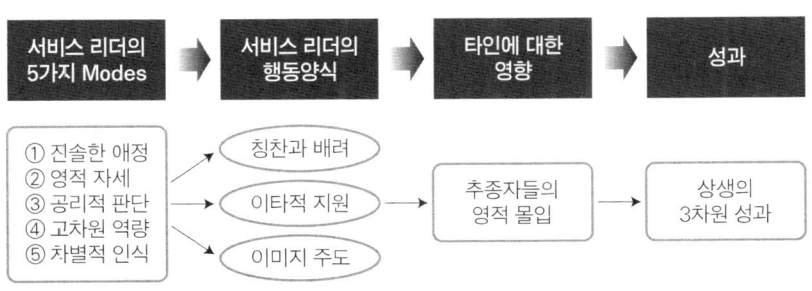

〈그림 3-10〉 삼성 에버랜드의 E-5 리더십 모델

---

18 앞의 책, 340-356쪽을 참조하여 재구성.

십 프로세스에는 리더들의 현장에서의 행동변화를 관찰하여 그 성과를 검증하고 피드백하는 시스템이 포함되어 있다. 이것은 훈련시켜 배출하는 데 주안을 두는 기존의 방식과 비교할 때 진일보한 방법이다. 리더를 육성한다는 것은 리더로서의 삶을 계획하고 관리해나가는 것이므로 이러한 종단적 관점은 결국 리더 육성에 깊이를 더하는 결과를 가져오게 될 것이다. 이 프로그램은 내용구성의 넓이와 깊이를 고려할 때, 매우 바람직한 체계를 갖추고 있다. 특히 수강자들이 수강 후에도 서로 교류하며 함께 서비스 리더로서의 유대를 강화해나갈 수 있도록 하고 있는 것은 지속적인 육성의지가 담겨있는 것으로 해석된다.

이제까지 선진국 기업들과 우리나라 기업들의 리더 육성 및 리더십 개발 프로그램들을 살펴보았다. 각 프로그램들은 제 나름대로 논리적 틀과 체계를 갖추고 새로운 미래를 준비하기 위해서 세계와 국내의 유수한 기업들이 리더 육성에 혼신의 힘을 기울이고 있다는 사실을 확인할 수 있다. 이들은 각각 독자적으로 생성된 프로그램들이지만 공통점들도 관찰된다. 그러나 선진국 기업들의 리더 육성 모델과 한국 기업들의 그것을 비교해보면, 한 가지 중요한 차이점을 발견하게 된다. 선진 기업들의 모델들이 거의 모든 경우에 있어 '미래에 있어서의 전략적 필수 요인(strategic imperatives)'을 확인하는 데서 출발하고 있는 반면에, 한국 기업들의 모델에 있어서는 그러한 요인들보다 창업자의 철학이나 기존에 자신들이 갖고 있던 가정에서 출발하고 있음을 알 수 있다.

결국 누가 리더십 모델을 만드는가가 중요하다. 모델의 제작자들이 미래에 대한 눈과 인식의 틀, 그리고 경영에 대한 전체적인 그림을 가지고 있지 않으면, 정립되는 모델 자체가 과거의 패러다임을 벗어날 수 없으며, 그에 의해서 육성되는 리더들도 기대 이하의 리더에 머무를 수밖에 없음을 알아야 한다. 이제 리더의 육성 및 리더십 개발은 국가 및 기업들이 미래를 준비하는 데 있어서 가장 중요한 이슈의 하나로 부상할 수밖에 없다. 우리나라의 각급 기관과 기업들도 리더 육성 및 리더십 개발에 대한 투자를 늘리고 보다 체계적으로 전략적 프로그램을 개발하여 미래의 리더 양성에 전력투구해야 할 것이다. 많은 잠재적 리더들이 기회를 학수고대 하고 있다.

제4절 리더 양성 및 리더십 개발의 과제

지금까지 현실 조직사회에서의 리더십은 선천적인 자질도 중요하지만, 후천적으로 양성되는 리더의 능력이 중요하다는 관점에서 리더 양성 및 리더십 개발에 관해 논의하였다. 리더 양성과 리더십 개발의 의미는 엄격히 구분하면 다르지만, 동일 맥락에서 살펴보았다.

특히 본서에서는 개인적인 리더십 자질향상에 해당되는 셀프 리더십 분야를 미시적 리더로 설정하고, 국가와 조직 및 기업들에 필요한 리더를 거시적 리더로 개념을 설정하였다. 미시적 리더 양성에서는 리더가 기본적으로 갖추어야 하는 과제로서 자기관리능력과 자기개발, 그리고 한국적 환경과 문화, 민족성 등을 고려한 효·예·충을 선정하여 제시하였다. 거시적 리더 양성에서는 조직에 필요한 맞춤식 리더 양성과 리더십 개발에 주안점을 두었다. 이를 충족시키기 위하여 세계 및 우리나라의 유수한 기업에서 시행하고 있는 리더 양성 프로그램의 사례를 통하여 현재의 모습과 미래의 방향을 조망해보았다. 아래에서는 리더 양성의 현장에서 나타난 시사점들을 도출해보고, 국가 및 기업의 최고 경영자 차원에서 리더 양성에 대한 역할을 정리한다.

4.1 리더 양성의 시사점

본서에서는 미시적 리더 양성의 개념에 대하여 '개인을 대상으로 자율 리더십, 즉 셀프 리더십을 배양하는 것'으로 개념을 설정한 후에 이에 관한 내용을 살펴보았다. 그런데 제8장 한국의 리더십과 본 장 2절에 대한 자료를 탐색하고 수집하는 과정에는 상당한 어려움이 있었다. 먼저 한국적 리더십 및 미시적 리더 양성에 대한 국내자료는 리더십 연구기간과 축적된 연구의 양적인 측면에서 선진국들에 비해 상대적으로 정립된 이론과 선행연구 자료가 상당히 부족한 편이었다. 그 결과, 제2절에 제시한 내용들은 필자들이 리더십 현장에서 체험한 내용들과 리더십 훈련기관에서 제시한 내용들을 접목하여 정리한 것이다.

이러한 과정을 거쳐 작성된 미시적 리더 양성론에서 나타난 시사점들을 정리해보면 다음과 같다.

첫째, 리더십의 교육현장에서 보면 미래의 리더(학생)들의 리더십 수준을 체크할 공신력 있는 도구가 부족하다. 모든 교육은 학생들의 수준을 진단하고 그 수준에 맞는 교육을 진행해야 하는 것이 기본이다. 특히 리더 양성 및 리더십 개발은 이론과 실제가 병행되어야 그 효과를 기대할 수 있기 때문이다. 또한 훌륭한 리더는 현장체험을 통하여 창의성과 아이디어를 창출해낼 수 있다.

둘째, 잠재적 리더들의 자기관리능력 향상을 위한 관심이 필요하다. 자기 자신도 제대로 관리하지 못하는 학생들은 취업은 물론이고 리더로 성장하기에는 더욱 요원하다. 본서에서는 이에 대한 대안으로서 라이프 로드맵 설계를 제시하고 있다(제10장 참고).

셋째, 한국의 리더십 이론에서 한국문화의 뿌리인 효·예·충에 대한 선행연구는 물론이고 리더 양성 프로그램에서도 효·예·충을 반영한 자료가 매우 빈약하다. 미래학자 앨빈 토플러의 예언처럼 사회의 변화는 급속도로 변하고 있다. 그러나 우리사회의 현재와 미래에도 부모·사회·국가의 중요성이 유지되는 한 효·예·충은 사회문화적으로 바탕을 이루는 기본적 가치로서 남아있을 것이다. 따라서 앞으로 리더십과 효·예·충을 연계한 연구가 필요할 것으로 보이며, 리더 양성 프로그램에도 효·예·충에 대한 내용을 일정 부분 반영할 필요가 있다.

한편 거시적 리더 양성에 대한 방법과 사례들로부터는 다음과 같은 시사점을 제시할 수 있다.[19]

첫째, 전략·인사 등의 관련 분야와 연계된 시스템 하에서 종합적으로 리더 양성이 이루어지고 있다는 사실이다. 미래를 주도해나갈 진정한 리더를 양성하기 위해서는 단편적이고 강의 위주의 리더 양성방법을 탈피하여 인사와 전략, 그리고 다른 조직의 기능들과 연계시키지 않을 수 없다는 관점에서 본다면 바람직한 현상이다. 개인에게 리더로서의 기술을 훈련시키는 것도 중요하다. 그러나 시스템의 지원이 없이는 리더가 생존하기 어렵다. 즉 개인의 성장이나 피드백, 또는 지식의 전달 등의 리더 육성방법들 중에서 어느하나에만 의존하지 말고 다양한 방법을 함께 사용하는 것이 개인 차원에서의 리더 양성효과를 높여줄 수 있다는 것이다. 조직 차원의 프로그램을 실시함에 있어서도 이러한 종합적 훈련방식의 지혜가 필요하리라고 본다.

둘째, 리더 양성을 최고경영자가 직접 주도하고 있다는 점이다. 리더 양성에 얼마를 투자할 것인가는 최고경영자의 의지에 달라진다. 단기적 성과에만 집착하는 사람은 리더양성과 같은 장기적 투자를 외면하기 쉽다. 최고경영자를 평가함에 있어 리더를 얼마나 양성했는가를 봐야 한다. 리더 양성을 소홀히 하는 최고경영자는 자신의 임기와 직위에만 관심이 있는 이기적이고, 장기적으로는 문제가 있는 경영자라고 할 수밖에 없다.

셋째, 많은 선진 기업들이 사내 조직구성원들을 리더로 양성하는 데에만 초점을 두고 있는 것이 아니라 필요한 리더를 확보하는 데 있어 사외의 인재들도 대상으로 하고 있다

---

19 백기복(2009), 『리더십 리뷰』, 창민사, 347-349쪽.

는 점이다. 이것은 '리더십=교육'이라는 획일적 공식을 갖고 있는 한국 기업인들에게는 시사하는 바가 크다. 우선, 필요한 리더가 어떤 특성과 능력과 지식을 갖고 있어야 하는지가 확인되면 이들을 확보하는 데 있어 사내·외를 가릴 필요가 없다. 그러기 위해서는 급여나 직급체계 등의 인사제도가 그런 리더들을 유인할 수 있을 만큼 유연성을 가져야 하는 것은 당연한 조건일 것이다.

넷째, 관리자나 임원 모두를 리더로 육성하려 하지 않는다. 거의가 엄격한 기준과 방법을 통하여 리더로 성장할 수 있는 잠재력을 갖춘 인재들을 선발하여 양성하고 있다. 이미 리더로서의 잠재력을 소지하고 있는 사람들을 대상으로 집중 투자함으로써 투자효율성을 높이겠다는 발상인 것이다.

다섯째, 실두에서 리더십 프로그램을 만들게 되면 이론의 중요성을 평가절하하는 성향이 강하게 나타난다. 즉 이론은 이론일 뿐이므로 실제 상황에는 맞지 않는다는 관점이다. 그러나 성공적 프로그램들을 보면 이론과 실무가 절묘하게 조화되어 있는 것을 발견하게 된다. 흥미롭게도 이들 실무우위론자들은 이론을 격하하면서도 결국에 가서는 여러 이론들 중에서 듣기 좋은 용어들을 뽑아내어 짜깁기하는 방식을 택하는 경우가 대부분이다.

여섯째, 리더를 미래의 비전 달성을 위한 전도사나 개척자로 활용하는 성향이 높다는 점이다. 이것은 과거의 가치를 보전하려는 노력과는 다르다. 비전은 미래의 일이므로 미래에 대한 예측과 전략적 의지가 포함되게 된다. 비전의 대변자요, 상징적 실체가 바로 리더인 것이다. 그러므로 학자들 중에는 리더 양성을 논의하기 전에 비전을 구체화하는 작업을 먼저 해야 한다고 주장하는 사람들이 많다.

4.2 리더 양성과 리더십 개발을 위한 경영자의 역할

리더 양성과 리더십 개발을 위하여 국가와 기업의 최고경영자들이 수행해야 할 역할을 정리해보면 다음과 같다.[20]

첫째, 리더 양성과 리더십 개발에서 가장 중요한 것은 최고경영자의 의지와 투자이다. 조직에는 리더 양성을 방해하고 효과를 저하시키는 다양한 요인들이 존재한다, 가령 리더 개발 문화의 부재, 프로그램의 미비, 경영진의 리더십 개발의식 결여, 조직 내 파워 게임으로 인한 자기 사람 챙기기나 줄서기, 경쟁관계 등으로 인한 우수한 사람의 교육기회 상

---

20 박유진(2011), 『리더십 마인드 & 액션』, 양서각, 357-360쪽.

실 등과 같은 부정적인 현상이 있을 수 있다. 이를 통제하고 개선할 수 있는 힘은 최고경영자에게 있으므로 리더 양성에 소홀한 최고경영자는 장기적으로 조직에 해를 끼치는 경영자라고 해도 무방할 것이다.

아울러 민주적이고 유기적인 조직관점이 필요하다. 조직을 통제에 의해 관리되는 대상으로 여겼던 산업사회 시대의 기계론적 조직관은 획일성, 규격화, 표준화 등을 중시하여 리더를 감독자 혹은 통제자로 인식하였다. 이러한 사고방식으로는 조직구성원들을 리더로 양성하거나 그들의 리더십을 개발하는 정책을 시행하기가 거의 불가능하다. 유기적인 조직관은 자율과 창의가 필요한 지식경영의 시대에 리더 양성과 참여촉진의 리더십을 발휘하는 사고방식의 틀을 제공한다.

인재를 잘 양성하는 경영자나 현장의 관리자들은 조직구성원들로부터 '나를 키울 방법을 알고 있고 키울 열정도 있다. 그리고 나를 키우고 있다'라는 평가를 받는 상사들이다. 이러한 상사가 이 시대가 요구하는 리더의 모습이며 대체로 다음과 같은 특징을 보여준다.

① 그들은 일을 통해 사람을 키운다. 새로운 역량이나 지식을 쌓을 수 있는 도전적인 업무를 부여하여 조직구성원들로 하여금 시련극복과 과제해결 경험을 체득하게 함으로써 실전경험을 통해서 성장해나갈 수 있도록 한다. 훌륭한 리더는 '실험이 결코 무의미하지 않다'(Experiments never fail!)라는 마인드를 가지고, 조직구성원들이 실패하더라도 다시 기회를 주는 포용력이 있다.

② 조직구성원들에게 도전적인 일을 실행하게 하는 과정에서 적절한 코칭과 멘토링 및 피드백을 통해 자신이 아는 것을 조직구성원들과 공유한다. 자신이 고생한 대가로 얻은 노하우를 조직구성원들과 공유하는 것을 영향력이나 권위가 약화되는 것으로 우려하는 사람이 있는데, 오히려 영향력과 권위가 확대되는 경우가 많다고 한다.

③ 조직구성원들을 차별하지 않지만 능력은 구별한다. 조직구성원들을 능력이 아닌 다른 요소들로 차별하면 조직구성원들을 편애하게 된다. 그러나 능력을 구별하면 현재의 능력 수준과 적성에 따라 리더십을 개발해줄 수가 있다. 훌륭한 리더는 조직구성원들의 약점을 고치려고 애쓰기보다 조직구성원들의 강점을 잘 살릴 줄 아는 사람이다.[21]

---

21 갤럽의 경영자였던 '마쿠스 버킹햄'은 그의 저서 『*Now, Discover Your Strength*』에서 인재를 개발함에 있어서 약점을 줄이는 데 초점을 둔 인재개발은 평범한 인재는 만들 수 있을지라도, 최고의 인재를 만들기는 어렵다고 주장하였다.

④ 조직구성원들이 자기보다 뛰어난 인재가 되는 것을 자부심으로 여긴다. 카네기는 자신보다 실력이 뛰어난 인재를 키우겠다는 강한 의지를 갖고, 조직구성원들을 뒷받침해주는 것이 리더의 제 역할이라고 강조하였다. 『*Good to Great*』의 저자인 짐 콜린스(Jim Collins)는 위대한 기업의 리더들은 성공의 공을 조직구성원들에게 돌리면서 자신의 후계자들이 자신보다 더 큰 성공을 거둘 수 있는 기틀을 만들어주려고 노력했다는 점을 지적하였다. 가장 비윤리적인 리더는 조직구성원들의 성공을 견제하고 공을 가로채며 책임을 조직구성원들에게 전가하는 리더이다.

둘째, 효과적인 학습조직을 구축하여야 한다. 오늘날 지식경영과 임파워먼트 및 조직변화를 지향하는 학습조직의 구축 여부는 지식정보화 시대에 조직의 생존 여부를 가늠하는 잣대가 되고 있다. 리더십 개발은 학습의 과정이다. 우수기업들의 리더십 개발 프로그램들에서 이론과 실무가 조화롭게 구성되어 있다.

셋째, 미래의 경영자로 성장할 수 있는 사람들을 선발하여 육성해야 한다. 즉 리더로서의 잠재력을 가진 사람에게 집중하여 투자효율성을 높여야 한다. CEO는 하루아침에 만들어지는 것이 아니다. CEO 후계자 검증 프로세스를 구축하고 사원 단계에서부터 파이프라인과 같은 리더 육성 및 관리 프로그램을 시행해야 한다. 이러한 점에서 평등성을 중시하는 우리나라의 기업문화는 공정성 위주의 리더선발 문화로 전환되어야 한다.

넷째, 학습조직의 구축과 연계하여 자기주도적인 학습을 강조해야 한다. 최근 학습에 대한 교육적인 정의에는 자기주도형 학습의 의미가 많이 내포되어 있다. 각자가 변화에 대응해나가는 자기 능력의 개발이 절대적으로 필요한 것이다. 스스로 문제를 발견하고 해결을 위한 목표를 세우며 정보를 수집 및 분석하여 해결해나가는 자기주도적인 학습능력이 중요하다. 조직은 개인학습은 물론 팀 학습과 조직학습에서도 자기주도형 학습이 가능하도록 기회를 부여하고 후원하는 시스템을 갖추어야 한다.

다섯째, 리더를 비전 달성의 전도사나 개척자로 활용해야 한다. 리더는 비전의 상징이자 실행과정의 주도자이다. 우수한 리더는 교실에서 교과서로만 만들어질 수 없다. 조직의 모든 기능들이 리더 양성과 리더십 개발과 연계되어 체계적으로 실행될 때 효과적인 리더 양성 및 리더십 개발이 가능한 것이다. 자율적인 자기개발 노력과 조직의 다양한 교육훈련 및 리더 직책수행을 통한 경험적 학습 등을 병행하는 것이 가장 바람직한 방법일 것이다.

본 장에서는 리더의 양성 및 리더십 개발을 학습하였다. 리더십을 개발할 수 있다는 주장은 지금까지의 리더십 연구에서 타당성이 높은 것으로 받아들여져 왔다. 행동중심의 리더십 이론이나 각종 조직에서 운영되고 있는 리더십 훈련 프로그램들은 이러한 리더십 개발가능론의 관점에서 구성된 것들이다. 리더를 양성하고 리더십을 개발하는 방법은 크게 둘로 나누어볼 수 있는데, 하나는 개인이 자율적으로 리더십을 개발하는 방법이고, 다른 하나는 조직 차원에서 체계적으로 실행하는 방법이다. 현대사회에서 기업 등 대부분의 조직들이 실행하는 리더십 개발방법은 조직의 요구에 초점을 두는 방법이다. 본서에서는 개인적인 리더십 자질향상에 해당되는 셀프 리더십 분야를 미시적 리더로 설정하고, 국가와 조직 및 기업들에 필요한 리더를 거시적 리더로 개념을 설정하였다.

개인 수준의 개발에 초점을 두는 미시적 리더 양성 및 개발의 전제는 리더십 개발이 '나'에게서 시작되어야 한다는 점이다. 즉 자신의 리더십을 먼저 개발하고 나서 다른 사람의 리더십 개발을 돕는 것이 자연스러운 순서가 될 것이다. 본서에서 제시한 리더십 개발을 위한 설계방법의 하나인 라이프 로드맵은 리더가 되고자 하는 사람은 반드시 체득하고 실천해야 할 프로그램이며, 그 세부적인 사항은 이후의 제10장에서 구체적으로 제시할 것이다. 본 장에서는 미시적 리더 양성의 개념에 대하여 '개인을 대상으로 자율적 리더십, 즉 셀프 리더십을 배양하는 것'으로 개념을 설정한 후에 이에 관한 내용을 살펴보았다. 제2절에 제시한 내용들은 필자들이 리더십 현장에서 체험한 내용들과 리더십 훈련기관에서 제시한 내용들을 접목하여 정리한 것이다. 미시적 리더 양성에서는 리더가 기본적으로 갖추어야 하는 과제로서 자기관리 능력과 자기개발, 그리고 한국적 환경과 문화, 민족성 등을 고려한 효·예·충을 선정하여 논의하였다.

다음으로 거시적 리더 양성은 조직 차원의 리더 양성을 의미한다. 개인 차원의 리더십 개발은 조직의 전략적 목적과 그 내용에 있어 반드시 일치하지 않을 수도 있어서 효과가 반감되는 결과를 가져올 수 있다. 거시적 리더 양성에서는 이론적인 탐색과 아울러 세계 및 우리나라의 유수한 기업에서 시행하고 있는 리더 양성 프로그램의 사례를 통하여 현재의 모습과 미래의 방향을 조망해보았다. 하지만 훌륭한 리더가 되기 위한 양성교육을 받고 의지에 충만해 현업으로 돌아온 잠재적 리더들은 훈련과정에서 얻은 이상적 내용과 그를 수용해주지 않는 현실 사이에서 갈등하게 되는 경우가 많다. 따라서 리더십 훈련은 다른 시스템들과 맞물려 돌아가야만 소기의 효과를 낼 수 있다고 할 것이다. 끝으로 리더 양성과 리더십 개발을 위하여 국가와 기업의 최고경영자들이 수행해야 할 역할을 제시하였다.

제10장 나의 라이프 로드맵 설계

소위 사회적으로 성공한 사람들은 자신이 속한 조직에서 사람들을 잘 통솔하면서, 높은 성과를 내고 좋은 지위를 획득하며 존경을 받는다. 사실상 우리는 성장과정에서의 학습과 홍수처럼 쏟아지는 정보를 통하여 성공과 실패에 이르는 길에 대하여 어느 정도는 알고 있다. 많은 사람들은 지금 해야 할 일이 무엇이고 어떻게 해야 하는지를 잘 알고 있다. 그러나 그 일을 추진하기 위한 계획을 설계하는 것과 그 추진과정과 결과를 분석하는 절차를 등한시 하는 경우가 많다. 즉 생각은 있으되 여러 가지 이유로 실행하지 않거나, 어떻게 되겠지 하는 생각 때문에 행동으로 옮기지 못하는 경우가 많은 것이다. 왜냐하면 인간에게는 당장 편한 것, 즐거운 것을 우선적으로 추구하려는 경향이 존재할 뿐더러 자기 자신을 스스로 완전하게 제어하기 어려운 불완전한 존재이기 때문이다. 고등학교 3년 간의 학습 결과가 자신이 원하는 대학의 진학여부를 결정하고, 4년의 대학생활은 인생의 비전과 목표, 그리고 인생의 방향을 결정하게 된다.

그러나 필자에게 수강한 대학생들을 대상으로 설문한 결과에 의하면, 대학생활 동안에 자신의 인생설계를 구상하고 있는 학생은 약 30% 수준에 불과했다.[1] 그러나 구체화·문서화된 인생설계를 갖고 있다는 것은 자신의 미래에 있어서 커다란 의미를 갖는다. 예를 들어 미국의 하버드 대학 졸업생들에 대한 한 조사에 의하면, 졸업생의 약 3%는 문서화된 구체적인 인생설계를 가지고 있었고, 약 30%는 머릿속에서만 어느 정도 인생설계를, 약 2/3의 졸업생은 설명할 만한 수준의 설계가 없었다고 한다. 20년 후에 그들의 사회경제적 지위를 조사하였는데, 인생설계를 구체적으로 문서화했던 학생들은 대부분 상류층에, 머릿속에만 가졌던 학생들은 대부분 중류층에, 인생설계가 막연했던 학생들 중에서 상류층에 진입한 사람은 매우 적었다고 한다. 이러한 조사결과는 자신의 인생계획을 구체적으로 문서화하는 과정의 중요성을 잘 보여주고 있다.

본 장에서는 인생항로를 구상하는 데 있어서 결정적으로 중요한 시기라고 할 수 있는

---

[1] 필자는 2009년 1학기부터 라이프 로드맵에 대하여 강의를 하고 있으며, 2010~2014년까지 수강한 437명의 학생을 대상으로 설문을 실시하여 분석한 자료임.

대학생들을 주 대상으로 하여 자기 자신에 대한 정확한 진단, 자신의 강점 식별, 미래의 환경변화 예측 등의 절차를 거칠 수 있도록 안내한다. 이러한 과정을 통하여 학생들 스스로 자신의 비전과 목표를 설정하고 인생항로를 구상하여 '라이프 로드맵'(Life-Road-Map)이라는 결과물을 만들도록 할 것이다. 이 책자를 읽는 독자들도 이러한 절차에 의해서 자신의 로드맵을 작성해본다면 매우 유익할 것이라 확신한다.

자신의 라이프 로드맵을 가지고 있다는 것은 현재의 좌표를 알고 있다는 것, 도달하고자 하는 목표를 알고 있다는 것, 그리고 현재의 좌표에서 목표로 가는 바람직한 경로를 찾을 수 있다는 것을 의미한다. 자신이 어디에 있고 어디로 가야 하는지도 모르는 사람이 자신과 조직을 성공적인 미래로 이끌 수는 없는 것이다. 분명한 것은 성공이란 자신의 생각 속에서 이루어지는 것이 아니라 타인들과의 관계와 현실을 헤쳐 나가는 실천적 행동을 통해 얻어지는 것이다. 그러나 타인과의 관계를 형성하기 전에 자기관리, 즉 자기 자신에 대한 수신제가(修身齊家)부터 해야 하지 않겠는가? 이를 위한 효과적인 자기관리를 위한 출발점이 바로 '라이프 로드맵 설계'이다. 그리고 라이프 로드맵의 설계는 셀프 리더가 되기 위한 가장 기본적인 준비과정이며 지름길이다.

학습주제

1. 자기진단 퀴즈를 통하여 자신의 생각과 현주소를 식별해보고, 'No'가 'Yes'로 전환되기 위해서 무엇을 어떻게 해야 할 것인지 논의하시오.
2. 나의 100가지 꿈의 목록에 과거와 현재, 미래의 꿈에 대한 기록을 완성해보고, 그중 앞으로 실현 우선순위가 높은 20~30개의 꿈을 선정하고 그 선정이유를 제시하시오.
3. 자기진단 과정에서 자신을 분석하는 열 가지 요소 외에 추가적으로 필요한 요소를 도출하시오.
4. 주관적 · 객관적 기법을 적용하여 자신의 장단점을 도출한 후에 자신의 장점을 살리고 개발하는 방안에 대하여 논의하시오.
5. 비전설정 과정에서 자신의 비전을 몇 단계(1비전, 2비전, 3비전)로 설정하는 것이 적절한지 논의하시오.
6. 자신의 비전을 선정하고 선정이유와 자신이 작성한 비전선언문에 대해 논의하시오.
7. 자신의 인생항로를 작성해보고, 비전의 범위에 대한 개념과 비전과 정점의 관계에 대하여 논의하시오.
8. 비전과 목표의 차이를 이해하고, 단기 · 중기 · 장기목표의 개념을 설명한 후에 자신이 선정한 목표의 적절성에 대해서 논의하시오.
9. 목표와 과제의 차이를 이해하고, 목표달성을 위해서 자신이 선정한 구체적인 과제의 타당성을 논의하시오.

10. 추진계획을 작성해보고, 추진계획의 적절성과 해당연도 추진계획을 포함하여 자신에게 필요한 부가적인 계획들에 대해서 논의하시오.
11. 로드맵 발표의 필요성과 효과성에 대한 자신의 생각을 제시하시오. 또한 작성후기 및 발표 후기 작성의 필요성에 대하여서도 논의하시오.
12. 완성된 라이프 로드맵의 향후 실천과 주기적인 보완 방향에 대하여 논의하시오.

제1절 라이프 로드맵 설계절차

인생을 살아가는 데 있어서 북극성과 같은 비전과 목표를 설정하고 있고, 다양한 환경변화를 극복하면서 실천 가능한 유연성 있는 계획을 가지고 있다면, 리더로서의 기본적인 요건을 갖추었다고 할 수 있다. 그리고 그 계획을 실천하고 실천과정과 결과의 분석을 통하여 기존의 계획을 환경변화에 맞게 수정·보완해나간다면, 리더로서 성공할 만한 자질을 갖추었다고 볼 수 있다. 자기 자신을 조정·통제할 수 없는 자가 어떻게 우수한 팀 구성원이 되고, 집단과 조직을 리드할 수 있겠는가?

따라서 성공하는 인생, 성공하는 리더의 기본적인 전제는 실천 가능한 라이프 로드맵을 설계하는 것이고, 그 실천과정에서 환경변화에 적응하고 집단과 조직의 관점을 이해하면서 리더십은 배양되는 것이다. 그러므로 리더는 하루아침에 탄생하는 것이 아니라 부단한 학습과 노력에 의해서 양성되는 것임을 인식해야 한다.

이제 라이프 로드맵의 설계절차에 입문하기 전에 자신에 대한 간단한 진단과정을 통하여 라이프 로드맵의 필요성을 공감해보자.

<표 3-4> 자기진단 퀴즈

질문 내용	Yes!	No!
1. 나는 꿈이 있는가?		
2. 나는 나 자신이 마음에 드는가?		
3. 나는 자신의 장점과 단점을 알고 있는가?		
4. 나는 꿈을 실현하는 방법을 알고 있는가?		
5. 나는 행복할 수 있는 방법을 알고 있는가?		
6. 나는 시간을 잘 활용하는가?		
7. 나는 나만의 공부비법이 있는가?		
8. 나의 인간관계는 원만하고 행복한가?		
9. 나는 20~30년 후의 미래를 생각하고 있는가?		
10. 내 삶을 행복하게 하고자 행동 · 실천하고 있는가?		

※ 9~10개: 매우 양호, 7~8개: 양호, 5~6개: 보통, 4개 미만: 분발 대상.

여러분들은 어느 수준에 위치하고 있는가? 현재 매우 낮은 수준이라 할지라도 실망할 필요는 없다. 라이프 로드맵 설계과정이 완료되면, 여러분들은 〈표 3-4〉 퀴즈 결과가 매우 양호한 수준으로 바뀌게 될 것이다.

필자는 〈그림 3-11〉과 같이 라이프 로드맵의 설계절차를 5단계로 제안하였으며, 기본

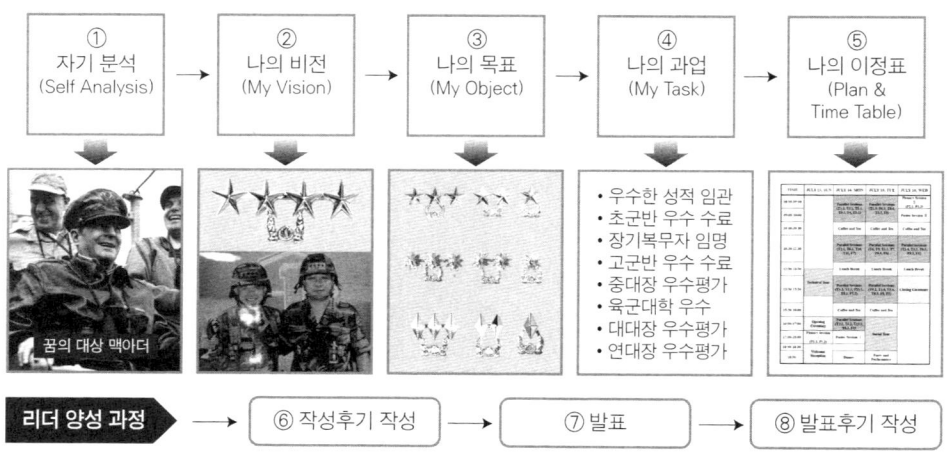

〈그림 3-11〉 라이프 로드맵 설계절차

적으로 5단계 절차에 의해서 설계를 완료하게 된다. 그러나 리더 양성 프로그램에서는 ⑥ 작성후기 작성, ⑦ 발표, ⑧ 발표 후기 작성 등의 단계를 추가적으로 시행한다.

교육과정에서는 강의 및 학습, 사례소개, 실습 및 토의, 개인작성, 피드백, 그리고 수정 보완 등의 과정을 개인 중심으로 실행한다. 그러나 교육효과 증대를 위하여 단계별 내용에 따라서 팀 단위로 의견을 수렴한 모델(안)을 작성하는 경우도 있다. 이러한 단계를 시행하는 과정에서는 피드백이 필요하며, 실제 교육과정에서는 지도교수가 피드백 및 멘토 역할을 담당한다.

학생들은 최종 발표와 후기작성을 끝으로 절차가 완료되면, 이후 수립한 계획을 스스로 실천하고 일정한 주기(6개월, 1년)별로 분석하여 라이프 로드맵을 수정·보완해야 한다. 필자의 수업을 듣는 대학생들에 대한 설문조사 결과에 의하면, 대학교 입학 후 라이프 로드맵과 유사하거나 자신의 인생설계와 관련된 과목(과제)을 접해본 경험은 약 20%였으며, 라이프 로드맵을 처음 접한 학생은 72% 수준이었다.

제2절 자기 분석(Self Analysis)

본 절에서 의미하는 자기 분석은 제9장 2절 '나의 리더십 진단'에서 제시된 긍정적 자아 찾기 및 적극적인 자기개발과 유사하다. 그러나 본 절에서는 자기 자신에 대하여 과거, 현재, 미래를 연계시켜 포괄적·전체적으로 접근하여 분석한다. 그리고 꿈 찾기 과정을 통하여 어린 시절부터 현재에 이르기까지 자신이 꾸어온 꿈을 정리하고, 미래의 꿈에 대하여 사고하고 고민해보는 시간을 갖는다. 만약 자신의 꿈을 찾지 못했다면, 다시 꿈을 꾸어야 한다. 왜냐하면 꿈이 없으면 비전을 세울 수 없기 때문이다. 꿈과 비전이 없는 인생이라면, 그는 아무런 삶의 목표도 없이 사는 사람이 된다. 그 다음은 자신에 대하여 철저하게 해부하여 자신의 강(장)점과 약(단)점을 도출한 후에 강점은 살리고 약점을 최소화하는 방향으로 대안을 설정해야 한다. 자기 분석의 결과물인 꿈과 자신의 강점이 바로 비전을 수립하는 기초자료가 되기 때문에 다양한 방법을 활용하여 다각도로 분석하여 작성한다.

2.1 꿈이 왜 필요한가?

행복과 자유는 어느 순간 갑자기 도달할 수 있는 목표물이 아니다. 꿈을 향한 길은 언제나 가슴 설레는 일이고 꿈을 이루는 일은 몹시 신나는 일이다. 꿈과 희망이 분명한 사람은 아무리 힘든 일이 있어도 하루하루를 즐겁게 지낼 수 있으며 자신의 존재 이유를 깨닫고 있기에 훗날에 누릴 커다란 행복이 무엇인지 분명히 알고 있다. 꿈은 나에게, 나를 사랑하는 사람들에게 중요하다. 내가 지치고 풀이 죽었을 때, 자신이 없을 때, 꿈은 내가 계속 나아갈 수 있는 원동력이 되고 나를 도와줄 원군이 될 것이다.

우리 인간의 참된 행복은 자신의 꿈을 실현하기 위하여 열심히 노력하는 데서 찾을 수 있다. 그 가운데 자기실현을 성취함으로써 마음속 깊이 행복감을 느낄 수 있다. 자신의 꿈을 찾기 위해서는 위인들의 전기, 선현들이 남기고 간 말씀, 지혜의 글, 좋은 강연들을 읽으며 마음속에 깊은 감동을 받아야 한다. 그리고 '자신 이외에 누구에게 기쁨과 행복을 나눠 줄 수 있는가?'라는 질문에 답을 할 수 있어야 한다. 그래야만 자신의 삶이 꿈을 갖게 되고 비전과 목표를 정할 수 있기 때문이다.

프랑스의 시인 빅토르 위고는 "작은 사람들은 작은 생각으로 만들어진다."라고 말하였다. 당신이 큰 생각과 큰 꿈을 갖고 있으면 큰 사람이 될 수 있으나 꿈이 없으면 결코 큰일을 이룰 수 없다. 사람은 꿈의 크기에 따라 세상에서 큰일을 할 수도 있으며 그저 그렇게 세상을 살아갈 수도 있다는 의미이다. 그런데 필자가 대학교육 현장에서 실시한 '자신의 꿈'을 묻는 한 설문결과에 의하면, 놀랍게도 약 30%의 젊은이가 꿈이 없거나 꿈을 꾸지 않는다고 답변하였다. 이들은 자신의 미래에 대한 꿈과 비전이 없으므로 매사에 의욕이 별로 없고, 편한 것, 즐기는 것에 관심이 많으며, 지금 노력하지 않아도 나중에 한방 터트리면 된다는 막연한 꿈만 가지고 있다. 매우 안타까운 현상이다. 우리 주변에는 꿈을 꾸는 사람과 꿈을 꾸지 않는 사람이 있다. 조금 더 세분해서 말하면 꿈과 관련하여 우리 주변에는 아래와 같이 네 가지 종류의 사람이 있다고 말할 수 있다.

- 유형 Ⅰ: 꿈을 전혀 보지 못하는 사람 → 한마디로 헤매는 사람
- 유형 Ⅱ: 꿈을 꾸지만 절대 좇아가지 않는 사람 → 남의 뒤만 따라가는 사람
- 유형 Ⅲ: 꿈을 보고 그 꿈을 좇아가는 사람 → 스스로 꿈을 이루는 사람
- 유형 Ⅳ: 꿈을 보고 그것을 좇아가면서, 다른 사람들도 자신들의 꿈을 볼 수 있게 도와주는 사람 → 우리가 리더라고 말하는 사람
- ※ 여러분들은 어느 유형에 해당하는지 스스로 진단해보기 바란다.

<표 3-5> 나의 꿈에 대한 질문

질문 내용	Yes!	No!
1. 나는 꿈이 있는가?		
2. 나의 꿈이 실현되면 다른 사람도 행복해지는가?		
3. 나는 꿈을 실현하는 방법을 알고 있는가?		
4. 나는 평소에도 꿈에 대해 생각하는가?		
5. 나는 내 꿈에 대해 긍정적으로 생각하는가?		
6. 나는 꿈을 실현하기 위해 행동하고 있는가?		

꿈을 이루는 사람들은 먼저 자신의 꿈을 그려 본다. 그리고 영적인 상상력을 통하여 자신의 꿈을 머릿속에 연상해보고 실제로 이뤄진 상황을 글로, 혹은 그림으로 그려 본다. 그리고 그러한 영적인 상상력을 구체적으로 실현하기 위하여 노력을 하게 된다. 이렇게 꿈이란 우선 자신이 보는 것이고, 다른 사람들도 보게 하는 것이며, 나아가 그 꿈을 이룸으로써 세상에 특별한 것을 선사하는 것이다. 그래서 꿈은 반드시 필요한 것이다. 이제 여러분들을 대상으로 자기 자신의 꿈에 대한 현주소를 진단하는 질문내용을 <표 3-5>에 제시한다.

진단결과 비록 'No'가 많다고 할지라도, 여러분들은 이 과정에서 사고와 고민을 집중하여 'Yes'로 바꾸어나가야 한다. 여러분들이 꾸는 꿈은 단숨에 이루어지기도 하고, 어떤 꿈은 오랜 시간이 지나야 이루어진다. 큰 꿈, 원대한 꿈일수록 시간이 필요하다. 그것이 정말 좋은 꿈이라면 그것이 당대가 아니라 후대에, 이 세대가 아니라 다음 세대로 넘어갈지도 모르지만 결국에는 반드시 이루어질 것이다. 그렇다면 꿈을 꾸었던 리더들의 사례를 통하여 꿈의 위력과 꿈의 필요성을 느껴보자. 자신의 꿈을 꾼 이 사람들은 그 꿈을 자신만의 꿈이 아니라 동료와 후계자들의 꿈이 되어 그들이 이루어갈 수 있도록 영감과 실천적인 힘을 주었다.

사례: 꿈을 꾼 사람들

1. 마하트마 간디(Mahatma Gandhi, 1869~1948)

인도의 정치 및 종교지도자이며 20세기 전반에 조국 인도를 독립시키는 데 절대적 기여를 한 인물로서, 금욕적인 생활 철학을 창안하여 몸소 실천하면서 인도 국민들에게 꿈과 희망을 주었다. 그가 갈등의 혁신적인 해결책으로 활용했던 '비폭력 저항'은 남아프리카, 미국의 남부지역의 인권운동, 중국의 천안문사태 등에도 막강한 영향력을 발휘하였다.

① 나는 항상 영원히 살 것처럼 꿈을 꾸고, 내일 죽을 것처럼 오늘을 산다. 힘은 뼈와 근육에서 나오는 것이 아니라 불굴의 의지에서 나온다.
② 나는 세계의 모든 훌륭한 종교들에 깃든 근본적인 진리를 믿는다. 나는 예수를 좋아한다. 하지만 기독교인은 싫어한다. 왜냐하면 그들이 예수와 전혀 닮지 않았기 때문이다.
③ 인간이여! 그대가 약하든 강하든 쉬지 마라. 혼자만의 고투를 멈추지 말고 계속하라. 세상은 어두워질 것이고 그대는 불을 밝혀야 하리라. 그대는 어둠을 몰아내야 하리라! 그는 꿈의 메시지를 인도국민들에게 끊임없이 전달하였다.

간디는 인간이 지닌 신념의 놀라운 가능성을 마음으로부터 믿는 사람이다. 그에게는 한 벌의 옷을 살 돈도, 군함도, 그리고 한 사람의 병사도 없었으나 신념이라는 위대한 재산을 가지고 있었다. 그 신념의 힘이 2억 국민의 마음을 흔들어 움직이게 하여, 한 사람의 마음처럼 한곳에 모았던 것이다. 마틴 루터 킹 2세는 간디는 '자유를 위해 투쟁하는 억압받는 사람들에게 도덕적으로나 실천적으로 바람직한 방법'을 제공해주었다고 밝혔다.

2. 마틴 루터 킹 목사(Martin Luther King, Jr. 1929~1968)

1960년대 미국의 흑인 인권운동을 이끌었던 마틴 루터 킹 목사는 인간의 내면적 가치나 성품이 아니라 눈에 보이는 피부색으로 사람의 가치를 판단하고 차별하던 암울한 시대를 살았던 인물이었다. 그러나 그는 하나님의 형상을 따라 창조된 인간의 숭고한 가치를 지키기 위하여 자기 목숨을 바친 위대한 신앙의 인물이었다. 킹 목사의 짧았지만 헌신적인 삶과 암살에 의한 비극적인 종말은 단지 미국 땅에서 차별받고 살던 흑인들만을 위한 것이 아니었다. 특별히 많은 나라로부터 이주한 이민자들은 킹 목사의 헌신과 희생 덕분에 지금 많은 혜택을 누리고 있다. 만약 킹 목사의 희생이 없었다면 미국의 모든 이민자들은 훨씬 심각한 인종차별을 체험하면서 살아가야 했을 것이다.

"나는 꿈이 있습니다. 언젠가는 노예의 자녀들과 노예 주인의 자녀들이 한 형제처럼 한 식탁에 앉을 것이며, 언젠가는 인종주의자들이 물러가고 나의 어린 아들과 딸이 백인의 아들딸들과 형제와 자매로 손에 손을 잡고 살아갈 것이라는 꿈입니다. (중략)

나는 지금 꿈이 있습니다. 인간이 모두 형제가 되는 꿈입니다. 나는 이런 신념을 가지고 나서서 절망의 산에 희망의 터널을 뚫겠습니다, 나는 이런 신념을 가지고 여러분과 함께 어둠의 어제를 광명의 내일로 바꾸겠습니다.

킹 목사의 이 감동적인 연설은 오늘날까지도 수많은 사람들에게 감동을 전달하고 있다. 1964년 킹 목사는 35세라는 젊은 나이로 노르웨이 오슬로에서 노벨평화상을 받는다. 역대 최연소 수상자였다. 그리고 그는 1968년 4월 4일 동료들과 함께 묵고 있던 모텔의 발코니에서 저격범에 의해 암살되었다.

마틴 루터 킹의 공헌은 흑인들의 단순한 항의운동을 강력한 개혁운동으로, 지역적 분쟁을 전국적 범위의 도덕적 쟁점으로 발전시켰다는 데 있다. 흑인 대중을 일깨우고 그들이 행동하게 하는 데 성공한 그는 또다시 백인들의 양심에 호소하여 연방정부에 정치적 압력을 가하게 만드는 등의 성과를 올렸다.

애틀랜타의 킹 목사가 목회하던 교회에는 킹 목사의 설교가 녹음테이프를 통해서 들려온다. '나에게는 꿈이 있습니다'(I have a dream)라는 연설은 자신의 꿈을 얘기함으로써 다른 사람들에게도 꿈을 꾸게 하였고, 마침내는 다음과 같은 꿈을 실현하고 있다.

콜린 파월과 콘돌리자 라이스가 미국의 최고위 임명직인 국무장관에 임명된 바 있고, 미국 일리노이 주 민주당 연방 상원의원이었던 버락 오바마는 미국의 44대 대통령으로 당선되었으며, 2009년 노벨 평화상을 수상하기도 하였다.

3. 도산 안창호(1878~1936)

안창호 선생은 구한말 및 일제치하에서 우리 민족을 사상과 실천의 양면에서 이끌었던 우리민족의 지도자였다. 그는 당대의 모든 것이 개혁되어야 한다고 생각하는 개혁사상가였을 뿐 아니라 스스로 이 모든 것을 개혁하려고 헌신적인 노력을 하였던 개혁운동가이기도 하였다. 도산은 우리 민족이 잘 살기 위해서는 다음과 같은 꿈을 지녀야 한다고 역설하였다. 자아혁신, 건전한 인격, 신성단결, 독립된 부강한 국가, 자유 문명국, 모범적인 공화국 건설, 잃어버린 옛 나라를 찾아 살기 좋은 새나라 건설, 동양평화, 세계 공영, 전 인류의 완전한 행복 실현 등이다. 이러한 선생의 꿈은 도산사상을 계승한 흥사단과 도산기념회 등이 많은 후계자들을 양성하여 독립 및 건국, 국가발전에 헌신해왔으며, 그 꿈을 계승 및 실천하려는 활동은 지속적으로 이어져 나가고 있다.

2.2 꿈을 어떻게 찾을 것인가?

나에게 지금 꿈이 있는가? 그렇다면 더 큰 꿈을 꾸어라. 아직 내가 꿈을 갖고 있지 않다면, 과거에 꾸었던 꿈을 찾거나 현재와 미래의 꿈을 꾸어보자! 꿈은 청소년기에 갖는 것이 가장 바람직하다. 하지만 입시공부에 밀려 꿈을 갖지 못한 학생들, 적성보다 점수에 맞춘 대학과 전공을 선택한 학생들에게 꿈에 대한 질문은 동문서답이 되기도 한다. 그러나 꿈은 세대에 관계없이 현재를 기점으로 계속 꾸어야만 한다. 젊은이들만이 아니라 사십대, 오십대는 물론 60~70대 이상 세대도 꿈을 꾸어야만 한다. 기성세대가 꿈을 꾸고 꿈을 가지게 되는 것을 보면, 청소년들과 젊은이들에게 더 큰 희망을 줄 것이다. 꿈은 미래의 비전을 설정하는 밑바탕이 되기 때문이다. 아직 꿈을 갖지 못한 사람들에게 꿈을 찾는 쉬운 원칙을 제시한다. 정독한 후에 눈을 감고 꿈에 대해 생각하는 시간을 가져보자.

- 부모를 생각하면 부모를 행복하게 해줄 꿈이 생긴다.
- 가족을 생각하면 가족을 위한 꿈이 생긴다.
- 사랑하는 사람을 생각하면 두 사람의 꿈을 꿀 수 있다.
- 이웃을 생각하면 이웃과 더불어 살 수 있는 꿈을 꿀 수 있다.
- 세상을 생각하면 더 좋은 세상을 만들려는 꿈을 꿀 수 있다.

꿈은 혼자서는 잘 자라지 않는다. 자기 주위를 둘러보는 것을 통하여 자신의 꿈이 자라도록 도울 수 있다. 또한 자신의 내부를 들여다보면 그동안 보이지 않았던 숨어 있는 꿈을 찾을 수도 있다.

(1) 내 안을 찬찬히 들여다보자!

꿈을 가진 사람은 말을 조금 하고 행동은 많이 한다. 꿈을 가진 사람은 믿음, 희망, 사랑의 덕을 키운다. 꿈을 가진 사람은 장애물이 있어도 멈추지 않고 계속 나아간다. 내 주변을 돌아보자! 헬렌 켈러는 평생의 선생님 앤 설리번이 있었기에, 보지도 못하고 듣지도 못함에도 글을 배우고 공부를 하여, 하버드 대학교를 졸업한 후 장애인을 위하여 일을 할 수 있었다. 여러분은 꿈을 실현하는 데 도움이 될 수 있는 사람을 생각해보라. 그리고 꿈을 실현하는 데 도움을 줄 수 있는 사람을 주변에서 찾아보라. 자신의 꿈을 이루기 위해 다른 사람의 도움을 받는다는 것이 나 자신의 허약함을 의미하지 않는다. 우리는 주변에서 어떤 형태로든 다른 사람의 도움을 받지 못했다면 목표를 이루지 못했을 것이라고 성공한 사람들이 말하는 것을 종종 접할 수 있다. 그들은 자신의 성공을 동료나 배우자, 부모, 스승, 심지어 경쟁자에게 돌리곤 한다.

(2) 내 주위를 둘러보자!

꿈을 나눠 가져야 할 때가 언제인가를 아는 것도 진정 중요하다. 너무 앞서 가도 다른 사람들이 그 꿈을 이해하지 못하기 때문에 그들에게 영향을 미치지 못하며, 영향력이 없어지면 나의 꿈도 실패하고 만다. 좋은 꿈이란 여러 사람들이 그 꿈을 인정하고 받아들일 준비가 되어 있을 때에 이룰 수 있다.

(3) 내 위를 쳐다보자!

신이 존재한다면 나에게 무엇을 기대하고 계실까? 신이 나에게 준 선물은 나만이 갖고 있는 재능이요, 능력이다. 내 안에 잠들어 있는 잠재력을 다 발휘할 때 내가 신으로부터 받은 선물을 돌려드릴 수 있다. 위대한 인물들은 항상 높은 곳에서 부르시는 목소리, 혹은 내 마음 깊은 곳에서 들려오는 목소리에 귀를 기울였다. 나의 꿈에 대하여 신과 대화할 시간을 가져보자. 절대자께서 내가 어디로 가기를 원하시는지, 무엇을 하기를 원하시는지 보여 달라고 기도하며 졸라보자. 그러면 나에게 다양한 방법으로 응답하실 것이다.

(4) 스스로 만든 장벽을 허물어라!

내가 꿈을 꾸고 실천을 하는 데 가장 큰 장애물은 무엇일까? 세상 바깥의 환경일까? 나의 꿈을 방해하는 외부의 조건일까? 사실 나의 꿈을 방해하는 가장 큰 장애물은 다름 아닌 나 스스로가 만든 장벽들이다. 내 안에 오랫동안 움츠리고 있어서 튀어나오는 패배의식, 열등의식, 귀차니즘, 우월감 등이 나의 꿈을 방해하는 장애물이다. 밧줄에 매여 있는 서커스의 코끼리를 본 적이 있는가? 어린 코끼리를 처음 밧줄에 묶어두면 도망을 치려고 한다. 그러나 마침내 힘이 부족하여 포기하고 만다. 그 어린 코끼리가 성장하여 집채만 한 어른 코끼리가 된 후에도 여전히 같은 굵기의 밧줄을 묶어두면 그 밧줄을 끊어버리고 도망칠 힘이 있어도 여전히 그 자리에 묶여 있다. 어린 시절의 사고방식, 태도, 습관은 어른이 된 후에도 나의 행동을 여전히 좌지우지하고 있는 것이다. 나는 혹시 어린 시절에 스스로 묶어 놓은 밧줄에 아직도 묶여져 있지 않은지 생각해보자. 우리 안에 있는 장애물은 우리의 꿈을 가로막는다.

첫째, '나는 머리가 나빠서 도저히 할 수 없어', '나는 뭘 하든 운이 따라주지 않아, 옛날에도 그랬고 지금도 그러므로, 앞으로도 마찬가지 일거야', '저 사람은 특별한 사람이고 집안이 부자이므로 성공했지, 나야 그저 그런 사람이니까 성공할 수 없을 거야.'라는 생각들은 우리의 꿈이 성장하여 이뤄지는 것을 막는 가장 큰 장애물이다. 그러나 지금 아무리 능력이 뛰어나도 성공한 사람이라 하더라도 한때는 지금의 당신보다 별로 나은 점이 없었다는 사실을 기억하자.

둘째, 내가 스스로 만든 장벽은 내가 새로운 것을 배우지 못하게 막는다. 또 매사에 부정적으로 되어 새로운 아이디어를 거부하고 더 이상 발전하지 못하도록 자신과 타협하게 한다. 내가 일하는 분야에서 성공하고 최고가 되기 위해서는 늘 열린 마음으로 새로운 아이디어를 받아들이고 새로운 목표를 세우고 내일을 향하여 뛰어야 한다.

이처럼 내가 스스로 만든 장벽은 내 자신이 만끽할 수 있는 기쁨, 충만감, 성취감, 그리고 만족감을 파괴한다. 그리하여 어제의 소극적이고 패배적인 습관을 되풀이하게 함으로써 자신의 잠재력을 더 개발할 수 없게 만든다. 궁극적으로 자기 스스로 설정한 장벽을 운명이라 믿게 됨으로써 변화의 가능성을 거부하게 되고 긍정적인 변화를 위한 노력을 하지 않고 현재에 안주하게 된다. 현재 나에게 주어진 고통과 시련은 내가 스스로 만든 장벽을 뚫고, 미래로 가는 징검다리를 건널 수 있는 기회라고 생각해야 한다. 나를 스스로 묶어 두고 있는 밧줄은 있는가? 있다면 그것은 무엇인가? 생각해보고 고민해보자. 우리는 이러한 과정 속에서 잊었던 꿈을 찾거나, 새로운 꿈을 꾸게 될 것이다.

2.3 꿈을 찾고 꿈을 꾸는 노력

일본인들이 많이 키우는 관상어 중에 '코이'라는 잉어가 있다. 이 잉어를 작은 어항에서 키우면 5~8cm밖에 자라지 않는다. 그러나 큰 수족관이나 연못에서 키우면 15~20cm까지 자란다. 그리고 강물에 방류하면 90~120cm까지도 성장한다. 꿈은 코이라는 물고기가 처한 환경과 같다. 더 큰 꿈을 꾸면 더 크게 이룰 수 있다. 꿈의 크기는 제한받지 않는다. 성공하는 삶은 항상 커다란 꿈과 함께 시작된다. 꿈이라는 밑천은 바닥을 드러내는 일이 없으며, 계속 도전하도록 열정을 분출하는 무한의 에너지이기 때문이다. 그렇다면 꿈을 꾸는 우리 모두는 꿈을 꾸지 않는 누구보다도 많은 재산을 가지고 있는 셈이다.

이제 여러분들은 꿈의 노트를 한 권씩 준비해보자. 제목은 '나의 100가지 꿈'이라고 명명하자. 그리고 그동안 내가 살아오면서 꾸어왔던 꿈들과 현재·미래의 꿈들을 기록해보자. 번호를 부여하면서 아래와 같이 기록해나간다.

'나의 100가지 꿈'의 목록 (예): 항목을 구분해서 기록

A. 등반
   1. 백두대간 종주하기　　　2. 백두산 등반(북한 쪽에서)　　　3. 에베레스트 산 등반

B. 방문 및 여행
   4. 중국 만리장성 탐방　　　5. 터키 유적지 투어　　　6. 로마 유적지 투어……

C. 학업 및 자격증
   7. 하버드 대학에서 공부　　　8. 국제변호사 자격획득　　　9. 비행기 조종훈련……

D. 성취
   10. 달나라 여행　　　11. 배 타고 세계일주 …… 등

※ 내가 하고 싶은 것, 내가 되고 싶은 것, 간절히 바라는 것들을 망라한다.

현재 몇 번까지의 기록은 중요하지 않다. 앞으로 100번까지 채우는 꿈을 꾸어야 하기 때문이다. 이제부터 나의 잠재력 속에서 잠자고 있는 꿈들을 깨어나게 하는 노력을 해야 한다. 스스로에게 다음과 같이 말해보자.

- 내 안에 잠든 사랑의 잠재력아, 잠을 깨라!
- 내 안에 잠든 잃어버린 꿈아, 깨어 일어나라!
- 내 안에 잠들고 있는 능력아, 일어나라!
- 내 안에 숨어있는 탤런트야, 깨어나라!
- 내 안에 숨어있는 끼야, 이제 모습을 보여라!

이 작업은 한 번에 완성하기는 쉽지 않다. 가끔 어떤 일을 하고 싶을 때마다 기록을 해 두는 것을 생활화해야 한다. 즉 생활의 일부로서 항상 꿈을 꾸며 살아가는 것이 바람직하다. 그러나 본 항에서는 학업진행 차원에서 라이프 로드맵 설계를 고려하여 일정기간을 정해놓고, 그 기간 동안에 100가지 꿈의 기록을 완성하는 것을 강조한다. 그래야 그 다음 절차의 진행이 가능하기 때문이다. 이렇게 꿈을 찾고 꾸는 과정을 반복하다 보면 자기 스스로에게 많은 질문을 하게 된다. 즉 여러분들은 꿈 찾기와 꿈을 꾸는 과정에서 자아를 발견하게 될 것이다. 이제 과거와 현재, 미래의 꿈을 연결시켜 보면서 〈표 3-6〉의 질문공란에 답을 채워보자.

여러분들은 답을 채우는 과정 속에서 자신의 꿈을 재발견할 수 있고, 추가적인 꿈이 탄

〈표 3-6〉 꿈을 찾는 과정의 질문

1. 나는 지금도 _____하기를 좋아한다.
2. 나는 아직도 _____한 꿈을 이루기 위해 노력하고 있다.
3. 나는 내 꿈을 이루기 위해 조금씩 _____을 하고 있다.
4. 나의 가장 큰 장점은 _____이다.
5. 나는 _____에 아주 관심이 많다.
6. 나는 _____에 나의 시간을 투자하고 있다.
7. 나의 가족과 친구는 _____ 점에서 나를 도와주고 있다.
8. 나는 _____을 잘하고 있다.
9. 나는 감성적으로 _____을 잘 느낀다.
10. 나의 에너지는 _____을 할 때 가장 잘 분출된다.
11. 내가 가장 좋아하는 말(명언)은 _____이다.
12. 나는 _____하기 때문에 중요한 사람이다.

생하기도 한다. 이제 자기 자신에 대해 긍정적 에너지를 느끼게 되며, 자신을 조절하는 데 자신감을 갖게 될 것이다. 100가지 꿈의 기록을 완성하게 되면, 100가지의 꿈을 다시 과거, 현재, 미래의 꿈으로 구분하여 정리한다. 그리고 현재를 기준하여 단기적으로 달성해야 할 10여 개의 꿈과 미래에 꼭 달성하고 싶은 꿈을 20여 개로 압축하여 정리해보자. 지금 선별한 30여 개의 꿈은 앞으로 여러분들의 강점과 연계되어 비전과 목표로 발전하게될 목록이다. 그러나 꿈은 인간의 성장과정에서 설정되었다가, 계속 유지되기도 하고, 상실하기도 하며, 환경변화에 따라 변화되기도 하면서 재정립된다. 현재를 기준으로 지나간 시간의 꿈에 대한 분석결과를 기초로 정립한 현재의 꿈과 미래에 달성할 꿈의 설정에 대한 예를 〈그림 3-12〉에 제시하였다.

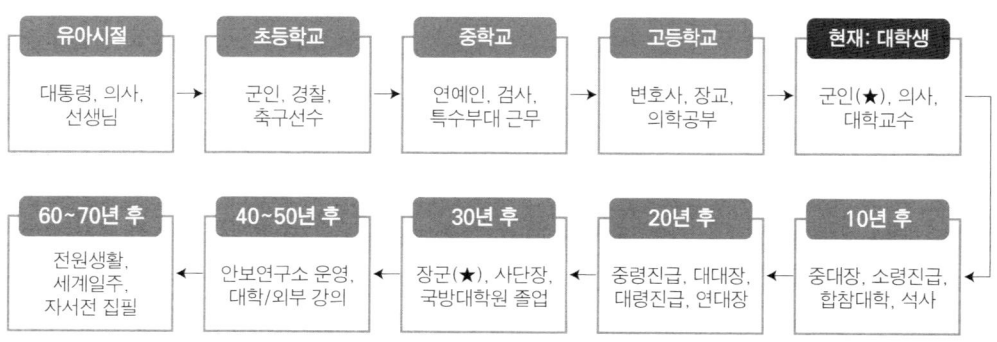

〈그림 3-12〉 꿈의 변화와 재정립(예)

〈그림 3-12〉의 내용에서 현재의 시점은 대학생(활)을 기준으로 하였다. 유아시절부터 고등학교 때까지의 꿈을 떠올리고 지나간 시간들을 상기하면서 현재까지 연계되고 있는 꿈이 있는지 떠올려보며 꿈의 변화를 정리해보는 과정이다. 현재의 꿈에서부터 미래의 꿈들은 앞에서 작성한 100가지의 꿈의 목록에서 선별한 20~30개의 목록 중에서 꼭 이루고 싶은 꿈을 미래의 시간대별로 정리한 것이다. 70년 후까지의 시간을 상정한 것은 향후 평균수명 100세까지를 고려하였다. 꿈을 정리하는 과정에서 여러분들은 약 100세 전후의 자신의 모습을 상상하며 자신의 인생항로를 구상하는 부산물까지 얻게 되었으며, 이런 결과물은 다음 단계에서 유용하게 활용될 것이다.

이렇게 자신의 꿈을 정립하고 나면 자기 나름의 자신감이 생기고 미래의 자기 모습이 구체화될 것이며, 비전을 창출할 수 있는 긍정적 마인드를 갖추었다고 할 수 있다. 그러면 꿈과 연계된 자신의 자아 이미지에 대하여 〈표 3-7〉의 테스트 과정으로 확인해보자.

〈표 3-7〉 자아 이미지 테스트

질문 내용	Yes!	No!
1. 나는 현재와 미래의 꿈을 갖고 있다.		
2. 나는 알고 보면 멋진 사람이다.		
3. 나는 내 나름대로의 재능과 능력이 있다.		
4. 나는 다른 사람들과 함께 시너지를 발휘하며 일한다.		
5. 나는 친절하며 다른 사람들을 도와준다.		
6. 나의 장점들은 다른 사람들로부터 인정을 받는다.		
7. 나는 매사에 긍정적이다.		
8. 나는 삶의 희망을 분명하게 가지고 있다.		
9. 나는 매사에 확신을 가지고 행동한다.		
10. 나는 스스로 갈등과 스트레스를 치유하고 해소한다.		

※ 8개 이상: 매우 긍정적, 6~7개: 긍정적, 5개 미만: 분발 대상.

이제 여러분들은 현재와 미래에 반드시 성취해야 할 꿈을 가지게 되었으며 자신의 생활에 대한 긍정적인 마인드가 형성되었다. 이제 꿈을 가지고 있어서 행복할 것이며, 그 꿈을 이루어가는 과정은 더욱 행복할 것이다.

2.4 자기진단(분석 및 평가)

자기진단은 자기 자신을 분석하고 평가하는 과정으로서, 자신이라는 존재의 가치와 특징을 정확하게 파악하는 활동이다. 이는 자신과 관련한 과거의 기록과 실적 및 성과, 현재 자신의 위치 및 상황, 미래의 구상 등에 대한 자료들을 체계적으로 정리하는 과정이다. 이러한 진단결과를 기초로 자기를 부각시키거나 홍보할 수 있는 소재를 찾아내고, 객관적인 자신의 장점을 발굴하여 자신에게 맞는 평생 직업을 결심하며, 가장 이상적인 라이프 로드맵을 설계하는 데 활용한다. 〈그림 3-13〉은 자기진단과 라이프 로드맵 관계를 나타내고 있다.

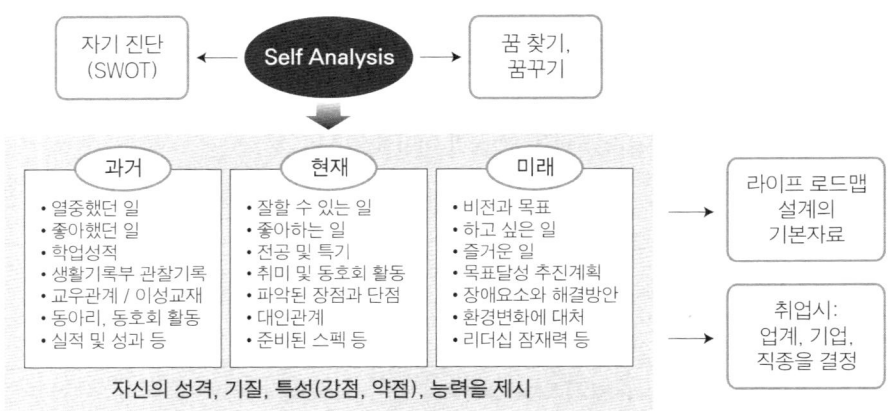

〈그림 3-13〉 자기진단과 라이프 로드맵

자신에 대한 분석과 평가는 다양한 방법으로 이루어져야 객관성을 유지할 수 있다. 첫번째 방법은 주관적인 관점에서 나 자신을 스스로 진단해보는 방법 ①이다. 나의 체력 및 건강, 인성과 성격, 리더십, 인간관계 등 자신을 분석하고 평가할 수 있는 핵심요소에 대하여 〈표 3-8〉의 양식을 참고하여 기록하고, 수정하는 과정을 반복해보자.

자신을 분석하는 요소는 자신의 전공과 성향에 따라 스스로 변경 및 추가하거나 축소할 수 있다. 위의 양식을 참고하여 1차 기록하고, 주 단위로 수정하는 과정을 3~4회 가량 반복하게 되면 어느 정도 정착이 될 것이다. 그리고 자신이 바라보는 나의 성격, 기질과 특성, 능력과 잠재력 등을 보다 명확하게 인식할 수 있게 된다.

방법 ②는 업무추진의 주요영역에서 자신의 능력 수준을 평가[2]하는 과정에서 자신의 강점과 약점을 찾아내는 방법으로서 〈표 3-9〉와 같다.

<표 3-8> 나의 강점 및 약점 분석

구 분	강(장)점	약(단)점
체력 및 건강		
인성 및 성격		
지능 및 재능		
학구열		
창의성 및 혁신성		
열정 및 추진력		
Leadership		
인간관계		
정신력 및 인내심		
효 · 예 · 충 등		

<표 3-9> 주요영역에서 나의 능력 수준 평가(예)

주요 영역	약하다 - 보통이다 - 강하다
1. 나는 단기 중기·장기 목표를 세운다.	0 1 2 3 4 5 6 7 8 9 10
2. 업무수행 간 실제적인 동기를 부여한다.	0 1 2 3 4 5 6 7 8 9 10
3. 나는 실패에 대한 공포를 극복할 수 있다.	0 1 2 3 4 5 6 7 8 9 10
4. 나는 최종목표 달성 전에 중간목표를 세운다.	0 1 2 3 4 5 6 7 8 9 10
5. 나는 세부과제를 설정하고 추진한다.	0 1 2 3 4 5 6 7 8 9 10
6. 나는 계획한 대로 실행에 옮긴다.	0 1 2 3 4 5 6 7 8 9 10
7. 나는 업무추진 간 창의력을 활용한다.	0 1 2 3 4 5 6 7 8 9 10
8. 나는 업무추진 간 업무속도를 조절한다.	0 1 2 3 4 5 6 7 8 9 10
9. 다른 사람의 비판을 긍정적으로 활용한다.	0 1 2 3 4 5 6 7 8 9 10
10. 나는 계획된 일을 미루지 않는다.	0 1 2 3 4 5 6 7 8 9 10
11. 나는 완벽한 업무추진에 최선을 다한다.	0 1 2 3 4 5 6 7 8 9 10
12. 나는 업무종료 데드라인을 준수한다.	0 1 2 3 4 5 6 7 8 9 10
13. 나는 필요시 도움을 요청한다.	0 1 2 3 4 5 6 7 8 9 10
14. 나는 성공에 적절한 보상을 제공한다.	0 1 2 3 4 5 6 7 8 9 10
15. 나는 성공을 전후해서 문제점들을 해결한다.	0 1 2 3 4 5 6 7 8 9 10
※ 총 점: 점	※ 해당되는 점수에 체크

---

2   Don Gabor(2003), 『꿈만 꾸는 사람 꿈을 이루는 사람』, 이선주 역, 좋은 생각, 287쪽.

업무추진 능력을 평가하는 주요영역은 필요에 의해서 변경 및 추가, 축소할 수 있다. 일반적인 평가기준은 아래와 같으며, 총점이 90점 미만이라면 업무추진 능력 향상을 위한 별도의 노력이 요망되는 수준이다.

- 136~150 점: 탁월
- 121~135 점: 매우 우수
- 106~120 점: 우수
- 91~105 점: 보통 수준

여러분들은 자신의 업무추진 능력을 평가하는 과정에서 강점과 약점이 무엇인지 파악이 가능할 것이다. 즉 8점 이상의 영역은 장점으로 정리하고, 5점 미만의 영역은 단점으로 판단하면 된다.

두 번째 방법은 주관적인 방법의 하나로서, 경영학 분야와 기업에서 주로 활용하는 SWOT 분석기법[3]을 적용하여 정리하면 새로운 측면에서의 결과를 얻을 수도 있다.

세 번째 방법으로는 객관적인 관점에서의 평가로서, 나를 잘 알고 있고 나에 대해 객관적으로 평가를 해줄 수 있는 다음과 같은 지인들에게 분석 및 평가를 의뢰하는 것이다.

① 가족(부모형제)이 보는 나?
② 애인(여자친구, 남자친구)이 보는 나?
③ 스승이 보는 나?
④ 친구가 보는 나?
⑤ 선배(상관)가 보는 나?
⑥ 후배(부하)가 보는 나?

분석 및 평가요소는 〈표 3-8〉과 동일하며, 평가방법은 다수의 인원을 고려하여 일반적으로 '설문지에 의한 방법'을 권장한다. 설문작성이 어려운 여건이라면 〈표 3-8〉의 양식을 활용하여 협조를 구하거나, 이메일, 면접대화, 전화설문 및 문자메시지 방법을 활용할 수도 있다.

네 번째, 객관적인 평가방법의 일환으로서, 전문가와 협조하여 진단도구(예: MBTI)[4]를 이용한 체계적인 분석을 실시할 수 있다.

3　SWOT는 강점(Strength), 약점(Weakness), 기회(Opportunity), 위협(Threat)의 머리글자를 모아 만든 단어로 경영 전략을 수립하기 위한 분석 도구이다. 내적인 면을 분석하는 강점/약점 분석과, 외적 환경을 분석하는 기회/위협 분석으로 나누기도 하며 긍정적인 면을 보는 강점과 기회 그리고 그 반대로 위협을 불러오는 약점, 위협을 저울질하는 도구이다.

4　MBTI(Myers-Briggs Type Indicator)는 융(C. G. Jung)의 심리유형론을 근거로 하여 브릭스(Katharine Cook Briggs)와 마이어(Isabel Briggs Myers)가 보다 쉽고 일상생활에 유용하게 활용할 수 있도록 고안한 자기보고식 성격유형지표임.

<表 3-10> 자기진단 결과 강점 및 약점 정리(예)

핵심 요소	강(장)점	약(단)점
체력/건강, 인성/성격	• 1급 신체조건 • 역지사지의 인성, 멘토 가능 • 스트레스를 잘 안 받음	• 시력이 좋지 않음 • 개인주의, 조급한 성격 • 자신의 주장이 너무 강함
지능, 재능, 학구열	• 안보 분야 박사학위 • 조직행동/HR 분야 관심지대 • 저술, 연구사업 등에 재능	• 수리 및 회계분야 취약 • 글로벌 활동 제한(언어) • 논리적인 스피치 능력 미흡
창의성/혁신성, 추진력	• 현장경험에서 아이디어 창출 • 업무우선순위 식별, 적시추진 • 카리스마 겸비한 솔선수범	• 완벽주의 및 경직성 • 지나친 모험과 도전 경향 • 원칙주의자, 유연성 부족
리더십, 인간관계	• 민주주의적 의사결정 및 소통 • 임파워먼트로 자율 리더십 개발 • 성과를 부하의 공적으로 돌림	• 독단적 의사결정 및 통보 • 권위주의적 리더십 성향 • 실패에 대한 책임추궁
인내심/정신력, 효·예·충 등	• 국가관과 안보의식 투철 • 극기력 배양(마라톤 동호회 활동) • 자기관리 및 통제력 탁월	• 아버지 가업 반대 및 불화 • 게으름과 귀차니즘 • 작심삼일, 마무리 미흡

이제까지 주관적인 방법과 객관적인 방법으로 자기 자신을 분석하고 평가해보았다. 그 결과는 자신의 강(장)점과 약(단)점으로 구분하여 정리하도록 하고, 만일 자신의 멘토가 있다면, 정리된 결과의 객관성 여부에 대하여 의견을 수렴하는 것이 좋다. 자기진단 결과를 종합한 강점과 약점을 정리한 예는 〈표 3-10〉에 제시한 바와 같다.

이제 여러분들은 '내가 보는 나! 타인이 보는 나!'에 대한 분석을 완료하였다. 저자의 리더십 과정을 수강한 학생들에 대한 설문결과를 보면 응답자의 79%가 라이프 로드맵 설계과정을 통하여 나 자신을 냉정하게 분석하고 평가하는 계기가 되었다고 답변하고 있다. 여러분들은 지금까지 정립된 자신의 꿈과 강점을 연계시키는 라이프 로드맵 설계의 바탕이 되는 밑그림을 그린 셈이다. 여기에서 중요한 점은 장점을 계속 발전시키는 노력과 아울러 자신의 꿈을 실현하는 데 필요한 장점이 부족할 경우 장점을 추가적으로 찾고 개발하는 노력이 필요하다는 것이다. 동시에 나 자신의 몸과 습관에 배어있는 단점을 줄이고 억제하는 노력도 함께 추진되어야 한다.

2.5 장점 살리기 및 개발하기

여러분들은 소정의 과정을 거쳐서 자신의 장점과 단점을 정리하였다. 이제 정립된 장단점 중에서 자신의 장점을 주어진 환경에 맞추어 최대한 유리하게 활용하는 것이 중요하다. 또한 자신의 단점을 알게 되었으니 이를 개선하기 위하여 스스로 노력하거나 취약한 부분을 보완해줄 다른 사람을 찾아서 그들의 지식과 경험을 활용해야 한다. 또한 나의 약점을 강점으로 전환할 수 있는 가장 바람직한 방법은 그것을 인정하고 역발상으로 활용하는 것이다.

세상은 가만히 있는 사람에게는 기회를 주지 않는다. 적극적으로 도전을 할 때 기회를 가지게 된다. 어떤 일에 도전을 할 것인가를 알려면 자신이 가장 좋아하는 일, 자신의 장점과 특기를 알고 그 장점을 최대한 활용할 수 있는 일에 도전을 하면 된다. 내가 좋아하는 일을 할 때 나의 열정이 불타오르게 되고 나의 장점과 특기를 최대한 활용할 수 있는 일을 할 때, 나의 잠재능력은 100% 발휘하게 되어 내 안에 숨어있는 씨앗이 활짝 꽃을 피우게 될 것이기 때문이다. 내 안에 있는 재능을 찾을 때 나의 꿈의 실현은 한 발자국 더 앞당길 수 있다. 따라서 내 안에 잠재되어 있는 재능을 찾는 노력이 바로 자신의 장점을 개발하는 것이다.

장점의 개발과 관련해서 하워드 가드너(Howard Gardner, 1983) 교수는 "인간의 모든 능력은 뇌로부터 출발한다. 인간의 두뇌 속에 내재한 잠재능력으로 인해서 사람은 누구나 9가지(신체운동 지능, 인간친화 지능, 자기성찰 지능, 언어지능, 논리수학 지능, 음악지능, 공간지능, 자연친화 지능, 실존적 지능)의 다중지능(multiple intelligence)을 갖고 있다."라고 했다.

장점의 개발은 인간의 아홉 가지 지능의 내면에 잠재되어 있는 재능을 찾아내고 발전시키는 활동이다. 인간의 재능 중에서 미모, 절대음감, 재치 등은 선천적으로 타고나는 것도 있겠지만, 독창성, 배려와 친절, 호연지기, 각종 기술 및 기예, 스포츠 재능, 예술적 재능 등의 무궁무진한 강점들은 선택과 개발 여부에 따라서 습득이 되고 능력발휘가 가능한 것들이다.

발명왕 에디슨은 초등학교에서 낙제를 했지만 닭이 어떻게 달걀을 품고 병아리를 낳는지 궁금해서 닭장에 들어가 달걀을 품을 정도로 호기심이 대단히 강하였다. 이러한 강점이 나중에 에디슨으로 하여금 유명한 과학자가 되게 했다.

마이크로소프트 사의 CEO인 빌 게이츠는 명문 하버드 대학에서 중퇴를 하고 집의 차고에서 컴퓨터 만드는 일을 친구와 함께 시작했으며, 지금은 세계 최고의 갑부가 되었다. 자신의 장점을 개발하고 재능을 이용한 좋은 사례이다.

오리들만의 세계에서 백조는 남들과 다르게 생겼고, 하는 짓도 다르므로 아주 못생긴 존재이고 열등한 존재이다. 하지만 오리가 아니라 백조인 것이 대단한 강점이다. 오리 세계에서는 깨닫지 못하지만 그 세계에서 나오면 강점임을 알 수 있고 강점으로 충분히 활용 가능한 것이다.

사람이 삶에서 긍정적인 요소를 증가시키는 데 있어서는 외부의 도움도 중요하지만 자신의 의지가 더 중요하다. 성공적인 인생의 포인트는 자신의 장점을 살리고, 단점을 극복하면서 장점으로 전환시키는 역발상적인 사고이다. 그리고 인간의 두뇌 속에 잠재되어있는 무궁무진한 잠재력을 개발하고 활용하는 창의적인 능력, 그 자체가 자신의 강점이며 강점의 개발은 선택의 문제로서 강점의 발견과 창조는 여러분 자신의 몫이다.

제3절 나의 비전(My Vision)

비전은 현재의 시점에서 가장 이상적인 미래상황을 설정하고, 그것을 성취시킬 수 있는 전략과 성취 후의 최종상태(end states)를 정립하는 것을 의미한다. 하버드 경영대학원의 존 코터(John Kotter)는 '비전은 미래의 그림으로서, 조직구성원들이 그 미래를 창조하기 위해 노력해야 하는 이유를 명시적이거나 묵시적으로 나타낸 것'이라고 정의하고 있다. 비전은 미래의 꿈과 희망의 지향점이며 좌표이다. 비전은 개인이나 조직의 핵심 가치를 반영하며 현재 지향하고 있는 가치에 새로운 생명을 불어넣는 것이다. 일반적으로 비전의 설정과 개발은 개인과 조직 차원에서 접근할 수 있다. 조직 차원, 거시적 관점에서의 비전은 다음 장에서 구체적으로 논의할 것이다. 본 항에서는 미시적 리더 양성 차원으로 접근하여, 지금까지 정리한 꿈 찾기와 자기진단을 기초로 자신의 비전을 설정하는 과정을 기술한다.

학창시절 많이 들었던 'Boys, be ambitious! 젊은이여, 야망을 가져라!'라는 이야기는 바로 비전을 가지고 살아가라는 가르침이었다. 2002년 월드컵에서 'Dream is Come true! 꿈은 이루어진다.'라는 말과 함께 꿈, 비전이라는 단어는 모든 사람들에게 꿈을 꾸고 비전을 가지고 노력하면 모든 것들이 이루어진다는 긍정의 메시지를 주었다. 동계올림픽에서 금메달을 다겠다는 김연아 선수의 꿈은 2010년 동계 올림픽에서 현실이 되었다. 피겨의 변방에서 이런 일이 생긴다는 것은 정말 상상을 초월하는 것이었다. 동계 올림픽에서 특정종목에서 많은 금메달은 따왔지만, 동계올림픽의 꽃인 피겨스케이팅 부문에서는 서구권의 강세가 강했으며, 국가에서 많은 지원을 해주는 일본과는 출발부터가 다른 시작이었다. 이러한 환경에서 김연아가 최고의 피겨선수가 될 수 있었던 것은 10여 년 전부터 올림픽에서 금메달을 따겠다는 꿈을 꾸었기 때문이며, 그 꿈은 비전으로 구체화되었고, 각고의 노력 끝에 김연아 선수는 그 비전을 성취하였다. 또한, 한국의 축구스타 박지성 선수가 축구의 최고 명문가인 멘체스터 유나이티드에 입단한 것은 우리나라뿐 아니라 전 세계를 놀라게 하는 빅 뉴스였다. 박지성 선수 역시 세계적인 명문 축구클럽의 주전선수가 되는 꿈과 그 꿈을 달성하는 비전을 가지고 있었다.

비전은 단순히 목표와 목적지에 대한 이정표만 제공하는 것이 아니라, 우리들의 삶에 열정을 불러일으킨다. 비전은 힘들고 어려울 때에 자신을 격려하는 힘이 되기도 하며, 미리 자신에게 주는 상이 될 수도 있는 것이다. 인생의 가장 큰 성공은 실망을 희망으로 바꾸고, 절망을 전망으로 바꾸며, 꿈을 비전으로 바꾸는 것이다. 따라서 현실적인 감각의 바탕 위에 설정한 뚜렷한 비전은 성공의 산실이 된다. 비전이 있어야 성장도 있으며, 비전이 있으면 불가능보다 가능성이 더 크게 보이고, 비관보다 낙관이 더 크게 느껴질 것이다.

모든 위대한 일은 비전에서 시작되었고, 역사상 위인들은 한결같이 다른 사람들에게 없는 비전을 가진 사람이었다. 헨리 포드(Henry Ford)는 의사를 부르러 말을 타고 가는 도중에 어머니가 돌아가셨다. 그는 말보다 더 빠른 것을 만들겠다는 비전을 설정하고 자동차를 만들어냈다.

비전은 돌더미 밑에 숨겨져 있는 보석을 보게 하고, 잡초 속의 네잎 클로버를 보게 한다. 그러므로 비전 속에 우리의 미래가 담겨 있고, 우리는 비전 속에서 인생의 성공을 성취해야 한다. 중요한 것은 '내가 어떤 환경에 있느냐?'가 아니라, '내가 어떤 비전을 가지느냐?'하는 것이다. 평범함과 비범함의 결정적 차이는 비전 유무의 차이가 아닐까? 비전이 있으면 노인도 젊은 것이고, 비전이 없으면 청년도 늙은 것이다. 비전은 몸은 힘들어도 마음은 즐겁게 만든다. 비전은 우리 가슴속에 있는 영롱한 빛이며, 찬란한 미래로 건너갈 수 있는 든든한 교량이 될 것이다.

이제 여러분들은 비전이 우리자신을 어떠한 방향으로 이끌어가는지를 알았을 것이며, 나의 비전을 설정하는 것이 왜 중요한지에 대해 공감했을 것이다. 그러나 대학생들에 대한 한 설문결과에 의하면 평소에 비전을 가지고 있는 학생들은 33% 수준으로 나타났다. 비전은 나의 꿈인 내가 하고 싶었던 일과 간절히 이루고 싶은 것, 현재 내가 좋아하는 일과 내가 잘 할 수 있는 일들로 목표 군을 형성하고, 나의 미래에 변화하는 환경들을 고려하여 구체적으로 비전을 설정한다. 지금 이 시간에 여러분들의 찬란한 미래를 열어나갈 수 있는 비전을 새롭게 그려보도록 하자!

3.1 나의 비전의 정립

일반적으로 꿈과 비전은 같은 맥락으로 사용되고 있다. 본 항에서는 꿈과 비전의 의미와 본질의 차이에 대한 논의를 정리해보고, 꿈에서 비전으로 발전하는 과정을 통하여 비전을 정립해볼 것이다.

먼저 꿈(Dream)은 사전적으로는 현실과 거리가 있는 공상과 상상을 의미하지만, 실제적인 의미로는 내가 하고 싶은 것(일, 소유, 행동, 예능 등) 내가 되고 싶은 것(지위, 전문가, 예능인, 달인 등)과 간절히 바라는 것(부모님 건강, 동생의 투병성공, 친구의 고시합격 등)들을 의미한다. 이러한 나의 꿈들은 누구도 간섭할 수 없는 나만의 아름다운 미래이며, 나를 존재하게 하며 힘과 용기의 원천이 되는 것이다. 그러나 꿈의 대상 중에는 꿈으로 생명을 다하고 마는 영역도 있을 수 있다.

비전(Vision)은 사전적으로 미래에 대한 구상, 이상적으로 그리는 미래상을 의미한다. 실제적인 의미에서 비전은 꿈이 아닌 미래의 실제 모습으로 장기적인 목표를 명시하고, 목표가 달성되었을 때 실현되는 최종 상태를 나타낸다. 비전에는 핵심이념과 미래상이 반드시 포함되어야 하며, 미래상에는 원대하고 대담한 목표가 제시된다. 또한 비전은 생생하고 감동적인 표현으로 묘사되고, 듣는 순간 가슴이 두근거릴 정도의 감동을 줘야 한다.

꿈과 비전의 차이점은 '구체적인 실천계획, 실현가능성 그리고 개인 및 조직에 대한 공헌 여부'에서 찾을 수 있다. 즉 꿈속에 위의 세 가지 요소가 없으면 실현가능성이 미약하며, 꿈으로 끝나버릴 수 있는 막연한 꿈인 것이다. 그러나 자신이 꿈꾸고 있는 꿈속에 3가지 요소가 포함되어 있다면, 이는 자신의 평생목표로서 나의 노력을 집중해야 할 목적과 방향을 명혹-히 제시해주는 진솔한 비전이 되는 것이다.

그러면 '나의 비전'의 정립절차를 시행하기 전에 여러분들이 가지고 있는 비전의 수준을 〈표 3-11〉에 제시한 체크리스트[5]를 활용하여 진단해보자.

---

5   Kozubska, J.(1999), 『카리스마가 되는 7가지 열쇠』, 스티브 남 역, 책과 길, 85-88쪽.

〈표 3-11〉 비전 진단 체크리스트

문 항	점 수
1. 일생을 통해 반드시 성취해야 할 일의 종류를 구체적으로 생각하고 있습니까? ① 예 (5점)　② 아니오 (2점)	
2. 추구하는 이상적인 인간형이 있습니까? ① 예 (5점)　② 아니오 (0점)	
3. 아침 일찍 일어나고 싶습니까? ① 예 (3점)　② 아니오 (-1점)　③ 항상 (5점)	
4. 하루 24시간은? ① 너무 많다 (0점)　② 충분치 않다 (5점)　③ 알맞다 (3점)	
5. 일생에서 가장 중요한 다섯 가지 가치들을 나열할 수 있습니까? ① 올바르게 나열하기 위해서는 시간이 필요하다 (3점) ② 빠르고 쉽게 할 수 있다 (5점)　③ 못한다 (0점)	
6. 공상하는 것을 즐깁니까? ① 아니오 (0점) ② 예, 그러나 공상이 현실화될 수는 없다고 생각한다 (3점) ③ 예, 사람들도 나의 공상을 하고 있다 (5점)	
7. 그러면 공상이 중요하다고 생각합니까? ① 예 (5점)　② 아니오 (-1점)	
8. 공상 중 하나라도 현실화 시켰던 경험이 있습니까? ① 예 (5점)　② 아니오 (0점)	
9. 생각할 시간이 필요하다고 상사에게 말한 적이 있습니까? ① 없다 (0점)　② 있다 (10점)	
10. 자신이 찬성한 일을 동료가 강하게 비난한다면 어떻게 하겠습니까? ① 당황할 것 같다 (-5점)　② 가만히 있는다 (0점)　③ 함께 논의한다 (5점)	
11. 다음 중 어떤 종류의 사람을 좋아합니까? ① 논리적이고 이성적인 사람 (4점)　② 창조적이고 틀을 깨는 사람 (5점) ③ ①과 ② 모두 아니다 (0점)　④ ①과 ② 모두 (3점)	
총 점	

평가: 만점 60점 기준
- 56점 이상: 비전과 방향성과 열정을 가진 사람.
- 41~55점: 비전의 열쇠를 갖기 위한 몇 가지 방법을 찾아야 함, 현재 비전감각이 아주 나쁜 것은 아님.
- 31~40점: 개선해야 할 점이 많음, 잠재력을 발휘하고 목표의 방향을 잡기 위해 많은 노력이 필요함.
- 30점 이하: 인생의 목표가 무엇인지 알아내기 위해 자신이 존경하는 사람에게 도움 요청이 필요함.

자료: Kozubska, J.(1999), 『카리스마가 되는 7가지 열쇠』, 스티브 남 역, 책과 길, 85-88쪽.

앞의 진단은 카리스마 리더가 갖추어야하는 덕목인 '비전'에 대한 내용이다. 현재의 진단결과에 일희일비할 필요는 없다. 왜냐하면 여러분들은 아래의 과정을 이해하고 성실하게 실행한다면 충실한 비전을 만들어낼 수 있기 때문이다.

라이프 로드갭 설계과정에서의 비전은 '자신의 꿈을 현실화·명문화한 것'으로 정의하였다. 이제까지 제시한 꿈의 영역과 자기진단을 토대로 하고, 현재와 미래의 환경을 고려하여 비전을 설정하는 과정을 〈표 3-12〉와 같이 정리하였다.

〈표 3-12〉 꿈에서 비전으로의 발전과정

과 정	발전 내용	비 고
꿈 찾기, 꿈 꾸기 ↓	• 나의 100가지 꿈의 목록 정리 • 100가지의 꿈 중 현재와 미래의 꿈 20~30여 개로 압축 • 꿈의 재정립: 성장과정 – 현재, 미래의 꿈 (10, 20, 30, 40~50, 60~70년 후로 구분)	• 꿈 노트 준비 • 꿈을 통해 자신의 '인생 항로' 동시구상
자기분석 및 평가 ↓	• 자기평가 분석 핵심요소: 10개 선정 • 주관적 방법 ①: 10개 요소에 장단점 기록 • 주관적 방법 ②: 주요영역 능력 수준 평가 • SWOT 분석기법으로 자기 평가 기록 • 객관적 방법: 지인대상 10개 요소 평가 • 객관적 방법: 전문가 협조 → 진단도구 ※ 상기내용 종합 → 강(장)점·약(단)점의 정립	• 평가요소: 개인 특성고려 숫자 조정 • 설문지법, 기타 • 내가 '잘할 수 있는 일'을 찾는 것

환경 분석 ↓	• 현재의 환경: 나의 장점을 살리는 데 적합?
	          나의 단점을 보강하는 데 적합?
	• 미래의 환경: 나의 꿈 실현에 영향?
	          나의 장점 개발은 가능?
		• 긍정적 관점
		• 부정적 관점

비전 설정	• 1단계 비전: 대략 50~60세 실현 • 2단계 비전: 대략 61~80세 실현 • 3단계 비전: 81세 이후에 실현 ※ 2, 3단계 비전: 개념적·추상적으로 설정함 (2·3비전은 통합될 수도 있음)	• 일반적인 비전의 의미: 1단계 비전에 해당되는 내용임 • 100세 수명 고려 3단계 비전까지 구상

이제까지 여러분들은 비전의 중요성에 대한 공감대를 형성하였으며, 꿈과 비전의 차이를 통해서 실제적인 비전의 의미를 이해하였다. 그리고 꿈에서 비전으로 발전하는 과정을 통하여 라이프 로드맵 설계과정에서 비전설정이 핵심영역임을 인지했을 것이다. 현단계에서 비전의 설정은 자신의 간절한 꿈과 자신의 능력(강점), 그리고 환경 등을 고려하여 나의 인성에서 역점을 두고 추진해야 할 목표와 방향을 결정한 것이다. 여기에서 비전의 3단계 설정은 필자가 라이프 로드맵 설계를 이론적으로 정리하면서 정립한 것이다. 그러므로 이 책의 모든 독자들에게 일괄적으로 적용되는 것은 아니다. 즉 상황과 여건에 따

라서 1비전과 2비전이 통합될 수도 있고, 2비전과 3비전이 통합되어 2단계의 비전으로 구분할 수도 있다. 또한 현재의 시점(대학생 기준)에서 2비전과 3비전을 구분하는 것과 2비전과 3비전에 대한 구체화 과정이 쉽지 않기 때문에 2비전과 3비전은 개념적·추상적·이상적인 내용과 방향으로 기술해도 무방하다. 왜냐하면 2, 3 단계의 비전은 앞 단계의 비전을 실현하는 과정에서 환경변화와 자신의 신상변화에 의해서 변경·수정·재정립될 수 있기 때문이다. 학생들에 대한 설문결과를 보면 평소에 2비전, 3비전에 대하여 생각해본 적이 있는 학생은 29%였으며, 라이프 로드맵 설계과정에서 2비전, 3비전을 구상하고 정립하는 계기가 되었다는 학생은 84% 수준으로 나타났다.

〈표 3-13〉과 〈표 3-14〉는 설정된 비전과 비전선언문의 예를 제시한다. 이는 〈그림 3-12〉에서 제시한 꿈의 변화와 재정립(예)의 내용과 〈표 3-10〉의 자기진단 결과에서 나타난 강점들을 접목시키고, 현재와 미래의 환경에서 실현하고자 하는, 그리고 실현가능할 것이라고 판단되는 내용으로 구성하였다. 여러분들은 앞으로 다양한 분야에서 자신이 가야 할 길을 선택하여 헤쳐 나가게 될 것이지만, 아래에서는 사례를 참고하여 직업군인의 경우와 기업인의 경우를 예시하였다.

〈표 3-13〉 비전설정과 비전선언문(예 1)

구 분		설정된 비전(최종 상태)	비전 선언문
직업군인의 길	제1비전 (50~60세 실현)	• 장군 진급, 사단장 이상 보직을 수행 • 석사 / 박사학위 취득 → 국방대학원 / 일반대학원 • 2명의 자녀 대학졸업 / 취업	• 나는 직업군인의 길을 선택하여 장군으로 진급하여 사단장 이상의 보직을 수행한다. • 박사학위를 취득하고, 효·예·충을 기본으로 하는 가정에서 2명의 자녀를 부양한다.
	제2비전 (61~80세 실현)	• 안보연구소 / 병역상담소 운영(국내외안보 연구, 병역상담) • 강의/강연(대학, 국가기관/기업) • 2명의 자녀 결혼 / 독립 • 전원생활 준비	• 군 경력을 활용하여 안보문제 연구소 운영과 대학 및 외부강의를 병행한다. • 2명의 자녀를 분가시키고, 전원생활 준비를 한다.
	제3비전 (81세 이후 실현)	• 전원생활 → 자서전 집필 • 세계 일주 • 지역사회 봉사활동(자연/환경보호, 기타) 참여	• 전원생활을 하면서 자서전을 집필하고, 세계일주 여행을 한다. • 지역사회의 봉사활동에 적극 참여한다.

<표 3-14> 비전설정과 비전선언문(예 2)

구 분		설정된 비전(최종 상태)	비전선언문
기업인의길	제1비전	• 연매출 100억대 기업으로 육성 • 가업승계자 선정 및 경영 수업 • 석사/박사 학위 취득 　→ 경영대학원 / 일반대학원	• 초정밀 여과산업의 미래를 새롭게 선도하는 세계 최고의 첨단필터 전문기업으로 육성한다. • 경영학 박사학위를 취득한다.
	제2비전	• 중견기업(1,000억대 기업) 육성/대표이사 회장 취임 • 승계자 대표이사 선임 • 강의/강연(대학원 및 기업체)	• 중견기업으로 육성하여 회장으로 취임한다. • 승계자를 임명하여 경영권 이양을 준비하고, 대학 및 기업에서 강의를 병행한다.
	제3비전	• 경영권 인계, 전원생활/자서전 집필 • 장학재단 설립 및 봉사활동	• 경영권을 인계하고, 전원생활을 하면서 자서전을 집필한다. • 장학재단을 설립·운영하면서 지역사회에 봉사활동을 한다.

비전에 이어서 '비전선언문'을 제시했다. 비전은 생생하고 감동적인 표현으로 묘사되고, 듣는 순간 가슴이 두근거릴 정도의 감동을 줘야 한다. 비전의 내용을 선언문의 양식을 이용하여 서술한 것이 바로 비전선언문이다. 비전선언문을 작성하는 목적은 자신을 포함하여 비전의 내용을 보거나 듣는 사람들에게 명확한 목표를 인식시키고 고무시키기 위한 것이다. 위대하고 성공한 사람들은 자신의 가슴속에 하나같이 강력한 성취도구인 비전선언문을 품고 있었으며, 자신과 주변인에게 선언하고 강력하게 실천하였다. 그리고 비전선언문에는 일반적으로 다음과 같은 내용들이 포함된다.

• 미래의 긍정적이고 구체적인 청사진과 추진방향을 제시한다.
• 현 상태에 대한 개선을 제시하여야 한다.
• 내용이 쉽게 기억할 수 있어야 하며, 원기와 흥분을 불러일으켜야 한다.
※ 과도한 목표와 이상적인 내용이어서 달성 곤란한 것으로 비쳐지지 않도록 한다.

3.2 나의 비전과 인생항로

일반적으로 개인 차원에서의 비전은 자신의 꿈이 실현되는 최종상태(목표)를 의미하지만, 비전을 시간적 개념으로 구분하여 설정하고 실천한 사례는 흔치 않다. 또한 비전을 실현한 사람들은 대부분 50~60세에 최종목표에 도달하고 있음을 알 수 있었다. 따라서 본 항에서는 〈그림 3-12〉에서 명시한 시점(현재)을 기준으로 70년 후까지의 꿈, 〈표 3-12〉의 비전 발전과정에서 제1비전, 제2비전, 제3비전을 나이와 연계하여 구분하였다. 그리고 〈표 3-13〉과 〈표 3-14〉에서는 세 가지 비전에 따른 비전설정의 예를 제시하였다. 이를 종합해보면 비전은 사람의 일생 동안 살아가는 과정에서 머리와 가슴에 품어야하는 청사진을 연결한 것이다. 따라서 비전을 설정하는 과정에 이어서 비전을 실현하는 과정을 '인생항로'로 명명하고 구체화시켰으며, 〈그림 3-14〉에서 인생항로를 예시하고 내용을 기술하였다.

〈그림 3-14〉 인생항로와 비전

- 탄생에 대한 기분은 알 수 없지만, 유년과 초등학교 시절은 천진난만하게 성장!
- 중학교와 사춘기는 무난하게 극복, 고등학교 시절은 입시압박으로 최저의 감정기복을 겪으며 스트레스는 많이 받았으나, 대학이라는 새로운 환경에 들어섰다.
★ 현재 나는 무조건 행복해(대학 1, 2학년: 자유, 젊음, 시간)! 하지만 군대문제가 발목을 잡는구나! 3학년이 되면서 불안하기 시작(등록금, 취업준비 장수생은 곤란!), 특단의 대책이 필요하여 멘토링 결과, 리더십 개발과 라이프 로드맵 과목의 수강기회 포착.
- 라이프 로드맵을 설계, 비전성취를 위하여 취업에 성공, 이어서 결혼까지 골인.
- 2명이 자녀부양을 하고 부모님도 모셔야 하네! 그래도 비전 달성의 도전은 계속된다.
- 나는 성공적으로 1비전의 정점에 도달했다. 이제 은퇴도 생각하고, 2비전 준비도 계획대로 해야지! 그런데 자녀들의 혼사, 부모님의 건강문제가 거론되고 있다.
- 나의 은퇴는 바로 제2비전을 향한 새로운 출발이다. 연구소도 자리를 잡았고, 드디어 대학에서 강의를 시작했다. 2명의 자녀들이 결혼과 분가까지 했다.
- 연구소를 이용하는 회원과 고객의 수가 상위그룹(2정점)에 진입했다. 내 나이는 70을 훌쩍 넘겼다. 강의도 줄이고 3비전 준비에 속도를 내야겠다.
- 연구소를 후진들에게 물려주고, 내가 준비한 전원으로 이사를 했다.

- 3비전의 정점인 자서전 원고를 정리하면서, 1년에 1개 대륙을 2회로 나누어서 세계일주 여행계획을 세웠다. 동반여행자도 결성했다.
- 지역사회의 각종 활동에 적극 참여한다. 내가 소유하는 모든 것을 환원해야 한다. 주기적인 건강검진도 받는다. 나의 비전실현은 계속되어 자서전을 탈고했다.
- 90이 다 된 나이에 지인들과 지역주민들을 모시고 자서전 출판 기념행사를 한다. 세계일주 여행의 결과를 자서전에 포함하게 되어 뿌듯하다. 자녀들도 좋아한다.
- 이제 움직이는 데 불편함을 느낀다. 건강과 싸워야 하는 시기인 것 같다. 장애와 죽음도 인생의 한 부분이며, 모든 것을 수용할 준비를 하고 있다.

※ 정점: 비전이 실현되는 과정에서 최고점, 꼭지점을 의미(예: 장군 진급, 사장 취임 등)

우리는 인생항로 속에서 비전의 위치와 영역을 확인할 수 있다. 따라서 우리의 인생항로에서 비전의 영역과 라이프 로드맵 설계과정 속에서의 비전 영역에 대한 개념설정이 필요하다. 〈그림 3-15〉는 라이프 로드맵 설계절차와 비전 영역의 관계를 정립하여 제시하였다.

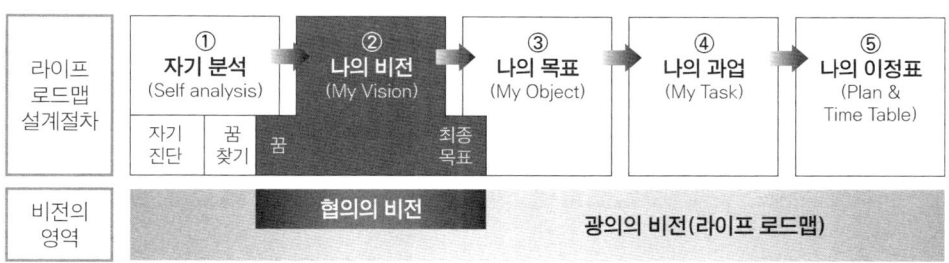

〈그림 3-15〉 라이프 로드맵 절차와 비전의 영역

〈그림 3-15〉에 제시된 내용은 다음과 같은 부연 설명이 가능하다.

첫째, 라이프 로드맵 설계절차 속에서의 비전은 설계절차의 2단계에 해당되며, 내용면에서 비전은 꿈의 일부분과 최종목표를 포함한다고 할 수 있다. 이를 협의의 비전으로 볼 수 있으며, 본서에서는 비전의 범위를 협의의 개념으로 한정할 것이다.

둘째, 〈표 3-13〉에서 우리의 인생기간을 3단계로 나누어 비전을 설정하여 제시하였는데, 〈그림 3-14〉는 인생항로가 비전의 연속으로 구성되어 있음을 알 수 있다. 따라서 광의의 비전은 '나의 비전'을 달성하기 위하여 '나의 목표'와 '나의 과업'을 설정하고 달성하는 영속적인 지침이 된다. 또한 '나의 비전'을 추진하는 '나의 이정표'까지를 포함하는 라이프 로드맵 전체를 망라하고 있다. 그러므로 광의의 비전과 라이프 로드맵은 동일한 의미를 내포하고 있다.

셋째, 다음 항에서 논의되는 '나의 목표'는 비전이 실현되는 최종상태인 최종목표를 달성하기 위한 과제이며, 다음 단계인 '나의 과업'(목표를 달성하기 위한 과제들)와 일부 중복되는 부분이 있다. 세부적인 내용들은 해당 항에서 구체적으로 논의할 것이다.

사례: 반기문 UN사무총장의 비전실현

반기문 사무총장이재임이 결정된 후 유엔총회에서 취임선서를 하고 있다. 반기문을 축하해 주는 사람들

2011년 6월 21일 유엔 안보리의 만장일치와 192개국의 열렬한 박수 속에 세계의 대통령이라고 불리는 유엔사무총장, 대한민국 출신의 반기문 사무총장의 연임 수락연설이 시작되었다.

제8대에 이어서 연임하고 있는 반기문 유엔사무총장은 1944년 충북 음성에서 태어났으며, 1963년 충주고등학교, 1970년 서울대학교 외교학과를 졸업했다. 1970년 외무고시에 합격하여 외교관 생활을 시작했다. 1976년 주 인도대사관 1등서기관을 거쳐, 1985년 미국 하버드대학교에서 행정학 석사학위를 받았다. 1987년 주 미국대사관 참사관, 1990년 외무부 미주국장, 1998년 주 오스트리아대사관 대사, 2000년 외교통상부 차관을 지냈다. 2003년 대통령비서실 외교보좌관을 거쳐, 2004년 제33대 외교통상부 장관에 올랐다. 그리고 2007년에 대한민국 출신으로는 최초로 제8대 유엔사무총장으로 선출 되었다.

중학교 3학년 겨울방학 때 새로운 읽을거리를 찾다 '타임'지를 보게 된 것을 계기로 영어공부에 몰두하게 되었으며, 이는 그의 인생항로에 큰 영향을 미치게 되었다. 고등학교에서 김성태 영어교사를 만나면서 미국인과의 영어공부가 시작되었고, 김 교사의 멘토링으로 '외교관'의 꿈을 꾸기 시작하였다. 반 총장은 VISTA(Visit of International Student to America)라는 미국 연수 프로그램[6]의 참여자를 선발하는 영어대회에서 1등을 차지했고, 고3이던 62년 여름 미국행 비행기에 올랐다. 43개국 117명의 학생들과 함께한 이 프로그램은 반 총장에게 깊은 인상을 주었고 비전을 설정하는 계기가 되었다.

특히 잊을 수 없는 일은 당시 학생들을 격려하기 위해 찾아온 미국 대통령 케네디와의 만남이었다. 케네디 대통령은 참가 학생들 앞에서 짧은 연설을 한 뒤, 반 총장에게 장래희망이 무엇이냐고 물었는데, 그는 그때 한 순간의 망설임도 없이 '외교관'이라고 씩씩하게 대답했다. 케네디 대통령과 만났던 그날이 바로 반 총장의 비전을 선언하는 날이 되었으며, 유엔사무총장을 향한 그의 비전이 시작된 첫 날이 되었다.

반 총장의 비전실현은 서울대학교, 군복무, 외무고시를 거쳐 외교관 생활로부터 시작되었다. 외교가에서 반기문 유엔사무총장을 부르는 별명은 '황희 정승'이다. 촉망받는 외교관으로 활동하면서도 차관 시절까지 서울 흑석동에서 전세로 살았을 만큼 청렴함을 잃지 않았기 때문이다. 그는 2000년 사당동에 아파트를 분양받은 뒤 '드디어 내 아파트가 생겼구나!'라며 아이처럼 기뻐했다고 한다. 그리고 그는 공직자의 윤리와 양심에 거스르는 일을 하지 않기 위해 자식들의 결혼식을 매번 비밀 작전 수행하듯 치렀다. 첫딸이 결혼할 당시 외교통상부 장관이던 반 총장은 비서관 외에는 아무도 모르게 결혼식을 치렀고 축의금도 받지 않았다. 2006년 8월 막내딸이 결혼할 때는 더했다. 국제연합아동기금(유니세프: United Nations Children's Fund)에서 일하는 막내딸은 케냐에서 결혼식을 올렸는데, 반 총장은 비서관 한 명에게만 이 사실을 알리고, 직원들에게는 케냐 출장을 다녀오겠다고 말한 뒤 금요일 밤 가족과 함께 케냐행 비행기에 올랐다. 주말에 결혼식을 치르고, 월요일부터는 실제 케냐 외무장관과 회담을 하는 등 공식 업무를 처리했다. 이러한 반 총장의 생활태도와 사고방식이 그의 비전을 실현하는 원동력이 되었다고 하겠다.

반 총장은 후진들이 비전을 실현하는 비결에 대한 물음에, 자기가 하는 일에 '몰두하라'(예: 영어), 만나는 모든 사람들에게 '겸손하라', 위기가 닥쳐도 '꿈(비전)을 포기하지 마라'라는 교훈적인 답을 주었다. 그리고 유엔의 제2기 반기문 사무총장 체제는 더욱 강력한 리더십을 유감없이 발휘하면서, 세계의 문제를 해결하는 비전은 계속 추진될 것이다. 또한 그는 제2비전의 최종 모습을 구상하고 준비하는 시간을 갖고 있을 것이다. 반 총장은 이 시대를 사는 우리들에게 비전의 설정과 실현에 좋은 모델을 제시하고 있다.

---

6 VISTA(Visit of International Student to America)는 1960년대 미국 적십자사에서 운영하고 있었으며, 세계 각국 청소년을 미국에 초대해 한 달 동안 현지인 가정에 머무르게 하면서 다양한 교육을 시켜주는 프로그램임.

제4절 나의 목표(My Object)

일반적으로 비전과 목표는 유사한 의미로 사용되고 있다. 그러나 라이프 로드맵 설계 절차에서는 그 구분을 분명히 하고 있다. 비전은 목표를 달성해가는 과정에서 끊임없이 지침을 제공하는 영속적인 것이지만, 목표는 한번 달성되고 나면 끝나버리고 만다. 즉 비전은 미래의 행동을 위한 뚜렷한 방향을 제시하고 새로운 목표를 설정하도록 도와주는 역할을 해주므로 목표의 상위 개념이라고 할 수 있고, 비전은 여러 개의 목표가 복합적이고 연속적으로 구성된다고 하겠다. 우리의 주변에 목표만 있고 비전이 없는 사람들을 쉽게 볼 수 있다. 강의 중에 "자네의 비전이 무엇인가?"라는 질문에 "예, 저의 비전은 삼성에 입사하는 것입니다."라는 답변은 비전이 아니고 목표만 제시하고 있는 것이다. 다음의 내용은 비전처럼 보이지만 목표들을 제시한 것이다.

- 나는 아름다운 몸매를 가지고 싶다.
- 나는 넓고 큰 주택을 구입할 것이다.
- 나는 아름다운 별장을 가지고 싶다.
- 나는 고급 승용차를 구입하겠다.
- 나는 부자가 될 것이다.
- 나는 경영자가 되고 싶다.

만약 여러분들이 이러한 목표를 비전으로 알고 살아간다면, 설령 당신이 원하는 것을 성취한다고 해도 만족보다는 오히려 허무함을 느낄 수 있다. 이러한 목표는 그것을 성취하고 나면 또다시 새로운 목표를 수립해서 도전해야 한다. 그러나 비전은 내 삶에서 영원한 생명력을 가지고 있어서, 목표의 성취는 비전의 한 부분을 달성한 것이며, 다른 목표와 연계되거나 다음 단계의 목표로 연결되는 것이다.

독일의 고고학자 라인리히 슐리만[7]이 트로이의 유적을 발굴한 이야기는 여러분들의 비전을 달성하기 위한 목표를 설정하는 데 도움이 될 것이다. 그리스·로마신화에 나오는 트로이의 목마에 대한 이야기를 들은 일곱 살의 슐리만은 트로이의 유적이 어디엔가 묻혔을 것이라고 생각하고, 그것을 발굴하는 꿈을 꾸며 삶의 비전을 트로이 유적의 발굴에 두었

---

7 Schliemann, Heinrich(1822. 1. 6~1890. 12. 26), 독일 출신의 사업가 및 고고학자로 전설로만 여겨졌던 미케네 문명과 트로이 문명의 발견자로 알려져 있다.

다. 그리고 그는 비전을 달성하기 위하여 목표를 다음과 같이 3단계로 설정하였다.

- 1단계 목표: 고문서를 해독할 수 있는 어학능력을 기른다.
- 2단계 목표: 유적을 발굴할 만한 돈을 번다.
- 3단계 목표: 유적을 발굴한다.

소년 슐리만은 가난 때문에 학교생활은 열네 살에 끝냈다. 이후 5년 동안 그는 점원 일, 배 안에서의 심부름꾼, 도매상을 경영하면서 난로도 못 피운 다락방에서 혼자 아홉 나라 언어를 공부했다. 1868년 백만장자가 된 마흔여섯 살의 슐리만은 부인과 함께 트로이를 찾아 나서기로 했다. 그리고 1870년 4월, 일꾼 100여 명을 데리고 히사를리크 언덕에서 트로이문명을 찾기 위해 땅을 파기 시작하였으며, 1876년 그리스 아르고리스만 기슭의 미케네 고분발굴에 성공하였다. 그리고 슐리만은 마침내 트로이의 목마 이야기가 신화가 아닌 역사적인 사실이라는 것을 세상에 알리게 되었다. 사례에서 보듯이 목표는 비전의 필수적인 구성요소로서 비전의 성격과 비전수행의 환경에 따라 여러 개의 목표와 최종목표로 구분하여 설정하게 된다. 이제 라이프 로드맵 설계절차에서 비전과 목표의 관계에 대하여 정리가 되었으므로, 다음은 목표에 대해서 구체적으로 논의한다.

4.1 나의 목표 설정

목표는 비전을 실현하는 데 반드시 필요하며 비전에 기여할 수 있도록 설정해야 한다. 따라서 목표를 설정하는 데는 다음과 같은 원칙이 적용되어야 한다.

- 구체성: Specific(식별이 용이)
- 달성가능성: Achievable
- 타당성: Relevant(현실적)
- 측정가능성: Measureable
- 시간성: Time-Based

목표는 자신과 주변 사람들이 쉽게 식별할 수 있도록 구체적이어야 하며, 반드시 달성해야 하기 때문에 실현 가능하게 설정해야 한다. 그리고 현재의 시점에서 누구에게나 공감대가 형성될 수 있도록 타당성이 있어야 하며, 추진과정에서 진척 상황을 확인할 수 있도록 진도 측정이 가능해야 한다. 왜냐하면, 목표를 설정하더라도 추진과정에서 환경변화 요소와 자신의 상황에 의해서 목표를 수정, 전환, 포기할 수도 있기 때문이다. 위의 원칙 중에서 시간성은 군 조직에서 활용하는 기법으로서, 비전 달성 과정을 시간대별로 구분하여 목표와 시간을 연계시켜 목표설정 과정에서 활용하는 것이다.

- 단기목표: 2～5년(현실목표)
- 중기목표: 6～10년
- 장기목표: 11년 이상(현시점 기준 10년 단위로 구분함. 10년, 20년, 30년 후 등)

목표를 설정하는 과정과 시간성에 대한 이해를 돕기 위해 〈표 3-15〉에 제시된 질문에 자신의 경우를 대입하여 답을 기술해보자.

〈표 3-15〉 시간대별 목표의 개념

1. 지금부터 1년 동안에 나는 _____을 완성하고 싶다. (해당연도 계획)
   ※ 올해 자신의 계획 중에서 비전 달성에 기여하는 가장 핵심 내용
2. 지금부터 2(or 3)년 동안에 나는 _____을 이루고 싶다. (단기목표)
3. 나는 대학생활(2～4년) 동안에 _____을 달성해야 한다. (단기목표)
4. 나는 앞으로 5년 안에 _____(취업)을 해야 한다. (단기목표)
5. 나는 앞으로 7년 안에 _____을 구매하고 싶다. (중기목표)
6. 나는 10년 안에 _____(가정)을 이룰 것이다. (중기목표)
7. 나는 20년 안에 _____을 성취할 것이다. (장기목표)
8. 나는 30년 안에 _____을 실현할 것이다. (장기목표 or 최종목표 = 1비전)
9. 나는 내 삶에 있어서 _____을 달성하고 싶다. (2～3비전)

이제 자신의 목표를 설정해야 하는 단계이다. 목표의 설정은 가능한 한 목표설정의 원칙을 준수하면서, 시간대별로 작성하는 것이 바람직하며, 일반적으로 다음 단계를 활용한다.[8]

- 1단계: 비전 실현과 관련하여 고려할 수 있는 목표를 모두 기록한다.
- 2단계: 기록한 목표에 대하여 비전실현에 대한 기여여부를 평가한다. (선택, 삭제)

---

8 Don Gabor(2003), 『꿈만 꾸는 사람, 꿈을 이루는 사람』, 이선주 역, 좋은 생각, 78쪽.

- 3단계: 비전을 달성하는 데 누락된 목표가 없는지 확인한다. (추가)
- 4단계: 목표를 확정하고 달성 우선순위를 부여한다.

실습과정에서 2비전과 3비전의 목표설정에 다소 혼란을 느낄 것이다. 2, 3비전은 먼 미래의 시간이기 때문에 확실하게 설정하기는 어렵겠지만, 1비전을 시행하는데 요구되는 곡표들 중에서 2, 3비전 실현을 위해서 필요한 목표들로 기록한다. 이렇게 설정한 목표들에 대해서 〈표 3-13〉의 확정된 비전(예)과 연속선상에서 연계하여 작성한다.

〈표 3-17〉과 〈표 3-18〉에는 〈표 3-13〉과 〈표 3-14〉에서 제시한 비전과 연계하여 도출된 목표들을 예시하였다.

〈표 3-17〉 비전과 연계한 목표설정(예 1)

제1비전 (50~60세 실현)	제2비전 (61~80세 실현)	제3비전 (81세 이후 실현)
• 장군 진급(★), 사단장 이상 보직 수행 • 석사/박사학위 취득 • 2명의 자녀 더학졸업/취업	• 안보연구소/상담소 운영 • 강의/강연(대학, 기관/기업) • 2명의 자녀 결혼/독립 • 전원생활 준비	• 전원생활 → 자서전 집필 • 세계일주 • 지역사회 봉사활동
• 단기목표 ① ROTC 합격 ② 10%이내 성적으로 육군소위 임관 ③ 중위 진급 • 중기목표 ④ 대위진급 및 성공적인 중대장 ⑤ 결혼/2명의 자녀 • 장기목표 ⑥ 소령진급 및 합동대 우수성적 ⑦ 중령진급 및 성공적인 대대장 ⑧ 석사학위 취득, 주택 마련 준비 ⑨ 대령진급 및 성공적인 연대장 ⑩ 장군진급(★), 국방대학원 ⑪ 사단장으로 진출 ⑫ 박사학위 취득, 2비전 준비	• 장기목표 ① 연구소 개소/연구팀 구성 ② 강의 대학 결정 ③ 연구논문 발표집 발간 ④ 연구결과 저술 ⑤ 자녀 독립준비/독립 ⑥ 3비전(전원생활) 준비	• 장기목표 ① 전원생활 적응 ② 자서전 집필 ③ 세계일주 여행 (연 2회 1개 대륙)

제1비전 (50~60세 실현)	제2비전 (61~80세 실현)	제3비전 (81세 이후 실현)
• 연매출 100억대 기업으로 육성 • 가업승계자 선정 및 경영 수업 • 석사/박사 학위 취득 　→ 경영대학원/일반대학원	• 중견기업(1,000억대 기업) 육성 　/대표이사 회장 취임 • 승계자 대표이사 선임 • 강의/강연(대학원, 기업체)	• 경영권 인계, 전원생활 　/자서전 • 장학재단 설립 및 봉사 　활동
• 단기목표 　① 해외시장 확대 　② 선진기술 확보 　③ 첨단시설확장 및 우수인력 확보 • 중기목표 　① 고객만족 100% 달성 　② 우수고객 100개 사 확보 　③ 독점기술 10개 확보 　④ 가업승계자 경영 수업 • 장기목표 　① 석사학위 취득/경영대학원 　② 박사학위 취득/일반대학원 　③ 재무적으로 안정된 중소기업 육성	• 장기목표 　① 1,000억대 중견기업으로 육 　　성, 가업승계자(장남) 대표이 　　사 선임 　② 대표이사 회장 취임 　③ 대학교/기업체 강의 　④ 경영도서 저술 　⑤ 전원생활 준비	• 장기목표 　① 경영권 인계 　② 전원생활 정착 　③ 자서전 집필 　④ 장학재단 설립(우수 　　인재 육성)

이렇게 하여 여러분들은 비전을 달성하는 데 필요한 목표설정을 완료하였다. 라이프 로드맵 설계과정을 수강한 대학생들의 설문에 의하면, 자신의 인생항로에서 단기, 중기, 장기로 구분하여 목표를 설정하는 계기가 됐다는 학생이 86% 수준으로 나타났다.

이제 여러분들은 자신이 갖고 있는 강점과 개성, 환경여건 등에 기초하여 자신의 비전을 실현하기 위하여 목표를 정립하는 중요한 일을 하였다. 자신만의 목표를 세운다는 것은 자신과의 약속인 동시에 자신의 에너지와 능력을 남과의 비교 없이 오직 자신을 위하여 투자할 수 있는 매우 가치 있는 일이다. 큰 꿈을 꾸고 비전을 실천하기 위해서는 자기 절제가 필요하다. 자기 조절이 되어야 비전과 목표에 초점을 맞추어 일을 할 수 있다. 모든 것을 한꺼번에 달성할 수는 없으나 한 단계씩 추진한다면 언젠가는 최종 목표에 다다를 수 있다. 150층의 마천루에 올라가는 데도 한꺼번에 올라갈 수는 없다. 1층, 2층, 3층을 거쳐서 한 층씩 올라가야 하기 때문이다. 위대한 일을 하기 위해서는 시간이 필요하다. 하룻밤 사이에 위대한 일이 일어나지는 않는다. 목표에 성공적으로 도달하는 데 도움이 될 수 있는 'ACCELERATE'를 다음과 같이 제시한다.

A - 깨어있음(Awareness): 설정한 목표와 상황을 정확하게 깨닫는다.
C - 헌신(Commitment): 자신의 능력을 발전시키기 위해 헌신한다.

C - 축하(Celebrate): 작은 성공도 스스로 성취를 축하한다.

E - 교육(Education): 배움을 끝이 없는 진행이라고 생각한다.

L - 웃음(Laughter): 항상 웃음 띤 얼굴을 하고 긍정적으로 생각한다.

E - 열정(Energize): 강렬한 열정을 갖고 지속적으로 목표를 실천한다.

R - 책임(Responsibility): 자신의 행동, 성공과 실패에 대해 책임을 진다.

A - 조준(Aim): 자신의 목표를 추구한다.

T - 시간(Time): 목표 달성의 기한(데드라인)을 정한다.

E - 평가(Evaluate): 주기적으로 자신의 목표 실천과정을 평가한다.

제5절 나의 과업(My Task)

나의 과업은 비전과 목표를 실천하는 과정에서 반드시 거쳐야하는 코스이거나, 달성되어야 목표에 다가갈 수 있는 과제들을 의미한다. 나의 과업의 도출은 앞에서 설정한 자신의 목표들의 우선순위에 따라 목표를 달성하기 위한 과제들을 설정하는 과정이다. 이 과정의 시행절차는 목표설정 시에 적용한 방법을 활용하면 될 것이다. 〈그림 3-15〉에 제시한 것처럼 과제의 성격에 따라 목표와 과제가 일치하는 경우도 있음을 참고하기 바란다. 여기에서 관심이 요망되는 사항은 과제의 성격에 따라서 일회성 과제(예: 자격증 취득, 과정이나 코스 수료 등)와 계속수행 과제(예: 어학, 개발과제, 기능 향상, 예술 분야 등)가 있는데, 계속수행 과제는 목표가 다음 단계로 변경되어도 계속 수행과제로 연결된다. 그리고 과제의 구체화는 제1비전에 주안점을 두고 현재의 시점과 관점을 기준으로 작성되는 것이며, 2비전과 3비전에 대한 과제는 목표의 내용을 중심으로 개념적으로 작성되어도 무방하다. 왜냐하면 2비전, 3비전의 목표와 과제는 2비전, 3비전을 준비하는 과정에서 다시 구체화되기 때문이다. 또한 비전과 목표의 추진과정에서 환경변화와 자신의 신상변화에 따라 과제들이 추가, 삭제, 변경이 이루어질 수 있음도 감안해야 한다. 서두에서 언급했듯이 라이프 로드맵은 실현과정에서 주기(6개월, 1년)적으로 수정·보완하는 최신화(update) 과정을 거치기 때문에 그 과정에서 목표와 과제, 세부계획을 병행해서 보완하게 된다.

자신의 비전과 목표를 달성하는 데 필요한 과제설정은 현재의 시점과 관점에서, 〈표 3-17〉에서 비전과 연계한 목표설정 작업의 결과물을 제1비전(12개의 목표)과 제2비전(목표:

6개) 및 제3비전(목표: 3개)으로 구분해서 정리한다. 먼저 〈표 3-19〉를 이용하여 제1비전에 대한 과제선정 과정을 진행해보자. 본 사례는 내용의 연계성을 고려하여 앞의 절에서 예시했던 군인의 길을 가고자 하는 대학생을 기준으로 작성한 것이다. 자신이 지향하는 길이 기업인, 학자, 예술가 등이라면 예시한 사례를 참고하여 자신에 맞게 차별화된 내용으로 작성해보자.

〈표 3-19〉 제1비전의 과제설정 과정(예: 대학생 기준)

제1비전의 목표		과제 내용 구상: 예
목표 ① (단기)	ROTC 합격	ROTC지원준비(필기, 체력, 신검 등), 안보학 과목(2) 수강(B학점 이상), 학점3.5이상, 해외여행(방학기간), 어학공부(토익800점), 학자금 장학생 선발 등
목표 ② (단기)	10%이내 성적으로 육군소위 임관(3,4학년)	기초 군사훈련, 운전면허 취득, 태권도 유단자, 컴퓨터 자격증 취득, 안보학 과목(3) 수강(A학점), 군사학 과목 수강(A학점), 1차 하계 군사훈련, 동계 군사훈련, 2차 하계 군사훈련, 임관고사, 해외탐방, 어학공부(토익900점), 전공학점(4.0 이상), 희망 병과 선택 등
목표 ③ (단기)	중위진급	OBC교육 우수수료(30%), 소대장 근무평가(A), 참모직위 보직, 어학과정 입교 등
목표 ④ (중기)	대위진급 및 성공적인 중대장	참모보직 수행/근무평가(A), 장기지원 합격, OAC 교육 우수수료 (30%), 1차 중대장/2차 중대장 근무평가(A), 희망 참모직위 보직 등
목표 ⑤ (중기)	결혼 및 가족 계획(2명의 자녀)	결혼 상대자 선정, 결혼식 행사, 가족계획 등
목표 ⑥ (장기)	소령진급 및 합동대학 우수성적 졸업	참모직위 평가(A), 진급추천 서열받기(A), 진급/1차 보직받기, 합동대 희망과정 합격, 합동대 교육 우수수료(30%), 합동대 수료 후 주요직위 보직 등
목표 ⑦ (장기)	중령진급 및 성공적인 대대장	주요직위 평가(A), 진급추천 서열받기(A), 대대장 근무평가(A), 참모보직수행/평가(A), 정책부서 보직 받기 등
목표⑧ (장기)	석사학위 취득, 자가 주택 보유	참모/정책부서 근무간 석사(야간과정) 공부(국비), 공제회 주택분양, 가정/자녀교육 정착 등
목표 ⑨ (장기)	대령진급 및 성공적인 연대장	정책부서 보직평가(A), 진급추천 서열받기(A), 참모보직, 연대장 근무평가(A), 정책부서 보직/평가(A) 등
목표 ⑩ (장기)	장군진급(★), 국방대학원 수료	정책부서 이슈창안/공헌, 진급추천 서열받기(A), 장군진급 후 국방 대학원 공부, 야전/정책부서 보직 등
목표 ⑪ (장기)	사단장 진출	사단장 진출/수행, 박사학위 공부준비 등
목표 ⑫ (장기)	박사학위 취득, 2비전 준비	박사학위 취득, 연구소 운영준비, 강의대학 선정 등

다음은 〈표 3-17〉 제1비전의 과제설정 과정에 이어서 〈표 3-20〉을 활용하여 제2비전과 제3비전의 목표에 대한 과제를 설정해보자.

〈표 3-20〉 제2, 3비전의 과제설정 과정(예)

제2, 3비전의 목표: 예		과제 내용 구상: 예
제2비전	목표 ①: 연구소 개소/연구팀 구성	연구소 사무실 선정/계약, 사무직원 채용, 연구요원 구성(박사 5~6명), 용역과제 획득 등
	목표 ②: 강의 대학 결정	대학 결정, 강의과목 협의/결정, 강의 준비, 강의대상 기관/기업 섭외 등
	목표 ③: 연구논문 발표집 발간	연구논문 연구지 투고, 용역과제 획득 계속, 연구논문집 발간(1년 단위) 등
	목표 ④: 연구결과 저술	연구결과 책자화(2~3년 단위) 등
	목표 ⑤: 자녀 독립	자녀 혼인 지원, 자녀독립 조력 등
	목표 ⑥: 3비전 준비	전원생활 지역 선정 및 확보, 거주지 준비 등
제3비전	목표 ①: 전원생활 적응	거주 지역 환경/주민 동화, 주민활동에 적극 참여하기, 종교 활동, 건강관리/주기적 검진 등
	목표 ②: 자서전 집필	자서전 자료정리/계획수립, 집필추진, 자서전 발간 등
	목표 ③: 세계일주 여행	대륙별 여행계획 수립(동참자 규합), 여행결과 자서전에 반영 등

이제까지 여러분들은 현재 시점에서 자신이 지닌 지식과 정보를 기초로 미래에 자신의 인생에서 실현해야 하는 비전을 제시하고, 그 비전을 충족시키는 목표를 설정하였으며 목표를 구성하는 과제들을 구상하였다. 이 과정에서 선정된 과제들은 비전의 실현과정에서 여러 가지 요인에 의해서 수정, 변경, 추가, 삭제될 수 있음을 염두에 두기 바란다. 학생들의 설문 결과에서도 비전실현 과정에서 목표와 과제가 변경될 수 있다는 점에 대해서 대략 80%가 공감하고 있었다.

제6절 나의 이정표(Plan & Time Table)

나의 이정표는 지금까지의 실습을 통하여 선정한 과제들을 실행하기 위하여 시간대별로 정리한 실천계획이다. 이는 라이프 로드맵의 최종 산물이기도 하다. 계획과 시간표의 작성은 여러 형태의 방법으로 작업이 가능하다. 본 절에서 계획과 시간표를 작성하는 데 적용하는 기준을 다음과 같이 제시한다.

- 단기 및 중기계획 목표, 과제: 매년 단위로 과제와 연계
- 장기 계획의 목표 및 과제: 제1비전의 실현까지는 5년 단위, 제2비전, 3비전은 10~20년 단위로 실천과제와 연계하여 반영
- ※ 과제의 성격 및 특성(계속 수행, 매년 단계별 수행, 분할 수행 등)에 따라 세분화, 단계화, 반복하여 기술할 경우도 있음

이러한 기준에 준하여 〈표 3-19〉에서 정리한 제1비전의 설정과제와 〈표 3-20〉에서 정리한 제2, 3비전의 설정과제들을 시간대와 연계시키는 과정에서 과제를 세분화하거나 구체화시켜서 〈표 3-21〉에 대입하는 과정을 실습해보자. 작성과정에서 세부적인 사항들에 대한 지식이나 정보의 부족으로 어려움을 겪을 수도 있을 것이다. 이럴 경우에는 관련 분야의 경력자나 자신의 롤 모델이 될 만한 전문가들에게 직간접적으로 조언을 구하는 것이 바람직하다. 그 과정에서 여러분들이 지금까지 자신이 미처 몰랐거나 간과했던 부분들도 새로이 알게 되는 부수적인 성과를 얻을 수도 있다.

〈표 3-21〉 이정표 계획의 예(2013년 1학년 기준)

연도(시간)	추진 과제
2013 (21세: 1학년)	ROTC 지원 준비(필기, 체력, 신검 등), ROTC 1차 지원 및 응시, 안보학 과목 수강(2학기: 리더십 → B학점 이상), 학점 3.5 이상 획득, 어학공부(토익 700점), 아르바이트(여름방학 → 여행자금 확보), 해외탐방(겨울방학: 동남아 배낭여행) 등
2014(2학년)	ROTC 1차 불합격 시 2차 지원준비, ROTC 2차 지원 및 응시(합격), 안보학 과목 수강(1학기: 국가안보론 → B학점 이상), 학점 3.5 이상, 어학공부(토익 800점), 학자금 장학생 선발응시, 아르바이트(여름방학 1개월), 해외탐방(여름방학: 중국), 기초 군사훈련(겨울방학: 우수성적), 운전면허 취득(겨울방학) 등

(계속)

연도(시간)	추진 과제
2015(3학년)	학자금 장학생 1차 불합격 시 2차 응시(합격), 태권도 수련(시작), 컴퓨터 자격증(워드 및 문서작성) 취득, 안보학과목 수강(1학기: 북한학 → A학점, 2학기: 전쟁사 → A학점), 군사학 과목 A학점, 1차 하계 군사훈련(여름방학: 우수성적), 해외탐방(여름방학: 일본), 어학공부(토익 900점), 학점 4.0 이상, 동계 군사훈련(겨울방학) 등
2016(4학년)	태권도 유단자 달성, 안보학 과목 수강(1학기: 무기체계 → A학점), 군사학 과목(A학점), 2차 하계 군사훈련(여름방학: 우수 성적), 해외탐방(여름방학: 미국 및 캐나다), 전공학점(4.0 이상), 임관고사(우수성적), 희망 병과 선택(보병 or 포병), 성공적인 소대장 로드맵 수립(겨울방학), 해외탐방(겨울방학: 유럽) 등
2017(25세)	육군 소위 임관(10%이내), OBC 우수성적(30% 이내 수료), 야전 소대장 보직 및 임무수행 시작(2016년 6월 말), 소대장 근무평가(후반기), 중위진급 발표(2016년 11월) 등
2018(26세)	소대장 임무수행 및 근무평가(전반기), 중위진급(2017. 3. 1 일부), 보직변경(소대장 → 참모장교: 7월), 참모보직 후반기 근무평가 등
2019(27세)	참모보직 전반기 근무평가, 진급추천(A등급), 장기지원 준비, 대위 진급발표(11월)포함, 어학과정 입교(정보학교: 6~8개월) 등
2020(28세)	장기지원 및 합격, OAC 교육(5~6개월) 우수성적(30%), 대위진급(11~12월), 결혼 전제의 교제 시도 등
2021(29세)	1차 중대장 보직(12개월: 근무평가 2회, ATT 1회-우수), 표창수상(2회) 달성 등
2022(30세)	1차 중대장 계속(6개월: 근무평가 1회), 표창수상(1회), 부대전속, 2차 중대장 보직(6개월: 근무평가 1회) 등
2023(31세)	2차 중대장 계속(12개월: 근무평가 2회, ATT 1회-우수), 표창수상(2회), 배우자 확정 및 결혼준비 등
2024(32세)	참모보직 변경(근무평가 2회), 표창 2회, 결혼/가족계획 수립 등
2025~2026 (33세~34세)	참모보직 계속 or 보직변경(1~2년 근무), 진급추천 서열(A), 소령진급 발표(2026년 8~9월), 자녀 2명 출산 및 성장 등
2027~2031 (35세~40세)	소령 1차 보직(1년 근무), 소령진급(9~11월), 합동대 합격/입교, 합동대 교육(1년) 우수 성적(30%), 부대전속 및 1차 보직(1~2년)수행, 자녀 학교교육 시작, 2차 보직(1~2년) 수행, 진급추천 서열(A), 중령진급 발표(2031년 8~9월) 등
2032~2036 (41세~45세)	합참대학 입교(1년), 중령진급(2032년 10~11월), 부대전속, 대대장 보직 및 근무(2년: 2033~2034), 참모 보직(1년), 석사과정 시작, 부대전속(정책부서) 및 보직(1~2년 근무), 자택마련, 가정정착 등
2037~2041 (46세~50세)	정책부서 보직변경(1~2년 근무), 진급추천 서열(A), 석사학위 취득, 대령진급 발표(2038년 8~9월), 대령 1차 보직(1년 근무), 대령진급(2039년 10~11월), 연대장(18개월: 2040~2041년 6월), 야전부대 참모(1년) 등
2042~2046 (51세~55세)	부대전속(정책부서) 및 보직(1~2년 근무), 진급추천 서열(A), 장군진급 발표(2042년 10월), 2043년 1월 1일부 장군진급(★), 국방대학원 입학(1년), 야전부대 근무(1년) or 정책부서(1년) 등
2047~2051 (56세~60세)	사단장 보직(2년), 기타보직 수행, 박사학위 취득, 예편 준비(57~60세 예편 고려) 등

(계속)

연도(시간)	추진 과제
2052~2071 (61세~80세)	연구소 사무실 선정/계약, 사무직원 채용, 연구요원 구성(박사 5~6명), 용역과제 획득, 강의대학 결정, 강의과목 협의/결정, 강의 준비, 강의대상 기관/기업 섭외, 연구논문 연구지 투고, 연구논문집 발간(1년 단위), 연구결과 책자화(2~3년 단위), 자녀혼인/독립 지원, 전원생활 지역 선정 및 거주지 준비 등
2072~2091 (81세~100세)	거주 지역 환경/주민 동화, 주민활동에 적극 참여하기, 종교 활동, 건강관리/주기적 검진, 자서전 자료정리/집필, 대륙별 여행계획수립(동참자 규합), 여행결과 자서전에 반영, 자서전 발간 등

〈표 3-21〉의 실습내용을 분석해보면, 단기목표(현재를 기준으로 1~5년 후)를 충족시키기 위한 과제들(대학생활 위주)은 세분화되고 구체적으로 표현되어, 비교적 정확하게 위치하고 있음을 알 수 있다. 그리고 중기목표(6~10년: 26~30세) 기간의 내용들은 제시된 기본과제 목록과 필수 수행임무들이 나열되고 있다. 이어지는 장기목표(11년 이후)의 과제들은 과제목록에 제시된 내용 위주로 채워지고 있다. 지극히 당연한 결과이다. 미래에 대한 내용은 유사한 경험자가 남겨준 자료와 전문가의 멘토에 의존해서 작성할 수밖에 없기 때문이다. 〈표 3-21〉의 내용 역시 필자의 경험요소가 많은 비중을 차지하고 있음을 참고해야 할 것이다.

여기에서 유의할 점은 단기목표의 추진과제의 경우, 누락을 방지하고 세분화·단계화가 되어 적절한 위치에 명시하려는 노력이 필요하다. 중·장기 과제는 주기별로 라이프 로드맵을 수정·보완하는 과정에서 미래의 환경변화 요소와 자신의 능력의 향상 여부에 따라서 과제변경이나 추진시간이 변경될 소지가 있으므로 핵심만 유지하고 있으면 된다. 즉 중·장기과제는 시간이 경과함에 따라서 다시금 단기과제의 단계에서 구체화되는 과정을 거치게 된다는 것이다.

'나의 이정표'를 작성하면서 ①~④단계의 과정이 부실하여 앞뒤 연계가 잘 되지 않으면, 다시 ①단계부터 검토하고 고민하는 과정이 필요하다. 즉 꿈과 비전은 큰 변화가 없더라도 목표와 과업은 얼마든지 수정될 수 있는 요인들이 있을 수 있기 때문이다.

우리가 인생을 살아가면서 성공하기 위해서는 세 명의 사람을 잘 만나야 한다는 말이 있다. 그 첫째가 부모님이고, 두 번째가 부부이며, 세 번째가 스승이라고 한다. 여기에서 여러분들은 실현가능한 라이프 로드맵을 설계하고 성공적인 달성을 위해서는 자신과 유사한 비전을 수행했던 유경험자나, 그 분야에 전문가를 찾아서 만나야 한다. 그리고 그분을 스승으로 모시고 멘토링을 받거나 간접경험의 기회를 가져야 한다. 그 간접경험에 자

주요 과제	3	4	5	6	7	8	9	10	11	12	1	2
ROTC 지원준비(필기, 체력)	■	■										
ROTC 1차 응시/발표			응시			발표						
안보학과목 수강(리더십)							■	■	■	B학점 이상		
학점 3.5 이상 획득	■	■	■	■	■		■	■	■	■	■	
어학: 토익 700점	■	■	■	■	■		■	■	■	2차 시험	■	
아르바이트(여행자금)					■	■						
해외탐방(배낭여행)											동남아	

〈그림 3-16〉 라이프 로드맵 2013년 추진계획(예)

신의 특성과 미래의 환경요소를 접목하면, 여러분들의 라이프 로드맵은 가장 실현 가능성이 높고 성공을 보장하는 인생설계가 될 것이다.

다음으로는 라이프 로드맵 속의 '나의 이정표'와 해당년도 계획과의 관계에 대하여 추가적인 언급을 하려 한다. '나의 이정표'의 부가적인 결과물로서 여러 가지가 거론될 수 있다. 그중 가장 중요한 것이 해당연도 추진계획이다. 일반적으로 해당연도 계획은 한해(학기)가 시작되는 1월(3월)부터 다음해 12월(2월)까지를 상단에 명시하고, 주요 추진과제를 하단에 명시한 후에 그 진도를 확인하면서 실천할 수 있도록 작성하여 활용한다. 이러한 개념으로 작성한 라이프 로드맵의 해당년도 추진계획의 예를 〈그림 3-16〉에 제시한다.

해당연도 추진계획은 비전내용의 특성과 개인별 성향에 따라서 다양한 방법과 양식을 사용할 수 있다. 라이프 로드맵을 설계하지 않은 경우에도 이런 유형의 해당연도 계획은 누구든지 쉽게 작성하여 활용하면 도움이 될 것이다. 대학생들을 대상으로 한 설문에 의하면, 자신만의 계획을 수립하여 실천하는 학생은 23% 수준이었으며, 학사일정에 의존하는 학생은 57% 수준이었고, 라이프 로드맵 설계과정에서 구체적인 실천계획을 수립하는 계기가 되었다는 학생은 74% 수준으로 나타났다.

자신의 라이프 로드맵을 실천하기 위해서 〈그림 3-16〉의 해당연도 계획뿐만이 아니라, 방학기간 활용계획, 자신만의 스펙 확보계획, 대학생활 로드맵, 성공적인 소대장 로드맵, 국가고시 패스 로드맵, 성공적인 유학생활 로드맵 등 각 목표마다 별도의 '나의 이정표'를 수립한다면 더욱 체계적으로 자신의 라이프 로드맵을 실천하는 데 도움이 될 것이다.

제7절 나의 라이프 로드맵 후속조치

라이프 로드맵을 설계하는 일은 자기 자신이 리더로 양성되는 과정에서 기본적으로 갖추어야 할 중요한 과업이다. 즉 리더로서 명확한 국가관·가치관, 사회적 책임의식이 없거나 자신을 체계적으로 관리하는 라이프 로드맵이 없다면, 현재와 미래에 크고 작은 조직의 리더로서 조직구성원을 대상으로 자신의 리더십 능력을 제대로 발휘할 수 있겠는가? 이는 마치 지도나 이정표 없이 먼 길을 떠나는 것과도 유사하다. 따라서 라이프 로드맵의 설계과정은 학생이나 일반인들이 리더로 성장하는 과정에서 자기 자신을 한 단계 격상(Level up)시키는 필수적인 코스가 될 수 있을 것이다.

이제까지 ① 자기 분석, ② 나의 비전, ③ 나의 목표, ④ 나의 과업, ⑤ 나의 이정표의 5단계를 거쳐 라이프 로드맵을 완성해보았다. 중요한 것은 이렇게 작성된 라이프 로드맵이 일회성 결과물이 되어서는 안 된다는 점이다. 자신의 인생을 살아가는 데 지침서이며, 계획서이고 길잡이가 되기 위해 주기적으로 보완되고 최신화(update)가 되어야 한다.

〈표 3-22〉에서는 라이프 로드맵을 작성 및 발표하고 이를 실천하는 과정에서 재차 수정·보완하는 제반 절차를 정리하여 제시하였다.

〈표 3-22〉 라이프 로드맵 후속조치 절차

단 계		후속조치
1단계	의견수렴, 내용 보완	• 가족, 친구: 라이프 로드맵 초안 공개 → 의견수렴 • 스승(멘토): 객관적 평가 → 피드백 반복으로 내용 보완 (수업과정에서는 지도교수 역할 담당)
2단계	계획 완성, 발표 준비	• 멘토의 피드백 참고하여 계획 완성 • 라이프 로드맵 완성 후 작성후기 작성 첨부 • 프레젠테이션 준비: PPT(15~20쪽), 유인물 등
3단계	발표, 완성	• 청중/지인들의 반응 체크 • 지도교수 또는 멘토의 강평 • 강평내용 중 필요부분 추가 반영, 발표후기 작성 첨부 ※ 라이프 로드맵 완성
4단계	라이프 로드맵 실천 및 분석, 보완	• 라이프 로드맵을 해당연도 계획으로 구체화하여 실천, 실천간 발생되는 사건 기록 유지하여 분석에 반영 • 분석 및 보완 ⇒ 1년이나 6개월 단위(내용의 특성 고려) • 해당연도 계획 수립(라이프 로드맵 내용 구체화) • 라이프 로드맵 총체적으로 수정·보완(환경변화 등 반영)
실천간 관심 / 기록사항		• 목표와 과제의 변경(추가, 삭제) 필요성, 자신의 능력변화, 목표/과제의 조기 성취, 별도 로드맵 작성의 필요성 등

7.1 작성 후기

작성 후기는 라이프 로드맵 설계과정을 작성하기 전, 작성하는 과정, 작성 후로 구분하여 라이프 로드맵 설계과정에서의 느낌, 어려웠던 점, 지인들로부터 도움을 받은 내용, 추가적으로 발견한 자신의 특성과 장점, 실천 각오들을 비교적 소상하게 정리해서 기록할 것을 권장한다. 이러한 기록은 라이프 로드맵을 실천하고 그 결과를 분석하는 과정에서 초심을 잃지 않는 데 도움이 된다. 또한 위기 시에도 다시 도전할 수 있는 용기와 자신감을 상기시켜줄 것이다. 작성 후기를 작성하는 과정에서 참고 및 고려해야 할 사항들은 다음과 같다.

① 나의 리더십 능력은 나 자신에 대한 자기 분석(Self Analysis)부터 시작하여, 라이프 로드맵을 설계하는 과정에서 자신의 리더십 특성과 자질을 찾아내어 라이프 로드맵을 완성하고, 라이프 로드맵을 실천하는 과정에서 향상된다.
② 라이프 로드맵은 나의 인생을 살아가는 데 나의 내비게이션 역할을 할 것이다.
③ 라이프 로드맵은 '성공'을 가정한 설계 기법임, 인생항로에는 '성공'도 있지만 '실패'할 가능성이 있음을 감안하여, 라이프 로드맵의 분석 및 보완이 주기적으로 이루어져야 인생의 실패를 사전에 예방할 수 있음.
④ 라이프 로드맵은 추진과정과 환경변화에 의해서 변경 및 보완되므로, 유연성 있는 실천과 활용이 필요함.
⑤ 누구나 꿈과 비전이 있고 라이프 로드맵을 설계할 수는 있으나, 그 핵심은 어떻게 실천하느냐 하는 것임. 실천하지 않는 계획은 의미가 없음.
⑥ 라이프 로드맵 추진과정에서 중요이슈(예: 군복무, 유학, 취업, 고시패스, 결혼 등)에는 별도의 로드맵을 설계하여 추진하는 것이 바람직함.

7.2 발표 및 발표 후기

라이프 로드맵의 발표는 자신의 작성한 인생설계를 지인들이나 동료들에게 공개하는 과정이다. 다소 부담감을 가질 수도 있는 과정이다. 그러나 라이프 로드맵의 취지는 리더 양성이라는 목적을 갖고 있기 때문에 이 과제를 수행하는 모든 학생들이 발표에 참여하는 것이 가장 최선일 것이다. 필자의 경험에 의하면 리더십 과목의 수강생들이 발표에 대한 부담감을 느끼고 있는 경우에는 발표 여부를 선택사항으로 변경하여 제시한 결과, 라이프 로드맵 설계과제를 수행한 학생 중 90%가 발표에 참여했다. 발표에 참여한 학생들은 발표 후에 자신만의 라이프 로드맵을 가지고 있다는 데 대한 자긍심이 고조되어 있었으며, 향후 라이프 로드맵을 실천하는 데 대한 의지가 충만함을 느낄 수 있었다. 발표는 1차적으로 지인(가족, 스승, 동료 등)들에게 좌담식이나 토의식으로 진행하는 간편한 방법이 있다. 다음은 PPT를 작성하여 프레젠테이션을 하는 방법으로 진행할 수도 있다. 필자는 라이프 로드맵 설계를 수업과정에서 진행하는 것을 기본으로 하기 때문에 공식적인 발표방법을 활용하고 있으며, 진행과정에 대한 지침을 아래와 같이 사전에 조별, 개인별로 알려주고 있다.

- 일시: 발표 날짜와 시간
- 장소: 강의실(빔 프로젝트가 설비된 강의실)
- 방법: PPT에 의한 개인별 프레젠테이션
- PPT 분량: 15~20쪽
- 개인별 발표시간: 15분 내외
- 청중: Classmate
※ 발표 후 Classmate 2~3명이 경청한 느낌 및 소감을 발표(상호 의견 개진)

위의 지침에 의해 발표자는 자신이 직접 설계한 라이프 로드맵의 내용을 발표자료로 만들어서 자신의 프레젠테이션 기법과 능력을 최대한 발휘하여 발표하도록 한다. 즉 기업체를 대상으로 자신이 개발한 상품을 채택받기 위한 상황 혹은 자신을 취업현장의 심사위원들에게 홍보하는 상황으로 가정하여 발표에 최선을 다하도록 강조한다. 이러한 발표기회는 발표자에게 자신이 설계한 라이프 로드맵에 대한 애착을 갖게 하고 지도교수와 동료들 앞에서 라이프 로드맵 실천에 대한 각오를 다짐하는 계기가 될 것이다. 이에 더하여 발표자는 발표자료 작성능력의 향상, 발표기법 및 발표능력의 향상 등의 부산물도 함께 얻을 수 있다. 수강생들에 대한 설문결과, 86%의 학생들이 라이프 로드맵의 발표는 나 자신의 실천의지를 더욱 강하게 하는 과정이 되었다고 답변하였다. 필자의 경험에 의하면 소극적인 성격을 가진 한 3학년 학생의 경우, 대학생활 중에 이번 발표가 다수를 상대로 한 첫 발표였다고 밝힌 경우도 있었다.

발표가 끝나면 지도교수의 강평을 참고로 최종적으로 라이프 로드맵을 보완한다. 그리고 발표 후기를 작성하여 작성후기에 이어서 첨부하면 라이프 로드맵은 완성된다. 발표후기의 작성은 발표 중에 동료들의 반응과 지도교수의 강평을 참고하여 자신의 생각과 느낌을 기술하던 된다.

이렇게 하여 미시적 리더의 양성 차원에서 접근한 라이프 로드맵 설계절차의 과정은 마무리되었다. 이러한 과정을 수강한 학생들이 직접 기록으로 남긴 의견들을 요약하면 다음과 같다.[9]

- 라이프 로드맵 과제를 수행하면서 나의 인생(100세)을 살아가는 과정에서 제1비전, 2 비전, 3비전의 필요성을 인식하고 구상 및 설계하는 계기가 되었음.
- 라이프 로드맵 과제수행을 통해서 나의 미래에 대한 설계를 완성했다는 사실도 중요 하지만, 당장 현실적인 대학생활과 방학기간을 효율적으로 활용할 수 있는 계획을 수립하는 계기가 된 것이 더 큰 수확임.
- 라이프 로드맵 과제를 수행하면서 나에게 시간이 항상 충분하게 있는 것이 아니고, 현시점에서 내가 달성해야 할 과제가 무엇인지 인식하는 계기가 되었음.
- 리더십 거발과 라이프 로드맵 강의는 1, 2학년과 3, 4년을 구분하여 시행한다면, 좀 더 현실적 상황에 접근한 맞춤식 교육이 될 것으로 생각됨.
- 리더십 개발과 라이프 로드맵 강의는 1, 2학년 때 수강한다면, 시너지 효과가 예상되 며, 3, 4학년은 늦은 감이 있어서 자신을 초조하게 하고 휴학을 고려하게 함.
- 라이프 로드맵 과제에서 제1비전과 이를 실현하기 위한 목표를 결정했기 때문에 현 재 나의 취업방향을 결정하였으며, 나의 노력을 집중할 수 있는 계기가 되었음.
- 나의 라이프 로드맵은 나의 삶에 내비게이션이 될 것임.
- 나의 라이프 로드맵 과제의 충실성 정도는 스승의 맨투맨식 피드백 여부에 의해서 많은 영향을 받으므로, 지도교수의 열정과 적절한 학급편성이 필요함.

본 장의 요약

본 장에서는 자기 자신에 대한 정확한 진단, 자신의 강점식별, 미래의 환경변화 예측 등의 절차를 거쳐서 자신의 비전과 목표를 설정하고 인생항로를 구상하여 자신의 인생과 리더십에 대한 로드맵 설계방법을 다양한 실제 사례를 바탕으로 학습하였다. 자신의 라

---

9   본 내용은 필자가 2011년 1, 2학기 수강학생들 중 끝까지 과제를 수행한 107명의 학생들의 설문에서 학생들 이 직접 기록으로 제시한 의견을 요약한 것임.

이프 로드맵을 가지고 있다는 것은 현재의 좌표를 알고 있다는 것, 도달하고자 하는 목표를 알고 있다는 것, 그리고 현재의 좌표에서 목표로 가는 바람직한 경로를 찾을 수 있다는 것을 의미한다. 자신이 어디에 있고 어디로 가야 하는지도 모르는 사람이 자신과 조직을 성공적인 미래로 이끌 수는 없는 것이다. 분명한 것은 성공이란 자신의 생각 속에서 이루어지는 것이 아니라 타인들과의 관계와 현실을 헤쳐 나가는 실천적 행동을 통해 얻어지는 것이다. 이런 점에서 본다면 라이프 로드맵의 설계는 셀프 리더가 되기 위한 가장 기본적인 준비과정이며 지름길이라고 할 수 있다.

성공하는 사람들의 공통점은 동서고금을 막론하고 부지런하고 일하는 것을 좋아하는 사람들이라는 것이다. 일 중독(workaholic)이 아니라 진정으로 일을 좋아하고 일을 통해 자신의 꿈을 실현하려는 강한 의지를 가진 사람들이다. 자신의 꿈을 이루려는 의욕은 성취하려는 열정에 바탕으로 두고 있다. 본 장에서는 이러한 열정으로 성공한 사람들에게서 나타나는 몇 가지 우수한 역량을 학습하였다. 이를 바탕으로 리더로서 성장하고 학습하는 데 가장 기본적인 지침이 될 수 있는 '라이프 로드맵' 설계에 대하여 ① 자기 분석, ② 나의 비전, ③ 나의 목표, ④ 나의 과업, ⑤ 나의 이정표의 5단계 방법론을 제시하였다.

먼저 라이프 로드맵 설계절차에 의해 발표자는 자신이 직접 설계한 라이프 로드맵을 작성하여 자신의 프레젠테이션 기법을 동원하여 발표한다. 다음으로 청중들의 반응, 실천에 대한 자신과의 약속, 동료 및 지도교수의 강평을 통하여 좀 더 명확한 라이프 로드맵으로 보완하게 된다. 이후 발표자는 강평내용을 기초로 발표 후기를 작성하고, 자신의 계획을 수정·보완함으로써 라이프 로드맵을 완성하게 된다. 그리고 추진과정에서 주기적인(6개월, 1년) 분석평가를 통하여 보완 및 발전시키면서 리더로서의 자질을 향상시켜나가는 것이다.

라이프 로드맵을 설계하는 일은 자기 자신이 리더로 양성되는 과정에서 기본적으로 갖추어야 할 중요한 과업이다. 리더로서 명확한 국가관·가치관, 사회적 책임의식이 없거나 자신을 체계적으로 관리하는 라이프 로드맵이 없다면, 현재와 미래에 크고 작은 조직의 리더로서 조직구성원을 대상으로 자신의 리더십 능력을 효과적으로 발휘하기란 매우 어려울 것이다. 이렇게 작성된 라이프 로드맵은 일회성 결과물이 아닌 자신의 인생을 살아가는 데 지침서이며, 계획서이고 길잡이가 되어야 하며 이를 위해서 주기적으로 재음미되고 갱신되어야만 한다.

제11장 비전의 개발과 공유

리더십은 집단과 조직구성원들에게 영향력을 발휘하여 기대하는 효과를 달성하기 위한 활동이다. 다라서 리더십은 이론적인 분야보다는 실천적인 행동분야에 더욱 무게중심을 두고 있다. 리더는 조직이 지향하는 미래의 청사진인 비전을 제시하고 조직구성원들로 하여금 조직의 비전에 대하여 사고와 행동이 일치하도록 북돋우어야 한다. 유능한 리더십은 조직의 비전을 달성하는 과정에서 조직구성원들의 능력발휘를 극대화시키는 것이다. 극대화된 조직구성원들의 능력은 조직이 목표를 달성하는 과정에서 발생하는 어려움을 해결하는 역할을 한다. 그러므로 비전은 리더가 갖는 욕망의 산물이 아니라 조직구성원들과 함께 공유해야 할 필수적인 덕목이며 조직과 경영자가 이루어나가야 하는 지향점이며 좌표이다.

본 장의 화두는 비전의 개발과 공유이다. 비전이 없는 조직? 비전을 만들어내지 못하는 리더? 상상해보았는가? 이러한 조직의 생명력은 오래가지 못할 것이다. 그리고 개발한 비전을 조직구성원들에게 공유시키지 못하는 리더를 상상해보자. 즉 리더가 아무리 좋은 비전을 개발하여 제시하여도 조직구성원들의 이해를 얻지 못하거나, 외면을 받아 공유하지 못한다면, 그 비전은 추진동력을 잃게 될 것이고 공염불이 되고 말 것이다. 이때 리더는 직간접적인 방법으로 자신의 리더십과 조직의 시스템을 긴급 진단하고 처방을 내려 리더십의 방향과 조직의 시스템을 정비해야 한다. 즉 비전의 개발은 조직구성원들이 동참하여 그들의 창의력을 결집시키는 방향으로 비전의 공유는 조직을 수직적·수평적 의사소통이 가능하도록 재편성하고, 조직구성원 모두를 조직이 추진하는 비전과 이슈의 오디언스로 양성해야 할 것이다.

따라서 본 장에서는 비전의 중요성을 인식하면서 비전의 개발과 비전의 공유로 구분하여 논의한다.

1. 조직에서 비전의 개념과 역할을 이해하고 비전적 리더가 갖추어야 할 자질에 대하여 논의하시오.
2. 비전 개발을 위한 최상의 방법을 제시하고 비전 개발 프로세스에 대하여 논의하시오.
3. 비전 공유의 중요성을 이해하고 조직 차원에서 공식적 커뮤니케이션과 비공식적 커뮤니케이션에 대하여 논의하시오.
4. 커뮤니케이션의 과정을 이해하고 커뮤니케이션의 장애요인과 개선방안에 대하여 논의하시오.
5. 동기부여이론들을 이해하고 허즈버그의 2요인 이론에서 동기요인은 직무만족과 관련되고 위생요인을 직무불만족과 관련된다고 주장한다. 현실적인 예를 들어 2요인 이론의 타당성에 관하여 논의하시오.
6. 맥클레랜드의 성취동기이론과 매슬로의 욕구이론 간에 연계성과 관련성에 대하여 논의하시오.
7. 브룸의 기대이론에서 동기부여과정을 이해하고 조직에서 승진과 보상으로 동기부여가 어느 정도 충족되는가에 대하여 논의하시오.
8. 조직에서 조직구성원들의 기(氣)를 효과적으로 살리는 좋은 방법과 사례에 관하여 논의하시오.
9. 칭찬의 양면성에 대하여 이해하고 올바른 칭찬을 통한 동기부여 방안을 본인의 경험을 바탕으로 예를 들어 설명하시오.
10. 참여와 권한위임의 차이를 설명하고 리더십과의 관계를 논의하시오.

제1절 비전의 개발

비전의 정의에 대해서는 앞에서 '현재의 시점에서 가장 이상적인 미래 상황을 설정하고 그것을 성취시킬 수 있는 전략과 성취한 후의 최종적인 상태(end states)를 정립하는 것을 의미한다.'라고 제시하였다. 그리고 비전의 개발은 개인과 조직 차원에서 접근할 수 있는데 개인 차원의 비전은 앞에서 논의한 바 있다. 따라서 본 절에서는 거시적 관점인 집단과 조직 차원에서의 비전에 대하여 논의하기로 한다.

1.1 비전의 개념

1) 비전은 조직의 미래상

비전(vision)은 보다 우수하고 이상적인 미래 상황을 설정하고 그것을 성취할 수 있는 전략과 방법을 제시하는 그림으로써, 현실성이 있고 믿을 만하며 매력적인 조직의 미래상이다. 올바른 비전은 사람들에게 활력을 불어넣음으로써 그들의 기술, 재능, 자원을 통해 미래로 도약하게 하는 아이디어이며 내비게이션이다.

비전은 조직의 창설뿐만 아니라 조직의 전체 라이프 사이클(life cycle)을 통해서 조직의 성격과 목적을 이해하려는 사람들에게 조직의 방향을 가르쳐주고, 조직의 현재와 미래를 연결시켜주는 중요한 역할을 한다.[1]

비전은 현재에 존재하지도 않으며 과거에도 경험하거나 인지된 적이 없는 미래의 이미지를 형성시키는 기술과 능력이다. 또한 미래가 어떠할지를 예견하는 풍부한 상상력과 흥미진진한 개념이다. 그리고 비전은 꿈이 아니라 다가올 현실이다. 그러므로 비전은 다음 세대까지 공감되고 계승될 수 있는 조직의 미래상으로 자리 잡아야 한다. 따라서 비전은 리더역량과 리더십의 핵심요소이다.

아파치족의 미래상: 저 산을 넘어야 한다

아파치(Apache)족의 추장이 나이가 들어 후임자를 고르게 되었다. 많은 젊은이들이 나섰다. 인디언 추장이 되려면 체력, 지혜, 인품을 골고루 갖추고 있어야 했기 때문에 말 타기, 활쏘기, 씨름, 길 찾기 등 다양한 시험과정을 거쳐야 했고, 결국은 세 사람이 후보로 압축되었다. 추장은 이들에게 "저기 보이는 높은 산 정상에 가장 먼저 갔다 오는 사람에게 추장자리를 물려주겠다."라고 했다. 얼마 후 그들이 돌아왔다.

첫 번째 용사가 도착했다. 그는 추장에게 꽃을 내밀었다. 그것은 산꼭대기에서만 피는 붉은 꽃이었다. 두 번째 용사가 돌아왔다. 그는 파란 돌을 내밀었다. 산 정상에만 있는 대단히 특이한 돌이었다. 마지막으로 세 번째 청년이 나타났다. 그러나 그 젊은이는 손에 아무것도 들고 있지 않았다. 추장은 크게 노하여 그 청년을 심하게 질책했다. 그는 이렇게 말했다. "저는 분명히 저 산 꼭대기에 갔다 왔습니다. 산 정상에 오르니 저 너머에는 광활한 평야와 넓은 강, 수많은 버펄로 떼가 있었습니다. 누가 추장이 되어도 상관이 없습니다만, 우리 아파치족은 이제 저 산을 넘어야 합니다."

---

1   이진희 · 서점식(2011), 『글로벌 시대의 리더와 리더십』, 문영사, 295쪽.

결국 빈손으로 가장 늦게 도착한 이 청년이 추장으로 뽑혔다. 그는 아파치족에게 꽃도 아니고 돌도 아닌 '미래의 비전, 조직의 미래상'을 가져다준 것이다.

소프트뱅크의 손정의 사장은 1981년 소프트뱅크를 처음 시작하는 날, 아르바이트직원 2명을 앞에 놓고 사과 궤짝 위에 올라가 조회를 했다. 24살의 그는 이 자리에서 "우리 회사는 5년 이내에 100엔, 10년 후에는 500엔, 그리고 앞으로 1조 엔의 매출을 내는 기업이 될 것입니다."라고 회사의 비전을 선언했다.[2]

2) 비전은 꿈의 현실화

비전은 조직의 꿈을 현실화·명문화한 것으로서 우리의 눈앞에 전개될 현재와 미래에서 조직의 최종적인 상태이며 모습이다. 그래서 조직비전의 초점은 설정되어 추진하는 비전이 객관성과 합리성 측면에서 얼마나 타당한 것인가의 여부에 있다. 비전은 추진하는 과정에서 올바른 비전, 바람직한 비전, 효과적인 비전, 미래지향적인 비전이 아닌 것으로 평가되면, 결국 허상으로 드러나게 되어 조직은 비전의 최종상태인 목표의 수정이나 추진방향을 선회하는 비전의 재정립 과정을 거치게 될 것이다. 따라서 비전의 개발을 주도하고 제시하는 리더는 미래에 대한 예측력과 함께 상상력을 겸비하는 것을 주요 덕목으로 해야 한다.

조직에서 비전은 다음 세대까지 공감할 수 있는 비전으로 개발하고 그러한 비전이 계승되도록 주춧돌 역할을 하는 것이 중요하다. 일부 리더들에 의해 개발되고 제시된 비전들이 비판을 받는 이유는 당대에 모든 것을 마무리 짓겠다는 과욕이 포함되어 있기 때문이다. 다음 세대까지 계승되는 비전이야말로 진정한 비전으로서의 가치가 있는 현실적인 비전이다. 바람직한 비전은 다음과 같은 내용들이 포함되어야 한다.

- 상상할 수 있는 것이어야 한다(미래의 청사진).
- 조직구성원 모두가 원하는 것이어야 한다(장기적 이익을 대변).
- 실행할 수 있어야 한다(실제로 달성 가능한 목표).
- 구체적이어야 한다(의사결정에 도움이 되도록 명확해야 함).
- 융통성이 있어야 한다(환경변화에 적응할 수 있는 유연성).
- 쉽게 전파할 수 있어야 한다(5분 이내에 설명 가능).

2　김흥기(2004), 『디지털 인재의 조건』, 21세기 북스.

3) 비전의 주요 기능[3]

첫째, 조직과 조직구성원들에게 정향감(正向感)을 제공한다. 정향감은 좌표에서 어디로 갈 것인가를 알고 있다는 심리적 믿음이다. 여행할 때 지도를 보면서 목표의 좌표를 아는 것과 같다. 현재의 위치란 아무리 좋다 하더라도 머물러 있을 수 있는 곳이 아니다. 가야 할 곳을 알아야 어떻게 갈 것인가도 판단할 수 있는 법이다.

둘째, 조직 활동을 정렬시키는 기능을 한다. 조직은 부문별로 매우 다양한 활동을 통해 움직인다. 이 활동들의 구심점이 불명확하면 조직에너지는 분산되어 시너지 효과를 얻을 수 없다. 비전은 조직 활동의 구심점 역할을 하면서 목표설정과 계획 수립의 준거가 된다.

셋째, 조직구성원들의 공동체의식을 형성하여 조직몰입을 활성화한다. 모든 사람은 자기 나름의 이상을 지니고 있다. 자신의 이상이 조직의 이상 속에서 실현될 수 있다고 믿을 때, 조직의 이상에 몰입할 수 있다. 비전은 소속감을 바라는 사람들의 참여욕구를 충족시키면서 조직몰입에 긍정적으로 작용하는 것이다.

비전으로 향하는 길은 여러 개의 목표라는 좌표를 통해 이어져 있다. 비전은 흔히 추상적으로 표현되므로 목표를 통해 구체적으로 형상화되는 것이다. 조직의 특성에 따라 비전과 목표를 구분하지 않고 통합하여 설정하고 활용하기도 한다.

1.2 비전적 리더

비전적 리더(visionary leader)란 눈앞의 작은 이익에 관심을 두지 않고 미래의 전망을 내다보고 조직구성원들에게 희망적인 비전을 제시하는 리더이다. 즉 적절한 비전을 바탕으로 한 리더십을 통하여 조직구성원 모두가 동참하여 같은 방향으로 나아가고자 하는 것이다.[4]

우리는 히딩크 감독에게서 비전적 리더의 진면목을 발견해낼 수 있다. '감독 한 사람 바꿨을 뿐인데 팀의 분위기가 바뀌었다.' 그 원인은 히딩크 감독의 리더십이 목표를 향한 비전을 제시하고 추진하며 선수들과 같이 호흡한다는 데 있었다. 바로 이러한 비전의 공유와 공동 실천은 월드컵 4강 신화의 시너지 효과로 이어졌다. 이 과정에서 선수 개개인의 특성을 정확히 파악하고, 선수들에게 맞는 비전을 제시하여 관리한 점도 히딩크 리더

---

3 박유진(2009), 『현대사회의 조직과 리더십』, 양서각, 245-246쪽.
4 이진희·서점식(2011), 『글로벌 시대의 리더와 리더십』, 문영사, 300쪽.

십의 강점이다. 예컨대, 내성적 성격으로 자칫 실의에 빠질 뻔했던 박지성 선수는 히딩크 감독의 인정과 따뜻한 배려에 힘입어 오늘날의 스타플레이어로 성장하게 되었다.

비전적 리더는 비전을 이용하여 조직의 현재와 미래를 연결하는 중요한 다리를 만들어 내야 한다. 이렇게 만들어지고 조직구성원들에 의해 공유된 비전은 전체 조직의 효율성을 높여준다. 공유된 비전은 개인으로 하여금 무엇이 조직에 좋은 것이고 나쁜 것인지, 무엇이 달성할 만한 가치가 있는지를 구별하는 데 도움을 준다. 비전적 리더가 수행하는 역할은 다음과 같다.[5]

1) 비전의 대변인(Spokesman)

비전적 리더는 조직의 비전을 비전선언문으로 제작하여 조직의 모든 구성원들에게 공유시키는 역할과 조직과 관련된 외부 관계자들에게 전파하고 동조시키는 대변자의 역할을 수행한다. 즉 조직 내부의 구성원들과 조직 외부의 주요 이해관계자들에게 조직이 성취하려는 목표가 무엇이고 어디를 지향하는지를 정확하게 이해시키고, 조직의 비전을 공유하고 동참하도록 유인하는 것이다. 또한 리더는 비전 실천 과정에서 예상되는 위기의식을 견지해야 하며, 조직구성원들에게 이러한 위기를 극복할 수 있는 도전정신과 자신감을 북돋아 주어야 한다. 동시에 비전적 리더는 조직비전의 실천과정과 성과, 미래의 실천 목표 및 이슈에 대하여 대·내외에 창구역할을 병행하여야 한다.

2) 현재와 미래를 연결하는 사람(Connection)

과거는 돌아보는 자의 것이고, 현재는 노력하는 자의 것이며, 미래는 준비하는 자의 것이라고 한다. 조직의 비전은 과거의 분석을 기초로 현재를 경유하여 미래의 조직의 최종 상태를 설계한 것이다. 즉 비전은 과거의 사건과 현재의 전략을 조직의 보다 나은 미래에 대한 생생한 이미지와 연결함으로써 조직구성원들에게 연속성에 대한 인식을 제공해준다. 비전적 리더는 비전의 설계와 실천을 주도하는 과정에서 과거와 현재, 그리고 미래를 연결하는 역할을 하게 된다. 이러한 역할은 조직구성원들의 사고방식과 조직의 문화를 변화시켜 미래에 대비하는 결과를 가져오게 한다.

---

5 안병용·한수범·장인봉(2008), 『블루오션 리더십』, 보명, 346-350쪽을 참조하여 재구성.

미국의 16대 대통령 에이브러햄 링컨(Abraham Lincoln)은 혹독한 내전의 시련과 정치적 분열의 악조건 속에서 당선된 대통령이었으며, 링컨의 집권을 기점으로 남부 주들은 연방을 탈퇴하는 상황이었다. 링컨 대통령에게는 무엇보다도 국민의 힘을 하나로 모으는 비전수립이 필요했다. 그래서 그는 미국국민들이 성경만큼이나 신봉하고 있던 건국이념에서 착안한 비전의 연설문을 만들게 된다.

'이 나라가 새로운 자유 속에서 다시 태어나고, 또한 국민의, 국민에 의한, 국민을 위한 정부가 이 지구상에 영원히 존속되도록 하기 위해서' 게티즈버그의 연설을 마무리하는 이 구절은 150년이 지난 지금까지도 민주정치의 지향을 함축하는 말로서 그 가치를 지니고 있다.

링컨 대통령은 '하나 된 미국', '자유와 평등'이라는 미국의 건국이념을 부활시킴으로써 국민으로부터 가슴에서 우러나오는 지지를 받았으며, 역사에 큰 족적을 남긴 대통령으로 자리매김하고 있다. 링컨 대통령은 과거의 건국이념과 현재의 어려움, 그리고 미래의 미국의 모습을 연계시킨 비전으로 거대한 미국이라는 조직과 국민들을 한 방향으로 지향하게 하는 비전적 리더십을 발휘했던 것이다.

3) 활기를 불어 넣는 사람(Energy)

전통적 리더십에서 조직운용의 성패는 중앙에서 운용하는 싱크 탱크(Think Tank)에서 생산되는 아이디어가 결집된 기획을 효율적으로 조직구성원에게 적용시키는 전략적인 경영방식에 달려 있었다. 그러나 현대적 리더십에서 조직의 운용은 조직구성원 각자의 의식을 변화시켜 현장에서의 창의적인 아이디어를 창출시키고 이를 혁신적으로 적용시키는 시너지 효과를 지향하고 있다. 그러므로 비전적 리더십은 리더가 갖추어야 할 가장 중요한 자질이며 비전적 리더는 비전을 제시하고 조직구성원들에게 비전을 창의적·혁신적으로 실천할 수 있도록 활력을 불어넣는 역할을 수행한다. 그 결과 조직구성원들은 보다 나은 미래에 대한 희망을 갖게 되고 조직의 비전이 언젠가는 달성될 것이라는 신념을 갖게 된다.

조직의 발전과 경영혁신을 위한 경영자의 교체는 당연한 것이며 어떤 조직이든 최고경영자가 바뀌면 그 조직에는 변화가 수반된다. 그러나 경영자의 리더십의 역량, 소통, 참여도에 의해서 조직의 시스템과 조직구성원들의 변화는 활기가 넘칠 수도 있고 침체될 수도 있다.

4) 조직구성원들의 참여를 이끌어내는 사람(Participation)

비전은 집단 및 조직구성원들의 마인드에 공감대를 형성하여 조직구성원들이 자발적으로 비전을 공유하고 동참하게 할 만큼 설득력이 있어야 한다. 비전적 리더는 먼저 조직구성원들에게 비전선언문을 명료하게 전달하여 이해 및 공유시켜야 한다. 그리고 비전을 실천하는 과정에서 위험을 감수하는 용기와 과단성을 일관성 있게 보여주어야 한다. 그렇게 되면 조직구성원들은 리더를 신뢰하고 비전적 리더를 동일시의 대상으로 선정하며, 실천하는 비전을 자신의 비전으로 내면화하여 적극적으로 참여하게 된다.

1.3 비전의 개발

비전은 미래의 환경변화 속에서 조직의 전략적 대응을 위한 방향성을 제시해야 하므로, 비전의 개발은 현실적이면서도 명확한 최종상태를 제시하고 실현가능성에 대한 신념을 갖게 해야 한다. 좋은 비전은 밤하늘의 북극성과 같이 비전실현의 주체들을 효과적이고 올바른 방향으로 행동하도록 동기를 부여하기 때문이다.

비전은 희미한 오로라가 아니라 선명한 무지개가 되어야 한다. 『Good to Great』에서 콜린스는 위대한 기업과 일반기업의 차이를 설명하면서, 위대한 기업의 리더들은 복잡한 상황에서 고슴도치처럼 본질적인 것만 가려서 단순화하지만, 일반기업의 리더들은 방만하고 일관성이 없는 방향감각을 가지고 있다고 지적하였다.

고슴도치 개념은 최고가 될 수 있는 일, 경제엔진을 움직이는 일, 그리고 깊은 열정을 가진 일의 세 부분의 결합으로 구성된다. 물론 가장 바람직한 일은 세 가지를 모두 충족하는 것이다. 그러나 최고가 될 수 있는 기술적 능력이 있으나 열정이 부족하다면 기술적 우위는 오래 가지 못한다. 아울러 열정이 있으나 최고가 될 기술적 능력이 부족하거나 경제적으로 의미가 없다면 일은 재미있을지 모르나 성과를 내지는 못할 것이다.[6]

스칸디나비아 항공사(SAS: Scandinavian Airline Systems)의 칼슨 사장의 비전은 1980년대 당시 쇠퇴하고 있던 국제항공산업에서 SAS를 사업상 비행기를 빈번하게 이용하는 고객들을 위한 최고의 항공회사로 만들겠다는 것이었다. 그의 꿈은 누구나 생각할 수 있었던 것이다. 그는 관광객과 구분하여 비즈니스 고객을 위한 유로클래스 등급을 만듦으로써 큰 성공을 거두었다.

비전의 개발은 '비전을 통해서 무엇을 달성할 수 있는가?', '달성할 만한 가치가 있는가?', '어떻게 달성할 것인가?'에 대한 질문을 충족시켜야 한다. 즉 비전을 통해서 조직구

6　Collins(2001), *Good to Great* (이무열 역, 『좋은 기업을 넘어 위대한 기업으로』, 2002), 141-179쪽.

성원들에게 생명력을 불어넣고, 정서를 유발시키며, 지적 자극을 부여하여 그들의 사명을 달성하는 창의성을 촉진시킬 수 있도록 개발되어야 한다.

1.3.1 비전 개발방법

비전을 개발하는 방법은 리더십 스타일과 밀접하게 관련되어 있다. 리더가 독단적인 판단으로 설정할 수도 있고 조직구성원들의 참여를 통해 민주적인 방법으로 설정할 수도 있다. 문제는 조직구성원들을 얼마나 잘 설득하여 비전을 이해 및 공유시킬 수 있는가이다.

비전 개발에서 가장 바람직한 방법은 개발초기부터 조직구성원들을 참여시키는 것이다. 조직구성원들이 참여하여 개발한 비전은 조직구성원 전체가 공유하게 되어 몰입과 실행력이 강해진다. 비전은 경영자만의 것이 아니라 모든 조직구성원들의 것이다. 조직에서 제시한 비전이 자신의 비전실현에 도움이 된다고 생각할수록 비전 몰입은 상승한다. 조직의 비전이 일부 계층만을 위한 비전이라거나 조직만을 위한 것이라고 느낀다면 조직구성원들을 비전으로 정렬시키는 것은 거의 불가능하다.

비록 리더가 비전을 결정해 놓았다고 하더라도 형식적으로라도 참여적 의사결정을 거치는 것이 실행과정에서 추진력을 얻게 된다. 성공하는 기업들은 회사의 비전이 조직구성원들의 개인적 발전을 위한 방향과 일치한다는 믿음을 주어 그들이 조직에 헌신할 수 있는 동기를 불러일으키도록 하는 데 노력을 기울인다.

미국의 의류회사인 리바이 스트라우스(Levi Strauss) 사의 비전수립 과정의 한 부분을 소개한다. 글로벌 시장의 지사장급 경영자 200여 명을 한 자리에 집결시켰다. 그리고 비전수립 팀이 미리 준비한 50개의 가치 카드(value card)를 나누어주고, 가장 중요하다고 생각하는 순으로 정리하도록 하였다. 경영자들이 정리한 카드들을 회의실 벽에 붙여 놓고, 상호 선택한 카드가 무엇인지를 볼 수 있도록 하였다. 그 결과를 확인한 사람들은 모두 깜짝 놀라게 된다. 동일조직에 근무하는 리더들 간에도 가치카드 정렬 순서가 각기 다르다는 것이었다. 이후, 토의를 거쳐 전략적으로 공유하여야 할 가치를 선별하는 과정과 토의과정을 거친다. 리바이 스트라우스 사는 이러한 과정을 반복하여 조직구성원들의 가치를 최대한 반영한 비전을 수립하게 된다. 이는 회사의 비전과 조직구성원들의 비전을 같은 선상에 올려놓게 하는 민주적인 비전설정 방법의 사례이다.

1.3.2 비전 개발 절차

비전 개발의 프로세스는 조직의 특성에 따라 자체에서 개발한 절차를 적용하기도 하고 일반적인 절차를 적용하기도 한다. 비전을 개발하는 일반적인 절차는 개인비전을 설정하는 절차와 유사하다. 즉 조직의 현상을 진단하고 미래의 환경을 예측하여 조직이 수행하는 비전을 선택하게 된다. 이러한 과정에서 조직구성원들의 동참문제는 경영자의 리더십 스타일과 조직의 특성에 따라 차이가 있을 것이다. 하지만 비전의 효과적인 공유를 위해서는 최초 단계부터 조직구성원들이 참여하는 것이 바람직하다. 비전을 개발하는 일반적인 프로세스는 〈표 3-23〉과 같다.

〈표 3-23〉 비전설정의 프로세스 4단계

구분	단계별 주요내용	세부 프로세스
1단계	조직의 현상 진단 및 방향평가	• 사업 영역의 확인 • 조직운영방식의 이해 • 현재 지향하고 있는 방향 평가
2단계	새로운 비전의 범위 설정	• 이해관계자 집단 분석 • 비전의 범위 설정
3단계	미래의 조직 환경 분석	• 미래의 환경 전개 파악 • 주요 요인 확인 및 발생 가능성 평가 • 시나리오 작성 및 시사점 도출
4단계	비전의 선택	• 비전 대안의 작성 • 비전 대안 평가 • 비전 기술서 작성

자료: 김성수(2011), 『21세기 글로벌 리더십 개발』, 탑북스, 333쪽.

티치와 디베나(Tichy & Devanna, 1986)는 성공적인 비전의 개발은 한 사람의 영웅적 리더가 독단적인 작업으로 만들어 낸 것보다 조직 내 다양한 조직구성원들이 공헌한 산물이라고 했다. 즉 비전은 한 번에 만들어지기보다는 오랜 기간의 탐색과 토의, 그리고 아이디어의 정교화 과정을 통해 완성된다. 따라서 성공적으로 개발된 비전에는 조직구성원들과 이해관계자들의 욕구와 가치가 포함되는 것이 필수적이다.

비전의 개발과 관련된 리더십 학자(Conger, 1989; Kotter, 1996; Tichy & Devanna, 1986; Trice & Beyer, 1993)들의 선행연구 결과를 정리한 성공적인 비전 개발을 위한 지침은 다음과 같다.[7]

---

7 Yukl, G.(2009), 강정애 외 역, 『현대조직의 리더십 이론』, 시그마프레스, 436-439쪽.

1) 주요 이해관계자를 참여시키라

비전을 개발함에 있어서 최고경영자가 조직의 목표달성과 이해관계자[8] 들을 충족시킬수 있는 비전을 개발하는 데 필요한 정보와 지식을 모두 가지고 있을 수는 없다. 따라서 리더는 비전 개발의 초기단계에서부터 핵심 이해관계자들을 포함시키는 것이 바람직하다. 특히 조직변화의 필요성을 이해하는 폭넓은 전망과 지식을 가진 리더 그룹부터 참여시키는 것이 올바른 순서이다. 또한 이해관계자들에게 개인적인 비전 진술서를 작성하도록 요청할 필요가 있다. 개인적인 진술서는 비전 개발에 참여하는 역할과 개발된 비전을 공유하는데 설득력을 갖게 해준다.

티치와 디베나(1986)는 이해관계자들이 참여하여 비전을 개발하는 방법의 예를 다음과 같이 제시하고 있다.

첫째, 미라 특정 시점에 조직이 어떠한 모습이었으면 좋을지 신문, 잡지 형식의 기사를 써보게 하는 것이다.

둘째, 10년 후 조직의 모습을 묘사하게 하는 역할극을 통해서 조직의 비전을 그려보는 방법이다.

셋째, 특정 시장을 주도하는 회사들과 효과적으로 경쟁할 수 있는 상상 속 회사의 모습을 묘사하게 하는 것이다. 그 과정에서 현재의 조직이 상상 속 회사와 다른 점을 알고 그 차이를 줄이는 방법을 찾을 수 있다는 것이다.

2) 비전과 핵심역량을 연결하라

성공적인 비전은 호소력이 강해야 할 뿐만 아니라 신뢰할 수 있어야 한다. 조직구성원들은 달성이 불가능해 보이거나 너무 많은 것을 약속하는 비전에 대해서는 회의적인 반응을 보인다. 리더는 도전적이고 신뢰할 수 있는 비전을 명확하고 정교한 비전선언문으로 표현해야 한다. 우수한 비전은 조직의 핵심역량과 조직구성원의 능력이 연계되었을 때 더욱 신뢰감을 제공한다.

---

8   경영진, 조직의 다른 구성원, 고객, 투자자, 노동조합 등이 핵심 이해관계자에 속함.

존 F. 케네디 대통령이 1961년 5월 의회에서 10년 안에 인간을 달에 착륙시켰다가 무사히 지구로 귀환시키겠다는 비전을 발표했다. 그 당시 소련은 1957년 세계 최초의 인공위성 스푸트니크 1호를 쏘아 올리고, 1961년 4월에는 유인 우주비행에 성공하여 미국보다 앞서 있었다. 반면에 미국의 우주개발에 필요한 기술과 절차는 15% 정도 개발된 상황으로서, 많은 사람들이 10년 안에 비전을 달성할 수 있을지 의심했다. 그러나 미국은 몇 번의 시행착오를 거쳐 1968년 12월 아폴로 8호를 쏘아 올려 달 궤도에 진입하는 데 성공했고, 이듬해 7월 20일 아폴로 11호를 통해 인류 최초의 달 착륙이라는 비전을 실현했다. 이러한 비전의 성공요인은 과학자들의 전문지식 및 잠재적인 핵심역량과 기술자들의 자신감이 케네디 대통령의 비전과 연결되어 상호 신뢰가 형성되었기 때문이다.

3) 비전을 지속적으로 평가하고 정교화시키라

성공적인 비전은 실천과정에서 계속해서 진화하게 된다. 비전을 달성하는 전략이 성공할수록 조직구성원들은 무엇이 실행 가능하고 무엇이 그렇지 않은지 평가하게 될 것이다. 비전을 달성하는 진척이 있을수록 새로운 가능성이 발견될 수 있고 비현실적으로 보였던 비전도 달성 가능해질 수 있다. 리더는 비전이 연속성을 가지고 추진 중에도 더욱 신뢰할 수 있는 비전을 정교화시키는 노력을 지속해야 한다. 비전을 개발하는 일과 비전을 실천하는 전략은 직선 형태의 선형적인 진행이 아니라 상호작용하는 순환적 과정이다. 따라서 비전을 개발하려는 노력도 중요하지만 비전을 실천하는 전략을 집중적으로 살펴보는 과정에서 새로운 비전의 아이디어를 제공받을 수 있다는 것이다.

상기와 같은 절차와 지침에 의해서 비전이 개발되었다 하더라도 모든 비전이 옳다고 볼 수는 없다. 잘못된 비전도 많기 때문이다. 히틀러와 링컨은 모두 그들이 19세 때 큰 꿈을 비전으로 개발했다. 히틀러는 자기 욕심과 교만으로 인해서 유럽과 전 세계 정복의 꿈을 꾸었고, 링컨은 인류애로부터 노예해방의 꿈을 꾸었다. 전자는 그릇된 꿈이요, 후자는 올바른 꿈이다. 자신만을 위한 비전은 그것이 아무리 거창하다 해도 바람직한 비전이 될 수 없다.

1.3.3 비전 개발의 장애

현실적으로 비전의 개발과 공유가 중요하다는 사실을 인식하고 있지만 그 과정에는 많은 어려움이 존재한다.

첫째, 대부분의 사람들은 변화를 싫어한다. 때로는 자신의 발전에 도움이 되는 변화마저 싫어하는 경향이 있다. 변화에 대한 소극성이나 저항이 비전을 불필요한 것으로 인식하게 한다.

둘째, 변화관리능력의 부재로 인한 불안이 비전의 제시를 방해한다. 비전만 제시하고 관리하지 못하면 혼란이 가중되기 때문이다. 새로운 리더가 등장하여 희망이 충만한 목소리로 비전을 제시하면, 조직구성원들이 그 비전을 따라가기는 하지만 기대했던 변화를 경험하지 못하면 비전은 흔들리게 된다.

셋째, 리더의 책임감 결여가 문제가 된다. 리더가 조직의 미래에 대한 확신이 없고 책임감을 갖지 못할 경우, 조직의 발전을 위한 좋은 비전을 만들기도 어렵고 만들었다 하더라도 몰입적인 공유를 이끌어내기도 어렵다.

비전의 개발은 먼저 비전이 구성원들의 미래에 어떠한 가치가 있는가를 설득하는 것이 중요하다. 비전이 조직의 밝은 미래만 보여줄 뿐 그 미래가 조직구성원들의 미래에 어떤 빛을 주는지를 설명하는 데 인색하거나 논리가 빈약하면 참여를 이끌어내기가 쉽지 않다. 조직구성원의 참여와 리더의 강력한 의지가 뒷받침되어야 하는 것이다.

그러므로 비전의 개발은 조직상황과 미래 환경변화의 분석, 현재 조직가치의 평가와 새로운 가치의 탐색, 조직구성원들과의 적절한 커뮤니케이션과 참여, 리더의 확고한 의지가 있을 때 제대로 이루어질 것이다.

사례: 알래스카를 매입하는 비전 개발, 존슨 대통령

앤드류 존슨(Andrew Johnson, 1808~1875)은 노스캐롤라이나 주에서 탄생했다. 학교의 문턱에도 가보지 못했지만 재봉기술을 익혀 일류 재단사가 되었으며, 문맹이었던 그는 결혼 후 아내에게 글을 배워 독학으로 변호사가 되었다.

정계에 입문한 그는 시의회 의원, 테네시 주지사, 상원의원을 거쳐 링컨 대통령의 보좌관이 되었다. 그리고 그는 에이브러햄 링컨 대통령 재임 당시 부통령이 되어 유명한 게티즈버그 연설문의 초안을 작성하기도 한다. 그는 1864년 링컨 대통령이 암살되자 대통령직을 승계하고 1865년 4월 제17대 대통령으로 당선된다.

알래스카 주의 면적은 153만 694㎢, 인구는 62만여 명, 주도(州都)는 주노이다. 1959년에 미국의 49번째의 주가 되었다. 북쪽은 북극해, 남쪽은 태평양, 서쪽은 베링해협을 사이에 두고 러시아 연방의 시베리아와 마주한다. 동쪽은 캐나다와 접한다. 면적은 미국의 주 중에서 최대이고 인구는 최소이다. 알래스카는 러시아 황제의 의뢰로 덴마크의 탐험가 베링이 베링해협의 발견(1728)에 이어서 1741년에 발견하였다. 러시아는 알렉산드르 바라노프를 지사(知事)로 파견하여 이곳을 통치하게 하였는데, 1867년 재정(財政)이 궁핍하여 720만 달러로 매각, 이후 미국령(領)이 되었다.

1867년 당시 미국 대통령이었던 앤드류 존슨은 이 사실을 알고 알래스카를 매입하는 비전을 수립하고, 매입전략을 실천하기 시작한다. 국무장관 윌리엄 수어드에 의해서 '알래스카 매입 법안'을 제출하자 상원은 난리가 났다. "그렇게 큰 얼음통(Ice Box)이 도대체 어디에 필요한 겁니까? 얼음이 필요하다면 미시시피 강의 얼음을 깨다가 장관 집이나 채우시오." 그러나 앤드류 존슨대통령은 "그 땅은 감추어진 무한한 보고이기에 다음 세대를 위하여 매입해야 합니다, 미래에 720만 불보다 더 큰 가치를 가지고 있습니다."라고 의회와 국민을 설득하였다. 법안은 단 1표 차로 비준됐다. 매입가는 720만 달러, 에이커당 2센트에 해당하는 값이었다. 공짜나 다름없는 값이었지만 미국인들은 이 땅을 본래의 이름 대신 '수어드의 바보짓'(Seward's folly)이라고 불렀다.

그래서 정부와 의회의 공동조사단은 알래스카를 탐사하였다. 그런데 조사결과 아이스박스라고 한 그 땅에 순금과 풍요로운 어장, 우거진 삼림 그리고 엄청난 석유가 매장되어 있는 것을 알게 되었다. 미국의 각 신문은 아이스박스가 아닌 황금박스를 거저 주웠다며 대서특필을 하였다. 그 후에 눈이 어두워 알래스카의 비밀을 알지 못했던 상하 양원의원들은 대통령을 찾아가서 크게 사과를 하였다고 한다.

미국은 1941년 대일본 선전포고 때 알래스카의 전략적 가치를 이용하여 전쟁 중 주요한 공급요충지 역할을 전담하게 하였다. 그리고 제2차 세계대전이 끝나고 미국과 소련의 냉전체제가 시작되자 이 외진 땅은 미국의 방패가 됐다. 공격 및 방어용 미사일을 북부지역에 전진 배치하게 된다. 소련 정부는 이를 갈았지만 이미 지나간 일이었다.

1950년대 시작된 석유 탐사 붐으로 1968년 푸르도 만에서 대형 유전이 발견되면서 대박이 터졌다. 오늘날 알래스카는 미국의 주요한 군사적 요충지이자 천연가스, 석유, 금 등의 천연자연이 풍부한 미국의 영토이며, 석유와 관광수입으로 연간 1,000달러를 주민들에게 지급하는 미국에서 가장 잘사는 주가 됐다.

미래를 예측하는 존슨 대통령의 비전수립과 실현과정은 오늘날 국가 및 최고경영자들이 가져야 하는 비전 개발의 모델이 되고 있으며, 현재 미국이 강대국의 지위를 유지할 수 있는 기반을 제공한 좋은 사례라고 하겠다.

제2절 비전의 공유

개발된 비전은 리더와 조직구성원이 공유할 때 진정한 비전이 되는 것이다. 리더와 조직구성원이 가치를 공유하지 않으면 오합지졸이 되고 이익에 따라 뭉치게 되면 파벌을 지어 야합이 된다. 조직의 비전과 가치를 공유할 때 진정한 단합으로 조직의 목표를 달성할 수 있는 것이다. 리더들이 가지고 있는 착각 중 하나가 자신에게 통하는 동기부여 방법이 조직구성원들에게도 통할 것이라고 생각하는 것이다. 그러나 비전의 공유는 리더가 자신과 조직구성원 간 열정과 정보력의 차이, 능력과 의욕의 차이를 인식하고 그 갭을 어떻게 해소할 것인가에 대해 고민하는 것에서부터 시작된다.

바람직한 비전의 개발 못지않게 더 중요한 것이 개발한 비전을 공유하는 것이다. 조직구성원들과 '등상이몽'하지 않고 '동상동몽'하기 위해선 소통의 채널을 상시 유지하고, 창의적으로 동기를 부여하며, 권한을 위임하여 조직구성원들의 자율능력을 향상시키는 등 다양한 비전 공유의 노력이 필요하다.

2.1 비전 공유의 중요성

왜 리더들이 비전을 조직구성원들과 공유하는 것이 중요할까? '비전은 조직 내에서 문서나 웹, 기타 방법을 통해 조직구성원들에게 전달되고 있으며, 조직구성원들이 대부분 알고 있을 텐데, 굳이 그런 노력을 할 필요가 있을까?'라고 생각할 수 있다. 그러나 사람은 어떤 자극을 받을 때 자신이 중요하다고 느끼는 기준에 따라 자유의지로 선택하여 반응을 하게 된다. 이것을 주도성이라고 한다. 그런데 비전은 주도성의 선택기준을 제공하며 비전을 공유하게 되면 자유의지를 강화시켜서 비전 실현에 대한 반응을 강화시켜준다. 또한 비전은 조직과 자신이 나아가야 할 방향을 제시하는 나침반이므로 모든 생각과 행동에 우선순위의 기준을 제공하는 것이다. 그러나 기준이 구체적이면 적용하기가 쉬우나 기준 자체가 모호하거나 불확실하면 적용하기가 어렵다. 비전을 공유하는 과정은 불확실성이나 모호성을 제거하고 명확하게 하는 행동이다. 그러므로 리더는 조직구성원들과 끊임없이 비전을 공유하는 노력을 통하여 비전실현의 가능성을 높여가야 하는 것이다. 벽에 얌전하게 걸려 있어 누구도 그 존재가치를 느끼지 못하는 그런 비전이 아니라, 모든 사람의 가슴속에 힘을 불어 넣는 그런 비전이 되도록 하려면 리더는 어떻게 해야 하는가? 리더는 조직의 비전이나 비전을 성취하는 전략을 조직구성원들과 다양한 방법으로 끊임없이 공유하여 공유된 목표, 공유된 책임, 공유된 결과로 나타나도록 리더십 행동을 보여야 한다. 이를 구체적으로 정리하면 다음과 같다.

첫째, 비전을 공유한다는 것은 목표를 공유하는 작업이다.

조직의 바람직한 미래를 그려놓은 비전과 그 비전을 실행할 전략, 그리고 전략의 구체적 표현인 목표는 서로 연계성을 가지고 한 방향으로 정렬(Alignment)된 것이다. 그러므로 비전을 공유하게 되면 그 결과적 가치로서 공유된 목표를 가지게 된다. 조직의 리더에게 있어 비전을 공유한다는 것은 우선 조직구성원들에게 조직의 전략과 방향, 상위목표의 개요를 설명해주는 것으로부터 시작한다. 왜 이러한 일을 해야 하는지 그 이유와 초점을 명확히 하는 것이다. 일이 갖는 의미와 가치를 설명해주며 같이 공감할 수 있도록 하는 것, 이것이 바로 비전 공유의 첫 걸음이다. 이 결과로 조직구성원들은 자신들이 하는 일이 조직의 비전과 전략성취에 어떠한 기여를 할 것이며, 그 성취로부터 얻어지는 결과를 예상할 수 있게 되는 것이다.

둘째, 리더가 조직구성원들과 비전을 공유한다는 것은 책임을 공유하는 작업이다. 책임을 공유한다는 것은 어떤 목표를 수행함에 있어 실행의지와 수행방법에 대한 자율의식을 갖는 것을 말한다. 업무수행의 주체로서의 그 방법에 대한 주도적인 선택과 선택한 것에 대한 책임감을 갖게 되는 것이다. 이를 위해 리더는 조직구성원들과 그 업무를 수행하는 방법에 대한 제반 사항을 공유하되, 조직구성원들 스스로가 선택하고 결정해나갈 수 있도록 자율권을 부여하는 것이 바람직하다. 또한 수행과정에 재량권을 부여하고 필요하면 도움을 줄 수 있도록 지원태세를 갖추고 있어야 한다. 물론 이 과정에서 리더는 조직구성원들의 업무수행이 비전-전략-목표의 연계성을 벗어나지 않도록 지도할 책임이 있는 것이다.

셋째, 조직에서 리더가 비전을 공유하는 작업은 최종적으로 결과를 공유하는 것이다. 목표를 수행하면 그 책임의 달성과정을 통해 결과가 만들어진다. 그러므로 목표-책임-결과는 하나의 일관된 과정 속에 있다. 업무를 수행한 결과에 대해 이를 인정하고 적절한 보상이 이루어지도록 하는 것이다. 조직구성원들이 노력한 결과로서 성과가 있었다면 이를 적극적으로 알리고 축하해주며 이를 즐길 수 있도록 만들어주는 것이다. 만약 기대한 성과에 미치지 못했을 경우라도 과정을 피드백 함으로써 실패를 통해 배울 수 있도록 하며, 비전 공유의 선순환을 이룰 수 있도록 하는 것이 필요하다. 이상의 세 가지는 비전을 공유함으로써 얻게 되는 결과적 가치이다. 또한 비전을 공유하는 것이 구체적으로 어떠한 영역을 포함하는지를 말해주는 비전 공유의 영역이기도 하다.

비전을 매우 탁월하게 공유한 인물로는 지미 카터 전 미국 대통령을 들 수 있다. 임기를 마친 그는 많은 사람들이 가난한 사람들을 위해 집을 지어주는 그런 비전을 품게 되길 희망했다. 그는 이 비전을 위해 직접 망치를 들었다. 순회 연설을 하는 대신 그는 직접 못질을 함으로써 해비타트 운동(Habitat for Humanity)을 시작했다. 수많은 사람들은 TV를 통해 그가 망치를 들고 못질을 하는 모습을 보게 되었다. 사람들은 그의 말에 귀를 기울였고 그의 비전은 공유되었다.

모든 리더들은 비전을 전달하는 방법에 대해 고민한다. 어떻게 하면 효과적으로 조직구성원들과 비전을 공유할 수 있을까? 테레사 수녀 역시 이야기가 아니라 직접 행동함으로써 그의 비전을 전달하였다. 테레사 수녀는 빈민굴에 살면서 가난한 자들의 친구요, 보호자가 되어주었다. 테레사 수녀의 비전을 알고 싶은 사람은 하루만 그를 지켜보면 충분히 알 수 있었던 것이다. 이렇게 리더는 자신이 품은 비전을 행동으로 공유할 때 효과적이라는 것이다. 조직구성원들은 하루만 그와 있어 보면 공유해야 할 비전이 무엇인지 알 수 있도록 말이다.

리더는 행동으로 비전을 공유하면서 또한 개인적으로 조직구성원들에게 끊임없이 비전을 설명하고 그 비전에 동참할 것을 요청해야 한다. 물론 이러한 일은 쉬운 일이 아니다. 조직구성원들은 비전을 아직 이해하고 있지 못할 수도 있고, 다른 해석을 생각하고 있을 수도 있고, 아직 리더가 제시하는 내용을 들을 마음을 갖지 못한 상태일 수도 있기 때문이다. 그러나 리더는 용기를 가지고 지속적으로 비전을 설명하고 동참을 이끌어내야 한다.

특히 리더는 비전을 공유할 때 이해하기 쉬운 말을 사용해야 한다. 5분 안에 설명할 수 있어야 한다. 5분을 넘겨 장황하게 설명해야 하는 비전은 공유하기가 쉽지 않음을 명심해야 한다.

나사(Nasa)의 과학자들은 콜럼비아호에 결함이 있다는 것을 미리 알고 있었고, 당연히 그 윗사람들에게 보고하였다. 그런데 그 보고서는 과학자가 아닌 사람들은 이해하기 어려운 아주 전문적인 용어와 차트로 기술되어 있었다. 때문에 윗사람들은 그 보고서를 듣고 읽어도 위험성이 얼마나 큰지를 미처 깨닫지 못했고, 보고서가 위로 한 단계씩 올라가면서 이 위험성은 그만 축소되고 말았다. 그 결과 콜럼비아호는 공중에서 산산조각으로 폭발해버리는 참담한 상황으로 귀결되었다. 만일 그 보고서가 다른 사람들이 이해할 수 있는 말로 표현되었다면, 사고를 미리 방지할 수 있었을지도 모른다. 비전도 이렇게 쉬운 말로 표현되어 공유되어야 사람들이 쉽게 이해할 수 있고 이해가 되면 받아들이는 것도 그만큼 빨라질 것이다.

조직을 경영하다보면 발버둥을 쳐도 벗어나기 힘든 역경에 처할 때가 있다. 도산과 재건의 갈림길에서 성공과 실패는 비전의 공유 여부에 달려 있을 때가 많다. 조직의 힘이 분산되어 흩어지고 마느냐 아니면 힘을 결집하여 시너지 효과를 창출하느냐가 관건이 되는 것이다. 비전 공유의 성패를 가늠할 수 있는 요건들을 살펴보자.[9]

첫째, 조직구성원들과의 커뮤니케이션이다. 조직구성원들은 리더가 비전을 제시하였다고 해서 당장 몰입하는 것이 아니라 리더가 반복적으로 강조할 때 비로소 '중요한 이야기인가 보다.'라고 인식하기 시작한다. 변화관리 전문가인 코터 교수는 회사의 전체 커뮤니케이션 중에서 비전 공유를 위한 내용은 겨우 1%라고 한다. 비전을 조직구성원들이 이해하기 쉽도록 각종 회의, 메모와 신문기사, 공식적이거나 비공식적인 접촉 등 다양한 수단들을 이용하여 전파하여야 한다.

비전을 실행해야 하는 조직구성원들은 주로 단기적인 목표에 관심을 갖고 있고, 비전은 장기적인 미래에 관한 이야기이기 때문에 인식의 차이가 생길 수밖에 없다. 비전이라는 큰 그림에는 공감을 하더라도 일상적인 업무와 비전의 연계성을 찾기가 쉽지 않다. 리더들은 조직구성원들이 하는 일이 비전의 달성에 어떻게 연결되는지를 설명해주어야 한다.

둘째, 조직의 비전에 동조할 수 있는 사람을 선발하고 조직비전에 동조하도록 변화시키는 것이다. 비전의 실행주체는 사람이다. 조직의 비전과 추구가치에 동조할 수 있는 사람을 선발해야 불필요한 노력을 줄이면서 비전 몰입을 증가시킬 수 있다. 마이크로소프트 사의 경우를 보면, 직원들의 업무수행을 모니터링하는 특별한 장치가 없음에도 직원들의 직무몰입도가 높다. 마이크로소프트 사의 사원 선발과정은 복잡하지만 그 기준은 간단하다. 회사의 비전에 동의하며 도전과 창의적인 열정을 가진 사람만이 마이크로소프트 사의 일원으로 참여할 수 있다는 사상이 깔려있다. 또한 조직구성원들의 의식변화는 교육훈련의 중요한 목적의 하나이다.

셋째, 조직구성원들에게 조직비전 실현에 따른 가치를 제공한다. 기업들은 도전적이고 야망에 찬 비전을 수립하지만, 시간이 지나면서 사람들로부터 잊혀가며 정문이나 사무실에 장식처럼 걸리게 되는 경우가 많다. 무엇이 문제인가? 비전 달성을 통해 얻는 것이 무엇인지 피부에 와 닿지 않기 때문이다. '회사의 발전이 곧 개인의 성공이다.'라는 이야기만으로는 충분하지 않다. 비전행동에 대해 보상가치를 제공해야 한다. 조직이 제공할 수 있는 보상가치들은 무엇일까?

먼저 경제적인 보상과 정서적 활력소이다. 돈이 중요한 동기부여 수단이지만 전부는

---

9   박유진(2011), 『리더십 마인드 & 액션』, 양서각, 269-271쪽.

아니다. 사우스웨스트 항공사(Southwest Airline)는 경쟁사보다 높은 임금을 주지는 않지만, 조직구성원들의 열정이 높고 헌신적이다. 재미와 활력이 경제적 보상 이상의 것을 제공하기 때문이다. 『포춘』지에 일하기 좋은 기업으로 선정된 컨테이너 스토어(Container Store)사의 직원은 '나는 여기서 더 나은 사람이 되었다', '휴가 때 동료가 그리웠다', '인간답게 인정받고 일할 수 있는 곳이 여기다'라고 이야기한다. 경제적 보상은 정서적 활력소가 병행될 때 그 효과가 증폭된다. 다음은 성장기회를 제공해야 한다. 사람들은 '내가 이 회사에서 얼마나 더 많은 돈을 벌 수 있을까'와 더불어 '내가 이 회사에서 얼마나 더 성장할 수 있을까'에도 많은 관심을 갖는다. 혁신적인 리더들이 운영하는 기업들은 조직구성원 개개인의 역량을 개발하여 성장을 도와주는 것이 회사비전을 달성하는 길임을 인식하고 경력 개발제도를 새롭게 발전시킨다.

넷째, 리더의 정열이다. 슈퍼 리더십이나 변혁적 리더십에서 가장 중요한 성공 요인은 리더 스스로가 모범을 보이는 것이다. 리더가 진심으로 열정을 가지고 추진한다고 느낄 때 조직구성원들의 참여가 증진된다. 리더가 비전을 진심으로 설득하고 열정적으로 매진할 때 조직구성원들의 공유의식과 몰입을 이끌어낼 수 있다.

다섯째, 일과 삶의 균형을 맞춰주어야 한다. 사회변화에 따라 조직 우선에서 개인적인 삶과의 균형을 추구하는 경향이 보편화되고 있다. 업무로 인하여 개인적인 삶이 위협을 받는다면 이직마저도 불사한다. 조직구성원은 조직시스템을 구성하는 하나의 부품이 아니라 각자 자신의 가치를 존중받고 욕구를 충족시키려고 하는 인간이다. 개인적 삶의 적정한 보장은 조직구성원들의 비전 참여를 원활하게 한다.

리더는 비전을 개발하는 과정에서 자신의 리더십에 대한 성찰, 현실인식과 미래에 대한 전망, 창조적인 능력의 발휘, 그리고 독창적인 세계를 구현하는 모든 것들을 집중한다. 그런데 그 비전은 혼자 달성하는 것이 아니다. 조직구성원, 즉 비전을 공유하는 사람들에 의해서만 실현될 수 있다는 비전 공유의 중요성을 인식해야 한다. 이제 비전 공유의 방법들에 대하여 구체적으로 논의한다.

2.2 커뮤니케이션

커뮤니케이션이란 '전달자와 수신자 사이의 정보의 전환, 개인을 포함한 집단 간의 의미의 전달'[10]이라고 정의할 수 있다. 리더십의 모든 과정에서 커뮤니케이션은 직간접적으로 개입될 수밖에 없다. 비전을 개발하거나, 비전 공유를 위한 제반 활동에서 리더와 조직구성원 간의 커뮤니케이션은 기본이다. 아무리 훌륭한 비전을 개발하고 실행전략을 수립해도 공유과정에서 핵심정보가 정확하게 전달되지 않으면 비전과 전략은 생명력을 잃고 말 것이다. 커뮤니케이션에 담기는 메시지는 리더의 비전과 의도 및 정보 등이다. 커뮤니케이션은 리더와 조직구성원과의 상호작용적인 양방향 과정이므로 서로간의 감수성을 높여 업무의 효율성은 물론 인간적인 갈등을 예방하고 신뢰를 높이는 효과도 얻을 수 있다.

유기체가 건강하려면 흐름이 원활해야 한다. 흐름이 막히면 고장이 나고 병이 생기는 것이다. 커뮤니케이션은 경영은 물론 인간생활의 모든 영역에서 일어나는 문제이다. 개인 간의 1:1 커뮤니케이션에서부터 매스 커뮤니케이션과 같이 대중을 수신자로 하는 영역까지 다양하다. 그러나 리더십 영역에서의 커뮤니케이션은 조직구성원들과 원활히 소통하여 리더의 비전과 가치를 공유하고, 조직구성원 간에 정보와 감정을 정확히 소통하여 업무의 비효율과 갈등의 감소를 통해 조직목표달성의 효율성을 높이는 활동이다. 리더의 커뮤니케이션은 리더가 조직구성원들에 대해 전달하는 일방적인 것이 아니라 상호 양방향적인 것이다. 그리고 그 효과성은 리더가 송신한 메시지의 양에 의해 결정되는 것이 아니라 조직구성원들이 수신하여 받아들인 정도에 의해 결정된다. 커뮤니케이션은 흐름이다. 리더십에 있어서 리더와 조직구성원 간에 비전과 전략을 공유하고 정보와 감정의 교류가 원활하다면 리더십 효과성은 상승할 것이고 제대로 소통되지 않는다면 리더십 효과성은 저하될 것이다.

따라서 리더는 커뮤니케이션의 효과를 저해하는 요인을 적절히 통제하고 소통기법을 익혀서 조직구성원 간 정보와 감정의 흐름을 원활하게 할 수 있어야 한다. 리더십에 초점을 두었을 때, 커뮤니케이션의 목적은 조직과 리더의 비전 및 비전추진 전략을 조직구성원들에게 정확히 인식시키고 공유하며, 조직구성원들과의 정보 및 감정의 교류를 통해 인간관계를 원활하게 하고 업무효율성을 높이는 것이다. 본 항에서는 조직 차원에서의 커뮤니케이션에 주안점을 두어 논의한다.

2.2.1 조직 차원의 커뮤니케이션

조직에서의 인간관계는 공식적이고 업무적인 것만 토대로 하는 것이 아니라 비공식적인 감정과 느낌에 의해서도 좌우되는데 이러한 감정이 조직행동에 영향을 미친다. 그런데 이러한 감정은 커뮤니케이션에 의해 교환되는 것이다. 결국 커뮤니케이션은 조직 내

---

10 Bowdick, J. L. & Buono, A. F. (1985), *A Primer on Organizational Behavior*, NY: John Willy & Sone, p. 81.

외에서 정보의 교환과 감정의 교환을 통해 궁극적으로는 서로 분할된 조직구성원들의 업무들을 연결하여 조직의 목표를 효과적으로 완수하도록 하는 역할을 하는 것이다.

조직에서의 커뮤니케이션은 공식적 커뮤니케이션과 비공식적 커뮤니케이션으로 나눌 수 있다. 즉 업무와 관련된 커뮤니케이션(공식적 커뮤니케이션)과 업무 이외의 사적인 만남이라든지, 사교모임에서의 커뮤니케이션(비공식적 커뮤니케이션)으로 구분된다. 특히, 비공식적인 커뮤니케이션이 조직 내에서 중요한 비중을 차지하게 되는 것은 그것이 업무와 관련된 정보를 자연스럽게 전파하는 기능을 갖고 있기 때문이다.

1) 공식적 커뮤니케이션

앞에서 설명한 바와 같이 업무와 관련된 공식적 커뮤니케이션은 〈그림 3-17〉에서 보듯이 수직적, 수평적, 대각적 커뮤니케이션으로 구분 가능하며 수직적 커뮤니케이션은 그 방향에 따라 상향식과 하향식으로 구분된다.[11]

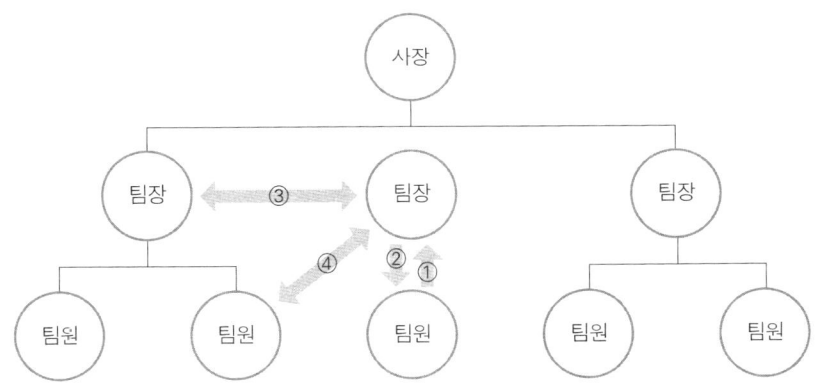

〈그림 3-17〉 커뮤니케이션의 통로

자료: Hodgetts, R. M.(1984), *Modern Human Relations at Work*, Dryden Press.

(1) 상향식 커뮤니케이션

공식적 경로를 통한 수직적 커뮤니케이션의 하나인 상향식(Bottom-up) 커뮤니케이션은 제안제도나 상향식 보고가 그 예가 될 수 있다. 전통적인 커뮤니케이션의 개념인 하향식 커뮤니케이션과는 달리 조직구성원들로 부터 의사나 제반 정보가 상급자에게로 흘러가는 것을 의미한다.[12] 상향식 커뮤니케이션의 목적은 '조직구성원의 자발적인 의사전달과

---

11 백기복(2010), 『조직행동연구』, 창민사, 276-276쪽.

일선 경험을 통한 실무적인 아이디어의 창출'이라고 볼 수 있다. 그러나 조직의 규모가 비대해지면서 상향식 커뮤니케이션이 제대로 활용되지 못하는 수가 많다. 또한 상급자들이 때때로 조직구성원들의 의견이나 아이디어를 무시하는 경우도 많다. 조직구성원들도 보고 내용이 좋지 않은 것일 때에는 보고를 기피하는 성향이 있기 때문에 상향식 커뮤니케이션이 효과를 보지 못하게 되는 수도 있다.[13] 이런 이유로 인해서 그 중요성에 비해 상향식 커뮤니케이션이 충분히 활용되지 못하고 있는 것이 현실이다.

(2) 하향식 커뮤니케이션

이는 지시적 커뮤니케이션이라고도 하는데 전통적인 커뮤니케이션의 개념에 속한다. 예를 들어 업무와 관련된 상급자의 의견이나, 전달사항이 공식적인 경로를 거쳐 조직구성원들에게 전달되는 것을 의미한다. 이에는 업무지시, 메모, 정책지시, 회사 간행물, 안내서 등이 포함된다. 하향식(Top-down) 커뮤니케이션은 명령의 일원화와 책임소재의 분명성을 확보할 목적으로 가장 널리 사용되고 있는 방법이다. 그러나 이 방법이 제대로 이루어지지 않았을 때는 조직구성원 사이에 갈등이 유발되는 수가 있다.[14]

즉 직무에 대한 직접적인 아이디어를 반영하지 않은 지시 등으로 조직구성원들에게 불필요한 스트레스를 야기하는 수가 있다. 그러나 일반 라인 부문에서는 이러한 하향식 커뮤니케이션의 효용성이 대단히 높게 나타나는데, 그 핵심은 지시나 명령의 수용에 있다. 조직구성원들의 수용을 확보하기 위한 방법으로는 목표에 의한 경영관리(MBO: Management by Objective) 방법이 있다. 즉 의사결정시에 조직구성원들을 참여시켜 함께 목표를 세우고 이를 받아들이도록 하는 방법이다.

(3) 수평적 커뮤니케이션

조직 내에서 같은 지위에 있는 조직구성원들끼리의 커뮤니케이션을 수평적 커뮤니케이션이라고 한다. 그리고 동등한 부서간의 커뮤니케이션도 이에 속한다. 관공서, 군 조직, 대학교 등에서 차기연도의 사업계획을 수립하기 위하여 과장 및 처장급들이 업무조율 회의를 갖는 것들이 이에 해당된다.

비록 수직적 커뮤니케이션이 조직 내에서 주요 커뮤니케이션으로 작용하지만 보다 효

---

12 Beck, C. E. & Beck, E. A.(1986), "The Manager's Open Door and the Communication Climate", *Business Horizons*, pp. 15-19.

13 Frank, D. A.(1985), "Trends in Communication: Who Talks to Whom?" *Personal*, pp. 41-47.

14 Ivancevich, J. M. & Donnelly, J. M. Jr.(1974), "A Study of Role Clarity and Need for Clarity in Three Occupational Groups", *Academy of Management Journal*, pp. 28-36.

과적인 조직이 되기 위해서는 이 수평적 커뮤니케이션이 원활히 이루어져야 한다. 이는 정보의 공유에 직접 관련되기 때문이다.

(4) 대각선 커뮤니케이션

이 방법은 조직구조상 집단을 달리하고 계층을 달리하는 사람들 간의 커뮤니케이션을 말하며, 조직 내 커뮤니케이션 방법으로 사용되는 빈도는 많지 않지만 다른 방법이 효과적이지 못할 때 사용될 수 있다. 라인과 스탭 간의 커뮤니케이션이 대표적인 예이다. 연말 결산시 자재부 직원들이 마케팅 부서의 과장들과 정보를 교환하는 경우가 있고, 라인 (Line)의 의사결정시에 참모(Staff)가 협조하는 것이 그 예이다.

2) 비공식적 커뮤니케이션

조직에서의 모든 커뮤니케이션이 공식적 경로만을 통해 이루어지는 것은 아니다. 비공식적인 경로를 통한 커뮤니케이션도 상당 부분을 차지하고 있다. 여기에는 그레이프 바인(Grapevine), 루머, 잡담 등이 포함된다. 이 중 가장 중요시되는 것이 그레이프 바인이다. 이는 조직에서의 비공식 커뮤니케이션의 일종인데, 인사이동이 임박해서 발생하는 여러 가지 소문들, 회장의 행동에 관한 비밀스런 이야기들, 동료나 상사에 대한 입바른 평가나 불평 등은 모두 그 예에 속한다. 그레이프 바인은 정확성이 떨어지기는 하지만, 조직 변화의 필요성에 대하여 경고를 해주고, 조직문화 창조에 매개역할을 하기도 한다. 또한 집단 응집력을 높이는 역할을 할 뿐만 아니라 조직구성원들 간에 아이디어 전달의 경로가 되기도 한다.

그레이프 바인은 미국의 남북전쟁 당시 전선체계가 엉망이어서 정보의 전달과 수신 상태에 문제가 발생한 데에서 유래했다. 그레이프 바인은 조직 내에서 정보나 의사가 원래 뜻과는 다르게 전달되는 것을 뜻하지만, 오늘날에는 모든 비공식적 커뮤니케이션을 지칭하는 의미로 사용된다. 특히 조직의 하부구조에서는 정보를 이 그레이프 바인을 통해서 얻는 경우가 많다. 그레이프 바인은 대체로 다음과 같은 특성을 갖고 있다.[15]

- 전달 속도가 빠르다.
- 정보 전달에 있어서 선택적이고 임의적이다.

---

15 Keith Davis(1953), "Management communication and the Grapevine", *Harvard Business Review*, pp. 43-49.

- 공식 커뮤니케이션과 비공식 커뮤니케이션(Grapevine)은 상호보완적이다.
- 조직구성원들을 포함한 모든 사람들이 불안하거나, 변화에 직면했을 때 사용한다.
- 약 75%의 정확성을 보인다.
- 조직구성원들의 약 50%는 그레이프 바인을 통해서 직무에 관한 정보를 얻는다.

비공식 커뮤니케이션은 조직 내에서 필수 불가결한 요소이다. 리더들은 비공식 커뮤니케이션을 통해서 조직구성원들의 동태를 파악할 수 있으며, 조직구성원들에게 정신적, 육체적 긴장감을 풀어줄 수 있는 계기를 마련할 수도 있다. 그러나 정보의 정확성에 한계가 있으므로 정보의 취사선택 능력이 중요한 과제가 되기도 한다.

3) 양방향 커뮤니케이션

'사장은 지시하고 하급자들은 보고한다.' 이것은 조직에서 일상적으로 발생하는 하향식이고 일방적인 커뮤니케이션 현상을 상징하는 말이다. 한국 조직의 경우, 윗사람은 지시하는데 익숙해 있고, 아랫사람들은 보고하는 것을 자신의 일이라고 알고 있는 경우가 많다. 그러나 효과적 커뮤니케이션은 하향식과 상향식이 모두 다 잘 이루어지는 양방향 커뮤니케이션이다. 물론 수평적으로도 의사소통이 잘 이루어져야 한다.

한국인의 문화는 체면을 중시한다. 그러다보니 윗사람의 말이 틀렸더라도 면전에서 반박하기 힘든 것이 현실이다. 토론보다는 일방적 지시가 더 흔하며, 문제점을 지적하는 사람보다는 말을 잘 듣는 조직구성원이 더 좋은 평가를 받는 경우가 많다. 이것은 한국 조직에서 효과적 커뮤니케이션을 저해하는 중요한 요인이다. 또한 아랫사람들은 윗사람에게 잘 보여야 승진하게 되기 때문에 나쁜 정보는 윗사람에게 숨기려 하고 좋은 정보는 매우 좋은 것으로 포장하려 한다.

사실 조직에서 가장 유능한 조직구성원은 윗사람에게 할 말 다하면서도 밉게 보이지 않는 사람이다. 이것은 많은 노력과 훈련을 필요로 한다.

4) 커뮤니케이션의 과정

일반적으로 통용되고 있는 현대적 커뮤니케이션의 과정에 대한 모델은 섀넌과 위버(Shannon & Weaver)가 제시한 것으로 〈그림 3-18〉과 같다.

커뮤니케이션이 이루어지려면 여러 가지 요소가 존재해야 한다. 필수적으로는 송신자, 수신자, 메시지, 매체의 네 개 요소가 있어야 한다. 또한 부수적인 두 개의 요소가 있

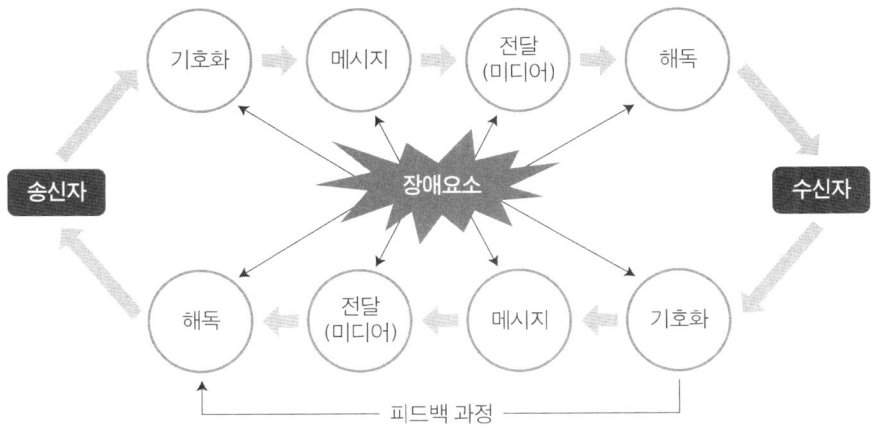

<그림 3-18> 커뮤니케이션 과정 모형

자료: Shannon, C. & Weaver, W. (1953), *The Mathematical Theory of Communication*, Urbana: University of Illionis Press.

는데 피드백과 장애요인이다. 필수요소는 하나라도 빠지면 커뮤니케이션 자체가 형성되지 않으며 부수요소는 결여되더라도 커뮤니케이션은 이루어지지만 그 효과성을 판단하기가 어렵다.

(1) 송신자(sender)

메시지를 보내는 사람이다. 리더십은 리더를 조직과정의 주체로 설정하므로 송신자는 주로 리더이다. 그러나 조직구성원이 리더에게 보고 등의 메시지를 먼저 보내는 역할인 경우에는 리더가 수신자가 될 수도 있다.

(2) 수신자(receiver)

송신자가 메시지를 받도록 의도한 대상이다. 개인일 수도 있고 집단일 수도 있다. 리더가 송신자라면 조직구성원이 수신자가 된다.

(3) 메시지(message)

송신자가 수신자에게 보내고자 하는 내용이다. 메시지는 정보, 의미, 감정 등 다양하다. 흔히 메시지는 송신하기 전에 기호화(encoding)한다. 기호로 변환하지 않은 메시지는 송신자의 마음속에만 존재할 뿐 수신자와의 소통에 의미를 갖지 못한다. 기호화하는 형식은 다양하며 다음과 같다.

- 말: 메시지를 기호로 변화하는 가장 보편적인 방식의 하나이다. 메시지는 한국어나 영어 등의 말의 종류, 말의 고저, 분량, 순서 등으로 기호화된다.
- 글: 메시지를 기호로 변환하는 가장 보편적인 방식의 하나이다. 메시지는 한국어나 영어 및 한자 등 글의 종류, 글씨체와 크기, 분량, 논리 등으로 기호화된다.
- 상징(symbol): 사랑의 하트 모양, 조직의 정체성을 나타내는 배지, 교통신호 등의 색깔 등은 메시지를 변환한 기호들이다.
- 신호(sign): 기쁘거나 슬픈 표정, 오거나 가라는 의미의 손짓, 겸손하거나 거만한 의미의 몸짓, 경기에서 심판의 규칙 사인 등도 메시지를 기호화하는 방법이다.

(4) 매체(media channel)
송신자와 수신자 간의 교류에서 기호로 변환한 메시지를 옮기는 수단이다.

- 말로 기호화한 메시지는 대면, 전화, 방송 등의 방법으로 전달할 수 있다.
- 글로 기호화한 메시지는 편지, 문서, 게시판, 전자우편, 출판물 등의 방법으로 전달할 수 있다.
- 상징으로 기호화한 메시지는 그림, 사진, 그래프(실적과 관련한 메시지), 장식(계급장 등의 지위), 공간(사무실의 크기) 등으로 전달할 수 있다.

(5) 피드백(feedback)
수신자는 자신에 전달된 기호화된 메시지를 해독(decoding)하게 된다. 메시지의 해석을 통해 송신자의 의도를 파악한다. 해독한 의미는 다시 송신자에게 보내져서 커뮤니케이션의 과정을 이어간다. 피드백을 통해 커뮤니케이션이 얼마나 효과적으로 이루어졌는지를 가늠할 수 있다.

(6) 장애요소(noises)
커뮤니케이션 과정에는 대화중의 잡음처럼 다양한 형태의 장애요소가 존재하기 마련이다. 커뮤니케이션의 효과성을 높이기 위해서는 이러한 장애요소들을 최대한 통제하고 제거해야 한다.

2.2.2 커뮤니케이션의 방해요인[16]

1) 왜곡

전달자나 수신자의 능력, 의도하는 바, 가치관, 그리고 생각하는 관점의 차이 때문에 전달자의 원래의 뜻이 제대로 전해지지 않고 왜곡되는 경우이다. 예를 들어 외국인과 커뮤니케이션을 함에 있어 언어 구사력이 다르기 때문에 표현과 해석에 있어 전달자의 의도가 왜곡되는 경우가 많다. 다음은 커뮤니케이션 왜곡현상이 일어나는 이유와 경우이다.

① 전달자와 수신자가 서로 상이한 의식구조를 가지고 있는 경우
② 전달매체(언어)가 부족한 경우
③ 의사(정보) 해석상에서 오류가 발생할 경우
④ 전달내용이 너무 축약된 경우 등

특히, 조직에서의 커뮤니케이션에 있어 상대적 불이익을 피하기 위하여 또는 정치적인 이유 때문에 의도적으로 정보가 왜곡되는 경우가 있다. 앞에서 살펴보았지만 정보가 계층 간 커뮤니케이션 경로를 따라 이동하다 보면 중간층이 자신의 의견을 덧붙이기도 하고 삭제하기도 하며 편리하게 해석하는 경우도 있기 때문에 왜곡 가능성은 더욱 커지게 된다.

2) 생략(Omission: 누락)

수신자가 판단에 필요로 하는 모든 정보를 전달자가 제대로 전달하지 못할 때(또는 않을 때)를 의미한다. 능력이나 지식이 짧아서 정보를 누락시키는 경우도 있다. 또한 매체의 불완전성 때문에 전달과정에서 누락되는 경우도 있다.

3) 커뮤니케이션 과중

전달해야 하는 정보나 지식이 너무 많아서 합리적 의사결정이 손상을 입든가 전달의 효과가 기대한 대로 나타나지 않는 경우를 커뮤니케이션 과중이라고 표현한다. 조직경영을 담당하는 최고경영자의 경우 사소한 정보들을 모두 다루려고 하다가 정작 중요한 문제에 대해서는 별로 시간을 할애하지 못하여 손해를 보는 경우가 있다. 이러한 문제를 해결

---

16 백기복(2010), 『조직행동연구』, 창민사, 281-282쪽을 참조하여 재구성.

하기 위해서 경영정보시스템을 도입하려는 조직들이 늘고 있다.

4) 타이밍

커뮤니케이션의 생명은 타이밍이다. 정보가 아무리 중요하다고 하더라도 수신자가 필요로 하는 때에 전달되어야 의미가 있다. 특히 오늘날과 같이 제품수명이 짧아지고 경쟁이 점점 치열해지는 상황에서는 누가 먼저 좀 더 정확한 정보를 얻는가가 사업의 성패를 좌우할 만큼 중요한 과제로 부상하고 있다.

5) 수용성

커뮤니케이션의 장애요인을 모두 적절히 극복했다 하더라고 궁극적으로 수신자가 정보를 수용하지 않으면 커뮤니케이션의 유효성을 기대할 수가 없다. 특히 정보원 또는 발신자를 수신자가 신뢰하고 있지 않은 경우에는 수용 가능성은 크게 저하될 수밖에 없다.

이외의 커뮤니케이션을 방해하는 장애요인들로는 선택적 청취, 가치판단, 정보의 신뢰도, 어의(語義)상의 문제, 여과(filtering), 집단의 특수한 언어, 지위상의 차이 등이 있다.

2.2.3 커뮤니케이션의 개선방안[17]

조직에 있어서 효율적인 커뮤니케이션을 이룰 수 있다는 것은 중요한 무형자원의 하나이다. 조직은 커뮤니케이션의 정확성, 적시성, 수용도를 향상시킬 수 있도록 다방면의 노력을 기울여야 한다. 여기에서는 조직에서의 커뮤니케이션의 유효성을 증진시킬 수 있는 방법들을 하향식, 상향식, 수평적 커뮤니케이션으로 구분하여 제시한다.

1) 하향식 커뮤니케이션의 개선방안

하향식 커뮤니케이션의 유효성은 직무의 명확성과 관련된다. 즉 조직구성원들이 직무수행의 방식을 정확히 이해하도록 지원해야 한다. 직무의 내용을 정확히 파악하고 있으면 상급자의 지시나 명령이 쉽고 정확하게 전달될 수 있고 조직구성원들의 수용도가 높아진다. 구체적으로 다음과 같은 방법을 활용하는 것이 바람직하다.

① 조직구성원들에게 직무에 대해서 충분히 알려주어 직무가 요구하는 바를 명확히 해

---

17 앞의 책, 284-287쪽을 참조하여 재구성.

주어야 한다.

② 직무의 배경을 설명해 줌으로써 왜 그런 일을 해야 하는지를 이해시킨다.

③ 업적과 관련된 피드백을 계속적으로 제공하여 목표추구의 효과를 높여야 한다.

④ 커뮤니케이션 경로를 다양화한다.

⑤ 중요한 내용은 반복 전달한다.

⑥ 공식적인 경로를 이용하고, 수신자에게 직접 전달되도록 한다.

이런 방법들을 사용하여 하향식 커뮤니케이션 효과를 높일 수 있을 것이다. 그러나 전달 일변도의 커뮤니케이션 방식을 탈피하는 것이 보다 중요하다.

2) 상향식 커뮤니케이션의 개선방향

상향식 커뮤니케이션에서의 문제는 '정보의 과적현상'이다. 즉 조직구성원들로부터의 전달내용이 너무 복잡하고 체계화되어 있지 않아 단편적인 자료에 지나지 않는 경우가 많다는 것이다. 그래서 오히려 의사결정의 시간을 지연시키는 결과를 낳는 수가 있다. 이 점을 보완하기 위해서 다음과 같은 방법들이 사용된다.

(1) 감별법(Screening)

일반적인 자료로부터 특별히 필요한 정보를 도출해내고 정보 내용의 중요성과 타당성을 구분하여 전달하는 것이다.

- 예외에 의한 관리(Management by Exception): 일상적인 행동이나 의사결정은 일정한 규범을 정하여 이에 준하도록 유도하고, 예외적이거나, 특별히 중요한 사항은 간추려서 전달한다. 즉 일상적으로 수행하는 의사결정사항에 대해서는 규범(규칙)에 따라 진행하도록 시스템화하고 예외적인 정보가 발생하는 경우에만 상급자에게 전달하는 것이다.
- 공급충족의 법칙(Principle of Sufficiency): 조직구성원들에게서 상급자에게로 공급되는 정보의 양과 질을 조정한다는 것이다. 즉 전달되는 정보의 내용을 잘 간추려서(요약, 정리) 핵심만을 전한다든지, 전달에 소요되는 시간을 최소화한다든지 하여 공급되는 정보의 효율성을 높이는 것이다.
- 대기행렬 법칙(Queuing): 정보의 양이 많을 때 순서를 정하여 보고의 차례를 만드는 것으로, 정보의 '중요도'에 따라 순서적으로 전한다는 뜻에서 '대기행렬'이라고 이름

지어졌다. 이때 중요한 것은 그때그때마다의 중요도가 변하게 되므로 상황에 맞게 순서를 재배열하여야 한다.

(2) 조직 내 분위기를 조정하는 방법

우선 조직구성원들이 상급자에게 보고하는 자체에 대한 두려움을 없애는 노력이 필요하다. 그러기 위해서는 조직의 분위기를 보다 원만하고 부드럽게 유지해야 한다. 비공식적인 커뮤니케이션의 활성화가 공식적인 커뮤니케이션의 경직성을 보완해줄 수 있으므로 이 방면에 대한 노력이 필요하다.

(3) 정보의 조직화

상급자에게 보고되는 정보의 내용은 조직화되어야 한다. 즉 내용이 산만하다거나 중구난방식이라면 정보의 질이 아무리 높다 하더라도 받아들이는 입장에서는 평가절하 되기 마련이다. 그리고 보고에 있어서는 사회적인 신분이나 지위차이에서 오는 거리감을 배제할 수 있도록 노력해야 한다.

결론적으로 위의 방법들은 상황에 따라 적용의 범위를 달리해야 한다. 일선 담당자의 의견과 그에게서 나오는 현장감 넘치는 정보가 제대로 상급자에게 전달되어 의사결정에 중요 정보로 사용되는 것이 상향식 커뮤니케이션의 핵심이라고 본다면, 위에서 제시한 개선방향을 고려하여 보다 나은 커뮤니케이션 기법을 개발해야 할 것이다.

3) 수평적 커뮤니케이션의 개선방안

조직의 목표를 달성하기 위해서는 수직적 커뮤니케이션의 유효성을 높이는 것도 중요하지만 동일계층에 있는 동료들 간의 수평적 커뮤니케이션의 유효성 제고가 병행되어야 한다. 수평적 커뮤니케이션의 개선방법들은 크게는 다음의 네 가지로 정리할 수 있다. 조직구조의 변화와 관련하여 최근 많이 논의되고 있는 과정 중심의 조직재구성(예: 리엔지니어링)은 수평적 커뮤니케이션을 혁신적으로 개선해보려는 노력의 일환이라고 하겠다.

① 작업집단 내에 상급자에 대한 신뢰가 있어야 한다.
② 부서 간 형평의 원리가 적용되어야 한다.
③ 부서 간 정보의 원활한 교환이 이루어져야 한다.
④ 조직구조의 변화가 신축성을 지녀야 한다. 즉 환경에 맞는 조직구조를 이룰 때 수평적 커뮤니케이션이 효과적일 수 있다.

지금까지 커뮤니케이션 방해요인들과 개선방안들을 살펴보았다. 이들을 종합하여 그림으로 표현하면 〈그림 3-19〉와 같다. 수신자와 관련된 문제, 전달자와 관련된 문제, 그리고 커뮤니케이션이 일어나는 상황에 관련된 문제 등으로 세분하여 정리한 것이다.

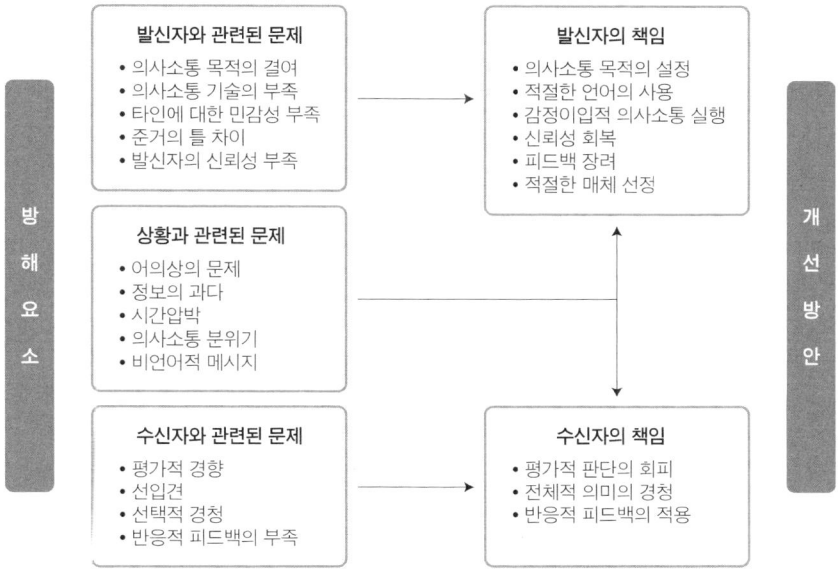

〈그림 3-19〉 의사소통의 방해요소와 개선방안

자료. Chung, K. & Megginson, L.(1981), *Organization Behavior*, Harper and Row, p. 199.

오바마처럼 말하라(Say It Like Obama)

버락 오바마(Barack Obama)는 연설의 힘으로 미국 정치에 혜성처럼 등장했다. 그는 능숙한 연설기술을 활용해서, 우레와 같은 박수갈채를 받을 뿐 아니라 청중들에게 진정한 변화에 대한 기대감을 불어넣었다. 끝없이 계속되는 연설에서 버락 오바마는 생동감 있는 비전, 화려한 미사여구, 카리스마 있는 모습으로 수백만 명의 지지자들을 '열광의 도가니'로 몰아넣었다. 그의 뛰어난 커뮤니케이션 기술은 전례 없는 정치 운동을 일으켰으며 미국 역사상 첫 흑인 대통령이 되는 오바마의 성공에 불을 지폈다.

하지만 수백만 명을 감격시키고 설득한 것은 단지 타고난 능력의 산물이 아니다. 버락 오바마는 자신을 지켜보는 사람들이 30명에서 20만 명으로 늘어날 때까지 스스로를 유능한 연설가로 만들기 위한 기술을 연마했다.

이런 커뮤니케이션의 기술들은 정치 활동에서뿐만 아니라 세상을 살아가는 기업 임원, 관리자, 리더 모두에게 지극히 중요한 것이다. 현재와 미래의 리더들에게 커뮤니케이션의 원동력과 테크닉을 제공한다는 의미에서 오바마의 연설테크닉을 요약하여 제시한다.

① 강렬한 첫인상 만들기   ② 효과적인 바디 랭귀지와 음성 활용
③ 공통의 비전과 가치 강조   ④ 신뢰와 신임을 얻기 위한 연습
⑤ 청중의 마음과 이성 사로잡기   ⑥ 요점 분명히 하기
⑦ 비전 전달   ⑧ 점점 강하게 하고 지속되는 인상을 남기기

오바마의 연설은 설득의 기술, 프레젠테이션의 힘, 효과적인 커뮤니케이션 기술의 종합능력이다. 리더는 팀 또는 조직구성원들에게 새로운 비전과 비전실천 전략을 공유하는데 오바마 대통령이 활용한 커뮤니케이션의 테크닉을 타산지석으로 활용하는 지혜가 필요하다.

2.3 동기부여

리더십은 지식과 이론의 문제가 아니라 실천과 결과의 문제이다. 즉 아는 것이 중요한 것이 아니라 리더십이 영향력으로 작용하여 실질적인 결과로 나타나야 비로소 의미가 있

는 것이다. 리더는 조직과 조직구성원들의 중지를 결집하여 비전을 개발하고, 다음으로
는 개발한 비전을 실천하는 전략을 조직구성원들과 공유해야 한다.

동기부여는 커뮤니케이션과 함께 리더가 조직구성원들과 비전을 공유하기 위한 대표
적인 실천적 이론이며 방법이다. 동기가 부여된 사람이 일하는 수준과 직무동기가 부여
되지 않은 사람의 업무수행 수준은 큰 차이가 있다. 리더는 조직구성원들의 직무동기를
활성화하고 강화할 수 있는 안목과 다양한 수단들을 확보하고 실행할 수 있어야 한다.

현대적인 의미의 동기부여에 관한 연구는 1950년대부터 본격적으로 시작되었다. 대표
적인 이론들은 매슬로의 욕구단계이론, 허즈버그의 2요인 이론, 맥그리거의 XY이론, 맥
클레랜드의 성취동기이론, 브룸의 기대이론 등이 있다.

2.3.1 매슬로의 욕구단계이론(Need Hierarchy Theory)

사람의 욕구에 대한 통찰력을 제공해주는 동기이론으로 임상심리 학자였던 매슬로
(Maslow)가 자신의 임상경험을 토대로 1943년에 발표한 이론이다. 그는 낮은 서열의 욕구
가 충족된 후에 차(次)상위 욕구가 부각된다고 보았다. 또한 하위욕구가 만족됨에 따라 그
욕구는 더 이상 동기 유발력을 잃는 대신에 차 상위 욕구가 새로운 동기유발 요인으로 부
상하게 된다는 것이다. 〈그림 3-20〉은 욕구의 5단계를 서열화한 것이다.

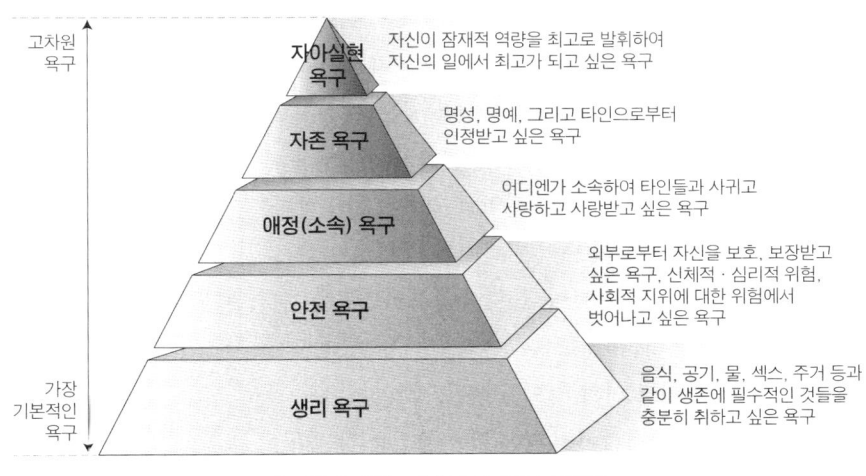

〈그림 3-20〉 매슬로의 욕구 5단계

자료: Maslow, A. H.(1984), *A Theory of Human Motivation*, pp. 370-396.

1) 매슬로 이론의 작동원리

매슬로 이론의 작동원리는 다음과 같이 설명할 수 있다. 첫째, 개인마다 다섯 가지 욕구가 저차원에서 고차원으로 순서대로 나타난다. 순서대로 나타나기 때문에 한 단계를 건너뛰어 그 위의 욕구가 나타나는 경우는 없다. 또한 어느 한 순간 한 개인의 한 의식을 지배하는 욕구는 하나이다. 둘째, 욕구의 출현과 소멸은 결핍과 충족의 원리에 의해 이루어진다. 즉 순서에 의해 어떤 특정 욕구가 결핍되어 있으면 그 욕구가 개인의 의식을 지배한다. 이러한 '결핍−지배− 충족−새로운 욕구출현'의 과정은 자기욕구가 출현될 때까지 계속된다. 셋째, 결국 개인의 행동에 동기를 부여하는 것은 욕구의 결핍이다. 단, 자아실현 욕구는 다른 욕구와는 달리 충족되면 될수록 욕구의 크기가 더 커진다. 넷째, 매슬로는 후에 1968년에 출간된 저서에서 다섯 욕구들을 묶어서 결핍욕구(생리적 욕구, 안전욕구, 애정욕구)와 성장욕구(자존욕구, 자아실현욕구)로 나누었다.

매슬로는 가장 높은 욕구 수준인 자아실현욕구가 강한 사람들은 심리적으로 매우 건강한 사람들이며, 일반적으로 다음과 같은 특성을 보인다고 하였다.[18]

① 현실을 효과적으로 인식하고 쾌적한 관계를 갖는다.
② 자신과 다른 사람 및 상황을 주어진 그대로 인식하고 수용할 줄 안다.
③ 사고와 행동에 있어서 자발성을 가진다(spontaneity).
④ 인생에서 사명감과 성취감을 가지고 문제를 지향한다(problem centering).
⑤ 고독 속에서도 상심보다는 초연할 줄 알며 자기만의 세계의 욕구가 있다.
⑥ 사회적 환경 속에서 독립적인 자율성을 갖는다(autonomy).
⑦ 인생의 여러 일에 대해 늘 새롭고 신선한 인식을 갖는다.
⑧ 삶의 과정에서 절정의 경험과 신비의 경험을 추구한다.
⑨ 사회적 관심이나 동정심 등의 인간미를 지니고 있다.
⑩ 다수와의 피상적인 관계보다 소수의 사람들과 깊은 인간관계를 맺는다.
⑪ 민주적인 성격을 갖는다(democratic character structure).
⑫ 수단과 목적, 그리고 선과 악의 구분을 명확히 한다.
⑬ 철학적이면서도 공격적이지 않은 유머센스를 갖는다.
⑭ 소박하고 보편적인 창의성을 지닌다.
⑮ 주위의 행태에 휩쓸리지 않고 자신의 기준과 주관으로 행동한다.

---

18 Maslow, A. H.(1954), *Motivation and Personality*(2nd ed.), pp. 153-174.

2) 리더십 측면에서의 시사점[19]

첫째, 매슬르의 욕구이론은 리더가 조직구성원들의 직무동기를 활성화하기 위하여 또는 리더를 추종하도록 하기 위하여 어떤 요인들을 자극하고 보상으로 제시해야 하는가를 알려주고 있다. 이를 위해서는 조직구성원들의 욕구를 정확히 진단하는 것이 무엇보다 중요할 것이다.

둘째, 이 이론의 여러 원칙들은 현실적으로 모두 검증이 된 것이 아니며, 현실과는 차이가 있을 수 있다는 것을 고려하여 리더십에 참고해야 한다. 가령, 모든 사람이 욕구단계를 순서적으로 밟아가는 것이 아니라 어느 단계를 건너 뛸 수도 있다. 그리고 사람들이 다섯 단계의 욕구를 모두 가진 것은 아니다. 사람에 따라 안전욕구나 애정욕구까지만 관심이 있을 수도 있다. 또한 종교적 순교자는 자아실현 욕구 하나만을 추구하는 경우일 수도 있다. 아울러 욕구단계가 역방향으로 진행될 수도 있다. 예를 들어 젊은 시절에 이념운동을 통해 자신이 원하는 이상사회의 건설에 전념하던 사람이 나중에 공허함을 느끼고 생리적 욕구나 안전욕구를 추구하는 경우도 있다. 예술을 통해 자존욕구나 자아실현 욕구만을 추구하던 사람이 나중에 하위욕구를 추구하는 경우도 마찬가지이다.

셋째, 고차원 욕구와 저차원 욕구를 직무와 연결시켜서는 안 된다는 점이다. 가령 저차원 욕구를 육체적 직무수행자에 연계시키고 고차원 욕구를 교수나 예술가 등의 정신적 직무수행자와 연계시키는 것은 적절하지 않다. 욕구단계는 수행직무와 연계성이 없는 중립적인 것이다. 가령, 이윤만 추구하는 상업주의적 예술가도 있을 수 있고, 자신의 작품을 완성한다는 정신으로 일을 하는 건축미장공이나 요리사도 있기 때문이다. 그리고 욕구를 저차원과 고차원으로 계층화할 수 있는가도 논란이 된다. 오히려 육체적 욕구나 정신적 욕구 등으로 구분하는 것이 더욱 적절할 수도 있다.

넷째, 한 단계의 욕구가 충족되면 그 욕구가 다시 동기유발요인이 되지 않는다고 하지만, 이는 단기적인 상황 또는 일회적인 경우이다. 배고픔이 채워지면 일시적으로는 생리적 욕구가 충족되지만 시간이 지나면 다시 배고프게 된다. 또한 사회적 소속감을 바라는 사람이 이를 충족하기 위하여 어떤 단체에 가입하고 나면, 욕구가 종료되는 것이 아니라 더 강해져서 더욱 높은 수준의 단체에 가입하고 싶을 수도 있는 것이다.

다섯째, 허즈버그의 2요인 이론과 연계해보면, 저차원 욕구들은 위생요인과 관련이 많고 고차원 욕구들은 동기요인과 관련이 많다고 볼 수 있다.

---

19 박유진(2009), 『현대사회의 조직과 리더십』, 양서각, 272-273쪽.

2.3.2 허즈버그의 2요인 이론(Two Factor Theory)

1) 2요인 이론의 특징

1950년대 말 허즈버그(Herzberg)는 직무만족, 직무태도, 그리고 직무성과 등에 대한 연구결과들을 종합적으로 검증한 뒤에 그 결과를 토대로 2요인(two-factor) 이론(또는 동기-위생 이론)을 발표하였다.[20]

허즈버그는 현장의 많은 종업원들에 대한 면접조사를 통해 직무에 대해 긍정적 태도 혹은 부정적 태도를 유발시키는 요인을 탐색했다. 허즈버그는 직무만족에 영향을 주는 동기요인(motivation factor)과 직무불만족에 영향을 주는 위생요인(hygiene factor)이 별개로 존재한다고 보았다.

만족요인은 만족에 영향을 미치며 충족되지 않는다고 해서 불만족이 생기는 것이 아니라고 주장한다. 마찬가지로 불만족 요인이 제거된다고 해서 만족이 증가하지 않는다는 것이다. 가령, 음식을 먹을 때 만족을 주는 요인들은 음식의 맛이나 영양과 같이 음식 자체에 관한 것이다. 그러나 식탁의 청결이나 종업원의 서비스 등은 음식 자체와 무관한 요인들로써 만족을 주지는 못한다. 즉 불결한 식탁이나 불친절한 서비스 등은 불만족을 주지만, 이들을 좋게 바꾸면 음식에 대한 만족이 증가하는 것이 아니라 불만족이 제거된다

〈표 3-24〉 허즈버그의 2요인

구분	동기요인: 내재요인, 만족요인	위생요인: 외재요인, 불만족 요인
정의	직무수행을 통하여 다음 요인들을 많이 얻을수록 만족도가 높아지며 그럴 때 성과가 높아진다.	직무와 관련된 다음 요인들은 아무리 호의적이더라도 불만족은 줄이지만 만족도를 높이지는 못한다.
요인	• 성취감 • 칭찬이나 인정을 받을 수 있는 기회 • 직무 자체가 주는 흥미 • 성장 가능성 • 책임감 • 직무의 도전성 • 발전성(승진)	• 급여 • 감시와 감독 • 회사의 정책과 행정 • 감독자(상사)와의 인간관계 • 하급자와의 인간관계 • 동료와의 인간관계 • 작업조건 • 개인생활 요소들 • 직위 • 직장의 안정성

자료: 백기복(2010), 『조직행동 연구』, 창민사, 176쪽.

---

[20] Frederick Herzberg, Bernard Mausner & Barbara, S. Snyderman(1959), *The Motivation to work*, NY: Wiley.

는 것이다.

2) 리더십 측면에서의 시사점[21]

첫째, 리더십 측면에서 주목할 요인은 동기요인이다. 동기요인들은 직무의 자발성을 높일 수 있는 정신적 요인들이기 때문이다.

둘째, 위생요인의 불만족을 해결하지 않고 동기요인에만 집중할 경우 리더십의 지속력을 얻기 어렵다. 따라서 위생요인의 해결과 동기요인의 활성화를 동시에 추구해야 한다.

셋째, 동기요인과 위생요인이 각각 만족과 불만족에만 관련된다고 보고 있지만 현실적으로는 명백하게 구분된다기보다는 서로 결합되는 경향이 있다. 위생요인이 좋지 않으면 직무만족에도 영향을 미칠 수 있기 때문이다. 리더는 직무동기의 활성화에 도움이 되는 방향으로 두 요인을 적절하게 활용해야 할 것이다.

2.3.3 맥그리거의 XY이론

1) XY이론의 특징

맥그리거(McGregor)는 인간의 본성에 대해 두 가지의 구별되는 견해를 제시하였다. 과거의 인간관을 X이론(Theory X)형이라고 명명하고 새로운 인간관인 Y이론(Theory Y)형을 제시했다. 그것은 인간을 능동적이고 자율적인 존재로 보는 새로운 관점이다.[22]

맥그리거는 과거의 사람들이 생각했던 전통적 인간관, 즉 X이론의 관점은 옳지 않다고 주장하면서 X이론형 취급을 하는 리더십과 관리방식은 바꿔야 한다고 주장했다. 인간의 본성을 피동적인 것으로 보는 X관점과 능동적으로 보는 Y관점으로 나누어 두 관점을 비교하면 〈표 3-25〉와 같다.

XY이론은 인간을 보는 가정적인 관점이다. 사실상 인간은 어느 한 면만을 가지고 있는 것은 아니다. 다만 이해의 편의상 이분법적으로 나누어 놓았다는 것을 이해해야 한다. 그러나 어떤 관점으로 인간을 보는가에 따라 조직관리 방식이 크게 달라지는 것은 사실이다. 그러므로 조직구성원들을 자율적으로 동기화하려면 위계적인 권력구조보다 권한을 위임하는 기법을 활용하여 규칙과 통제를 줄이고 담당자 재량을 활용하는 리더십이 필요하다.

---

21 박유진(2009), 『현대사회의 조직과 리더십』, 양서각, 274-275쪽.

22 McGregor, D.(1960), *The Human side of Enterprise*, NY: McGraw-Hill.

<표 3-25> 맥그리거의 XY이론의 인간관

인간관	Theory X	Theory Y
특성	① 인간이 본질적으로 일을 싫어한다. ② 인간은 책임을 회피하려 한다. ③ 인간은 창의력을 발휘하지 않는다. ④ 인간은 생리 및 안정욕구에 의해 동기화된다. ⑤ 인간은 자기 통제력이 약하다.	① 인간은 스스로 일을 찾아서 수행한다. ② 인간은 스스로 책임지려 한다. ③ 인간은 자발적인 창의력을 발휘한다. ④ 인간은 자존욕구와 자아실현욕구에 의해 동기화된다. ⑤인간은 자기 통제력을 가지고 있다.
동기 부여 방식	• 통제와 지시로 관리 • 감독 철저 • 물질적 보상 • 조직은 수직적이다.	• 자율에 맡긴다. • 자긍심과 위신을 세워준다. • 정신적 보상 • 조직은 수평적이다.

자료: 임창희(2008), 『조직행동』 제4판, 비엔엠 북스, 211쪽을 참조하여 재구성.

2) 리더십 측면에서의 시사점[23]

첫째, 리더는 자신이 어떤 관점을 갖고 있는가를 먼저 살펴야 한다. 인간 본성에 대한 관점은 리더십 행동에도 직접적으로 영향을 미치기 때문이다. X관점에서는 조직구성원들을 통제하고 감독하는 행위를 늘리고 상벌로 다루려고 할 가능성이 높으며, Y관점에서는 조직구성원들을 신뢰하여 자율성을 인정하고 위임하는 행동을 할 가능성이 높을 것이다.

둘째, 사람은 양쪽의 본성이 혼합되어 있으며 사람에 따라 정도의 차이가 있다고 보는 것이 바람직하다. X 또는 Y의 어느 한쪽에 치우친 극단적인 시각은 극단적인 행위를 낳을 가능성이 크므로 리더의 행동선택의 폭을 제한할 수 있기 때문이다. 리더의 행동폭이 좁아진다는 것은 바람직하지 않다.

셋째, 맥그리거는 Y관점의 인간관이 X관점의 인간관보다 바람직하다고 믿으며, 조직구성원들에게 의사결정, 책임, 도전적인 직무참여 등의 기회를 주는 것이 직무동기를 높인다고 보았다. 비록 Y형 인간관에 의한 리더십이 항상 더욱 높은 성과를 나타낸다는 확고한 증거가 아직 발견된 것은 아니지만, 오늘날 지식정보사회의 특성을 고려할 때 Y관점에 의한 조직시스템 운영과 리더십 발휘가 더욱 바람직한 것으로 인식되고 있다.

---

23 박유진(2009), 『현대사회의 조직과 리더십』, 양서각, 276쪽.

2.3.4 맥클레랜드의 성취동기이론(Achievement Motivation Theory)

1) 성취동기이론의 특징

맥클레랜드(McClelland)의 성취동기이론에서는 매슬로의 다섯 가지 욕구 중에서 상위욕구만을 대상으로 하여 세 가지 범주의 욕구로 분류하고 있으며, 이러한 세 가지 욕구들이 인간행동의 80%를 설명한다고 주장하였다. 맥클레랜드는 개인의 동기부여는 사회문화적 환경과 상호작용하는 과정에서 학습 및 개발될 수 있다는 전제하에 동기요인들을 설명하고 있다.[24] 세 가지 동기요인인 성취욕구, 친화욕구, 권력욕구는 서로 계층이 없으며 동시에 작용할 수도 있다. 따라서 이 욕구들을 자극하여 행위를 하도록 만드는 것이 동기유발이라고 보는 것이다.

(1) 성취욕구(Need for Achievement: n-Ach)

어려움을 극복하여 목표를 이루려는 욕구와 다른 사람들과의 경쟁에서 능가하고 싶은 욕구, 그리고 능력을 발휘하여 자신의 가치를 높이려는 욕구를 말한다. 성취욕구는 높은 성과를 달성하는데 가장 핵심적인 에너지가 된다. 성취욕구를 높이기 위해서는 높은 성취의 매력을 느끼고 맛보게 하며 높은 성취인의 특성을 내면화하도록 교육하여야 한다. 이러한 욕구는 선천적이라기보다는 사회생활을 하면서 학습을 통해 습득된 것이다.

(2) 권력욕구(Need for Power: n-Pow)

타인을 제압하는 위치에서 타인을 통제하고 영향력을 행사하고 싶은 욕구이다. 이 욕구가 높은 사람은 어떤 집단에서나 리더의 위치에 있기를 원하고 남을 설득시킨다든지 대표로 남 앞에 나서기를 원한다. 뿐만 아니라 과업도 자기가 책임지고 도맡아 하려고 하며 자신의 지위 향상에 신경을 많이 쓴다. 즉 업무의 효율성보다 영향력이나 명성을 얻는데 관심이 많다.[25] 권력은 리더 개인의 사적 이익을 추구하는 개인화된 권력과 조직과 조직 구성원의 이익을 추구하는 사회화된 권력으로 구분할 수 있는데, 리더는 강한 권력 욕구를 적절한 수준에서 통제할 수 있어야 하며 사회화된 권력을 추구해야 한다.

(3) 친교욕구(Need for Affiliation: n-Aff)

다른 사람들과 친근하고 밀접한 관계를 맺으려는 욕구이다. 친교욕구가 많은 사람은

24　McClelland, D. C.(1985), Human Motivation, Scott Freshman.

25　Hermans, H. J.(1970), "A Questionnaire Measure of Achievement Motivation" *Journal of Applied Psychology*, pp. 353-363.

인간관계가 빈번한 일자리를 원할 것이며 평소에도 타인과의 인간관계에 대해 생각을 많이 하는 사람이며 그 관계가 잘 안 풀릴 때 고민하는 사람이다.[26] 성공적인 경영자들이 반드시 더 높은 친화욕구를 가졌다고 볼 수만은 없다. 다만 친화에 대한 지나치게 낮은 관심은 조직의 협동성이나 인간관계의 발전에 부정적인 결과를 초래할 수 있다.

2) 리더십 측면에서의 시사점[27]

첫째, 리더의 입장에서 조직구성원들이 직무의 성취를 경험하고 학습할 수 있는 기회와 여건을 만들어주는 것이 좋다.

둘째, 리더 자신과 조직구성원들의 권력 욕구를 적절하게 통제할 수 있어야 하며 권력욕구는 조직을 위하는 사회화된 권력방향으로 발현되는 것을 장려해야 한다. 사리사욕의 방향으로 발휘되는 경우 조직은 정치의 장이 될 위험성이 있다.

셋째, 조직구성원이 친화 욕구가 강한 경우에는 리더의 친화적 행동으로 이를 적정한 수준에서 수용할 수 있어야 하며 리더 자신의 친화욕구가 낮다 하더라도 친화적 관심을 가지고 친화적 행동을 할 수 있어야 한다.

넷째, 매슬로의 이론에 비추어보면 성취 욕구는 자아실현욕구와, 권력 욕구는 자존욕구와, 친화욕구는 애정욕구와 연계되므로 이러한 관련성을 이해하는 것이 리더십 발휘에 도움이 될 것이다.

2.3.5 브룸의 기대이론

1) 기대이론의 특징

지금까지 제시한 이론들은 동기부여에 대한 내용적 이론들이다. 즉 동기를 불러일으키는 원인, 욕구의 정체와 종류, 충족 여부에 대한 분석위주의 이론적인 관심사였다. 반면에 브룸(Vroom)의 기대이론은 어떤 과정을 거쳐 동기가 발생하는지에 초점을 둔 이론으로써, 어떤 일이 일어날 가능성에 대한 주관적인 확률을 기대의 개념으로 정립하여 동기를 설명한 이론이다.[28]

〈그림 3-21〉에서 보듯이 사람의 동기 수준은 첫째, 노력을 하면 성과를 이룰 것이라

---

26 McClelland, D. C. & Burnham, D. H.(1976), "Power is the Great Motivator", *Harvard Business Review*, March-April, pp. 100-110.

27 박유진(2009), 『현대사회의 조직과 리더십』, 양서각, 277-278쪽.

28 Vroom, V. H.(1964), *Work and Motivation*, John Wiley & Sons.

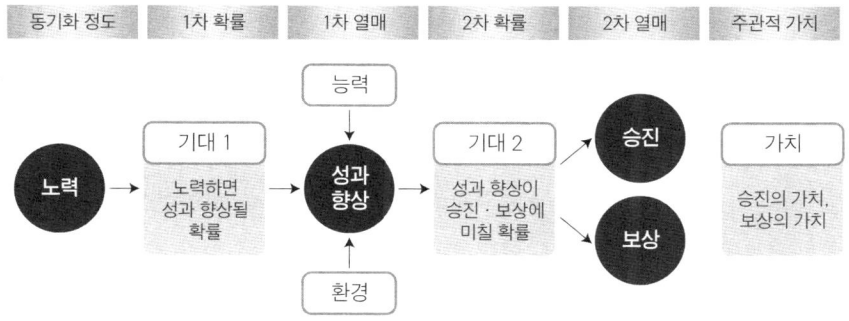

<그림 3-21> 기대이론의 동기부여 과정

자료: 임창희(2008), 『조직행동』 제4판, 비엔엠 북스, 219쪽.

고 믿는 주관적 확률을 기대치 또는 1차 기대치라고 한다(기대: expectancy). 둘째, 성과가 좋으면 반드시 임금인상이나 승진의 될 것이라고 믿는 주관적 확률을 수단성 또는 2차 기대치라고 한다(수단성: instrumentality). 셋째, 조직구성원의 동기 수준은 임금인상이나 승진에 대한 욕구의 크기의 합(가치성: valence)에 의해 결정된다.

이때 제시된 보상에 대한 매력을 유인가라고 한다. 즉 과업을 수행하면 과업성과를 달성할 수 있다고 믿을 때, 과업성과를 달성하면 보상이 주어질 것이라고 믿을 때, 보상이 나에게 매력적이고 가치가 있을 때 동기 수준이 높아지고, 그 반대이면 동기 수준이 낮아진다는 것이다. 이를 위해서 조직은 다음과 같은 정책을 수립하고 실천하는 것이 바람직하다.

- 조직구성원들로 하여금 지금 무슨 행동을 해야 하는지 명확한 기준을 미리 제시한다.
- 보상 등의 약속을 실천하여 조직구성원들의 신뢰를 얻는다.
- 보상·승진 등의 기준이 되는 평가과정을 공정하게 하고 이를 공개한다.

2) 리더십 측면에서의 시사점[29]

첫째, 기대이론과 리더십 유형을 결합하면 경로-목표 이론[30]이 도출된다.

둘째, 조직구성원들의 동기 수준을 높이기 위해서는 기대이론의 핵심적인 개념인 기대치를 고려해야 한다. 즉 1차 기대치를 높이기 위해서는 과업능력의 개발 등 성과달성에

---

29 박유진(2009), 『현대사회의 조직과 리더십』, 양서각, 279쪽.
30 목표-경로 이론은 제4장의 리더십 상황이론에 제시되어 있음.

대한 주관적 믿음을 높이는 방법 등을 강구해야 한다. 또한 2차 기대치를 높이기 위해서는 리더의 보상신뢰성이나 보상능력을 높여서 성과를 이루면 보상을 얻을 수 있다는 믿음을 주어야 한다.

셋째, 조직구성원들의 선호에 따라 유인가가 높은 보상을 제공해야 한다. 매슬로의 욕구단계 개념을 활용할 수 있으며 조직구성원들이 원하는 것이 무엇인가를 정확하게 식별하는 것이 직무동기를 활성화할 수 있는 방법을 찾는데 기초가 된다.

2.4 조직구성원들의 기 살리기와 올바른 칭찬

2.4.1 기 살리기 방법

기 살리기란 사기진작과 같은 의미로써 인재경영과 동기부여의 정신이며 방법이다. 사람의 힘은 몸의 힘(體力), 머리의 힘(智力), 마음의 힘(心力)의 총합이다. 기(氣)란 마음의 힘과 관계되면서 체력과 지력에 영향을 미친다. 기가 살아있으면 용기, 배짱, 자신감, 추진력, 집념 등이 증가한다. 기 살리기의 목적은 조직구성원들의 직무의욕과 자신감을 높여서 직장과 직무에 자부심을 가지게 함으로써 직무성과와 직무생활의 질을 향상시키고자 하는 것이다.

사기를 진작하는 방법은 복지후생제도처럼 비용을 투입해야만 시행이 가능한 방법과 비용을 투입되지 않으면서 정신적인 힘을 북돋우는 방법이 있다. 이는 허즈버그의 동기요인과 위생요인을 충족시키려는 노력과 비슷하다. 아래에서 일반적인 사기진작 방안을 제시한다.

(1) 장점을 찾아서 격려하고 칭찬한다

사람이란 자신을 알아주는 사람을 위해서 열심히 일하는 사회적 동물이다. 알아준다는 것은 자신의 장점과 성과를 인정해주고 격려하는 일이다. 칭찬은 가장 보편적이고 실행하기에 편리한 기 살리기의 방법이다. 예를 들어 칭찬릴레이는 여러 회사와 군부대 등에서 광범위하게 실행하고 있다.

(2) 외부적으로 자랑거리를 만들어준다

해외연수, 휴가철의 휴양소 운영, 명절 때의 선물, 직원들의 건강검진, 맞춤식 복지제도, 진학 및 자격증 공부의 지원, 육아휴직, 질 좋은 복장과 같은 것이다. 다른 회사에서 시행하지 않는 차별적인 자랑거리일수록 사기진작에 효과가 높다.

(3) 가족에게 자부심을 갖게 한다

우리나라의 남성들의 경우를 보면 자기는 고생하더라도 부모와 아내 및 자녀들이 만족을 하고 긍지를 가지면 기가 살아나고 어려움을 잘 극복한다. 부인과 자녀들을 회사에 초청해서 가장이 하는 일이 얼마나 가치 있고 중요한 일인가를 알려주기, 자녀들에 대한 장학금 수여, 자녀들에게 해외연수 등 가족들을 뿌듯하게 해줄수록 조직구성원들의 사기는 올라간다.

(4) 성장감을 갖게 한다

사람들은 다른 사람에 비해 자신이 정체되어 있거나 퇴보하고 있다고 느낄 때 기가 죽는다. 자신이 발전하며 크고 있다는 성장감을 주어야 하는 것이다.

(5) 마음속에 흥(興)의 사이클을 만들고 한(恨)의 사이클을 방지하는 것이다

신바람을 나게 하는 흥의 사이클을 통해 기를 살리는 것도 중요하지만, 기를 죽이지 않는 것이 더욱 중요하다. 조직구성원들을 인간적으로 존중하고 대우하는 조직문화의 형성이 매우 중요하다. 조직구성원에 대한 언어, 질책의 방법 등에서 억울하거나 분노의 감정을 갖기 않게 해야 한다. 인간적 존중을 받지 못한다고 느낄 때 조직에 대한 자부심이나 직무에 대한 자신감이 생겨날 수 없다.

(6) 최고경영자는 조직 활동의 중심에서 조직구성원들을 격려한다

최고경영층은 조직 활동의 중심(重心)에 있어야 한다. 조직 전체 중에서 가장 핵심적인 임무를 수행하는 곳, 가장 어려운 일을 수행하는 곳, 각 부문의 프로젝트에서 가장 어렵고 핵심적인 단계에 있는 곳이 중심이며, 최고경영층은 그러한 현장을 적시에 방문하여 조직구성원들로 하여금 '최고경영자가 우리를 잊지 않고 있다'는 느낌을 갖게 할 때 사기가 높아진다.

2.4.2 올바른 칭찬

칭찬은 조직구성원들에게 동기를 부여하고 기를 살리는 중요한 방법이다. 칭찬은 고래도 춤추게 한다. 이러한 칭찬 예찬론에는 칭찬이 삶의 활력소가 되어 인간관계와 동기부여에 도움이 되므로 모든 형태의 칭찬은 바람직한 것이며, 칭찬을 싫어하는 사람이 없을 것이라는 생각이 전제되어 있다. 그러나 칭찬은 항상 좋은 것인가? 우리는 사물을 바라볼 때 그 상대적인 면도 살펴보는 지혜가 필요하다. 한 면만 보면 일방적이고 편향적인 사고를 가지기 쉽고 그러한 사고는 오히려 예상하지 않은 부정적인 결과를 낳기도 한다. 칭찬의 효과는 각양각색이어서 슬기로운 자는 겸손하게 만들기도 한다. 하지만 '바보를 칭찬하는 것은 그의 어리석음에 물을 주는 것과 같다.'라는 경구에서 알 수 있듯이 한 면만 바라보는 칭찬의 시각도 경계할 필요가 있다.

칭찬의 빛과 그늘을 함께 살펴보면서 바람직한 칭찬을 생각해본다.

첫째, 칭찬을 받으면 사람들은 대체로 기쁨을 느낀다.

칭찬한 사람에게 감사하며 칭찬에 보답하기 위해 더욱 열심히 일을 하겠다는 마음의 다짐을 한다. 이것이 칭찬의 효과이다. 그러나 사람에 따라 기쁨만이 아니라 동시에 부담을 느껴서 방어적으로 반응할 수도 있다. 특히, 면전이나 다른 사람들 앞에서 공개적으로 칭찬을 받으면 쑥스러워 하여 계속해서 칭찬을 받으려는 마음보다 오히려 피하려는 태도를 가지는 사람도 많다. 칭찬은 사람을 무대 위에서 춤추게 하기도 하지만 무대 뒤로 숨게 하기도 하는 것이다. 이런 사람에게는 개인적으로 만나는 자연스러운 시간에 진정한 관심을 보여주는 것이 부담 없는 잔잔한 칭찬이 될 수가 있다.

둘째, 칭찬은 아무리 순수한 의미일지라도 평가의 한 형태이다.

칭찬하는 사람이 칭찬받는 사람을 평가하는 것이며 대부분 칭찬하는 사람이 우월한 입장에서 있음을 의미한다. 그러므로 칭찬을 받는 사람은 좋은 평가를 받았다는 것을 기쁘고 고맙게 생각하는 것이 칭찬의 효과이다.

그러나 타인에게 평가를 받는다는 사실 자체를 인간적으로 싫어하는 사람은 칭찬에 대해서 오히려 불편한 감정을 가질 수 있다. 특히, 자존심이 강하고 심리적으로 성숙한 사람들은 남이 자신을 평가하는 자체를 싫어하는 경향이 있다. 상급자의 능력이나 인품을 낮게 평가하는 하급자는 상급자의 칭찬을 오히려 냉소적으로 받아들일 수 있음을 유념할 필요가 있다.

셋째, 칭찬은 대부분의 상황에서 긍정적 효과를 나타내지만 적절치 않은 상황에서 칭찬은 받는 사람에게 오히려 해를 줄 수도 있다.

칭찬은 하는 사람의 입장과 기분으로 할 것이 아니라 받는 사람의 입장을 고려하는 것이 옳다. 다만 공개적으로 칭찬하는 경우는 경연대회 등에서 우수한 성적을 냈다거나 다른 사람들이 꺼려하는 일을 위험을 무릅쓰고 수행한 경우 등 모든 사람들이 객관적으로 칭찬받을 업적을 인정하는 경우이다.

넷째, 칭찬은 사람들의 자율적 노력을 인정해주고 활성화하는 의도를 가지고 있으며 대부분의 칭찬은 그러한 효과를 얻는다. 그러나 의도와는 반대로 자율성이나 창의성을 억제할 수 있다. 그러므로 칭찬하는 사람의 일방적 평가기준을 강조하거나 준수를 요구할 것이 아니라 창의적인 노력과 새로운 도전적인 시도에 대해서도 자신감을 가질 수 있도록 적절히 배려해주는 것이 좋다.

다섯째, 칭찬을 질책의 고리로 묶어서 사용되는 경우가 있다. 이런 식의 칭찬을 받은 사람은 흔히 칭찬보다 꾸지람을 받았다는 감정을 느끼게 할 수 있다. 이런 경험의 누적은 칭찬을 긴장되고 두렵게 만들어 칭찬하는 사람과 칭찬 자체를 회피하게 만들 수 있다. 칭찬할 때는 칭찬만 하고 질책할 땐 질책만 하는 것이 서로 엮어서 하는 것보다 나을 수도 있음을 생각하자.

여섯째, 누구도 사람들의 모든 잘잘못을 알 수 없다. 더군다나 리더의 위치에서는 조직 구성원들의 활동을 충분히 관찰하기가 쉽지 않다. 그러므로 칭찬도 선택적일 수밖에 없다. 여러 사람이 칭찬받을 일을 했는데 몇 사람만 눈에 띄어 그 사람만 칭찬했다고 하자. 한 사람에 대한 칭찬이 더 많은 사람들을 실망시키거나 공정성에 의심을 낳게 할 수 있다. 그러므로 칭찬은 받는 일부 조직구성원이 아니라 모든 조직구성원들을 고려하면서 하는 지혜가 요구된다.

일곱째, 일상적인 칭찬이라도 하지 않는 것보다는 관심을 가져주는 것으로 여겨서 고맙게 생각하게 되는 것이 대부분 사람들의 마음이다. 하지만 한편으로는 '칭찬은 금이나 다이아몬드같이 희귀성에 그 가치가 있다. 흔하고 형식적인 칭찬은 그 가치를 하락시키며 더 이상 칭찬을 기대하지 않게 할 뿐 아니라 칭찬을 받아도 고맙게 생각하지 않는다.' 라고 한 사무엘 존슨의 얘기도 귀담아 들어야 한다.

여덟째, 칭찬은 칭찬할 내용에 대해 가능한 정확하게 하는 것이 좋다. 피상적인 칭찬은 오히려 칭찬받는 사람에게 거부감을 줄 수 있다. 어떤 사람을 진심으로 칭찬하고 싶다면 정말 칭찬할 만한 것을 찾아야 한다. 칭찬을 들을 만한 일에 대해 칭찬을 듣거나 칭찬의 내용이 나의 잘 한 일을 정확하게 반영한 것이라면 기분이 좋고 그 것을 살펴준 칭찬한 사람에게 고마움을 느끼게 된다.

아홉째, 결과만 칭찬하면 노력에 대한 동기를 약화시킬 수 있다. 칭찬은 일의 결과에 대한 것이 많다. 성과가 훌륭하지 않더라도 과정에서의 노력을 올바로 평가할 때 용기를 북돋게 한다.

열째, 굵직하고 중요한 것만 칭찬의 대상이라는 생각은 칭찬의 본질을 간과할 수 있다. 흔히 칭찬에 인색한 이유는 사소한 장점들을 대수롭지 않게 여기거나 굵직한 것을 칭찬해야 한다고 생각하기 때문이다. 그러나 인간의 심리란 섬세한 면도 지니고 있다. 일상에서 작은 칭찬거리를 찾아보자. 넓은 초원을 태우는 불도 시작은 작은 불씨 하나이듯이 사랑과 존경이나 인간관계의 좋고 나쁨도 출발점은 뜻밖에 사소한 것일 때가 많다.

이처럼 칭찬 자체는 우리의 일상과 조직생활에서 긍정적이고 유익한 기능을 한다. 또한 칭찬은 우리의 정신생활을 윤택하게 하는 것이며 일상의 햇볕과 같은 것이다. 그러나 칭찬 예찬이 넘치는 속에서도 무분별한 칭찬을 경계하는 지적들을 눈여겨 볼 필요가 있다. 지금까지 언급했던 내용들의 핵심적 메시지를 정리한다면 칭찬은 '사소한 것이라도 칭찬받을 만한 일에 대해 적시에 칭찬받을 구체적 내용에 대해 간결하게' 하는 것이 좋다는 명제를 제시할 수 있겠다.

결국 칭찬의 생명은 칭찬에 담긴 진정성과 신뢰성, 그리고 칭찬받는 사람의 마음을 배려하는 데 있다. 의례적인 칭찬은 마음의 감동을 주기 어렵다. 그러나 대부분의 경우 칭찬하지 않는 경우보다 칭찬하는 것이 바람직하다. 또한 칭찬하는 사람의 입장에서만 볼 것이 아니라 칭찬받는 사람의 성격이나 전문성, 칭찬의 격식과 내용, 칭찬의 시간적·공간적 상황 등을 가려서 칭찬한다면 우리 삶에서 인간관계는 훨씬 더 좋아질 것이다.

2.5 참여와 권한위임

정책의 결정과 실행과정에 조직구성원들을 참여시키고 그들에게 권한을 주는 가장 중요한 목적은 조직과 과업에 대해 주인의식을 갖게 하기 위해서이다. 나의 일을 하는 것과 남의 일을 대신하는 것은 비교가 어려울 정도로 현저한 차이가 있다. 조직의 일을 나의 일처럼 할 때 열정과 책임의식이 솟으며 성과가 높아진다는 사실에는 이견이 없다. 참여와 권한위임은 리더의 권한영역의 일부를 조직구성원들에게 나누어주는 활동으로써 권력공유, 분권화, 민주적 관리 및 리더십, 자문등과 동질적인 범주에 있다. 참여와 권한위임은 조직구성원들로 하여금 주인의식을 갖게 하는 것이며 이론적으로는 임파워먼트 및 슈퍼리더십의 방법이다.

참여는 주로 의사결정 영역의 문제로서 리더가 주도적인 결정권을 유지하면서 조직구성원들의 견해를 수용하고자 하는 것이다. 리더와 조직구성원 간의 관계에서 권한의 무게중심이 리더에게 있다는 것이다. 조직구성원의 견해를 어떤 수준에서 어느 정도까지 수용할 것인가는 리더의 판단에 달려있다. 그러나 위임은 리더의 의사결정권의 일부를 조직구성원에게 위양하는 것이므로 위임된 권한범위에서는 업무를 담당한 조직구성원이 주도적인 결정권을 갖는다는 점에서 차이가 있다. 만일 의사결정과정에서 조직구성원의 참여를 대폭 개방하고 존중한다면, 그러한 참여는 위임 수준이 될 수 있을 것이다.

2.5.1 의사결정 참여와 리더십

참여의 문제는 주로 의사결정과정에 관한 것이다. 그러므로 의사결정에서 조직구성원의 견해를 수용하는 결정방식을 참여적 의사결정이라고 한다. 유클(Yukl, 2002)은 의사결정 과정을 결정권에 대한 영향력의 연속선으로 보고 〈표 3-26〉과 같이 네 가지의 전형적인 유형을 제시했다.[31]

〈표 3-26〉 의사결정의 연속선과 유형

〈전제적 의사결정〉 〈자문〉 〈공동의사결정〉 〈위임〉
리더의 영향력 반영이 높음 ⇦ 영향력 ⇨ 조직구성원의 영향력 반영이 높음

(1) 전제적 의사결정(autocratic decision)

리더가 다른 사람의 의견을 거의 구하지 않거나 영향을 받지 않고 자신이 가진 정보와 판단기준에 의해 결정하는 방식이다. 조직구성원들의 영향력이 거의 반영되지 않는다.

(2) 자문(consultation)

다른 사람의 의견이나 아이디어를 구하여 참고한 후에 혼자서 결정을 내리는 방식이다. 조직구성원들의 영향력이 어느 정도 반영될 수 있다.

(3) 공동의사결정(joint decision)

조직구성원들과 토의하여 공동의 결론으로 결정을 내리는 방식이다. 조직구성원들의 영향력은 리더와 비슷한 수준으로 반영된다.

(4) 위임(delegation)

리더가 과업을 실행할 집단이나 조직구성원에게 의사결정에 대한 권한과 책임을 부여한다. 리더는 의사결정의 가이드라인을 설정하거나 결정사항을 실행하기 전에 승인을 요구할 수도 있지만, 의사결정은 조직구성원에 의해 주도적으로 이루어진다.

〈표 3-26〉의 네 유형은 참여 정도에는 차이가 있지만 조직구성원들이 의사결정과정에 참여하고 있음을 보여준다. 전제적 의사결정이 조직구성원의 참여도가 가장 낮은 방식이며 위임이 조직구성원들의 참여도가 가장 높은 방식이다.

---

31 Yukl, G. A.(2002), *Leadership in Organization*(2nd, 5th ed), NJ: Prentice Hall.

2.5.2 '참여'의 리더십 측면에서의 의미[32]

참여는 리더십을 활성화하기 위한 방법이지만 참여 자체가 리더십의 효과성을 보장해 주는 것은 아니다. 참여가 리더십에 어떤 의미를 갖는지를 살펴본다.

첫째, 흔히 조직구성원의 참여도가 높은 리더십 방식을 참여적 또는 민주적 리더십으로 부르고 있으며 바람직한 리더십으로 받아들여지고 있다. 하지만 반드시 좋은 효과성을 보장하는 것은 아니다. 이는 리더십 행동유형이론에서 아이오와 대학교의 독재형, 민주형, 자유방임형의 효과성에 관한 논의와 유사하며 리더십의 효과성은 상황조건에 따라 달라진다.

둘째, 조직구성원의 참여를 확대하면 의사결정의 질을 높일 수 있다. 조직구성원들이 가지고 있는 현장의 정보와 감각을 활용하여 리더가 잘 알지 못하는 부분에 대해 보완할 수 있기 때문이다.

셋째, 의사결정의 수용성을 높이고 추진력을 강화할 수 있다. 사람들은 자신이 참여한 의사결정을 자신의 의사결정으로 수용하는 심리적 경향이 있다. 또한 의사결정과정을 이해하고 있으므로 문제의 성격을 정확하게 파악할 수 있는 것이다. 그러므로 결정사항의 추진과정에서 동기와 책임감이 강화되고, 대외적으로 결정사항의 정당성을 확보하기 위해 더욱 과업을 성공시키려고 할 것이다. 그러나 유의할 점은 의사결정이 잘못된 것으로 판명이 날 경우에 의사결정 책임을 조직구성원의 탓으로 돌리면 안 된다는 것이다. 책임은 여전히 리더에게 있는 것이며 조직구성원들에게 책임을 물을 경우에는 참여의 통로가 닫히게 될 것이다.

넷째, 의사결정 참여 자체에서 만족감을 얻을 수 있다. 자신이 영향력을 행사했다는 느낌, 자신이 존중받고 있다는 느낌, 자신보다 지위가 높은 리더에게 자문했거나 도움을 주었다는 느낌 등은 의사결정의 수용성을 높이는 효과와 더불어 긍정적인 심리적 효과를 줌으로써 직무만족감을 높여 준다.

다섯째, 조직정보를 공유하여 조직 및 대인 감수성을 높이고 조직구성원들의 안목과 능력을 개발하는 계기가 된다. 조직정보를 알게 되어 자신의 직무 외의 직무에 대한 이해를 넓힘으로써 직무감수성을 향상시키고, 의사결정과정의 참여를 통해 보다 넓은 안목을 가지게 되어 자신의 능력개발의 계기로 삼을 수 있다.

여섯째, 참여의 장점은 다양하다. 그러나 참여의 단점도 고려하여 참여의 방법을 결정

---

32   박유진(2009), 『현대사회의 조직과 리더십』, 양서각, 295-296쪽.

해야 한다. 참여의 단점으로서는 다음과 같은 점들이 지적되고 있다. ① 의사결정이 늦어져서 타이밍을 놓칠 수 있다. ② 조직구성원들이 현재 상태를 선호할 경우 미래지향적인 혁신적 결정보다 현실지향적인 보수적 결정을 할 수 있다. ③ 영향력 확보를 위한 경쟁 때문에 조직화합을 저해하는 조직정치를 증가시킬 수 있다. ④ 참여가 일상화될 경우 리더의 영향력 범위가 좁아져서 리더십 발휘의 여건이 제약될 수 있다. ⑤ 전원합의 등과 같은 완전한 참여의 요구가 있을 경우 극소수의 조직구성원에 의해 리더십활동의 발목이 잡힐 수 있다.

참여적 리더십은 위의 문제점 때문에 회피해야 할 것이 아니라, 장점이 훨씬 크기 때문에 활성화하는 것이 바람직하다. 민주화와 정보화의 진전에 따른 사회변화 속에서 조직구성원들의 참여는 당연한 것으로 인식되며 이에 대한 요구도 더욱 강해질 것이다. 따라서 참여의 실행과정에서 여러 상황을 고려하여 그 수위를 조절해나가야 할 것이다.

2.5.3 권한위임과 리더십

권한위임은 참여에 비해 더욱 적극적으로 조직구성원의 영향력을 인정하고 실행에 반영하는 조치이다. 참여에서는 의사결정과 실행의 주체가 리더인데 비하여 위임된 권한의 실행주체는 조직구성원, 즉 과업실행자라는 점에서 차이가 있다. 위임의 유형은 위임의 내용과 수준에 따라 가늠할 수 있다. 즉 자유 재량권을 얼마나 주느냐에 달려있는 것이다. 위임의 내용은 다음과 같이 나누어볼 수 있다.

(1) 일의 위임
가령 생산품에 대한 검사까지를 담당하고 있는 생산부장이 자신의 하급자인 품질팀장에게 검사업무를 맡기는 경우이다.

(2) 권한의 위임
검사의 수량, 검사의 방법, 불량품에 대한 조치 등 품질검사에 필요한 일들이 많다. 이러한 일들에 대해 부장의 사전승인을 받도록 한다면 권한위임이 적은 것이다. 권한위임은 특정 영역만의 문제가 아니라 구매, 생산, 판매, 마케팅, 교육훈련 등 조직 전반에 걸친 문제이다.

(3) 새로운 통제방법을 시행
보고의 내용을 줄이거나 보고의 주기를 늘리는 것과 같은 통제방식의 변화이다.
복잡하고 불확실한 경쟁 환경에서 유연하고 신속하게 움직이는 조직을 만들기 위한 유용한 방법은 권한위임을 더욱 활용하는 것이다. 그러나 실제로는 조직현장에서 권한위임이 기대만큼 원활하게 이루어지지 않아 충분한 효과를 나타내지 못하는 이유는 무엇일까?

첫째, 인간의 권력욕구와 관련이 있다. 사람들은 권력적 지위를 유지하면서 다른 사람들에게 영향력을 행사하기를 원한다. 권한의 위임을 나의 권력의 일부를 다른 사람에게 양도하는 것이라고 여겨서 내키지가 않는 것이다. 더군다나 하급자가 위임받은 권한으로 영향력을 더 확대하거나 리더의 의도에 맞지 않게 사용하게 될 경우를 염려하게 된다. 권한은 한정되어 있어서 다른 사람에게 주면 그만큼 권한의 양이 줄어든다고 생각한다.

둘째, 위임한 일의 결과에 대한 책임의 문제가 위임을 주저하게 한다. 권한을 위임한다고 해서 책임까지 위임하는 것은 아니다. 일이 잘 되면 좋으나 잘못될 경우에는 책임만 지게 되는 상황을 회피하고 싶은 것이다.

셋째, 조직구성원들의 능력에 대한 신뢰가 부족하기 때문이다. 조직구성원들의 경험이 부족하고 다른 일에서 성공하지 못한 경우에는 일을 맡기는 것이 쉽지 않다. 그러므로 권한위임은 업무능력을 검증받은 소수에게 주어지게 되는 경향이 짙다.

넷째, 조직정치와 관련하여 인간적인 신뢰가 부족하기 때문이다. 조직에 형성되어 있는 비공식적인 경쟁적 파벌이나 연합들과의 관계 속에서 나의 편이 아닌 상대편에 속한 조직구성원에게 권한위임을 하기는 어렵다. 위임은 나의 영향력을 줄이고 상대방을 강화하는 일이기 때문이다.

다섯째, 성취욕구가 강한 리더들은 모험심이 필요한 도전적인 과업을 즐기는 경향이 있다. 이러한 매력적인 과업을 조직구성원에게 맡기는 것이 내키지 않으며 리더 스스로 성취감을 느끼고 싶어 하는 것이다.

여섯째, 조직에서 대부분의 과업들은 시간과 자원 면에서 여유 있게 처리할 수 있는 일이 많지 않고 실패해서는 안 되는 과업들의 연속이다. 실험을 할 만한 여유가 없는 것이다. 실패가 곧 조직위기를 초래하는 경우에 리더는 위임을 쉽게 할 수 없는 것이다.

그렇다면 권한위임 문제를 어떻게 해결해야 하는 것일까. 먼저 권한위임의 의미를 정확히 이해해야 한다. 권한위임은 한 사람이 다른 사람에게 권한을 주는 것이 아니라 영향력의 창조적 분배이다. 권한위임의 본질은 상호 간에 영향을 줌으로써 서로의 능력을 키우고 더 많은 권한을 누릴 수 있게 하는 것이다. 권한은 준만큼 줄어드는 제로섬(zero-sum)이 아니라 용도를 넓힐수록 늘어나는 플러스 섬(plus-sum)이다. 권한위임은 조직구성원들에게 정보 및 지식과 결정권을 주고 지원하여 그들을 가치 있게 여기게 함으로써, 상호 간에 정보와 지식 및 감정의 공유가 일으키는 자기효능감의 상승과정을 통해 리더의 영향력은 물론 조직구성원의 영향력을 증가시키는 것이다.

권한위임을 영향력의 창조적 분배의 의미로 실천하는 조직에서는 리더십이란 소수의 리더가 아닌 모든 조직구성원으로부터 발현되는 것이라고 생각한다. 조직구성원들은 업무수행을 위한 권한이 있을 때 성공할 가능성이 높다는 것을 알고 있다. 리더는 조직구성원과 정보를 공유하며 촉진자 혹은 코치의 역할을 한다. 또한 조직구성원들의 재능과 능력을 최대한 발휘하게 한다. 당면한 상황을 헤쳐 나가기 위해 필요한 역량이 무엇인지를 정확히 알고 이를 잘 해결할 수 있는 사람을 발견하려고 노력한다. 부서와 조직의 경계를 넘어 외부에서까지도 유능한 사람을 찾아 일과 권한을 맡긴다. 한 명의 탁월한 리더가 모든 해답도 가지고 있을 것이라고 믿기보다는 유능한 인재들이 재능과 능력을 펼칠 수 있도록 업무와 책임, 그리고 기회를 제공함으로써 목표를 달성한다.

그렇다면 권한위임이 잘되는 조직을 만드는 방안을 몇 가지 살펴보도록 하자.

(1) 정보를 제공하는 것이다

정보를 제공하기 위해서는 리더 자신이 먼저 정보를 가지고 있어야 한다. 정보가 없고 아이디어가 없음에도 불구하고 아는 척 하거나 자기가 아는 분야에만 매달리는 것은 조직에 해를 끼치는 일이다. 정보가 있을 때 새로운 아이디어를 발견할 수 있고 조직구성원에게 줄 수 있으며 공유할 수 있는 것이다. 그러므로 리더가 업무수행과 성과 달성에 필요한 정보를 가지고 있고 확장시켜나가야 한다. 그리고 업무관련 조직구성원들에게 정보를 나누어주어야 한다.

(2) 권한이 상황에 따라 필요한 사람에게 옮겨 다닐 수 있도록 하는 것이다

지식정보사회에서의 조직구조는 다단계의 수직적인 계층구조보다 수평적 구조가 효과성이 높은 경우가 많다. 커뮤니케이션 라인은 직무가 관련된 방향으로 연결되고 움직여야 한다. 이런 구조에서는 리더십이 한 사람에 의해 발휘될 수가 없으며 리더 혼자서 모든 의사결정을 할 수가 없다. 리더의 역할은 일하기 좋은 환경을 조성해주는 것이다. 만일 리더 자신이 업무내용을 잘 모른다면 그것을 잘 아는 사람이 그 일을 하도록 부분적으로 리더 역할을 이동시킬 수도 있는 것이다.

(3) 인적자원의 중요성을 알고 조직구성원의 역량개발을 위한 상호작용을 증진한다

조직구성원들이 존중받고 있다는 것을 느끼게 해야 한다. 코칭과 멘토링이 유용한 실천방법이다. 권한위임을 실천하는 대화에는 특별히 사용하는 언어가 있다. 코칭과 멘토링은 대화의 언어뿐 아니라 리더와 대화한 것을 실행으로 옮기도록 하는 것이 중요하다.

(4) 서번트 리더십을 실천하는 조직을 만드는 것이다

일반적인 조직에서는 최고경영층이 꼭대기에 있으면서 가장 큰 영향력을 행사하지만 권한위임 조직에서는 고객이 맨 꼭대기에 있다. 그 다음이 조직구성원이고 경영층은 맨 밑에 있다. 그래서 권한위임을 실현하는 리더는 고객을 만족시키기 위해 항상 조직구성원들의 요구사항이 무엇인지에 귀를 기울인다. 조직구성원들이 고객을 가장 잘 알기 때문이다. 또한 조직구성원들을 3R의 관점에서 대한다. 즉 존경심(respect)을 가지고 대하고, 그들에게 필요한 자원(resource)을 적시에 제공하며, 지속적인 성취가 가능하도록 직원에 대한 재투자(reinvestment)를 한다.

(5) 조직구성원들 스스로 동기를 활성화하도록 하는 것이다

리더는 조직구성원들이 스스로 동기를 부여할 수 있도록 촉진해주는 역할을 한다. 사람들로 하여금 그들이 사랑하는 일을 찾도록 해주며 개인 비전을 소중하게 여겨야 한다. 그리고 개인 비전을 회사 비전과 연계시켜 줌으로써 회사의 비전이 자신과 관계가 있는 것임을 알도록 해주어야 한다. 조직구성원들에게 학습하고 성장할 기회와 책임감을 줌으로써 자신이 가지고 있는 역량을 최대한 발휘하도록 도와주는 것이다.

2.5.4 권한위임의 리더십 측면에서의 의미[33]

권한위임은 리더십에 긍정적인 영향도 미치고 부정적인 영향도 미친다.

첫째, 업무와 책임 및 권한의 위임이 균형적으로 이루어져야 한다. 업무와 책임만 주고 권한을 주지 않는 것은 진정한 위임이 아니다. 책임과 권한의 수준은 서로 비슷해야 한다. 균형적인 위임일 때 조직구성원은 책임감과 동기기 활성화될 것이다.

둘째, 위임에는 업무성과에 따라 보상책이 시행되어야 한다. 흔히 위임은 업무량의 증가와 더 큰 책임을 수반한다. 동시에 늘어난 업무량을 수행하면서 성과의 평가에서 자유로울 수 없다. 자기 스스로에 대한 동기부여와 함께 조직도 동기부여를 위한 차별적인 보상체계를 실행해야 한다.

셋째, 모든 조직구성원들에게 위임이 효과적인 것은 아니다. 사람에 따라 기계적인 조직구조 속에서 주어진 일만 하는 것을 선호하는 사람도 있다. 일과 권한을 더 갖는 것 자체가 부담이 되어 스트레스를 받는 경우도 흔하다. 조직구성원과 일의 성격을 보아 위임의 수위를 조절해야 할 것이다.

---

33 앞의 책, 301-302쪽.

넷째, 위임을 실행할 때에는 목적을 분명히 해야 한다. 리더 업무의 분장, 조직구조의 변화에 따른 과업 조정, 조직구성원의 교육훈련, 조직구성원의 요구 등 목적에 따라 성과 기준을 설정하고 평가를 통해 발전시키는 것이 필요하다.

다섯째, 위임이란 리더의 입장에서는 일과 권한 등의 감량이다. 감량이 가져다주는 효과와 문제점을 동시에 고려한 후에 위임을 실행해야 한다.

비전 공유의 실천: 잭 웰치 회장

1999년 GE(General Electric)의 잭 웰치 회장이 한국을 방문했을 때 "세계에서 가장 존경받는 경영자로서의 리더십 비결이 무엇입니까?"라는 질문에 대해 잭 웰치 회장은 "딱 한가지입니다, 나는 내가 어디로 가는지 알고 있고 GE의 전 조직구성원들은 우리가 어디로 가는지를 알고 있습니다."라고 답변했다.

미래에 대한 분명한 비전을 가지고 있고 이를 GE의 전 조직구성원들과 공유하고 있다는 것이다. 미래에 대한 비전을 확실히 가진 것과 이를 자신만의 비전이 아닌 조직구성원 모두의 비전으로 만들었다는 점이 핵심 포인트이다. 비전은 미래에 대한 꿈과 희망을 제시해준다. 그리고 조직구성원들에게 가치판단의 기준을 제공하며 열과 성을 다해 헌신할 수 있도록 동기를 부여하는 역할을 한다. 따라서 조직구성원 모두의 가슴을 울렁거리게 할 수 있는 크고 대담한 미래 비전을 창출하고, 모든 조직구성원들이 이를 공유하여 한 방향으로 매진하게 되면, 보통 사람들은 꿈조차 꿀 수 없는 위대한 성과를 창출하는 조직(기업, 기타)이 탄생하게 될 것이다. 그러나 하버드대 존 코터 교수에 따르면 경영자들은 실제 경영현장에서 오직 2.4%의 시간만을 미래 구상에 사용하고 있다고 한다. 또한 자신의 비전을 조직구성원 모두와 공유하기 위한 노력을 소홀히 하고 있다고 한다. 그러나 잭 웰치는 '열 번 이상 얘기한 것이 아니면 한 번도 얘기 안한 것과 같다'고 비전 공유를 위한 커뮤니케이션을 강조하고 있다. 다른 조사에 의하면 조직구성원들은 같은 얘기를 일곱 번 반복해서 들어야 겨우 비전을 이해하기 시작하는 것으로 나타났다.

잭 웰치 회장은 경험이 없는 교육, 교육의 뒷받침 없는 경험은 모두 무용지물이라고 판단하여 9장에서 소개한 바 있는 '크로톤빌(Croton ville) 경영개발연수원'을 GE가 살아남는 경쟁력의 원천으로 만들었다. 그리고 액션러닝(action learning) 방식을 도입, 실질적인 과제를 부여하여 해결하는 능력을 배양하는 과정에서 다음과 같은 잭 웰치 회장의 경영방침과 조직의 비전을 공유시켰다.

① 만약 그 일을 전부터 하고 있지 않았다면 지금 했겠는가?
② 1등과 2등이 아니면 버려라! 고쳐라! 매각하라! 폐쇄하라!
③ 당신은 조직에서 꼭 필요한 사람인가?
④ 차별하라!
⑤ 열정 없는 당신, 떠나라!
⑥ 항상 점검하라! 항상 체크하라!
⑦ 배워라 ! 10년을 5년으로 따라잡는 방법!
⑧ 절차와 형식, 관료주의에 굴복하지 마라!
⑨ 필요하면 될 때까지 한다!
⑩ 유리를 깨트려 줄 사람이 필요하다! (변화)

잭 웰치는 미국에서 가장 무자비한 경영자로 불렸던 사람이다. 그러나 그 비난의 이면엔 GE의 성공신화가 함께 했다. 그가 20년간 GE의 CEO로 근무하면서 GE를 세계 최고의 기업으로 키워낸 비결은 과연 무엇일까?

그는 늘 새롭게 변화하는 정신이야말로 발전을 가져올 수 있다고 얘기했다. 완성된 현재의 모습에 안주한다면 고인물이 썩는 것과 같다고 경고했던 잭 웰치, GE에 불어오는 변화의 새 바람을 막지 않았고, 그것이 옳다면 언제든지 환영했던 잭 웰치, 그의 말대로 변화의 물결을 타지 못했다면 GE는 그저 과거의 거대한 기업으로 막을 내렸을지도 모른다. 이제 변화는 21세기를 열어나가는 최대 화두 중 하나이다. 누가 먼저 변화의 흐름을 탈 것인가! 누군가의 시도에 그저 팔짱을 끼고 구경하거나, 해봤자 안 된다는 패배의식으로 전체의 변화에 오히려 방해가 되는 역할을 나 자신이 하고 있지는 않는지 반성해보아야 할 것이다.

잭 웰치 회장이 GE를 경영하는 리더십의 키포인트를 비전 공유의 관점과 연계하여 한국의 조직에서 상사와 개인, 부서와 개인, 업무와 개인 차원에서 비전공유를 위한 동기부여 방법을 논의한다.

① 상사와 개인: 조직 내 커뮤니케이션은 최고경영자만이 책임져야 할 일은 아니다. 과장, 부장, 혹은 팀장 등의 직속 상사 또한 조직 내 커뮤니케이션의 중요한 채널이며 조직구성원의 동기 수준에 지대한 영향을 미친다. 전략이나 기업 목표와 같은 사내의 중요한 정보, 그리고 사장이나 고객에 관한 외부환경에 대한 정보가 정확히 전달되어야 하며 조직구성원에 대한 업무와 개인사정에 대한 객관적인 이해가 동반되어야만 한다. 평가기준은 명확하게 전달이 되어야 하며 평가의 공정성 또한 유지되어야 한다.
② 부서와 개인: 현장부서에서 지향성이 분명해야 한다. 고객우선을 지향하면서도 현장에서는 비용삭감이나 이익추구 등을 더욱 강조한다면 조직구성원의 동기는 현저히 떨어

지게 된다. 또한 지향성이 분명하더라도 목표가 구체적으로 설정되어 있지 않다면, 조직구성원들은 행동의 구심점을 찾을 수 없게 되며 성과는 저하되기 마련이다. 현장에서는 방침이나 규정 등으로 사전에 규정할 수 없는 일들이 종종 일어나게 되며 조직구성원들은 혼란을 겪기 쉽다. 이러한 경우 동기 강화에 도움이 되는 것은 조직구성원 상호 간, 그리고 조직구성원과 상사 간의 정보 교류와 공감적 커뮤니케이션이다. 서로 북돋우며 사기를 진작시킬 수 있는 건설적인 커뮤니케이션이 일상화되어야 한다.

③ 업무와 개인: 또 하나의 중요한 동기부여 요소는 수행하는 업무 자체에 내장되어 있다. 많은 사람들은 일에 따른 다른 보상이 아닌 일 자체가 좋아서 높은 동기 수준을 보이기도 한다. 일 자체에 내재된 동기부여의 요인은 일의 의미, 일 진행의 자립성, 일을 성공적으로 완수할 수 있다는 능력에 대한 자신감 등으로 구분된다. 일이 무의미하다 생각하거나 과정에 대해 무기력하게 느끼거나 일을 끝낼 자신이 없는 경우라면 동기 수준은 높아질 수가 없다. 일의 의미에 대해서는 위에서 언급했듯 경영자나 상사가 충분한 설명을 해주어야만 한다. 일방적인 명령에 의한 교육훈련 참가는 동기 강화에 크게 도움이 되지 않는다. 가능한 한 조직구성원 스스로 교육훈련의 필요성을 느낄 수 있도록 코칭이 제공되어야 한다.

모두가 윈-윈(Win-Win)하는 동기부여는 개별적인 조직구성원에게 초점을 맞춰서는 이루어지기 힘들다. 동기부여란 사람이 조직 내에서 맺는 다양한 관계 속에서 이루어지기 때문이다. 위에서 열거한대로 회사와 개인, 부서와 개인, 상사와 개인, 그리고 업무와 개인 간의 관계가 개별적인 조직구성원들에게 일할 의욕을 일으키는 방향으로 설정되어야만 할 것이다.

본 장의 요약

본장에서는 비전의 중요성을 제시하고 비전의 개발과 공유 및 그 실행조건에 관하여 논의하였다. 비전은 보다 우수하고 이상적인 미래상황을 구성하고 그것을 성취시킬 수 있는 방법을 제시하는 능력을 말한다. 비전이란 현실성 있고 믿을 만하며 매력적인 조직의 미래상이다. 올바른 비전은 사람들에게 활력을 불어 일으킴으로써 그들의 기술, 재능, 자원을 통해 미래로 도약하게 하는 아이디어이다. 따라서 비전은 리더의 핵심 요소이다. 리더의 가장 중요한 역할은 조직의 미래의 모습인 비전과 목표를 설정하고 제시하는 일이다. 조직구성원들의 가슴속에 비전을 지향하는 희망을 심어야 한다. 비전은 리더의 욕망의 산물이 아니라 조직구성원들과 함께 이루어나가야 할 조직의 좌표이며 조직의 미래상이다. 비전은 조직구성원들에 의해 추진된다는 점에서 조직구성원들과 공유되어야 추진력을 얻을 수 있다.

비전의 공유는 비전의 개발만큼이나 중요하다. 조직을 경영하다보면 아무리 발버둥을 쳐도 벗어나기 힘든 역경에 처할 때가 있다. 도산과 재건의 갈림길에서 성공과 실패는 비전의 공유 여부에 달려 있을 때가 많다. 조직의 힘이 분산되어 흩어지고 마느냐 아니면 힘을 결집하여 시너지 효과를 창출하느냐가 관건이 되는 것이다. 따라서 리더는 조직의 비전이나 비전을 성취하는 전략을 조직구성원들과 다양한 방법으로 끊임없이 공유하여 공유된 목표, 공유된 책임, 공유된 결과로 나타나도록 리더십 행동을 보여야 한다.

다음으로는 비전 공유의 성패를 결정할 수 있는 요건들을 학습하였다. 조직구성원들의 비전 공유와 실행노력이 충분하지 않은 중요한 이유는 비전 달성을 통해 무엇을 얻을 수 있는지가 분명하지 않기 때문이다. 조직구성원들의 비전 몰입을 지속시키기 위해서는 비전행동에 대해 보상가치를 제공해야 한다. 효과적인 비전의 공유를 위하여 필요한 요소로서 먼저 리더와 조직구성원 간의 공식적・비공식적 커뮤니케이션에 대하여 학습하였다. 우리나라 조직들의 경우에 윗사람은 지시하는데 익숙해 있고 아랫사람들은 보고하는 것을 자신의 일이라고 알고 있는 경우가 많다. 그러나 효과적 커뮤니케이션은 하향식과 상향식이 모두 다 잘 이루어지는 양방향 커뮤니케이션이다. 본장에서는 조직에서의 커뮤니케이션의 유효성을 증진시킬 수 있는 방법들을 하향식, 상향식, 수평적 커뮤니케이션으로 구분하여 제시하였다. 다음으로 조직구성원들에 대한 동기부여의 중요성에 대하여 살펴보았다. 동기부여는 커뮤니케이션과 함께 리더가 조직구성원들과 비전을 공유하기 위한 대표적인 실천적 이론이며 방법이다. 동기가 부여된 사람이 일하는 수준과 직무동기가 부여되지 않은 사람의 업무수행 수준은 큰 차이가 있다. 리더는 조직구성원들의 직무동기를 활성화하고 강화할 수 있는 안목과 다양한 수단들을 확보하고 실행할 수 있어야 한다.

끝으로 참여 및 권한위임의 의미와 방법 등에 대하여 학습하였다. 참여는 리더십을 활성화하기 위한 방법이지만 참여 자체가 리더십의 효과성을 보장해주는 것은 아니므로 리더십을 통하여 참여의 효과성을 증진시킬 수 있는 방안을 모색해보았다. 권한위임은 리더가 조직구성원에게 정보와 지식과 결정권을 주고 지원하여 그들을 가치 있게 여기게 하는 과정이다. 권한위임을 통하여 리더와 조직구성원 상호 간에 정보와 지식 및 감정의 공유가 이루어지는 자기 효능감의 상승과정을 통해 리더의 영향력은 물론 조직구성원들의 영향력을 증가시킬 수 있다.

제12장 리더십 실천

리더십의 성패는 리더십 실천으로 결정된다. 리더십 실천과정에서 똑같은 말과 행동을 보인다 하더라도, 어떤 경우에는 '카리스마 넘치는 리더의 결단력이 빛난다.'라는 평을 받을 수 있고, 또 어떤 경우에는 '저런 독재자 같은 사람을 보았나, 지금이 어느 때인데?'라는 평을 받을 수도 있다. 그리고 그 시대가 원하는 리더십의 모습은 조직구성원들의 가치관에 따라 각각 다를 수 있다. 그렇기에 아무리 훌륭한 리더라 하더라도 모든 상황에 맞는 리더십을 발휘하기란 여간 어려운 일이 아니다. 그뿐인가, 아무리 훌륭한 리더십을 발휘하더라도 모든 사람들을 만족시킨다는 것은 거의 불가능하다. 세상에는 보수적인 사람도 있고 혁신적인 사람도 있다. 사후에 훌륭한 평가를 받는 고뇌어린 결정을 내린 후에 암살을 당한 뛰어난 리더들도 많다. 참으로 리더십의 실천은 애매하고도 어려운 문제이다.

그렇다면 현재의 리더십 환경을 생각해보자. 우리는 아침에 눈을 떴을 때부터 잠자리에 들기 전까지 심지어 잠을 자는 순간까지도 인터넷을 접하며 살아가고 있다. 그리고 대중교통수단을 이용하는 사람들의 손에는 스마트폰이 들려있으며, 그들의 눈은 스마트폰 속 정보의 호수를 누비고 있다. 이제 커뮤니케이션의 방식이 기존의 전화, 편지에서 이메일, 메신저, 블로그 등 시간과 공간의 제약을 넘어서고 있다. 이는 개인적·조직적 차원에서의 커뮤니케이션의 방식이 기존의 오프라인 중심에서 온라인 중심으로 빠르게 이전되는 양상을 보이고 있다.

이러한 시대에 리더십의 실천은 개인과 조직의 비전을 실현하는 과정에서 비전의 공유와 연계하여 리더십 환경을 끊임없이 극복해나가는 것이라고 할 수 있다. 즉 개인의 자율성이 극대화되는 인터넷을 기반으로 공유와 참여가 이루어지는 지식정보화 사회에 적합한 리더십 실천기술이 필요하다. 이러한 지식정보화 사회에서는 정보전달 및 통제가 수평적인 형태로 이루어진다. 개인은 정보의 소비자에 국한되는 것을 넘어 엄청난 정보를 경험하고 그 속에서 새로운 아이디어를 창출해내는 지식생산자가 되고 있다. 이러한 아이디어들은 개개인 모두에게 공유되고 서로 참여하는 가운데 또 다른 새로운 지식을 양산한다. 또한 모든 조직구성원들이 의사결정에 참여하여 집단의 합의를 이끌어내는 경향이 사회전반에 확산되고 있다. 더불어, 학문과 기술 간의 융합이 이루어지고 동서고금의 지식이 망라되며 글로벌이라는 이름으로 공간의 제약을 넘어서는 그야말로 지식통합의 시대를 맞고 있다. 학습에 있어서는 더 이상 틀에 박힌 공간 속에서 교사가 학생에게 일방적인 가르침을 전달하던 방식에서 벗어나 생애 전체를 통틀어 일상 속에서 다양한 활동과 경험을 통해 배우고 실천하는 평생학습사회가 도래하고 있다. 이러한 환경 속에서 개인들은 그들만의 독창적 방식을 고수하며 살아가고 있다. 현대의 개인들은 다양성 및 새로운 것에 대한 개방성, 끝없는 호기심과 창의적인 아이디어 창출, 개인의 가치 존중 및 능동적 참여, 정보전달의 신속성과 적극성 추구 등으로 특징지을 수 있다. 이에 따라 리더십도 인터넷을 기반으로 한 지식정보화 사회에 걸맞게 비전과 가치, 공유와 참여 등을 강조하는 리더십이 주류를 이루고 있다. 또한 감성이 개인과 집단의 가치판단과 선택에 기준이 되는 것을 감안한 감성리더십이 부각되고 있으며 글로벌 공간을 기반으로 하는 유비쿼터스 리더십, 챌린지 리더십 등의 신조류 리더십들이 우리들의 생활 속에서 실행되어지고 있다.

　이러한 환경에서 리더십의 실천 방향은 개인과 조직의 비전을 달성하면서 조직구성원의 아픔과 고민을 따뜻한 가슴으로 이해하고 동료의식, 멤버십, 팀워크, 팔로어십이 모두 활발하게 이루어져 하나가 될 수 있도록 유도하는 것이다. 또한 리더의 가치관과 지식을 맹목적으로 전달하고 가르치는 습관에서 벗어나 조직구성원 스스로가 직접 자신의 해답을 찾을 수 있도록 질문과 경청, 피드백을 실행하는 코칭에도 익숙해져야 한다. 리더는 조직구성원을 존중하고 섬기는 가운데 신뢰를 형성하고 낮은 자세에서 개개인의 역량을 극대화시키는 촉매자의 역할이 되어야 한다. 아울러 모든 정보를 개방하고 조직구성원이 활발하게 참여하는 환경을 제공하여 인간적으로 가까워지게 하는 감성을 기반으로 더욱 자유로운 조직문화를 만들어갈 수 있어야 한다. 이러한 자유로운 분위기 속에서 조직구성원은 창의적인 아이디어를 끊임없이 내놓을 수 있으며 리더는 실패에 대해 격려하고 성과에 대해 칭찬하는 리더십 실천을 통하여 변화를 이끌고 가치창출을 가능하게 해야 할 것이다.

　시대의 흐름과 환경의 변화에 따라 리더십의 실천원리와 행동양식은 달라졌지만 정직, 선견지명, 솔선수범, 희생정신, 성실성과 같은 덕목은 시대가 아무리 변해도 변하지 않는 리더십의 기본원칙이라는 점도 간과하지 말아야 할 것이다. 본 장에서는 리더십 실천과정에서 발생할 수 있는 갈등, 위기, 스트레스에 대한 관리와 리더십 테크닉을 중심으로 논의를 진행한다.

1. 갈등은 인간 간의 상호관계에서 발생하는데 갈등에 담겨있는 여러 가지의 흥미로운 갈등의 속성들에 대하여 논의하시오.
2. 갈등의 기능에는 조직성과에 순 기능과 역기능적인 면이 공존한다. 갈등으로 인하여 조직성과에 긍정적인 경우와 부정적인 경우를 예를 들어 설명하시오.
3. 갈등관리에서 조직성과에 도움이 되는 적정 수준의 갈등을 유지하기 위하여 갈등을 조장하기도 하고, 예방하기도 하며 갈등을 해소해야 한다. 적절한 수준의 갈등을 조장하는 방법에 대하여 논의하시오.
4. 조직생활에서 겪은 갈등을 어떻게 해결하였는지 논의해보자.
5. 삶에서의 위기, 조직의 위기경험을 찾아 극복한 경험을 논의해보자.
6. 위기는 그 원인을 원천적으로 해소하거나 발현되지 않도록 차단하는 것이 가장 바람직하나, 인간은 모든 위기의 원천을 근본적으로 통제할 수 없다. 위기가 가지고 있는 속성들에 대하여 논의하시오.
7. 9·11테러 시에 줄리아니 뉴욕시장이 발휘한 위기관리 리더십에 대하여 논의하시오.
8. 동 일본 후쿠시마 대지진 및 제1원자력 발전소 사고 시에 일본 국민이 보여준 국민의식과 국가적 차원의 일본의 위기관리 리더십에 대하여 토의하시오.
9. 스트레스의 다양한 속성들에 대하여 논의하시오.
10. 스트레스의 원인은 개인적, 조직적, 환경적 요인에 의해 발생한다. 그리고 스트레스는 개인과 조직이 받아들이는 정도에 의해서 많은 차이가 있다. 스트레스의 세부원인과 이를 조절하는 요인들에 대하여 토의하시오.
11. 현 상황에서 자신의 직무 스트레스 수준을 '스트레스 반응평가표'에서 테스트해보고 그 결과를 바탕으로 적절한 스트레스 해소방법에 대하여 토의하시오.
12. 조직의 리더로서 받는 스트레스와 조직 차원의 해결방법을 논의해보자.

제1절 갈등관리

갈등은 인간의 삶의 질과 행복감을 낮추며 조직의 효율성을 저해한다. 갈등으로 인해 개인은 스트레스를 받고 조직은 업무효율이 떨어지며 그 해결을 위해 많은 비용이 소요된다. 조직생활에서 상사와 조직구성원 간, 조직과 개인 간, 조직구성원 간, 업무와 개인 간에 갈등은 언제든지 발생할 수 있다. 그런데 리더와 조직구성원들이 갈등을 두려워하거나 갈등해소를 회피한다면, 결국에는 갈등치료의 시기를 상실하여 갈등은 개인과 조직의 상처가 되어 더 큰 사태로 확대 될 수 있다. 직장인들이 60%가 조직에서 갈등을 겪고 있다는 조사결과[1]는 갈등관리의 중요성을 대변해주고 있다.

심리학에서 갈등이란 서로 대립되는 두 개 이상의 욕구가 동시에 만족될 수 없는 심리적 상태이다. 갈등은 개인이나 조직의 기대 혹은 목표 지향적 행동이 타인이나 다른 집단 및 조직에 의해 좌절되거나 차단되는 상황에서 발생한다. 그러므로 조직에서의 갈등이란 조직의 존속과 발전을 위한 제반활동이 저해되어 있는 상태를 말한다. 리더는 갈등의 부정적인 측면을 억제하고 긍정적인 측면을 북돋우는 자세를 견지해야 한다. 한 연구에 나타난 바에 따르면 조직 내 관리자들은 갈등관리에 총 활동시간의 21%를 소비하고 있는 것으로 나타났다.[2]

갈등에 대해서 다음과 같이 기본 가정을 설정하고 세부적인 논의를 시작한다.

- 갈등은 인간관계에서 언제나 일어나는 중요한 부분이다.
- 갈등은 변화 또는 위기의 상황에서 더욱 많이 나타난다.
- 갈등은 창조적 또는 파괴적 결과를 초래할 수 있다.
- 대부분의 사람들은 갈등을 부정적으로 판단한다.
- 갈등을 해결할 수 있는 단 한 가지 최선의 방법은 존재하지 않는다.
- 성공적인 갈등관리는 상호신뢰를 기초로 한다.
- 적절하게 관리될 수 있다면 갈등은 조직구성원이 열정, 끈기와 창의성을 유지하는 데 도움이 된다.

본 절에서는 리더로서 갈등의 의미와 성격 및 그 원인을 이해하고 갈등의 순기능을 조직발전에 기여할 수 있도록 활용하는 관리과정에 대하여 논의한다. 그리고 리더로서 갈등을 사전에 예방하는 방법, 발생한 갈등을 해결하는 방법 및 적절한 수준의 갈등을 조장하여 활용하는 리더십에 대해서도 논의한다.

---

1 SBS(2005. 8.25), 직장인 1,230명을 대상으로 한 설문조사 결과, 직장에서 갈등빈도가 59.5%로 나타났다. 리더의 가장 중요한 자질로는 응답자의 33.8%가 조직 내의 융화력을 1순위로 제시하였다.

2 Kenneth, W. Tomas & Warren, H. Schmidt(1976), "A Survey of Managerial Interests with Respect to Conflict," *Academy of Management Journal*, pp. 315-318.

1.1 갈등의 의미와 성격

로빈스(Robbins, 1974)는 갈등이란 '목적을 달성하고 이익을 계속 추구하는 데 있어서 A가 의도적으로 B에게 좌절을 초래하기 위한 방해활동을 하는 과정'으로 정의하고 있다. 또한 그린버그와 배런(Greenberg & Baron, 1998)은 갈등이란 '자신의 이해관계에 부정적인 영향을 미치는 행동을 하리라고 개인이나 집단이 지각할 때 발생하는 조직행동의 과정'이라고 정의했다. 이외에도 많은 학자들이 갈등에 대하여 다양한 의미로 정의하고 있다. 이러한 갈등은 인간의 생활과정에서 여러 가지 형태로 나타나는 보편적 현상이며 아마도 갈등을 전혀 경험하지 않는 사람은 없을 것이다. 갈등은 다른 사람과는 관계없는 개인적인 내부의 갈등으로부터 다른 사람과의 관계에서 발생하는 갈등(동료, 가족, 상하급자 등), 조직 수준의 갈등, 사회적 갈등(사회계층, 지역, 종교 등), 그리고 국가 수준의 갈등(인종, 문화, 이념 등)에 이르기까지 모든 수준에서 존재한다. 그러므로 갈등의 주체는 개인은 물론 집단, 계층, 조직, 그리고 국가가 될 수 있다. 이를 구체적으로 보면 개인 내 갈등, 개인 간 갈등, 집단 내 갈등, 집단 간 갈등, 조직 간 갈등 등으로 구분할 수 있다. 심리학에서는 개인 내 갈등에 초점을 맞춘다. 개인의 내적 갈등은 마음속에 존재하는 두 개 또는 그 이상의 동인(動因: Motive)이 모순되어 충돌할 때 발생한다. 예컨대, 여성이 결혼과 직장 중 선택을 해야 하는 경우의 갈등은 이에 해당된다. 그러나 조직에서의 갈등의 유형은 개인 간 갈등과 집단 간 갈등이 대표적이다.

갈등에 관한 초기 연구로는 과학적 관리를 주장했던 테일러(Taylor)의 연구를 들 수 있다. 그는 모든 갈등이란 관리자의 권위를 위협하는 것이기 때문에 가능하면 피해야 하며 갈등상황이 전개되면 이를 곧 해결해야 한다고 주장하였다. 그 이후, 인간관계론자들은 갈등이란 피할 수 없는 것이므로 관리자들은 오히려 갈등의 존재를 인정하고 더불어 사는 방법을 터득해야 한다고 충고하였다. 그러나 1970년대에 들어서면서 갈등이란 그 근원과 강도에 따라서 긍정적인 결과를 낳을 수도 있고 부정적인 결과를 낳을 수도 있음이 밝혀졌다.[3] 갈등의 강도와 결과와의 관계는 〈그림 3-22〉와 같다.

갈등이 별로 없는 조직은 조직구성원들 간에 무관심, 창의력의 결핍, 우유부단 그리고 업무에 대한 불감증 등의 문제들을 안고 있는 경우가 많다. 무사안일이 만연하고 환경변화에 적절히 대응하지 못하고 매너리즘에 빠져 혁신하지 못함으로써 조직의 생존이 위협받게 되는 것이다.

---

3   백기복(2010), 『조직행동 연구』, 창민사, 299쪽.

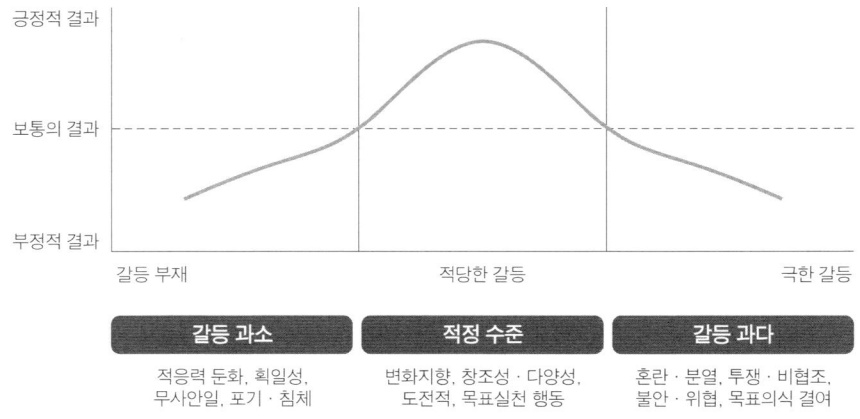

〈그림 3-22〉 갈등의 강도와 결과

자료: Brown, L. D.(1986), *Managing Conflict at Organizational Interfaces,* MA: Addison-Wesley Publishing Co., Inc.을 참고하여 재구성.

특히, 과거에 별 어려움 없이 성장 발전해온 조직의 경우 환경변화에 대응하지 못하고 과거의 성공에 도취되어 어려움을 겪는 경우를 흔히 본다. 이러한 조직에서는 갈등이란 곧 기존의 질서에 대한 도전을 의미하므로 건설적인 갈등조차도 용납하지 않는 문화를 갖는다. 반면에 지나치게 심한 갈등을 겪고 있는 조직은 조직 내의 권력의 획득을 목적으로 한 정치적인 분쟁, 불만족, 팀워크의 상실, 그리고 이직 등을 유발하여 조직의 성과를 떨어뜨리게 된다.

갈등은 인간 간의 상호관계에서 발생하지만 갈등관계자들이 동일한 수준으로 갈등을 느끼는 것은 아니며 서로 다를 수 있다. 갈등에 담겨있는 여러 가지의 흥미로운 속성들을 다음과 같이 정리할 수 있다.[4]

첫째, 갈등은 상호의존적 관계에서 일어난다. 갈등은 예외적으로 혼자만의 문제이기도 하지만 대부분의 경우 다른 사람이나 집단과의 상호작용에서 발생하는데 특히 서로 의존적일 때 발생하기 쉽다. 갈등의 발생은 어느 한 쪽의 책임이 아니라 상호 복합적인 인과관계를 갖는 쌍방의 책임인 경우가 일반적이다. 다만 서로 책임의 비중을 다르게 인식하며 책임을 상대방에게 더욱 귀속시키는 경향이 강하다.

둘째, 갈등은 인간사회에서 제거할 수 있는 비정상적이고 비본질적인 상태로 이해되기도 하지만 현실적으로는 부분적으로 예방하거나 관리할 수는 있어도 완전히 제거할 수

---

4   박유진(2009), 『현대사회의 조직과 리더십』, 양서각, 329-330쪽.

없는 인간과 사회의 본질적인 속성이다.

셋째, 갈등은 추구하는 가치를 얻지 못하거나 상대방과 대립하는 상황에서 해결이 원만하지 않은 경우, 상대방에 대한 기대가 어긋나는 경우, 그리고 상호권력 관계의 불균형 등에서 발생한다. 인간관계에서는 필연적으로 상대방에 대한 기대가 생기기 마련인데 그 기대가 충족되지 않으면 갈등을 경험하게 된다. 또한 상대방과의 관계에서 손해를 입었다거나 감정의 상처를 받았다거나 하는 등의 이익과 감정 등의 불균형은 갈등을 낳게 된다.

넷째, 갈등이 발생하면 갈등을 지각한 사람은 일반적으로 불안, 분노, 긴장, 후회, 적대감, 스트레스 등의 불편한 심리상태를 경험한다.

다섯째, 다른 사람과 관계없는 개인만의 갈등이라도 직접적인 영향은 당사자에게 미치지만 타인에게도 간접적인 영향을 미친다. 가령, 선호하는 두 개의 가치 중에서 하나를 선택해야 하는 사람은 스스로 스트레스를 받으면서 아무런 관련이 없는 사람에게 짜증을 낼 수도 있다.

여섯째, 갈등은 인간관계와 조직과정에서 파괴적인 역기능으로 작용할 수도 있고 건설적인 순기능으로 작용할 수도 있다. 즉 갈등은 상당 부분 가치중립적인 것이다. 전통적인 관점에서는 갈등을 제거해야 하는 부정적인 현상으로 이해했지만 현대적 관점은 갈등의 불가피한 속성을 이해하면서 긍정적 기능을 함께 중시하고 있다.

일곱째, 갈등은 항상 명백하게 표면화되는 것이 아니라 숨겨진 채 잠재적인 상태로도 존재한다. 즉 개인 차원에서는 갈등이슈 자체나 심리적으로 불편한 잠재적 상태를 포함하는 현상이지만, 타인과의 관계와 조직 및 사회 차원에서는 심리적으로 불편한 상태가 표면화되어서 당사자 모두가 불편함을 인식하는 상황을 지칭한다.

여덟째, 갈등은 시간이 지나면서 그 관계와 강도가 변화하는 동태적인 것이다. 한번 발생한 갈등은 발생시점에서의 상태가 지속되기보다는 역동적으로 변화한다. 갈등은 해소되거나 약화되기도 하고 심화되기도 한다. 또한 갈등참여자가 줄기도 하고 늘기도 하며 갈등이슈가 변화하기도 하며 다른 갈등으로 번지기도 한다.

갈등은 다양한 원인에 의해 발생하면서 우리의 개인생활과 조직생활에 도움이 되기도 하고 해가 되기도 한다. 특히, 리더십과 관련하여 리더는 조직 안에서 발생하는 개인 간 또는 집단 간의 갈등을 예방하고 관리하는 역할을 수행하게 된다는 점에서 갈등에 대한 이해를 넓히고 순기능적으로 해결하는 능력을 키워야 한다. 리더는 매듭은 묶는 사람이 아니고 풀어가는 사람이다.

1.2 갈등의 기능

로빈스는 순기능적 갈등은 조직의 목표달성에 도움이 되고 조직성과를 높이는데 기여하는 건설적인 갈등의 형태이지만 역기능적 갈등은 조직의 성과를 저해하는 불필요한 갈등의 형태라고 주장했다. 역기능적 갈등은 언제나 문제를 유발시키므로 관리자들은 이를 근절시킬 수 있는 방안을 강구해야만 한다.[5]

이처럼 갈등의 기능은 조직의 효과성에 어떻게 작용하느냐에 따라 순기능과 역기능으로 나눌 수 있다. 즉 동일한 갈등현상이라 하더라도 인간관계와 조직에 도움이 될 수도 있고 해가 될 수도 있다. 조직의 효과성에 긍정적으로 작용하는 기능은 순기능이며 부정적으로 작용하는 기능은 역기능이다.

그러나 조직현실에서 갈등의 순기능과 역기능을 명확하게 구분하기란 쉽지 않다. 동일한 이슈일지라도 상황이 변화하면 순기능과 역기능이 뒤바뀔 수도 있고 갈등이슈와 정도에 따라 단기적으로는 역기능으로 작용하지만 장기적으로는 순기능으로 작용하기도 한다. 이는 갈등의 양면적 속성을 나타내는 것으로서 순기능과 역기능을 나타내는 갈등이 별개로 존재하는 것이 아니라 하나의 갈등 속에 순기능적 속성과 역기능적 속성이 동시에 존재하기 때문이다.

갈등의 순기능과 역기능의 동시에 존재하는 속성을 다음의 다섯 가지 차원에서 비교할 수 있다.[6]

(1) 균형 차원(equilibrium)

갈등은 개인과 집단 및 조직의 균형을 깨뜨리고 무질서를 초래한다는 점에서 역기능적이다. 그러나 불균형의 경험을 통해 정태적인 상태를 동태적인 상태로 더욱 높은 수준의 균형을 만들 수 있다는 점에서 순기능적이다.

(2) 통합 차원(integration)

갈등은 개인과 집단 및 조직의 통합과 조화를 파괴할 수도 있다. 그러나 오히려 갈등은 비온 후에 땅이 더욱 굳어지듯이 갈등이 있은 후에 조직의 내적 응집성을 높여서 조직통합력을 향상시킬 수도 있다.

---

5   Stephen, P. Robbins.(1978), " 'Conflict Management' and 'Conflict Resolusion' Are Not Synonymous terms," *California Management Review*, p. 70.

6   이수도(2002), 『인간 관계론』, 형설출판사, 181쪽.

(3) 안정 차원(stability)

갈등은 개인과 집단 및 조직에 불안과 긴장을 가져와 안정을 해친다. 그러나 어느 정도의 불안과 긴장은 오히려 동태적인 변화와 발전의 돌파구를 제공해줄 수도 있다.

(4) 창의성 차원(creativity)

갈등은 조직 내의 창의성을 제한할 수 있지만 오히려 갈등상황의 해결과정에서 창의적인 아이디어와 대안들을 유도할 수도 있다.

(5) 혁신 차원(innovation)

갈등은 변화와 혁신을 억제하기도 하지만 적정 수준의 갈등은 새로운 조직방향의 비전을 찾아 혁신의 계기가 될 수도 있다.

위와 같은 기준은 갈등현상을 단면적인 시각을 벗어나 양면적으로 관찰하게 하는 안목을 제공해준다. 갈등의 기능을 좀 더 구체적으로 접근해보자. 먼저 갈등으로 인하여 나타나는 조직의 역기능적 측면은 다음과 같다.

첫째, 갈등은 인간관계를 해치게 되어 회복할 수 없는 상처를 남길 수 있다. 갈등이 적정 수준을 넘어 파괴적으로 심화될 경우에는 더욱 그렇다. 갈등이 집단 수준에서 파벌화되어 반목과 질시가 고착화되면 고질적이고 장기적인 병적 요인이 된다. 조직이 와해되거나 조직구성원들이 조직을 이탈하게 할 수도 있다.

둘째, 갈등은 개인과 집단의 협력을 저해하여 조직의 안정성과 생산성의 저하를 초래할 수 있다. 조직은 다양한 기능을 가진 부문들 간의 협력으로 움직이는 시스템이다. 갈등이 시스템의 작동에 나쁜 영향을 주어 비효율을 낳을 수 있다.

셋째, 갈등은 조직의 심리적 에너지와 물리적 자원을 소모하여 조직의 힘을 감소시킨다. 갈등은 생산적인 활동에 사용할 수 있는 자원을 소모시킴으로써 기회이익을 감소시키고 기회비용을 증가시키게 된다.

넷째, 갈등은 경쟁을 심화시키고 조직정치를 과도하게 하여 공식적인 질서를 저해하게 된다. 갈등이 개인 또는 집단 간의 이익 및 영향력의 대립으로 인하여 발생할 때 이익과 영향력을 확대하려는 노력은 필연적으로 조직정치와 연결된다. 비공식 관계로 작용하는 조직정치는 공식적 조직질서를 약화시키게 되는 것이다.

다섯째, 갈등은 대립당사자 간에 자신들의 정당성을 알리려는 노력을 하게 되므로 그 과정에서 갈등을 유발했던 이슈 외의 문제들도 이슈화하게 되고 대립적 집단의 참여자를 증가시켜 갈등의 확대생산이라는 부정적 결과를 낳게 한다. 그리고 갈등으로 인해 조직이 이익을 얻을 수 있는 순기능적 측면은 다음과 같다.

첫째, 갈등은 더 큰 갈등이나 파국을 미리 알려주는 예고적 기능이 있다. 빙산은 작은 일부분만 물 위로 보이지만 실제의 빙산은 물 밑의 큰 부분이다. '호미로 막을 것을 가래로 막는다.'라는 우리의 속담은 이를 잘 대변하고 있다. 가령 작은 불만으로 인한 갈등의 표출이 해소되지 않으면 심각하게 악화될 수 있다.

둘째, 갈등은 잠재된 문제점을 파악하고 문제해결의 방향을 알 수 있는 단서를 제공하거나 새로운 비전을 설정하는 계기가 된다. 갈등이 발생하지 않았으면 알 수 없는 문제점을 갈등으로 인해 알게 되고 문제해결의 단서도 그 속에서 찾을 수 있다. 대부분의 경우 문제해결방안은 문제 속에 존재하고 있기 때문이다. 아울러 갈등은 비판적 현실분석을 통해 보다 넓고 새로운 시야를 가지게 하여 새로운 비전을 설정하는 계기를 제공하는 것이다.

셋째, 경쟁적 갈등은 당사자에게 존재의 긴장감을 준다. 갈등과정에서 자신과 상대방의 능력과 잠재력을 확인할 수 있기 때문이다. 이러한 긴장감은 능력개발 등 자기발전을 위한 노력의 계기가 되고 생활의 생동감을 불러일으키게 되는 것이다.

넷째, 갈등의 해결과정에서 당사자 간의 이해를 넓혀서 서로간의 감수성을 높이고 인간관계를 개선하며 상호 간의 커뮤니케이션 능력을 높일 수 있다. 또한 갈등은 자기반성을 하게 하여 인격적인 성숙의 계기가 될 수 있다.

다섯째, 한 집단이 외부 집단과 갈등상황에 놓일 경우, 관심의 대외적 전환을 통해 내부적인 응집성을 높이고 기존의 내부 갈등들을 해소할 수 있는 계기가 된다. 이러한 효과 때문에 리더가 갈등을 조장하는 유혹에 빠질 수도 있다.

1.3 갈등의 원인

갈등의 원인은 이슈와 주체 등 여러 이유에서 발생한다. 미시적으로는 개인 수준에서부터 거시적으로는 집단 및 조직 수준에 이르기까지 발생하는 갈등의 이유를 살펴보자. 다만 갈등의 원인을 조직 내의 수준별로 명확하게 구분할 수 있는 것은 아니며 흔히 복합적으로 발생한다는 점을 이해해야 한다.

1.3.1 개인 수준의 갈등원인

조직 내에서 개인 간 갈등원인들은 다양하다. 필리(Filley)는 개인 간 갈등의 원인을 개인적 요인, 업무상의 요인, 조직 차원의 요인 등 세 가지로 나누어 〈그림 3-23〉과 같이 제시하였다.[7]

(1) 개인적 요인

가치관의 차-이나 기대감, 해묵은 한(恨) 같은 요인들이 사람과 사람 간의 갈등을 야기하는 경우가 많다. 우리 주변에서 아버지와 아들, 직장상사와 조직구성원들 간에 가치관의 차이로 갈등을 야기하는 경우는 많다. 그러나 무엇보다 갈등의 원인은 상대방의 말과 행동이다. 즉 자존심이나 명예에 누를 끼치는 상대방의 언행이나 태도는 심리적 갈등의 중요한 원인이 된다.

(2) 업무상 요인

애매하고 불명확한 업무처리 기준이 갈등의 중요한 원인이 된다. 둘이서 공동으로 사업을 하기가 힘든 것도 각자의 역할과 한계를 분명히 하지 않기 때문에 발생하는 갈등 때문인 경우가 많다.

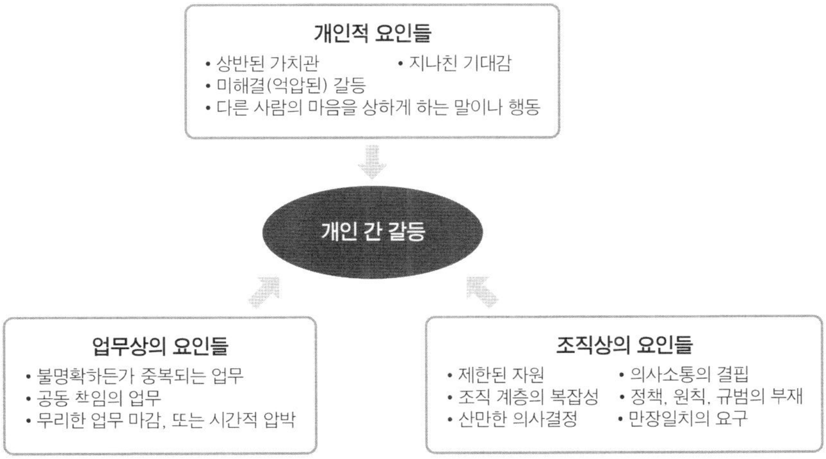

〈그림 3-23〉 개인 간 갈등의 원인들

자료: Alan. C. Filley. (1975), *Interpersonal conflict Resolusion, Glenview*, Ⅲ.: Scott Foresman, pp. 9-12.

---

7   백기복(2010), 『조직행동연구』, 창민사, 302쪽.

(3) 조직상 요인

조직 차원에서 가장 중요한 갈등의 원인은 제한된 자원이다. 자본주의 논리에 의해서 제한된 자원범위 내에서 치열한 경쟁을 해야 하고 성과를 달성해야만 살아남을 수 있기 때문이다. 또한 커뮤니케이션이 실패나 정책의 부재 등도 개인 간에 오해를 일으켜 갈등을 야기할 수 있다.

상기 연구 외에도 개인갈등의 원인에 대해서는 다양한 연구와 관점들이 제시되고 있다. 이와 관련된 내용들을 정리하면 다음과 같다.

---

1. 욕구의 좌절에서 비롯되는 갈등(frustration control)
   얻고 싶은 가치를 실현하지 못할 때 발생하는 갈등

2. 개인의 특이성
   조직이나 사회적인 원인이 아니더라도 성격이나 가치관 등의 개인적 특성 때문에 스스로 일으키는 갈등

3. 목표의 양립에서 비롯되는 갈등(goal conflict)
   양립하는 두 개 이상의 가치를 동시에 실현하지 못하거나 회피하지 못할 때 발생하며 일반적으로 세 가지 경우가 있다.
   ① 선호하는 두 개의 가치 중에서 하나를 선택해야 하는 경우인데 가령 좋아하는 두 개의 직위 중에 한 직위를 선택할 수밖에 없는 경우
   ② 상반되는 가치가 하나의 대안에 공존하는 경우로서 가령 보수는 높은데 위험성도 높은 경우
   ③ 회피하고 싶은 가치들이 동시에 존재하는 경우인데, 가령 현재의 상사가 싫어서 부서를 옮기고 싶은데 옮겨갈 수 있는 부서는 직무가 싫은 상황인 경우

4. 역할의 부조화에서 비롯되는 갈등(role conflict)
   조직생활은 조직에서 개인에게 부여한 역할의 수행으로 이루어지는데 역할 수행과정에서 여러 가지 원인으로 갈등이 발생하게 된다. 가령 자신에게 기대된 역할이 불합리하거나 하기 싫은 것일 때, 두 개 이상의 상반된 역할을 동시에 수행해야 할 때, 역할이 모호할 때, 역할이 과중할 때 등

5. 의사결정에서 비롯되는 갈등(decision conflict)
   의사결정의 결과를 받아들일 수 없을 때, 의사결정의 결과가 가져올 영향이 불확실하여 예측할 수 없을 때, 더 나은 결정이 있음에도 정치적인 이유 등으로 채택되지 않는 경우 등

6. 개인 간의 인간관계에서 발생하는 갈등의 경우
   ① 서로 다른 성격과 가치관 및 스타일의 차이: 내·외향적 성격, 직선적인 표현, 독단적인 결정스타일, 윤리의식 등의 차이 등

이러한 갈등의 원인들로 인하여 생성되는 갈등의 진행과정을 〈그림 3-24〉와 같이 제시할 수 있다.

우선 갈등의 시작은 갈등의 인지이다. 갈등의 인지는 상대방 때문에 자신의 이익이 타격을 받거나 어떠한 안건이나 사건에 대하여 커다란 의견의 차이를 갖고 있다고 인식될 때 발생한다. 이러한 위협에 대한 인식은 갈등심리를 자극한다. 갈등을 인식하고 갈등심리를 자극받은 개인은 갈등에 대처할 의지를 갖게 된다. 이러한 의지는 곧 행동으로 이어지고 개인의 이러한 행동에 대해 상대방은 어떠한 방법으로든지 반응을 보일 것이다. 상대방의 반응은 개인의 갈등심리에 다시 영향을 미치게 된다. 이러한 갈등대립의 주기가 반복되면서 다양한 결과를 낳기도 하고 새로운 인식을 갖게 되기도 한다.

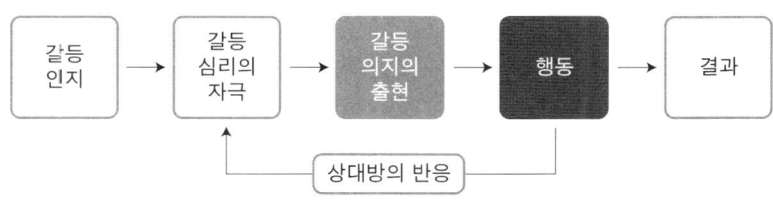

〈그림 3-24〉 갈등의 진행과정

자료: Thomas, K. W.(1992), *Conflict and Negotiation Processes In Organization*.

1.3.2 집단 및 조직 수준의 갈등원인

조직에서는 개인 간은 물론이고 팀이나 과(課), 부(部)와 같은 집단 간에도 갈등은 야기된다. 특히 조직 내 팀이나 집단은 상호의존적인 협력관계로 발전하기도 하지만 갈등을 빚는 경우도 허다하다. 집단 간의 갈등을 유발하는 원인으로는 집단이해의 차이와 인식의 차이를 들 수 있다.[8]

1) 집단 간 이해관계의 차이

조직 내 하위집단들은 각기 다른 이해관계를 갖게 된다. 조직의 자원은 제한되어 있고 집단은 자신들의 이해를 먼저 추구하므로 갈등이 발생하게 된다.

(1) 제한된 자원

자원이 제한적일수록 집단 간의 의존성은 높아지고 경쟁이 심화된다. 자금, 공간, 노동력 그리고 자재 등이 무제한으로 공급될 수 있다면 조직 내 모든 집단은 아무런 갈등 없이 각 집단의 목표에 따라 순조롭게 업무의 처리가 이루어질 것이다. 그러나 자원이 제한적이기 때문에 자원 확보를 위한 집단 간의 역기능적인 갈등이 초래될 수 있다.

(2) 보상제도

조직 내 보상제도가 전체 조직 차원에서보다는 각 집단별로 이루어질 때 집단 간의 갈등이 발생할 수 있다. 집단보상 제도를 실시하게 되면 경쟁이 발생하기 때문에 경쟁으로 인한 역기능적인 갈등이 초래될 우려가 있다. 그러나 집단별 성과에 근거한 성과배분 제도는 창조적이고 건설적인 갈등관계로 발전시킬 수 있으므로 운영의 묘를 살릴 경우 좋은 결과를 가져올 수도 있다.

2) 인식의 차이

집단 구성원들의 인식의 차이가 집단 간 갈등의 원인이 된다. 조직 내 집단들이 현실에 대한 인식을 달리하게 되는 요인들은 다음과 같다.

(1) 목표의 차이

목표가 다르면 인식의 방향과 내용도 달라진다. 예를 들어 판매부서의 목표는 판매량의 극대화일 것이다. 그러려면 싸고 질 좋은 상품을 생산해야 한다. 판매부서는 생산부서에 싸고 질 좋은 상품의 생산을 요구하지만 생산부서로서는 질을 높이면서 동시에 비용을 줄인다는 것은 보통 어려운 일이 아니다. 생산부서의 입장은 조금 비싸고 질이 떨어지더라도 판매부서가 소위 영업력을 발휘하여 판매실적을 올려주기를 바라게 된다. 즉 싸고

---

8   앞의 책, 309-315쪽을 참조하여 재구성.

질 좋은 상품을 못 팔 사람은 없다는 관점이다. 여기에 목표차이에 의한 고질적 갈등의 원인이 있는 것이다.

(2) 시간 인식의 차이

시간인식의 차이는 집단이 현실을 인식하는 데 영향을 미친다. 정해진 시간에 따라 집단은 다양한 계획을 세우고 일을 추진해나간다. 예를 들어 조직 내 연구개발 부서는 몇 년간의 시간적인 여유를 갖고서 일을 하지만, 현장에서 근무하는 조직구성원의 경우에는 정해진 시간 내에 할당된 생산량을 채워야 한다. 이처럼 집단별로 다른 시간적 인식 때문에 갈등이 발생하게 된다.

(3) 지위의 차이

집단 간에 존재하는 지위의 차이는 언제나 갈등의 대상이 된다. 인사부서와 영업부서 간의 갈등이 예가 될 수 있을 것이다. 지위갈등은 종종 업무상의 관계 때문에 생성된다.

(4) 부정확한 시각

부정확한 지각은 때때로 한 집단으로 하여금 다른 집단에 대한 편견을 갖게 한다. 실제로 집단 간의 차이는 작은데 반해 각 집단은 서로의 차이를 과장하는 경향이 있다. 집단 간의 차이가 강조될수록 편견은 커지고 집단 간의 관계는 악화되며 갈등의 정도 또한 심해진다.

3) 집단 및 조직 갈등의 결과

집단 및 조직에서의 갈등에도 역기능적인 측면과 순기능적인 측면이 동시에 존재한다. 역기능적인 측면은 조직전반에 걸쳐 부정적인 결과를 초래한다. 이러한 역기능적 갈등은 조직 내에 여러 가지 변화를 야기하기도 한다. 〈표 3-27〉에서는 집단 및 조직 갈등에서 나타나는 순기능과 역기능적 결과에 대해서 정리하였다.

〈표 3-27〉 집단갈등의 역기능 및 순기능적 결과

구분	역기능	순기능
집단 내의 변화	① 응집력의 증가: 집단 간에 경쟁, 갈등, 위협은 집단에 대한 충성심을 자극하여 응집력이 강한 집단의식을 생성. ② 독재적인 리더의 출현: 외적 원인으로 갈등발생 경우, 조직구성원들은 강한 리더를 희망하여 독재적인 리더를 출현 경우발생. ③ 활동력의 증가: 집단의 이익을 위해서 개인의 손해를 기꺼이 받아들이며, 집단 업무에 전념, 타 집단에 대한 경계심을 고취. ④ 집단에 대한 충성심의 증가: 집단규범이 강조, 집단 목표는 개인의 목표보다 우위.	① 문제에 대한 새로운 인식: 집단 간의 갈등이 발생했을 때, 조직구성원들은 자신이 속해 있는 집단의 문제점에 대하여 정확하고 새롭게 인식할 수 있는 기회를 갖게 됨. ② 해결방안의 모색: 집단갈등이 발생하게 되면, 집단 내 응집력의 증가되고 협조적인 분위기가 조성되어 집단이 겪고 있는 문제를 적극적으로 해결하는 방안을 모색. ③ 긍정적인 변화: 집단 간 갈등과정을 통하여 한 집단이 갖고 있는 모순과 문제점에 대한 수정으로 효율적인 집단관리를 위한 변화가 발생. ④ 효과적인 대안의 선택: 집단 간의 갈등을 극복하려는 의지는 집단 내 협조체제를 가능케 하여 당면한 문제점에 대해 효과적인 대안을 선택.
집단 간의 변화	① 지나친 집단의식: 갈등상황은 집단의 구성원들은 지나친 집단의식 집단으로 만들며, 집단의 중요성을 지나치게 강조하여 되어 집단 간의 협동을 저해. ② 부정적인 편견과 적대감: 갈등이 고조되고 집단의식이 강조될수록 타 집단에 대한 부정적인 편견이 커짐. 심각한 적대감은 파국을 맞는 경우 발생. ③ 커뮤니케이션의 감소: 집단 간의 갈등이 심해질수록 집단 간 커뮤니케이션의 기회는 점점 줄어들고, 집단 간에 발생하는 오해나 문제점은 더욱 늘어남.	

자료: 백기복(2010), 『조직행동 연구』, 창민사, 312-315쪽을 참조하여 재구성.

1.4 갈등관리와 리더십

갈등관리에서는 조직을 운영하는 과정에서 갈등이 조직운용의 효율성과 조직의 성과에 어떻게 영향을 미치는가에 초점을 둔다. 즉 갈등 수준이 너무 낮으면 순기능적인 갈등을 자극하기도 하고, 갈등 수준이 지나치게 높은 수준이면 역기능적인 갈등을 해결해야하며, 조직에 큰 영향을 미칠 것으로 예상되는 악성 갈등은 사전에 예방하는 일련의 활동들을 의미한다. 따라서 갈등관리는 주기적인 조직진단 결과를 토대로 조직의 효율성 차원에서 접근해야하는 리더십 테크닉의 하나라고 할 수 있다. 갈등관리에서는 다음의 사항을 염두에 두어야 한다.

- 갈등은 조직생활에서 피할 수 없는 자연발생적인 것이며 발생원인도 매우 다양하다.
- 갈등이 너무 없으면 효율성이 떨어지는 측면도 있다.
- 갈등을 해결할 수 있는 최선의 방법은 존재하지 않기 때문에 종합적 접근을 해야 한

다. 즉 한편으로는 갈등을 발생시키는 원인을 통제해야 되며 다른 한편으로는 이미 발생된 갈등을 감소시켜야 한다.

- 갈등관리 방식은 상황에 따라 달라질 수밖에 없다. 갈등이 너무 많아서 조직이 혼란 스러운지 혹은 너무 없어서 역동성이 부족한지 등을 감안하여 갈등을 해결하기도 하며 때로는 갈등을 조장할 필요도 있다.

1.4.1 갈등의 조장과 예방

갈등의 순기능을 강조하는 사람들은 '갈등은 절대적으로 필요하며 이것이 없으면 조직 구성원들의 의욕이 상실되고 정태적 무사안일 상태로 되며 환경변화에 적응을 잘 못하고, 새로운 아이디어도 내지 못하는 획일화된 조직이 된다.'고 주장한다. 따라서 갈등관리란 갈등이 없거나 갈등이 심각한 상태가 아닌 적정 수준의 갈등을 유지하는 것을 의미한다.

그럼에도 불구하고 대부분의 관리자는 갈등을 적정 수준 이하로 회피하려 하는데 왜 그럴까? 이는 반(反)갈등 가치관[9]에 젖은 사회 속에서 성장해왔기 때문이다. 가정에서부터 형제와의 싸움은 부모님으로부터 주의를 받았고, 학교에서는 사이좋게 지내기만 배웠으며, 종교적으로는 사랑과 용서를, 사회적으로는 평화를 강조하는 속에서 지낸 사람들이기에 갈등에 더해서 부정적인 태도를 취할 수밖에 없다.

1) 순기능 차원의 갈등조장의 방안

(1) 새로운 조직구성원의 투입

정체되고 침체된 조직을 변화시키는 방법 중의 하나가 기존의 조직구성원들과 상이한 경력, 태도, 가치관 등을 지닌 새로운 조직구성원을 조직에 투입하는 것이다. 즉 이질적이고 새로운 조직구성원에게 새롭고 혁신적인 과업을 할당하여 침체되어 있는 조직에 새로운 분위기를 조성하는 것이다. 예를 들어, 행정부의 관료사회에 사기업체의 직원을 채용한다면 상호가치관과 태도 등이 달라 갈등이 생길 수 있다.

(2) 의사소통에 의한 방법

조직 내의 공식적·비공식적 의사소통 통로를 적절히 이용함으로써 갈등을 조성할 수 있다. 예를 들어, 어떤 부서를 폐쇄한다든가 인원을 감축한다는 정보는 조직구성원들을

---

9   Robbins, S. ?.(1974), *Managing Original Conflict*, Engelwood Cliffs, New Jersey: Prentice-Hall, Inc, pp. 20-25.

긴장시키고 그들이 좀 더 열심히 일을 하게 하는 자극제로 작용할 수 있다. 또한 의사소통 과정에서의 단락을 이용하여 갈등을 조성할 수 있다. 즉 의사소통과정에서 통상적으로 경유하던 것을 거치지 않고 최종 수신자에게 정보가 전달되면 정보의 모호성이 증대되어 갈등이 조성된다.

(3) 직무의 재설계에 의한 방법

조직 내의 계층을 나누어 계층 수를 늘리거나 조직 내의 조직구성원들을 이동시켜 직위관계를 재구성하면 조직 단위의 동질성과 응집성이 와해되어 결국 갈등이 조성된다. 예를 들어, 어느 부서에 관리자를 두 명으로 설정해둔다면 부서의 조직구성원들은 서로의 이익을 위해 분열되고 결국 전 부서의 응집성이 더욱 약화되면서 갈등이 유발될 것이다.

(4) 경쟁의 조성

너무 지나치지 않는 범위 내에서 집단 간의 경쟁을 유발하는 것은 조직의 목표 달성에 효과적일 수 있다. 예를 들어, 일정 기준을 미리 설정하고 집단별로 경쟁을 시킨 후 우수 집단을 포상하고 상여금 등을 지급하는 것은 집단 간의 갈등을 조성하게 되고, 이러한 갈등을 조직에 순기능적으로 작용시킬 수 있는 것이다. 물론 조직의 리더는 이러한 갈등의 수준이 지나치게 높지 않도록 조정해야 하는 것이 중요하다.

2) 갈등의 예방

갈등의 예방은 조직의 효율성에 영향을 미치는 역기능적이고 비생산적인 갈등을 사전에 방지하는 활동이다. 집단과 조직은 인간들이 모여 공동의 목표달성을 위한 과업을 갖는다는 점에서 갈등해소는 인간의 존엄성과 신뢰를 바탕으로 조직구성원 상호 간의 인간관계가 형성됨으로써 가능한 것이다. 개인갈등과 집단갈등의 예방을 위해서는 다음과 같은 사항에 리더십을 발휘할 것이 요구된다.

(1) 의사소통의 원활

인간의 준거기준(frame of reference)이 다르기 때문에 서로 정보나 의견을 달리 해석할 수 있다. 따라서 원활한 의사소통을 통하여 서로간의 이념, 사상, 의견, 태도, 정보, 지식, 사실 등을 교환함으로써 서로의 이해의 폭을 넓힐 수 있다. 갈등은 오해에서 비롯되는 경우가 많다. 특히, 개인 간 그리고 각 부서 간에는 지위상의 차이와 과업에 따른 전문성 등이 있기 때문에 의사소통이 제한되거나 왜곡될 우려도 있으며 평가적·선택적 입장에서 의사소통이 이루어지는 경우도 있다. 이러한 것으로 인하여 서로를 정확히 이해하지 못하여 갈등의 원인을 제공할 수 있다.

(2) 원만한 이해관계

개인 간 그리고 각 부서 간에서 원만한 인간관계를 이룸으로써 갈등을 예방할 수 있다. 원만한 인간관계를 형성하기 위해서는 인간관계기술을 익혀야 한다. 인간관계의 수립을 위하여 자기개선을 통한 자아의 확립, 타인의 가치에 대한 신임, 타인의 욕망과 감정의 존중을 전제로 들고 있다. 인간관계는 서로의 존중과 신뢰를 바탕으로 이루어진다.

(3) 협동적 분위기 조성

개인 간 그리고 각 부서 간에 협동적 분위기가 조성되면 갈등을 예방하는데 도움이 된다. 갈등이 생기는 것은 서로의 관점에 차이가 있기 때문이다. 그런데 어떤 문제이든 차이점이 있는 반면에 유사점도 내재되어 있다. 이때 그 문제에 대한 유사점과 공통 관심사를 강조함으로써 차이점을 정지(smoothing)하고 유사점과 공통 관심사를 확인하고 강조하고 확대하여 서로의 협조를 유도한다. 또한 과업의 상호의존성을 높어 협동함으로써 과업을 완수할 수 있게 한다. 뿐만 아니라 지나친 경쟁보다는 과업성과를 내기 위한 상호의존성을 강조함으로써 협동적 분위기가 형성되고 이러한 것이 개인 간에 전이될 수 있다.

(4) 공평한 태도 유지

지위나 권한을 가지고 있는 리더는 모든 조직구성원들에게 공평한 태도를 유지해야 한다. 조직구성원들에 대한 공평하고 균형 잡힌 자원의 분배 및 심리적 배려는 조직의 리더가 갖추어야 할 기본적인 자세이다. 어떤 조직구성원에 대한 편애와 편견을 갖거나 다른 조직구성원과의 관계에서 어떤 조직구성원을 소외시킨다면 올바른 조정자 역할을 못하는 것이므로 그 조직에는 갈등이 생길 수 있다.

1.4.2 갈등의 해결 및 관리

갈등의 해결을 위한 보편타당한 정답은 없다. 여기에서는 갈등관리를 연구한 학자들의 견해를 정리하여 제시한다. 조직의 리더들은 개인 및 집단의 갈등상태가 해결이 필요한 수준으로 판단되면 조직의 효율성 측면에서 다양한 리더십을 발휘하게 될 것이다. 개인 간의 갈등과 집단 및 조직의 갈등으로 구분하여 갈등의 해결 및 관리방안을 제시한다.

1) 개인 간의 갈등관리

개인 간의 갈등을 해소하는 일반적인 방법으로는 관리자나 제3자가 개입해서 조정하는 형태가 있다. 여러 가지 방법이 있지만 관리자나 제3자는 상담을 통해 갈등의 원인을 분석하고, 상호의견을 청취하여 여기서 공통점과 차이점을 발견하여 상호이해를 촉구하는 형식으로 이루어진다. 라힘(Rahim)은 갈등관리의 유형을 자신에 대한 관심의 정도와 타인에 대한 관심의 정도에 따라 〈그림 3-25〉와 같이 종합형, 배려형, 지배형, 회피형 그리고 타협형의 다섯 가지로 구분하고 있다.[10] 이들 중 특정한 유형이 모든 상황에서 최선의 방법이라고 할 수는 없으며, 각 유형은 나름대로의 장점과 단점을 갖는다.

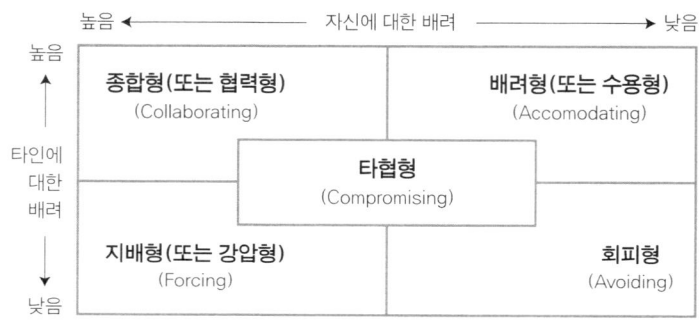

〈그림 3-25〉 갈등관리의 다섯 가지 유형

자료: Rahim, M. Afzalur. (1985), "A Strategy for Managing Conflict in Organization," *Human Relations*, p.84.

(1) 종합형(또는 협력형, Collaborating)

자신과 상대방의 관심과 이해관계를 정확히 파악하여 문제해결을 위한 통합적 대안을 도출해낸다. 문제의 취지가 불명확하거나 복잡할 경우에는 종합형이 매우 적절하다. 그러나 상반된 가치관으로 인해 발생되는 갈등에 대한 관리방편으로서는 부적합하다. 종합형의 큰 장점은 단편적 측면에서 문제들을 다루기보다는 총체적으로 문제들을 다루기 때문에 장기적인 안목에서 효력이 발생한다는 것이다. 반면에 단점으로는 시간이 매우 오래 걸린다는 것이다. 이 방법은 갈등을 빚는 자신과 타인이 모두 이득을 보게 되는 소위 'Win-Win'(쌍방승리)의 경우에 해당한다.

---

10 Rahim, M. Afzalur(1985), "A Strategy for Managing Conflict in Organization," *Human Relations*, p. 84.

(2) 배려형(또는 수용형, Accomodating)

배려형인 사람은 타인의 이익을 충족시켜 주기 위해서 자신의 이익을 양보한다. 배려형은 보통 수용형 또는 온화형이라고 불린다. 배려를 해준 후 무엇인가를 보답 받을 수 있을 때에는 매우 적절하다. 그러나 복잡하거나 악화된 문제에 있어서는 부적합하다. 배려형의 장점은 협동을 가능케 해준다는 점이다. 약점으로는 중요한 문제를 소홀히 다룰 가능성이 있기 때문에 일시적인 대안이라 할 수 있다.

(3) 지배형(또는 강압형, Forcing)

자신에 대한 관심은 지나친 반면에 타인에 대해서 무관심한 사람은 자기중심적인 행동을 선호한다. 즉 상대방의 입장은 전혀 고려하지 않는다. 지배형은 공식적인 권위를 사용하여 복종을 유도하기 때문에 강압형이라고 한다. 지배형은 받아들이기 싫은 해결책이 제시될 때 주로 쓰인다. 그러나 공개적이고 참여적인 분위기에서는 부적합하다. 지배형의 장점은 신속성이다. 약점으로는 종종 상대방의 분노와 원망을 초래한다는 것이다. 이것은 'Win-Lose'(일방승리)의 경우이다.

(4) 회피형(Avoiding)

직면한 문제들을 피하고자 하는 것을 말한다. 문제가 사소한 것이거나 피하는 것이 오히려 이익이 될 경우에 적합한 대안이다. 그러나 회피는 어려운 문제를 접했을 때 일어나는 자연스러운 반응이지만 매우 중요한 문제마저 회피해버릴 가능성도 있다.

(5) 타협형(Compromising)

자신과 타인의 공통된 관심분야를 서로 주고받기 위한 대안이다. 서로의 입장을 양보하고 외부나 제3자의 개입, 협상 또는 표결의 방법을 동원한다. 타협이란 쌍방이 다른 목표를 갖고 있거나 비슷한 힘을 갖고 있을 때 가능하다. 그러나 잦은 타협은 오히려 우유부단하다는 평가를 낳기도 한다. 타협은 민주적인 방법이라 할 수 있지만 때로는 문제해결의 창조적인 방안을 도출하는 데 방해가 되기도 한다.

다음은 루선스(Luthans)가 제시한 개인 간의 갈등 해결방법이다.[11]

① 승자–승자 접근(win-win approach): 개인 간 양 당사자가 모두 이기는 접근으로 이것은

---

11 Luthans, F.(2002), *Organizational Behavior*, 9th ed., McGraw-Hill, p. 404.

문제의 해결에 창의력과 정력을 쏟아 결국은 당사자들의 요구를 동시에 충족시키고 보상을 받게 한다. 여기에는 무엇보다도 건전한 판단력과 우호적인 분위기가 중요하다.

② 패자-패자 접근(lose-lose approach): 개인 간의 양 당사자가 모두 패배, 즉 손해를 보는 접근으로 이것은 가장 바람직하지 못한 방법이다. 이러한 방법에는 타협이나 중도를 취하거나 상대방에게 뇌물과 같은 부당한 대가를 지불하거나 관료적 규정으로 갈등을 해결하거나 또는 당사자들보다 더 권위 있는 제3자를 개입시키는 것 등이 있는데 모두 바람직하지 못한다.

③ 승자-패자 접근(win-lose approach): 개인 간에 상대방을 누르고 자기가 이기는 전략으로 자유경쟁사회에서 흔히 볼 수 있는 방법이다. 그러나 이것은 이기려는 경쟁심을 자극하여 창의력과 단결심을 고취하는 순기능적 측면도 있으나, 협력적·상호합의에 의한 갈등해결방법을 무시하고 반드시 남을 희생시킴으로써 패자로 하여금 복수심을 야기 시키는 역기능적 측면도 있다.

2) 집단 및 조직의 갈등관리

집단 및 조직의 갈등관리 방안으로서는 제3자가 중재자로 나서서 해결하는 조정과 중재를 포함하여 상위목표의 설정, 자원의 확충, 규정의 정비, 커뮤니케이션이 활성화, 조직의 구조적인 혁신 등의 방법들을 리더십의 차원과 연계하여 제시할 수 있다. 집단 간의 갈등관리 역시 리더십 활동이기 때문이다.

집단 간의 갈등관리에 있어서 최선의 방법은 존재하지 않는다. 본서에서 제시하는 해결방법들은 다소 중복되는 내용도 있지만 리더는 갈등관리 과정에서 이러한 방법들을 상황에 맞게 벤치마킹하는 지혜가 필요하다. 마치와 사이먼(March & Simon)은 집단 간의 갈등해결방법으로서 다음과 같은 것들을 제시하고 있다.[12]

(1) 문제해결(problem solving)

갈등 당사자 간에 기본목표에는 합의를 보고 있으므로 새로 해결해야 할 문제는 이미 합의를 본 기준에 알맞은 해결방법을 찾아내는 데 있다. 따라서 문제해결 방법은 당사자 간에 직접 접촉하여 공동의 노력에 의해서 정보를 수집하고, 탐색활동을 통하여 새로운 대안을 제시하고, 이에 대한 평가를 통해서 당사자 모두를 만족시킬 수 있는 문제해결방

---

12 March, J. G. & Simon, H. A.(1958), *Organizations*, NY: John Wiley & Sons, Inc.

안을 찾는 것이다. 이 방법은 당사자들이 협동적인 문제해결방법을 가지고 있을 때 효과적이다.

(2) 설득(persuasion)

갈등 당사자 간에 개별목표가 다르기는 하지만 이것을 확고 불변한 것으로 여기지는 않는다. 비록 개별목표의 차이가 있지만 어느 상위 수준에서는 공동목표에 대한 합의가 이루어졌거나 또는 이루어질 수 있으며, 여기에 따라 세부목표의 차이는 공동목표에 비추어 해결이 가능하다는 것을 전제로 하는 방법이다. 문제해결의 경우보다는 정보수집에 덜 의존하며 갈등 당사자들이 지니고 있는 세부목표를 상위목표에 맞추어 조정하는 데 주력한다.

(3) 협상(bargaining)

갈등 당사자 간의 목표의 차이가 확고한 것임을 전제로 해서 타협을 통한 합의를 추구하는 방법이다. 즉 서로 양보를 통하여 합의점에 도달하는 방법이다. 갈등 당사자들이 모두 해결방안을 채택해야 한다는 데 관심이 있으나 어떤 해결방안을 채택하느냐에 관해서는 상당한 이해관계의 차이가 있다. 따라서 협상에 의해서 얻어지는 결정은 어느 당사자에게도 최적의 결정이 될 수 없다. 왜냐하면 당사자들의 서로 상충되는 주장을 절충한 결정이기 때문이다.

(4) 정치적 타결(politics)

갈등 당사자 간에 목표의 차이가 있다는 것은 협상의 경우와 같다. 협상은 갈등 당사자 간에서 해결방안을 모색하나 정치적 타결은 그 범위를 넘어서 협상하는 것이다. 즉 갈등 당사자가 정부나 여론, 대중 등과 같은 제3자의 지지를 얻어 협상하려는 방법이다. 따라서 정치적 타결은 상위자(제3자)의 개입으로 갈등을 해소하는 방법이므로 협상과 마찬가지로 갈등의 원인을 제거하지 못하고 표출된 갈등만을 해소시키는 방법이 된다.

한편, 로빈스(Robbins)는 조직 내의 집단 간 갈등을 해소하는 방안으로 다음과 같은 방법들을 제안하였다.[13]

---

13 Robbins, S. P.(1974), *Managing Organizational Conflict A Nontraditional Approach*, Englewood Cliffs, NJ: Prentice-Hall, Inc.

① 문제의 공동해결: 갈등해소의 가장 바람직한 방법으로 갈등관계에 있는 당사자들을 직접 대면시켜 갈등의 원인을 찾아 공동으로 원인을 해결하는 방법이다. 즉 책임분담과 의사소통을 통해 정보와 자료를 분석하여 대안들을 공동으로 추구하여 함께 노력하여 해결하는 방법으로서 갈등 당사자가 대안을 제시할 수 있는 능력이 있을 때 가능하다.

② 상위목표의 제시: 갈등의 당사자 집단들이 함께 추구해야 달성할 수 있는 상위목표를 제시함으로써 갈등을 해소하는 방법이다. 상위목표는 어느 한 당사자가 단독으로는 성취할 수 없다. 그러므로 공동으로 목표를 추구하는 과정에서 상호협조해줄 것을 요구함으로써 갈등을 감소할 수 있다.

③ 자원의 확충: 조직 내 각 집단들은 희소한 자원을 되도록 많이 획득하려 하기 때문에 갈등이 발생하는데, 이때 자원을 확충시켜 주면 집단 간 갈등이 해소될 수 있다.

④ 상관의 명령: 집단 간에 갈등이 발생하여 그들 스스로 해결할 수 없게 되면 그들의 직속상관이 공식적 권한에 근거하여 명령함으로써 갈등이 해소될 수 있다. 이때 상관의 명령이 갈등당사자 집단의 합의를 전제로 이루어지는 것은 아니다. 갈등당사자 집단들이 상호합의에 의하여 갈등을 해소하는 것이므로 갈등발생의 근본적 원인을 제거하지 못하고 표면화된 갈등만을 해소시키는 경우가 많다.

⑤ 상호작용의 촉진: 갈등관계에 있는 집단들의 구성원들을 서로 다른 집단으로 직무순환(job rotation)을 실시하여 상호 이동시키면 상호작용이 되어 협조관계가 증진되고 공동의 가치관이나 유대감이 형성될 가능성이 높아져 집단 간의 갈등을 감소시키는 데 도움이 된다.

⑥ 구조적 개편: 조직구조를 개편함으로써 갈등의 원인을 제거해보려는 시도이다. 즉 청원체제를 신설한다든지, 지위체계의 개편, 업무배분의 변경, 보상체계의 개편 등이 있을 수 있다. 이와 같은 구조개편은 갈등을 좀 더 근본적으로 해소해줄 수 있다.

⑦ 갈등집단의 통합: 갈등을 유발하는 집단들을 하나로 통합시켜 집단 내 구성원들 간의 상호작용을 증가시키고 유대감을 향상시켜 갈등을 감소시키는 방법이다. 이 방법은 갈등집단간의 상호의존성이 높을 때 효과적이다.

⑧ 공동의 적 제시: 갈등집단들 간에 공동의 적이 나타나면 공동의 적에 대처하기 위하여 상호협조를 하게 되고 이러한 과정에서 상호공동체 의식이 형성되어 갈등이 감소된다.

조직에서 개인 간 그리고 각 집단 간의 갈등을 해소하는 방법은 이상에 제시한 기본 유형 중에서 문제의 공동해결 방법을 택하거나 그렇지 않으면 협상의 방법을 모색할 수도 있다. 또한 양측의 갈등을 해소하기 위하여 타협형이나 협조형을 택하는 것도 바람직하다. 그러나 무엇보다도 상황에 적합한 유형을 선택해야 한다.

1.4.5 갈등관리 리더십

인체의 기맥과 혈맥이 원활하지 않으면 병이 생긴다. 조직도 막히면 병리적 현상이 나타난다. 갈등은 조직의 혈맥과 기맥에 장애가 발생한 것이다. 그러나 장애는 항상 나쁜 것만은 아니다. 왜냐하면 인간과 조직은 결코 완벽할 수 없기 때문에 혈기의 장애는 불가피하게 발생하는 것이며 더 나은 상태로의 개선을 위한 단초가 될 수 있기 때문이다. 그러므로 갈등의 관리란 혈맥과 기맥을 관리하는 것과 같은 이치이다.

리더들이 흔히 빠지기 쉬운 오류 중의 하나가 화합에 대한 갈망이다. 조직구성원들이 불협화음 없이 조화롭게 움직여야 좋다는 전통적인 관념 때문에 갈등은 조직에 해로운 것으로 인식되어 왔지만, 갈등은 조직을 생동감 있게 만드는 에너지로서의 기능을 발휘할 수 있다. 갈등 자체를 없애려는 희망보다 건설적인 것으로 활용하는 것이 리더의 지혜이다.

갈등을 관리한다는 것은 갈등을 해소하거나 조정함으로써 갈등의 순기능적 역할을 확대하여 조직효과성을 증가시키려는 리더의 활동을 말한다. 그러므로 리더는 갈등이 발생한 때부터 마무리되는 단계까지 관련자들과 상황요인에 대해 영향력을 행사할 수 있어야 한다. 이를 위한 리더십의 실천적 지침을 정리하여 제시한다.[14]

첫째, 잠재적 갈등들을 관심 있게 살펴서 파괴적인 형태로 표출되지 않도록 예방한다. 불필요한 갈등을 야기할 만한 잠재자와 집단의 상황을 모니터링 할 수 있는 시스템을 갖추면 도움이 된다.

둘째, 상생의 해결방안을 추구해야 한다. 갈등이 해결된 이후의 상황을 예측하고 부정적 상황이 발생할 가능성을 방지해야 한다. 특히 갈등을 무마하거나 억압으로 해결하였을 경우에는 외면적으로 갈등이 해소된 것처럼 보이지만 더 큰 잠재적 갈등을 내재시킨다. 특히 공정성에 동의하지 않는 패배자는 분노와 좌절로 조직의 어두운 그림자로 남게 된다.

셋째, 갈등의 확산을 적시에 차단하고 갈등의 재생산적 이슈의 확대를 막는다. 특히, 아이들 싸움이 어른싸움이 된다는 우리 속담처럼 개인적 갈등이 집단갈등으로 확산될 가

---

14 박유진(2009), 『현대사회의 조직과 리더십』, 양서각, 341-342쪽.

능성이 있으므로 유의해야 하며 필요시는 과감하게 차단해야 한다. 갈등을 제때에 관리하지 않으면 시간이 지날수록 상황이 악화되는 '눈덩이 효과'(snow ball effect)가 발생하므로 작은 갈등이 조직의 경쟁력을 약화시키지 않도록 해야 한다. 이러한 경우에 리더의 적시적인 중재행동과 단호한 원칙적 행동이 요구된다.

넷째, 갈등에 관해 리더는 확고한 원칙을 정립하고 조직구성원들에게 인식시킬 필요가 있다. 용인되는 갈등과 용인되지 않는 갈등을 명쾌하게 제시하고 그러한 갈등들이 발생하였을 때 어떠한 조치를 위할 것인지를 조직구성원들이 분명히 알도록 해야 한다. 리더가 갈등처리 원칙을 정립할 때에는 리더 혼자서 독단적으로 정할 것이 아니라 조직구성원들의 정서와 현장의 실정을 살펴서 정해야 하며, 이러한 원칙의 실천이 갈등이 긍정적으로 기능하도록 조직문화로 정착되어야 한다.

다섯째, 갈등의 원천적 문제를 해소하도록 노력해야 한다. 가령 갈등의 원인이 자원의 부족일 경우 추가자원을 확보한다든지 아니면 갈등당사자들에게 자원의 부족을 이해시켜야 한다. 거의 화해가 불가능한 조직구성원들이 한 부서에 속해 있다면 그들을 다른 부서로 분리하여 배치하는 것이 좋다.

여섯째, 모든 갈등은 리더가 모두 해결해야 한다는 강박관념을 가지지 않는 것이 바람직하다. 리더는 모든 일에 만능의 황금열쇠가 아니다. 갈등은 당사자끼리 해결하는 것이 가장 좋으며 대부분의 사람들은 갈등을 스스로 해결할 능력이 있다. 당사자들의 요청이 없음에도 자의적으로 갈등상황에 개입하면 조직구성원들은 갈등을 숨기려 하고 리더를 외면할 수 있으며 또 다른 갈등이 발생하거나 갈등문제가 변질될 수 있다. 리더가 조직구성원들의 문제에 간섭하는 사람이 아니라 갈등상황의 해결에 도움이 되는 역할을 하는 사람으로 인식되도록 해야 한다.

갈등의 예방과 조장, 그리고 해결은 리더의 직책에 근거한 권한을 통해서도 할 수 있고 인간적인 능력의 발휘를 통해서도 할 수 있다. 조직상황과 사람간의 관계에서는 언제든지 매듭과 벽이 생길 수 있다. 꼬인 매듭을 풀고 쌓인 벽을 허물어 다리를 놓는 사람이 리더이며 이것이 갈등관리에서 리더십의 역할이다.

사례: 성공적인 갈등관리의 모델, 청계천 복원

청계천의 원래 이름은 개천(開川)으로 서울의 서북쪽에 위치한 인왕산과 북악의 남쪽 기슭, 남산의 북쪽 기슭에서 발원하여 도성 안 중앙에서 만나 서에서 동으로 흐르는 연장 10.92km의 도시 하천이다.

1957년부터 1961년까지 4년에 이르러 복개공사를 한 청계천은 기능성과 효율성을 강조하던 개발시대의 산물이다. 또한 1958년에 건설된 청계 고가도로는 40여 년이 지나 이미 철근과 콘크리트가 부식되었고, 복개구조물의 구조적 결함 등이 시민의 안전을 위협하기에 이르렀다. 또한 복개구조물의 보수비용으로 매년 20억 원이 들어가고 있었다.

청계천복원사업은 서울시장의 공약사항으로 추진되었으며, 2003년 7월 1일부터 2005년 9월 30일까지 고가도로를 철거하고 복개를 걷어내는 복원 사업이 서울특별시에 의해 추진되었다. 이 사업으로 광화문 동아일보사 앞부터 성동구 신답 철교에 이르는 약 5.8km의 구간이 복원되어 산책로, 녹지 등이 설치되었다.

청계천복원사업은 서울이 역사적·문화적 중심지로서의 상징을 의미한다. 복원사업의 핵심은 청계천을 깨끗한 물이 흐르는 하천으로 복원하고 수중과 주변에 생물이 서식할 수 있는 생태공간을 조성하는 등 서울을 환경 친화적 도시로 만드는 데 중점을 두었다. 또한 청계천 복원으로 주변지역을 국제금융, 비즈니스중심, 첨단정보와 고부가가치 사업지구로 재편할 수 있는 여건을 마련하고 국제경쟁력을 높일 수 있게 되었다.

복원공사가 완료된 이후 정책 토론회에서 모 교수는 '청계천 복원 사업의 성공요인은 사업의 명분과 분명한 비전제시, 서울시장의 확고한 리더십, 서울시와 이해관계자의 효과적인 협상, 일관성 있는 갈등관리 과정'이라고 하였다. 서울시는 ① 교통문제, ② 상인들의 생존권, ③ 역사의 복원 등의 갈등관리 쟁점 중에서 핵심은 상인들의 생존권 문제였다. 당시 청계천을 중심으로 22만 명의 상인들과 600여 개의 단체가 갈등관리의 대상이었으며, 협상의 대상이었다. 이들을 대상으로 '첫째로 문서로 약속하지 않는다, 둘째로 어떤 경우도 영업 보상은 없다.'라는 원칙을 세우고 협상을 시작하였다.

그리고 시장을 포함한 관계관 모두가 종전의 공직자의 자세에서 일류기업의 간부들과 같은 혁신적인 자세로 이들과 대화하고 협상을 계속했다. 상인들과 노점상들이 요구하면 과거와는 달리 부시장도 국장도 과장도 새벽 1시, 새벽 2시에도 즉시 현장으로 달려가는 일을 수없이 반복했다고 한다. 그래서 노점상들에게 동대문 운동장을 제공하는 등의 가시적인 조치도 있었지만, 청계천 복원공사의 성공은 설득의 산물(産物)이라고 평가할 수 있다. 즉 갈등관리의 초점은 원칙을 정해놓고 지속적인 인간적인 신뢰에 바탕을 둔 커뮤니케이션과 협상이라는 교훈을 얻을 수 있다.

결과적으로 청계천은 세계적으로도 드문 성공적인 도심하천 복원사례로 평가받고 있다. 그 예로 미국의 명문 하버드대가 청계천 복원 사업에 대한 260 페이지 분량의 서적을 출간하고 이를 수업 교재로 채택하였다. 특히 하버드대는 이 책자를 경영대학원과 디자인스쿨의 정식 수업교재로 채택, 이를 교과서 형식으로 재편집해 2012년 가을 학기부터 사용하고 있다. 이 책에서는 '청계천 복원 사업이 세계 도심 개발사업 가운데 가장 성공한 프로젝트로 한국에 있는 다른 하천들의 친환경 재생 사업을 촉진한 시발점이 됐다'고 평가하고 있다. 또한 '당시 서울시장의 리더십과 인내심, 이해력이 없었더라면 청계천 복원사업은 성공이 불가능했을 것임은 물론 시작조차 할 수 없었을 것'이라고 강조하고 있다.

제2절 위기관리

한 개인에서부터 가정, 학교, 조직, 기업, 사회, 자연환경 그리고 국제사회의 일원인 국가에 이르기까지 그 질서유지와 번영, 안보 및 생존을 위협하는 위기의 원인과 양상들은 너무나 다양하게 발생하고 있다. 오늘날 위기라는 용어는 정치, 경제, 사회, 군사 등 여러 분야에서 광범위하게 사용되고 있으며 관련 연구 또한 지속적으로 이루어지고 있다. 그러나 아직까지 위기관리가 독자적인 학문으로서 위치는 확보하지 못하고 있는 실정이다. 위기는 앞에서 연구한 갈등관리처럼 인간조직과 자연환경에서 발생할 수밖에 없는 사안이다. 문제는 위기를 사전에 예방하고 발생한 위기를 관리하는 능력이 필요하다는 것이다. 위기관리는 오늘날 전 세계적으로 리더들에게 최고의 화두로 등장하고 있다. 그렇다면 위기관리 능력은 과연 어떤 능력을 의미할까? 위기의 성격과 내용을 정확이 진단하는 능력, 위기극복을 위한 적절한 매뉴얼을 개발하는 능력, 특정한 대응전략을 선택하고 이를 효율적으로 집행하는 능력, 경우에 따라서는 협상이나 동맹, 국제적 공조로 공동 대응체제를 조성하는 능력 등을 의미한다. 즉 위기관리 능력은 상기사항을 안정되고 일관성 있게 끌고 갈 수 있는 위기관리 시스템을 사전에 정립하고 운영하는 능력이 총 망라된 것이라고 하겠다. 특히, 민주국가의 리더들은 직면하고 있는 각종위기에 대처할 수 있는 위기관리 매뉴얼을 개발하고 광범위한 국민적 합의를 이끌어낼 때, 강력한 리더십을 발휘할 수 있다.

미국의 9 · 11테러가 일어났을 때 지방을 방문하고 있던 부시 대통령이 첫 번째 해야 할 위기관리 조치는 무엇이었을까? 위험요소가 남아있는 워싱턴으로 즉각 복귀하여 국민들을 안심시키는 것이 아닐까? 언제쯤 TV를 통해 기자회견을 열고 뉴욕 테러현장은 언제 방문하는 게 바람직한가? 백악관은 이런 상황을 가정하고 시나리오를 가지고 있었을까? 위기관리 매뉴얼이 있었는지는 확인할 수 없지만, 초등학교를 방문하고 있던 부시는 즉각 비행기사고가 아닌 테러 가능성에 무게를 둔 짤막한 성명을 발표했고 즉각 공군1호기로 네브라스카 공군기지에 들렀다. 저녁이 되어 백악관에 돌아와 테러를 응징할 것이라는 공식기자회견을 열었다. 뉴욕현장은 이틀 뒤에 방문했고 국민들을 위로했다. 테러사태에도 불구하고 미국정부와 부시 대통령에 대한 지지도는 상승하는 결과가 나타났다.

본 항에서는 리더로서 위기의 의미와 성격, 위기의 원인을 이해한 후 사례와 연계시켜 위기를 관리하는 매뉴얼과 위기관리 리더십에 대하여 논의할 것이다.

2.1 위기의 의미와 속성

위기는 인간 개인의 육체적 · 정신적인 면에서부터 한 국가의 정치 · 사회체제, 나아가서는 국가 간의 관계에서도 발생한다. 안보위기, 경제위기, 환경위기, 에너지위기, 식량위기 등은 상당히 익숙하게 들어온 말이다.

러빈저(Lerbinger, 1997)는 위기를 조직의 미래 성장과 이익, 혹은 생존에 위협을 가할 가능성이 있는 사건으로 정의하고 있다.[15] 로빈슨(Robinson, 1972)은 위기를 정의하면서 다음과 같은 세 가지 요소를 고려하고 있다.[16]

- 위기의 원인이 의사결정자 입장에서 볼 때 내부에서 온 것인가? 외부에서 온 것인가?
- 대책을 위한 의사결정의 가용시간이 급박한가 또는 충분한가?
- 정책결정자들이 현안문제에 대하여 느끼는 상대적 가치의 중요성이 낮은가? 높은가?

위기관리(crisis management)는 조직의 위기에 대처해 조직에 바람직하지 못한 결과를 최소화시키고 그에 따른 신속한 조치를 취하는 일련의 행위로써 위험요소 확인, 측정, 통제를 통해 최소한의 비용으로 불이익을 극소화하는 전반적인 활동을 의미한다.

---

15 Lerbinger, K. (1997), *The Crisis Manger: Facing Risk and Responsibility*, NJ: Lawrence Erlbaum Associates.

16 Robbinson, J. A. (1972), *Crisis:* An Appraisal of Concept and Theories. in C. F. Herman(ED), *International Crisis:* Insight from Behavior Research(NY: Free Press), p. 72.

위기의 속성을 들여다보면 그 어떤 위기도 이전의 위기와 똑같은 유형, 똑같은 흐름으로 전개되는 경우는 없다. 아무리 똑같은 위기가 발생한다고 해도 매번 조치하는 방법과 수준은 다르다. 그러므로 위기 앞에서는 누구도 100% 완벽할 수 없다는 사실을 인정해야 하며, 위기에 내재되어 있는 특성들을 정확하게 이해하려는 노력이 필요하다.

다음은 위기가 내포하고 있는 본질적인 특성들을 제시한 것이다.

(1) 불확실성(uncertainty)

위기는 언제 닥칠지 알기 어렵기 때문에 예측하지 못한 상태에서 발생하는 사건이다. 기대하지 않은 것(unexpected)이라기보다는 예측하지 못한 것(unpredicable)이다.

(2) 급작성(suddenness)

흔히 갑자기 발생하기 때문에 놀라운 사태로 인식된다. 그러나 한국의 1990년대 후반의 IMF사태처럼 발생하기 전에 경고신호가 나타나기도 한다. 다만 알아채지 못하거나 간과하기 때문에 위기가 발생한다.

(3) 시간제약성(time compression)

위기는 언제까지나 방치할 수 없는 사건이므로 적절한 시간 내에 대응하고 처리해야 한다. 또한 위기는 시간의 경과에 따라 내용과 정도가 변화하는 속성이 있다.

(4) 위협성과 손실(threat and loss)

위기는 조직의 일상적인 운영이 어려울 정도의 위협이 되며 재정과 명성의 손실을 초래한다. 위기의 수준에 따라 조직에 부분적인 영향을 미칠 수도 있고 전반적인 영향을 미칠 수도 있다. 때로는 한 조직의 위기가 해당 산업계나 사회 전체에 영향을 줄 수도 있다.

수많은 불확실성과 위험에 노출된 조직과 기업들은 항상 위기관리 또는 위험관리에 신경을 기울인다. 예를 들면 어떤 주요 기업에서는 해외출장 때도 임원들을 여러 비행기에 나눠 태운다. 한 비행기에 탔다가 추락 사고라도 발생하면 회사의 기능이 모두 정지되기 때문이다. 위기는 그 인식시점에서의 대응에 따라 위기상황이 악화될 수도 있고 개선될 수도 있기 때문에 리더의 위기관리 능력이 중요한 것이다. 리더십을 결정적으로 빛나게 하는 것은 위기관리 능력이다. 따라서 진정한 리더십은 일상적이고 안정된 상황이 아니라 비일상적인 위급한 상황에서 발휘되는 것이다. 위기에 대처하는 능력에 따라 기존의 리더는 물러나고 새로운 리더가 떠오르기도 한다.

그러므로 이 시대의 리더는 위기관리의 필요성과 위기관리의 절실함을 아는 사람으로서, ① 위기관리의 개념과 위기관리 시스템을 이해하며 위기관리에 대한 경험을 해본 사람, ② 작은 쟁점, 작은 분쟁, 작은 실수 하나도 위기의 시발점이 될 수 있다는 것을 알고 있는 사람, ③ 자신의 조직을 냉정하게 평가하여 위기관리 시스템과 매뉴얼에 의해 훈련시킬 수 있는 인재를 요구하고 있다.

2.2 위기의 원인과 관리

위기는 그 원인을 원천적으로 해소하거나 다시 발생되지 않도록 차단하는 것이 가장 바람직하지만 인간은 모든 위기의 원천을 근본적으로 통제할 수 없다. 위기는 다양한 원인으로부터 발생한다. 주요 원인들은 다음과 같다.

① 기술적 원인(technological): 조직의 생존에 결정적인 영향을 미치는 중요한 기술의 손상이나 경쟁력 상실 등
② 경제적 원인(economic): 재무상태의 악화나 경기침체 등
③ 정보의 원인(informational): 주요정보의 유출 및 교란 등
④ 물리적 원인(physical): 생산설비의 파손이나 기계적 고장 등
⑤ 인적 원인(human resource): 중요한 인적자원의 손실이나 경쟁력 저하 등
⑥ 평판의 원인(reputation): 이미지 왜곡과 악화로 인한 대외신뢰도 등
⑦ 조직문화의 원인(cultural): 이기주의나 무사안일주의 만연 등
⑧ 자연재해에 의한 원인(natural disasters): 태풍이나 산불 등

이러한 위기들을 조직 내적 원인과 조직외적 원인으로 나누어볼 수도 있지만, 선명하게 구분하기 어려울 때가 많으며 또한 위기는 하나의 원인에 의해서 일어나기보다는 여러 원인들이 복합적으로 또는 연쇄적으로 작용하여 발생한다. 또한 위기는 예고 없이 찾아올 수도 있고 어느 정도 예측한 상태에서 맞을 수도 있다. 위기관리는 위기를 감지하는 단계에서부터 위기가 경과되는 과정, 위기가 종료된 후에 유사한 위협의 재발을 예방하는 일련의 과정이며 그 과정을 정리하면 다음과 같다.[17]

---

17 박유진(2009), 『현대사회의 조직과 리더십』, 양서각, 347-348쪽.

(1) 위기의 감지 단계(signal detection)

위기를 경고하는 신호들을 발견하고 위기 예방을 위해 적절하게 대응한다. 위기는 외면적으로는 갑작스럽게 불거지지만 사실상 경고 신호들이 있는 경우가 많다. 마치 화산이 폭발하기 전에 여러 징후들이 있고 원만했던 인간관계가 원수처럼 등지게 될 때는 여러 차례 위기를 알리는 단서들이 있기 마련이다. 초원을 태우는 큰 불도 작은 불씨에서 시작되고 큰 균열도 작은 틈새에서 시작되듯이 큰 위기도 감지할 수 있는 단초가 있다.

(2) 대비와 예방 단계(probing and prevention)

조직의 구성원들은 이미 알려진 위기의 잠재요인들을 점검하여 이들이 위기까지 발전하지 않도록 한다. 위기가 발생할 가능성이 높은 부문이나 이슈들은 미리 예방조치를 하고, 위기가 감지되면 초기 대비가 중요하다. 많이 알려진 위기요소를 중심으로 위기관리 계획의 수립, 조직의 위기 관련 취약점 진단, 위기관리팀과 대변인의 선정 및 교육, 위기 커뮤니케이션 시스템 정비 등을 포함한다. 실제 위기에 대비하여 준비한 요소들을 실제로 실행을 통하여 정기적으로 점검되어야 한다. 모의 테스트 및 가상훈련과 실제 상황에서의 실행이 모두 포함된다. 우리나라의 민방위 훈련이나 태풍 대비 훈련, 미국의 토네이도 대비훈련, 일본의 태풍 대비훈련 등이 좋은 예이다.

(3) 피해와 최소화 단계(damage containment)

위기가 발생하면 피해확산을 막아야 한다. 위기가 조직의 다른 부분이나 주변 환경으로까지 확산되지 않도록 노력한다. 초기대응을 통해 위기를 처리하지 못하면 호미로 막을 일을 석가래로도 막기 힘든 상황이 초래될 수 있다.

(4) 회복 단계(recovery)

위기에 대한 대응으로 위기가 극복되거나 경과하면 조직구성들은 가능한 빨리 정상적인 조직운영이 재개될 수 있도록 노력한다.

(5) 학습 단계(learning)

조직구성원들은 위기관리 및 대응 경험을 분석하여 그 결과를 조직의 경험으로 제도화한다. 가상 또는 실제적 위기에서 수행된 실행조치에 대한 잘잘못의 평가를 통해 개선점을 찾아 미래에 대한 대비를 한다는 점에서 학습은 경험을 제도화(institutional memory)하는 과정이다. 제도화는 위기에 대한 조직의 탐지 능력과 대응 능력을 증대시켜 차후 위기관리의 효과성을 높인다. 실행 훈련을 통해 위기대처 경험을 많이 축적할수록 실제 위기 발생 시에 보다 적절하게 대처할 수 있다.

이와 같은 일들은 위기에 대비하는 조직의 체계적 준비에 관한 내용들이다. 그러나 위기와 관련한 리더십의 문제는 위기의 현장에서 보여주는 리더의 대응능력에 관한 것이다. 가령 위급하고 혼란스러운 상황에서 리더가 당황하고 어쩔 줄 몰라 우왕좌왕한다면 더 이상 리더의 지위를 유지하기 어려울 것이다. 그러나 침착한 자세로 사태를 정확히 판단하여 과감한 결단으로 조직구성원들을 통솔한다면 리더의 지위는 더욱 확고해질 것이다.

2.3 위기관리의 현장

2.3.1 9·11테러와 위기관리: 줄리아니 뉴욕시장

1) 사건 개요[18]

9·11테러(September 11 attacks)는 2001년 9월 11일 항공기 납치 동시다발 자살 테러로 오전 8시 45분부터 오전 10시 30분 사이에 뉴욕 세계무역센터 건물이 붕괴된 사건이다. 이로 인해 미국 뉴욕의 110층짜리 세계무역센터(WTC) 쌍둥이 빌딩이 무너지고, 국방부 건물이 공격을 받은 대참사였다. 사건은 4대의 민간 항공기를 납치한 이슬람 테러단체에 의해 동시 다발적으로 이루어졌다.

세계 초강대국 미국은 순식간에 아수라장으로 바뀌었고 세계 경제의 중심부이자 미국 경제의 상징인 뉴욕은 하루아침에 공포의 도가니로 변하고 말았다. 사건이 일어나자마자 CNN 방송망을 타고 시시각각으로 사건 실황이 전 세계에 생중계되면서 세계 역시 경악하였다. 이 사건으로 인한 피해는 4대의 항공기에 탑승한 승객 266명 전원 사망, 워싱턴 국방부 청사 사망 또는 실종 125명, 세계무역센터 사망 또는 실종 2,500~3,000명 등 인명 피해만 2,800~3,500명에 달한다. 경제적인 피해는 세계무역센터 건물 가치 11억 달러(1조 4,300억 원), 테러 응징을 위한 긴급지출한 400억 달러(약 52조 원), 재난극복 연방 원조액 111억 달러(약 12조 원) 외에 각종 경제활동이나 재산상 피해를 더하면 화폐가치로 환산하기 어려울 정도이다.

납치당한 4대의 항공기에는 3~5명의 납치범들이 탔을 것으로 추정되는데 미국연방 수사국(FBI)의 조사결과, 범인들은 사우디아라비아와 이집트 출신의 조종사들로 알려졌다. 미국은 사우디아라비아 출신의 국제 테러리스트인 오사마 빈 라덴과 그의 추종 조직

---

18 위키 백과사전(2012. 2. 2 최신화 내용)을 참조하여 재구성.

시간대별 상황

- 07 : 59 – 승객 92명, 아메리칸 항공 AA-11편, 보스턴에서 로스앤젤레스로 출발
- 08 : 01 – 승객 45명, 유나이티드 항공 UA-93편, 뉴저지 주에서 샌프란시스코로 출발
- 08 : 14 – 승객 65명, 유나이티드 항공의 UA-175편, 보스턴에서 로스앤젤레스로 출발
- 09 : 00 – 승객 64명, 아메리칸 항공의 AA-77편, 워싱턴에서 로스앤젤레스로 출발
- 08 : 45 – AA-11편이 항로를 바꾸어 세계무역센터 북쪽 건물과 충돌
- 09 : 03 – UA-175편 남쪽 건물과 충돌
- 09 : 40 – AA-77편이 워싱턴의 국방부 건물과 충돌
- 09 : 59 – 세계무역센터 남쪽 건물 붕괴
- 10 : 03 – UA-93편이 피츠버그 동남쪽에 추락
- 10 : 30 – 세계무역센터 북쪽 건물 완전 붕괴
- 17 : 20 – 세계무역센터 부속건물인 47층의 제7세계무역센터 빌딩 붕괴

〈그림 3-26〉 세계무역센터 붕괴

인 알카에다를 주요 용의자로 보고 있으며, 그 밖에 팔레스타인 해방 기구(PLO) 산하의 무장조직인 하마스(HAMAS), 이슬람원리주의 기구인 지하드, 레바논의 헤즈볼라 등 다른 이슬람 테러조직들도 관여했을 것으로 보고 있다.

항공기가 세계무역센터 남쪽 건물과 충돌한 직후, 부시 미국 대통령은 이 테러사건을 '미국에 대한 명백한 테러 공격'으로 규정하고 이어 전국의 정부 건물에 대피령을 내리는 한편, 국제연합, 시어스 타워(현 윌리스 타워), 디즈니랜드 등 주요건물을 폐쇄하였다. 같은 날 금융시장 폐장 결정을 내린 뒤 뉴욕과 워싱턴에 해군의 구축함 등 군수장비를 파견하였다.

2) 이후의 상황 전개

미국 · 영국 연합군은 2001년 10월 9일 아프가니스탄 주변에 350여 기의 항공 전력을 배치하고, 전투 · 폭격기를 이용한 공습과 아프가니스탄 북부동맹군을 앞세워 같은 해 11

월 20일에는 아프가니스탄 전역을 함락하였다. 이어 다음달 22일 연합군은 반 탈레반 정권인 과도정부를 수립함으로써 탈레반과의 전쟁을 종결하였다. 그러나 미국이 이 전쟁의 목표로 삼았던 빈 라덴과 그의 조직 알카에다를 뿌리 뽑는 데는 실패하였다. 이후 미국은 '테러와의 전쟁'을 끝내지 않고 이후 중동으로 눈을 돌려 2003년 3월 20일에는 이라크전쟁을 일으켜 20일 만에 완전 함락시키고, 새로운 과도정부를 출범시키는 등 대 테러 전쟁을 계속하고 있다. 이후 2011년 5월 제로니모 작전의 일환으로 오사마 빈 라덴을 사살한 후에 수장하였다.

3) 9 · 11테러와 리더십

2001년 9월 11일 아침에 줄리아니 뉴욕시장은 55번가에 위치한 페닌슐라 호텔에서 조찬 회의를 하고 있었다. 회의를 마치고 나오던 오전 8시 45분께 보스턴 발 유나이티드 항공사 비행기 한 대가 무역센터 북쪽 건물을 들이받았다. 9 · 11테러가 터진 것이다. 사태 발발 직후 줄리아니는 뉴욕시장으로서 자신이 할 일을 세 가지로 정했다.

① 활용 가능한 모든 미디어를 동원해 시민들을 안심시키고 안전한 대피 체계를 확립하는 일
② 부상자와 사상자를 위한 구조 활동을 체계적으로 진행하는 일
③ 다음에 벌어질 상황에 대비해 테러리스트들의 심리를 미리 내다보며 탄저균 공포 등 후속적인 심리전에 대응하는 일

누구도 생각할 수 없었던 엄청난 사건이 터지고 도시 전체가 혼란에 빠졌을 때, 줄리아니 시장은 맨 앞에 서서 시민들을 이끌고 주 정부 및 연방 정부 리더들과 긴밀한 접촉을 유지하며 뉴욕시 공무원들을 지휘하는 등 냉정하게 사태를 수습하는 리더십을 보여 주었다. 그리고 혼란이 정점을 지났을 때 줄리아니는 다시 솔선수범하는 리더의 모습을 보여 주었다. 뉴욕시의 대표로서 극장 문을 다시 열고 시민들의 정상적인 일상생활과 사람들의 뉴욕 방문을 독려했을 뿐만 아니라 사랑하는 가족들을 잃은 사람들과 슬픔을 함께 했다. 9 · 11테러 이후 매일 여섯 번에서 스무 번의 장례식이 열렸다. 줄리아니는 최소한 여섯 군데의 장례식에 직접 참석하고 자신이 참석하지 못하는 나머지 모든 장례식에 시 공무원이 반드시 참석하도록 했다. 줄리아니가 보여준 리더십, 강인함, 그리고 역경에서 다시 일어나는 모습은 미국 전체에 큰 감동을 주었다. 그가 9 · 11테러 이후 보여주는 모범

적인 모습을 통해 미국인들은 자신이 어떻게 행동해야 하는지 알 수 있었다.

그렇다면, 9·11테러에서 뉴욕을 구한 줄리아니 리더십의 원천은 무엇일까? 줄리아니가 뉴욕시장에서 물러난 후 쓴 『Leadership』이라는 책에서 그 해답을 찾을 수 있었다. 줄리아니 뉴욕시장의 리더십은 무명복서였던 아버지의 가르침 중에서 첫째로, '얻어맞을수록 침착하라'를 자신의 현장 리더십으로 활용하였고, 둘째로, '결혼식 참석은 선택이지만 장례식 참석은 필수'라는 가르침을 뉴욕의 전 시민들에게 강조하여 장례식에 참여한 시민들의 역량을 국가관과 애국심으로 승화시키는 리더십 역량을 발휘하였다.

그가 발휘한 위기 돌파의 리더십에 감동한 엘리자베스 영국 여왕은 그에게 기사 작위를 수여했고, 또 그해 타임지는 줄리아니를 '올해의 인물'로 선정하기도 했다. 아울러 9·11테러 이후 줄리아니의 인기는 더욱 치솟아 시민들이 법을 고쳐서라도 세 번 연임하는 시장이 되어주길 바랄 정도였다.

미국의 주간지 『포춘』지는 9·11테러를 경험한 후에 테러, 전쟁, 불황, 침체가 맞물려 있는 위기상황에서 조직생존에 가장 절실한 것은 최고경영자 리더십이라고 진단하고 위기극복 리더십의 네 가지의 요건을 다음과 같이 제시하였다.[19]

첫째, 리더가 현장에 있어야 한다. 불확실성이 높은 위기상황에서 사람들은 리더를 찾기 마련이다. 때문에 리더는 사고지역, 작업장, 주요 활동 현장에 모습을 보여 '리더가 함께 있다'는 인상을 심어주어야 한다. 유창한 연설이나 특별한 행동은 없더라도 현장에 함께 있는 것만으로도 신뢰와 존경을 받을 수 있다. 줄리아니 뉴욕시장은 사고 때마다 현장에 반드시 모습을 보임으로써 뉴욕시민 91%의 지지를 얻었다.

둘째, 감정을 통제하는 것이다. 리더가 솔직한 감정을 표출하는 것은 무방하지만 불안과 공포를 드러내는 것은 절대금물이다. 피와 눈물, 땀으로 얼룩진 모진 현실은 인정하면서도 최종 승리에 대한 자신감을 심어주는 2차 대전 당시 처칠 영국수상의 모습, 즉 '처칠의 패러독스'야말로 진정한 리더십의 조건이다.

셋째, 위기의 현실을 왜곡하지 말고 사실에 기초하여 판단해야 한다. 조직구성원들을 안심시킨다는 이유로 나쁜 뉴스를 숨겨서는 안 된다. 또한 사태를 사실적 근거 없이 낙관하는 것도 옳지 않다. 주식투자의 대가인 워런 버핏 회장은 9·11테러 이후 간부들에게 경영이 악화할 것임을 솔직히 밝히면서 자신감을 갖고 위기를 극복하자고 호소했다. 그러나 폴 오닐 재무장관은 '미국경제는 금방 회복될 것'이라고 주장했지만 이를 믿는 사람은 거의 없었고 오히려 무책임하다는 비난을 받았다.

---

19 한국일보(2001, 12, 10)에서 재인용.

넷째, 조직구성원들에게 정확한 정보를 제공하고 함께 극복하도록 공감을 얻어야 한다. 경영실적의 악화전망도 사실대로 밝혀야 한다. 직접적 재난피해를 입지 않았다고 방관하거나 별다른 조치를 취하지 않는 것은 바람직하지 않다. 어떤 형태로든 회사 실정에 맞는 방안을 강구해야 한다. 미국의 사운드 뷰 사의 CEO는 9·11테러 이후 어려움을 토로하고 위기를 극복하면 수익금을 조직구성원 기부금으로 내겠다고 발표하였다. 이는 조직구성원들의 근로의욕에 자극제가 됐고 수익금은 현저히 높아졌다.

2.3.2 후쿠시마 대지진 및 제1원자력 발전소 사고: 국민의식

1) 사건 개요[20]

일본 동부 후쿠시마 지역에 2011년 3월 11일 14시 46분, 진도 9.0 규모의 대지진과 해일이 발생하였다. 이 영향으로 당일 15시 후쿠시마 제1 원자력 발전소의 6개 원전 전체가 모두 자동 정지되어 현재에 이르고 있다. 이것이 후쿠시마 제1 원자력 발전소 원자력 사고이다. 이는 1986년에 발생한 소비에트 연방 체르노빌 원자력 발전소 사고와 비교되고 있다. 후쿠시마 제1원자력 발전소는 6개의 원자로와 6,375개의 폐연료봉을 보유하고 있었는데 지진과 쓰나미로 냉각시스템이 고장 나면서 문제가 야기되었다. 일본 정부는 후쿠시마 제1원전 1~3호기에서 유출된 세슘이 히로시마 원폭 '리틀보이'의 168.5배라고 밝

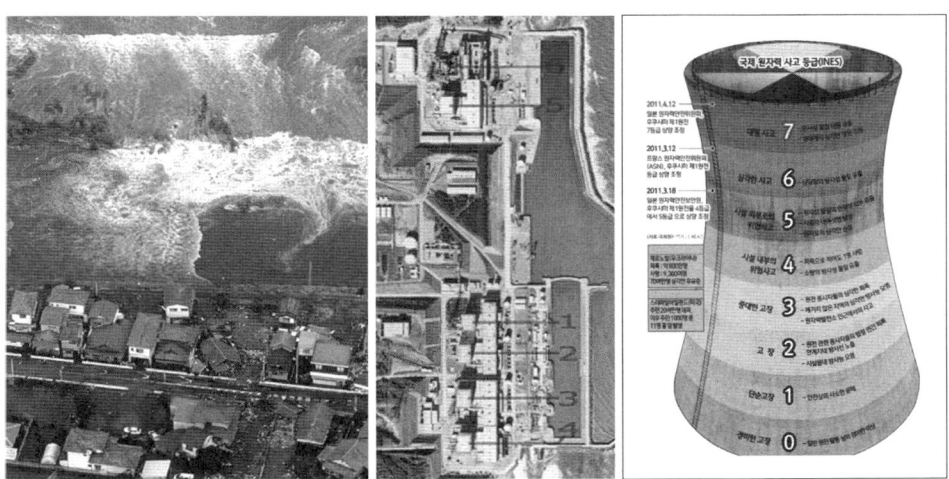

〈그림 3-27〉 후쿠시마 대지진과 제1원자력 발전소 사고

---

20 위키 백과사전(2012. 2. 13 최신화 내용)을 참조하여 재구성.

했다. 이로 인해 대기, 토양, 고인 물, 바다, 지하수에 방사성 물질이 누출되었으며, 이러한 오염은 일본 및 국외에 퍼지면서 일본 경제에 큰 영향을 주고 있다.

한편 진도 9.0의 대지진에 후쿠시마 원전이 대부분 폭발하면서 전 세계 각국은 원전 확대정책을 심각하게 재고하기 시작했다. 2011년 3월 14일, 스위스 연방 에너지청은 노후한 원자력 발전소를 새 원전으로 교체하려던 계획을 보류한다고 밝혔다. 미국, 독일, 중국, 인도, 오스트리아 등도 후쿠시마 사건에 크게 영향을 받아 원전회의론이 급부상하고 있다. AFP 통신은 '일본 지진으로 전 세계 원전사업이 퇴조할 것으로 보인다.'고 지적했다. 특히 독일 정부는 10년 안에 자국의 모든 원전을 단계적으로 폐쇄할 것이라고 밝혔다.

2) 대지진 및 원전사고와 리더십

(1) 일본 국민의 침착함, 질서, 배려, 그리고 책임감

마을 하나가 통째로 자취를 감추어 버렸다. 상상하지 못할 엄청난 쓰나미가 빠지고 난 뒤에 자기가 살고 있던 곳을 넋을 잃고 하염없이 내려다보는 사람이 있었다. 집과 재산만이 사라진 게 아니다. 사랑하는 가족, 친구, 이웃들도 어디론가 사라져 버렸다. 남은 것은 아무것도 없었다. 울부짖기라도 하고 싶으련만 잠깐 눈물을 비추는 듯하더니 어느 덧 임시피난소로 돌아와 피난물자를 나른다. 청소를 하고 다른 사람에게 피해가 안 되도록 자기 잠자리를 가지런히 정리하고 나서야 비로소 그 곳에 잠시 몸을 맡긴다. 시청에 근무하는 한 여직원이 필사적으로 쓰나미 경보안내를 계속한다. '주민 여러분 빨리 안전한 높은 지역으로 대피하십시오.' 쓰나미가 거세게 밀려들어오고 있다. 그래도 방송은 계속된다. 시청이 물에 잠겨 저절로 방송이 끊어질 때까지. 그 여직원은 아직까지도 행방불명이다. 이러한 예들은 수없이 많이 전해진다. 어떻게 그런 상황에서 그렇게 침착하고 참을성이 있는지 어떻게 그런 상황에서 남에 대한 배려와 자기 자신의 직업에 대한 책임감이 먼저 우러나는지를 생각하게 한다.

(2) 일본 수상의 리더십

위기관리에 있어서는 매뉴얼로 대응할 수 없는 다양한 상황이 발생한다. 그런 가운데 수상의 리더십은 연일 비판을 받았다. 아무것도 결정하지 않는 리더, 책임을 지려 하지 않는 리더, 즉흥적인 판단과 돌발적인 지시로 혼란만을 가중시키는 리더라는 것이다. 많은 사람이 희생이 된 엄청난 국가적 위기상황에서 인터뷰에 나온 정부책임자는 동경전력이 대응을 하고 있으니까, 상황을 파악해서 보고하겠다고 한다. 국가의 위기상황에서 일개 회사의 대응에 모든 것을 맡겨 놓고 그 결과를 기다린다.

위기관리에서는 초기의 판단과 대응이 모든 것을 좌우한다. 거기에는 신속히 결단을 하고 실행에 옮기는 사람도 시스템도 없었다. 무엇이 이렇게 만들었는가. 아마도 오랜 동안 성장만을 거듭하면서 특별히 책임지고 중요한 의사결정을 할 필요도 없는 매뉴얼적인 사회의 부산물로 판단된다. 매뉴얼과 시스템은 예상치 못한 위기국면에서는 책임을 회피하려고 하는, 스스로 결정하지 않는 자기합리화의 시스템으로 변질되기 마련이다.

일본의 원전대응이 방향을 잡지 못하고 우왕좌왕하게 된 데에는 위기관리의 부정적 이미지에 스스로 발목이 잡힌 일본정부와 동경전력의 책임회피적인 대응이 크게 영향을 미쳤다고 할 수 있다. 위기관리의 부정적 가능성에 대한 공개적인 논의는 오히려 조직의 성공의 가능성을 담보하는 필수적인 요소이며, 경영활동의 과정에서 긍정적인 프로세스로 고려되어야 할 일상의 관리라는 인식이 필요하다.

(3) 위기관리의 허와 실, 그리고 교훈

이번 동 일본 대 재해는 일본인의 무한한 가능성을 보여줌과 동시에 경제대국 일본의 뒷면에 감추어진 매뉴얼 사회의 취약성을 여실히 드러냈다. 가족을 잃고, 살던 집이 온 데 간 데 없어져도 누구를 원망하기는커녕, 주변을 걱정하는 인간성의 아름다움을 보여주었다. 이러한 인간성의 발현은 재기를 향해 한걸음씩 전진하는 일본, 일본인의 소중한 자산이 될 것이다. 반면에 매뉴얼에 의존하면서 책임회피적인 자기합리화에 급급한 우매한 인간의 한계도 함께 경험할 수 있었다.

리더십의 결여는 위기극복의 방향을 제시하지 못하고 우왕좌왕하면서 참을성 있는 국민을 보호하지 못하는 결과를 초래했고, 정치주도 국가경영에 대한 잘못된 이해는 대립과 혼란을 가중시키는 원인이 되었다. 그렇게 편안하고 안정적이던 매뉴얼 의존형 사회는 위기에 처하자 오히려 국민을 보호하고 돕는 데 걸림돌이 되었다. 이해심, 참을성, 배려가 몸에 배인 국민만이 혼란스러운 당시의 상황을 지켜내고 있었다.

우리는 이러한 일본, 일본인의 재해와 위기대응을 보면서 무엇을 느끼고 준비해야 하는가? 다시 한 번 우리자신을 돌아보고 생각해야 할 때이다.

2.4 위기관리 리더십

위기에 대비하는 것! 훈련을 통해 정신적·육체적으로 위기상황에 대비하지 않으면 실제로 위기가 발생할 경우 결과는 예측할 수 없다. 그러나 철저하게 대비했음에도 불구하고 심각한 위기가 발생하여 시험에 들게 될 수 있다.

2.4.1 리더의 위기관리 대응개념

세계적인 리더십 교육 센터인 창조적 리더십 센터(CCL: Center for Creative Leadership)[21]운영자인 존 R. 라이언의 5단계 위기대응과정을 통해 위기를 기회로 바꿀 수 있는 리더십을 생각해본다. 상기 리더십 센터를 수료한 수백 명의 관리자들을 분석한 결과, 위기관리 리더십에 대한 가장 중요한 진실은 바로 '철저한 대비를 대신할 수 있는 것은 없다'는 것이다. 위기에 대비하고 대처하기 위한 다섯 가지 방법을 제시한다.

1) 자신을 알라

이 얼마나 간단한 말인가. 그러나 자신의 강점과 약점을 정확하게 파악하지 못하는 리더들이 너무도 많다. 위기가 닥치면 강점은 위기를 견뎌내는데 도움이 되지만 약점은 파멸을 초래할 수도 있다. 믿을 만한 동료들에게 자신에 대해 어떻게 생각하는지 물어보는 것도 좋은 방법이 될 것이다. 어떤 강점이 있으며 어떤 부분을 개선시켜야 할지 360도 평가를 요청하는 것도 도움이 된다. 동료들의 진솔한 도움을 통해 자기 인식 수준이 한층 높아질 것이다. 앤 멀케이가 자신의 강점과 약점을 제대로 파악하지 못했더라면 제록스의 도산을 막지 못했을 수도 있다. 제록스의 신임 CEO로 부임한 멀케이는 자신을 제대로 파악하고 있었기 때문에 사업상 현명한 선택을 할 수 있었다. 빌 조지가 자신의 저서 "나침반 리더십"에서 자세히 기술하고 있는 것처럼 멀케이는 자신이 갖고 있는 최대 강점, 즉 '훌륭한 팀을 구성하여 팀원들이 맡은 바 역할을 제대로 해낼 수 있도록 충분히 신뢰하는 능력'을 잘 활용했다. 뿐만 아니라, 멀케이는 '금융 및 R&D 부문의 경험 부족'이라는 자신의 심각한 약점도 잘 파악하고 있었다. 이 같은 약점을 보완하기 위해 멀케이는 항상 주위에 있는 전문가들로부터 많은 것을 배우려고 했다. 뿐만 아니라, 멀케이는 자신의 약점을 보완하는 역량을 지닌 리더들을 주변에 두었다. 그 결과, 놀랍게도 제록스는 회생의 길을 걷게 되었다.

---

21 CCL(Center for Creative Leadership)은 CEO와 임원 및 간부를 대상으로 하는 세계최고 수준의 비영리 리더십 교육기관으로 미국 노스캐롤라이나 주 그린스보로와 캘리포니아 주 샌디에이고, 벨기에 브뤼셀, 싱가포르 등 네 개의 캠퍼스에서 운영되고 있으며, 지금까지 전 세계 40만여 명이 수료했다.

2) 흔들리지 마라

　　위기가 닥치면 가치관에 대한 확신을 버리고 적당히 타협하라는 압력이 거세진다. 직원, 주주, 언론에서는 눈에 보이는 결과를 요구하고 회사의 재정 상황에 일자리가 걸려 있다 보니 원칙을 포기하고 지름길을 택하려는 유혹이 강렬해진다. 하지만 자신에게 가장 중요한 가치관이 무엇인지 그 가치관을 실천하기 위해 그 동안 어떤 일을 해왔는지 열심히 생각해야 한다. 자신의 가치관에 대해 더 많은 것을 알게 될수록 외부의 압력이 강할 때 의식적으로 자신의 가치관을 지켜낼 수 있는 가능성이 커진다. 에이브러햄 링컨은 내전을 피하기 위해 안간힘을 쓰느라 대통령 재임 기간 내내 위기 상황을 벗어나지를 못했다. 오늘날, 링컨은 미국 역사상 가장 위대한 대통령으로 꼽힌다. 그 이유가 무엇일까? 바로 진실한 리더였기 때문이다. 링컨은 사전에 충분한 대비를 했고, 몸소 모범을 보였으며, 항상 자신의 원칙에 충실했다. 놀라울 만큼 겸손하고 자신감 넘치는 사람이었던 링컨은 남북전쟁 당시, 연방정부를 지지한 북부의 여러 주로 구성된 연합을 지켜내기 위한 사명을 그 무엇보다 중요하게 여겼다. 링컨은 대선 기간 동안 자신의 반대편에 서서 모욕을 주기도 했던 정치인들을 내각에 끌어들였다. 비록 자신과는 반대되는 의견을 가진 사람들이었지만 자신의 부족함을 보완하기 위해 필요한 경험과 능력을 지닌 반대파 정치인들에게 기꺼이 손을 내밀었다.

3) 혼돈을 예상하라

　　위기는 예상치 못한 순간에 찾아오기 때문에 위기에 대응하기 위해 마련해둔 시스템이 제 위력을 발휘하지 못할 때가 많다. 물론 위기에 효율적으로 대응하기 위해서는 철저한 준비가 중요하지만 융통성 또한 필요하다. 과거에 발생한 일에 지나치게 의존하거나 실제 발생한 사건이 이전의 예측된 상황과는 판이하게 다른데도 불구하고 사전의 계획에 사로잡혀 있어서는 안 된다. 위기극복 계획은 새로운 프로토콜 수립과 더불어 회복력, 정보망 형성, 창의적인 문제 해결 등, 미리 세워둔 계획이 수포로 돌아갈 때 가장 절실하게 필요한 리더십 능력을 개발하는데 중점을 두고 있어야 한다.

4) 자아를 살펴라

　　갑작스런 위기 상황에 당황한 리더들이 모든 것을 직접 해결하려 드는 경우가 종종 발생한다. 물론 위기상황이 발생하면 개인의 강력한 리더십이 중요한 역할을 한다. 그러나 그것만으로는 충분치 않다. 조직구성원들과의 공동 대처가 무엇보다 중요하다. 위기상황에 상명하달방식으로만 접근하려 들다가 실제로 현장에서 어떤 일이 일어나고 있는지 충분히 파악하지 못하고 있다는 사실을 깨닫는 경우가 많다. 뿐만 아니라, 실제 현장에서 어떤 일이 일어나고 있는지 잘 알고 있다 하더라도 방대한 양의 정보를 받아들이고 흡수할 줄 모르는 경우가 대부분이다. 뛰어난 리더는 위기가 발생했을 때 자발적으로 대응해나가는 인재를 발굴, 양성하고 이들을 신뢰하는 사람이다.

5) 감정적인 문제에 대비하라

위기 상황이 발생할 경우, 리더가 운영현황 및 해결 과정에만 관심을 갖는 경우가 너무도 많다. 즉 자신이 이끌어가고 있는 사람들의 감정적인 요구를 잊어버리는 것이다. 그러나 감정적인 문제를 무시할 경우 좋지 않은 결과가 나타날 수 있다. 진 클란(Gene Klann)의 말을 빌리면 위기는 감정적인 혼돈을 낳는다. 클란은 미 해군 사관학교 학장을 역임했고, 35년 동안 해군 파일럿으로 복무한 후 해군 중장으로 전역했다. 그는 미 해군에서 35년 동안 근무하면서 병사들에게 전투 시작 전, 교전 중, 전투 종결 후에 겪을 다양한 감정들에 대처하는 방법을 가르쳤다. 감정을 다스리지 못할 경우, 포화가 쏟아지기 시작하면 제 역할을 해내지 못하게 된다. 전투 지휘관은 휘하 부하들의 감정뿐 아니라 자신의 감정을 다스리는 법까지 잘 알고 있어야 한다. 비단, 군인이 아니라 하더라도 위기상황이 닥쳤을 때 리더가 직면하는 문제점에는 큰 차이가 없다. 자신과 동료들이 직면할 감정적인 혼돈에 대비해야 한다. 위기가 발생하면 상황에 집중하고 상대를 격려해야 한다. 이런 태도는 곧 더 큰 상대방의 협조로 되돌아온다. 위기관리는 총체적인 일이다. 하지만 그와 동시에 위기관리는 오늘날 중역 및 관리자들이 직면하는 수많은 리더십 과제 중 하나일 뿐이다.

2.4.2 위기관리의 현장 리더십

막상 위기상황이 도래하면 리더들은 어떻게 행동해야 할 것인가? 공황상태의 위기현장에서 냉정한 지혜와 영적인 용기를 필요로 하는 리더들의 실천적 맥점을 찾아보자.

첫째, 위기상황에서 리더는 최대한 현장에 있어야 한다. 현장 중에서도 중심(重心)에 있어야 하는데 중심은 대체로 가장 위급하고 중요하며 많은 조직구성원들이 바라볼 수 있는 위치다. 미국의 9 · 11테러 당시 줄리아니 뉴욕 시장의 현장통제가 좋은 예이다.

둘째, 위기상황에서는 리더의 책임 있는 행동이 중요하다. 후쿠시마 대지진 당시 간 나오토 총리의 리더십은 연일 도마 위에 올라 비판을 받는다. 아무것도 결정하지 않는 리더, 책임을 지려 하지 않는 리더, 즉흥적인 판단과 돌발적인 지시로 혼란만을 가중시키는 리더라는 것이다. 즉 국가적인 위기상황에서 리더가 현장에 위치하지 않았다. 리더가 행동으로 현장조치를 취하지 않으면 그 다음의 관리자들도 나서려 하지 않으며 상황은 악화되는 것이다. 어렵고 더러우며 위험한 3D의 일에는 누군가가 앞에 나서기를 바라는 펭귄 신드롬이 작용하는 것이다. 평시와 달리 시간이 급박한 위기시의 리더는 위기현장에서 과감히 앞에 나서야 한다.

셋째, 리더는 위기상황 초기에 신속한 결단을 내려야 한다. 결단을 내리지 않는 것은 잘못된 결단보다 나쁜 결과를 초래한다. 좋은 예가 2차대전시 소련 공군의 루이차코프 중장의 경우이다. 1941년 6월 22일, 히틀러는 소련을 공격하였다. 독일공군은 개전초기 약 1,000기의 항공기를 투입하여 소련공군을 철저히 격파하였다. 소련공군은 개전 첫날에 약 1,200기를 상실하였는데 그중 800기는 지상에서 격파되었다. 기습공격을 받은 루이챠코프 장군은 한심하게도 모스크바에 지시를 요청하는 전문을 타전하였다. '독일군의 공격을 받았는데 어떻게 할까요?' 이를 수신한 소련 국방위원회의 회신은 실로 어이없게도 '도발에 휘말리지 말라'는 것이었다. 루이챠코프 중장은 공군궤멸에 대한 문책으로 사형에 처해졌고, 자신의 지휘에 있던 세 개 비행사단 839기 중에서 654기를 개전 첫날에 상실한 코베츠 소장은 자결하였다. 비록 틀린 결단이라고 해도 '모든 항공기는 공중으로 도망쳐라'고 명령했어야 했다.

넷째, 리더는 의연하고 자신 있는 태도와 언행을 보여야 한다. 리더가 당황하고 흔들리면 조직 전체가 흔들린다. 리더가 비장한 각오를 보이는 것은 조직구성원들에게 상황이 매우 위험하다는 메시지처럼 인식되어 더욱 두려워할 수 있다. 차라리 농담을 던지는 여유있는 모습이 조직구성원들을 안정시키고 자신감을 줄 수 있다. 당황한 표정의 리더는 조직구성원들의 공포를 확산시킨다. 침착하고 여유 있는 표정과 언행이 진정한 리더의 모습이다. 위기현장의 리더에게는 연극배우와 같은 연기력이 필요하다. 미국의 아이젠하워나 케네디 대통령은 연기지도를 받았다고 전해진다. 위기시의 리더십에는 침착성과 담력, 또는 배짱이 중요한 자질이다.

다섯째, 위기상황에서는 의사결정이 간명하고 신속해야 한다. 리더들이 잘못된 결정을 피하기 위해 시간을 많이 사용하면 예하조직은 위기대응기회를 상실하게 되므로 실행부서에 시간을 많이 할애해야 한다. 간명한 의사결정 실천방안은 회의참석자는 최소한의 관계자로 한정, 회의시작시간을 엄수하며 지각자가 회의주관자나 핵심정보보유자가 아니라면 정시에 시작, 회의종료시간과 처리의제를 미리 알려주고 참석자들이 예하조직 통제계획을 미리 판단하도록 조치, 의사결정이 하달되기 전에 예하조직들의 준비사항 미리하달, 모든 의견의 수렴보다 실천사항 위주로 논의하되 중대한 문제점의 제기는 경청을 해야 하며 리더는 가능한 나중에 결론적 발언을 하는 것 등이다.

여섯째, 긴급 상황에서 지시는 명확하게 전달되어야 한다. 위급한 상황에서는 시끄럽고 어지러운 환경과 심리적인 불안정 때문에 지시가 잘못 이해될 가능성이 크며 잘못을 되돌리기가 거의 불가능하다. 명확한 지시를 위한 방법은 장황하지 않은 간명한 핵심전달, 복명복창(復命復唱)으로 이해여부 확인, 명령계통의 일원화,[22] 가능하면 문서화, 시간이 어느 정도 있는 경우에는 지시의 근거가 되는 정보의 정확성을 재확인, 임무수행 중인 조직구성원에게 이중삼중으로 마구잡이식 지시 금지,[23] 지시에 대한 수행결과 보고시간 지정 등이다.

일곱째, 정보는 필요한 조직구성원들과 필요한 만큼 공유하는 것이 좋다. 또한 조직구성원들을 안심시키기 위해 정보를 왜곡하는 것은 단기적인 도움을 줄 수 있으나 정보왜곡에 대한 유혹을 늘리며 부정적인 결과를 낳게 되므로 특별히 유의해야 한다.

여덟째, 위기에 잘 대처하는 조직구성원이 있다면 리더는 위신에 얽매이지 말고 과감하게 권한을 주고 책임을 맡겨야 한다. 위기상황에서는 상관의 권위보다 위기극복이 우선이다. 리더는 평시에도 훌륭한 조직구성원의 역량을 발휘하도록 해야 하지만 위기상황에서는 더욱 그렇게 해야 한다.

아홉째, 위기현장에서 리더가 화를 내면 안 된다. 꼭 필요한 경우 비공개적으로 매우 간단히 꾸짖어야 한다. 화를 내는 것과 꾸짖는 것은 전혀 다르다. 화를 내는 것은 단순한 자기감정의 분출이며 목적성과 대안도 없다. 상대방의 자존심에 상처를 주고 리더의 권위를 실추시킨다. 그러나 꾸짖는 것은 일을 목표 지향적으로 수행하기 위해 잘못된 일의 방향을 바로잡고 대안을 제시하는 이성적인 행동이다. 꾸짖음의 필요가 있더라도 간부를 조직구성원들 앞에서 꾸짖는 것은 금기이다. 특히 위기현장에서는 더욱 그렇다. 리더는 상황이 안정될 때까지 격려하고 사기를 높여야 한다.

열째, 위기관리의 리더십은 위급한 상황에서만 필요한 것이 아니라 평소에도 관심이 필요하다. 조직변화에 대한 조직구성원들의 저항, 리더의 권위에 대한 도전, 리더의 권력기반의 약화, 리더 자신의 실수로 인한 권위의 실추 등으로도 리더십의 어려움을 맞이할 수 있다. 따라서 리더는 평소부터 공식적인 권력기반은 물론 인간적인 권력기반을 강화하고 조직정치에 대한 관심과 조직통제력을 유지하여야 한다.

---

22 육현표(1997. 12. 31), "위기를 반전시키는 리더십", 삼성경제연구소.

23 수많은 전투를 치른 나폴레옹은 '두 사람의 우수한 장군의 지휘보다 우둔한 한 명의 장군의 지휘가 낫다'라고 하였다.

현장의 리더는 '의도적 비관론자'가 되어야 한다. 계획은 비관적인 상황을 바탕으로 실행은 낙관론자로 하는 것이 위기관리 리더의 발상법이다. 경영상태가 악화될 것이라는 가정, 태풍이 피해가지 않을 것이라는 가정이 의도적 비관론이다. 계획을 낙관론으로 하면 즉 리더가 태풍이 피해갈 것이라고 낙관적인 전망을 하면 조직구성원들이 철저하게 대비할 리가 없다. 따라서 대비계획은 철저히 세우고 실행할 때는 잘 될 것이라는 낙관적 믿음으로 자신감을 심어주어 것, 그것이 위기에 대처하는 리더의 자세이다.

제3절 스트레스 관리

인간에게는 변화하는 것보다 기존의 방식을 고수해서 안정을 추구하려는 본능이 있다. 그래서 변화와 혁신을 추구하는 조직은 조직구성원들에게 불안과 스트레스를 유발한다. 조직구성원들의 스트레스는 비단 조직변화에 의해서만 유발되는 것은 아니다. 조직구성원 간의 경쟁과 인간관계, 과도한 업무부담, 심지어는 사적인 문제로 생긴 스트레스가 조직생활에 영향을 미치는 경우도 많다. 조직은 이들의 스트레스에 대한 관리책임이 있다. 왜냐하면 이를 잘못 관리하면 조직에 미치는 부정적인 영향으로 조직의 효율성이 낮아질 것이기 때문이다.

스트레스는 개인의 정신적 · 육체적 삶을 망치기도 하지만 조직에서의 인간관계를 악화시키고 주어진 일을 제대로 감당하지도 못하게 하며 결국 조직에 부정적 영향을 미친다는 연구결과가 점차 증가하고 있다.[24] 인간은 스트레스의 원천인 자극체(stressors)가 있다고 무조건 스트레스를 받는 것이 아니다. 자극에 부딪쳤지만 그것이 별 것이 아니라고 인식한다면 스트레스는 생기지 않는다. 자극체와 스트레스 사이에는 위협적 상황인지 자신이 통제할 수 있는 상황인지에 관한 당사자의 인지적 평가단계가 존재한다. 정말 위협적이고 도저히 통제 불가능하다고 생각하면 아주 큰 스트레스 상태로 돌입하는 것이다. 그리고 이러한 스트레스 상태에 오랜 동안 노출되어 있으면 정신적 · 육체적 · 행동적 긴장이 계속되어 질병과 결근율, 불량률 등으로 나타나게 것이다.[25] 이를 도식화하면 〈그림

---

24 부하는 신이 아닌 사람이다. 지시만 하면 부하가 알아서 할 것이라고 생각한다면 착각이다. 이 경우에 부하는 아무 일도 제대로 할 수 없는 공황상태에 빠지게 될 수 있다.

25 Biberman, G. (1985), "Personality and Characteristic Work Attitudes of Persons with High, Moderate, and

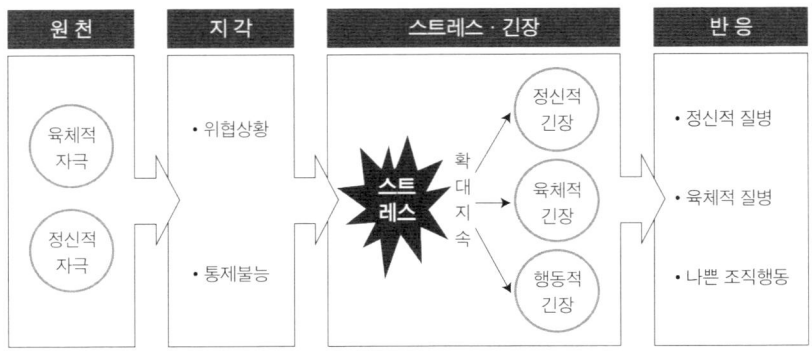

〈그림 3-28〉 스트레스의 발생과정

자료: 임창희(2008), 『조직행동』, 비앤엠북스, 579쪽을 참조하여 재구성.

3-28〉과 같다.

원래 스트레스는 부정적 측면이 많지만 부동의 상태를 자극하고 충동하는 긍정적 측면도 있기 때문에 무조건 피하려고만 해서는 안 된다.[26] 오히려 스트레스를 전혀 못 느낀다면 죽은 상태나 다름없다. 자신이 하고 싶은 일을 열정이 넘쳐서 할 때에 우리는 어떤 흥분과 떨림 상태에 있게 되는 경험을 하는데 이것이 바로 스트레스의 긍정적 측면이다. 그리고 불행하고 슬픈 일만이 사람들에게 스트레스를 주는 것만은 아니다. 정신적 · 육체적 긴장은 기쁜 일에 부딪쳐도 발생한다.

3.1 스트레스의 의미와 속성

스트레스란 라틴어의 'stringer'(팽팽하게 조이다)에서 유래되었으며 업무의 양이 너무 많거나 심한 질책을 받은 경우, 일이 잘 풀리지 않을 경우 등에 스트레스를 받게 된다. 이 세상에 스트레스를 전혀 받지 않는 사람은 아무도 없을 것이다. 오늘날 스트레스는 여러 가지 의미로 다루어지고 있다.[27]

Low Political Tendencies," *Psychological Reports*, October, pp. 1303-1310.

26 임창희(2008), 『조직행동』, 비앤엠북스, 579쪽.

27 Bolino, M. C. & Turnley, W. H.(2003), "More than One Way to Make an pression: Exploring Profiles of Impression Management," *Journal of Management*, 29, pp. 141-160.

(1) 생리학적 의미

스트레스 연구의 선구자로 평가받는 셀리에(Selye, 1974)는 '스트레스는 특정 요구에 대한 생리시스템의 비정상적인 반응이며 어떤 자극에 대해 신체의 생리적 균형을 유지하려는 일반적인 적응반응의 징후'로 정의하였다.

(2) 심리학적 의미

스트레스는 여러 환경요인에 의해 발생하며 객관적인 요구와 유기체의 반응능력 간의 불균형이 아니라 지각된 요구와 지각된 반응능력 간의 불균형적인 결과로 인식된다. 개인의 지각 차이에 따라 스트레스의 인식 수준이 변화하므로 동일한 환경자극에도 개인별로 스트레스에 대한 반응이 달라진다.

(3) 행동과학적 의미

사회문화적 관점에서 스트레스는 환경과 개인의 부적합 관계의 상태이며 개인의 특성과 사회 환경의 요구가 서로 충족되지 못하여 나타나는 현상으로 인식된다.

(4) 조직심리학적 의미

조직심리학적 관점에서 조직 스트레스나 직무 스트레스의 이름으로 연구되었다. 조직·직무 스트레스는 조직이나 직무 관련 요인들이 원인이 되어 개인의 심신이 정상적인 기능을 이탈하도록 영향을 미치는 상황이다.

이와 같이 스트레스는 다양한 관점에서 다루어지므로 특정한 정의를 사용하기는 어렵다. 지금까지 알려진 스트레스에 대한 연구들을 분석한 결과, 스트레스의 속성들은 다음과 같다.

첫째, 원하는 기회가 제약되거나 기대가 채워지지 않을 때 발생한다는 점이다. 기대가 크면 실망도 크듯이 기대가 크고 많은 사람들이 스트레스를 더 많이 받는 것이다.

둘째, 동일한 스트레스 요인에 대해서 모든 사람들이 동일한 수준의 스트레스를 받는 것은 아니다. 스트레스는 개인마다의 성격이나 가치관에 따라 스트레스의 지각과 반응이 달라진다.

셋째, 스트레스는 생활이 복잡할수록 증가한다. 농경사회에서 산업사회로 산업사회에서 지식정보사회로 이행될수록 사회생활의 관계망은 복잡해지고 생존경쟁이 심화하면서 스트레스도 함께 증가한다.

넷째, 스트레스는 개인생활은 물론 조직생활에 영향을 준다는 점에서 관리가 필요하다. 직무 스트레스 등의 결과는 불안, 직무부적응과 조직비용 유발, 자살 등의 사회적 문제까지 야기한다.

그렇다면 스트레스는 모두 나쁜 것일까? 스트레스에는 긍정적인 측면과 부정적인 측면의 양면성을 가지고 있다는 것이다. 가령 자신이 응원하는 야구팀이 이겼거나 시험에서 합격했거나 사랑하는 사람과의 결혼을 앞두고 있을 때에도 할 일을 제대로 못할 정도로 가슴이 두근거리고 흥분되기도 한다. 이러한 상태도 정상적인 감당범위를 넘어서면 스트레스이다. 어떤 경우에는 심장마비를 일으키기도 한다.

아울러 적당한 수준의 스트레스는 개인에게 자극을 주고 동기를 부여하는 에너지를 제공하여 조직에 활력을 주는 원동력이 된다. 예를 들어 직무능력이 다소 부족하여 스트레스를 받을 경우 더욱 숙련도를 높이려는 노력을 한다. 또한 경쟁자에게 다소 뒤질 경우에 경쟁자를 이기기 위해 더욱 자기발전에 노력하려 한다. 이러한 스트레스는 개인과 조직의 활력을 저하시키는 역기능적 스트레스와 대비하여 순기능적 스트레스라고 한다.

리더십에 있어서 스트레스가 중요한 이슈가 되는 것은 스트레스가 조직의 원활한 흐름을 방해하여 조직효과성을 떨어뜨릴 수 있기 때문이다. 따라서 스트레스에 대한 정확한 이해를 통해 조직구성원들의 스트레스를 예방하고 적정한 수준에서 관리하는 것은 리더의 중요한 역할이다. 아울러 조직구성원들의 스트레스 관리와 더불어 리더 자신의 스트레스를 조절하는 것이 더욱 중요한 문제임을 잊어서는 안 된다. 왜냐하면 일반적으로 리더는 조직구성원들에 비해 훨씬 더 직무 압박감을 받으며 역할을 수행하면서도 오히려 스트레스를 해소할 여유를 갖지 못할 때가 많기 때문이다.

3.2 스트레스의 원인 및 반응

스트레스는 스트레스를 유발하는 여러 요인(stressor)에 의해서 시작된다. 그러나 스트레스 유발요인이 존재한다고 하여 스트레스가 되는 것은 아니며 개인이 스트레스를 지각할 때에 비로소 스트레스가 되는 것이다. 그러므로 스트레스는 개인의 지각에 따라 그 정도가 달라진다. 스트레스를 지각한 개인은 여러 가지 형태의 반응(response)을 보이게 된다. 이러한 과정을 그림으로 정리하면 〈그림 3-29〉와 같다.

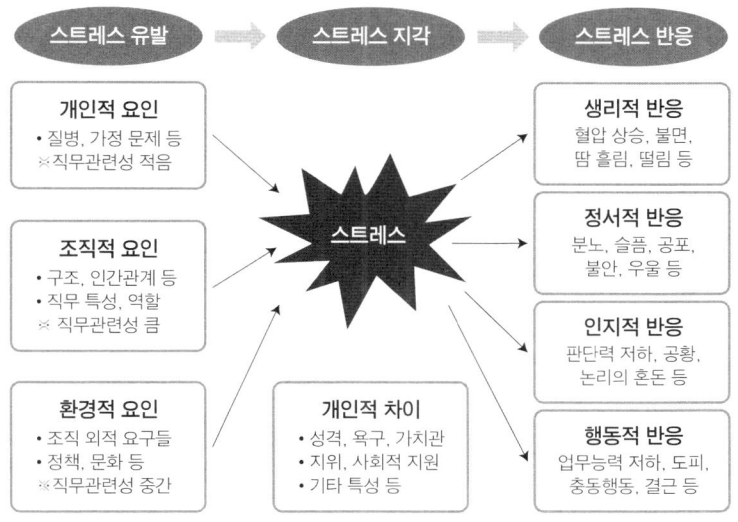

〈그림 3-29〉스트레스 과정 모형

자료: 박유진(2011), 『리더십 마인드 & 액션』, 양서각, 321쪽.

3.2.1 스트레스의 원인 및 조절

스트레스의 원인은 개인적 · 조직적 · 환경적 요인에 의해 발생한다. 그러나 스트레스는 각각의 요인에 의해 독립적으로 발생하기보다는 서로 복합적인 관계를 가지고 발생한다.

(1) 개인적 요인

질병, 가족의 사망, 이혼이나 별거 등의 가정문제 등 직장 및 직무와는 거의 관련성이 적은 개인적 사유의 스트레스 요인을 말한다.

(2) 조직적 요인

주로 조직심리학적 관점의 조직 및 직무 스트레스를 의미하여 리더십에서 가장 중요한 관심을 가지는 요인이다. 조직적 스트레스 요인은 다양하다.

첫째, 조직구조 요인으로서 불공정한 권한구조와 같은 경우이다. 평가제도의 불공정성도 스트레스를 유발하는 대표적인 요인이다.

둘째, 조직풍토 요인으로서 불만족스러운 조직문화나 조직분위기 등이다.

셋째, 대인관계 요인으로서 상사의 리더십 스타일이나 동료와의 관계에서의 신뢰감 저하 등의 요인이다.

넷째, 물리적 환경 요인으로서 소음이나 온도 및 조명 등과 같은 불만족 요인들이 스트레스를 유발한다.

다섯째, 직무특성 요인으로서 작업의 속도나 반복성 및 위험성 등에서 나타나는 스트레스 요인이다.

여섯째, 역할관련 요인으로서 역할과중과 역할모호성 및 역할갈등이 있다. 역할과중은 역할이 양적 질적으로 능력을 초과하는 것이다. 직무능력의 부족도 원인이 된다. 역할모호성은 주어진 역할의 내용과 권한 및 책임 등이 명확하지 않은 경우이다. 역할갈등은 한 쪽만을 선택할 수 없음에도 불구하고 두 가지 이상의 역할을 요구받는 경우이다.

(3) 환경적 요인

조직 수준을 넘어서는 스트레스 요인이다. 때로는 조직요인과 관련성이 있는 경우가 많다. 가령 직무관련 법률이나 경제정책, 지역민과의 관계, 문화적인 부적응, 주변지역의 건설공사, 사회경제적 지위의 문제 등이다.

스트레스는 주관적인 것이다. 스트레스에 대한 조절은 개인이 느끼는 '지각'에 의해서 결정된다. 동일한 스트레스 자극에 대해서도 개인별로 스트레스를 받는 정도가 각각 다르며 반응행동 또한 달라진다. 가장 대표적인 예는 성격이다. 특히 A형 성격은 B형에 비해 경쟁적이며 공격적이고 시간강박감을 많이 느끼며 완벽지향적인 성격으로 스트레스를 많이 받아 심장질환 발병이 높다. 또한 내성적인 성격은 외향적인 성격에 비해 스트레스를 발산하지 못하고 내부에서 해소하려는 경향이 있어서 스트레스를 더 많이 지각할 수 있다.

욕구, 성별, 지위, 사회적 지원 여부 등의 요인들이 스트레스의 정도를 조절하게 된다. 일반적으로 욕구가 강하고 많을수록 스트레스를 더 많이 받는 경향이 있다. 지위는 체면이나 명예욕과 관련될 경우 스트레스를 더 많이 지각할 수 있다. 스트레스를 발산하거나 도움을 받을 수 있는 친근한 가족이나 교우 등이 있으면 스트레스를 덜 받거나 쉽게 조절할 수 있다.

3.2.2 스트레스의 반응

스트레스의 반응은 생리적, 인지적, 정서적, 행동적인 네 측면으로 나누어볼 수 있다.

첫째, 생리적 반응은 혈압증가, 호흡곤란, 근육긴장, 위장장애, 땀, 손 떨림, 식욕부진, 불면증, 두통, 탈모, 피로감 등으로 나타난다. 둘째, 인지적 반응은 판단력이나 집중력의 저하, 건망증, 숫자 개념의 혼돈, 공황 등이다. 셋째, 정서적 반응은 분노, 슬픔, 공포, 좌절

등으로 나타난다. 넷째, 행동적 반응은 업무능력 저하, 음주, 약물남용, 충동적이고 과격한 행동, 현실이탈 등을 들 수 있다.

스트레스가 개인이 감당할 수 있는 정상범위를 현저히 넘어서면 소진(燒盡, burn out)될 수 있다. 소진이란 정신과 정서적 에너지가 고갈되어 자기애착과 성취 욕구를 포기하는 상태이다. 우울증이나 무력감의 증세를 보이다가 일상을 이탈하는 극단적인 행동을 보일 수가 있다.

3.3 스트레스의 관리

사회가 복잡해지면서 스트레스가 중요한 이슈로 부각되는 이유는 무엇일까? 성과압력이 늘어나는 경쟁적 직무환경, 정년이 보장되지 않는 조기퇴출의 고용 불안감, 조직의 수평문화 확대와 다면평가 등으로 인한 원만한 대인관계 압력 등 절박한 장면들이 많아졌다. 직장에서의 근무여건은 어려워지고 개인들은 삶 · 가정 · 직장의 적절한 균형을 찾기를 원한다. 조직의 요구와 개인의 요구 사이의 갈등과 스트레스는 증가하고 있는 것이다.

조직이 스트레스 관리를 해야 하는 이유는 스트레스가 성과에 직접적인 영향을 미치기 때문이다. '여키스−도슨 법칙'(Yerkes-Dodson Law)은 이를 잘 보여준다. 즉 성취동기가 너무 낮아도 집중력이 약해져 능력을 제대로 발휘할 수 없지만 성취동기가 너무 강해도 과도한 스트레스로 자기능력을 충분히 발휘하지 못하여 성과가 낮아진다는 것이다. 스트레스가 많은 조직의 경우 생산성 저하, 이직률 상승, 의료비 상승, 윤리적 문제점 발생, 업무상 사고 및 과다비용 등이 발생한다. 이처럼 직장의 스트레스는 개인들에게 떠넘길 일이 아닌 것이다.[28]

조직들이 가지는 스트레스에 대해 중요성만큼 관리되지 못하는 이유는 다음과 같다. 첫째, 스트레스는 '나쁜 것'이라는 인식 때문에 심한 스트레스를 느끼더라도 혼자서 고민하는 등 소극적으로 대응하기 때문이다. 둘째, 관리자들은 성과를 중시하므로 조직구성원들의 스트레스 관리에 관심을 두기 어렵고 개인은 치열한 경쟁 속에서 스트레스의 호소 자체를 꺼리는 분위기이다. 셋째, 스트레스를 불가피한 것으로 여기고 '퇴근 후 소주 한 잔'이면 풀리는 것으로 가볍게 생각하는 조직분위기 등이다. 넷째, 직무 스트레스를 드러낼 경우 직무부적응이나 불만으로 비춰져 불이익을 당하지 않을까 염려하기 때문이다.

---

28 이수도(2002), 『인간관계론』, 형성출판사, 218-221쪽.

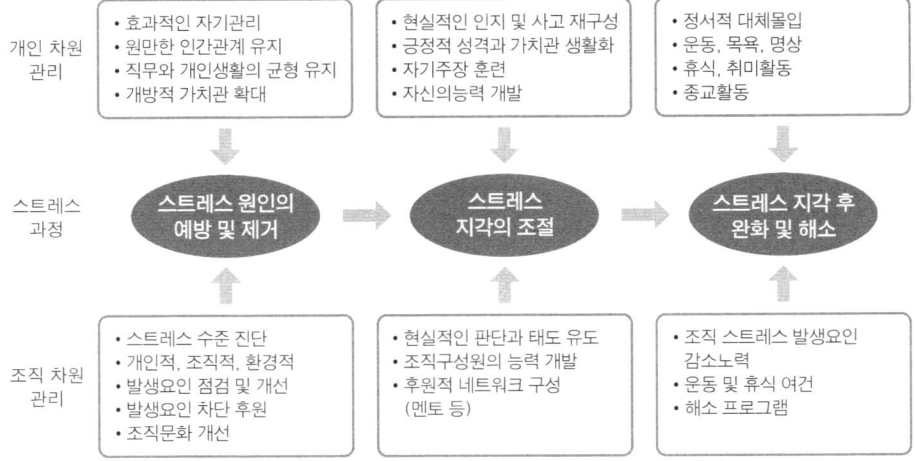

개인 차원 관리	• 효과적인 자기관리 • 원만한 인간관계 유지 • 직무와 개인생활의 균형 유지 • 개방적 가치관 확대	• 현실적인 인지 및 사고 재구성 • 긍정적 성격과 가치관 생활화 • 자기주장 훈련 • 자신의능력 개발	• 정서적 대체몰입 • 운동, 목욕, 명상 • 휴식, 취미활동 • 종교활동
스트레스 과정	스트레스 원인의 예방 및 제거	스트레스 지각의 조절	스트레스 지각 후 완화 및 해소

조직 차원
관리
	• 스트레스 수준 진단
	• 개인적, 조직적, 환경적
	  발생요인 점검 및 개선
	• 발생요인 차단 후원
	• 조직문화 개선
		• 현실적인 판단과 태도 유도
		• 조직구성원의 능력 개발
		• 후원적 네트워크 구성
		  (멘토 등)
			• 조직 스트레스 발생요인
			  감소노력
			• 운동 및 휴식 여건
			• 해소 프로그램

〈그림 3-30〉 스트레스의 관리 모형

자료: 박유진(2011), 『리더십 마인드 & 액션』, 양서각, 325쪽.

다섯째, 스트레스란 '주관적인 느낌'이며 정확하게 측정할 수 없어 객관적으로 알 수 없다고 생각한다. 여섯째, 조직에서 스트레스 관리를 위한 제도나 인프라에 대해 투자가 아닌 비용으로 생각하는 것도 한 이유이다.[29]

스트레스의 관리는 〈그림 3-30〉에서 보듯이 스트레스의 원인 제거, 지각조절, 반응후의 관리 등 세 단계에서 개인 차원의 관리와 조직 차원의 관리로 나누어 방안을 모색할 수 있다.[30] 개인 차원의 관리와 조직 차원의 관리는 엄격하게 구분하기 어려우나 개인 차원의 대응이 더욱 중요한 것으로 보인다. 조직에서 후원하는 스트레스 관리방안들이 시행된다 하더라도 궁극적으로는 개인이 대처해야 하기 때문이다.

3.3.1 개인 차원의 스트레스 관리

1) 예방적 관리

(1) 자신의 스트레스 원인을 인식

자신이 어떤 경우에 어떤 수준까지 스트레스를 받는지를 미리 인식해야 그러한 상황을 피해서 스트레스 발생을 예방할 수 있다. 필요하면 자신의 스트레스 리스트를 작성하고

---

29 LG경제연구원, "조직의 스트레스 관리", 2011. 6. 27.

30 삼성경제연구소, "직장인 스트레스 관리, 3・3 전략", 2010. 8. 26 참조.

진단표를 활용하면 도움이 될 것이다.

(2) 효과적인 시간 관리

스트레스는 시간이 촉박하거나 계획과 실행이 불일치하는 경우에 흔히 발생하므로 일의 우선순위와 목표를 설정하여 시간을 관리하는 것이 도움이 된다.

(3) 분명하고 현실적인 목표설정

목표는 중요성과 긴급성을 고려하여 우선순위를 설정하되 명확하고 실현가능하며 융통성을 가질 수 있도록 설정하는 것이 좋다.

(4) 원만한 인간관계 유지

스트레스의 가장 큰 원인 중의 하나가 대인관계가 원만하지 못한 것이다. 직장생활에서 사람들과 상생적인 관계를 유지하며 후원네트워크를 형성해두는 것이 좋다. 그러나 모든 사람들과 원만한 관계를 맺으려 하는 것 자체가 스트레스의 원인이 될 수 있으므로 완벽한 인간관계에 집착하지 않도록 한다. 때로는 어떤 사람들과의 관계는 평범한 수준으로 유지하는 것이 스트레스를 받지 않는 방법일 수 있다.

(5) 직무생활과 개인생활 및 여가의 균형 유지

일상의 리듬을 갖는 것이 중요하다. 탁월한 업적을 내는 사람들은 대개 직무와 개인적인 일, 그리고 휴식의 리듬을 잘 조절하며 조화시킨다. 일을 잘하는 방법만큼 여가를 즐기는 방법을 익혀야 한다. 여가는 휴가나 휴일에만 있는 것이 아니라 일상에 포함되어 있어야 한다. 일과 놀이의 시간을 구분하는 것도 가능한 방법이지만 일을 놀이처럼 하는 것이 훨씬 좋은 방법이다.

(6) 자신의 능력 계발

능력이 부족하면 자신감이 결여되고 경력개발의 기회가 제한되는 등 스트레스를 수반하게 된다. 지식과 경험 등에서의 능력축적은 자신감을 주어 스트레스를 줄인다. 자신감은 마음을 굳게 먹고 결심한다고 생기는 것이 아니라 실력이 바탕이 되어야 진정으로 생기는 것이다.

(7) 올바른 생활습관

올바르지 못한 생활습관은 마음을 불안하게 하여 스트레스를 유발한다. 비윤리적인 생활, 과음과 과식 및 편식 등 올바르지 못한 식습관, 불규칙한 생활 등은 고쳐나가도록 노력한다.

2) 스트레스 지각의 조절

스트레스는 아무리 노력을 한다고 하더라도 완전히 예방할 수는 없다. 따라서 스트레스를 지각하는 과정에서의 조절능력이 스트레스 완화에 매우 중요한 역할을 하는 것이다.

(1) 자기성격의 이해와 스트레스의 확산을 조절

자신의 성격을 스스로 인식하고 있어야 한다. 특히 A타입과 내향성은 스트레스를 많이 받는 성격이므로 자신의 마음속에서 스트레스 발생을 의식하면서 스트레스를 지각하고, 자기대화를 통해 스트레스가 확대되지 않도록 자신을 달랜다.

(2) 바람직하지 않은 생각의 전환

생각에는 가치관과 태도 등이 작용하므로 쉽게 바꿀 수 있는 것은 아니지만 많은 스트레스가 자신의 생각에서 비롯되므로 그 생각들을 인지하고 바꿀 수 있도록 노력해야 한다. 바람직하지 않은 생각들의 예를 들면, 모든 일을 이것 아니면 저것으로 양분하여 생각하는 흑백 논리적 사고, 한 가지의 나쁜 일을 다른 일에도 확대해서 생각하는 지나친 부정적 일반화, 좋지 않은 면만 관찰하고 그 것에 집착하는 부정적인 시각, 너무 성급한 결론 추정, 미래의 일들을 확실한 증거도 없이 불길하게 생각하는 과도한 근심, 특정한 일의 비중과 영향을 지나치게 확대하거나 축소하는 생각, 혼자의 감정에만 빠져 상황해석을 그르치는 생각, 자신의 결점에만 신경을 쓰는 지나친 완벽주의, 실수를 지나치게 자탄하는 자기낙인과 자책 등이다. 생각을 바꾸면 충분히 감소시킬 수 있는 스트레스를 자신의 생각으로 키우는 우를 범하지 않도록 노력해야 한다.

(3) 역지사지(易地思之)

상대방의 입장에서 생각하면 스트레스를 완화시킬 수 있는 경우가 많다. 가령 상급자에게 질책을 들었거나 또는 조직구성원이 저조한 성과에도 책임을 인정하지 않을 때 스트레스를 받게 된다. 바꾸어 생각해보면 '나라도 그랬을'일들이 많다. 입장을 바꾸어보는 것만으로도 스트레스도 줄일 수 있다. 아울러 상대방을 측은하게 생각하는 것도 필요하다. '오죽하면 그랬을까?'

(4) 현실적인 기대와 분명한 매듭짓기

자신의 기대와 현실이 일치하지 않으면 스트레스를 받게 된다. 과연 나의 기대는 타당하고 현실적인 것인가를 먼저 점검할 필요가 있다. 그리고 타당한 기대임에도 충족되지 않았을 때는 모호한 태도를 가지는 것보다 해당자에게 책임을 묻든가 아니면 그냥 긍정적으로 받아들이든가 분명한 매듭을 짓는 것이 좋다.

(5) 자기주장을 분명하게 표명

스트레스는 다른 사람의 요구를 거절하지 못하거나 자신의 감정이나 요구를 솔직하고 분명하게 주장하지 못하는 사람들에게서 잘 나타난다. 다른 사람들의 주도에 이끌려가며 스트레스를 받는 것보다 자신의 입장을 분명히 하는 것이 스트레스의 완화에 도움을 준다. 다만 그러한 행동이 상대방의 공감적 이해를 얻지 못한다면 관계를 나쁘게 할 수 있는 계기가 될 수 있음을 고려해야 한다.

3) 스트레스 지각 후의 관리

(1) 정신과 근육의 이완

스트레스를 받으면 무의식적으로 정신과 근육은 긴장하므로 적절한 방법으로 이완시킨다. 가령 심호흡은 산소흡입량을 늘려 정신과 근육을 이완시켜준다. 가벼운 스트레칭도 좋은 방법이다.

(2) 운동

스트레스와 공격적 적대감정을 줄이는 좋은 방법은 운동이다. 땀을 흠뻑 흘려보라. 운동은 생체내의 경계반응을 완화시키고 압박감과 우울감을 해소시켜 스트레스의 강도를 줄여준다.

(3) 목욕

억지로 일을 30분 더하는 것보다는 목욕이나 샤워를 통해 심신의 긴장을 풀어주는 것이 스트레스를 완화하고 일의 능률을 높이는 방법이다.

(4) 상상법

의식적으로 긍정적인 마음가짐을 갖는 방법으로서 마음이 가는 대로 편안한 상태에서 기분 좋았던 장면을 상상한다.

(5) 명상

명상수련은 매우 효과적인 스트레스 대처방법으로 알려져 있다. 명상법으로는 참선,

요가, 단전호흡 등이 있으면 조용한 공간에서 혼자서 행할 수도 있다.

(6) 휴식 및 취미활동

휴식은 시간과 비용이 들지 않는 스트레스 해소법이다. 취미활동은 시간과 비용이 많이 들지 않는 것이면 더욱 좋다. 다만, 도박이나 게임 등은 긴장감을 높여 오히려 스트레스를 가중시킬 수 있다. 잠을 푹 자면서 스트레스 상황을 시간적으로 단절하는 것도 좋다.

(7) 종교 활동

종교생활은 스트레스의 예방과 해소에 유용한 방법이다. 특히, 사람에 대한 분노나 적대감정으로 인한 스트레스는 기도와 묵상 등을 통해 정서적으로 정화함으로써 마음의 안정을 찾을 수 있다.

(8) 웃음으로 완화

웃음은 스트레스 해소에 매우 좋은 명약이다. 웃음은 심장의 박동·호흡·혈압을 이완시켜 준다. 인생은 무거운 짐을 진 고뇌의 행군이 아니라 가볍고 유희적인 여정이라는 경쾌한 사고방식도 도움이 된다.

(9) 스트레스 원인 제공자에 대한 간접 화풀이

장려할 일은 아니지만 현실적으로는 효용이 있다. 스트레스를 제공한 사람을 대상으로 화풀이를 하는 것도 방법이 된다. 술자리에서 동료와 함께 직장의 상사를 성토한다던지, 강변에서 스트레스 원인자를 향해 소리치는 것과 같은 방법이다.

3.3.2 조직 차원의 스트레스 관리

1) 개인적 요인의 관리

개인적 요인에 의한 스트레스는 조직에서 지원할 경우에 직무성과의 향상에 도움을 준다. 가령, 여직원을 위한 수유실의 운영, 조직구성원들의 주택마련 지원, 자녀들의 학습지원제도 등은 최근 각 조직들이 스트레스 완화 및 복지 차원에서 폭넓게 시행하고 있다.

2) 조직적 요인의 관리

앞에서 스트레스를 발생시키는 조직적 요인을 여섯 가지로 구분한 바 있다. 따라서 이러한 요인들이 스트레스로 진행되는 것을 예방 및 완화하기 위하여서는 권한구조의 합리화, 개방적이고 지원적인 조직분위기의 조성, 리더십 스타일의 개발 및 신뢰감 향상, 직무상 물리적 여건의 개선, 직무설계 및 조정을 통한 직무체계 개선, 역할의 조정과 역할의 명확화 등의 노력이 요구된다. 아울러 스트레스 진단 및 완화 프로그램 실행, 조직구성원들의 능력개발 여건 증진, 운동시설 구비 등도 조직에서 스트레스 관리를 위해 시행할 수 있는 방법들이다.

조직에서 스트레스 수준을 진단하는 데 활용할 수 있는 스트레스 반응평가표를 〈표 3-28〉에 제시하였다.[31]

〈표 3-28〉 스트레스 반응평가표

문 항	0 전혀 아니다	1 가끔 그렇다	2 자주 그렇다	3 꽤 자주 그렇다	4 거의 항상 그렇다
1. 나는 내가 하는 일에 대해 거의 열정을 느낄 수 없다.					
2. 나는 충분히 잠을 자는데도 피곤하다.					
3. 내가 맡은 책임을 모두 수행하는 데 분노가 느껴진다.					
4. 나는 조금만 불편해도 기분이 가라앉고 짜증이 나며 참을 수가 없다.					
5. 내 시간과 에너지를 계속 쏟아야 하는 것을 피하고 싶다.					
6. 내 업무가 하찮고 쓸데없는 것 같아 우울하다.					
7. 내 의사결정 능력이 평상시보다 저하된 것 같다.					
8. 나는 필요한 만큼 유능하지 못한 것 같다.					
9. 내가 하는 업무의 질이 필요한 만큼에 이르지 못한다.					
10. 나는 신체적·정신적·영적으로 모두 지쳐 있다.					
11. 나는 질병에 걸리기 쉬운 상태이다.					
12. 나는 성생활에 대한 관심이 적어졌다.					
13. 식사량이 달라졌고, 커피, 차, 찬 음료수나 술을 더 마시고 담배를 더 피운다.					
14. 나는 다른 사람들의 문제나 욕구에 무감각해졌다.					
15. 나는 친구나 가족들과 의사소통 할 때 뒤틀어져 있다.					
16. 나는 잘 잊어버린다.					

---

31 삼성경제연구소, "직장인 스트레스 관리, 3·3 전략", 세 가지 관리 차원(개인, 관리자 리더십, 제도)과 세 가지 관리 포인트(예방, 진단, 처방)를 제시하고 있음.

문 항	0	1	2	3	4
	전혀 아니다	가끔 그렇다	자주 그렇다	꽤 자주 그렇다	거의 항상 그렇다
17. 나는 집중하는 데 어려움이 있다.					
18. 나는 쉽게 지루해진다.					
19. 나는 불만족하고 무엇인가 잘못된 것처럼 느낀다.					
20. 왜 일하느냐고 자문하면 월급을 받기 위해서라는 답이 나온다.					

평가방법		
점 수	스트레스 상태	조 치
0~25점	적응을 잘하고 있음	특별한 조치가 필요 없음
26~40점	스트레스가 있음	예방적 행위가 필요함
42~55점	소진의 위험이 있음	소진을 막기 위한 노력이 필요함
56~80점	소진상태임	포괄적인 스트레스 관리 계획이 필요함

자료: 한국 산업안전관리공단 홈페이지, "직무 스트레스 관리 길잡이".

3) 환경적 요인의 관리

조직 수준의 입장에서 법률, 경제정책, 사회문화와 같은 사회적 요인들은 바꾸기가 쉽지 않다. 하지만 지역사회나 이해관계자 집단 등과의 관계를 원만하게 유지하는 것은 중요한 과제이다. 환경요인들은 조직 내부의 직무와 직간접적으로 관련되어 있으므로 환경요인과의 원만한 관계유지는 조직 스트레스를 줄이기 위한 리더의 책무에 속한다.

이러한 조직 차원에서의 노력은 각각의 방안들이 독립적으로 시행되는 것이 아니라 개인 차원의 관리노력과 함께 병행되어 시행할 때 더욱 효과적이다.

3.4 스트레스와 리더십

스트레스에 관한 대부분의 연구들은 리더십 특성과 유형이 조직구성원들의 스트레스에 미치는 영향이나 관계에 관한 것들이다. 왜냐하면 리더는 조직구성원들에게 스트레스를 주지 말아야 하며 조직구성원들의 스트레스를 관리하는 역할을 해야 하는 존재로 규정하고 있기 때문이다. 그러므로 리더의 스트레스는 상대적으로 덜 주목받고 있다. 리더의 스트레스가 중요한 것은 그것이 조직에 중대한 영향을 미친다는 이유뿐만이 아니다. 리더는 초월적 존재가 아니라 조직구성원과 같은 인간이기 때문이다. 따라서 이하에서는 리더에 대한 스트레스 관리를 중심으로 정리한다.

3.4.1 리더의 스트레스

멋지고 존경받는 리더십은 기업의 경영자나 군의 장교들은 물론 모든 조직 리더들의 꿈이며 과제이다. 그러나 리더의 역할을 맡게 되는 사람들의 가슴 속에는 멋진 리더십에 대한 희망과 자신감만 가득한 것이 아니다. 그들의 가슴 속에는 '과연 잘 할 수 있을까'하는 불안감과 무거운 부담감이 함께 담겨 있다. 리더는 실수하면 안 되며 조직구성원들보다 우월한 능력을 갖추어야 한다는 부담감, 그리고 실패에 대한 걱정과 실수에 대한 자책 등의 다양한 스트레스를 받게 된다. 이러한 정신적 현상을 '리더십 스트레스'(leadership stress) 또는 '리더십 강박증'(leadership compulsiveness)이라고 부르기도 한다.[32] 리더들이 리더십 스트레스를 갖게 되는 원인은 구체적으로 무엇일까?

첫째, 리더업무의 과중이다. 직무상의 기본업무들, 회의 등의 공식적인 스케줄과 역할들, 수시로 발생하는 문젯거리의 처리, 다양한 사람들과의 네트워크 형성과 만남 등 리더의 일은 하나하나가 중요하고 실수하면 안 되는 일들로 중압감을 준다. 이러한 일상은 긴장감을 높이고 일과 휴식시간의 능동적 선택을 어렵게 함으로써 스트레스를 누적시키고 일중독에 빠지기도 한다.

둘째, 리더십 교육 초기부터 너무 위대한 리더들을 모델로 한 교육을 받음으로써 갖게 되는 심리적인 압박감이다. 위대한 업적을 남겼거나 역사의 좌표가 된 세종대왕, 이순신, 칭기즈칸, 나폴레옹, 잭 웰치, 고노스케, 맥아더, 처칠, 손자, 오기 장군 등의 리더십을 지나치게 강조하면, 리더십이 자신과는 동떨어진 특별한 사람들의 문제로 인식할 수 있다. '나도 훌륭한 리더가 되어야지'라는 각오도 다지지만 '내가 어떻게 그런 위인처럼…'이라는 한계감을 가지게 되는 것이다. 위인중심의 리더십 교육은 리더들의 스트레스 요인이 될 수 있다.

셋째, 능력과 품성 면에서 리더에게 지나치게 완벽함을 요구하고 있다는 점이다. 사람

---

32 한국 산업안전관리공단, "직무 스트레스 관리 길잡이", 〈www.kosha.or.kr〉.

들은 리더는 완벽해야 한다는 가정에서 역할기대를 하는 경향이 있다. 이러한 역할기대를 인지한 리더는 당연히 스트레스를 받게 된다. 조직구성원들보다 능력이 뛰어나야 하고 정보도 완전히 알아야 하며 문제가 생기면 멋지게 처리해야 하며 도덕적으로 흠이 없어야 한다고 생각하는 것이다. 잘못된 결정이라도 감추거나 합리화하며 강행한다. 인간적으로 조직구성원들과 솔직한 소통을 하기가 매우 어려운 것이다.

또한 리더에게 요구하는 덕목들이 너무 많다. 모두 지키기 어려운 덕목이란 선언적인 것일 뿐 실천적이지 못하다. 또한 리더의 희생적 헌신을 요구하는 덕목들을 지나치게 강조하면 인간본성적인 갈등을 느끼게 한다. 솔선수범, 헌신, 동고동락, 멸사봉공, 도덕성 등은 필요한 덕목들임에도 과도하게 강요받으면 리더에게 스트레스로 작용한다. 리더의 역할이 쉬운 일이 아니라는 것을 알면서도 리더도 인간이기 때문에 갈등을 겪는 것이다.

사람으로서 본능을 억제하고 행동하는 것은 쉽지 않은 일이다. 본능이란 먹고 싶으면 먹고, 쉬고 싶으면 쉬고, 남에게 봉사하는 것보다 남을 부리고 싶고, 공동의 것보다 나의 것이 중요하고, 남보다 나와 내 가족이 중요하고, 타향보다 고향이 친근하고, 공명정대한 것보다 팔이 안으로 굽듯이 친밀한 사람을 챙겨주고 싶고, 명예와 돈과 권력을 누리고 싶어 하는 것이다. 즉 성인군자가 아닌 보통의 사람들은 돈, 명예, 권력, 놀이, 편안함, 인지상정, 애향심, 가족애 등의 본능적인 것을 억제하고 고결한 성품을 갖추기가 쉽지 않다.

그러나 리더의 길은 본능의 욕구를 억제하는 도덕적인 길이다. 높은 지위에 오르면 하위 관리자들에게 공명정대한 처신을 강조한다. 본인이 리더의 지위에 오르지 않았을 때에는 덜 관심을 가진 것들이며 본인도 제대로 실천하기 어려운 것들이다. 리더의 역할과 기대, 그리고 본능 사이에서 스트레스는 유발하는 것이다.

넷째, 리더십 이론을 현실에 적용하여 해답을 찾기가 쉽지 않다는 점이다. 리더십 교육을 받을 때는 리더십능력이 향상되는 듯한 느낌을 갖지만 현실 속에 돌아가면 얼마 안가서 희석되어 버린다. 해답을 얻을 수 있다고 기대하는 곳에서 해답을 찾기가 어렵다는 것을 알게 되면 당황스럽고 스트레스를 받게 된다. 리더십 이론에서는 조직구성원들을 신뢰하고 권한을 위임하라고 하지만 나중의 책임문제 때문에 망설여진다. 리더와 조직구성원들 간의 관계가 좋은지, 과업이 구조화되었는지, 리더의 권한이 많은지를 판단하여 더욱 효과적인 리더십 행동을 선택하여 실천하라고 하는데 그러한 변수들의 상태를 판단하는 것이 너무 어려운 것이다.

다섯째, 중간관리자들의 경우에는 상위 관리자의 통제와 간섭으로 나름대로의 리더십 포부를 펼치기가 어렵다고 느낀다. 슈퍼 리더십과 임파워먼트가 강조되고 있지만 조직현실은 여전히 최고경영층 중심으로 이루어진다. 중간관리직의 리더들의 제한된 여건이 스트레스의 요인이 된다.

위에서 제시한 요인들 외에도 리더십 스트레스의 원인은 많을 것이다. 리더라는 지위의 특성과 리더도 인간이기 때문에 발생하는 것이다.

3.4.2 리더의 스트레스 관리

그렇다면 리더들의 스트레스를 어떻게 관리할 것인가? 스트레스관리 프로그램은 리더 계층부터 실시할 필요가 있다. 리더가 마음의 여유를 찾아야 조직 분위기에 긍정적인 영향을 미치고 조직구성원들에 대한 관심과 배려가 가능하기 때문이다. 리더들은 성과에 대한 압박이 더욱 강해지는 반면, 힘들다는 것을 토로할 상대가 없어 늘 외롭다는 느낀다. 따라서 가족·친구·조직구성원에게 의지하기 힘든 리더들에게는 심리상담가나 코치 등의 전문가와의 접촉을 만들어주어야 한다.[33]

스트레스 때문에 리더의 지위를 포기하라고 할 수는 없다. 리더는 도덕적이어야 하는데 본성대로 행동하라고 할 수도 없는 노릇이다. 몇 가지 방안들을 함께 고민해본다.

첫째, 주기적으로 적절한 휴식을 취하고 일에 중독되지 않도록 유의한다. 휴식의 리듬을 잘 관리하는 것을 휴(休)테크라고 한다. 일을 잘하는 만큼 잘 쉬는 것도 중요하다. '조직구성원들이 쉬는 꼴'을 보지 못해 자신도 쉬지 못하는 리더는 '일을 모르는 사람은 엔진 없는 자동차와 같고 휴식을 모르는 사람은 브레이크 없는 자동차와 같다'는 포드의 경구나 '자기의 책상을 떠날 수 없을 정도로 회사 일에 충성하는 사람은 바로 그 자리에 앉아 있을 자격이 없는 사람이다.'라는 충고를 음미해볼 일이다.

리더가 일만 하며 휴식을 하지 않으면 조직에는 다음과 같은 문제가 발생한다.

첫째, 리더 스스로 소진될 수 있다. 그럴 경우 조직에 대한 영향은 매우 중대하다.

둘째, 일에 지친 리더는 건전한 판단을 하지 못하여 의사결정에 나쁜 영향을 준다.

셋째, 조직구성원들과의 원만한 관계에 장애를 준다. 조직구성원들은 스트레스에 쌓인 리더와 편안하게 만날 수 없는 것이다.

넷째, 리더의 눈치를 보게 되므로 다른 조직구성원들도 휴식을 갖지 못해 조직 전체의 스트레스로 확산될 수 있다.

다섯째, 리더가 휴식하지 않고 계속 근무하는 과정에서 불필요한 일들이 늘어나게 될 가능성이 많다.

---

33 박유진(2011), 『리더십 마인드 & 액션』, 양서각, 331쪽.

여섯째, 리더가 짜증을 내거나 감정적인 언행을 할 경우 조직구성원들과의 인간관계에 심각한 상처를 남긴다.

일주일에 70시간 일한다고 생각하는 일 중독자가 실제 일하는 시간은 30시간에 지나지 않는다고 한다. 나머지 40시간은 일에 대해 걱정하면서 보낼 뿐이다. 휴식은 인간의 선택이 아니라 낮과 밤이 있는 것처럼 자연의 리듬이다. 리더는 자신이 먼저 스스로 휴식할 수 있는 재량권을 넓게 가지고 조직구성원들에게는 휴식의 여건을 보장해주어야 한다.

상급관리자는 중간관리자의 휴식을 보장해주는 것이 중요하다. 경영자가 종업원에게 주는 만족도가 종업원이 고객에게 주는 만족도와 비례하듯이 중간관리자가 만족해야 그 조직구성원들에게도 잘해줄 수 있는 것이다. 존중받지 못하는 사람이 다른 사람을 존중하기는 인간적으로 매우 어렵다. '고기도 먹어본 사람이 잘 먹는 것'이듯 존중을 받아보고 휴식의 소중함을 아는 사람이 남을 존중하고 휴식도 잘 보장해주는 것이다.

미국의 500개의 대기업 임원에 대한 『포춘』지의 조사에 의하면 기업들이 임원들에게 과중한 업무 부담을 주고 있으며, 이러한 부담은 임원과 기업의 장기적 가치를 높이지도 못하면서 재능과 창의성을 소모시킨다고 한다. 임원들의 의견조사에서는 여가를 늘리면서 생산성을 높일 수 있다는 응답(73%)이 여가를 늘리면 생산성을 높일 수 없다는 응답(27%)보다 훨씬 많았다.[34]

둘째, 스트레스 내성을 키우고 회복탄력성을 강화한다. 스트레스 내성이란 심리싸움에서의 견딤을 의미한다. 높은 성과에는 뛰어난 역량 외에도 압박감이 높은 상황 속에서의 스트레스 내성이 필요하다. 또한 빠른 시간 안에 평상심을 회복할 수 있는 탄력성을 갖추어야 한다. 가령 김연아 선수는 심리훈련을 통해 올림픽과 같은 중요한 시합에서 극도의 긴장감을 완화시키고 경기에만 집중할 수 있는 마음의 힘을 길렀다고 한다.

리더들도 마찬가지이다. 생존과 성과의 경쟁이 치열한 상황에서 리더는 조직구성원보다 심한 스트레스에 노출되는데 스트레스를 견디지 못하면 쌓아온 역량을 제대로 발휘하지 못하고 결정적인 순간에 실수를 하게 될 확률이 높다. 따라서 기업은 심리훈련 프로그램 등을 통해 리더의 회복탄력성을 높이기 위한 노력이 필요한 것이다.

셋째, 리더십이란 역사적인 위인들의 일이기도 하지만 보통의 경우는 우리들의 일상적인 일이다. 위대한 경영자도 하급사원부터 출발했고 위대한 장군도 초급장교부터 시작하였다. 일상에서의 리더십의 문제는 그야말로 지금 마주하고 있는 조직현장에서 일어나는 일들이다. 그러므로 교육과정에서도 조직의 일상에서 일어나는 성공과 실패의 사례들

---

34 LG경제연구원, "조직의 스트레스 관리", 2011. 6. 27.

을 발굴하여 활용해야 한다.

이순신과 잭 웰치를 벤치마킹해야 하지만 동시에 중대장과 팀장의 리더십 사례도 충실하게 다루어야 미래의 리더들을 키우는 거름이 되는 것이다. 경험적으로 느끼는 일상의 사례가 더욱 쉽게 이해되고 교육효과가 높다.

넷째, 리더는 완벽주의가 가져오는 부정적 현상들을 잘 고려하여야 한다. 아무리 완벽하게 하려고 해도 인간과 조직은 완벽할 수가 없다. 실수나 빈틈을 허용하지 못하는 리더의 사고방식은 조직을 정밀하게 돌아가는 기계처럼 인식하고 조직구성원들을 신뢰하기보다는 감시하게 만든다. 또한 조직구성원들의 장점을 살리려하기보다는 단점을 고치려는데 노력을 기울이게 된다. 단점을 고치려는 과정은 흔히 질책이 따르게 되고 해당 단점은 고쳐질 수 있지만 또 다른 문제점과 불필요한 업무를 낳게 된다. 조직구성원들의 입장에서는 자신의 결점에만 주의를 집중하게 되므로 장점은 묻혀버리고 만다. 결점이 장점 속에 묻혀가는 것이 아니라 장점이 결점 속에 묻혀가는 결과를 낳는 것이다.

리더란 자신보다 뛰어난 조직구성원들을 다루는 사람이라는 사실을 인식해야 한다. 리더가 모든 면에서 조직구성원들을 능가하면 좋겠으나 사실상 불가능하다. 모든 것을 리더가 감당해야 한다고 생각하는 것이 스트레스를 가중시키고 문제를 악화시킬 수도 있다. 리더십은 모든 조직문제를 푸는 만능의 황금열쇠가 아니다.

리더들에게 완전무결한 윤리적 모습을 요구하여 도덕성이 목표가 되고 성과 등 리더십 목표가 수단화되면 리더십 발휘영역이 좁아진다. 조직과 인간의 불완전성을 인정하고 지혜를 찾는 것과 완벽주의를 고집했을 때의 결과를 비교해보아야 한다.

우리는 리더가 모든 문제를 해결해주기를 기대하고 리더는 그러한 기대에 부응해야 한다고 여겨왔다. 조직구성원들에게 약하게 보이거나 실수를 인정하거나 두려움을 표현하면 우습게 보이지 않을까 걱정한다. 리더는 항상 모든 문제에 답을 갖고 있어야 하며 어떤 위험이 닥쳐도 결코 두려워하지 않아야 한다는 강박증에서 벗어나는 것이 오히려 문제해결의 실마리를 찾을 수 있고 리더십 발휘에 도움이 된다는 것이다.

다섯째, 즈직운영의 시스템을 발전시켜 리더십의 부담을 줄이는 것이 좋다. 성과평가와 보상제도가 잘 되어있으면 조직구성원들에 대한 동기부여 노력이 경감되듯이 운영시스템과 리더십은 상호보완적인 관계에 있으므로 시스템을 발전시키면 리더십의 부담과 리더의 스트레스를 줄일 수 있다.

여섯째, 리더의 지위에 있는 사람들이 본능의 유혹을 덜 받도록 제도적으로 여건을 갖추어주어야 한다. 시간사용의 자율성 증대, 의무준수사항의 적절한 설정, 직무관련 비용의 충분한 제공, 책임범위의 명확화, 충분한 휴식의 보장, 공정한 평가시스템의 발전 등의 제도적 노력이 필요하다.

일곱째, 리더십 이론의 역할을 적절하게 평가해야 한다. 이론은 간단하지만 현실은 복잡하다. 이론이란 복잡한 현실에 대하여 보편적인 원리와 원칙을 제시하는 것이므로 개별문제들에 대해 정확한 해답을 모두 줄 수 있는 것은 아니다. 이론은 현실의 복잡한 구조를 간명하게 정리하여 현실인식 및 문제해결의 열쇠를 찾는데 필요한 안목을 제공하는 것이다.

본 장의 요약

본장에서는 리더십 실천을 학습하였다. 먼저 리더십의 실천 과정에서 발생 가능한 갈등의 관리방안에 관하여 살펴보았다. 갈등의 개념은 '역기능과 순기능으로 나눌 수 있는 대립과 적대적인 상호작용', '개인이나 집단이 다른 사람이나 집단으로 인해 관심사가 좌절되었거나 좌절을 지각한 상태' 등 다양한 의미로 정의되고 있다. 갈등에는 여러 가지 의미들이 내포되어 있어서 특정한 하나의 견해로 설명하기는 매우 어렵다. 갈등의 기능은 조직의 효과성에 어떻게 작용하느냐에 따라 순기능과 역기능으로 나눌 수 있다. 또한 갈등의 원인은 이슈와 주체 등 여러 이유에서 발생한다. 본장에서는 미시적인 개인 수준에서부터 거시적인 조직 수준에 이르기까지 발생하는 갈등의 원인을 살펴보았다. 다만, 갈등의 원인을 조직 내의 수준별로 명확하게 구분할 수 있는 것은 아니며 흔히 복합적으로 발생한다. 이러한 갈등을 처리하는 방안을 다섯 가지 유형으로 분류하여 학습하였다.

진정한 리더십은 일상적이고 안정된 상황이 아니라 비일상적인 위급한 상황에서 발휘되는 것이다. 위기에 대처하는 능력에 따라 기존의 리더는 물러나고 새로운 리더가 떠오르기도 한다. 위기는 그 원인을 원천적으로 해소하거나 발현되지 않도록 차단하는 것이 가장 바람직하나 인간은 모든 위기의 원천을 근본적으로 통제할 수 없다. 철저하게 위기 상황에 대비했음에도 불구하고 심각한 위기가 발생하여 리더십이 시험에 들게 될 수도 있다. 본장에서는 위기의 원인과 관리에 관한 기본적인 견해들과 방안을 살펴본 후에 위기관리를 위한 국내외 리더십 사례들과 구체적 지침들을 논의하였다.

다음으로 리더십의 실천과정에서 경험할 수 있는 조직구성원과 리더의 스트레스 관리방안을 예방적, 사후적 측면에서 살펴보았다. 특히 리더의 스트레스를 직무수행과정이나 인간관계에서 발생하는 스트레스에 초점을 두어서 학습하였다. 스트레스에 관한 대부분의 연구들은 리더십 특성과 유형이 조직구성원의 스트레스에 미치는 영향이나 상관관계에 관한 것이었다. 따라서 리더의 스트레스는 상대적으로 덜 주목받아 왔다. 그러나 우리는 리더의 스트레스에도 깊은 관심을 가져야 한다. 리더의 스트레스가 조직에 중대한 영향을 미친다는 이유뿐만이 아니라, 리더 역시 초월적 존재가 아니라 조직구성원들과 똑같은 인간이기 때문이다. 본장에서는 리더들이 리더십 스트레스를 갖게 되는 구체적인 원인들을 살펴본 후에 리더의 스트레스에 대한 바람직한 관리방안에 대하여 학습하였다.

제13장 리더십 실패의 학습과 과제

　지금까지 연구하고 논의한 리더십 이론의 대부분은 주로 성공 지향적이었다. 즉 성공한 리더들의 특성이나 행동의 유형을 정립하든지 어떻게 하면 성공적인 리더를 만들어낼수 있는가 하는 등에 연구의 초점이 맞춰졌었다. 바꾸어 말하면, 실패한 리더십에 대해서 거론하거나 기술하는 활동은 상당히 소극적이었다. 그러나 깊게 들여다보면, 우리는 실패의 경험으로부터 많은 교훈을 얻을 수 있다. 그리고 이 세상에는 리더의 위치에 있다가 비운을 맞이한 리더들도 많다. 우리나라의 경우, 백범 김구 선생과 박정희 전 대통령, 밖으로 눈을 돌리면 미국의 링컨과 케네디 대통령, 루터 킹 목사, 인도의 간디 등 쉽게 떠올릴 수 있는 사례가 많다. 그뿐이 아니다. 스스로 목숨을 끊은 리더, 직위에서 쫓겨나 감옥에 들어간 리더들도 허다하다. 물론 이들이 실패한 리더라고 할 수만은 없다. 그러나 우리는 상기 리더들의 어두웠던 면까지도 면밀하게 분석해보는 혜안이 필요하다. 그리고 앞으로 숭고한 비전을 가지고 있는 잠재적 리더들에게 자신들의 앞에 전개되는 험난한 장애물들을 예견하고 슬기롭게 극복해낼 수 있는 역량을 갖추어야 한다는 의미에서 리더십 실패에 대한 학습은 미래의 리더들에게 반드시 필요한 것이다.

　따라서 본 장에서는 리더십 실패에 대한 개념과 선행 연구들을 분석하여 실패한 리더들의 원인을 살펴보고 그것들을 체계적으로 정리하여 리더십의 실패에 대한 유형을 정립해볼 것이다. 또한 리더십 실패 방지와 실패를 극복할 수 있는 방안들을 실패사례와 연계하여 살펴볼 것이다. 그리고 향후 리더십 패러다임의 흐름에 대한 전망과 과제에 대해서도 논의하려고 한다.

1. 리더로서 실패를 방지하고 성공하기 위하여 실패하는 리더들이 흔히 저지르는 핵심 오류에 대한 학습내용들을 정리하여 설명하시오.
2. 특성이론, 행동이론, 상황이론, 슈퍼 리더십, 그리고 전략적 리더십 등과 같은 리더십 이론들이 리더십 실패에 대해서 어떤 처방을 내리고 있는가를 논의해보시오.
3. 경력 초기의 장점(30대의 성공요인들)이 나중에 문제로 작용하게 되는 경우들(40대의 실패요인들)을 섀클턴은 어떻게 설명하고 있는가? 이에 대한 여러분들의 의견을 제시하시오.
4. 햄브릭과 후쿠토미는 리더로서의 최고경영자가 어떻게 실패에 이르게 되는지를 '5-계절 모델'을 통하여 설명하고 있다. 이 모델의 타당성에 대하여 우리나라의 조직 환경을 바탕으로 평가하시오.
5. 카리스마적 리더들은 종종 부정적인 결과를 낳기도 한다. 콩거가 제시한 카리스마의 어두운 측면들에 관하여 본인의 경험을 참고하여 논의하시오.
6. 미래의 리더로서 실패한 리더들의 행동특성을 참고하여 리더십의 실패 방지를 위한 노력 사항들을 정리하고 논의하시오.
7. 새로운 시대가 요구하는 지도자의 특성 중에서 여성들에게 필요한 특성들을 제시하고 여성 리더십의 개발방향에 대하여 논의하시오.
8. 우리나라의 정서에 맞는 리더십 모델의 발전방안을 논의하시오.

제1절 리더십 실패

　한 사람의 리더가 성공했는가 실패했는가를 판단하는 것은 쉬운 일이 아니다. 인생은 비교적 길어서 하나씩 따져보면 성공한 측면과 실패한 측면이 항상 뒤엉켜 있게 마련이기 때문이다. 또한 그 당시에는 실패한 것으로 평가받았지만 오늘날에 와서 되돌아보니 오히려 성공한 것이었다는 식으로 시간이 지나면서 평가가 바뀔 수도 있다. 이것이 마치 역사 속의 인물들이 간신으로 몰리든가 충신으로 평가받는 것이 '종이 한 장 차이'라는 말과도 연결 된다.[1]

　지미 카터 전 미국 대통령은 대통령 재임기간 동안에는 별로 잘한다는 평가를 받지 못했다. 그렇다고 크게 실수를 한 것도 없었다. 하지만 그는 퇴임을 하고 나서 '해비타

1　이한우, "고려 충신과 간신 종이 한 장 차이", 『조선일보』 2009년 7월 25일자, B3면.

트'(Habitat) 운동을 리드하면서 전 세계인들로부터 훌륭한 리더라는 평가를 받고 있다. 대통령으로서의 지미 카터보다는 봉사활동가로서의 전직 대통령 지미 카터가 더 크게 사람들의 마음에 감동을 주고 있기 때문이다.

성공하는 리더들은 자신이 미래에 대한 선견 등에 탁월한 능력을 가지고 있거나 혹은 유능한 조직구성원들을 선발하고 이들로 하여금 강한 몰입과 최선의 노력을 이끌어낼 수 있는 사람들이다. 반면 실패하는 리더들은 조직구성원들의 과도한 스트레스를 유발하는 폭군적인 행동을 보이거나 혼란을 가져올 수 있는 우유부단한 행동을 주로 보여준다. 이처럼 실패하는 리더들이 흔히 저지르는 핵심 오류를 반면교사(反面教師) 차원에서 좀 더 구체적으로 살펴보도록 하자.[2]

1) 실행력 결여(Talk only, no action)

실행력이 뒷받침되지 않는 채 비전과 전략에 대한 말만 무성(Talk only, no action)하게 내세우는 경우다. 미래에 대한 방향성이 맞아야 한다는 점은 분명한 사실이다. 그러나 전략과 비전은 경쟁 우위의 충분조건이 아니라 필요조건일 뿐이다. 사우스웨스트항공은 결코 전략 때문에 1등이 된 것이 아니다. 예를 들어, 사우스웨스트항공이 성공적으로 구사한 저가 전략은 이보다 앞서 피플 익스프레스라는 항공사가 도입하였지만, 이를 실현할 수 있는 고효율의 관리 시스템과 실행력이 뒷받침되지 못하여 결국 파산하고 말았다. 마찬가지로 리더가 미래 방향을 끌어갈 수 있는 분명한 의지와 함께 실행계획(Action Plan)을 갖고 있지 못하면 조직은 미래에 적극 대응할 능력을 상실하게 된다. TV 사극 프로그램에서 보듯이 외침에 대비하지 못하고 탁상공론만을 일삼다 결국 치욕을 겪는 무능한 군주가 있는가 하면, 적에 대한 분석과 그를 바탕으로 철저하게 준비를 갖춘 유능한 장수가 연승을 거두는 것도 같은 맥락이라고 할 수 있겠다.

2) 현장과의 괴리(Remoteness from reality)

현장과 괴리된 제한된 정보에 의존하는 것도 리더의 실패를 초래하는 주요한 요인 중의 하나다. 실패하는 리더의 경우, 자신은 핵심적인 결정만 하면 된다는 생각으로 보다 세세한 것들은 무시하는 경우가 많다. 실례로 A보험사의 전 최고경영자(CEO)는 지점장이나 지역본부장들에게 도전적인 목표를 주고 그에 필요한 판매비를 지원했지만 그 추진과정

---

2   노용진(2005. 5. 6), "리더십 실패의 함정과 성공의 지혜", LG경제연구원.

이나 결과에 대한 관심과 확인 노력은 기울이지 않았다. 이처럼 최고경영자가 현장을 간과함으로써 용두사미의 성과와 아울러 목표와 실적을 부풀려 보고하는 잘못된 관행만을 낳고 말았다. 그리고 수년 후 업계 1위의 자리마저 경쟁사에게 내어주고 마는 결과를 초래하고 말았다. 이처럼 군주가 간사한 자를 신임하여 귀와 눈을 가리듯, 현장을 소홀히 하거나 참모의 보고 자료만으로 의사결정을 하는 경우에는 자칫 치명적인 실수를 할 수 있다. 물론 모든 일에 일일이 관여하여 조직구성원들의 문제해결 능력을 키우지 못한다면 이 역시 문제가 될 것이다. 하지만, 업무내용이나 사업현황을 상세하게 파악하여 이를 바탕으로 직접 현장을 진두지휘해나가려는 노력은 IBM의 루 거스너와 전임 CEO인 에이커스를 구분 짓게 하는 중요한 차이라고 할 수 있다.

3) 권위주의(Authoritarianism)

'시키는 대로 해'라는 식의 권위주의도 리더의 실패를 자초하는 요인이다. 불과 얼마 전만 해도 대부분의 리더들에게 조직구성원들은 단지 효율적으로 관리해야 할 대상일 뿐이었다. 하지만, 인재들이 열정과 의욕을 가지고 업무에 몰입할 수 있도록 동기부여 하는 것이 리더의 핵심역할로 부각되면서 '시키는 대로나 해' 식의 행동은 가장 경계해야 할 모습이 되고 있다. 권위주의적 리더의 가장 큰 행동 특징은 조직구성원들과 열린 마음으로 대화하지 못한다는 점이다. 항상 자신의 업무 스타일에 맞추도록 강요하기 때문에 조직구성원들이 주눅이 들어 자신감을 상실하기도 한다. 결국 이런 리더들이 이끄는 조직에서는 새로운 기회의 모색과 아이디어의 창출이 어렵게 된다. 실제로 러버메이드 사의 스탠리 골트는 이런 권위적 리더십으로 인해 재임 당시의 화려한 실적에도 불구하고, 퇴임 수년 만에 회사가 매각되는 결과를 초래한 경영자로 기억되고 있다.

4) 인기주의(Populism)

인기에 영합하는 행동도 혼란을 초래하는 원인의 하나다. 실패하는 리더들이 보이는 또 하나의 문제점은 인기나 호감에 연연하는 것이다. 우리 주위에는 조직구성원들에게 따끔한 질책을 꺼리는 성격 좋은 리더들도 있다. 그런데 이것도 사실 인기주의에 영합하는 소극적 형태의 하나일 수 있다. 문제는 그 결과 조직구성원들에게 성과에 대한 상벌을 명확히 하지 않는 경우처럼 오히려 고성과자의 사기를 떨어뜨리는 문제를 초래할 수 있다는 것이다. 또한 대외적으로 성과를 내보이고 싶어 하는 개인적 욕심 역시 장기적인 조직의 성과에는 부정적인 영향을 초래하게 된다. 대부분의 경우 조직의 리더라면 이미 충분한 자격을 갖추고 있기 때문에 이상의 오류를 빈번하게 보이는 것은 아니다. 그러나 간혹 오류를 범하더라도 그 결과가 조직구성원과 조직 그리고 자기 자신에게 미치는 파급 효과는 매우 크다는 점을 항상 인식해야 할 것이다.

1.1 리더십 실패의 개념

리더십을 논하는 교육현장의 주요의제는 성공한 리더의 사례가 주를 이루고 있다. 그리고 성공한 리더의 사례를 벤치마킹하면 누구나 성공할 수 있을 것처럼 착각 속에 빠져들게 한다. 과연 올바른 교육방향일까? 리더십과 연계하여 주변을 면밀하게 분석해보자! 우리의 주변에는 화려한 조명을 받는 성공한 리더들보다는 역사적으로 실패한 리더로 평가받거나, 드러나거나 식별도 되지 않은 실패한 리더들이 수가 훨씬 많을 것으로 유추된다. 이는 성공지향적인 인간의 이기주의와 상품성을 선호하는 연구자들의 성향으로 인해서 실패한 리더십에 대해서는 별로 주목하지 않기 때문일 것이다. 그러다 보니 실패한 리더에 대한 자료들이 부족한 현실이다. 하지만 우리는 성공의 경험을 통해서보다는 실패한 경험을 통해서 더 많이 배울 수 있음을 인식해야만 한다.

특히 리더십의 실패는 리더 개인에게뿐만 아니라 리더가 속한 집단이나 조직, 나아가서는 전국가적으로 커다란 손실을 가져올 수 있다.

리더십 실패는 리더 개인에게도 많은 손실이 발생한다. 퇴직이나 좌천 등의 원인이 되기도 하고, 심리적으로 큰 부담을 느끼든가 심각한 스트레스에 직면하게 되는 경우도 있다. 또한 개인의 경력상으로도 커다란 불명예를 안게 되는 것은 자명한 일이다. 어떤 경우에는 법적인 책임을 져야 하는 수도 있다.

팀 리더의 리더십 실패는 조직구성원들 간의 갈등을 야기하여 업무수행을 어렵게 할 수 있다. 연구개발팀의 리더가 제대로 팀원들을 이끌어나가지 못하면 목표로 하는 신기술 개발이 지연되어지든가 불가능해져 조직에 큰 피해를 가져올 수 있다. 중대장의 리더십 실패는 중대원들을 전투를 두려워하는 전투피로증후군 환자로 전락시켜 대대 전체의 전투력 발휘에 영향을 미친다.

리더십 실패는 리더 개인에게서 끝나지 않는다. 기업경영에서의 리더십 실패는 회사의 존립 자체를 위태롭게 할 수도 있으며 조직구성원들의 생계와 가정파괴를 초래할 수도 있다. 전장에서의 리더십 실패는 막대한 인명손실을 가져올 수 있으며 국가안보에도 지대한 영향을 미친다. 역사 속에서 흥선 대원군이 쇄국정책을 취하지 않고 문호를 개방하

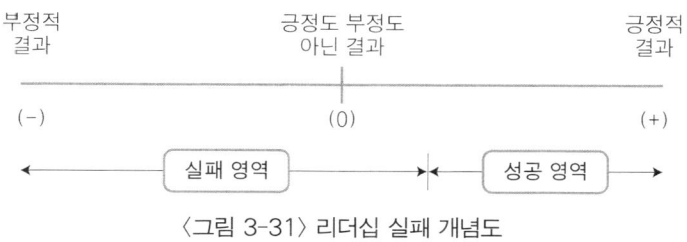

〈그림 3-31〉 리더십 실패 개념도

자료: 백기복 외(2010), 『리더십의 이해』, 창민사, 412쪽.

는 리더십을 발휘했다면 우리의 역사가 어떻게 진행되었을지 상상해보자.

우리는 흔히 리더를 평가할 때 얼마나 부정적인 결과를 냈는가를 가지고 평가한다. 하지만 이것은 너무 너그러운 리더 평가기준이다. 리더에 대한 평가는 엄격하면서도 공정해야 한다. 왜냐하면 너무 너그럽고 편향되어 있으면 리더의 역할을 수행하려는 사람들, 즉 잠재적 리더들이 리더십 발휘를 너무 쉽게 생각하게 될 것이기 때문이다. 이러한 너그러움이 오히려 실패한 리더를 생산하는 원인이 될 수도 있다. 여기에서는 리더십의 실패를 부정적인 결과를 낸 경우에 더하여 긍정이나 부정적이지 않은 결과를 낸 평범한 리더까지 포함하는 것으로 보았다. 큰 실수 없이 자리에 앉아 임기를 마쳤다는 것은 실패한 리더이다. 즉 실패의 영역을 넓게 잡고 성공의 영역은 상대적으로 좁게 잡았다. 이 개념을 그림으로 표현하면 〈그림 3-31〉과 같다.[3]

1.1.1 실패 리더십 평가 시 고려사항

실패한 리더십을 평가하는데 몇 가지 고려해야 할 사항들이 있다.

첫째, 실패한 리더를 규정할 때 해당 리더의 인생 전체를 놓고 평가하는 경우와 일정한 직위를 수행하던 시기에 대해서 리더십을 평가하는 것을 구분해야 한다.

예를 들면, 우리는 히틀러를 실패한 리더로 본다. 그가 꿈꾸던 세계를 성취하지 못했기 때문이기도 하지만 그의 동기와 방법이 옳지 못했기 때문이다. 이 경우는 히틀러의 인생 전체를 평가하는 것이다. 하지만 카터 대통령의 경우처럼 대통령 재임기간에는 별 성과가 없었지만 퇴임하고 난 후의 행동이 크게 인식되는 경우에는 재임기간과 퇴임 후로 시기를 나누어 평가하는 것이 바람직하다.

둘째, 누구의 관점에서의 실패인가를 생각하면서 리더를 평가해야 한다. 특히 역사적

---

3   백기복 외(2010), 『리더십의 이해』, 창민사, 411쪽.

<표 3-29> 개인, 집단, 조직 수준의 리더십 실패의 내용

분석 수준	리더십 실패의 내용	
개 인	• 리더 개인의 리더십 직위에서의 탈락 • 오디언스의 상실	• 변화 수용도 하락 • 개인적 좌절과 자신감 저하 등
집 단	• 집단성과의 부진 • 파괴적 갈등 만연 • 신뢰의 회수 등	• 조직구성원들의 몰입과 만족 저하 • 조직구성원 이탈 증가
조 직	• 불만족스런 조직성과 • 조직구성원들의 비전 결여 • 조직의 자원과 여력의 상실 • 생존력(sustainability) 약화 등	• 부적절한 변화 대처 • 오디언스의 불만과 불신 • 경쟁력 잠식

자료: 백기복(2009), 『리더십 리뷰』, 창민사, 365쪽.

인물들을 평가할 때는 누구의 관점인가 하는 것이 더욱 중요시된다. 시간이 지나면서 한 인물에 대한 역사적 평가는 시대에 따라 크게 차이가 날 수 있기 때문이다.

셋째, 분석 수준(level of analysis)에 따라 리더를 평가하는 것이다. 리더십의 실패는 리더 개인은 물론이고 그 주변의 다양한 사람들에게 그리고 때로는 조직 자체에도 크고 작은 부정적 영향을 미칠 수 있다. 따라서 리더십 실패에 대한 분석 수준을 개인, 집단, 조직 수준으로 분류하여 <표 3-29>와 같이 정리하고 기술하였다.[4]

첫째, 리더십 실패의 가장 직접적인 영향은 리더 개인에게 돌아간다. 인사상의 불이익을 당하든지 주변에 따르던 사람들이 더 이상 함께 하지 않는 결과를 가져온다. 아니면, 심리적 좌절과 자신감 상실 등의 현상이 나타날 수도 있다. 물론, 리더에게 이러한 결과가 돌아가게 되기까지는 여러 가지 선행사건이나 과정이 있게 된다. 각종의 이슈를 구성하고 처리하는 과정에서 리더에 대한 공식 또는 비공식적인 평가가 이루어지며, 그 결과에 따라 리더에 대한 성공과 실패의 평가가 갈리게 된다.

둘째, 리더십의 실패는 집단 차원의 결과로도 이어질 수 있다. 집단이나 팀이 제 기능을 못하며 조직구성원들 간에 불필요한 파괴적 갈등이 일상화되면, 리더에 대한 신뢰는 무너지고 조직구성원들은 한 개인으로 전락하여 결국 조직으로부터 일탈해가게 된다. 뿐만 아니라, 팀과 팀 간의 관계라든지 조직의 상부구조와의 관계에 있어서도 혼돈이 뒤따르게 된다. 리더를 둘러싼 팀 내·외의 사람들로부터 멀어지게 되며 성과 하락, 갈등 고조, 불신 만연, 그리고 몰입 철회의 부정적 피드백 사이클의 악순환이 지배하게 된다.

---

4   백기복(2009), 『리더십 리뷰』, 창민사, 364-365쪽을 참조하여 재구성.

셋째, 조직 차원에서의 리더십 실패는 보다 큰 부정적 결과를 가져올 수 있다. 궁극적으로는 성과하락과 조직쇠퇴로 이어질 수 있으며 경쟁력이 잠식되고 부적절한 전략이 선택됨으로써 여러 가지 불이익과 불필요한 비용을 초래할 수도 있다. 조직을 둘러싼 이익집단론적 관점에서 보았을 때 리더십의 실패는 다양한 이익을 대변하는 조직구성원들로부터의 불만과 압력을 의미한다. 그에 따라 리더는 더욱 전략적 선택의 폭이 좁아지게 되며 결국 내적으로도 신뢰를 상실하게 되어 탈락의 기로에 서게 된다.

물론, 지금까지 여기에 제시한 실패의 내용들이 한꺼번에 모두 나타나는 것은 아니다. 팀 리더의 경우를 보더라도 성과는 좋은데 조직구성원들과의 교류에 있어 실패하는 부분적 실패의 사례를 흔히 볼 수 있다. 따라서 각 요인별로 실패를 예측할 수 있는 지표들을 찾아내어 관리할 수 있도록 함이 바람직할 것이다. 또한 종합지표를 만들어 활용할 수도 있을 것이다.

따라서 성공과 실패를 제대로 판단하기 위해서는 신뢰할 수 있는 도구의 개발이 필요하다. 실패한 리더십을 정확히 규정하고 측정할 수 있으면 그것은 곧 성공적 리더들을 쉽게 구분해낼 수 있는 중요한 척도로 활용될 수도 있기 때문이다.

1.2 리더십 실패의 선행연구[5]

1.2.1 리더십 이론들의 리더십 실패에 대한 관점

1) 특성이론 관점

실패하는 리더들은 리더가 갖추어야 하는 몇 가지 특성들을 결여한 것으로 추론할 수 있을 것이다. 특성이론의 모호한 연구결과를 두고 볼 때 구체적으로 어떤 특성들이 리더십 실패와 관련이 되는가에 대해서는 확정적으로 제시할 수는 없지만 대체로 창의력과 성취동기의 결여, 사회성과 인지적 역량의 부족, 그리고 커뮤니케이션 능력과 인간적 배려의 취약 등으로 요약될 수 있을 것이다. 이러한 특성변수들은 지금까지의 연구에서 리더십의 효과성과 매우 긍정적인 상관관계를 갖는 것으로 나타났다. 따라서 이들을 갖추지 못한 리더는 실패의 가능성이 그 만큼 높다고 유추할 수 있다.

물론, 이들 이외에도 리더십과 관련된다고 알려진 특성들은 대단히 많다. 예를 들어 유

---

5   앞의 책, 367-383쪽을 참조하여 재구성.

클(Yukl)과 밴 플리트(Van fleet)는 리더의 에너지, 스트레스 저항력, 성실성, 그리고 자신감 등을 성공적 리더의 특성으로 지적한 바 있다. 그러나 이들은 앞서 제시했던 특성들의 하부구조를 형성하는 개념들로 취급함이 타당할 것이다. 즉 에너지와 자신감은 성취동기의 하부구조로, 성실성은 배려와 사회성에 포함되는 개념으로, 그리고 스트레스 저항력은 인지구조와 창의력과 관련되는 것으로 분류할 수 있을 것이다.

2) 행동이론 관점

OSU의 연구나 블레이크와 모튼(Blake & Mouton)의 연구에서 강조한 행위 중심적 리더십 이론의 핵심은 리더가 성공적으로 다른 사람들을 이끌기 위해서는 구조주도와 배려의 행위를 동시에 보여줄 수 있어야 한다는 것이다. 즉 실패하는 리더란, 항상 과업만을 중시하는 스타일이거나 사람들과의 관계만을 모든 것으로 여기는 유형, 또는 아무런 성향도 보이지 못하는 사람들이라고 정의될 수 있다. 그러나 이 이론은 조직구성원의 규모가 작고 근접해 있어 교류의 기회가 잦은 팀 수준의 경우에 해당될 수 있으나 최고경영자들과 같이 조직구성원들의 범위가 넓고 다양한 경우에는 이론적 효용성이 크게 떨어진다. 결국 스타일 고착이 리더십 실패의 원인이 된다는 논리이다.

3) 상황이론 관점

상황적 리더십 이론들은 스타일과 상황적 특성간의 적합성 여부를 가지고 성공과 실패를 평가하는 경향이 있다. 즉 실패하는 리더란 따로 있는 것이 아니라 주어진 상황적 속성에 맞는 스타일을 발휘하지 못하는 경우라는 것이다. 따라서 리더는 상황의 올바른 이해를 위한 노력을 게을리 하지 말아야 하며 그에 맞는 리더십 스타일을 찾아내어 활용할 줄 알아야 한다. 주어진 이슈의 특성뿐 아니라 직무나 조직구성원들의 속성과 직위상의 특징에 대해서도 폭 넓게 이해할 수 있어야 하며 그러한 상황에서 어떠한 스타일이 가장 적합한지에 대한 지식도 갖추어야 한다. 따라서 상황을 불문하고 한 가지 스타일에만 의존하거나 상황과 스타일에 대한 이해가 부족하여 상호 적합화할 수 있는 능력이 모자라면 실패의 길을 걷게 된다.

물론 상황적 리더십 이론들에서 제시하고 있는 상황의 유형들은 매우 다양하다. 단순히 한 가지 변수를 가지고 상황을 묘사하고 있는 이론이 있는가 하면 열 가지 이상의 변수들을 조합하여 상황을 설명하는 이론도 있다. 이처럼 많은 상황변수들의 특징들을 분석하고 고려하여 그에 맞는 스타일을 찾아낸다는 것 자체가 그리 쉬운 일이 아니다. 즉 그만큼 실패의 가능성이 높다는 의미이다.

4) 카리스마 이론 관점

카리스마의 효과는 다른 어느 리더십 요소들보다도 큰 것으로 많은 연구들에서 밝혀졌다. 카리스마적 리더는 조직구성원들에게 비전을 제시하고 비전의 달성을 위해서 몰입하도록 적절히 이끌 줄 아는 사람들이다. 카리스마를 통해서 리더는 조직구성원들의 경력과 미래까지도 위탁받게 된다. 결국 조직구성원들은 리더의 모든 것을 무조건적으로 받아들이게 되어 심리적으로 완전한 의존상태에 빠지는 경우가 많다.

원론적으로 본다면 카리스마는 가치중립적이다. 이는 카리스마가 반드시 긍정적이지만은 않다는 의미이다. 카리스마는 조직구성원들을 성공적이고 긍정적인 미래로 이끌 수도 있고 어두운 실패의 질곡으로 끌어내릴 수도 있다.

카리스마의 형성과 유지에 결정적으로 중요한 리더십의 관점이 인식론적 접근(예: 귀인이론, 인상형성이론)이다. 인식론[6]에 따르면 리더의 성패는 오디언스의 리더에 대한 지각과 해석에 따라 달라지게 된다. 실패한 리더란 좋지 않은 조직성과에 대하여 오디언스들이 리더에게 그 원인이 있다고 귀인한 결과이다. 오디언스는 리더와의 교류나 그를 둘러싼 사건이나 일의 결과 등에 대하여 직간접적으로 평가해나간다. 이렇게 하여 형성되는 특정 리더에 더한 인상을 통하여 사람들은 그의 성공과 실패여부를 결론짓게 된다. 따라서 리더십 실패는 오디언스에 따라 상대적으로 결정된다.

조직의 성과를 달성하는 과정에서 오디언스가 리더십 귀인을 하는 과정에는 세 가지 원칙이 존재한다. 즉 특이성, 합의성, 그리고 일관성의 원칙이 그들이다. 리더가 성과를 달성하는 과정에서 별로 특이한 역할을 수행하지도 않았고, 일반적으로 리더로서 보여줘야 하는 행동을 보여주지도 못하였으며, 시간과 장소에 따른 리더로서의 행위에 일관성도 없었을 때 우리는 그를 실패한 리더로 규정하게 된다. 결과적으로는 좋은 성과를 얻었다고 하더라도 그것이 리더십 때문이 아니라 다른 상황적 요인 때문이었다고 귀인이 되면 리더십 실패에 대한 본 장에서의 정의에 따라 리더십 실패로 규정된다.

5) 슈퍼 리더십 이론 관점

실패한 리더는 다른 사람을 리더로 육성할 줄 모르는 사람이다. 자기만이 리더로 자리

---

6   인식론이란 지식의 본질·기원·근거·한계 등에 관한 철학적 연구 또는 이론을 말한다.

매김하고 조직구성원들에게는 리더로 성장할 기회를 부여하지 않는다면 장기적으로 성공적 리더라고 평가받을 수 없을 것이다. 결국 셀프 리더의 수준에도 못 미치는 사람이나 오랜 경력에도 불구하고 슈퍼 리더로 성장하지 못하는 셀프 리더를 실패한 리더라고 규정할 수 있을 것이다.

6) 전략적 리더십 이론 관점

전략적 리더십 이론은 조직에서의 최고경영자나 전략계층에 있어서의 리더십을 분석의 단위로 설정하고 있다. 이들은 조직 전체의 운명을 좌우할 수 있는 전략을 수립하고 실천하는 역할을 담당하므로 이들의 리더십 실패는 곧 조직의 실패와 연관된다.

전략적 리더십 이론의 핵심은 최고경영자가 얼마나 빠르고 정확히 경영환경의 속성을 판단하여 적절한 전략을 수립하고 실천할 수 있는가에 있다. 즉 정확하고 앞선 환경변화의 지각과 그에 맞는 전략의 선택과 실천에 영향을 미치는 개인적, 조직적, 그리고 환경적 요인들은 무엇인가에 대하여 학자들의 관심이 증대되어 왔다. 지금까지 밝혀진 바에 따르면 최고경영자의 나이, 근속경력, 교육 수준, 전문적 배경, 성격, 스타일 등이 원인변수들로 제시되었으며 조직의 규모, 환경의 불확실성, 조직발달상의 단계, 최고경영자의 자유 재량권, 그리고 전략팀(TMT: Top Management Team)과 이사회(BOD: Board of Directors)의 존재형태와 그들이 갖은 상대적 권력 등이 조절변인으로 지적되었다.

여기에서 실패한 전략적 리더는 잘못된 전략을 선택하거나(또는 아무런 전략도 선택하지 아니하거나) 선택된 전략을 적절한 시기에 실천에 옮기지 못하여 조직쇠퇴와 발전기회의 상실을 초래하는 경우이다. 많은 요인들이 이 과정에 작용하는 것으로 알려졌으나 최고경영자의 인지적 한계, 전략팀 내의 감정적 갈등과 획일화 압력의 존재, 그리고 이사회에 대한 최고경영자의 취약한 권력 등을 핵심적인 실패요인들로 지적할 수 있을 것이다.

이상에서 우리는 기존의 리더십 이론들의 관점에서 리더십 실패가 어떻게 설명될 수 있는지를 알아보았다. 요약하면, 특성론에서는 리더의 무지(인지역량), 무욕(성취동기), 무심(인간적 배려) 등이 실패요인으로 제시되었고, 행위이론에서는 스타일 고착이, 그리고 상황이론에서는 리더와 상황간의 부적합화가 리더십 실패를 초래하는 것으로 지적되었다. 변혁적, 카리스마적 리더십의 경우에는 리더의 비전 실패와 거래지향성이, 그리고 슈퍼 리더십에서는 셀프 리더의 육성 태만이 실패의 원인으로 거론되었으며, 이미지 형성과 귀인 패턴도 리더십 실패에 작용할 수 있는 것으로 나타났다. 또한 최고경영자의 경우에는 인지역량의 한계와 전략팀(TMT)이나 이사회(BOD)와의 관계 실패가 조직의 실패를 가져올 수 있는 것으로 밝혀졌다.

1.2.2 리더 탈락(Derailment; Termination) 연구

리더실패의 한 유형으로서의 리더탈락이란 '리더로 인정받던 사람이 해고, 중복 배치(대기발령), 이동, 조기 퇴직, 중요성이 떨어지는 프로젝트로 이전, 그리고 조직에서의 고립화 등을 통하여 비자발적으로 조직의 핵심 라인에서 멀어지게 되는 경우'를 뜻한다. 이 분야의 연구는 미국의 CCL(Center for Creative Leadership)[7]의 맥콜과 롬바르도(McCall & Lombardo)에 의해서 이루어졌으며 정치적 리더들의 탈락에 대해서는 블론델과 비에넨(Blondel & Bienen), 그리고 반드 왈(Vande Walle)의 연구가 대표적이다. 여기에서는 탈락한 경영자 리더들에 초점을 맞추어 설명한다.

맥콜과 롬바르도는 미국 대기업의 남성 최고경영자 및 인사담당 관리자 80명을 대상으로 인터뷰를 실시하였으며 후에 여성 최고경영자 76명에 대해서도 같은 방식으로 면담을 실시하여 탈락한 리더의 특성들을 도출하였다. 이 결과에 따르면, 성공적인 리더와 한때 성공했다가 탈락한 리더들은 지적 능력, 원대한 포부, 기술적 역량, 성실성과 희생정신 측면에서 매우 유사하나 대인관계 기술에 있어 큰 차이를 보이는 것으로 나타났다. 즉 탈락한 리더들은 대인관계에 있어 냉정하고 다른 사람과 거리를 두며 오만하고 위협적이어서 종종 마찰을 빚었던 것으로 나타났다. 성공적 리더들의 75%가 인간관계에 있어 특별한 능력을 갖은 것으로 평가되었으나 탈락한 리더들의 경우에는 25%만이 그러한 능력을 갖고 있는 것으로 밝혀졌다. 인간관계의 실패는 특히 남성 탈락자들의 경우가 여성 탈락자들의 경우보다 훨씬 크게 나타났는데, 남성들은 권한위임과 임파워먼트에 취약하며 작은 관리에단 관심을 쏟은 나머지 보다 큰 전략적 문제에 대해서는 소홀히 했던 것으로 나타났다.

이에 대하여 롬바르도와 에칭거(Echinger)는 실패(탈락)하는 리더의 특성으로 여섯 가지를 제시하였다. 즉 다른 사람들과의 관계 미숙(과욕, 마찰, 지나친 독립성), 팀 구축 실패(과도한 통제, 갈등 방치, 위임 인색), 전략적 성향의 결핍(복잡하고 모호한 상황에 무기력, 사소한 일까지 스스로 해야 함), 실천 지원 미흡(용두사미식 일 처리, 불신, 조직화 지원 결여), 과도한 의존성향(한 가지 강점에 지나치게 의지, 약점 보완을 위해 다른 사람에 기댐, 같은 상사 밑에 장기간 안주), 그리고 윗사람들과

---

7 The Center for Creative Leadership (CCL) exclusively focuses on leadership education, research and unparalleled expertise in solving the leadership challenges of individuals and organizations everywhere.

의 불화(설득력 부재, 자신과 다른 스타일의 상사에 적응 못함) 등이 그것이다.

한편, 유클은 탈락한 리더의 특성을 위와는 약간 다르게 다섯 가지로 정리하고 있다. 그에 따르면, 탈락한 리더들은 정서적 불안, 자기 방어적 자세, 불성실, 대인관계 기술부족, 그리고 기술적, 인지적 역량의 결여 등의 특성을 갖는다고 주장하였다. 중요한 것은 경력 초기에 리더를 성공적이라고 평가받게 했던 요소들이 시간이 지나면서 그를 탈락시키는 원인으로 작용하는 경우가 많다는 점이다. 예를 들어, 조직의 상위직급으로 승진한 후에도 하위직급에서 인정받던 탁월한 기술적 역량만을 내세우다 보면 마찰을 빚든가 좋은 성과를 낼 수 없게 된다. 이처럼 경력초기의 장점(30대의 성공요인들)이 나중에 문제로 작용하게 되는 경우들(40대의 성공요인들)을 섀클턴(Shackleton)은 〈표 3-30〉과 같이 정리하고 있다.

〈표 3-30〉에 의하면 결국 실패한 리더들은 변화에 실패한 리더들이라고 결론내릴 수 있을 것이다. 초기의 성공에 안주했든가 아니면 변화하는 상황의 요구에 제대로 준비하여 대응하지 못한 결과가 경력후반에 실패(탈락)로 나타나게 된다.

〈표 3-30〉 리더의 탈락과정

30대의 성공 요인들	잠재적 문제점들	새로운 상황적 요구	40대의 모습
① 독립적이고 혼자 일하기를 좋아함	• 조직구성원 개발 안함 • 조직구성원 간의 갈등해결 등한시 • 위임 인색 • 스탭 육성 부재	• 팀 빌딩 • 스태프 활용 • 조직구성원 개발	• 스테프 자원을 활용하지 못함
② 통제 위주, 결과 중심적, 일편단심	• 새로운 직무를 맡지 못함 • 일이 어긋나면 어쩔 줄 모름 • 전략적 관점개발 부재 • 미지 영역으로의 도전 불가	• 기존의 방식을 버리고 보다 복잡한 직무 수행 요구	• 도전을 위한 변신 불가
③ 창의적이고 개념화에 강함	• 세심하지 못함 • 조직화 능력 취약 • 모래알 같은 팀 구성 • 어떤 이슈도 끝까지 실천하여 완결 짓지 못함	• 깊이 있는 일처리와 실천 담당자들의 몰입확보 필요	• 실천 지원, 또는 실천·완결 의지 결여
④ 강한추진력, 원대한 포부, 높은 목표치	• 지나친 포부로 타인에 상처 • 마찰 야기 • 타인의 능력을 활용하는 데 취약 • 현실성, 침착성 결여	• 다양한 관계 네트워크 구축 • 신뢰형성을 위한 안정감	• 다른 사람들을 다루는 데 있어 문제시 됨

(계속)

30대의 성공 요인들	잠재적 문제점들	새로운 상황적 요구	40대의 모습
⑤ 한 가지 눈에 띄는 특징을 가짐(예: 장기적 후원자)	• 한 가지 무기를 너무 여러 곳에 활용함 • 한 사람 그늘에 너무 오래 있음 • 홀로 서본 적 없음	• 직무 복잡성 증가로 다양한 기술 요구 • 방패 없이 홀로 서기 필요	• 한 가지 강점에 지나치게 의존
⑥ 자기주장이 강하고 논박을 즐기며 자신의 입장을 관철함	• 자기 입장을 설득할 줄 모름 • 항상 이겨야 함 • 스타일이 다른 사람과 갈등 • 우아하게 질 줄 모르고 통제권 밖의 사람에게 영향력 행사 방법 모름	• 설득력, 감동적 의사 전달 능력 • 대인관계의 과정에 대한 이해	• 상사와의 전략적 관점의 차이 • 여타 단위조직에 대한 영향력 부재

자료: 백기복(2009), 『리더십 리뷰』, 창민사, 374쪽.

1.2.3 전략적 리더의 변화모델

햄프릭고- 후쿠토미(Hambrick & Fukutomi)는 기존의 여러 문헌들을 검증한 후, 최고경영자는 일반적으로 다섯 단계의 심리적 변화를 겪으면서 쇠퇴에 이르게 된다는 전략적 리더십의 5계절 모델을 제시하였다.[8] 즉 최고경영자는 그 직위에 오른 뒤, 소명기, 실험기, 주제선택기, 고착기, 그리고 쇠퇴기 등의 순서를 밟아 변화해간다는 것이다.

1) 소명기

사람들은 흔히 최고경영자의 자리에 오르게 되면 처음에는 잘해보겠다는 관심과 동기와 소명의식은 강하나 아직 자신이 맡은 회사나 직무에 대해서 잘 모르기 때문에 선입관 없이 다양한 정보원들로부터 정보를 얻고 배우려는 자세를 갖게 된다. 이때 최고경영자는 기존에 형성된 자신의 특정한 패러다임에 어느 정도 몰입되어 있기는 하지만 비교적 유연한 인지구조를 가지며 얻어지는 정보들도 상대적으로 여과 없이 처리한다. 전반적으로 이 시기는 최고경영자들이 자신의 정당성을 구축하는 시절에 해당하며 그 과정에서 권력과 자신의 책무에 대한 지식을 빠르게 쌓아 나아가려는 속성을 갖는다.

---

8 Hambrick, D. C. & Fukutomi, G. D.(1991), "The Season of a CEO's Tenure", *Academy of Management Review*, 30, pp. 1-20.

2) 실험기

시간이 지나면서 최고경영자가 자신의 직무에 대하여 어느 정도의 지식을 쌓게 되면, 직무에 대한 관심은 더욱 고조되고 의욕과 권력도 커지게 된다. 이러한 상승된 심리상태를 동인으로 하여 최고경영자는 결국 그동안 구축한 나름대로의 아이디어들을 중심으로 여러 각도에서 전략적 실험을 감행하기에 이른다. 이 실험과정에서 최고경영자는 전략적 차원에서 무엇이 옳고 그른지(또는 무엇이 좋고 싫은지)에 관한 판단기준과 태도를 결정하게 되며 자신에 대한 다른 사람들의 지지를 확보하기 위하여 다소나마 정치적 성향을 띠게 되는 수도 있다. 또한 이 단계를 거치면서 최고경영자는 얻어지는 정보들을 점차 여과하여 받아들이려는 성향을 보이게 된다.

3) 주제 선택기

실험기를 거친 최고경영자는 이제 자신의 노선과 조직경영에 대한 새로운 패러다임을 확정짓고 본격적인 자기 스타일의 경영에 돌입하게 된다. 정보여과기능이 조금씩 강화되어가며 그가 활용해 오던 정보원들도 점점 숫자가 줄어들게 된다. 이 계절은 최고경영자가 자기의 색깔을 내기 시작하는 시기이다. 나름대로의 관점도 생겼고 직무에 대한 지식도 꽤 쌓였다. 실험기간에 얻은 교훈을 바탕으로 조직에 대한 장악력을 한층 높여가게 된다.

4) 고착기

'자신의 관점', '자신의 패러다임'이라는 것은 초기에는 그 힘을 발휘하게 되나 시간이 지날수록 변화에 대한 장애로 작용하게 되는 수가 많다. 그것은 환경을 읽는 시야의 고착을 의미하며 인지적 틀의 유연성 상실을 뜻한다. 최고경영자는 이제 자신의 패러다임에 매우 강한 집착을 보이게 되며 자신의 관점을 강화시키는 정보나 정보원만을 신뢰하기에 이른다. 주변에는 자신을 지지하는 사람들만을 둠으로써 강한 권력의 성을 쌓는 결과를 낳으며 최고경영자로서의 직무 자체에 대한 관심은 오히려 줄어드는 경향을 띠게 된다.

많은 실증연구들이 패러다임 고착이 주는 부정적 결과들을 추론하고 있다. 최고경영자 근속(tenure)이 전략변화를 가로막는다는 연구결과가 얻어졌는가 하면 조직의 성과에도 영향을 미친다는 연구결과도 있었다. 또한 최고경영자의 근속은 기존의 정책이나 관행에 대한 심리적 집착과 관련되는 것으로 나타났으며, 현상을 고수하려는 성향을 낳아 기존의 것들이 옳다는 데 대한 믿음이 근속과 더불어 고착되어 이미 익숙한 정보원, 예측 가능한 관행 등에 의존하려는 성향이 높아진다. 근속이 오래 될수록 최고경영자의 머리

속에 들어 있는 기업경영에 대한 대안의 숫자는 줄어들게 되므로 그의 행동이나 전략적 선택을 어렵지 않게 예측할 수 있다.

5) 쇠퇴기

패러다임 고착이 진행되면서 갖가지 부정적 결과를 낳게 되는데 이것이 리더로서의 최고경영자가 겪는 실패의 시발점에 해당한다. 정보의 취사선택이 극에 달하게 되며 최고경영자가 취하는 행동의 범위도 상당히 줄어들게 된다. 처음에는 조직 내·외로부터 다양한 정보를 얻어 활용하다가 패러다임이 고착되고 나면 조직 내의 정보원을 더 중시하려는 성향이 생겨난다. 한편, 그가 향유하는 권력의 크기는 그 어느 때보다도 커져 있어 주변사람들이 다른 의견을 제시하여 받아들여질 수 있는 여지를 거의 남겨두지 않는다. 이러한 고착된 패러다임은 변화에 대한 적극적 대응을 불가능하게 만들어 결국 최고경영자는 실패의 길을 걷게 된다.

이상에서 우리는 리더로서의 최고경영자가 어떻게 실패에 이르게 되는지를 5 계절 모델을 통하여 살펴보았다. 이 모델에서 햄브릭과 후쿠토미는 최고경영자의 근속이라는 대리변수를 내세워 5 계절 구분을 하고 있으나 그 핵심은 시간의 흐름에 따른 인지구조 또는 패러다임의 고착에 있다. 즉 리더 실패의 또 하나의 원인으로서 리더의 패러다임 고착을 지적할 수 있는 것이다.

1.2.4 실패한 카리스마

앞에서 언급하였듯이 카리스마적 리더는 추종자들에게 비전을 제시하고 몰입을 이끌어 냄으로써 기대 이상의 성과를 내는 리더들이다. 그러나 카리스마적 리더들은 종종 부정적인 결과를 낳기도 한다. 콩거(Conger)는 이러한 카리스마의 어두운 측면들을 체계적으로 정리하여 제시하고 있다.[9]

첫째로, 카리스마적 리더는 대인관계에 있어 부정적 결과를 초래하는 경우가 있다. 그들은 종종 자기도취(narcissism)에 빠져 다른 사람들의 욕구와 복지에 대해서 진지하게 배려하기보다는 그들을 설득하여 이용하려 함으로써 비판의 대상이 되곤 한다. 코후트(Kohut)에 따르면 사람들은 다른 사람들을 통해서만 만족시킬 수 있는 자기중심적 욕구를

---

9   Conger, J. A.(1989), *The Charismatic leader: Behind the mystique of exceptional leadership*, San Fransisco: Jossey-Bass.

갖는다. 어린 시절에 우리는 이 욕구를 적절히 충족시킴으로써 자아상(sense of self)을 형성하게 되는데 이 자아상을 완성할 수 있는 유일한 수단이 아이와 부모와의 교류라는 것이다. 부모들은 아이의 행동에 대해서 긍정적이고 수용적인 반응을 보여줌으로써 아이의 의식 속에 자아개념이나 포부, 그리고 자존심 등이 적절히 형성되도록 도와야 한다. 그러나 이러한 경험을 갖지 못한 아이들은 어른이 되어서도 성숙하지 못한 자아상과 충족되지 못한 자기중심적 욕구를 그대로 유지하게 된다. 어린 시절의 적절한 시기에 충족되지 못한 자아 중심적 욕구는 어른이 되면 끊임없이 그의 충족을 위해서 노력은 하지만 결코 충족시킬 수 없는 특성을 갖는다. 따라서 나르시스트적인 리더들은 조직구성원들과의 관계 속에서 끝없이 자기중심적 욕구를 충족시켜 가게 되는데 이 과정에서 조직구성원들을 이용하든가 조작하는 등의 부정적인 행동을 보임으로써 그들과의 관계가 커다란 손상을 입게 되는 경우가 많다.

둘째, 카리스마적 리더들은 자신들이 내세우는 비전이나 새로운 아이디어에 대한 자신감이 지나쳐 실패에 이르기도 한다. 지나치게 자신의 비전에 몰입한 나머지 그에 대한 객관적 평가를 도외시하기 쉽다. 초기의 작은 성공과 추종자들의 맹목적인 지지로 인하여 자신의 판단은 항상 옳고 다른 사람들의 평가의 대상조차 되지 않는다는 지나친 자신감을 갖게 되어 급기야 실패에 이르게 된다는 것이다. 카리스마적 리더는 비전 성취에만 매달린 나머지 그 비전이 갖은 비현실성과 위험 등에 대한 객관적인 시각을 잃어 실패하게 되는 경우도 많다.

셋째, 인상형성 과정에서의 문제점들도 지적하지 않을 수 없다. 카리스마적 리더들은 비전통적인 방식이나 행위를 통하여 자신의 카리스마를 키워 간다. 일에 대한 기발한 처리방식을 도입하고 기대 이상의 결과를 냄으로써 보통 사람이 아니라는 인상을 형성하게 된다. 그런데 이 과정에서 다른 사람들의 기여를 인정하지 않거나 특정 사람들을 소외시키는 결과를 가져 올 수 있다. 배스도 카리스마적 리더들은 결국 철저히 자신들을 따르는 집단과 극한적으로 그들을 싫어하는 집단의 양극화 현상을 초래하게 된다고 경고한 바 있다. 또한 그들은 매우 자기 방어적 자세를 가지며 실패에 대한 책임을 지려하지 않는다. 자신의 잘못을 어떤 형식으로든지 인정하는 것은 '완벽한 리더'의 인상을 형성하는 데 도움이 되지 않기 때문이다.

넷째, 카리스마적 리더들은 비전 실천과 관련된 세세한 부분에 대해서는 관심을 기울이지 않음으로써 실패를 초래하는 수가 있다. 그들은 항상 큰 그림만을 중시하며 일상적인 사안들에 대해서는 주의를 기울이려 하지 않는다. 따라서 비전을 실천해나가는 과정에서 성공적인 실천을 독려하고 길을 안내하는 문제에 대해서는 무관심해지는 경향이 있다. 또한 독단적으로 의사결정에 의존하는 경우가 많으므로 실천과정에서 실천담당자들의 의견을 적절히 수렴하려 하지 않는다. 카리스마적 리더들은 이처럼 평상시에는 실천과정에서 지나치게 위임하려는 경향이 있지만 지나친 위임이 문제가 된다고 느껴지면 언제든지 다시 권한을 회수하여 정반대의 극에 해당하는 과다한 통제전략을 사용하기 시작한다.

끝으로 카리스마적 리더의 가장 큰 문제 중 하나는 유능한 후계자를 키우지 않는다는 것이다. 실패한 카리스마적 리더들을 분석해보면, 조직구성원들을 나약하고 자신에 대한 의존적 인물로 묶어두려는 성향이 공통적으로 발견된다. 심지어 능력 있고 뛰어난 조직구성원들을 제거함으로써 자신의 존재를 유일시 하려는 경우도 있다. 정상적인 카리스마적 리더들은 자신이 몰입하여 추구하는 비전이나 이념을 조직문화나 구조 속에 일상화하여 시스템적으로 실천되도록 하는 것이 일반적이다. 그러나 실패하는 카리스마적 리더들은 자신이 모든 것을 장악하고 이념이나 비전을 개인소유화하기 때문에 리더가 그 자리를 물러나게 될 경우에 조직 자체가 큰 위기를 맞게 되는 경우가 많다.

지금까지 우리는 카리스마적 리더가 실패하게 되는 경우를 다섯 가지로 나누어 살펴보았다. 즉 자기도취적 성격(narcissism), 지나친 자신감, 무리한 카리스마 인상 형성, 실천 무관심, 그리고 후계자 불인정 등이 카리스마적 리더를 실패에 이르게 하는 것으로 나타났다. 물론 이들은 개념적으로 도출된 것이며 실증연구는 거의 없는 상태이다. 이에 관한 자료수집이 쉽지는 않겠지만 앞으로 충분한 연구가 이루어져야 할 주제이다.

1.2.5 독극형 리더십

우리는 종종 조직이나 집단을 책임진 리더들이 미래에 대한 비전, 존경이나 준거적 권력 등을 통하여 추종자들을 이끌기보다는 강요와 강제, 그리고 다른 위협적인 수단들을 동원하여 조직구성원들을 몰아가는 경우를 접하게 된다. 이들은 겉으로 보기에는 조직구성원들로부터 상당한 지지와 존경을 받는 모습으로 비춰질 수도 있다. 단기적 성과는 매우 높을 수 있기 때문이다. 그러나 이들은 형식적 리더에 불과하며 그들이 내세우는 성과라는 것도 장기적으로는 조직구성원들의 지지와 몰입을 확보하지 못함으로써 문제를 더욱 악화시키는 결과를 가져오게 된다. 위커(Whicker)는 이들 유형들을 〈그림 3-32〉와 같이 세 가지로 분류하고 있다.

〈그림 3-32〉에 보듯이 위커는 바람직한 리더상을 합의 구축형(consensus builder) 리더, 팀 리더(team leader), 그리고 사령관형 리더(commander) 등으로 나누고 있다. 독극형 리

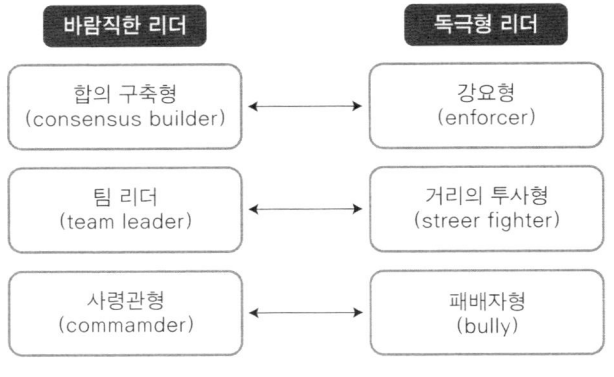

〈그림 3-32〉 독극형 리더의 유형

자료: 백기복(2009), 『리더십 리뷰』, 창민사, 382쪽.

더(Toxic Leadership)는 그와 대비하는 극단적 형태로 강요형(enforcer), 거리의 투사형(street fighter), 그리고 패배자형(bully) 등으로 그려지고 있다.

1) 강요형

조직구성원과의 자연스러운 합의를 중시하는 합의 구축형 리더들과는 달리 윗사람과의 합의만을 중시한다. 강요형은 철저히 윗사람에게 복종하고 그의 의중을 실천하는 것을 최우선적인 목표로 한다. 자신의 의견이나 판단을 다른 사람에게 설득하려 하기보다는 윗사람의 의중을 읽고 실천함으로써 그로부터 좋은 평가를 받는 것을 무엇보다도 중시한다. 따라서 조직구성원에 대해서는 윗사람의 의견을 강요하고 무조건적으로 따르도록 모든 수단을 동원하게 된다. 강요형은 조직에서 제2인자의 자리를 가지고 있는 경우가 많은데 위에서 밝힌 것처럼 비굴한 면을 보일 뿐 아니라 계층을 중시하는 성향을 나타낸다.

2) 거리의 투사형

종종 카리스마적이지만 자기중심적이며 갱(gang)의 논리를 가지고 조직을 지배하려는 성향을 갖는다. 주로 배짱과 생존본능으로 움직이며 조직 전체에 대해서가 아니라 갱에 대한 충성의 정도를 가지고 보상과 벌을 가늠한다. 이들은 조직 내에서 항상 내 편과 네 편을 나누며 네 편에 대해서는 적으로 인식하고 내 편의 조직구성원들부터는 무리한 충성을 요구한다. 형식적으로는 팀을 중시하며 조직구성원 간의 응집력을 강조하나 실제는 리더 자신에 대한 충성을 조장하고 유지하는 수단으로 그들을 활용한다.

3) 패배자형

성격상 남에게 화를 내든가 욕지거리를 일삼는 형이다. 항상 다른 사람들을 부정하며 이성적 사고와 판단에 의해서 움직이는 것이 아니라 충동에 의해서 행동한다. 이러한 리더는 아주 서세한 것들에까지 신경을 쓰며 약간의 잘못에 대해서도 자제력을 잃고 폭언 등을 버릇처럼 구사한다. 스스로를 실패자라고 규정하고 다른 사람들도 자기 스스로를 패배자라고 느끼도록 만들려 한다. 케츠 드 브리스(Kets de Vries)와 밀러(Miller)는 최고경영자의 이러한 정신적, 심리적 결함은 결국 여러 가지 조직 차원의 문제로 나타난다고 주장한 바 있다. 그러나 패배자형의 경우도 단기적으로는 높은 성과를 나타내는 수가 있다.

독극형 리더가 어떻게 탄생하게 되는가에 대해서는 아직 밝혀진 바가 없다. 성공적인 스타일(합의 구축형, 팀 리더, 그리고 사령관형)의 리더가 어떤 과정을 거쳐 실패하는 독극형 리더로 전락하게 되는지도 알려져 있지 않다. 리더십이란 사람들 상호 간의 교류 속에서 정립되는 사회적 현상이므로 개인적 결함에 더하여 특정한 사회적 조건들도 리더를 실패하게 하는 데 있어 어떤 형태로든지 관련된다고 하지 않을 수 없을 것이다.

이상에서 우리는 실패한 리더십을 다양한 관점에서 조망해보았다. 기존의 리더십 이론들 입장에서의 해석과 리더 탈락(derailment) 문헌이 주는 논점, 전략적 리더의 5-계절 쇠퇴모델이 제시하는 바와 카리스마적 리더의 어두운 면, 그리고 위커의 독극형 리더십에 이르기까지 크게 다섯 분야를 중심으로 리더십 실패의 과정과 원인들을 살펴보았다. 이들은 물론 각 다른 측면에서 리더십의 실패현상을 설명하고 있지만 종합해보면 어떤 공통된 요인들을 찾아낼 수 있을 것이다.

제2절 리더십 실패의 유형 및 실패의 방지

리더십은 근본적으로 사회적 교류를 전제로 하지만 그 교류의 깊이와 성격을 결정하는 것은 리더 거인의 심리적, 성격적 특성이 가장 핵심이다. 또한 리더의 내적 특성은 조직구성원들에 대한 행동양식을 규정하고 조직구성원들과의 관계를 특정한 형태로 형성시킨다. 또한 리더십을 발휘하는 현장에는 사람들만이 있는 것이 아니라 사람들이 살아가는 여건을 만들어주는 환경이나 상황이 존재한다. 조직을 전제로 했을 때 리더십 환경에는 직무와 조직특성 등이 해당된다. 이를 리더십 실패의 관점에서 보면 리더십이 실패하는 요인들은 ① 리더의 내적 요인, ② 리더와 조직구성원들과의 관계 요인, ③ 리더십 환경 요인 등으로 구분할 수 있다.

따라서 본 항에서는 리더십 실패의 유형을 위의 세 가지 요인과 연계하여 리더십 실패 방지를 위한 교훈과 방안들을 제시할 것이다.

2.1 리더십 실패의 유형

리더십의 실패하게 되는 요인은 앞에서 제시한 바와 같이 세 가지로 구분된다. 리더십 실패의 유형 정립은 리더십 실패에 대한 선행연구 결과를 토대로 접근할 수밖에 없으므로 선행연구들에서 제시한 분석결과를 〈표 3-31〉과 같이 재정리 하였다.

리더는 다양한 이유 때문에 실패할 수 있다. 거기에는 어떤 패러다임 같은 것이 있다. 이러한 패러다임과 제시된 리더십 실패요인들을 참조하여 〈그림 3-33〉과 같이 세 개 요인 범주에서 여섯 개 유형으로 제시하였다.[10]

〈표 3-31〉 리더십 실패요인 정리

검증 문헌	리더십 실패 요인들	
기존 리더십 이론	• 무지, 무욕, 무심 • 부 적합 배치 • 육성 태만 • 대체요인의 존재 • 전략팀이나 이사회와의 관계 실패	• 스타일 고착 • 비전 실패, 거래 지향성 • 실패 귀인 • 인지적 역량의 한계
리더탈락 문헌	• 인간관계 기술 부족 • 변화 대응 못함	• 초기 성공에 대한 자만(유연성 결여) • 전략적 사고 부재
5-계절 모델	• 패러다임 고착	• 인지구조의 경직
카리스마의 실패	• 자기도취 • 무리한 인상 형성 • 후계자 육성 부재	• 지나친 자신감 • 실천 무관심
독극형 리더십	• 강요형 • 패배자형	• 거리의 투사형

자료: 백기복(2009), 『리더십 리뷰』, 창민사, 384쪽.

---

10 백기복 외(2010), 『리더십의 이해』, 창민사, 417-423쪽을 참조하여 재구성.

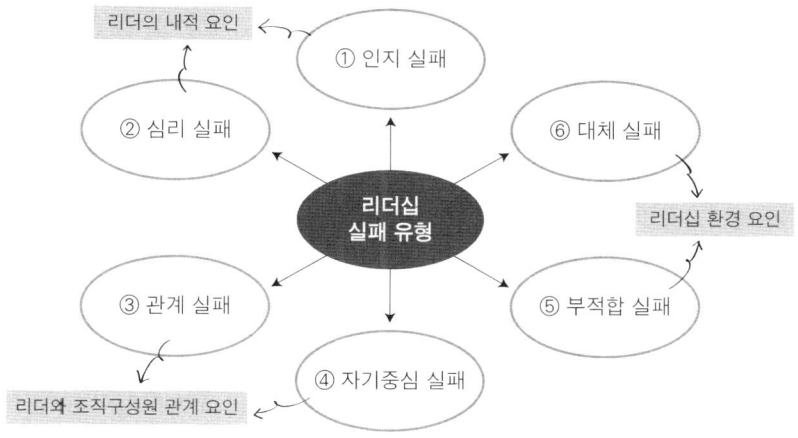

〈그림 3-33〉 리더십 실패의 유형들

자료: 백기복 외(2010), 『리더십의 이해』, 창민사, 418쪽을 참고로 재구성.

1) 인지 실패

뭘 몰라서 실패하는 경우이다. 전문성이 떨어지고 과업을 이끌어갈 만한 역량도 모자라고 이로 인하여 비전을 제시하지도 못한다. 아는 것이 별로 없는 리더는 인간관계에 치중하게 된다 잘 챙겨주고 배려해주고 위임해주는 노력을 통해서 부족한 전문성을 보완하려고 노력한다. 하지만 이것은 미봉책은 될 수 있지만 근본적인 해결책을 될 수 없다. 작은 팀을 이끄는 리더도 마찬가지이다. 팀장으로 승진은 했는데 자리가 없어서 한 번도 해보지 못한 과업을 맡게 되는 경우가 있다. 열심히 배우고 하여 어떻게든지 팀을 유지는 할 수 있을지 모르지만 획기적인 성과는 기대하기 힘들다. 리더가 능력을 겸비하지 못하면 그 조직의 성공은 기대할 수 없다.

2) 심리 실패

리더가 성공에 자만하든가 아니면 실력은 있는데 자신감이 없어서 실패하게 되는 경우이다. 또한 나르시시즘(Narcissism)이라는 자기도취에 빠져 실패하기도 한다. 특히, 큰 성과를 이루어온 리더일수록 심리 실패를 주의해야 한다. 리더가 한 번 성공하면 자신의 강점에 과도하게 의존하려는 성향을 보인다. 자신의 강점만을 중시하다 보면 약점을 스스로 보완하려는 노력을 게을리하게 된다. 이것은 곧 약점 보완을 위해서 다른 사람에게 의존하게 된다는 것을 뜻한다. 그러면서 같은 상사 밑에 장기간 안주하게 되고 이것이 자신의 능력을 과신하는 결과를 가져와 실패한다.

3) 자기중심 실패

리더가 조직구성원들의 존재나 그들이 원하는 욕구는 무시한 채 자신의 욕구, 자신의 필요, 그리고 자신의 입장만을 강조하여 충족시킴으로써 리더십이 실패하게 되는 경우를 뜻한다. 자기중심 실패는 리더의 무심, 무관심, 후계구도의 부재 등에 기초하며 나아가 조직구성원들에게 자신의 의견에 합의할 것을 강요하든가 투사나 깡패와 같은 행동을 보여 준다. 자기중심 실패에 임박한 리더들은 종종 말투가 거칠어지고 조직구성원들을 하수인 다루듯 하며 휴일에 출근하라는 등의 무리한 요구를 많이 한다. 특히, 이들은 자기 방어 성향이 매우 강하다. 일이 잘못되었을 때 항상 다른 사람에게 그 원인을 돌리는 데 능하며 자신을 보호하기 위해서라면 어떤 행동도 불사한다. 자기방어의 구체적 행동들에는 부인, 변명, 공격, 철회, 합리화, 회피 등 다양한 형태의 행동들이 포함된다.

흔히 윤리적 리더십의 문제는 여기에 해당한다고 볼 수 있다. 조직구성원들의 인격을 무시하고 리더가 자신의 욕구를 우선적으로 내세워 강력히 추진하다 보면 항상 불만을 사 게 되고 윤리적 문제를 야기하게 되는 경우도 많다. 그러므로 리더의 자기중심 성향은 윤리적 차원에서도 적절히 통제되어야 하는 리더십 실패요인이다. 자기중심적 리더는 결정 사항을 실천하는 과정에서 다른 부서나 관련 부서로부터 적절한 지원을 받아올 줄 모른 다. 그러다 보니 용두사미식 일처리로 끝나게 되고 불신이 팽배하게 된다.

4) 관계 실패

이 유형은 인간관계를 잘못하여 리더십이 실패하게 되는 것을 의미한다. 리더로서 인 간관계 잘못에 의한 실패는 치명적이다. 왜냐하면 리더십이라는 개념 자체가 좋은 인간 관계를 전제로 하기 때문이다. 우리가 앞의 여러 장에서 학습하였듯이 리더십의 기초는 리더와 다른 사람들 간의 신뢰관계이다. 신뢰가 무너지면 모든 것이 무너지고 만다. 그러 므로 관계 실패에 의한 리더십 실패는 그만큼 진지하게 받아들여야 하는 것이다. 관계 실 패를 하게 되는 이유는 리더가 지나치게 이기적인 차원에서 인간관계를 이끌기 때문일 때 가 많다. 관계를 이용해서 자신의 욕구나 필요를 채우려는 것이 지나치면 항상 관계 단절 을 가져오게 된다. 합리성에 입각하여 상호 존중의 리더와 조직구성원 관계를 형성해나 가려는 노력이 요구된다.

또한 리더가 지나치게 거래적 리더십 스타일을 발휘해도 관계가 깊어지기 힘들어 진 다. 성인이 되어서 만난 사람들에게는 기본적으로 주고받는 거래적 관계가 바탕에 놓일 수밖에 없다. 하지만 리더로서 거래적 관계에만 머물러서는 기대 이상의 성과를 만들어

내기 힘들다. 비전과 철학을 공유하는 수준 높은 관계로 발전시켜나가는 리더가 되어야 한다. 조직구성원들을 육성시키려는 노력을 제대로 하지 않을 때도 관계 실패의 원인이 된다. 사람은 누구나 잘 되고 싶어 한다. 실력을 쌓고 싶은 욕구도 갖는다. 하지만 리더가 이러한 조직구성원들의 욕구를 충족시켜주지 않고 부수적인 일만 시키면 불만이 쌓이게 된다.

관계 실패의 대표적인 예는 윗사람이나 다른 사람들과 마찰을 빚게 되어 위임에 인색 하고 자신과 다른 스타일의 상사에 적응을 못하는 것이다. 또한 팀 구축을 할 줄 모르고 혼자서 일하는 것에만 익숙해 있다. 다른 사람을 설득하는 능력도 모자라다. 팀 내 갈등이 있어도 이를 적절히 해결할 수 있는 기술을 갖고 있지 못하다.

5) 부적합 실패

리더가 수행하는 과업이나 역할 또는 상황특성이나 리더의 스타일이나 자질이 적합하 지 않아서 실패하는 것을 의미한다. 리더와 조직구성원들 간에 궁합이 맞아야 서로 잘 지 낸다는 말이 있다. 그만큼 상황과 리더의 스타일 간의 적합화 여부가 중요하다는 의미이 다. 부적합한 경우에는 갈등을 야기하고 성과를 내기가 힘들어진다.

리더와 적합해야 하는 것은 과업의 특성, 리더의 상사, 조직구성원들의 특성, 동료들의 특성, 그리그 거시적 상황특성 등이다. 리더가 기를 펴고 제대로 일을 할 수 있도록 조직 문화(거시적 상황)가 뒷받침되어야 하고 상사와 조직구성원, 그리고 동료들이 밀어주고 도 와줘야 한다. 문제가 있다는 평가를 받던 관리자가 다른 직무를 맡고 나서 탁월한 성과를 내는 예를 얼마든지 찾아볼 수 있다. 특히, 시간이 지나면서 이러한 상황요인들은 바뀌게 되어 있다. 그러므로 바뀌는 상황의 특성에 맞춰 스스로의 스타일을 적합화시켜 나가려 는 노력이 필요하다.

6) 대체에 의한 리더십 실패

리더십을 발휘할 필요가 없어졌기 때문에 리더가 실패하게 되는 경우이다. 예컨대, 리 더의 상사가 모든 권한을 직접 장악하여 중간에 있는 리더가 더 이상 할 수 있는 것이 없 어질 때 리더십 실패의 원인이 될 수 있다. 또 어떤 때는 리더가 배려를 해주고 싶어도 별 도로 팀장이나 사업부장에게 책정된 예산이 없기 때문에 회식 한번 제대로 못하는 상황도 있다. 그런가 하면 리더의 자리가 없어지든가 팀장의 자리에 있던 사람이 팀원으로 발령 받게 되었을 때 리더십을 발휘할 수 있는 여지가 없어진다.

이처럼 대체에 의한 리더십 실패는 꼭 리더 자신이 원인이 아닌 경우가 많다. 상황적 이유 때문에 리더로서도 어쩔 수 없이 리더십 발휘기회를 박탈당할 수밖에 없는 것이 대체에 의한 실패의 특성이다.

이제까지 제시한 리더십 실패의 여섯 가지 유형에 대하여 사전에 예방할 수 있는 방법은 무엇일까? 이는 장기적인 차원에서 인사와 조직관리 측면에서의 종합적인 접근이 필요한 이슈이다.

2.2 리더십 실패의 방지

리더십의 실패를 방지하기 위하여 본 항에서는 첫째로 리더가 자신의 리더십의 강점을 발휘하는 과정에서 스스로 함정에 빠질 수 있는 경우를 분석할 것이다. 둘째로는 실패한 리더들의 사례에서 도출한 행동특성을 통해 성공적 리더가 갖추어야 할 기본 조건을 제시한다. 셋째로는 리더들이 실패를 방지하기 위하여 노력해야 할 사항들을 정리하여 제시할 것이다.

2.2.1 리더십의 덫

리더십에는 유형마다 강점과 단점이 이 있다. 동전의 양면처럼 리더십에도 '빛과 그림자'가 존재한다. 리더가 지나치게 강점만을 강조할 경우 어두운 그림자가 조직구성원들을 그늘지게 만들 수 있다. 조직을 지속적으로 성공시킬 것만 같았던 리더도 제반 환경의 변화에 대응하지 못해 실패를 겪기도 하고, 한 조직에서 성공한 리더가 다른 조직에서는 실패를 맛보기도 한다.

'과연 리더십에 정답이 있을까?'라는 의구심을 품게 하는 것도 이 때문이다. 저명한 경영학자 드러커(Drucker)도 '성공한 리더의 유일무이(唯一無二)한 리더십모델은 더 이상 존재하지 않는다.'며 성공을 담보하는 리더십 모델은 없다고 주장한다.

리더가 지나치게 자신의 리더십 스타일을 확신하다 보면 그 부작용 때문에 조직에 드리워지는 그림자를 놓치는 경우가 있다. 이것이 성공하는 리더의 발목을 잡는 덫이 되기도 한다. 나의 리더십 때문에 조직구성원들이 상처 받거나 힘들어 하는 것은 아닌지? 리더 스스로 반문해볼 필요가 있다. 리더십 유형별로 리더들이 스스로의 덫에 빠지지 않도록 유념해야 할 리더십 포인트들을 짚어본다.[11]

1) 일 몰입형 리더

일 몰입형 리더는 한 분야에서 전문성을 인정받은 리더들에게서 많이 발견되는 유형으로 소위 일벌레, 회사형 인간으로 통한다. 야근, 휴일 근무를 마다하지 않고 목표 달성, 성과에 전념하기 때문에 조직에서 초고속 승진은 당연한 결과일지 모르겠다. 경영자 입장에서 볼 때 싫어할 이유가 하나도 없어 보인다. 그러나 주도적이고 추진력이 강한 만큼 부작용이 없는 것은 아니다. 일 몰입형 리더는 높은 기대 수준을 가지고 엄하게 몰아부쳐 조직구성원들의 기를 꺾어 놓기도 한다.

(1) 쥐어짜기 식 성과 압박으로 가혹한 리더로 낙인찍힐 수 있다

전문성과 탁월한 성과 창출로 조직에서 인정받는 리더 중에 간혹 조직구성원들로부터 혹독한 평가를 받는 사람들이 있다. 성과를 위해 조직구성원들을 쥐어짜듯 몰아치거나, 실수나 잘못에 대해서는 상대방의 자존심에 상처를 주는 경우도 있다. 이런 리더의 경우, 조직구성원에 대한 배려가 필요하다, '인간 존중의 의미에 대해 배울 필요가 있다' 등의 평가를 면하기 어렵다.

조직의 성과를 위해서는 강하게 조직구성원들을 독려하는 리더십도 필요하다. 다만 조직구성원들을 다그치더라도 인간의 본성을 고려하고 육성 관점에서 접근할 필요가 있다. 조직구성원을 꾸짖을 때도 상대의 수용 능력을 고려해야 한다. 남의 잘못을 꾸짖을 때는 너무 엄격해서는 안 되며 상대방이 감당해낼 수 있는가를 생각해야 한다는 의미이다. 특히 요즘 젊은 세대는 상대적으로 스트레스 내성이 낮은 반면 자존감은 높은 편이다. 이런 특징을 리더가 이해하지 못하고 강하게 조직구성원을 압박하면 조직구성원들은 치유하기 힘든 상처를 받게 되고 리더에 대해 심한 반감을 갖게 될 수 있다.

조직 입장에서 보면 '일 몰입형 리더'가 일 잘하고 높은 성과를 내기 때문에 이상적인 리더로 보일 수는 있다. 그러나 이들의 리더십이 지나치게 가혹한 나머지 조직구성원들의 '하고 싶다는 열망'과 '자발적인 창의력'을 이끌어내지 못한다면 지속적인 성과 창출은 요원한 일이 될 수 있다는 점을 고려해볼 필요가 있다.

(2) 비현실적 기대 수준이 조직구성원의 기를 꺾을 수 있다

자동차 회사 포드의 창업자인 헨리 포드는 뛰어난 발명가이자 자동차 분야의 최고 기술자로 알려져 있다. 헨리 포드는 자신의 뛰어난 능력 탓인지 조직구성원들에게 항상 높은 기대 수준을 요구했다고 한다. 심지어 조직 책임자들에게 '조직구성원들이 지금까지의

---

11 조범상(2010. 11. 16), "당신도 리더십의 덫에 빠질 수 있다", LG경제연구원.

방식에 안주하게 놔두지 마라. 그들이 예상치 못한 것을 지적하고 항상 기대 수준을 높게 가져라'고 조언했다.

업무 능력이나 지적 능력이 우수한 리더들은 간혹 자신의 잣대에만 맞춰 조직구성원들을 평가하는 오류를 범하기도 한다. 평가를 지나치게 좋게 하는 것도 문제이지만 가혹하리만큼 박하게 하는 것도 문제가 될 수 있다. 리더가 이런 오류에 빠지면 조직구성원이 창출한 성과를 평가절하해서 기(氣)를 꺾어 놓기 십상이다. '본인이 뛰어나서인지, 웬만한 일에는 칭찬을 하지 않는다. 조직구성원 입장에서는 인정을 받지 못하니 일할 의욕이 사라진다.'는 말을 듣는 것도 이 때문일 수 있다.

이런 리더에게는 눈높이 경영이 필요하다. 부모가 아이의 눈높이에 맞추기 위해 허리를 굽히고 아이의 입장에서 이야기를 하듯이, 리더 역시 자신과 조직구성원의 기대 수준을 맞출 필요가 있다는 의미이다. 목표 설정을 하거나 평가 피드백을 할 때 리더는 조직구성원에게 기대하는 사항, 요구 수준을 분명하게 제시하고 서로 협의해야 한다.

이와 더불어, 작은 성과라도 칭찬하는 습관을 가질 필요가 있다. 리더 입장에서는 결과물이 만족스럽지 않을 수 있다. 왜 이렇게 밖에 못할까? 라고 생각할 수도 있다. 그럼에도 불구하고 매로 다스리기 보다는 칭찬으로 다스리는 것이 육성의 효과가 더 크다는 것을 리더가 잊어서는 안 될 것이다.

2) 관리형 리더

관리 중심형 리더는 내실을 충실히 다지면서 실수 없이 안정적인 조직 운영에 능하다. 집사와도 같아서 모든 일들을 원리와 원칙에 입각하여 주도면밀하게 관리한다는 평가를 받기도 한다. 다만 이런 유형의 리더들은 지나치게 세심한 부분까지 챙기다 보면 일의 분담, 권한 부여 등을 통한 조직구성원 육성에 자칫 소홀해질 수 있다는 점을 경계할 필요가 있다.

(1) 하나부터 열까지 챙기면 조직구성원 육성에 어려움을 겪을 수 있다

관리형 리더는 업무의 세세한 부분과 조직의 구석구석을 파악하고 있다는 점에서 강점을 가진다. 그러나 세세한 부분을 아는 것에 비해 본인이 직접 그 모든 것을 실행하려고 하는 것은 조금 다른 시각으로 바라볼 필요가 있다. 하나부터 열까지 챙기는 리더는 조직구성원을 육성하는 데에는 어려움을 겪을 수 있기 때문이다.

권한을 위임하는 것을 마치 장수가 칼을 놓는 것처럼 생각하는 경향도 있다. 그렇기 때문에 때로는 과감하게 조직구성원에게 맡기면 좋을 텐데 본인이 A부터 Z까지 다하려 한다. 아랫사람 입장에서는 '일할 맛이 나지 않는다'는 조직구성원들의 평가로부터 자유로울 수 없다.

이런 리더는 분명한 역할 분담을 고려해볼 필요가 있다. 리더와 조직구성원 각자가 서로 잘 할 수 있는 일, 그리고 해야 하는 일은 분명히 구분하여 이 선을 명확히 할 필요가 있다. 하루아침에 일상적인 업무에서 손을 놓으려면 리더 입장에서도 불안할 수 있다. 점진적으로 조직구성원들에게 하나씩 업무를 부여하고 책임을 지도록 만들 필요가 있다. 실무적인 일은 조직구성원들에게 맡기고 리더는 반드시 점검해야 할 것들만 챙기거나 본질적인 이슈, 미래 준비에 전념하는 것이 중요하다.

일상적인 업무에서 발생하는 문제보다는 미래 준비에 소홀해서 생기는 문제가 조직에 더 큰 상처를 줄 수 있다는 점을 리더가 인지할 필요가 있다.

3) 관계 중심형 리더

덕장에 흔히 비유되는 관계 중심형 리더는 조직구성원들과의 조화와 친화를 중시한다. 조직 내에 갈등이 발생하지 않도록 윤활유 역할을 자처하며 조직구성원들이 조직 생활에 어려움을 겪지 않도록 세심하게 배려할 줄 아는 리더십을 발휘한다. 그러나 자칫 관계 중심형 리더가 남에게 비춰질 자신의 좋은 이미지만을 생각하게 되면 갈등을 외면하거나 주도적인 실행에 약점을 보일 수도 있다.

(1) 갈등을 지나치게 의식한다

관계 중심형 리더는 자기 자신에 대한 이해뿐만 아니라 상대방에 대한 이해도 높다. 타인의 감정을 많이 의식하고 행동하기도 한다. 대인 관계에서 좀처럼 갈등이 발생하지 않는 이유도 여기에 있다. 그러나 이런 유형의 리더는 옆집 아저씨 같은 편안하고 부드러운 이미지를 중시하고 좋은 게 좋은 것이라는 사고 탓에 갈등 해결이 필요한 순간 오히려 그 자체를 감추거나 모른 척 넘기려는 성향을 주의할 필요가 있다. 그렇지 않을 경우, 언제나 웃는 얼굴로 무조건 좋은 사람, 착한 사람으로 보이려고 하는 '굿맨(Good man) 콤플렉스'에 빠질 수 있다. '사람은 좋은데 일은 빨리 해결되지 않는다', '싫으면 싫다고 이야기해야 하는데 도통 의중을 잘 모르겠다'는 평가를 받는 리더들이 이에 속한다고 볼 수 있다.

조직 생활에서 긍정적 의미의 갈등이 필요한 경우가 있다. 예를 들어, 서로의 협업이 필요한 순간 서로의 업무를 핑계로 또는 책임 회피를 위해 의사결정을 안 하고 핑퐁 게임을 하는 경우가 종종 있다. 이때 리더가 갈등이 두려워서 또는 자신의 이미지가 실추될 것을 우려한 나머지 양쪽의 입장만을 옹호하기 시작하면 문제 해결은 요원한 일이 되고 만다. 직접 나서서 서로의 의견을 두고 논쟁하게 만들고 갈등을 일으켜 의사결정을 하도록 만들 필요도 있다.

(2) 배려, 경청이 우유부단함이나 실행력 저하로 이어져서는 곤란하다

삼국지에 등장하는 유비는 조조에 비해 상대적으로 덕장에 비유되지만 우유부단한 리더로 묘사되곤 한다. '이 사람을 위해서라면 충성을 다 할 수 있겠다'라는 느낌을 갖도록 사람의 마음을 끌어당기는 인간적인 매력을 가졌음에도 불구하고 중요한 순간 의사결정을 실기(失期)하는 경우가 종종 있기 때문이다.

대화를 통한 배려와 경청은 조직구성원들의 마음을 열게 하고 공감대를 형성하도록 하므로 리더에게 꼭 필요한 덕목 중에 하나이다. 독일의 시인 괴테도 '황금보다 더 밝은 것은 불빛이며 불빛보다 더 찬란한 것은 대화'라고 말했다. 다만 리더의 배려와 경청도 실행의 관점에서 다소 전략적인 접근이 필요하다. 배려가 노력하지 않고 지속적으로 기대 이하의 성과를 창출하는 조직구성원을 방치하거나 부주의에서 오는 실수도 감싸주어야 하는 것으로 이해되어서는 안 된다. 경청 역시 '듣는 것이 수용을 의미한다'는 잘못된 기대를 상대방에게 심어줄 수 있는 점은 경계해야 한다. 실행의 관점에서 배려와 경청의 의미와 범위를 분명히 해야 한다는 것이다. 배려와 경청이 '일을 만들어가는 과정'과 연계될 필요가 있다. 배려와 경청은 잘 이루어지고 있는데 일은 제자리에서 맴도는 경우가 있다. 리더가 사람 사이의 원만한 관계 형성에만 초점을 맞추기 때문이다. 배려와 경청을 통해 이슈를 명확하게 정의하는 한편, 문제 해결의 방법 및 역할 분담 등의 실타래를 하나씩 풀어가는 것이 필요하다는 의미이다.

4) 변화 추구형 리더

최근 가장 각광받는 리더십 유형 중의 하나가 변화 추구형 리더십이다. 현실에 안주하지 않는 끊임없는 변화 모색을 통해 시장과 경쟁사의 빠른 변화, 기술의 급진전에 적시 대응하려고 노력하기 때문이다. 다만, 조직구성원들의 참여와 동의가 이루어지지 않는 지속적인 변화 추구는 조직에 피로감을 줄 수도 있고 개인의 독단적인 행동처럼 보여질 수 있다는 점은 경계해야 한다.

(1) 조직의 피로도를 경계하라

변화 추구형 리더는 조직이 창의적으로 움직이고 외부 시장 변화에 깨어 있도록 만드는 장점이 있다. 변화는 물론 중요한 것이지만 리더가 조직구성원들의 지지를 받지 못할 정도로 지나치게 오랫동안 변화를 추구할 경우에는 부작용을 겪을 수도 있다. 보고를 위한 보고가 조직구성원들의 창의와 의욕을 꺾는 것처럼 변화를 위한 변화도 조직의 피로도를 높일 수 있다. 팽팽하게 당겨진 활에 약간의 충격만 주어지더라도 쉽게 부러지는 것과 같은 이치이다.

발 빠른 변화도 좋지만 때로는 조직의 역량, 자원을 고려한 템포 조절이 필요하다. 해야 할 일들은 가득한데 역량 있는 인재가 충분하지 못하거나 역할 분담이 제대로 이루어지지 않는다면 오히려 조직에 불만이 쌓일 수도 있다. 더불어, 리더가 주도하는 혁신 못지않게 조직구성원들이 혁신의 필요성을 이해하고 공감하면서 이끌어갈 수 있도록 만드는 것도 중요하다. IBM의 혁신을 이끌었던 루 거스너 전임 CEO도 '변화가 성공하기 위해서는 회사 임직원들의 공감대가 선행되어야 하고 이들이 변화를 선도해야 한다'고 했다.

(2) 변화를 주도하기 위한 카리스마가 독단으로 비춰질 수 있다

아이폰, 아이패드의 연이은 히트로 혁신의 아이콘으로 자리 잡은 스티브 잡스. 그는 자사의 신제품을 발표하는 WWDC(Worldwide Developers Conference, 세계개발자회의)에서 카리스마 넘치는 프레젠테이션으로 전 세계 IT 마니아들을 매료시키곤 했다. 조직 운영에 있어서도 제품의 디자인과 사양을 구체적으로 제시하고 개발을 주도하는 등 강한 카리스마를 발휘한다고 한다. 이런 이유로 개인의 독단에 의한 원맨 경영이라는 따가운 눈총을 받는 경우도 있다.

카리스마는 변화에 대한 강한 자신감과 확신 속에서 발현되는 경우가 많은데 이것이 지나칠 경우 조직 내에서 독단으로 비춰지곤 한다. 이런 리더에게 조직구성원들은 '항상 자신이 옳다는 태도로 상대를 무시하고 말을 들으려 하지 않는다', '듣는 것이 1이라면 말하는 것이 9이다', '리더가 모든 것을 좌지우지하기 때문에 내가 할 수 있는 일이 없다'는 평가를 내리기도 한다. 카리스마가 자칫 독단으로 이어지면 조직 내에 집단 지성이 발휘되기 어렵고 '리더는 존재하나 리더십은 존재하지 않는' 부작용으로 이어질 수 있다.

이와 같은 부작용을 예방하기 위해서는 아무리 리더라 할지라도 타인의 평가와 자극이 필요하다. 이것은 타인의 관점에서 나를 객관적으로 바라보고 반추해볼 수 있는 진단과 학습의 도구로서 중요한 의미를 가진다. 이런 장치가 마련되어 있지 않다면 리더들은 자기만족적인 독선에 빠질 수밖에 없다.

2.2.2 실패한 리더들의 행동 특성

조직운영에서 끊임없이 제기되는 화두이며, 아무리 강조해도 지나치지 않은 것 중의 하나가 바로 리더십이다. 리더십이 현재의 성과를 만들어내는 견인차이며, 조직의 미래를 좌우하는 핵심 요인이라는 것에 이의를 제기하는 사람은 없을 것이다. 성공하는 리더와 실패하는 리더의 차이는 작은 행동 하나 하나에서 시작한다. 그렇다면 성공하는 리더와 실패하는 리더의 차이는 어디서 오는 것일까? 여러 요인들이 있겠지만, 리더십이라는 것은 결국 구체적인 행동으로 발현되는 것이기 때문에 평범한 리더와 뛰어난 리더의 차이는 실제로 작은 행동 하나 하나에서 시작되는 경우가 많다. 성공하는 리더들은 지속적인 노력을 통해 조직구성원들의 강한 몰입을 이끌어낼 수 있는 행동들을 주로 하지만, 실패하는 리더들은 조직구성원들의 과도한 스트레스를 유발하고 사기저하를 가져 올 수 있는 행동들을 주로 보인다. 이에 실패하는 리더들이 주로 보이는 행동특성에 대하여 LG 경제연구원의 연구결과를 인용하여 제시한다.[12]

1) 실행력의 부족

성공하는 리더와 실패하는 리더의 근본적인 차이는 어떻게 조직구성원들의 강한 의지와 행동을 독려하여 실행력을 확보하느냐에 달려 있다. 실행력이란 근본적으로 사람을 움직이는 일이기 때문에 뛰어난 리더십이 없다면 실행력이 발현되지 않을 것이다. GE의 잭 웰치, 월마트의 샘 월튼, 사우스웨스트 항공사의 허브 켈러허, 그리고 토요타의 오쿠다 히로시 등이 바로 실행을 조직 문화로 정착시킨 대표적인 성공 리더들이라고 할 수 있다. 월마트의 유통 관리 시스템, 사우스웨스트 항공사의 저원가 고효율 서비스, 토요타의 린 생산 방식 등은 그것을 탄탄하게 구현할 수 있는 체계적이고 철저한 실행력이 뒷받침되었기 때문에 쉽게 모방할 수 없는 경쟁 우위가 되었다. 그렇다면 실행력이 부족한 리더는 주로 어떤 행동을 보일까? 그들은 기본적으로 잘못된 결정을 내리는 것을 두려워한다. 이로 인해 너무 많은 변수를 고려하다 보니 제때에 기회를 포착하지 못하거나 의사결정이 지체되는 경우가 많다. 또한 자신이 옳다고 생각하더라도 상대방이 강하게 나오면 자신의 주장을 쉽게 굽히거나 한번 내린 결정에 대해 번복하는 경우가 잦다. 특히 타인에게 싫은 소리를 못하여 조직구성원의 잘못을 보고도 크게 질책하지 못하거나, 위험 부담이 큰 경우에는 상사가 의사결정을 내려주기를 바라는 등 리더로서의 카리스마가 부족한 행동 특성

---

12 정영철(2004. 8. 13), " 실패한 리더, 이렇게 행동한다", LG경제연구원, 『주간경제』 793호.

을 보이기도 한다. 이렇듯 과감하고 단호한 결정이 요구되는 상황임에도 리더가 자신감 없이 우유부단하거나 온정주의적인 태도를 보인다면, 조직이 커다란 위기에 봉착하게 될 수 있다.

2) 변화에 둔감

과거 잘 나가던 기업들이 오랜 시간을 버티지 못하고 후발 주자에게 선두를 내주거나 시장에서 퇴출되는 사례를 분석해보면, 외부 환경 변화에 둔감한 리더십이 실패의 주요 원인인 경우가 상당수이다. 변화에 둔감한 리더들은 본인 스스로가 기존의 관행이나 고정관념을 탈피하지 못하고 조직구성원들의 창조적 실험 정신을 고무하려는 의욕과 노력이 부족하다. 변화에 둔감한 리더들은 미래에 무엇을 성취할 것인가를 고민하기 보다는 지금까지 자신이 성취해 놓은 것을 지키려고 하는 경향이 강하다. 그들은 경직된 사고로 인해 내외부 고객들의 요구를 무시하거나 현 조직의 상황을 고려하지 않고 과거의 성공 경험을 그대로 적용하려는 행동을 하는 경우가 많다. 또한 대부분 실패에 대한 두려움으로 새로운 시도보다 현상 유지에 중점을 두거나 회사의 규정과 규율에 얽매여 변화를 추진해나가지 못하는, 이른바 '위험 회피형' 행동을 보이기도 한다. 이와 같은 행동을 주로 보이는 리더들은 변화나 위협에 직면하더라도 그것들을 인지하지 못하거나 방어적으로 기존의 방식을 합리화하려 한다.

3) 권위적인 행동

불과 10년 전, 아니 수년 전만 해도 조직구성원들로부터 존경 받는 리더보다는 상사로부터 인정받는 리더가 주요 관심사였다. 대부분의 리더들에게 조직구성원들은 단지 효율적으로 관리해야 할 대상일 뿐이었다. 지금처럼 조직구성원들로부터 신뢰와 존경을 받는 것이 크게 중요하지 않았고, 조직구성원들이 스스로 신바람 나게 실력을 개발, 발휘할 수 있는 조직 여건을 갖추는 것에 고민하는 관리자들도 그렇게 많지 않았던 것 같다. 하지만 인재들이 열정적인 의욕으로 업무에 몰입할 수 있도록 동기 부여하는 것이 리더의 핵심 역할로 부각되면서, '시키는 대로나 해라' 식의 권위적인 행동은 리더들이 가장 경계해야 할 행동이 되고 있다. 리더의 독선적이고 권위적인 행동은 조직구성원들의 동기부여나 업무 몰입도를 저하시키고 결과적으로 인재들을 떠나게 만드는 주요 요인이 되기 때문이다.

권위주의적 리더의 가장 큰 행동 특징은 조직구성원들과 열린 마음으로 대화하지 못한다는 점이다. 예를 들어, 항상 자신의 업무 스타일에 맞추도록 강요하기 때문에 조직구성원들이 주눅이 들어 자신감을 상실하거나 자신의 아이디어와 다른 생각이나 비판적 의견을 내면 권위를 내세워 자신의 주장을 관철하려 한다. 또한 최악의 경우 반발하는 사람들을 소외시키고 동조하는 사람들만을 중심으로 일을 추진하는 경우도 있다. 결국 이런 리더들이 이끄는 조직에서는 비판적인 의견을 내놓는 사람은 질책이나 비난을 받을 것이라는 두려움이 만연해 있기 때문에, 새로운 기회나 해결책에 단서가 될 수 있는 아이디어를 제시하는 사람을 쉽게 찾지 못할 것이다.

4) 구체적인 현황 파악에 무관심

실패하는 리더의 또 다른 행동 특징은 핵심적인 결정만 자신이 직접하고 다른 세세한 것들은 무시하는 경우가 많다는 것이다. 이럴 경우, 이른바 가까운 곳에서 일어난 일을 잘 모르는 '등잔 밑이 어두운 리더'가 될 수 있다. 형식적인 현장 방문으로 현장의 요구 사항이나 의견을 파악하지 못하거나 신뢰하는 측근의 보고만으로 제한된 정보에 의존해서 의사결정을 하는 경우가 가장 흔하면서도 치명적인 실수라고 할 수 있다. 이와 같은 리더는 조직구성원들이 기안한 계획서를 세부적인 검토 없이 그대로 수용하거나 결정이나 지시를 내려놓고 실제로 실행이 되는지를 챙기지 않는 경향이 있다. 또한 구체적인 현황 파악에 무관심하기 때문에 주요 업무를 진행하는 과정에서 실수를 하거나 문제가 생겼을 때 그 원인 파악이 빠르지 못한 경우가 자주 발생한다.

반면 성공하는 리더일수록 다각적인 채널을 통해 사업뿐만 아니라 조직구성원에 대해서도 상세하게 파악하고 현장의 목소리에 직접 귀를 기울이는 현장 경영을 추진해나간다. 예를 들어, GE의 잭 웰치 회장의 경우 직접 관리하고 있는 조직구성원들의 수가 많은 것으로도 유명하지만 다차원의 정보를 통해 이들의 능력 및 성격까지도 파악했던 것으로도 잘 알려져 있다.

물론 역으로 과다하게 세부 사항에 집착하여 큰 그림을 그리지 못하거나 모든 문제에 일일이 관여하여 조직구성원들의 문제 해결 능력을 키우지 못한다면 이 역시도 문제가 될 것이다. 하지만 사업 현황이나 업무 내용을 상세하게 파악하여 이를 바탕으로 직접 현장을 진두지휘하려는 노력은 실패하는 리더와 그렇지 않은 리더를 구분 짓는 주요한 행동 특성이라고 할 수 있다.

5) 칭찬은 인색, 책임은 엄격

신상필벌(信賞必罰)은 상을 줄 사람에게는 반드시 상을 주고 반대로 잘못한 사람에게는 반드시 벌을 내린다는 뜻으로 동양 역사상 최고의 참모로 꼽히는 제갈량이 신조처럼 여겼던 문구라고 한다. 이는 인재들이 스스로 몰입해서 일할 수 있는 조직 여건을 조성하는데 필요한 기본 원칙으로 업무 수행 결과에 따라 엄격하고 공정하게 상벌을 적용한다는 의미뿐만 아니라 신상과 필벌이 균형을 이루어야 한다는 뜻도 포함하고 있다.

좋은 인재가 오래 머물지 않고 떠나는 조직을 분석해보면 칭찬은 인색하면서 과실에 대한 질책은 엄격한 필벌 중심의 사고를 가진 리더가 많다고 한다. 예를 들어, 업무상 난관에 부딪혔을 때 해결 방향을 제시해주기보다 질타와 책임 추궁만을 하는 경우나, 책임감과 열의를 가지고 열심히 일하는 모습을 인정하는데 인색한 경우가 바로 그 예가 될 수 있다. 특히 사소한 일에도 꼬투리를 잡아 야단을 치거나, 목표 대비 실적이 미진하면 대안을 강구하지 않고 조직구성원들을 다그치기만 하는 행동은 조직구성원들의 동기부여에 치명적으로 부정적인 영향을 줄 수 있다.

6) 인재를 키우는 일에 무관심

과거 조직에 대한 충성심을 바탕으로 직장에 온갖 열정을 쏟았던 상사들 중에는 '우리 때는 밤을 새가면서도 일이 최우선이었는데 요즘 젊은 애들은 정신력이 부족해'라고 불평을 하는 사람들이 있다. 이런 관리자들 중에는 오직 일 밖에 모르는 일벌레형 리더들이 많다. 이들은 조직구성원들이 잠시의 여유를 갖는 모습을 보면 불안해하고, 항상 바쁘게 움직이는 것처럼 보여야 마음을 놓는다. 또한 항상 일을 우선시하고 일 중심으로 행동하기 때문에 개인의 능력과 적성을 고려하여 성장할 수 있도록 배려하는 활동들은 단기적인 업무 장애를 우려하여 우선순위에서 밀리게 된다. 그러나 실력과 애정으로 인재를 육성하려는 리더가 없는 조직에서 조직구성원들이 신바람 나게 업무에 몰입할 리가 없다. 몇 년 전 리서치 전문기관인 헤이그룹(Hey Group)의 설문조사에 의하면 자아 성장이나 자신이 하고 싶은 일을 할 수 있는 기회 등이 일하고 싶은 회사의 첫 번째 조건인 것으로 나타났다. 자신의 능력과 성과를 제대로 인정받고 자신의 재능을 마음껏 발휘할 수 있는 조직 여건이 갖추어져 있어야 조직구성원들이 조직을 떠나지 않고 스스로 몰입해서 일을 하게 될 가능성이 높다는 것이다. 조직구성원들이 배우고 성장할 수 있는 기회를 창출하고 조직의 목표와 개인의 목표를 일치시키려는 노력들은 훌륭한 리더가 되기 위한 기본 조건이라고 할 수 있다. 예컨대 자신의 경험, 지식, 스킬을 공유하면서 조직구성원들이 커나갈 수 있도록 적극적으로 도와주거나 직무 순환 및 교육 참여에 당사자의 의견을 최대한 수렴하는 등 조직구성원들의 잠재적 역량을 적극 개발할 수 있는 활동들을 행동으로 옮겨 나가야 성공하는 리더가 될 수 있을 것이다.

어떤 조직이라도 리더의 위치에 있는 사람들이라면 여러 단계의 엄정한 선발 과정을 거쳐 충분한 자격을 갖춘 것으로 판단된 사람들이기 때문에 대부분 앞서 언급한 부정적인 행동을 일상적으로 빈번하게 하지는 않을 것이다. 사실 리더십 역량이 잘못 발휘된 행동들은 지배적으로 나타나는 행동이라기보다는 보통의 리더라면 위기나 스트레스 상황에서 누구나 가끔씩 할 수 있는 행동들이다. 하지만 어쩌다가 한 번 하는 행동이라도 조직구성원들에게 미치는 파급 효과가 크기 때문에, 부단한 노력을 통해 그런 행동을 하지 않도록 경계를 해야 한다. 왜냐하면 별 생각 없이 던진 한 마디 말이나 행동이 조직구성원들의 의욕과 열정을 꺾어 버리거나 조직구성원들과의 신뢰 관계를 무너뜨릴 수도 있기 때문이다.

2.2.3 실패 방지를 위한 노력

실패하지 않는 리더가 되려면, 자신의 강점을 살리되 그로 인해 발생할 수 있는 부작용에 대해 자각하고 주의할 필요가 있다. 이것이 스스로 만들어 놓았을지도 모르는 리더십 덫에 빠지지 않는 길이다. 또한 실패한 리더들의 행동특성을 반면교사(反面敎師)로 하는 지혜가 필요하다. 그리고 모든 리더들은 리더십의 실패 방지를 위하여 다음의 노력할 사항들에 대한 생활화가 필요하다.[13]

첫째, 준비하라. 리더는 항상 현재의 성공에 안주하지 말고 다음에 올 도전에 대해서 준비하는 자세를 가져야 한다. 지금 성공하고 있다고 해서 평생 그렇게 머물러 있을 수 없는 것이 우리 인생이다. 신입사원이라면 관리자에게 필요한 리더십 기술을 미리 배워야 하고 관리자가 되었으면 경영자로서 갖춰야 하는 전략적 사고력을 미리 학습하고 연습해 둬야 한다. 관리자가 되고 나서 관리자에게 필요한 리더십 훈련을 받는다고 해서 갑자기 그러한 능력이 개발되는 것이 아니다. 이들은 시간을 필요로 하고 고민과 경험을 필요로 한다. 그러므로 미리 준비하지 않고서는 시간이 지났을 때 성공하는 리더가 되기 힘들다.

둘째, 스스로를 돌아보라. 리더는 자신을 잘 알아야 한다. 자신의 성격이며 인지의 틀, 강점과 약점 등에 대해서 항상 돌아보고 스스로 조정해나가려는 노력을 기울여야 한다. 리더의 문제점은 리더 자신만 모르고 있고 주변에 있는 다른 사람들은 다 알고 있는 경우가 많다. 그러므로 리더는 항상 다른 사람들로부터 자신의 스타일에 대해서 피드백을 구

---

13 백기복 외(2010), 『리더십의 이해』, 창민사, 427-428쪽.

해야 한다. 공식적으로 360도 리더십 진단을 받아보는 것도 매우 유용한 방법이 될 것이다. 특히 아래에 있는 조직구성원으로부터 자주 피드백을 구하는 노력이 필요하다. 조직 생활을 하는 사람들은 누구나 윗사람의 평가에는 민감하다. 그러나 아랫사람들의 의견은 귓등으로 흘러듣는 수가 많다.

셋째, 사람에 투자하라. 리더는 주변 사람들의 마음을 양식으로 먹고 자란다. 마음을 얻기 위한 시간과 노력의 투자가 이루어져야 한다. 특히 넓고 깊은 관계를 통하여 관계실패를 예방할 수 있다. 관계의 핵심은 신뢰와 신용이다. 관계의 확대는 리더 자신을 다른 사람들의 마음에 비추어 확인해보는 작업이기도 하다.

넷째, 본업에 집중하라. 주어진 역할과 책임을 소홀히 해서는 다른 주변적인 것들을 아무리 잘해도 소용이 없다. 본업이란 시키는 것, 주어진 것만을 뜻하는 것이 아니다. 주어진 과업을 다양한 각도에서 바라보고 새롭게 해석하여 접근하는 것을 생명으로 한다. 본업을 깊이 분석하고 고민하면 창의적인 시각이 나온다.

끝으로, 쉬지 말고 변화하라. 트렌드를 읽고 그에 앞서가려고 노력해보자. 변화에는 따라가는 변화와 앞서가는 변화가 있다. 추세가 확실해지고 난 다음 그에 맞추는 것도 필요하다. 하지만 앞서가는 변화가 리더의 성공과 실패를 결정한다. 그러기 위해서는 세상 변화에 민감할 필요가 있다.

오늘날 리더들은 수많은 역할과 능력을 요구 받고 있다. 물론 이러한 것들은 조직의 리더라면 당연히 해야 하는 행동이지만 실제 그러한 행동을 하기 위해서는 끊임없는 노력이 필요하기 때문에 결코 쉬운 일이 아니다. 성공하는 리더와 실패하는 리더의 기본적인 차이는 타고난 자질이나 재능이 아니라 학습과 노력을 통해 리더십을 개발하려는 강한 의지에 달려 있다는 점을 간과해서는 안 될 것이다.

제3절 리더십 실패 사례

1974년 8월 9일, 미국의 37대 대통령이던 리처드 닉슨(Richard Nixon)이 워터게이트 사건으로 사임한다. 2010년 세계를 놀라게 한 최대 경영이슈는 글로벌 1위 자동차 메이커인 토요타의 대규모 리콜 사태다. 이는 일본 기업들에게 충격으로 확대되었으며 얼마 전까지만 하더라도 전 세계를 호령하던 일본 기업이 갑자기 실패사례로 경영학 교과서에 오를 지경에 이른 원인은 과연 무엇일까요? 현직 미국 대통령의 사임, 그리고 글로벌 1위 자동차 메이커인 토요타 사태에서 우리는 무엇을 반면교사로 삼아야 할까요? 이러한 물음에 대한 답은 현재와 미래의 리더들에게 간접경험을 통하여 이와 유사한 실패를 반복하지 않도록 하는 것이다.

본 항에서는 리더십 실패의 사례들을 제시하고 실패의 원인들을 도출하여 성공방향을 제시해본다.

3.1 미국 대통령의 리더십

데이비드 거겐(David Gergen, 2002)은 닉슨, 포드, 레이건, 클린턴 대통령 시절 백악관에서 근무하면서 본 네 명의 대통령의 강점과 약점을 분석하여, 이중 세 명의 대통령을 실패한 대통령으로 평가하고 이유를 제시하였다.[14] 그리고 이를 토대로 성공적인 대통령이 되기 위한 일곱 가지 리더십의 교훈을 정리했다.

1) 닉슨 대통령

오늘날의 대통령 가운데 재임기간 중에 닉슨만큼 빈번하게 정적들의 도마 위에 올랐던 사람도 없었으며 퇴임 후 역사가들로부터 혹평의 대상이 되었던 사람도 없었다. 1996년 아서 슐레진저(Schlesinger)는 36명의 역사학자들을 대상으로 미국 역대 대통령들의 업적에

〈그림 3-34〉 미국의 대통령들(리더십 실패)

---

14 David, Gergen(2002. 3. 31), 서율택 역, 『CEO 대통령의 7가지 리더십』, 스테디북.

대한 총체적인 순위를 조사한 적이 있다. 그는 치명적인 실정을 했던 율리시즈 그랜트 및 워렌 하딩과 함께 리처드 닉슨을 꼴찌로 낙점했다. 닉슨은 워터게이트 사건을 일으켰고, 그로 인해 1974년 8월 9일 스스로 퇴진했다. 그러나 그의 퇴진으로 막을 내렸던 장기간의 전국적 소요는 미국인들의 뇌리 속에서 결코 잊히지 않을 사건이 되었다. 또한 닉슨은 불명예를 영원히 안고 살아야 하는 유일한 대통령이 되었다.

첫 번째 임기가 끝난 후 1972년 닉슨은 재선에서 60%의 지지율을 얻었다. 이것은 역사상 두 번째로 높은 기록이었다. 그 당시 재선에서 1,800만 표라는 압도적인 표 차는 역사상 유래가 없었다. 20세기 정치에서 프랭클린 루스벨트를 제외하면 대통령 선거전에서 다섯 번에 걸쳐 공화당 후보로 지명되었던 사람은 오로지 닉슨뿐이었다. 선거를 거듭할수록 더 많은 사람들을 그처럼 후원자로 끌어들일 수 있는 사람이라면 대중의 상상력을 사로잡는 뭔가가 있었으리라는 점은 누구나 쉽게 이해할 수 있을 것이다. 지도자로서 그렇게 높은 곳까지 올라갔고 반면에 그렇게 낮은 곳까지 추락했다는 것 또한 연구해볼 만한 가치가 충분하다. 닉슨은 모든 것을 얻었고 그 모든 것들로부터 철저하게 버림받았다.

미국은 항상 상향식 사회였으며 지도자의 권력은 자기 자신이 아니라 국민들로부터 나왔다. 미국의 헌법은 '우리들, 미국 국민은'이라는 말로 시작된다. 또한 링컨은 '국민에 의한 국민을 위한 정부'라고 했다. 하지만 닉슨은 국민들을 철저히 불신했다. 그는 핵심적인 현안에 대해서조차 국민들의 지지를 결집시키기 위해 알릴 필요가 있다고 생각하는 사실들만 알렸다. 국민들이 베트남전에 대한 안내를 촉구했을 때 소위 침묵하는 다수를 빌미로 그가 했던 일이 실은 이런 방식이었다. 그는 캄보디아 침공을 숨겼고 미국이 패전했다는 사실조차 은폐하려고 했다. 닉슨이 진정으로 국민들의 판단을 신뢰했다면 1972년 6월에 그는 워터게이트 불법침입으로 이어졌던 그 사건의 잘못을 설명하기 위해 국민들 앞에 나섰을 것이다. 대신 그는 2년이 넘도록 워터게이트에 대해 거짓말을 했다. 이렇듯 닉슨은 미국적인 민주주의 전통과 거리가 멀었다. 대통령의 또 다른 주요한 의무, 즉 도덕적 리더십의 문제도 크게 신경 쓰지 않았다.

2) 포드 대통령

제럴드 포드가 대통령으로 재직했던 것은 겨우 895일로 20세기의 미국 대통령들 가운데 가장 임기가 짧았지만 리더십에 관한 아주 중요한 교훈을 남겼다. 그는 취임 후 처음 몇 주일 동안, 특히 첫 백일 동안 대통령의 능력을 입증하는 문제가 얼마나 중요한지를 여실히 보여 주었다.

특히, 거대한 조직일수록 앞장서서 조직을 이끌어갈 사람이 필요하다는 사실 또한 중요한 문제였다. 지도자가 성격상 채찍을 휘두르지 못한다면 누군가에게 채찍을 맡겨 말을 앞으로 달리게 할 수 있는 권한을 주었어야 했다는 뜻이다. 일단 지침이 결정된 후에 대통령이나 백악관 팀이 확고한 추진력을 보여 주지 못하면 지도자에 대한 불신이 확산될 것이고, 그 같은 불신을 되돌려 놓는 데에는 엄청난 어려움이 따른다. 포드는 이런 점에서도 역시 문제를 노출시켰고 이런 약점은 그가 아무런 준비도 없이 대권을 넘겨받았다는 데서 비롯되었다.

1974년 9월 8일 일요일 아침, 포드가 집권한 지 정확히 30일째 되던 날 백악관은 한 마디 사전 언질도 없이 대통령 특별 담화를 발표하겠다며 기자들을 불러들였다. 11시 정각에 포드 대통령은 '닉슨 대통령의 사면'을 발표함으로서 정권의 운명을 결정짓는 계기가 되었다. 사면을 발표한 그 짧은 순간, 국민들은 사면 소식을 듣고 분노했고 포드는 스스로 국민과 대통령을 이어주던 실낱같은 믿음의 끈을 끊어버렸다. 이튿날 피츠버그에서는 첫 비난성명이 터져 나왔다.

『뉴욕타임스』는 여론조사반을 현장으로 내보냈고 71%라는 경이적인 수치를 보였던 포드의 지지율이 하룻밤 사이에 49%로 추락했다는 사실을 확인했다. 이 일로 인해 포드는 대통령 재임기간 내내 자신의 발목에 무거운 모래주머니를 차고 미국을 이끌어가야만 했다. 그가 리처드 닉슨에게 베풀었던 새 삶이 결국 자신의 정치 생명을 단축시켰던 것이다.

3) 클린턴 대통령

클린턴은 그야말로 모순덩어리였다. 그는 역대 대통령 가운데 가장 영민한 사람 중에 한 사람인 동시에 가장 어리석은 실수를 저지른 사람이기도 했다. 클린턴은 전임 대통령들의 치세에 대해 탁월한 역사적 식견을 갖고 있었지만 역사적인 교훈을 경시하는 잘못을 범했다.

그는 최초로 의회의 탄핵을 받은 대통령으로 역사에 기록되었고 재임기간 중에 양원을 모두 야당에게 넘겨준 대통령이기도 했다. 또한 클린턴은 오랫동안 그를 숭배하는 폭넓은 충성파 집단을 형성했고 자신의 동지들을 누구보다 잘 보살폈다. 그렇지만 다른 한편에서 그는 사람을 철저하게 이용하고 무자비하게 버리는 습관을 갖고 있는 사람이었다.

클린턴은 자신에게 끊임없이 이어지는 윤리적 실책에 대해 그리고 회피를 위해서도 거짓말을 했다. 기사의 사전조율에 대한 의존까지 더 드러나지 않는 하나의 일관된 맥락이 클린턴 시대를 관통해왔다. 그것은 1998년 클린턴의 도덕적 권위가 붕괴됨으로써 끝이

났다. 모니카·르윈스키와의 관계와 뒤이은 거짓말들이 들통 남으로써 지도력과 명분이 추락했던 것이다. 그리고 뒤이어 의회와 언론을 비롯한 다른 권력 중심으로부터 표출된 분노의 폭발은 대통령의 지도력을 상실하게 하였다.

4) 레이건 대통령: 성공한 대통령으로 평가받는 리더십

역대의 다른 대통령들과 확연하게 비교될 수 있는 본능과 직관을 타고났던 시어도어 루스벨트나 프랭클린 루스벨트처럼 로널드 레이건은 정치에 있어서 타고난 천재였다. 두 명의 루스벨트처럼 레이건도 남들 눈에는 어려워 보이는 일들조차도 쉽게 처리하는 마술 같은 능력을 가진 사람이었던 것이다.

〈그림 3-35〉 제40대 미국 대통령
로널드 레이건

프랭클린 루스벨트 이후로 백악관의 가장 탁월한 리더를 꼽는다면 단연 레이건이다. 지도자의 척도는 얼마나 많은 흔적을 남겼는가 하는 것이다. 신 경제를 도입한 대통령, 냉전 종식에 기여했던 대통령, 정부와 자기 자신에 대한 이 나라의 태도를 변화시킨 대통령, 프랭클린 루스벨트 이후로 그처럼 긴 흔적을 남긴 대통령이 레이건 외에 누가 있었겠는가?

1981년 3월 초, 그가 대통령 집무실을 차지한 지 여덟 주가 안 되어 우리는 레이건의 입지가 급격하게 약화되기 시작했음을 감지했다. 아무리 그 같은 상황을 막으려 해도 어쩔 수 없었다. 허니문 기간이 끝나버릴 수도 있는 상황이었다. 그런 가운데 3월 30일 그에게 결정적인 전기가 찾아왔다. 이 결정적인 순간은 레이건 정권의 역사를 바꿔놓았다. 그날 오후, 대통령은 백악관에서 몇 블록 정도 떨어진 워싱턴의 힐튼에서 연설을 하고 있었다. 그런데 난데없이 대통령이 저격을 당했다는 소식이 백악관으로 날아왔다. 세계의 모든 언론들은 그 사건이 발생하고 몇 분 안 되어 일제히 텔레비전 중계를 통해 동시에 전 세계를 경악시켰던 것이다.

대통령 전용 리무진을 타고 쏜살같이 조지 워싱턴 병원으로 후송되는 동안 레이건 자신도 총을 맞았다는 사실을 실감하지 못하고 있었다. 단지 가벼운 상처를 입어 갈비뼈가 약간 아픈 거라고만 생각했던 것이다. 레이건은 자동차에서 나오면서 수행원들의 부축을 뿌리쳤고 본능적으로 상의 단추를 잠갔다. 그런 그의 모습은 대통령으로서의 감각을 보여주는 대목이었다. 그리고 국민들이 지켜보고 있는 한 흐트러짐 없이 걸음을 옮겼다. 그러고 나서 병원 문으로 들어서자마자 곧장 쓰러지고 말았다. 총알이 심장 바로 옆에 박혀 있었던 것이다. 목숨이 경각에 달려 있는 상황에서도 레이건은 물 흐르는 듯한 유머감각을 잃지 않았다. 그는 수술실로 들어가면서 의사를 쳐다보며 이렇게 말했다고 한다. '나는 당신이 철저한 공화당이길 바라오.' 또한 아내 낸시에게는 '허니, 내가 고개 숙이는 법을 잊어버려서 총을 맞았나 보오.'라고 말했다고 한다.

이것은 레이건 정권의 운명을 결정짓는 순간이었다. 누구나 예상할 수 있는 일이겠지만 국민들은 그의 주변으로 몰려들었다. 레이건에 대한 사람들의 감정은 전과 달라졌다. 많은 사람들에게 특히 근로 계층의 사람들에게 이제 그는 총탄 세례까지 받은 대통령으로 인식되었고 국민들은 그를 향해 미소를 보였다. 그는 국민의 마음을 얻은 것이다. 그리고 다음과 같이 그의 신념을 정착시켰다.

첫째, 미국은 특별한 임무를 부여받은 선택받은 나라다. 둘째, 미국은 일등이어야 한다. 이등은 허용될 수 없고 어느 나라에게도 뒤져서는 안 된다. 일등으로 마침표를 찍어야 하는 것이다. 셋째, 미국의 힘만이 평화를 보장할 수 있다. 넷째, 미국은 국민들이 노력과 상상력을 마음껏 발산할 수 있을 때, 즉 최대의 자유를 보장받을 때 비로소 강해진다. 다섯째, 미국의 실험은 개인의 자유와 전통적인 가치의 배양이라는 두 가지에 의지하고 있었다. 레이건 역시 어린 시절부터 그 같은 가치를 호흡하며 자랐으며 줄곧 그런 가치들을 고수해왔다. 그렇지만 그런 가치들은 현대 사회의 삶에 의해 얼마나 많이 파괴되고 있는가? 그는 그 같은 가치를 복원해야 한다고 믿고 있었다.

레이건 대통령은 자신의 믿음을 일관되게 견지함으로써 사람들은 레이건 자체가 그 자신의 신념과 동의어라고 믿게 하였다. 사상과 개성이 융화됨으로써 지도자로서는 더없이 강력한 무기를 얻었던 것으로 평가하고 있다.

슐레진저(1966)는 32명의 동료 역사학자들에 대한 설문을 바탕으로 역대 대통령에 대한 점수를 부여하였다.[15] 워싱턴과 링컨, 프랭클린 루스벨트가 수위를 달렸으며 제퍼슨과 잭슨, 포크, 시어도어 루스벨트, 윌슨, 트루먼은 위대함에 근접한 대통령으로 간주되었다. 놀라운 점은 트루먼 이후로 대통령들의 몰락이 시작되었다는 점이다. 트루먼의 뒤를 이

---

15 Arthur Meier Schlesinger, Jr. (October 15, 1917 - February 28, 2007) was an American historian and social critic whose work explored the American liberalism of political leaders. He popularized the term "imperial presidency" during the Nixon administration by writing the book 'The Imperial Presidency'.

은 세 사람의 후임자들, 아이젠하워와 케네디, 존슨은 고작해야 중상위 점수를 기록했다. 그 후로 나머지 여섯 명의 대통령은 중하위를 기록했다. 포드와 카터, 부시, 클린턴은 평균 이하의 점수를 기록했고, 닉슨은 실패자로 낙인찍었다. 상황이 이런데도 왜 우리는 최근의 대통령들로부터 리더십에 관한 교훈을 얻어야 할까? 우리가 현대의 대통령들을 연구해야 하는 이유는 그 후임자들이 배워야 할 것이 무엇인가를 찾아내야 하기 때문이다. 과거를 이해하는 것은 미래를 정복하는 필수적인 요건이기 때문이다. 성공적인 대통령이 되기 위한 고훈들을 정리해본다.[16]

(1) 리더십은 안으로부터 시작된다

지난 30년 동안 가장 재능 있는 대통령이라 할 수 있는 사람은 바로 리처드 닉슨과 빌 클린턴이었다. 두 사람 모두 남달리 총명했으며 풍부한 독서를 했고 정치적 감각이 가장 탁월했던 인물들이었다. 또한 두 사람은 똑같이 권력을 만끽했다. 그러나 두 사람은 모두 자기 정권의 몰락을 초래한 장본인이었다. 닉슨은 자기 안의 악마를 밖으로 불러냈으며, 클린턴은 스스로 도덕성을 제대로 다스리지 못했다. 그들은 지도자로서 세상을 다스리기 전에 먼저 부단한 자기 관리를 통해 인격적으로 성숙해야 한다는 것을 보여 주었다.

(2) 정책 목표를 명확하게 정해야 한다

대통령은 강인한 품성을 갖춰야 하는 만큼 명확한 정치적 목표를 갖고 있어야 한다. 이 나라를 향해 반드시 그가 어디를 향하고 있는지 얘기할 수 있어야 하며 그럼으로써 그것을 지지하는 국민들을 자신의 깃발 아래 모을 수 있어야 한다. 링컨의 목표는 미합중국의 분열을 막는 것이었고 프랭클린 루스벨트의 목표는 대공황을 종식시키고 전쟁을 승리로 이끄는 것이었다. 즉 대통령은 국민들에게 자신이 무엇을 위해 일하고 있는지 단 한 마디로 말할 수 있도록 해야 한다는 것이다.

(3) 설득력의 힘을 발휘해야 한다

케네디와 레이건은 20세기 후반의 가장 뛰어난 연설가로 국민들의 마음속에 각인되었는데 이것은 그들이 새로 등장한 텔레비전이라는 매체를 정확하게 이해하고 있었기 때문이었다. 두 사람은 텔레비전을 통해 대중들을 설득할 수 있는 탁월한 능력을 갖고 있었으며 특히 레이건의 경우에는 그 능력을 자신의 입법 목표를 달성하기 위한 강력한 수단으로 활용했다. 하지만 오늘날에는 대통령이 텔레비전에서 수다라고 할 정도로 많은 이야

---

16 David, Gergen(2002. 3. 31), 서율택 역, 『CEO 대통령의 7가지 리더십』, 스테디북.

기를 하기 때문에 대중들이 외면하고 있다. 조지 부시의 대중연설 회수는 실제로 레이건 보다 많았고 클린턴은 두 사람을 합한 것보다 더 많았다. 1997년 한 해 동안 545회나 대중 연설을 했다. 클린턴은 대체로 복잡한 정책을 대중들과의 관계 속에서 쉬운 말로 풀어서 설명하는 탁월한 재주를 갖고 있었다. 그러나 빈번한 대중 노출은 오히려 설득력이라는 측면에서 보면 그 효과가 미미했다.

(4) 국민, 의회, 언론과 협력해야 한다

오늘날의 정치평론가들의 공통된 잘못 중 하나는 통치행위에 있어서 중요한 것은 오로지 대중에 대한 설득력뿐이라고 생각한다는 점이다. 텔레비전은 지도력 확보의 소중한 도구가 된 것은 사실이지만 레이건의 성공 사례를 통해 알 수 있듯이 대통령과 백악관 팀이 민주주의 체제의 다른 요소들과 효율적으로 협력하는 것이 여전히 중요하다는 사실을 보여 준다. 대중과 의회는 똑같이 중요한 국가기구이며 언론 또한 민주주의의 중요한 행위자이기 때문이다. 사실 대통령은 스스로 자신이 그 같은 거미줄 망의 중심에 서 있는 행위자의 하나라고 인식해야 한다. 대통령의 주변에는 각기 다른 제도적 세력들이 포진해 있으며 협력을 통해서든 개인적인 매력을 통해서든 아니면 설득을 통해서든 대통령은 그들과 성공적인 협력관계를 구축할 필요가 있다. 국민과 의회, 언론이 물론 가장 중요한 요소이다.

(5) 취임 즉시 정책 추진에 돌입해야 한다

대부분의 조직에서는 리더의 힘은 시간이 흐를수록 강해진다. 기업의 최고경영자나 대학의 총장, 노동조합의 조합장은 장기적인 업무수행 능력의 자질을 통해 지위가 결정된다. 그렇지만 대통령은 그와 정반대다. 대통령의 힘은 순식간에 증발한다. 대통령은 취임 직후 6개월 안에 신속하게 국정을 장악하고 정책을 추진하지 못하면 성공적인 대통령이 되기 어렵다. 즉 의회의 휴회기간까지의 기간이 일반적으로 그가 앞으로 갖게 될 가장 폭넓은 기회의 창이 된다. 이것이 바로 대통령이 발 빠른 행보를 해야 하는 이유이다.

(6) 유능하고 신중한 참모를 등용해야 한다

대통령은 자신의 주변에 최고의 보좌관들을 포진시켜야 한다. 링컨이 선거가 있던 날 밤에 바로 했던 일은 각료 후보자들의 명단을 정리하는 것이었다. 이 명단에 기초하여 그는 워싱턴에 버금가는 내각을 구성할 수 있었던 것이다. 시어도어 루스벨트, 프랭클린 루스벨트, 해리 트루먼, 이들도 모두 매우 유능한 보좌관들로 둘러싸여 있던 것으로 정평이 나 있다. 내가 봉사했던 대통령들 중에 레이건은 가장 탁월한 백악관 팀을 운영했고 포드는 최고의 내각을 구성했다. 두 사람의 리더십에 관한 역학의 차이를 읽을 수 있는 대목이다.

(7) 과업 수행을 위해 주변 사람들을 고무시킬 수 있는 능력이 있어야 한다

프랭클린 루스벨트가 죽자 그의 리더십에 관한 불후의 명작 가운데 하나가 집필되었다. 역사학자 윌리엄 로치텐버그는 이 책에서 루스벨트 이후에 적어도 여덟 명의 대통령이 그의 그늘 속에서 살게 될 것이라고 예견했다. 실제로 그 후임자 가운데 세 사람, 트루먼과 케네디, 존슨은 민주당이었고, 그들은 의도적으로 뉴딜의 완성을 캐치프레이즈로 내세웠다.

아이젠하워와 닉슨은 공화당이었고 그들은 뉴딜을 승인하고 그 정책을 계승했다. 사실 닉슨은 여러 측면에서 마지막 뉴딜 대통령이었다. 위대한 사회정책을 거부했던 레이건조차도 자신의 첫 정치적 영웅이었던 프랭클린 루스벨트의 업적을 훼손시키고 싶어 하지 않았으며 그의 리더십 스타일 가운데 많은 부분을 수용했다. 이것은 곧 유능한 대통령은 살아 있는 신화를 만들었으며 자신들이 죽은 후에도 오랫동안 추종자들이 자신의 과업을 이어가도록 고무시킨다는 점을 알려 준다.

3.2 한국의 IMF와 리더십

대한민국의 IMF 구제금융 요청은 1997년 12월 3일 대한민국이 외환위기(국가부도위기)를 겪으며 국제통화기금에 자금지원 양해각서를 체결한 사건이다. IMF 경제위기, IMF 외환위기, IMF 사태 등 IMF에 구제 금융을 요청했다는 상징성이 압축된 단어로 우리 언론에서 사용되고 있다.[17]

당시 대한민국의 대통령인 김영삼은 11월 10일 홍재형 당시 부총리와의 통화 이전까지 외환위기의 심각성조차 모르고 있었다. 이로 인해 대한민국의 경제가 큰 위기를 겪게되었다. 이를 극복하기 위해서 국제통화기금에서 요구하는 조건들을 수행해야 했으며 이 시기에 신자유주의 논리가 급속하게 확산되었다. 이 과정에서 많은 기업들의 부도 및 경영 위기를 초래하였고 대량해고와 경기악화로 인해 대한민국의 온 국민이 큰 어려움을 겪었다. 이 사건이 일어난 1997년 대통령 선거에서 여당은 대선에서 패배하여 정권교체가 되었다.

---

17 "온 국민이 한마음으로 이겨내", 『조선일보』 2008년 8월 18일자.

3.2.1 IMF의 원인

1995년 하반기부터 경제가 불안감을 가지게 되고 수출경쟁력이 약화되면서 해외자본으로부터의 신뢰를 받지 못하는 사태가 발생했다. 또 기술력을 경제력의 원천으로 두고 세계 속에서 경쟁 및 협력해나가는 다른 선진국들과 달리 외형 확장위주의 고성장에만 안주하고 정경유착, 도덕적 해이가 만연하게 되었다. 이로 인해 발생한 IMF 외환위기를 수용할 수밖에 없었던 주요 원인은 다음과 같다.[18]

1) 거시경제의 불 건전성

1995년 하반기 이후 경기둔화를 겪으면서 1996년 4.8%로 실질 GDP 성장률 6.8% 보다 훨씬 낮아져 이는 수출을 저해하고 수입을 촉진하여 경상수지 적자를 초래하고 투기적 공격을 받아 외환시장이 혼란이 예상되었다.

당시 외환위기 직전의 우리 경제는 중장기적 관점에서 볼 때 외채 상환능력이 저하되는 시기에 있었고 1994~1996년간 총대외지불부담, 순외채의 전년대비 증가율이 미 달러화 표시 경상 GDP 성장률을 크게 상회하고 있었던 것 등의 몇 가지 문제를 내포하고 있었다.

2) 우리 경제의 구조적 취약성

우리의 기업과 금융은 경제여건 악화에도 견딜 수 있을 만큼의 튼튼한 재무구조를 가지고 있지 못하고 경영의 투명성에도 문제가 있었으며 노동시장의 경직성이 완화되지 않는 실정이었다.

정부가 대기업이나 금융기관의 실패위험을 전적으로 안아주는 보험자 역할이 지속되면서 대기업 불사, 은행불패 라는 도덕적 해이 현상이 보편화 되었고 금융기관은 어려움에 봉착하면 정부가 도와줄 것이라는 믿음이 커져 위험성이 높은 대기업의 대출에 대해서도 주저 없이 자금 공급이 이루어졌다. 이러한 관행이 지속되면서 정경유착의 심화가 나타났다. 대기업과 금융기관은 외형성장전략을 추구하며 외형확장에 열중하게 되었고 재벌에 의한 경제력 집중이라는 또 하나의 취약성을 초래하였다. 재벌의 경제력 집중은 정경유착, 불공정경쟁 등 사회, 정치, 경제적으로 많은 문제를 야기했다.

사회 안정도 경제의 지속적인 발전에 중요한 요인이 될 수 있는데 남북 간의 대치상황은

---

18   삼성경제연구소(1998. 7), "IMF 사태의 원인과 교훈".

북한의 행동이 예측불가능하다는 점으로 인하여 외국인 투자자들에게 불안감을 주었고 국내적으로도 여러 사회적 갈등이 발생하면서 노 · 사 간의 갈등이 심각하게 대두되었다.

3) 자본자유화

자본거래가 자유화되면 자본을 효율적으로 활용할 수 있다는 장점이 있지만 반대로 국가 간 자금흐름이 갑작스럽게 반전되거나 환율의 투기 등이 발생하는 등의 문제 발생도 적지 않아 의환위기로 연결 될 가능성이 있었다. 자본 자유화의 폭이 확대됨에 따라 우리 대기업과 금융기관은 금리가 낮은 해외차입을 선호하였고 자본유입이 꾸준히 증가함에 따라 자본수지는 흑자를, 경상 수지는 적자를 기록하였다. 자본수지의 흑자규모가 대폭 확대되어 적정 환율의 유지가 어려워졌으며 우리나라는 자본자유화의 확대 → 대규모 자본수지 흑자 → 환율의 고평가 속에 고성장 추구 → 경상수지 적자의 확대 과정을 거치게 되면서 위기를 맞게 되었다.

4) 국제금융체제

우리나라의 경제체제가 정부주도로 이루어짐에 따라 투자 후 만일 잘못되는 일이 있더라도 정부가 해결해줄 것이라는 믿음으로 해외자본의 투자열기가 고조 되었지만, 1997년 우리나라의 대기업들이 연쇄적으로 도산하고 경상수지의 적자폭이 확대 되는 등 외채상환능력에 의구심을 품게 된 해외 자본이 순유입에서 순유출로 급반전되었다. 또 태국, 필리핀, 인도네시아, 말레이시아, 대만, 홍콩 등 우리와 밀접한 실물경제관계를 가지고 있는 나라에 위기가 발생하면서 우리나라에도 영향을 미치게 되었다. 더욱이 위기억제, 해결을 위한 제도와 기구가 미비한 상황에서 금융위기는 계속될 수밖에 없었다.

5) 정부의 위기관리 시스템

정부는 안이한 현실 인식 태도로 제대로 된 대책을 마련하고 실천하는 것에 부진한 결과를 나타냈고 대외신임도 제고 대책 계획에서도 단지 의지표명에만 그치는 태도를 보였다. 또 한국은행법 개정 문제로 한국은행과 재정경제원이 극심한 대립을 하면서 두 기관은 금융시장의 안정을 위한 일에 전념할 수 없게 되는 문제가 발생하였다.

3.2.1 IMF 극복 리더십

우리나라는 1997년 대통령 선거에서 여당에서 야당으로 정권교체가 되었다. 새로운

정부에서 IMF 외환위기에 대처하여 발휘한 위기극복 리더십에 대한 평가를 요약하면 다음과 같다.[19]

첫째, 현실을 직시하며 고통을 공유하고 분담하는 공감대를 형성하여 희망과 활력의 비전을 제시하였다. 비전에는 위기극복의 마스터 플랜을 포함되었다. 둘째, 리더가 위기의 실상을 공개하고 구심점이 되어 신뢰회복과 통합을 이루도록 했다. 셋째, 리더의 철학으로 반대세력을 포용하고 설득하여 지지 세력으로 전환시켰다. 넷째, 타이밍을 놓치지 않는 결단과 행동으로 적시에 시행했다. 타이밍은 완벽한 계획보다 중요한 것이다. 다섯째, 초기 주도권을 장악하여 위기돌파의 에너지를 결집했다. 여섯째, 위기를 조직탄력성과 분권화로 조직체질을 강화하는 계기로 활용하였다. 일곱째, 리더와 지도층이 권리보다 의무와 책임을 우선적으로 수행하는 자기희생적 리더십을 보임으로써 조직구성원들의 참여를 높였다.

이러한 리더십의 결과로 우리나라는 2011년 조기에 IMF 위기를 종료하는 결과를 가져왔고, 오늘날 경제성장의 밑거름이 되었다.

제4절 리더십의 과제

우리는 살아가는 과정에서 중요한 선택의 시기를 맞이할 때가 있다. 이때의 선택이 우리의 운명을 결정한다. 개인의 경우 공부할 시기를 놓치면 회복할 기회를 잡기가 힘들다. 부지런히 일해서 재산을 축적할 시기를 놓치면 노후에 후회하게 된다. 국가의 경우도 국민들의 선택의 기회와 국가 지도자의 선택의 기회가 국운에 지대한 영향을 미친다. 국가 경제 역시 시대의 흐름에 뒤지면 잘나가던 국가도 몰락의 길을 걷게 된다.

19세기는 세계시장에 어떤 형태로 참여하느냐가 국가의 운명을 좌우하던 시기였다. 그 당시 일본은 막부정치의 폐해로 백성들이 어려움을 겪고 있었고 조선도 세도정치로 잦은 민란을 겪고 있었다. 이러한 혼란을 끝낼 기회를 먼저 잡은 것은 조선이었다. 고종이 등극한 시기는 일본의 명치유신보다 몇 년 앞섰다. 그러나 조선은 쇄국정책으로 세계사의 흐름을 외면한 결과, 세계시장에 참여하는 것이 일본에 비하여 20여 년 이상 늦었다. 더욱이 조선의 국내 정치는 권력투쟁으로 인하여 미래를 준비할 여유도 없었다. 그렇게

---

19 육현표(1997. 12. 31), "위기를 반전시키는 리더십", 삼성경제연구소.

보낸 몇 십 년의 세월이 일본과 조선의 운명을 바꿔버렸다.

이렇게 리더십의 관점에서 역사를 분석해보면 국가지도자 리더십의 중요성에 대한 무게감을 느끼게 한다. 국가지도자는 국가안전이 보장된 상태에서 국민들의 복지번영에 리더십을 발휘해야하는 기본 책무를 수행하게 된다.

따라서 리더십의 과제는 미래지향적인 차원에서 접근하여 현재를 기준으로 미래에 대한 리더십 패러다임의 흐름을 신중하게 진단하는 노력이 선행되어야 할 것이다. 그리고 한국적 환경과 국민의식에 맞는 리더십의 이슈들을 찾아내고 발전시켜야 한다. 이것이 현시대의 리더십을 연구하는 사람들에게 주어진 소명일 것이다.

4.1 리더십 패러다임의 흐름

산업사회에서 지식정보사회로 전환되어 온 오늘날의 사회는 끊임없는 변화의 과정에 있으면서 리더십의 변화를 요구하고 있다. 지식정보사회는 민주화 및 정보화와 함께 진전되면서 정보처리와 지식창조의 능력이 중요시되는 사회이다. 개인들의 교육 수준과 전문화 수준도 높아졌다. 변화에 대응할 창조적 혁신이 없는 조직과 개인은 세월의 뒷 그늘로 사라져갈 뿐이다.

조직의 부가가치 창출의 주된 원천은 무엇인가? 드러커(Druker) 등이 지적했듯이 지식은 전통적인 생산요소인 토지, 노동, 자본의 효용을 넘어 21세기에 가장 유용한 경제자원이 될 것이라고 예견되어 왔다. 산업혁명이 자본주의에 기초한 산업사회를 열었듯이 정보혁명은 지식정보사회를 열었다. 지식은 부가가치 생성의 중요한 원천이 되었으며 20세기 자본주의(資本主義) 패러다임은 지본주의(知本主義)로 변환되고 있다.

변화하는 시대에 새로운 리더십은 어떠해야 하는가? 세월이 바뀌어도 비전을 제시하고 조직구성원들의 활력을 고취하여 비전성취를 향해 조직시너지를 만들어가는 리더 역할의 본질에는 변함이 없을 것이다. 그러나 그 틀을 채우는 내용들은 달라질 수밖에 없다. 이러한 변화의 내용들은 〈표 3-32〉와 같이 정리할 수 있다.

〈표 3-32〉에서 제시하고 있듯이 리더십의 외연이 되는 조직의 추구가치, 사업의 영역과 조직 간 경계, 경영의 초점, 조직구조와 부문 간 관계, 리더의 역할과 자격, 리더와 조직구성원의 관계인식, 그리고 조직구성원의 가치와 집단구성 등이 변화하고 있기 때문에 리더십 역시 변화가 요구되는 것이다.

리더십 변화를 관찰할 수 있는 비교요소들은 매우 많다. 리더십에 직접적인 영향을 주

〈표 3-32〉 리더십 패러다임의 전환

구 분	기존형 패러다임 →	미래형 패러다임
조직 가치 이해관계자 관리 사업 영역 조직 상호관계 조직 간 경계	• 능률, 성장, 가치창조 • 기업소유자, 주주, 고객 • 지역, 국가 • 독립, 경쟁, 제로섬게임 • 명확한 경계	• 복지, 서비스, 자아실현 • 전체 이해관계자 만족 • 세계적 • 상호의존, 협력, 비영화게임 • 무경계
조직구조 권력 및 권한 경영의 초점 관리와 지휘 조직변화	• 관료제, 위계조직 • 직위 권력, 권력 집중 • 관리 · 유지 • 미시적 관리 및 목표설정 • 규칙과 규정 • 필요와 위기	• 애드호크러시, 네트워크 • 관계 권력, 권력 공유 · 배분 • 변화 · 혁신 • 비전 · 전략과의 연계 • 가치공유, 조직 문화 • 학습과 혁신의 연속
리더의 역할 리더 자격 리더 안목 리더 윤리 리더-조직구성원 관계	• 보스, 관리자 • 최고경영자 중심 • 지역적 • 비윤리적 • 수직적	• 코치, 촉진자 • 조직구성원 다수 • 세계적 • 윤리적 • 수평적
조직구성원 관리 조직구성원의 가치 조직구성원 태도 조직구성원 행위 조직의 중심 인력	• 통제 • 타율 • 두려움, 방어적 성향 • 동조 • 남성 중심	• 임파워먼트 • 자율 • 신뢰 • 몰입 • 여성 등 소수 그룹 부상

자료: 김흥국(1999), 『21세기 리더십: 패러다임 전환과 리더의 역할』, 11쪽.

는 비교요소들의 변화의 흐름을 살펴본다. 즉 과거의 리더십 패러다임은 상급자 중심, 계급과 직책 등의 합법적인 권력기반 위주, 조직구성원들을 대상으로 한 수직적 발휘, 리더십을 리더의 전유물로 인식, 지시나 감독 등의 하향적인 통제방식, 의전 등의 외형적 권위 중시, 조직구성원들과 거리를 두는 차별성, 조직을 위한 개인가치의 희생을 당연시, 조직구성원들을 동질적인 단일집단으로 인식, 조직구성원들의 현재능력 활용에 관심, 조직의 안정과 합의 중시, 대면적 가시공간에서의 발휘, 남성 중심, 과정보다 결과만을 중시하는 경향이 강하였다.

그러나 위와 같은 리더십으로 현대사회의 조직구성원들을 이끌어간다면 아마도 많은 마찰과 갈등을 겪어야 하고 장기적으로는 유지되기가 매우 어려울 것이다. 전통적인 과거의 리더십과 비교하여 현대사회에서의 리더십은 과업수행담당자 중심, 전문성과 개성 등의 개인적 권력기반 강화, 상관과 동료까지 리더십 대상의 확대, 조직구성원들도 자율 리더로 인식, 코치나 멘토링 등 후원적 활동 중시, 형식보다 실질적인 성과의 추구, 권력거리를 줄이는 리더 이미지, 조직가치와 개인가치의 조화, 조직구성원 집단을 다문화 구성체로 인식, 조직구성원의 잠재력 개발, 환경변화 속에서 조직변화 주도, 사이버 등의 비가시공간도 고려, 남성과 여성의 조화, 업무과정의 윤리성 등의 중요성이 부각되고 있다. 이러한 변화 흐름을 정리하면 〈표 3-33〉과 같다.

〈표 3-33〉 리더십 패러다임의 일반적인 흐름

구 분	전통적 리더십 관점　　　　→	현대적 리더십 관점
중심인물	상급자 중심의 리더십, 계급과 직위가 높은 사람 중심으로 수행	과업수행자 중심의 리더십, 과업을 수행하는 사람을 중심으로 수행
힘의 원천	직책 권력기반 리더십, 계급, 직책, 권한, 정보 등 공신권력 위주	개인적 권력기반 리더십, 전문성, 매력, 개성 등의 개인적 권력 병행
발휘방향	하향식 리더십, 조직구성원을 대상으로 수직적 리더십 발휘	전방위 리더십, 부하·동료·상관을 대상으로 발휘
발휘주체	리더 독점의 리더십, 리더십은 리더의 전유물로 인식	분권적 자율 리더십, 조직구성원의 자율적 리더십 발휘 중시
발휘형식	지시적 리더십, 지시, 감독, 통제, 지도 등의 하향형식	동반 참여적 리더십, 코칭, 멘토링, 봉사, 지원 등의 동반형식
중시가치	형식중시의 의전 리더십, 의전 등 외형적 권위와 우월성 중시	실질 추구의 실사구시 리더십, 실질적인 효과성과 성과를 지향
리더 이미지	엄격하고 차별적인 리더십, 조직구성원과 권력거리를 두는 권위차별화	친근한 카리스마적 리더십, 거리감을 줄이며 감성과 개성 및 유머 발휘
개인인식	전체주의적 리더십, 조직을 위한 개인가치의 희생을 당연시	인간존중의 리더십, 개인존중과 조직이익의 조화와 타협
집단인식	유니코드 리더십, 조직구성원을 동질적인 단일집단으로 인식	멀티 코드 리더십, 조직구성원 집단을 다문화 구성체로 인식
조직구성원 개발	현재능력/단기적 리더십, 조직구성원의 현재능력 활용에 관심	개발촉진/중·장기적 리더십, 미래를 위한 잠재력 개발을 촉진
활동중점	안정지향적 리더십, 조직의 안정과 합의를 중시	변화 주도적 리더십, 변화하는 상황에서 참여와 변화를 주도
발휘공간	직접/대면적 리더십, 주로 얼굴을 맞대는 가시 공간	간접/사이버 리더십, 비대면적/사이버의 비가시공간으로 확대
성 인식	남성 중심 리더십, 남성 상관과 남성 조직구성원 집단 위주	남녀 조화 리더십, 여성상관, 여성 조직구성원과 남성 조직구성원 등 다양
윤리의식	결과 중심 리더십, 업적의 결과만을 요구하고 중시	결과와 과정 중시 리더십, 결과달성의 윤리적 과정도 중시

자료: 박유진(2011), 『리더십 마인드 & 액션』, 양서각, 99쪽.

이러한 리더십 준거요소들의 변화를 인식하면서 유념해야 할 사항들이 있다.

하나는 리더십 패러다임이 전통적 관점에서 최근의 변화된 관점으로 완전히 대체된 것은 아니며 또한 대체되는 것도 아니라는 점이다. 최근의 리더십 관점이 중요하다는 인식이 강화되면서 〈표 3-33〉의 오른쪽으로 무게가 많이 실리는 것은 사실이지만 왼쪽의 전통적인 관점들이 불필요해지거나 무력해지는 것은 아니다. 가령 조직에서 상급자가 갖게 되는 지위나 직책이 갖는 권력들은 과거는 물론 현재와 미래에도 조직구성원에 비해 우세할 것이다. 조직상황에 따라 전통적인 관점과 최근의 관점들이 서로 부각되고자 하는 역동적인 움직임이 계속될 것이다.

다른 하나는 전통적인 최근의 관점으로 변화하는 것은 리더십 패러다임의 변화로 볼수도 있고 리더십 영역의 확대로 볼 수도 있다는 것이다. 즉 과거의 전통적 패러다임 관점들이 지속되면서 현대적 관점들 역시 리더십의 새로운 관심 영역이 되었다는 점을 인식해야 한다.

지식정보사회가 심화되면서 '꿈의 사회'(Dream Society)가 된다고 보는 견해 등 사회는 계속 변화할 것이고 이와 더불어 새로운 패러다임이 계속 제기될 것이다.

4.2 리더십 발전 이슈

지금은 고인이 된 스티브 잡스는 괴짜 리더로 소문이 난 사람이지만 그는 명확한 기준을 가지고 조직구성원들의 의견을 수렴하였다고 한다.

스티브 잡스는 한 TV 프로에 출연하여 자신은 논쟁을 즐긴다. 그리고 논쟁의 목적은 '가장 좋은 아이디어가 채택되게 하는 것'이다. 창업 이래 애플의 핵심가치는 줄곧 '고객에게 최선의 제품 및 서비스를 제공하는 것'이었고 그 기준 하에 치열하게 논쟁이 이루어졌다. 즉 논쟁과정을 통하여 조직구성원들의 창의성을 활용하고 의견을 수렴하여 기업의 경영에 반영했다는 것이다. 앞에서 연구한 비전의 개발 및 공유뿐만 아니라 비전의 실현과정에서도 조직구성원들의 참여를 통하여 최선의 결과를 추구함으로써 조직목표를 달성한다는 것이다. 이러한 과정도 리더십을 발전시키는 하나의 이슈가 된다고 하겠다.

본 항에서는 사회 환경변화에서 관심이 집중되고 있는 윤리, 여성, 감성, 재미로움 등과 같은 다양한 이슈들에 대해서 살펴본다.

4.2.1 리더십과 윤리

윤리적 리더십에 대한 일반적인 개념과 원칙은 제6장에서 간단하게 제시하였다. 그러나 추가적인 발전이 필요하기 때문에 리더십 이슈로 선정하였다. 리더십의 윤리문제는 경영윤리와 밀접하게 연관된 개념으로 거의 동의어로 사용되고 있다. 경영 및 리더십 윤리는 조직의 내·외적 문제와 모두 연관되는데 현실적으로 경영윤리는 대외적 문제에 더 주목을 받고 있고 리더십 윤리는 대내적 문제에 더 관심을 끄는 경향이 있다. 경영 이슈는 외부적 노출이 많은데 비하여 리더십은 조직구성원들과의 인간관계와 같은 내부적 이슈들이 중심이기 때문이다.

기업의 윤리성을 표방하는 윤리경영은 기업 활동에 있어서 기업윤리를 최우선가치로 생각하며 투명하고 공정한 경영을 추구하는 것이다. 과거에 비해 기업을 비롯한 모든 조직은 물론 경영자들에 대한 윤리적 요구가 증대되었으며 법적인 책임 외에 윤리적 책임이 추가되었다.

이제 윤리경영은 선택이 아니라 일류 조직이 되기 위한 필수조건이 되고 있는 것이다. 전국경제인연합회의 보고서는 윤리경영의 성공요소들 중에서 최고경영자(CEO)의 실천의지를 가장 중요한 조건으로 꼽고 있다. 윤리경영이 조직에서 제대로 실현되기 위해서는 최고경영자의 올바른 인식은 물론 구체적인 실천의지와 노력이 뒤따라야 한다. 그래야 말단의 조직구성원들까지 윤리경영이 단순한 선언이 아닌 생존과 발전의 기틀이라고 받아들이기 때문이다.

리더십 윤리의 문제에서 조직구성원들에 대한 관심이 중요한 이유는 조직구성원들에 대한 리더의 윤리적 행동의 정도가 리더십 효과성 및 조직성과에 큰 영향을 미치기 때문이다. 하이페츠(Heifetz), 번스(Burns), 그린리프(Greenleaf)와 같은 리더십 학자들의 공통적인 관심은 보살핌의 윤리, 즉 조직구성원들의 요구에 주의를 기울이고 리더-조직구성원 간의 관계의 윤리성에 유의하는 것이다. 존중, 봉사, 정의, 정직, 그리고 공동체의 원칙에 뿌리를 두고 조직구성원들을 대하며 조직구성원들의 복지를 자신의 권리보다 더 중요시하고 그들에게 봉사하는 것은 리더의 의무라고 강조하고 있다.[20]

비윤리적인 리더의 행태가 조직구성원들과의 관계를 악화시키는 것은 물론 조직을 병들게 한다는 점은 명약관화하다. 대표적인 비윤리적 리더들의 행동들은 다음과 같은 것들이다.[21]

---

20 Northouse, P. G. (2001), *Leadership*(김남현 외 역, 『리더십』), 12장.
21 윤언철(2006. 2. 22), "비윤리적 리더, 이렇게 행동 한다", 『주간경제』 872호.

첫째, 진실을 감추거나 왜곡한다. 리더가 정보를 왜곡하거나 조직구성원들에게도 거짓보고를 종용하는 것이다. 성과의 과장, 자기실수의 은폐, 정보의 가공 등이 대표적인 사례이다. 리더는 정보의 왜곡보다 정직한 것이 단기적으로 불편해도 장기적으로는 최선이라는 것을 가르치고 몸소 실천하여 신뢰를 구축해야 한다.

둘째, 공사(公私) 구별을 하지 못한다. 자기중심적인 합리화에 빠진 리더는 공사의 구분이 불분명하며 오히려 사적 목적으로 공적 자원을 사용한다. 개인적인 심부름, 공적 자원의 사적인 사용, 권한사용의 불공정 등이다. 윤리적 민감성의 결여 때문에 '이 정도쯤이야'라는 생각에서 공사를 가리지 못한다.

셋째, 성과는 독점하고 책임은 회피한다. 팀이 함께 노력해서 얻은 성과를 자신의 공으로 독점하고 조직구성원들의 공을 가로챈다. 이런 리더들은 정작 문제가 생겼을 때는 조직구성원들에게 그 책임을 돌린다. 가장 질이 나쁜 비윤리적 리더 행태이다.

넷째, 목적을 위해서라면 수단과 방법을 가리지 않는다. 과도한 경쟁의식과 결과가 수단을 정당화시킨다는 자기편의적인 발상은 매우 위험한 사고이다. 과도한 경쟁의식과 결과중심적인 사고에 빠져서 조직구성원들에게까지 비윤리적인 수단을 강요할 가능성이 높다.

다섯째, 언행이 일치하지 않는다. 언행의 불일치는 리더가 신뢰를 잃을 수 있는 가장 효과적인 방법이다. 흔히 약속을 남발하는 리더, 주관이 분명하지 않은 리더, 자신감이 부족한 리더들에게서 많이 나타나는 현상이다.

리더십 윤리에 대한 관심은 리더십이 윤리적 과정이라는 것을 상기시키며 윤리적 리더십의 방향을 찾아 이론체계를 개발할 필요성을 보여주고 있다. 그러한 필요성에도 불구하고 윤리적 리더십의 본질에 대한 연구와 이론체계는 제대로 정립되지 않은 상태에서 주로 일화적인 사례와 실증적 검증을 결여하고 있는 개인들의 서술적인 저술에 의존하고 있는 상태이다. 윤리적 리더십은 풍부한 가능성이 열려 있는 연구 영역이다.

4.2.2 리더십과 여성

미국 경제전문지 『포춘』지에 따르면 2011년 세계 500대 기업 CEO(최고경영자) 가운데 여성이 18명을 차지해 사상 최다 기록을 갱신했다. 이들 여성 CEO 가운데 절반에 가까운 여덟 명이 올해의 CEO에 올랐거나 내정됐다. 특히 IBM의 경우 여성 CEO를 임명한 것은 창업 100년 만에 처음 있는 일이다. 세계 경제가 위기를 맞고 있는 작금의 비즈니스의 현장에서 여성 리더십에 대한 관심이 증가하고 있다.[22]

조직 차원에서 여성 리더십은 다섯 가지 경우로 구분할 수 있다. 첫 번째는 여성 리더가 남성 집단을 통솔하는 경우, 두 번째는 여성 리더가 여성 집단을 통솔하는 경우, 세 번째는 남성 리더가 여성 집단을 통솔하는 경우, 네 번째는 여성 리더가 남녀혼성집단을 통솔하는 경우, 그리고 다섯 번째는 남성리더가 남녀혼성집단을 통솔하는 경우이다. 여성의 사회적 진출과 영향력이 증대되면서 여성 리더십 분야에서는 여성이 리더인 경우에만 주로 관심을 갖는 경향이 있으나, 남녀의 차별은 인정하면 안 될지라도 사실상 남녀의 차이는 존재하는 것이므로 위 다섯 가지 경우 모두가 여성과 관련한 리더십 문제에 속한다. 우리나라에서 여성과 리더십에 관한 연구는 아직 초기 단계이므로 앞으로 많은 연구가 이루어질 것으로 본다.[23]

여성리더십에 대한 기존의 연구들을 분석하면 다음과 같은 특징들을 발견하게 된다.

첫째, 다양한 정보통신 기술이 주도하는 디지털 경제에선 강력한 커뮤니케이션 능력과 더불어 일할 수 있는 사회적 지능이 중요한 역량으로 떠오르고 있다. 미국 컬럼비아대학교 비즈니스 스쿨의 사회적 지능과 감성 리더십을 가르치는 프로그램에선 여성이 남성에 비해 두드러진 능력을 나타내는 것으로 조사됐다. 특히 표정과 몸짓을 읽어내는 능력이 남성보다 훨씬 우수한 것으로 조사됐다.

둘째, 여성의 뛰어난 청취력이 디지털 경제 시대에 빛을 발휘할 것이라고 분석되고 있다. 실제로 한 연구조사에 따르면 여성이 많을수록 집단의 전체 지성이 향상되는 것으로 나타났다. 여성이 많이 포함된 집단에서는 열린 마음으로 서로의 건설적인 비판들을 공유했기 때문이다. 또한 여성의 뛰어난 청취 능력은 고객의 요구를 충족시키고 직원 및 파트너와 효과적인 팀워크를 형성하는데 큰 힘을 발휘한다는 것이다.

셋째, 여성은 합의를 이끌어내는 자요, 중재자이며 협력자다. 조직 내 조직구성원들과 친밀함을 유지하고 존재감을 심어주는 노력을 기울인다. 영국의 공인경영연구소(CMI)는 미래는 업무구조가 보다 유동적이고 가상화되기 때문에 여성의 경영관리 기술에 대한 수요가 그 어느 때보다 높아질 것이라고 내다봤다.

김양희(2006)는 자신의 저서인 『여성 리더 그리고 여성 리더십』에서 여성 리더십 개발 방향에 대하여 다음과 같이 제시하고 있다.[24]

첫째는 진정성(authenticity)이다. 진정성은 자신의 행동이 스스로 중요하다고 생각하는

---

22 웹문서(2012. 2. 3), 〈www.humanvalue.co.kr/ezboard.php〉.

23 박유진(2009), 『현대사회의 조직과 리더십』, 양서각, 421쪽.

24 웹문서(2012. 2. 3), 〈www.humanvalue.co.kr/ezboard.php〉.

가치 및 신념과 일치한다고 느끼는 상태인데, 진정성을 높이기 위해서는 우선 자신이 중요하게 생각하는 가치가 무엇이며 삶의 우선순위를 어디에 두어야 할 것인지를 분명하게 이해하고 그에 따라 일관된 행동을 하려고 노력하는 것이 중요하다.

둘째는 여성리더로서 중요한 세 가지 구성요인과의 연계성 구축이다. 즉 '여성리더 자신, 조직구성원과 관련 인원, 그리고 조직과 사회'에 대하여 모두를 충족시킬 수 있는 지원을 제공할 수 있어야 하며 조직의 효과성을 증진시켜야 하고 사회적 보상까지도 제공해야 한다. 이렇게 세 가지의 요소에 대한 연계유지가 중요함에도 불구하고 여성 리더가 조직생활에서 세 가지 요인과의 연계를 구축하는 데에는 여러 가지 어려움이 따른다.

셋째는 자신의 운명을 통제하고자 하는 갈망이다. 즉 여성 리더는 리더의 역할을 주체적·능동적으로 수행하면서 자신의 역할과 행동을 통해 변화를 이루기 원하는데, 그러기 위해서는 조직의 목표와 방향에 대한 확실한 비전과 믿음을 가지고 조직을 이끌어나가면서 타인에 대한 민감성을 잃지 않아야 한다.

넷째로 여성 리더는 삶 전체의 통합을 이루기 원한다. 따라서 삶 전체를 보는 시각을 유지하고 일중독에 빠지지 않도록 우선순위를 가려 적절히 위임하면서 일과 사적인 삶의 균형을 이루어나가는 전략을 배울 필요가 있다.

다섯째로 자기이해, 즉 자신의 동기, 약점과 강점을 이해하는 것이 중요하다. 참고로 자기이해는 위의 네 가지 주제 각각에서 성장을 촉진하는 요소로 작용하는데 자기이해를 증진하는 데는 타인의 피드백이 매우 중요하다.

한편 기존의 리더십이나 관리자 양성 과정의 강사들 대부분이 남성이고, 다루는 내용도 여성 관리자 특유의 경험을 반영하지 못하고 있기 때문에 여성 관리자만을 위한 별도의 훈련을 통해 그들이 경험하는 사회심리학적 문제에 심층적으로 접근할 필요도 있다. 아울러 여성 리더십 훈련에서는 자기이해를 높이기 위한 평가, 학습 효과를 극대화하기 위한 적절한 수위의 도전 과제의 부여, 타인의 인정과 지원 등의 요소들이 균형을 이루도록 하는 것이 중요하다. 훈련 상황이 아니더라도 여성 리더는 자신이 충분한 평가와 도전, 지원과 인정을 받고 있는지 일상적으로 점검해볼 필요가 있다. 그 결과 만일 자신을 이해하는 데 충분한 평가를 못 받고 있다면 평가 기회를 탐색할 필요가 있고 도전이 너무 크고 지원이 부족하다면 이들의 균형을 이룰 수 있는 방안을 모색할 필요가 있다.

21세기는 여성 중심의 문화로 다듬어진 유연한 방식에 의해 구성되는 시대가 될 것이며 여성의 권한이 빠르게 강화될 것으로 예측된다. 새로운 시대가 요구하는 지도자의 특성은 여성들의 특성과 적합한 점이 많다. 과거의 리더가 사회적 재능과 대중적 인기를 기반으로 했다면 앞으로는 신뢰, 윤리, 검약, 봉사라는 덕목의 겸비가 요구된다. 아울러 여성의 직관력, 다중역할 수행능력, 배려와 관계에 기반을 둔 탈권위적 스타일, 윤리성 등은 중요성이 증가하고 있는 덕목들이다.

아울러 여성주의 리더십이 하나의 대안적 리더십이 될 수 있다고 보고 있다. 여성주의는 양성평등뿐만 아니라 평화와 다양성, 생명과 상생, 포용과 보살핌등 대안적 가치를 존중한다는 점에서 그렇다. 이러한 여성주의 리더십 연구 안에서도 모성에 중요한 초점을 맞춘다. 기존의 사회통념에서 모성을 바라보는 시각은 여성이 리더로 활동하는 과정에서 장애가 되는 경우가 많은데 가령 가부장제와 맞물려 어머니는 여성의 헌신과 희생을 당연시하는 상징이 되기도 한다. 모성적 경험을 통해 통합적이고 역동적인 대안을 발굴하려는 노력이 시도되고 있는 것이다. 여성 리더의 진로를 가로막는 요인으로는 사회문화와 제도 외에 여성 스스로의 인식에도 있다. 여성 스스로 리더십 역량을 강화할 수 있는 방안을 모색하면서 남성에게 전유되었던 리더십을 여성도 공유할 수 있도록 발전시켜나가야 한다는 것이 여성주의적 리더십의 입장이다.

4.2.3 리더십과 감성

감성리더십 역시 제6장에서 효과성 위주로 간단하게 제시한 바 있다. 그러나 사회 환경변화와 인간의 삶의 방식의 변화추세를 고려하여 추가적인 리더십 이슈로 선정하였다. 정보사회가 심화되면서 정보사회 이후의 사회를 이끌어갈 새로운 개념으로 떠오른 것이 감성이기 때문이다. 특히 기업을 포함한 현대의 조직들은 경쟁력의 새로운 동력을 창의성에서 찾게 되면서 창의성과 관련이 깊은 감성은 경영과 리더십 분야의 주요 이슈가 되고 있다.[25]

감성이 본격적으로 이슈화되고 주도적으로 논의된 것은 꿈의 사회(Dream Society)로부터였다. 옌센(Jensen)과 데이토(Dator)는 정보사회 이후의 사회를 꿈의 사회라고 명명하고 인류역사의 시대적 키워드를 수렵-농경-산업-정보-감성으로 요약하면서 감성은 앞으로 사회의 중심 개념이 될 것이라고 설명한다.[26] 물론 드림 소사이어티는 도래할 미래사회의 모습이지만 이미 현실에서도 상당한 수준으로 진행되고 있다. 드림 소사이어티는 꿈과 이미지와 스토리가 중심이 되고 동시에 동력이 되는 새로운 사회·경제 패러다임의 사회이다. 그러므로 모든 재화에 이미지와 이야기 및 이벤트가 첨가되어야 가치를 갖는

---

25 정진홍(2001), 『감성바이러스를 퍼트려라』, 위스덤 하우스.

26 Jensen, R.(코펜하겐 미래학 연구소장), 서정환 역『드림 소사이어티』, 한국능률협회; Jim Dator(하와이대 미래전략쎈터 소장), "꿈과 이미지가 움직이는 드림 소사이어티", 『조선일보』 2007년 1월 8일자, A6면.

다. 실제의 모습보다 이미지가 중요하다.

지금까지 기업들은 가격경쟁력을 확보하려고 노력했다. 신상품을 출시하게 되면 처음에는 생산원가나 마케팅 비용을 회수하기 위해서 마진을 크게 설정하지만 성숙기에 접어들면서 이러한 가격은 후발 주자들의 경쟁적 진입과 함께 감소된다. 기업들은 코스트를 절감하고 규모의 경제를 통해 이익을 확보하려고 하지만 정보망이 발달한 글로벌 경제의 도래로 인해 이러한 노력들이 제대로 통하지 않는 경우가 증가하고 있다.

기업들은 대안으로서 가격결정력을 확보하거나 가치경쟁력의 제고에 관심을 갖게 되었다. 사람들은 부와 여가 시간이 늘어나면서 물질적 상품에서도 실용가치 이상의 의미를 찾으려 하고 구매 결정은 이성적인 것보다 감성적인 이유에서 이루어진다. 따라서 상품이 아니라 상품에 담겨 있는 멋진 이야기를 팔아야 하는 시대가 온 것이다.

가치의 경쟁에서 경제의 주력엔진은 정보에서 이미지로 대치되고 상상력과 창조성이 핵심적인 경쟁력의 원천이 된다. 인터넷 등의 가상공간 속에서 자신의 얼굴이나 이름 대신에 아바타나 아이디를 사용하며 이미지를 만들어 보여준다. 이는 사회적 접속이 위계적인 구조가 아니라 네트워크의 접속평등을 의미한다. 이러한 의미에서 드림 소사이어티는 접속의 시대(The Age of Access)이기도 하다. 국가 경제적 차원에서도 국민총생산(GNP) 대신에 국민총매력(GNC: Gross National Cool)이 대안으로 제시된다. 나라의 부를 평가하는 데 있어서 생산하는 물질적 가치가 아니라 얼마나 매력적인 이미지를 가지고 있는가를 지표로 삼는다는 것이다.[27]

인간은 다양한 감각능력이 복합적으로 작용하는 감성융합의 복합체이며 감성을 통해 소통하는 존재이다. 아날로그 시대가 하나의 미디어에 하나의 감성능력을 대응시켰던 감성분할의 시대였다면, 인간의 오감을 자유로이 뒤섞듯이 사운드, 이미지, 텍스트, 데이터의 다양한 요소를 하나의 미디어 안에서 자유자재로 표현하는 디지털 시대는 감성융합의 시대이다. 감성융합의 디지털은 테크닉의 로직(테크놀로지, technology)이 아닌 감성의 로직(센솔로지, sensology)에 따라 움직인다. 그리고 나눔의 로직(쉐어로지, sharelogy)으로 확장하며 감성의 그물망을 펼친다. 거기서 느낌의 공동체가 만들어지고 감성의 사회가 열리는 것이다. 감성의 시장이 열리면 시장은 동감(同感)의 영역이 된다. 시장은 동감의 원리에 따라 거대한 감성의 흐름을 만든다. 감성의 시장은 필요의 시장이 아니라 욕망의 시장이다. 필요에 따른 상품을 파는 시장은 더 이상 커지기 어렵지만 욕망을 담은 상품을 파는 시장은

27 짐 데이토(Jim, Dator)는 한국을 드림 소사이어티에 진입한 1호 국가라고 평가함(『조선일보』 2007년 1월 8일자, A6면), 그 예는 한류(韓流).

새롭게 확장되고 펼쳐진다. 욕망의 시장, 감성의 시장은 테두리가 없다. 인간의 욕망은 끝이 없기 때문이다.

감성마케팅의 예는 스타벅스에서 볼 수 있다. 스타벅스는 오감을 모두 만족시킨다. 편안한 색조의 은은한 눈의 즐거움, 코로 느껴지는 향기, 귀로 들리는 음악, 주문받는 바리스터들의 행복한 표정과 자부심 등 스타벅스는 커피를 파는 곳이 아니라 오감의 감각을 구매하는 곳이다. 사우스웨스트 항공사는 스킬이란 교육을 통해서 개발되지만 인간본성은 개발이 어렵다고 본다. 자기의 감정을 통제하고 남의 마음을 이해하며 감정을 표현하고 함께 어우러져서 행복을 추구할 수 있는 사람을 선발해야 한다. 그런 사람이 내부동료와도 사이가 좋고 외부고객에 대한 서비스도 우수하다는 것이다. 다른 사람에게 서비스를 제공하기를 즐기는 사람을 뽑으면 서비스 산업이 성공한다.

멀티미디어 디지털 세계에서는 합리적인 면뿐만 아니라 감성적인 면도 함께 섞어서 의사결정을 한다. 디지털 컨버전스의 현상 속에 살면서 인간의 마음에 대한 접근은 합리적인 면만이 아니라 총체적인 접근이 필요하다. 그러나 감성의 시대라고 하여 이성이 무가치하다는 것이 아님을 유념하여야 한다. 디지털 컨버전스 시대의 경쟁력은 창의력이다. 창의력은 감성과 상상력, 그리고 실행력의 함수이다. 기술과 감성이 융합되어야 소비자들에게 다가갈 수 있는 것이다.

감성지능이란 감정적 충동을 참는 것이 아니라 다스리는 것이며 상대방의 감정을 억누르거나 무시하는 것이 아니라 읽으면서 인간관계를 부드럽게 이끌어가는 능력으로써 다양한 긍정적인 기능을 한다. 가령 자신의 스트레스는 물론 다른 사람의 스트레스까지도 잘 처리하며 역경에서도 판단력을 유지하는 등 부정적 에너지를 긍정적으로 변환시키는 원동력이다. 기(氣) 살리기, 직관, 펀 경영, 여성 등도 사실은 감성코드에 맞춰져 있다. 그럼에도 감성리더십은 아직 초보적인 연구단계이며 리더십의 세계를 더욱 풍부하게 만들어줄 오늘날의 화두인 것이다.

4.2.4 리더십과 재미로움

신나고 재미있는 직장을 만들자는 펀(Fun) 경영이나 유머 경영이 각광을 받고 있다. 관료적이고 딱딱한 조직보다 재미있는 조직의 생산성이 훨씬 높기 때문이다. 웃음이 많은 집단은 웃지 않는 집단에 비해 30% 내지 300%까지 생산성이 증대된다는 연구 결과가 있다. 매년 『포춘』지는 일하기 좋은 100대 기업을 발표하고 있는데 이들 기업의 공통된 특징 중 하나가 바로 재미와 즐거움이다. 조직구성원이 즐겁지 않고는 고객에게 즐거움과 재미를 줄 수 없다. 재미와 즐거움 없이는 진정한 만족과 감동을 줄 수 없는 시대가 된 것이다.

사람들이 일하는 데 재미를 느끼게 되면 더 어려운 일에 도전하고 싶어 한다. 리더는 유머감각 등 엔터테인먼트 능력을 갖추는 것이 매우 중요한 시대가 되고 있다. 기업마다 창의적인 인재에 목말라 한다. 그러나 어떻게 해야 창의적인 인재를 육성할 수 있을까라는 질문을 던지면 답하기가 상당히 어렵다. 한국사회에서 이 질문에 대한 처방의 하나는 '잘 놀아야 한다.'는 것이다. 잘 놀아본 사람만이 재미를 알고 재미를 아는 사람만이 일도 재미있게 할 줄 안다. 그리고 재미있게 일할 줄 아는 사람만이 남과 다른 비범한 생각을 해낼 수 있다는 것이다.

일과 놀이를 융합하는 놀이형 인간이 후기산업사회에 적합한 인간형이라는 사실은 오래전부터 예견되어 왔다. 일과 놀이, 그리고 일과 놀이의 시간이 분리되는 것이 아니라 일 자체가 놀이인 것이 가장 바람직한 인간과 조직의 모습이라는 것이다. 일과 놀이가 융합할수록 직무에 대한 몰입은 증가하고 생산성은 향상된다. 리더십에서도 재미로움은 시대적으로 요구되는 키워드이다. 근엄하고 무거운 분위기의 리더가 아니라 경쾌하고 소프트하며 재미있는 리더의 친밀한 카리스마가 더욱 어필하고 있다. 이는 여성성의 리더십과 감성의 리더십과도 서로 연계되며 상통하는 것이다.

4.3 리더십의 과제

남북한이 대치하고 있는 우리나라는 정치 · 경제 · 사회 · 문화적으로 그 어느 나라보다도 격심한 변화와 위기를 겪어왔다. 그때마다 좀 더 훌륭한 리더십을 가진 인물이 나타나길 기다리는 열망과 기대도 무척 높았었다.
한글을 창제하시고 조선의 르네상스를 이끈 세종대왕 같은 국가지도자를 뽑을 수는 없는가? 임진왜란으로 국가위기를 극복하신 이순신장군처럼 국론분열과 대립을 극복해줄 리더가 우리나라에는 없는 것일까?

인터넷 시대의 변화를 선도해온 마이크로소프트사의 빌게이츠나 애플사의 스티브잡스와 같은 CEO 리더들을 키워낼 수는 없는가? 2002년 월드컵 4강의 신화를 이룬 히딩크 감독 같은 스포츠계의 리더를 다시 만날 수 없는가? 등의 질문들을 쏟아내면서 국가가 필요로 하는 리더와 리더십의 부재를 생각해본다. 다른 한편으로 보면 훌륭한 리더가 없는 것도 아니었다. 왜냐하면 우리나라의 경제력은 반세기 만에 세계 최하위 권에서 10위권

국가로 비유하였다. 비약의 원인은 무엇일까? 우리 사회를 이끌었던 각계 리더들의 리더십도 중요한 몫을 했다고 볼 수 있다.

리더십이 학문분야에서 본격적으로 도입되고 논의되기 시작한지도 40여 년이 넘고 있으며 오늘날 리더십은 사회 각 부문과 학계에서 시대적 키워드가 되었다. 리더십의 르네상스 시대라고 부를 정도이지만 여전히 발전시킬 많은 과제를 안고 있다. 중요하다고 생각되는 몇 가지 과제들을 조망해본다.

4.3.1 사회 전반의 리더십 개발노력의 시너지 확대

우리나라에서 최근에 리더 육성 또는 리더십 개발을 위한 노력들이 매우 활성화되고 있지만 여전히 만족할 수 있는 수준은 아니다. 특히 권력지향적 문화 속에서 리더를 키우는 조직문화를 형성하는 것이 쉽지는 않다. 권력적인 의식구조는 하급자가 강해지는 것을 경계하여 권력을 독점하려고 하며 나누려고 하지 않는다. 조직구성원의 리더십을 개발하는 것은 오히려 리더의 권력이 확장되는 것이라는 인식이 부족한 것이다. 그러므로 상급자와 관리자는 많아도 리더는 적다고 한다. 권력적 조직문화와 더불어 리더 개발체계가 미비하고 리더 개발에 대한 투자도 미흡한 것으로 진단하고 있다.[28]

사회의 각 부문 간에 리더십 개발에 관한 노하우를 서로 교환하는 시스템을 발전시키면 국가적 시너지를 높일 수 있다고 본다. 물론 지금도 부분적으로 시행되고 있지만 더욱 개방적이고 적극적인 노력이 필요하다. 리더를 육성하는 일은 국가로부터 사회 각 부문의 조직들까지의 공통의 과제이다. 국가적 수준에서는 고위공무원에 대한 전략적 리더십부터 중간계층 이하의 관리적 리더십까지 교육이 이루어지고 있다. 비교적 리더십 개발노력이 활성화되고 있는 영역이 대기업을 중심으로 한 기업과 군이다. 기업은 비전실현을 위해 기업 나름대로의 개발시스템을 발전시키고 있다. 군의 지휘통솔은 임무수행의 성패를 결정짓는 핵심적인 요소이므로 리더십 개발은 오랫동안 관심을 받아왔다.

리더십 개발에 관한 시너지를 창출하기 위한 방안으로서는, 첫째로 국가의 전략적인 글로벌 리더를 양성하는 기관을 운영하게 되면 리더 육성에 대한 사회적 관심을 증폭할 수 있을 것이다.[29] 국가나 특정기업이 운영하는 것보다 국가와 기업이 협력하여 설립·운영하는 것이 더욱 좋을 것으로 본다. 수강대상은 공무원, 공기업 임직원, 기업의 임직원,

---

28 백기복(2001), 『이슈 리더십』에서 '리더 육성 3대 부재'라고 설명, 17-24쪽.
29 중앙공무원 교육원의 고위정책과정과 국방대학교 안보과정 등이 운영되고 있으나, 국가 사회적 통합력은 미흡한 실정이다.

사회지도자 등 사회 모든 부문의 리더그룹이 되어야 한다. GE의 크론토빌 연수원보다 더욱 국가적이고 세계적인 수준의 시스템이어야 한다.

둘째, 현재의 정부와 기업 및 대학 등 각 부문의 리더십 교육기관들의 협력시스템을 발전시키는 것이다. 예를 들어 교육대상자의 상호 파견교육, 정기적인 학술교류, 공동 발전 과제의 연구수행, 리더십 평가 등 각종 노하우의 교환 등이다.

셋째, 리더를 육성하기 위한 우리나라 대학의 리더십 교육 실상을 진단한 후에 이에 대한 대안을 제시하고 공감대를 형성하여야 한다. 과연 리더십 센터를 운영하는 대학이 얼마나 되는지와 아울러 대학의 리더십 교육이 개인과 조직에 필요한 리더 육성과 리더십 개발이 병행하고 있는지에 대해 진지한 논의가 필요하다.

4.4.2 우리나라에 적합한 실용적 리더십 개발 노력의 강화

탐구 그 자체로서 가치가 있는 학문분야가 있고 실용적인 효용성으로 연결될 때 가치가 더욱 살아나는 학문분야가 있다. 리더십은 후자에 속한다. 리더십의 실용성은 사회문화 및 조직문화와의 적합성, 그리고 이론의 실천화 가능성이 높을 때 더욱 증진되는 것이다. 이와 관련된 이슈들을 몇 가지 논의해보기로 한다.

첫째, 사회문화와의 적합성은 한국인의 의식구조 및 정서와의 적합성의 문제이다. 현재의 이론들이 대부분 미국에서 개발된 것이지만 우리나라에 그대로 적용해도 되는 부분이 있고 그렇지 않은 부분이 있을 수 있다. 문화에 따라 리더십 원형이 다른가에 대한 논란이 있음에도 불구하고 한국적인 리더십이 미국이나 일본 등 다른 나라와는 달라야 한다는 인식이 강하게 존재하는 것이 사실이다. 문화적 상대성의 차원에서 한국적 정서를 반영하는 리더십 이론과 기법의 개발은 현재는 물론 앞으로도 중요한 과제가 될 것이다.

둘째, 조직문화와의 적합성은 사회의 다양한 영역에서 리더십 개발이 더욱 촉진되어야 한다는 것을 의미한다. 현재 리더십 교육훈련이 비교적 활성화되고 있는 영역은 대기업을 중심으로 한 기업과 군 이다. 그리고 학교장 리더십과 교회 등의 종교 리더십도 많은 주목을 받고 있으며 다른 영역들에 대한 관심도 차츰 증대하고 있다. 아울러 의사와 간호사 및 직원을 이끌어야 하는 병·의원 리더십, 강사와 직원들에 대한 학원 리더십, 조리사와 서빙 요원들에 대한 음식점 리더십, 핵가족 구성원은 물론 부모와 형제들의 화목을 위한 가정 리더십, 성과제 및 시간제 판매원을 대상으로 하는 대리점 리더십 등 각 조직특성에 맞게 리더십을 발전시킬 수 있는 분야는 사회의 거의 모든 영역을 망라한다. 조직특성에 맞는 리더십 개발 노력은 사회의 각 영역에서의 성과향상은 물론 인간관계의 질과 행복감을 증진시키는 데에도 도움이 될 것이다.

셋째, 리더십 이론들을 현실의 실무상황에서 해석하고 적용하는 일이 쉽지 않다. 리더십 교재들은 경영현장의 실무가들을 위한 지침을 제시한다기보다는 리더십 연구자들을 위한 연구사(研究史)에 치우쳐 있다. 리더십에 대한 연구의 역사에 대한 이해가 리더십의 발휘에 배경지식으로 도움을 주겠지만 직접적인 도움을 주기는 어렵다. 또한 학술적 논문들은 전문적인 용어와 방법론을 사용하기 때문에 현장의 리더들이 이해하기 어렵다. 그러므로 현장의 리더들이 활용하기 쉽도록 다양한 이론마다 이론에 근거한 실천기법들을 개발하는 것도 중요한 과제이다.

4.3.3 거래적 교환의 본질의 중요성에 대한 재조명

조직에 있어서 조직과 조직구성원 리더와 조직구성원 간에 이루어지는 거래적 교환의 상호작용은 경영과 리더십의 근간이다.[30] 교환하는 것이 물질적인 것일 수도 있고 정신적인 것일 수도 있다. 그 요인을 매개로 인간 간에 상호작용을 하는 것이다. 상호작용의 가장 보편적인 행위는 교환이다. 리더십이 인간의 정신적인 힘을 증폭시켜 헌신을 이끌어내는 활동이지만 헌신에 상응하는 대가가 지불되지 않으면 리더십 효과는 지속되기 어렵다.

그러나 최근의 리더와 조직구성원 간의 도덕적 수준을 높여서 양자의 발전적 변화를 추구하는 변혁적 리더십이 소개되면서, 그 이전의 리더십으로 통칭되는 거래적 리더십은 상대적으로 도덕적 수준이 낮은 이론으로 격하하는 경향이 있다. 도덕적 가치, 영감적인 동기부여나 감성적 어필, 지적 자극의 중요성이 부각되면서 리더와 조직구성원 간의 거래적인 관계는 마치 도덕적·정신적 가치는 경시하고 경제적 타산만을 중시하는 것처럼 비추어지는 것이다.

변혁적 리더십 이론은 매우 발전된 이론이지만 이 이론을 배양한 미국의 토양을 고려해야 한다. 미국은 건국 이후부터 개인의 자유와 평등의 이념 아래 공정한 거래와 계약적 인간관계의 토대를 다져왔다. 성과에 대한 평가의 공정성에 대한 신뢰가 형성되었기 때문에 정신적이고 도덕적인 향상을 지향하는 변혁적 리더십이 각광을 받을 수 있는 것이다.

그러나 우리나라의 경우는 육탄 10용사나 독도수비대 및 새마을운동, 또는 어려운 상황에 놓인 회사에 대한 순수한 헌신의 사례들에서처럼 대가를 초월한 도덕적 헌신은 많이 경험하였지만, 오히려 공정한 평가에 따른 보상시스템은 발전시키지 못하였다. 도덕적

---

30 거래적 리더십(Transactional Leadership)의 본질을 의미한다.

헌신을 요구하면서도 그에 대한 보상은 제대로 배려하지 않았다. 최근에 들어서 성과평가에 따른 연봉제나 공무원들의 성과급제 등이 부분적으로 시행되고 있으나 공정한 평가에 대한 신뢰도는 여전히 낮은 편이다. 인사고과와 승진 및 급여 등에서 헌신과 성과가 제대로 반영되었다는 믿음이 부족한 것이다.

거래적 리더십과 변혁적 리더십의 관계를 마치 X이론 및 Y이론의 관계 또는 과학적 관리와 인간관계론의 관계와 흡사하다고 생각하는 경향이 있지만 그것은 인간의 본성보다는 인본주의적 당위성에 대한 심리가 반영된 것이라는 주장도 있다. 인간 관계론이 과학적 관리론의 대체가 아니라 확장적인 보완 역할을 하였듯이 변혁적 리더십도 거래적 리더십을 근간으로 확장된 것이며, 상황에 따라 서로 상호보완적인 관계로 볼 수 있는 것이다.

거래적 교환관계는 인간의 본성에 기인한 것이기 때문에 평가와 보상의 공정성이 결여되었다고 느끼는 곳에서는 리더십의 효과가 제대로 발휘되기 어렵다. 이는 대가가 보장되지 않은 도덕적 헌신의 가치를 무시하거나 과소평가하는 것이 아니라 무엇이 더욱 본질적인 문제인가를 논의하는 것이다. 그러므로 우리나라에서는 공정한 평가와 보상시스템을 발전시키는 노력, 즉 황금률(Golden Rules)의 신뢰를 높이는 노력이 더욱 필요하다.

본 장의 요약

본 장에서는 리더십 실패를 다루었다. 우리는 리더십을 이야기할 때 주로 성공한 리더의 사례를 들면서 본받으라고 말한다. 실패한 리더십에 대해서 말하는 것을 별로 주목을 받지 못했다. 하지만 우리는 성공의 경험을 통해서보다 실패한 경험을 통해서 더 많이 배울 수 있다. 특히 리더십의 실패는 리더 개인에게 뿐만 아니라 리더가 속한 집단이나 조직에 나아가서는 국가적으로도 커다란 손실을 가져올 수 있기 때문에 리더의 직위를 갖는 사람들은 적어도 실패한 리더가 되지 않으려고 애쓸 필요가 있다. 앞의 여러 장을 통하여 기술하였듯이 서양에서 리더십 이론들이 출현한 역사적 궤적은 특성론, 행동론, 상황론, 변화론, 인식론, 대체론, 육성론, 그리고 전략론 등으로 요약된다. 이들 각 이론들이 리더십 실패에 대해서 어떻게 설명하고 있으며 어떤 처방을 내리고 있는가를 학습하였다. 다음으로 리더십이 실패하게 되는 원인을 유형별로 제시하였다. 이들을 리더십 이론들과 관련시켜서 체계적으로 분석하여 제시한 후에 실패 방지 방안에 대하여서도 논의하였다.

최근의 리더십에서는 사회변화를 반영하여 윤리, 여성, 감성, 재미로움 등과 같은 이슈들이 부각되고 있다. 특히 여성문제는 리더십에 있어서 시대적 화두가 되고 있다. 우리나라에도 여성들이 사회 각 부문의 고위 리더의 지위에 오르는 경우가 점차 늘고 있다. 이제 여성의 리더십의 특별한 예외적 이슈가 아니라 본질적인 과제이므로 이에 대한 깊은 이해가 필요하다. 다음으로 리더십 분야에서 감성에 대한 관심도 매우 높아졌다. 이는 정보화 사회가 더욱 심화되면서 정보화 이후의 사회를 이끌어갈 새로운 개념으로 떠오른 것이 감성이기 때문이다. 특히 기업들이 미래 경쟁력의 새로운 동력을 창의성에서 찾게 되면서 창의성과도 관련성이 높은 감성은 경영과 리더십 분야의 주된 이슈가 되었다. 이와 함께 유머 혹은 편 경영으로 표출되는 재미로움은 리더십 분야에서도 시대적으로 요구되는 키워드가 되었다. 근엄하고 무거운 분위기의 리더가 아니라 경쾌하고 소프트하며 재미있는 리더의 친밀한 카리스마가 더욱 어필하고 있다. 이는 여성성의 리더십과 감성의 리더십과도 서로 연계될 수 있으며 일맥상통하는 부분이 있다.

우리나라에서 리더십 개념이 본격적으로 도입되고 논의되기 시작한지도 40여 년이 넘었다. 오늘날 리더십은 시대적 키워드의 하나가 되었다. 가히 리더십의 르네상스 시대라고 부를 정드이지만 여전히 많은 과제를 안고 있다. 세월이 바뀌어도 비전을 제시하고 조직구성원들의 활력을 고취하여 비전성취를 향해 조직시너지를 만들어가는 리더 역할의 본질에는 변함이 없을 것이다. 그러나 그 이론적, 실무적 틀을 채우는 내용들은 어느 정도 달라질 수밖에 없다. 이러한 인식하에 앞으로 더욱 발전시켜야 할 리더십 과제들을 사회 전반의 리더십 개발노력의 시너지 효과 확대, 우리나라에 적합한 실용적 리더십 개발 노력의 강화 등을 중심으로 조망하였다.

참고문헌

국내문헌

강정애 외(2009) 역,『현대조직의 리더십 이론』, 시그마프레스.

강주현(2008) 역,『서번트 리더십』, 참솔.

김경섭 · 김원섭(1999) 역,『성공하는 사람들의 7가지 습관』, 김영사.

김동주 · 양봉희(2011), "확장된 개념의 변혁적 리더십이 조직구성원의 조직몰입과 창의적 행동에 미치는 영향", 한국 인사관리학회.

김석우(2006), "액션러닝의 일상화를 위한 Cop System 설계: 삼성전자 및 ABO 사례중심", 한국 리더십학회.

김성수(2011),『21세기 글로벌 리더십 개발』, 탑북스.

김성환(1998),『K이론』, 한국능률협회.

김원석(2007) 역,『리더와 리더십』, 황금부엉이.

김종두(1999),『충 · 효 · 예의 리더십』, 충효문화사.

김창걸(2003),『리더십 이론과 실제』, 박문각.

김철운(2005),『충 · 효 · 예와 인격』, 충효예 교육출판사.

김현택 외(2003),『현대 심리학의 이해』, 학지사.

김홍기(2004),『디지털 인재의 조건』, 21세기 북스.

김효숙(2005) 역,『제갈량 리더십』, 랜덤하우스 중앙.

남기덕(1999), "한국군 리더십의 모형과 발전방향", 화랑대 국제학술심포지엄.

남상훈(2006),『글로벌 리더』, 인물과 사상.

노용진(2005), "리더십 실패의 함정과 성공의 지혜", LG 경제연구원.

봉현철(2006), "리더십 개발에 있어서 액션러닝의 효과성", 한국 리더십학회 학술대회.

박기성(2001), "리더, 어떻게 육성할 것인가?", LG 경제연구원.

박기찬(1991), "새로운 조직연구방법론에 대한 고찰", 한국인사조직학회.

박동수 외(2002), "조직 행위론", 경세원.

박래효 · 이곤영(2007) 역,『리더십 개발과 조직혁신』, 시그마프레스.

박원우(1997), "임파워먼트의 개념정립 및 실천방법 모색", 한국경영학회.

박오수 · 고동운(2009), "변화지향 리더십과 부하 혁신행동의 관계," 인사 · 조직연구.

박유진(2005), "한국적 리더십의 특성연구", 3사교논문집.

_____(2009),『현대사회의 조직과 리더십』, 양서각.

_____(2011),『리더십 마인드 & 액션』, 양서각.

박유진 · 이영우(2011),『리더십의 이론과 진단』, 양서각.

박유진 외(2011),『리더십과 상담』, 정음사.

박철호(2010), 『효학의 이론과 실천』, 한국학술정보.

백기복(2000), 『이슈 리더십』, 창민사.

_____(2005), 『리더십 리뷰』, 창민사.

_____(2010), 『조직행동연구』제4판, 창민사.

백기복・서재현・구자숙・김정훈(2010), "한국형 리더십", 인사・조직연구.

백기복・신재구・김정훈(2010), 『리더십의 이해』, 창민사.

변상우(2012), 『리더십 개발과 훈련』, 청람.

서성교(2003), 『하버드 리더십 노트』, 원앤원 북스.

송영수(2004), "기업 리더십 개발 전략과 방향", 삼성 인력개발원.

스티브 남(1999) 역, 『카리스마가 되는 7가지 열쇠』, 책과 길.

신구범(2008), 『리더십의 이론과 실제』, 형설출판사.

신완선(2005), 『테크노 리더십』, 김영사.

신현승(2002) 역, 『리더십 훈련』, 넥서스 북스.

안병용・한수범・장인봉(2008), 『블루오션 리더십』, 보명.

안성호・김일석(2010), 『현대 리더십의 이해』, 신광문화사.

양봉희(2011), "변혁적 리더십과 리더의 변화지향성이 조직구성원의 창의적 행동 및 조직몰입에 미
        치는 영향", 수원대학교.

오세철(1982), 『조직행동: 인간・조직의 이론과 문제』, 박영사.

오점록・이종인(1999), 『한국군 리더십』, 박영사.

유승동(2001), "변혁적 리더십과 임파워먼트 간의 관계," 인사관리연구.

육군본부(2012), 『군 리더십』, 야전교범 지-0.

육헌표(1997), "위기를 반전시키는 리더십", 삼성경제연구소.

윤언철(2006), "비윤리적 리더, 이렇게 행동한다.", 주간경제.

윤정구(2011), "리더십 이론의 동양적 회귀인가 : 진성 리더십에 대하여", 리더십 에세이.

윤정구 외(2011), "한국에서 진정성 리더십 연구방향", 리더십연구.

이상호(2010), 『조직과 리더십』, 북넷.

이면우(1992), 『W이론을 만들자』, 지식산업사.

_____(1997), "신사고 이론", "신창조론(1998)", 한국경제신문사.

이선주(2003) 역, 『꿈만 꾸는 사람 꿈을 이루는 사람』, 좋은 생각.

이수도(2002), 『인간관계론』, 형설출판사.

이순창・탁관로(2011), 『실전 리더십 핸드북』, 국방대학교.

이장우・이민화(1994), 『흔 경영』, 김영사.

이진희・서점식(2011), 『글로벌 시대의 리더와 리더십』, 문영사.

임창희(2008), 『조직행동』, 비앤엠북스.

장석훈(2003) 역, 『감성의 리더십』, 청림출판.

정동일(2011), "참된 나를 찾아라, 진정성 리더십이 온다", 『Dong-A Business Review』.

정영철(2004), "실패한 리더, 이렇게 행동 한다", LG 경제연구원.

정진홍(2001), "감성바이러스를 퍼트려라", 위스덤 하우스.

정창덕(2005),『유비쿼터스 리더십』, MJ미디어.

정홍익(1983), "조직권력론 연구", 서울대 행정대학원, 행정논총.

조범상(2010), "당신도 리더십의 덫에 빠질 수 있다", LG 경제연구원.

차동욱 외(2010) 역,『리더십』, 한경사.

최병순(2010),『군 리더십』, 북 코리아.

최익용(2004),『리더다운 리더가 되는 길』, 도서출판 다다아트.

국외문헌

Avolio, B. J. & Gardner, W. L.(2005), "Authentic leadership development: Getting to the root of positive forms of leadership", *The Leadership Quarterly*, 16, pp. 315-338.

Bass, B. M.(1981), *Stogdill's Handbook of leadership*, NY: Free Press.

_____(1985), *Leadership and performance beyond expectations*, NY: Free Press.

_____(1990), *Bass & Stogdill's Handbook of Leadership*, NY: Free Press.

Bass, B. M. & Avolio, B. J.(1990), *Transformational leadership development:* Manual for the multi factor leadership questionnaire, Palo Alto, Cal: Consulting Psychologists Press.

_____(1997), *Full range or leadership:* Manual for the Multi-factor Leadership Questionnaire, Palo-Alto, CA: Mind Garden.

Bass, B. M. & Yammarino, F. J.(1990), "Transformational leader and multiple-levels of analysis", *Human Relation*, 43(10), pp. 975-996.

Bateman, T. S. & Organ, D. W.(1983), "Job satisfaction and good soldier: The relationship between affect and employee citizenship", *Academy of Management Journal*, 26, pp. 587-595.

Beck, C. E. & Beck, E. A.(1986), "The Manager's Open Door and the Communication Climate", *Business Horizons*, pp. 15-19.

Bertanlanffy, L. V.(1972), "The status and history of General System Theory", G. K. Klir (ed), *Trends in General System Theory*, pp. 21-38.

Biberman, G.(1985), "Personality and Characteristic Work Attitudes of Persons with High, Moderate, and Low Political Tendencies", *Psychological Reports*, October, pp. 1303-1310.

Blake, R. R. & Mouton, J. S.(1964), *The Managerial Grid*, Houston, TX: Gulf Publishing.

Black, J. S., Morrison, A. J. & Gregersen, H. B.(2000), *Global Explorers: The Next Generation of Leaders*, 장국현 역(2002),『전경련』, FKI미디어.

Blau, P. M.(1974), *Exchange and Power in Social Life*, John Wiley & Sons.

Bolino, M. C. & Turnley, W. H.(2003), "More than One Way to Make an Impression: Exploring Profiles of Impression Management", *Journal of Management*, Vol. 29, pp. 141-160.

Bowdick, J. L. & Buono, A. F.(1985), *A Primer on Organizational Behavior*, NY: John Willy & Sone.

Cameron, K. S., Dutton, J. E. & Quinn, R. E. (Eds.), *Positive organizational scholarship*, San Francisco, Berrett-Koehler, pp. 241-258.

Capra(1985). *The Turning Point*, 이성범 외 역,『새로운 과학과 문명의 전환』.

Choi, Y.(1995), *A theory of self-sacrificial leadership*, Doctoral Dissertation, University of Kansas, Lawrence, KS.

Choi, Y. & Dalton, R.(1999), "The model of followers' responses to self-sacrificial leadership", *An empirical test,* pp. 397-421.

Conger, J. A.(1989), *The charismatic leader: Behind the mystique of exceptional leadership*, Cal.: Jossey-Bass.

_____(1992), *Learning to lead,* Jossey-Bass.

Conger, J. A. & Kanungo, R. N.(1987), "Toward a behavioral theory of charismatic leadership in organizational setting", *Academy of Management Review*, 12(4), pp. 637-647.

Dahl, R. A.(1957), "The Concept of power", *BS*, Vol.2, pp. 201-215.

Dansereau, F., Graen, G. & Haga, W. J.(1975), "A vertical dyad linkage approach to leadership within formal organization: A longitudinal investigation of role making process", *Organizational Behavior and Human Performance*, Vol.13, pp. 46-78.

David, Gergen(2002), 서율택 역, 『CEO 대통령의 7가지 리더십』, 스테디북.

Drucker, P. F.(1993), *Post-Capitalist*, NY: Harper Collince.

Duke, J. T.(1976), *Conflict and Power in Social Life*, 서울대 사회과학연구실 역, 『갈등과 권력』.

Fiedler, F. E.(1967), *A Theory of Leadership Effectiveness*, NY: McGraw-Hall.

Fiedler, F. E. & Chemers, M. M.(1982), *Improving Leadership Effectiveness: The leader match concept*(2nd), NY: John Wiley.

Fiedler, F. E. Garcia, J. E.(1987), *New Approaches to Effective Leadership: Cognitive Resources and Organizational Performance*, NY: John Wiley.

Finkelstein, S. & Hambrick, D. C.(1996), *Strategic leadership: Top executive and their effects on organization*, St. Paul, M. N: West Publishing.

Fleishman(1953), "The description of supervisory behavior", *Journal of Applied Psychology*, 37, pp. 1-6.

Frank, D. A.(1985), "Trends in Communication: Who Talks to Whom?" *Personal*, pp. 41-47.

Frederick Herzberg, Bernard Mausner, & Barbara, S. Snyderman(1959), *The Motivation to work*, NY: Wiley.

French & Ravin(1959), "The Bass of Social Power", pp. 150-152.

Gardner, W. L,, Avolio, B., Luthans, F., May, D. & Walumbwa, F.(2005), "Can you see the real me? A self-based model of authentic leader and follower development", *The Leadership Quarterly*, 16, pp. 343-372.

Georgopoulos et al.(1957), "A Path-Goal approach to productivity", *Journal of Applied Psychology*, pp. 345-353.

Goleman, D., Biyatzis, R. & Makee, A.(2002), *Primal Leadership: Realizing the Power of Emotional Intelligence*, 장석훈 역(2005), 청림출판, 76-77쪽.

Grimes, A. J.(1978), "Authority, Power, Influence and Social control: A Theoretical Synthesis", *AMR*, Oct, pp. 725-726.

Hambrick, D. C. & Fukutomi, G. D.(1991), "The Season of a CEO's Tenure", *Academy of Management Review*, 30, pp. 1-20.

Hawley, A. H.(1963), "Community Power and Urban Renewal Success", *AJS*, Vol.68, p. 422.

Hermans, H. J.(1970), "A Questionnaire Measure of Achievement Motivation", *Journal of Applied Psychology*, pp. 353-363.

Hersey, P. & Blanchard, K. H.(1977), *Management of Organization Behavior* (3rd ed), Englewood Cliffs, NJ: Prentice-Hall.

_____(1982), *Management of Organization Behavior*, Englewood Cliffs, NJ: Prentice-Hall.

Hofstede, G.(1991), *Cultures and Organizations*, McGraw-Hill, London.

House, R. J.(1971), "A Path-goal theory of leadership effectiveness", *Administrative Science Quarterly*, Vol.16, pp. 321-338.

_____(1977), A 1976 theory of charismatic leadership. In Hunt, J. G. & Larson, L. L.(Eds.) *Leadership: The cutting edge*, Carbondale: Southern Illinois University Press.

House, R. J. & Mitchell, T. R.(1974), "Path-goal theory of leadership", *Journal of Contemporary Business*, Vol.5, p. 83.

Indvik, J.(1986), "Path-goal theory of leadership: A meta-analysis", *Proceedings of the Academy of Management Meeting*, pp. 189-192.

Ivancevich, J. M. & Donnelly, J. M. Jr.(1974), "A Study of Role Clarity and Need for Clarity in Three Occupational Groups", *Academy of Management Journal*, pp. 28-36.

Morrison, J. E & Fletcher, J. D.(2002), *Institute for Defense Analyses*. IDA Paper.

Kast & Rosenzweig(1985), *Organization and Management*.

Katz & Kahn(1978), *The Social Psychology of Organization*(2nd ed).

Keith Davis.(1953), "Management communication and the Grapevine", *Harvard Business Review*, pp. 43-49.

Kelman(1958), "Compliance, identification, and internalization: Three processes of attitude change", *JCR*, pp. 51-56.

Kenneth, W. Tomas & Warren, H. Schmidt(1976), "A Survey of Managerial Interests with Respect to Conflict", *Academy of Management Journal*, pp. 315-318.

Kerr, S. & Jermier, J. M.(1978), "Substitutes for leadership", *Organizational Behavior and Human Performance*, Vol.22, pp. 375-403.

Kim, W. C. & Mauborgne, R.(2005), *Blue Ocean Strategy*: How to Create Uncontested.

Klann, G(2004), *Building Your Team's Morale, Pride, and Spirit*, Center for Creative Leadership.

Kotter(1979). *Power in Management*.

Lerbinger, K.(1997), *The Crisis Manger:* Facing Risk and Responsibility, NJ: Lawrence Erlbaum Associates.

Luthans, F.(2002), *Organizational Behavior*, 9th ed, McGraw-Hill.

Luthans, F. & Avolio, B. J.(2003), *Authentic leadership development*, in K. S.

Manz, C. C. & Neck, C. P.(2001), *Mastering Self - Leadership*.

Manz, C. & Sims, Jr. H.(1989), *Super-leadership: Leading others to lead themselves*. NY: Prentice-Hall.

March, J. G. & Simon, H. A.(1958), *Organizations*, NY: John Wiley & Sons, Inc.

Maslow, A. H.(1954), *Motivation and Personality*(2nd ed.), pp. 153-174.

_____(1984), *A Theory of Human Motivation*, pp. 370-396.

Mayer, J. D., Salovey, P. & Caruso, D. R.(2000), *Models of Emotional Intelligence*, In R. J. Stermberg(Ed.), *Handbook of Intelligence*.

Meyer, J. P. & Allen, N. J.(1990), "The measurement and antecedents of Affective, Continuance and normative commitment to the organization", *Journal of Occupational Psychology*, 62, pp. 1-8.

McClelland, D. C.(1985), *Human Motivation*, Scott Freshman.

McClelland, D. C. & Burnham, D. H.(1976), "Power is the Great Motivator", *Harvard Business Review*, March-April, pp. 100-110.

McGregor, D.(1960), *The Human side of Enterprise*, NY: McGraw-Hill.

Mintzverg, H.(1979), "The Manager's Job : Folkore and Fact", *HBR*, July-Aug, p. 49.

Nahavandi, A.(1997), *The art and science of leadership, Upper Saddle River*, NJ: Prentice Hall.

Northouse, P. G.(1991), *Leadership: Theory and Practice*(2nd ed.), Thousand Oaks, CA: Saga Publications.

Northhouse, P. G.(1996), *Leadership: Theory and Practice*, 3rd ed, Sage, London.

_____(2001). *Leadership : Theory and Practice*, Sage Pub.

Quinn, R. E. et al.(1996; 2nd Ed.), *Becoming A Master Manager*: A Competency Framework, NY: John Wiley and Sons Inc.

Raelin, J.(2003), "The myth of charismatic leaders," *Training & Development*, 57, pp. 46-54.

Rahim, M. Afzalur(1985), "A Strategy for Managing Conflict in Organization", *Human Relations*, p. 84.

Randolph, W. A. & Blackburn, R. S.(1989), *Management of Organization Behavior*, Homewood, Irwin.

Rhinesmith, S. H.(1993), *A manager's guide to globalization*: Six keys to success in a changing world, Alexandria, Va.; Homewood, Ill.: American Society for Training and Development Business One Irwin.

Robbins, S. P.(1974), *Managing Original Conflict*, Engelwood Cliffs, N, J: Prentice-Hall.

_____(1974), *Managing Organizational Conflict A Nontraditional Approach*, Englewood Cliffs, NJ: Prentice-Hall. Inc.

_____(1983), *Organization Theory* (김남현 역, 『경영조직론』), 254-283쪽.

Robbinson, J. A.(1972), *Crisis*: An Appraisal of Concept and Theories, in C. F. Herman(ED), *International Crisis*: Insight from Behavior Research(NY: Free Press), p. 72.

Rosenzweig, P.(2007). *The Halo Effect and the Eight Other Business Delusions that Deceive Managers*, The Free Press.

Russell, B.(1938), *Power: A New Social Analysis*, Allen Unwin.

Schein, E. H.(1992), *Organizational culture and leadership*(2nd ed.), San Francisco: Jossey-Bass.

Schein, V. E.(1977), "Individual Power and Political Behavior in Organization", *AMR*, Vol.2, pp. 64-72.

Scott, W. R.(1987), *Organizations: Rational, Natural, and Open Systems*, Prentice Hall.

Senge, P. M.(1999), "Toward an ecology of leadership: Development journeys of three leaders", *The Academy of Management Conference*, Chicago.

Shamir, B.(1991), *The Charismatic relationship*: Alternative explanations and predictions.

Shamir, B. & Eilam, G.(2005), "What's your story? A life-stories approach to authentic leadership development", *The Leadership Quarterly*, 16, pp. 395-417.

Smith, C. A., Organ, D. W. & Near, J. P.(1983). "Organizational citizenship behavior: Its nature and antecedent", *Journal of Applied Psychology*, 68(4), pp. 653-666.

Stephen, P. Robbins.(1978), "Conflict Management and Conflict Resolution Are Not Synonymous terms", *California Management Review*, p. 70.

Stogdill, R. M.(1948), "Personal factors associated with leadership: A survey of the literature", *Journal of Psychology*, Vol.25, pp. 35-71.

_____(1948), *Handbook of leadership: A survey of the theory and research*, NY: Free Press.

Tichy, N. & Devanna, M.(1986), *The transformational leader*, NY: John and Sons.

Vecchio, R. P.(1982), "A Further test of leadership effect due to between-groups variation and within-group variation", *Journal of Applied Psychology*, Vol.67.

Vroom, V. H.(1964), *Work and Motivations*, NY: John Wiley and Sons.

Walsh, K. et al.(1981), "Power and Advantages in Organization", *OS*, Vol.2, pp. 133-134.

Walumbwa, F., Avolio, B., Gardner, W., Wernsing, T. & Peterson, S.(2008), "Authentic leadership: Development and validation of a theory-based measure", *Journal of Management*, 34, pp. 89-126.

Weber, M.(1947), *The theory of social and economic organization*(T. Parson, Trans.), NY: Free Press.

Yeung & Ready(1995), "Developing Leadership Capabilities of Global Corporations", *HRM* 34-4, pp. 529-547,

Yukl, G.(1994), *Leadership in organization*(2nd ed.), NY: Prentice-Hall.

_____(2002), *Leadership in Organization*(2nd, 5th ed.), NY: Prentice-Hall.

Zaccaro, S. J., Gilbert, J., Thor, K. K. & Mumford, M. D.(1991), "Leadership and social intelligence: linking social perceptiveness and behavioral flexibility to leader effectiveness", *Leadership Quarterly*, Vol.2, pp. 317-331.

Zanderer, D. G.(1992), *Integrity: An essential quality*, Business Forum.

Zhu, W., Avolio, B. J., Riggio, R. E. & Sosik, J. J.(2011), "A theoretical consideration of the effect of transformational leadership on follower and group ethics", *The Leadership Quarterly*, 22, pp. 801-817.

찾아보기

저자 소개

양봉희

육군3사관학교 졸업 및 임관
수원대학교 대학원(경영학 석·박사)
국방대학원 수료
육군대학 전투발전처장
육군본부 제대군인지원처장
육군본부 인사복지·근무처장
학생 군사학교 부학교장
육군준장 예편
전) 상명대학교 초빙·석좌교수
　　 대한민국 성우회 전문교수

주요 저서 및 논문
• 『인적자원관리』(육군대학, 1987)
• "변혁적 리더십과 리더의 변화지향성이 조직구성원의 창의적 행동 및
  조직몰입에 미치는 영향", 박사학위논문
• "확장된 개념의 변혁적 리더십에 관한 연구"
• "한국노사협의제도 개선방향에 대한 연구"
• "인적자원관리의 역사적 고찰" 외 다수 논문